上海市文教结合项目成果

上海市文化创意产业发展
2019年度报告

出 版 领 域

夏德元　主编

学林出版社

上海市文化创意产业发展
2019年度报告

出版领域

何元 主编

专家委员会、项目组、撰稿人名单

（按姓名汉语拼音顺序排列）

专家委员会主任

阙宁辉

专家委员会成员

蔡锦达　韩　露　季凤文　彭卫国　孙　欢　孙　默　王　焰　王为松
王兴康　吴建安　张　宏　张涛甫　张志强　庄智象

项目负责人

夏德元

项目组成员

程海燕　丛　挺　冯　媛　高媛媛　花　蕊　季　峰　姜洪伟　金永成
孔德颖　匡　霞　刘　博　刘　峰　刘　强　刘　裕　罗梦雨　罗　欣
马晓俊　宁传林　邱美令　任　健　施勇勤　孙　毕　孙　晶　王梦雨
岳敏楠　张　博　张飞相　张艳堂　朱俏逍　朱　睿

项目组秘书

刘　博

撰稿人名单

鲍　静　毕　胜　蔡君旭　陈文佳　程海燕　丛　挺　戴焱淼　杜天慧
冯　媛　高　婧　黄思颖　李春月　李倩文　卢　雁　罗　红　罗　媛
马晓俊　马勇华　宁传林　沈骁驰　施勇勤　宋玉婷　孙　欢　孙　晶
汤祖寰　王　焰　王　婧　王蒔骏　王为松　魏　林　夏德元　叶骏强
袁　圆　张　宏　张楚菡　张艳堂　赵　靖　周彦宏　次仁拉姆

目　录

第三部分　实体书店改造与阅读服务创新

第四部分　出版智库建设及出版人才培养

总 报 告

上海出版产业发展的新格局、新创获、新挑战、新机遇

孙　晶

摘　要： 2018 年，上海出版人坚持服务党和国家工作大局，坚持服务上海文化事业发展与繁荣，高举学术旗帜，紧紧围绕编辑工作核心任务，全面扎实推进各项工作，做出了卓有成效的努力，取得了令人鼓舞的业绩，在传统出版转型与出版质量提升方面产生了示范效应和全国性的重要影响。本报告择要介绍几个最突出的方面，并对发展过程中面临的机遇和挑战进行适当的分析。同时，鉴于产业实践的发展对决策咨询研究和出版人才培养提出的新要求，我们也试图提出人才培养模式创新的若干构想，供有关部门决策时参考。

关键词： 上海　出版产业　发展现状　发展对策

一、关于传统出版转型与出版质量提升

（一）出版转型升级硕果累累

1. 第四届中国出版政府奖，上海出版界再获佳绩

2018 年，第四届中国出版政府奖获奖名单正式公布，上海斩获 16 项正式奖、17 项提名奖。

获得图书奖的有华东师范大学出版社的《中国文字发展史》，上海科技教育出版社的《竺可桢全集》，上海辞书出版社的《大辞海（全 38 卷）》，上海古籍出版社的《日本国见在书目录详考》。

获得期刊奖的有上海市作家协会主办的《收获》，中国药理学会、中国科学院上海药物研究所主办的《中国药理学报》。

获得音像电子网络出版物奖的有上海交通大学电子音像出版社出版、上海交通大学出版社制作的《东京审判文献数据库》。

获得印刷复制奖的有上海书店出版社出版、上海中华商务联合印刷有限公司印制《徽商大典》。

获得装帧设计奖的有同济大学出版社的《一点儿北京》。

获得先进出版单位奖的有华东师范大学出版社有限公司、上海巨人网络科技有限公司、上海书画出版社有限公司和上海钟书实业有限公司。

获得优秀出版人物（优秀编辑）奖的有秦钠（上海大学期刊社）、刘佩英（上海交通大学出版社有限公司）和程永新（《收获》文学杂志社）。

上海地区获得第四届中国出版政府奖提名奖的图书有复旦大学出版社的《中国行政区划通史》，上海人民出版社的《中国科举制度通史》，上海科学技术出版社的《非线性波动方程》，上海音乐出版社的《中国乐舞史料大典》，上海教育出版社的《近代汉语词典》，上海古籍出版社的《宋人轶事汇编》。

获得第四届中国出版政府奖期刊奖提名奖的有复旦大学主办的《复旦学报（社会科学版）》，上海咬文嚼字文化传播有限公司主办的《咬文嚼字》，上海市社会科学界联合会主办的《学术月刊》。

2. 3个项目入选国家出版基金资助项目2018年"特别优秀项目"

根据国家出版基金规划管理办公室发布《国家出版基金资助项目2018年绩效考评结果通报》，全国范围内共有164个项目被评为"优秀"，其中42个项目被评为"特别优秀"。获评"特别优秀"项目的承担单位各增加一个2020年度国家出版基金申报项目奖励。

上海地区上海交通大学出版社《精准医学出版工程·精准医学基础系列》、上海科学技术出版社《脑研究的前沿与展望》、上海人民美术出版社《中国木拱廊桥建筑艺术》等3个项目获评特别优秀。

上海财经大学出版社的《1917—1919：马克思主义经济学在中国的传播启蒙》，上海交通大学出版社的《大飞机出版工程·民机先进制造工艺技术系列》《生物力学研究前沿系列》和《东京审判出版工程（第四期）——远东国际军事法庭庭审记录·中译本（一）》，上海科学技术出版社的《家蚕转基因技术及应用》和上海书画出版社的《吴昌硕全集》6个项目获评优秀项目。上海市新闻出版行政管理部门还同时入选全国20个"认真履职的省级新闻出版行政管理部门"名单。

3. 对外版权贸易高速增长，部分领域实现贸易顺差

在"一带一路"倡议、文化"走出去"等背景下，上海出版单位积极与海外出版社寻求合作，将优秀作品输出海外。

（1）政策扶持，成效显著。上海市历来十分重视版权贸易，在鼓励版权引进的同时，更出台政策大力扶持优秀出版物的版权输出。

为促进中外文化交流，加快实施版权"走出去"战略，鼓励和支持优秀版权项目走出国门，根据《上海市版权"走出去"扶持资金管理办法》，上海市版权局开展了 2018 年上海市版权"走出去"扶持项目申报工作。根据各单位申报情况，经初审、专家评审等评选程序，《南京大屠杀研究——日本虚构派批判》（英文版）等 32 个项目获得资金支持。这些项目包括《南京大屠杀研究——日本虚构派批判》（英文版）、《非线性波动方程》（英文版）、《批评语用学视角下的社会用语研究》（英文版）、《博雅教育（第四版）》（英文版）、《科学外史》（英文版）、《证据——上海 172 个慰安所揭秘》（韩文版）、《极端环境下的电液伺服控制理论及应用技术》（英文版）、《中国文明史》（捷克语版）、《中医食疗》（意大利语版）、《闭上眼睛就是天黑》（土耳其语版）、《儿童时代图画书》（阿拉伯语版）、《大数据与精准医学》（英文版）、《多杰》（尼泊尔语版）、《东亚秩序论——地区变动、力量博弈与中国战略》（英文版）、《显微外科疑难手术病例精编》（英文版）、《相遇在地球村》（阿拉伯语版）、《孔学古微》（德文版）、《异质文化交织下的上海都市生活》（英文版）、《全球视野下的自由贸易区》（英文版）、《风调雨顺》（尼泊尔语版）、《抑郁症在中国产生的社会学分析》（英文版）、《我的第一本汉字书（第二辑）》（法文版）、《教育现代化的中国之路：纪念教育改革开放 40 年丛书（10 卷本）》（英文版）、《全球城市——演化原理与上海 2050》（英文版）、《灰作十问：建成遗产保护石灰技术》（英文版）、《科技重塑中国》（英文版）、《磁性微纳米材料在蛋白质组学分析中的应用》（英文版）、《中国高铁新城规划与开发研究》（英文版）、《诸子百家国风画传》（英文、法文版）、《中国古典文学名著》（越南语版）、《丰子恺漫画古诗词》（韩文版）和《社会》英文刊。

另据人民网 2018 年 4 月 27 日的报道，品牌价值成为上海出版界版权输出的关键。2017 年，上海共引进图书版权 1770 种、录音制品 112 种、录像制品 115 种、电子出版物 254 种；共输出图书版权 444 种、电子出版物 572 种。与 2016 年相比，图书版权引进增加 431 种，同比上升 32.2%；

图书版权输出增加 264 项，同比上升 146.7%。电子出版物的版权贸易尤其活跃，其中引进增加 225 种，是 2016 年的 8.7 倍，输出增加 569 种，是 2016 年的 190 倍。2017 年，上海市版权贸易数量整体增幅明显，贸易逆差大幅缩小，版权贸易总体引进输出比为 2.22∶1，相较 2016 年的 8.29∶1 大幅缩小，个别领域实现贸易顺差，如电子出版物的引进输出比为 1∶2.25。数字出版领域的版权贸易异常活跃，与上年相比，电子出版物的引进和输出均成倍数增长，特别是版权输出，仅上海译文出版社就向我国香港地区输出 500 种电子出版物。

（2）青少年读物领域的对外输出实现较大增长。在图书领域，青少年读物领域一改原有的引进作品居多的状况，对外输出实现较大增长。

以少年儿童出版社为例，2017 年一次性向摩洛哥输出 222 种图书。品牌战略和品牌价值成为版权输出的关键，少年儿童出版社输出的图书版权多为国内知名图书品牌：文学类有《非常小子马鸣加》《大头儿子和小头爸爸》等，历史类有《世界五千年》《文化五千年》等，科普类有《十万个为什么》《少年现代科学技术丛书》等，教育类有《起步作文》《博士娃小学生实用系列》等，低幼类有《365 夜故事》《彩图婴儿故事 100 集》等，漫画类有《金人第一部》《撞破江湖》等，杂志类有《故事大王》《娃娃画报》等。

作为少年儿童出版社自主创新第一品牌，《十万个为什么》累计印数超过 1 亿册，并经 6 次改版。最新出版的第 6 版已相继输出我国港台地区，并出版了越南文和马来文版，2017 年 5 月还与黎巴嫩阿拉伯科技出版社签署阿拉伯语版版权输出协议。以《十万个为什么》在越南出版为契机，少年儿童出版社与越南妇女儿童出版社签署《小福尔摩斯训练营》、与宏德出版社签署《奇妙学校》、与金童出版社签署《布罗镇的邮递员》等图书的越南语授权协议。此外，获得"五个一工程"奖和"2016 中国好书"称号的《布罗镇的邮递员》，2017 年 10 月分别与韩国惠江出版社、埃及大学出版社签署出版合同，2017 年博洛尼亚书展上又与马来西亚 KB 出版社签署马来文版版权输出协议。

《十万个为什么（第 6 版）》和《布罗镇的邮递员》的阿拉伯语版均获 2017 年上海市版权"走出去"优秀项目称号。在评选出的 30 个优秀出版项目中，既有科技类的《中国能源新战略——页岩气出版工程（第一辑）》（英语版）、《航空发动机高温合金大型铸件精密成型技术》（英语版）等，体现中国社会建设成就的《纵横"一带一路"：中国高铁全球战略》(英语版)、《自贸区税收政策及案例》(英语版)等，代表传统文化的《中国医学文化史（上下卷）》(英语版)、《博物馆绘本·元青花》(泰米尔语版)等，也有《我的第一本汉字书》(法语版)、《"开心创意小屋"系列图画书》(日语版)等儿童读物。

（3）教育类图书走出去实现新的突破。在中国影响力不断增强的今天，上海出版传媒企业以传播中国声音、打响"上海文化"品牌为主旨，努力提升"走出去"水平，尤其在教育类图书方面实现新的突破。

其中，上海世纪出版集团与哈珀·柯林斯出版集团开展合作，2018年10月在法兰克福书展期间举办上海《数学》教材英文版《真正上海数学》(*Real Shanghai Mathematics*)新书首发式，这是我国中小学教材第一次成系统、大规模进入欧美发达国家的国民教育体系，对传播上海基础教育的成功经验将起到积极作用，也为上海出版"走出去"拓展了一个新的领域。

在中国文化和中国观点传播方面，2018年2月，2017"中国最美的书"获奖作品赴德国莱比锡参选2018"世界最美的书"，两个作品分别获得银奖和荣誉奖；2018年3月，上海新闻出版发展有限公司推出波兰文版《开天辟地——中华创世神话》，9月与波兰教育出版社 Grupa MAC S.A 签署授权合同，将"混沌开辟"和"女娲造人"两则故事收入波兰六年级语文教科书；上海世纪出版集团聚焦中国发展理论传播，在新加坡推出英文版《中国战略报告第三辑——中国道路的学术表达》《区域一体化视角下的东亚研究》等，并推出哈萨克语版、阿拉伯语版"中国话语丛书"之《文明型国家》。

在合作渠道开拓方面，2018年起，上海世纪出版集团与法兰克福书展组委会共同打造全新的书展品牌项目——"上海早晨（Shanghai Morning）"，包含新书发布、高层对话、商务洽谈、版权推介、精品展示等系列主题活动，为上海原创精品"走出去"搭建更具传播力和影响力的国际版权推介平台。

在国际新媒体渠道拓展方面，上海日报"SHINE"积极拓宽对外传播渠道，持续扩大国际传播力和平台知名度，至2018年底，日活跃用户数量已达50万，境外访问用户超过76%，其中美国地区用户占总用户的19%，成为第二大访问来源地区；澎湃新闻的英文产品——第六声（Sixth

Tone）已拥有 50 万用户，系列报道被国际主流媒体广泛引用，在 2018 年亚洲出版业协会（SOPA）卓越新闻奖提名中获得 7 项提名。

（二）学术·专业出版中心，引领上海出版稳步快跑

为引导和促进上海出版单位提升学术出版和专业出版水平，2014 年上海市新闻出版专项资金特设了新的类别：重点支持某一领域在上海和全国处于一流水准的学术出版中心或专业出版中心建设。上海学术·专业出版中心每两年评选一次，目前已产生 20 家学术·专业出版中心。这些中心的建设，成为引领上海出版整体质量提升的引擎，使上海出版呈现稳步发展的良好势头。对此，《中国新闻出版广电报》专文做了特别报道。

中心建设效果如何？在"十三五"国家重点图书、音像、电子出版物出版规划中，上海总计有 98 种出版物入选，占全国总数的 9.12%。在 2017 年度国家出版基金资助项目中，上海出版界入选 46 项，再创新高。其中，上海世纪出版集团以 29 项位列全国各大出版集团之首，而这 29 个项目中，集团旗下 10 家学术·专业出版中心囊括了 28 项。学术·专业出版中心建设已成为上海近年来坚守学术、专业出版之路，全力打造专业出版特色的一个重要举措。

1. 资助从后端关注到前端引导，产生质的飞跃

上海作为中国近现代出版的发祥地，具有优秀的出版传统，专业出版特色明显。要想保持专业出版优势，两个条件缺一不可，一是出版的中长期规划，二是团队建设。但市场化发展中，有时难免产生短期行为，使得规划性被削弱。正是看到这些对专业出版不利的因素，上海市新闻出版局决定通过出版中心的授牌和政府资金的资助，帮助和引导上海出版单位在纷繁复杂的市场面前坚守专业、发挥专长，进而在某一领域做深、做精，形成专业品牌。

之前常见的资助形态是对出版结果的资助，而建设出版中心则是对生产过程给予资助。这一从项目后端关注到前端引导的转变，更是确保政府专项资助得到合理的使用，对专业出版给予有效的扶持。

中心具体的建设，主要从建制与队伍、规划与产品、作者与资源、品牌与推广、运行管理与规范 5 个方面考量。其中，尤其注重发展的系统性研究，这要求中心要有针对性、前瞻性地编制中长期发展规划，并建立相应的阶段性实施方案和措施，努力做到有目标、有要求、有进度地推进。此外，中心人才队伍的培养与建设也是重点，各中心的编辑队伍都呈现阶梯形年龄结构,重视老编辑带动作用,巩固中坚力量,补充新鲜血液,同时都有相应的人才培养计划,包括业务培训与交流的举措、激励机制与措施等。

2. 中心建设不是"扶贫",好钢用在刀刃上

上海市新闻出版局提出中心建设的设想时,响应的出版社并不多,但到了第二届评选时,已有出版社称,"可以不拿资金,但是,牌子一定要的"。

随着几年的快速发展,出版中心机制在培育规划能力、加强团队建设能力、提升产品线的影响力、集聚作者资源、建设专家队伍、开拓内容等方面成效显著。已经获得授牌的上海人民出版社"政治与理论读物出版中心"、上海译文出版社"外国文学出版中心"、上海外语教育出版社有限公司"上海外语教育学术出版中心"等,都是在上海乃至全国处于优势、具有影响力的出版品牌。通过培育出版中心,各有关出版社在原有的特色基础上得到进一步拓展,产品线的建设方向更为明确。

比如,上海文艺出版社"中国当代文学原创出版中心"经过几年规划,选题结构从之前的单一零散,向集约化、系列化方向发展,形成作家队伍"点、线、面"的立体架构,有 17 部图书列入"十三五"国家重点出版物出版规划,出版的刘庆邦《黑白男女》获第六届中华优秀出版物奖。

又如,上海人民出版社"政治与理论读物出版中心"2016 年至 2017 年共出版图书 279 种,重印 140 种。2018 年出版 120 种,其中主题出版占 70% 以上。《钢铁是这样炼成的——努力建设世界上最强大的政党》列入 90 种迎接党的十九大精品出版选题,《中国协商民主的逻辑》获第六届中华优秀出版物奖。

如今,很多优秀的出版社,组稿时都打中心的名字,比如东华大学(原中国纺织大学)出版社"纺织服装研究出版中心",通过建立学术委员会和专业委员会以及举办专业论坛等方式,将国内相关领域的专家和学者集聚在中心周围,中心的权威性和品牌优势不断凸显。

3. 评估机制确保专业质量,实行优胜劣汰

为使上海学术·专业出版中心始终体现上海出版的优势和特点,持续代表上海乃至国家的学术和专业出版水平,被授牌的出版中心每两年要进行一次自我评估和专家组评估,而不是一劳永逸地躺在功劳簿上。

评估包括中心自评、抽样检验、现场陈述和综合打分 4 个环节,最后产生"优秀""合格"和"不合格"3档评估结果。获评"优秀"的中心，将获得持续资助及适当奖励。获评估"合格"的中心，获得持续资助。一次评估"不合格"的中心，不再获得资助，并在上海市出版社社会效益评估中被扣除相应分数；累计两次评估"不合格"的中心，将被取消中心称号并受到摘牌处罚，被摘牌的中心，须4年以后方可重新申报。受资助期间，如发生重大出版事故或有重大违规行为等，将直接给予取消中心称号和摘牌处罚。

到目前为止，上海学术·专业出版中心已有20家，它们是上海人民出版社"政治与理论读物出版中心"、上海古籍出版社"历史文献出版中心"、上海外语教育出版社"外语教育学术出版中心"、上海科学技术出版社"医学临床与工具书出版中心"、上海译文出版社"外国文学出版中心"、复旦大学出版社"专门史出版中心"、上海文艺出版社"当代原创文学出版中心"、华东师范大学出版社"教育学出版中心"、上海交通大学出版社"先进制造技术出版中心"上海音乐出版社"古典音乐全媒体出版中心"、同济大学出版社"城市·建筑出版中心"、东华大学出版社"纺织服装研究出版中心"、上海辞书出版社"汉语语文辞书编辑中心"、上海财经大学出版社"经济学高级学术出版中心"、上海科技教育出版社"'哲人石'科学人文出版中心"、上海三联书店"法学出版中心"、上海书店出版社"近现代上海历史文献研究出版中心"、上海书画出版社"书法研究出版中心"、华东理工大学出版社"能源资源环境健康（化学化工）出版中心"以及上海人民美术出版社"连环画创作与研究出版中心"。按照规划，到2020年，上海将成立近30家学术·专业出版中心，届时上海专业出版优势将更加凸显。

二、关于数字出版和绿色印刷产业发展

（一）上海数字出版发展势头良好

1. 上海传统出版社数字化转型发展迈出新步伐

近年来，沪上各大出版社纷纷探索传统出版的转型，数字出版各有成效，数字化转型发展迈出新步伐。比如，上海少年儿童出版社"文教结合"项目负责人谢瑛华介绍，少儿社推出了《十万个为什么AR版》《第一次遇见科学》多套图书，"利用新的技术手段，让孩子翻阅图书的同时，

融入求索世界的虚拟空间中"。

重大项目奖项方面，上海交通大学出版社出版的《东京审判文献数据库》获音像电子网络出版物奖。华东师范大学出版社有限公司、上海巨人网络科技有限公司获先进出版单位奖。

2017年5月22日，国家新闻出版广电总局公布了2017年向全国青少年推荐百种优秀出版物名单。其中，音像电子出版物2种，分别为上海文艺音像电子出版社有限公司的《中国，我可爱的母亲——陆在易作品音乐会》、上海教育音像出版社有限责任公司的《中国之最（人文建筑、科技工艺、自然风光、探秘奇观、文化艺术）》。2种音像出版物入选向全国老年人推荐优秀出版物公示名单，分别是上海音像有限公司的《百年巨匠》、上海教育音像出版社《家风·家教·家训》。1个国家出版基金项目通过结项验收，为上海文艺音像出版社的《天籁——中国55个少数民族原生态民歌典藏》。

2. 上海数字出版快速发展，保持总体领先的优势

2017—2018年，上海数字出版产业销售收入突破千亿元。

其中，网络游戏销售收入650亿元，比上年增加15.1%，占据全国约三分之一的市场份额。全年上海移动游戏收入首次超越客户端游戏，从而使网游在整体上保有发展后劲。上海各区重视吸引集聚网络游戏、电子竞技企业，形成一批园区，对新兴文化产业发展的支撑作用不断强化。其中，张江国家数字出版基地集聚游戏企业70余家；徐汇漕河泾园区及其周边成为上海最集中的游戏企业集聚区；嘉定、闵行、长宁等区的网游园区不断发展壮大。浦东新区和静安、杨浦等区积极布局电竞产业。

文教结合"优势课程数字化开发与应用"项目（第二阶段）启动试用，该项目由上海市新闻出版局和市教委共同建设，由出版社为中小学校开发数字课程，给师生提供丰富的数字化教学资源。课程资源的专业性、操作性、实用性强，符合本市中小学课改方向。第一期开发的5门数字课程已进入16家中小学试用。5门课程分别是少年儿童出版社的"多样的生命世界"、上海音乐出版社的"文明在校园"、上海教育出版社的"小学心理健康"、上海世纪外语教育图书分公司的"中华节气与饮食文化"以及华东师范大学出版社的"中华传统文化节日"。

3. 第16届中国国际数码互动娱乐展览会成功举办

2018年8月3日至8月6日，第16届中国国际数码互动娱乐展览会

（ChinaJoy）在上海新国际博览中心成功举办。本届展会内容横跨游戏、动漫、影视、网络文学等数字内容全业态，围绕"新科技、新娱乐、新价值"的主题，展现了数字娱乐产业的最新发展成果和未来发展趋势。展会各项数据均创下了16年来新高。其中，8月4日单日入场人数高达13.3万人次，再度刷新上年12.1万人次的历史记录，创历届ChinaJoy单日入场人次之最。展会四天合计入场人数高达35.45万人次，再创展会历史新高。

展会首度增加了中国区块链技术及游戏开发者大会。中国游戏开发者大会可以说是国内最具有专业与前瞻性的游戏产业技术会议，并将跟进海内外游戏研发新作、大作，邀请诸多国际一流游戏制作人参会研讨、提供技术解析。另外超过数百款VR/AR、智能娱乐硬件产品在eSmart现场进行展示。展会还新增多项嘉年华活动，包括Cover Coser封面大赛、Cosplay嘉年华全国大赛、舞艺超群全国舞团盛典、Live音乐嘉年华、电子竞技大赛、国际机器人嘉年华。

（二）2018年上海数字出版亮点纷呈

网络出版业是文化内容与互联网技术高度融合的产物，如今已成为文化产业的重要板块。上海网络出版业在变革中发展，成绩斐然。

2019年1月27日，上海网络出版管理工作会议召开，本市所有网络出版单位、部分传统出版单位、张江国家数字出版基地等园区的代表出席了会议。会议总结了2018年上海网络出版的总体情况：上海网络文学销售收入47亿，占全国近40%；全国网络文学作者90%签约上海文学网站；上海网络游戏市场销售收入712亿，占全国33%；多款网络文学作品和网络游戏产品获得全国级别的奖项，数量在全国名列前茅。上海数字出版呈现以下亮点。①

1. 传统学术出版模式的转型与融合

2018年9月13日，"复旦新学术"酝酿五年之后，正式上线。

作为一个以传播人文社科学术为特色的融媒体平台，"复旦新学术"的定位是在互联网时代，为高校学者提供专业的学术服务，为高校师生提供权威的学术指导，为各个学科提供共享交流的平台。在国家大数据的战

---

① 张熠. 2018年上海网络出版业快速发展：出版游戏市场收入712亿，网络文学收入47亿［EB/OL］. 上观网，2019-03-27，https://www.shobserver.com/news/detail?id=141372.

略背景下，该平台旨在倡导传统学术出版模式的转型与融合，建立学术全媒体首发系统，建立以学术评价体系为基础的学术推荐模式，并以"PC端 + 移动端"的形式盘整学术资源，打破校际界限，将线下资源整合到线上，实现线上线下互动。它涵盖人文社科多学科、多媒体、多种不同的工作内容，涉及多种资源。

目前，"复旦新学术"包括线上门户网站 www.xinxueshu.cn 或 www.fudanxinxueshu.com，移动端公众号"复旦新学术"，即将启动的线下高端学术论坛"复旦新学术"，以及一个虚体中心——上海学术与文化创新共享中心。该门户网站（1.0 版）包含四个一级栏目：入门、首发、数据集、创新坊；另有三个衍生栏目，活动、学问、云集，以发表学术成果、发布学术信息、推荐学术经典、展示学术创新为主。

2.0 版本将结合大数据和智能推荐，聚焦期刊集成和采编、书目系统和用户后台，也已处于稳步开发阶段。移动端的内容发布则更针对终端特点进行编辑策划，以更好地吸纳用户，传播学术精品。

2. "现实题材"网络文学蓬勃发展

2018 年，上海网络出版物内容建设得到进一步加强，优秀网络出版物的传播力进一步提升，不论是网络文学产业还是传统出版的数字化转型，均取得不俗成绩。

阅文集团从 2016 年起举办原创网络文学现实主义作品征文大赛。受大赛推动，网络文学现实主义题材小说迅速增长，打破了此前网络文学套路化、模式化的症结，注入更新鲜、生动的能量，拓展了更广阔的内容空间。大赛评选出的优秀现实主义小说，社会影响力持续扩大，《复兴之路》等 8 部获奖作品已出版纸质书，《大国重工》等 7 部获奖作品签约影视版权。2017 年，阅文集团营收首次突破 50 亿大关，同比增长 23%，全年经营利润 11.15 亿人民币，月活跃用户数突破 2 亿，继续保持快速发展态势。

为迎接中华人民共和国成立 70 周年，鼓励网络文学作家创作中国人民建设新中国、奋进新时代的优秀网络文学作品，2018 年阅文集团举办了第四届现实主义网络文学征文大赛。目前，阅文集团已经单独设置了现实频道，给予原本分散在其他类型里的现实题材小说一个独立的入口，并有专门的资源支持，引导作家进行现实题材创作。网络文学所特有的立足大众视角、可读性强等特点与中国波澜壮阔的改革前进历程、与人民群众生活的变迁相结合，形成了一部部与当下普通人的生活和情感产生共振共鸣的作品。《大国重工》《朝阳警事》的点击率达到 3000 万，《逆流纯真年代》上线一年后点击率达到 8500 万。

3. 传统文化助力游戏产业

2018 年，上海网络游戏市场销售收入 712 亿，占全国 33%。伴随产业日益成熟，众多本土游戏企业纷纷致力于挖掘传统文化，以喜闻乐见的方式活化文化资源。

"今天的盛大游戏，除了正在运营的百款游戏产品之外，两年前开始投入大量资源在传统文化和科技相结合的文博项目中。"盛大游戏 CEO 谢斐表示，此举目的是把产业价值与文化价值充分融合，"让文物活起来，让文化火起来"。

盛大游戏正在打造一个国内最大的传统文化内容平台——"文物加"，它集合了国内 78 家博物馆的文物大数据，把沉睡在博物馆的藏品鲜活生动地呈现在用户面前。游戏玩家可以结合文物所蕴含的传统文化，定制一系列高颜值、有趣又不失高雅的衍生品。

基于对传统文化和用户喜好的理解，盛大正在研发多款艺术游戏，其中，与南海博物馆联合开发的模拟经营游戏，首次将非物质文化遗产"更路簿"融入其中。不仅如此，游戏还完整重现了 20 多种古代制作工艺，再现明代中期至清朝初期的南海相关航海路线。将文物加到艺术游戏中，让年轻人主动接纳传统文化。

4. 推进"电竞之都"建设，ChinaJoy 成为反映上海城市活力的亮丽名片

2019 年 4 月，《电竞简史》由上海人民出版社出版。该书填补了电子竞技研究领域的学术空白，是一部从社会文化史视角剖析当下中国电竞的重磅力作。

近年来，电子竞技在全球范围内获得高度关注，我国电竞产业也进入飞速发展的黄金时期。从首届全球电竞大会到《上海电子竞技产业发展评估报告》，都显示上海正努力推进电竞之都建设。以上海市静安区为例，由于国际化程度高、基础设施完备、赛事内容制作资源丰富、商业商务配套充足等优势，静安区目前已经呈现出产业集聚态势明显、产业链条相对完整、常规专业赛事集中、电竞内容日益丰富、政策服务支撑有力的可喜面貌。

2018 年 8 月 2 日，第十六届中国国际数码互动娱乐展览会（简称2018ChinaJoy）在沪开启序幕。8 月 3 日，以"新科技 新娱乐 新价值"为主题的 2018ChinaJoy 在上海新国际博览中心开幕。2018ChinaJoy 以"专

业展会、国际平台、促进合作、共谋发展"为展会特色,以"推动数字娱乐产业发展、促进国际交流合作共赢、加强知识产权保护、引导大众健康消费观念"为办展宗旨,形成了以四大同期展会(BTOB、BTOC、智能硬件、动漫及衍生品)为主,包含多项高端产业峰会在内的庞大会展集群,旨在为全球数字娱乐产业发展搭建一个高端、前沿、全面的交流合作平台。

5. 积极推动原创网络精品创作,支持原创网络精品"走出去"

中新网 2018 年 7 月 18 日报道,由上海市新闻出版局指导,上海市出版协会、上海大学温哥华电影学院主办,伽马数据(CNG)承办的"中国原创艺术类精品游戏大赛"正式启动。出席峰会的上海市新闻出版局党组书记、局长徐炯在致辞中表示:"峰会对于上海网络游戏产业这些年的健康快速发展起到了积极、有力的推动作用",对于启动"原创艺术类精品游戏大赛",徐局长称"要让游戏这门'第九艺术'通过对艺术的本真诉求,结合游戏的独特魅力,展现出关怀现实、关怀人文的磅礴力量"。[①]

首届"中国原创艺术精品游戏大赛",历经一年多时间,共征集参赛作品 179 款,其中参赛企业 64 家,高校 11 所。获奖作品通过网络平台向社会公布后,获得了积极、正面的热烈反响。[②]报道指出,中国游戏产业发展迅速,但如何让更多思想精深、艺术精湛、制作精良的精品力作不断涌现,满足人民的精神文化需求,成为了当前游戏产业发展的关键。

上海市委、市政府高度重视"上海文化"品牌建设。2019 年 5 月,上海市委宣传部、上海市文化和旅游局、上海市体育局联合发布《关于促进上海电子竞技产业健康发展的若干意见》。"建设全球动漫游戏原创中心""加快推进全球电竞之都建设"成为打响"上海文化"品牌,提升上海文化产业能级的重要突破点。

2018 年,上海网络游戏海外市场销售收入达 15 亿美元,同比增长 11.7%;阅文的海外站点"起点国际"已成为全球领先的中国网文海外门户网站,累计访问用户突破 2000 万。国际市场对中国题材、中国元素的兴趣在升温。上海也将加大扶持力度,支持优秀的原创网络出版精品更好"走出去",提高中国文化的国际影响力。

---

① 中国新闻网. 首届中国原创艺术类精品游戏大赛拉开帷幕〔EB/OL〕. 人民网·游戏频道, http://game.people.com.cn/n1/2018/0719/c40130-30156401.html.
② 傅闻捷. 首届中国原创艺术精品游戏大赛揭晓 10 款作品获奖〔EB/OL〕. 央广网·上海频道, 2019-08-04, http://www.cnr.cn/shanghai/tt/20190804/t20190804_524718047.shtml.

（三）按需印刷、绿色印刷、高端印刷成效卓著

1. 在按需印刷领域的探索取得一定突破

在按需印刷方面，由当纳利（上海）信息技术有限公司研发的按需印刷业务经过三年的发展，取得了可喜的成绩。2016年，当纳利按需印刷图书销售额超过200万元人民币，销售图书约4万册。全国19家出版社约600种中文图书和过往期刊通过当纳利按需印刷的模式进行销售。其中有359种图书和期刊在2016年度动销。线下"E本印"联盟书店合作继续推进，中图现代书店、大隐书局、复旦经世书局等8家书店均设置了按需印刷书店体验专区。

2. 组织参加第六届全国印刷职业技能大赛，再次获得大丰收

上海精心组织团队积极参加2018中国技能大赛——第六届全国印刷职业技能大赛，再次获得了大丰收。因为成绩突出，上海烟草包装印刷有限公司、上海新闻出版职业技术学校、上海出版印刷高等专科学校获得突出贡献单位称号；上海市新闻出版局、上海市印刷行业协会、上海新闻出版职业技术学校和上海出版印刷高等专科学校获得优秀组织单位奖；上海新星印刷器材有限公司和上海昕誉麦图像技术有限公司获得特别贡献单位奖；上海出版印刷高等专科学校程杰铭、纪家岩、付婉莹、薛克、李不言、姜婷婷、沈国荣，上海新闻出版职业技术学校钟勇、范瑞琪，上海烟草包装印刷有限公司葛巍，上海市印刷行业协会温良军，上海昕誉麦图像技术有限公司李树章获得优秀裁判员奖；上海出版印刷高等专科学校陈斌、滕跃民、朱道光，上海新闻出版职业技术学校黄彬、钟勇、吴玥尔，上海烟草包装印刷有限公司罗龙获得优秀组织者奖；上海新闻出版职业技术学校顾腾跃，上海新闻出版职业技术学校余竹，上海烟草包装印刷有限公司葛巍，上海烟草包装印刷有限公司管建萍、徐传广获得优秀指导教练称号；上海出版印刷高等专科学校王世君被评为优秀通讯员。

3. 上海印刷年会商讨应对新变化引领新趋势

2018年2月2日，一场以"新变化新趋势"为主题的2018上海印刷年会在上海科学会堂举行。上海市新闻出版局、上海市科学技术协会、柔印分会、中包联分会、数字印协、上海包协以及一百多家协会会员企业包括烟草印刷、界龙集团、紫江、龙利得、翔港等参加了此次会议。会议由上海市印刷行业协会会长李新立主持。本次大会就近几年上海印刷行业形势以及发展情况作了总结。会议认为，自2014年开始，受国内外经济形

势影响，上海印刷进入低速调整期，连续两年利润总额为两位数负增长。然而，这种低速调整实际却是上海印刷业的换挡升级，印刷业在 2017 年有了新的发展方向。2017 年，上海印刷再次呈现健康增长的良好态势，据上海市新闻出版局统计数据显示，2017 年前 11 个月，上海 180 家重点印刷企业销售总额为 393.57 亿元，同比增长 6.32%，利润总额为 24.50 亿元，同比增长 11.83%，对外贸易总额为 55.49 亿元，同比增长 6.7%，这些数据表明，上海印刷又一次站上一个新的发展起点。"零排放"成为了上海印刷新发展的突破口。

在本次会议的经验交流环节，上海紫丹印务有限公司总经理陆卫达在发言中详细谈了紫丹印务如何在努力发展经济的同时，积极践行环境保护和绿色印刷，实现经济建设和环境保护两不误的实际举措。上海翔港包装科技股份有限公司董事长董建军在发言中谈道，在如今激烈的竞争中，传统制造业旧模式已经走到尽头，企业必须靠转型才能发展。如今，以智能制造为核心的时代已经来临，翔港科技作为一家制造企业，主要通过两个方面来转型，实现提高企业的竞争力。一是积极推进企业内部信息化和工业化融合，实现"智能制造"，通过内部流程升级改造来提高生产服务品质和企业竞争能力。二是通过互联网技术与包装的结合，实现产品附加值的提高。上海同昆数码印刷有限公司是中国首家获得数字印刷类班尼金奖的数字印刷企业，开创了行业先河，企业向世界展示了精湛的科技和雄厚的实力，该公司董事总经理沈军认为，无论是哪种印刷方式，都要以质量取胜。虽然这几年数码印刷行业在中国发展迅速，但受制于印刷成本，它的应用广泛性远远没有欧美高。国外市场已经弱化了胶印与数码印刷的界限，客户更重视印刷品质量而非印刷方式。他呼吁全行业应当重视设计，发展设计，改变行业形象。上海商务数码印刷图像技术有限公司副总经理孙连丰以"打造创智团队，开拓文创新领域"为主题发表了演讲。2012 年，上海商务数码印刷图像技术有限公司开始尝试将古代壁画与现代科技进行有机的结合，还原复制文物壁画。2013 年，3D 打印技术迅猛发展，企业开始对克孜尔石窟仅存的两尊塑像进行三维扫描，并引进国内首台大幅面彩色 3D 打印机。文化产业增速日益提高，如何把握机遇，提高自身产品价值成为了重中之重。上海出版印刷高等专科学校（简称"版专"）校长陈斌在发言中表示，他充分认识到立足新闻出版转型升级和产业发展的需求，培养满足社会需求的技术技能型人才，是一代代"版专人"的责任和生存之道。为此，学校保持与新闻出版行业的紧密结合关系，形成深度互动融合态势，以服务体现特色，以贡献赢得支持，使学校发展得到强大的后盾，为青年学生实现职业梦想提供有力支持。上海市印刷行业协会秘书长傅勇详细介绍了美国印刷大奖的情况，并呼吁大家"走出去"。

上海市新闻出版局副局长陈丽对于上海印刷业近几年取得的成绩给予了高度评价。她在发言中谈道，上海印刷业产业集约化程度很高，创新能力很强，行业监管规范有序，在全国一直占有十分重要的地位。2017 年，上海有 17 家企业进入了中国制造印刷包装企业的 100 强，在全国的印刷业发展中发挥着越来越积极的作用。上海市新闻出版局历年来非常重视印刷业的发展，在平台建设、科研项目等方面给予了全方位的支持。这些年来，上海印刷业在向绿色印刷、科技创新转型，向创意设计延伸发展等方面进行了各种积极的探索，在绿色印刷方面，行业取得了新的进展。她呼吁协会能够顺势而为，依法加强自身的建设，拓展服务职能，在规范行业管理、促进行业发展方面继续发挥主导作用。最后，陈局长表示，在 2018 年，上海市新闻出版局将进一步转变政府职能，主导推动产业转型升级，借助科技和文创两大方面，构建行业新的格局。

上海市科学技术协会副主席李虹鸣在发言中表示，通过年会的交流，深深感受到上海印刷人追求卓越、勇于创新的精神。2017 年，在市新闻出版局的指导和广大印刷企业的共同努力下，协会强化职能，提升服务意识，扩展服务领域，提升服务效能，推进行业的转型升级，在全国发挥了重要的示范引领作用。在实施绿色印刷上，率先实现了中小学教科书绿色印刷的全覆盖，积极推行以"零排放"为标志的柔性版水墨印刷；在探索融合创新上，围绕"互联网＋印刷"、智能制造等方面，推动管理、科研和创意融合，实现提质增效和盈利模式再造；在推进创意设计上，发挥人才和环境优势，向产业链高端延伸，引领转型升级。

4. "小而精"的绿色创意印刷示范园蔚为大观

据《文汇报》2018 年 12 月 25 日报道，在首届长三角国际企业文化博览会上，上海盛通时代印刷有限公司、上海瑞时创展印刷有限公司、上海美美尚隽印刷有限公司等金山国家绿色创意印刷示范园内绿色创意印刷企业代表纷纷亮相，宣告金山区正在打响文创产业的"金"字招牌。① 位于

---

① 付婷，薄小波. "小而精"的绿色创意印刷示范园汇聚行业佼佼者，上海金山正打响文创产业"金"字招牌［EB/OL］. 文汇网，2018-12-25，http://www.whb.cn/zhuzhan/cs/20181225/232417.html.

上海金山工业区南部的金山国家绿色创意印刷示范园,规划面积2.45平方千米,聚集着一批绿色印刷及文创领域企业,其中有很多都是行业里的佼佼者,是探索行业转型的"领路人"。而这个小小的园区不仅是全国首个绿色创意印刷示范园,同时也是上海市文化创意产业园、上海市"四新"经济创新基地,发挥着国家新闻出版总署出版产品质量监督检测、印刷对外加工贸易综合服务、文化创意产品展示交易和3D打印公共服务等众多平台作用。

2011年,原国家新闻出版总署出版产品质量监督检测中心上海分中心在这里成立,其作为国家新闻能承载平台,发挥着不可替代的作用。出版总署出版产品质量监督检测平台,也是全国第一家对重金属及VOC提供检测服务的质量平台,目前园区拥有检测设备60余台,检测能力覆盖50余份国家和行业标准,检测项目200余项,年检测数量达到2500个。据园区负责人介绍,按照行业要求,印刷产品一般都要接受产品质量的监督检测,一方面可以保证企业产品质量的达标,另一方面也对企业生产用料的绿色环保进行规范,不论对生态环境还是对消费者来说都十分有益。以教科书为例,目前,上海市60%以上的教科书及教辅材料的质检工作都由该质检中心负责,真正称得上孩子们学习成长的"安全护卫"。

当然,园区内企业提供的丰富服务内容,不仅成为园区的鲜明特色,也满足了市场多样化的选择。2013年入驻园区的美国500强企业当纳利,在园区内投资建设了亚洲第一条POD按需数字印刷生产线,以金山数字印刷中心建设为起点,主攻POD按需数字印刷,实现了"一本起印"的个性定制规模化生产,也构建起图书先发行后印刷的新型商业模式。2015年入驻的上海瑞时创展印刷有限公司,主要从事食品、电子产品、日化、酒类等行业终端产品的道具包装、展览展示等,服务客户包含迪士尼、宝洁、联合利华、乐高等国际知名企业,在日本、泰国、澳大利亚等多个国家都有其产品的展示和定制。作为绿色创意印刷行业的佼佼者,瑞时创展的产品已经渗透到我们生活的方方面面——在超市、便利店等最不经意的角落,都可以看到其主打的POP绿色印刷产品。上海康得新文化传播有限公司,则以文化创意产品展示交易平台为依托,开展金山农民画衍生开发、京东3C系列产品等电商渠道行业资源文创产品合作开发以及2022冬奥会延伸产品开发等项目,推动了金山科技文化创意领域的发展。

三、关于实体书店改造与阅读服务创新

（一）上海实体书店渐次绽放

据书香上海 2019 年 2 月 23 日报道，在 2018 年度中国最美书店评选中，全国仅 16 家书店荣膺该称号，其中有 3 家来自上海，分别是朵云书院广富林店、光的空间书店以及钟书阁徐汇店。另据文汇报记者许旸的深度采访和实地踏勘，上海实体书店改造升级呈现一派生机。这样的变化对塑造上海城市文化品格所发挥的作用也是无可估量的。①

1. 文化名人眼中的上海实体书店

知名作家孙甘露这样评价思南书局："思南书局的一大亮点，在于选书团队。上海一批优秀的中青年作家、学者、评论家、翻译家、出版人、媒体人，除了创作、翻译、出版作品以外，早已热情投身于城市公共文化空间的建设中，将他们的聪明才智贡献给社会文化生活的方方面面。由他们从不同专业领域推荐的书籍，带来了最新最好的成果，相信会给更广泛的读者提供可信赖的阅读路径，作家与读者也有了面对面深入融洽的交流。"

华东师范大学教授陈子善说："上海新涌现的这批实体书店，没有一味追求大而全，而是具有一定文化积淀的专业化书店，对培养市民阅读兴趣、提升社区文化品味，大有裨益。一座先进发达的城市需拥有各种风格、层次、追求的专题专业书店，才能满足多元细分的读者需求。希望更多特色书店、更大型的人文社科书店加入上海书店的队列。"

同济大学副教授汤惟杰说："实体书店和网店的区别，不仅仅是购买模式的变化。走进实体书店，不同领域的书籍聚合、读者与作者、人与书的相遇，会形成特殊的'气场'，这是哪怕能提供更方便购书信息的网店所天然缺乏的。如今，实体书店多是文化热点的酝酿和发生地，这也是另一重魅力所在。"

春花烂漫，草木葱茏中，在 2018 年 4.23 世界读书日之际，上海近十家实体书店或新开张或升级蜕变，呈现出一片蓬勃生机。无论是梧桐树下

---

① 许旸. 这个春天，上海实体书店渐次绽放风景独好［EB/OL］. 文汇网，2018-04-20，https://wenhui.whb.cn/third/zaker/201804/20/195699.html.

的"人文心脏"思南书局、紧挨上海作协的作家书店、首家"新零售+"无人创意设计的志达书店，还是钟书阁徐汇店、陇上书店、大隐湖畔书局、简屋书店、漫书咖龙湖天街店，它们的到来或改变正不断拓展上海的书香版图，变身促进培育城市文化空间不可或缺的力量。

有不少学者谈到，很长一段时间，书店被卖场的单一角色所遮蔽，深陷价格战泥淖，如今，书店不再仅仅是陈列售卖图书的店铺或卖场，而是凭借专业团队的设计运营，凸显体验感、多元化、高附加值，探索出许多新的可能性。在新一轮实体书店热潮中，我们清晰地看到，书和书店，承载着人们对美好生活的期待与想象，赢得了更广阔的市场空间。

从2012年上海在全国率先出台政策扶持实体书店，到2018年上海又发布《关于上海扶持实体书店发展的实施意见》，再到上海文创"50条"，沪上书店与出版机构、社区、高校等城市公共文化资源的融合愈发紧密，"书店+"融合模式不断创新，上海正步入"加快建立布局合理、结构优化、业态多元、充满活力的新型实体书店发展格局"的快车道，品牌实体书店建设成为推动全民阅读、打响"上海文化"品牌的重要力量。

2. 为城市地标建筑赋能，本土书店品牌引领新风尚

路过复兴中路思南公馆的不少读者，都会在一栋四层楼高的花园洋房历史建筑前驻足。"四年前思南读书会创办时，我们就心心念念，这里何时能开出一家延伸读书会品牌效应的实体书店。梦，终于实现了。"作家孙甘露是思南读书会、思南书局策划团队的主要负责人之一。从一周一次的文化雅集，到今年初持续了60天的思南快闪概念店，再到每天开放10小时的思南书局实体店，他和书店主办方团队一起见证了这家新书店的应运而生——思南书局既是上海书展·上海国际文学周、思南读书会等公共阅读活动的放大推广，也深度探索了城市文化空间的升级再造。

时下，书店已成为深耕阅读市场的前沿地带。随着细分的文化需求涌现，一些实体书店不再追求大而全，在市场定位和遴选书目上日趋精细与垂直。而选书，正是思南书局的一大特色。一版一印的1886年30卷《狄更斯全集》、1670年第一版斯宾诺莎的荷兰文版《神学政治论》、乔伊斯《芬尼根的守灵夜》1935年第一个英文版本……这些令资深书虫两眼放光的珍藏版图书，都将在思南书局的书架上静候知音。记者从上海世纪出版集团了解到，书店专门组建了选书专家团队，兼具专业素养和国际眼光，随时跟踪、捕捉和遴选当下最新的优质中外文版图书品种。

总面积约500余平方米的思南书局，以陈列近7000种"文史哲艺"四大类别精品图书为主，中外文图书比例约为6∶4。如此高比例配置的中外文版图书，将在一定程度上填补目前实体书店的业态空白，更好地满足读者多样化的阅读文化需求。书局还挑选了近200个版本的西文古董书与旧版书，为喜爱外文哲学、文学珍稀版本的收藏者提供了机会。

值得一提的是，思南书局实体店已与英国知名学术人文书店品牌——伦敦书评书店结成"姐妹店"。思南书局开辟了专门空间设置伦敦书评书店新书专区，首批精选了约500种英文版新书，并会定期更新。在上海社科院文学所助理研究员盛韵看来，恰如伦敦书评书店以讲座和对话推动阅读文化，思南书局也依托思南读书会、书局的定期沙龙活动，在读者中积累沉淀了口碑。而与思南书局相隔不远的巨鹿路上，重新开业的作家书店牵动了许多文学爱好者的视线。从曾经的上海作协"门市部"小店升级为焕然一新的实体书店，作家书店有望蜕变成为流动着文学盛宴的"作家俱乐部"。人们有理由相信，本土书店品牌将为城市地标建筑赋能，上海文学创作和传播的触角将从"爱神花园"飞向更广阔的天地。

3. 高校周边书店华丽转身，试水新零售打造智慧平台

守候在复旦大学南区门口的志达书店，有着令人过目不忘的蓝橙店面设计，这家开了14年的书店即将散发全新的科技感——顾客进店无需排队结账，通过商品识别以及刷脸支付技术。书店消除了"收银"环节，用户挑选完书籍后，只需要在结算通道稍作停留、刷下脸部即可完成结算离开书店。那这是否意味着书店里没有店员？并不然。志达书店分上下两层，楼下的图书区域试水科技探索，楼上的悦悦书院则集聚了学者讲座、影片放映会、作家对话等活动，线下体验与线上便捷融为一体。上海悦悦图书有限公司董事长、志达书店创办人邹斌感慨："志达书店实现了从1.0版本到3.0版本的升级蜕变，将变为更温暖、更开放、更智能的书店。"他说，读者在书店的体验不仅仅是挑书购书的环节，而是在现有交易体验基础上，拥有更轻松、时尚的愉悦感。

有业内人士分析，未来几年书店业的一大趋势，便是以文化消费为核心，完成线上线下一体化的智能共享平台转型，以技术应用和大数据驱动为支撑，成为新零售的关键载体。志达书店，正是天猫未来店无人技术方案首次赋能于线下实体书店，堪称全新技术与传统业态的融合。

高校周边的更多书店正在华丽转身。坐落于华东理工大学的陇上书

店，店内专门设立了可容纳近 30 至 40 人围坐的沙龙区域，为举办文化讲座、学术交流、公益讲座等活动辟出空间。陇上书店发挥了背靠大学、出版社的资源优势、作者优势，将联手社区、学区组织开展全民阅读活动等。作为华东理工大学出版社的自营书店，荣获国家出版基金的"页岩气"项目、社会工作流派译库等学术著作、深受读者喜爱的迪士尼系列、日汉对照名家名译系列等，都将在书店重点陈列。巧合的是，陇上书店也考虑打造"实体书店＋互联网"的 O2O 模式新零售，为读者提供"网订店取"、交易方式多样化等个性服务。

上海市新闻出版局与市教委正联合推动沪上高校校园实体书店建设，计划从 2018 年起每年在复旦大学、上海交通大学等高校周边推出若干家高校实体书店，为入驻的实体书店免费提供不少于 200 平方米的场地、50 万元专项扶持资金，力争三年内实现本市 60 余家高校实体书店全覆盖。

4. 文化磁场辐射更广阔区域，一棵树到一片森林的书香成荫

上海新开设的实体书店更趋于向青年白领相对集中的城市副中心商圈、工业或科技园区、郊区等更广阔的区域延伸。从一棵树到一片森林的书香成荫，上海延展了书店的地域布局半径，覆盖服务了更多读者人群。

简屋书店，是青浦区单体面积最大的实体书店，与此前已扎根的上海三联书店、角里书房，在当地交织成富有生机的书店群落。筹备三年多的简屋书店设立了海上文化书架专区，未来的系列文化沙龙活动也侧重于有关上海城市文化的探讨。书店探索阅读空间叠加文化体验的功能，大大丰富了当地的公共文化内容供给。

2018 年 4 月 16 日，临港地区的第一家书店"大隐湖畔书局"在滴水湖畔举行试运行体验日活动，其首推"共享图书"模式和旅游主题书店引起广泛关注。该书局 4 月 22 日正式运营当天，还邀请了著名作曲家陈钢教授作《玫瑰与蝴蝶》的音乐分享。根据临港地区公共图书馆尚未运营的现状，该店在上海首推"共享图书"模式，开创上海实体书店"本本可读，本本可借"新模式，全店图书无须购买均可阅读，持借阅卡的读者一次性可以借阅店内总价值不超过 300 元的任意图书，而且 7 天内免费，该举措的推出有效满足了该地区读者的阅读需要。书品选择上，在人文社科类图书的基础上，"大隐湖畔书局"精心打造旅游主题书店特色，集中国内外旅游主题书刊 2000 多册，内容涵盖国内外人文风光介绍、旅游攻略、旅行札记、旅行摄影等，进一步拓展了滴水湖的旅游内涵和服务功能。大

隐湖畔书局还发布了全年各类图书分享、艺术沙龙、文化体验、文艺演出、创意手作等活动计划，以此探索阅读空间叠加文化体验的功能，丰富临港地区公共文化内容的供给。业内人士分析，作为临港地区文化产业布局的重要一环，大隐湖畔书局针对临港地区公共图书馆尚未运营的现状，以灵活的共享图书模式填补了这一区域书店布局的空白。"实体书店要在社区生根发芽，必须深入了解所在社区特性，与居民产生真挚而深切的互动，成为令当地读者流连忘返的所在。"大隐书局创始人刘军说，作为生于斯长于斯的上海本土书店品牌，大隐书局已有武康大楼店、巴黎春天店、大隐精舍等七家分店，从书店成长为有能力输出服务的文化终端。不难发现，从图书卖场蜕变为能呼吸、知冷暖的书香磁场，上海正赋予实体书店更多的文化体验可能，书店也内化为都市人日常生活中不可或缺的一部分。

对于书店的价值，文化圈有一番思考：一座城市不能仅有高楼大厦，也需要一种温柔的、软性的东西。好的实体书店，像一根定海神针，加重了所在街区的分量，善于把城市文化内敛的部分点亮，让光芒照到每个人身上。

（二）市民能享受的阅读服务缤纷多彩

1. 上海书展为市民提供更多文化大餐

上海书展成功的重要基础在于上海这座城市良好的阅读氛围。上海书展的发展壮大离不开这座城市的丰厚土壤，而阅读又在滋养着这座城市的文明气质。如今在上海，常态化的阅读活动越来越多，每个周末都有上百场活动，阅读活动已成为实体书店的"标配"。2018年的上海书展首次把分会场增加到100个，这也是实体书店回暖的一个强烈信号。上海书展坚持推广有态度、有品质、有价值的阅读，在紧跟读者兴趣与需求的同时，作为弘扬主流价值、传播先进文化的重要阵地，责无旁贷地要营造好积极向上、催人奋进的书香氛围，努力让阅读在这座城市的声音更响亮，音色更丰富。①

（1）上海书展15年：成为全球阅读版图重要"地标"

2018上海书展于8月15日至21日举行，在黄浦江畔汇书成"海"，迎来它的15岁生辰。15年来，上海书展坚持推广有态度、有品质、有价

---

① 2018上海书展暨"书香中国"上海周开幕［EB/OL］.人民网，2018-08-16.

值的阅读，使全民阅读从点点星光幻化为照亮城市的璀璨星河，推动上海成长为全球文学阅读版图上的重要地标；15 岁，上海书展恰如青春飞扬的少年，不断探索和激活这座城市的出版记忆、文化基因。以阅读的力量，进一步打响上海文化品牌。①

上海是中国现代出版业的发祥地，又以雄厚的实力和锐意的进取见证了改革开放 40 年。始于 2004 年的上海书展，经过 15 年的实践探索，如今已经成为全球阅读版图上的重要"地标"。上海复兴中路 515 号，一档以小见大的展览"倒计时"迎接上海书展启动。与改革开放同龄的上海译文出版社在这里举办"有我世界更大"主题展，回望 40 年辉煌。橱窗里，一支充满怀旧感的塑料玫瑰花斜倚在译文社经典——"外国文学名著丛书""二十世纪外国文学丛书"之中，致敬 20 世纪末外国文学繁荣景象的缔造者。从《简·爱》到《百年孤独》……20 世纪八九十年代，上海译文出版社推出的外国文学名著每一部都是"爆款"，极大丰富了中国人的文化精神生活。"译文现象"，恰恰是上海出版见证和参与改革开放 40 年的缩影。2018 年 8 月 14 日在上海图书馆揭幕的"上海出版改革开放 40 周年图片展"，以影像书写 40 年上海出版的锦绣时光：成立全国第一家出版集团；拥有全国出版发行企业中第一家 A 股上市公司；全国首个国家数字出版基地落户浦东……40 年里，上海出版与时代同行、温故创新。

（2）"朋友圈"不断扩容，书展"码头"融汇中西

为爱书人、写书人和出版人打造精神家园，持续提升国际能见度和知名度……上海书展的"朋友圈"不断扩容。2005 年紧随台风"麦莎"步伐启幕的上海书展，热闹非凡的场景令作家余华由衷惊叹。已故诺贝尔文学奖得主、英国作家奈保尔 2014 年曾来到上海书展上发布新书并庆祝生日，反复感谢上海书展令其梦想成真，满足了这位世界文坛巨宿"多了解一些中国"的夙愿。

回望百年历史，上海因开放而兴，因吸收全世界优秀文化成果、融汇中西而形成"海派文化"。这也正是上海书展的气质，它始终把打造中外出版文化交流平台、推动中国文化走向世界作为使命。近年来，上海书展上的国际元素与日俱增。作为上海书展的子品牌，汇聚全球文学嘉宾的上

---

① 孙丽萍，吴霞，郭敬丹. 上海书展 15 年：成为全球阅读版图重要"地标"［EB/OL］. 新华网，2018-08-15，http://www.xinhuanet.com//2018-08/14/c_1123268988.htm.

海国际文学周已举办到第 8 届，2018 年的上海国际文学周以"旅行的意义"为主题，吸引了 30 多位海内外知名作家从文学角度阐发"一带一路"的意义，活动多达 40 余场。

融汇中西，意味着把世界优秀文化请进来，也推动中国文化走出去。2018 上海书展的舞台上，"多彩贵州"是主宾。展区中，一列御风而行的高铁列车形象，寓意贵州出版搭乘上海书展的快车疾速前行。

（3）挖掘上海文化基因，为城市发展"赋能"

"上海书展以阅读推广的方式，不断挖掘上海的红色文化、海派文化、江南文化基因，打响上海文化品牌，努力建造与全球卓越城市相适应的文化高地。"上海新闻出版局局长徐炯说。作为上海书展"东道主"，上海世纪出版集团深挖上海文化基因，推出和首发一批重磅书籍，其中既有《傅雷著译全书》《江南城镇通史》等突显江南文化传统和城市文脉的新书，也有反映人类文明学术成果的《世界政治中的文明：多元多维的视角》《贸易打造的世界：1400 年至今的社会、文化与世界经济》等书。

上海书展联动长三角出版业，为长三角一体化发展注入新鲜活力。上海市新闻出版局和江苏、浙江、安徽三省新闻出版广电局在书展期间签署了深化合作的框架协议。上海世纪出版集团与江苏、浙江、安徽三省出版集团也举办了"长三角一体化出版发展大会"。三省一市联手启动了"江南文化研究丛书"的编纂出版。

中国出版协会理事长柳斌杰认为，作为我国现代出版业的发祥之地和文化高地，上海应率先建成享誉全球的"读书之都"。走过 15 年的上海书展恰逢其时，应为上海打造面向世界、面向未来的都市"赋能"。

（4）书展文化活动精彩纷呈，读者精神享受大快朵颐 ①

自 8 月 15 日至 8 月 21 日，2018 上海书展暨"书香中国"历时 7 天，15 万余种图书、500 多种首发新书、100 个分会场、1150 余场阅读文化活动，让市民读者在共享了一场精彩的文化盛会。

始于 2008 年的"首发机制"已经成为上海书展服务读者、服务行业的重要发力点。2018 年上海书展以更大力度推进"上海首发"，首发新书超过往届，成为上海书展最具核心竞争力的品牌效应。2018 上海书展上

---

① 2018 上海书展｜闭幕了，今年书展留下哪些亮点［EB/OL］. 澎湃新闻，2018-08-21，https://baijiahao.baidu.com/s?id=16094095754955562385&wfr=spider&for=pc.

首发的主题类图书如《读懂新时代》、"读懂中国"丛书、《钟扬文选》《钟扬纪念文选》《钟扬小传》《淞沪抗战史料丛书续编Ⅲ》等；人文社科类图书如《宋书（点校本二十四史修订本）》、《二十五史简明读本》全十五册、五卷本《中国美学全史》、"寰宇文献·西方博物学大系"、"中华现代学术名著丛书"120年纪念版分科本、《上海传》《上海六千年》、海派文化地图丛书、大型艺术普及丛书"艺术的故事"、《智利之夜》《波洛克传》《中华创世神话六讲》等，涵盖文史、社会、科学、生活、艺术等各个领域。不少新书紧扣时代主题、热点话题和读者需求，如李明春的长篇小说《山盟》聚焦扶贫攻坚；《芯事——一本书读懂芯片产业》回应公众对芯片行业的关注，书展首发后短短一个多小时销售1000余本，成为2018上海书展的销售明星。据统计数据显示，7天展期内，上海书展共集结呈现全国各地新鲜出版的500余种图书，举办276场新书首发活动；本届书展汇聚了近千位中外作家、学者和各界名人，在主会场和分会场共举办了1150余场阅读文化活动。在筹备书展期间，组委会为确保阅读活动的高质量、高品质，减少了一些过分商业化的活动，使好书、好活动在主会场有限的空间布局下拥有更大、更好的展位和平台。"七天七堂课"系列国学讲座，邀请七位国内一流专家开展高品质国学讲座和交流活动，这些活动让爱书人目不暇接，大呼过瘾。

2018上海书展还利用16个区的图书馆、实体书店、社区文化中心和农家书屋等公共阅读空间，扩展书展分会场体系，数量由前一年的40家增加至100家，包括实体书店78家、区级图书馆16家、农家书屋6家，进一步提升"书香满城"的地域和人群覆盖面。其中，设立农家书屋分会场为2018年首创。此外，书展期间全市16个区共举办260余场活动，共同营造"书香悦读季"：徐汇区依托区、街镇公共图书馆服务体系以及汇悦读书香联盟，组织举办阅读活动50余项；松江区积极开展各类读书活动共计43场；崇明区举办41场特色阅读活动；等等。书展期间举办的中国实体书店创新发展年会，聚焦新零售时代实体书店的可持续发展主题，在业界反响热烈。

2. 上海阅读文化推广新媒体联盟日益壮大

据书香上海微信公众号的介绍，2015年4月9日，上海阅读文化推广新媒体联盟正式成立，并在2015年底先后迎来三批共计58家新媒体成员。自此，书香上海与联盟成员一直在为倡导阅读文化、引领城市风尚，共同构建上海阅读文化推广新媒体强大平台而不懈努力。2018年上海书展前夕，联盟又新增24名新成员，至此，"上海阅读文化推广新媒体联盟"成员单位已经达到了82家。

其中，第一批27家成员为：书香上海、上海发布、上海静安、上海宝山发布、上海黄浦、乐游上海、上海作家、中国福利会、中国福利会出版社、上海人民出版社、上海古籍出版社、上海人民美术出版社、上海书画出版社、上海文艺出版社、上海文化出版社、中华书局上海分公司、上海社会科学院出版社、华东师范大学出版社、华东理工大学出版社、上海交通大学出版社、同济大学出版社、上海大学出版社、魔法童书会、蒲蒲兰绘本馆、上海图书公司、钟书阁、星期天读书会。

第二批12家成员为：浦东发布、上海虹口、世纪阅读、少年儿童出版社、信谊图画书、上海远东出版社、九久读书人、中华地图学社、上海新华书店、曦潮书店、悠贝亲子图书馆、思南公馆。

第三批19家成员为：上海市妇联、上海地铁、上海闵行、绿色青浦、上海崇明、上海图书馆、浦东图书馆、青浦图书馆、上海教育出版社、上海音乐出版社、上海外语教育出版社、上海科技教育出版社、复旦大学出版社、中西书局、新阅会、收获、萌芽、上海外文图书公司读者俱乐部、亚朵酒店。

第四批24家成员为：华文出版社、人民美术出版社、人民文学出版社、商务印书馆、三联书店、天天出版社、中国民主法制出版社、新闻出版博物馆、上海科学技术出版社、上海书画出版社、两江物语、书城杂志、非吼叫妈妈、玛德琳绘本馆、上海博库书城店、思南书局、新华传媒上海书城、新华一城书集、作家书店、好儿童画报、百新书局、大众书局、读者书店、阿当故事屋亲子阅读。

联盟成立来，开展了一系列书目推荐等阅读服务活动，极大丰富了广大市民的网上阅读生活。

3. 以读书会为代表的各种阅读社交活动蓬勃开展

文化是一个国家、一个民族的灵魂。文化兴国运兴，文化强民族强。没有高度的文化自信，没有文化的繁荣兴盛，就没有中华民族伟大复兴。2014年以来，"倡导全民阅读""大力推进全民阅读"连续六年被写入《政府工作报告》。2017年5月，《全民阅读促进条例（草案）》发布，推动全民阅读工作逐步从"行政性维护"向"法律性保障"推进。2018年开春之际，国家新闻出版广电总局就发布了《关于开展 2018 年全民阅读工作的通知》，要求各地要开展内容丰富、形式多样的各类读书节（日）、读书周、读书月、读书季等全民阅读重大活动；要求办好全国书博会、刊博会及地方书展书市等各类行业展会；要求大力推动全民阅读进农村、进社区、进家庭、进学校、进机关、进企业、进军营；要求重视和发挥各类媒体的宣传优势，推进全民阅读宣传推广理念创新、手段创新、内容创新。通过广泛开展各类阅读推广活动，掀起新时代全民阅读新热潮。

"建设书香社会"将"倡导全民阅读"的目标具体化，为全民阅读的实现指明了方向。各地方政府也对阅读推广活动给予了高度支持。作为全国改革开放的排头兵、创新发展的先行者，上海在推进全民阅读方面属于起步早、成果好的地区。"上海市振兴中华读书活动"已持续开展 37 周年，曾被中央宣传部、中央文明委、国家新闻出版总署评为"全民阅读优秀项目"；上海读书节至今已举办了 21 届；已经举办了 16 届的上海书展，已经从地方性的图书展销会成长为全国最具吸引力、影响力的品牌书展之一，是上海一张具有代表性的文化名片和文化品牌。

上海市委一直高度重视上海的文化品牌建设，强调要牢牢抓住文化这个城市竞争力的核心资源，进一步深刻认识文化对于上海发展的重要意义，科技兴市、文化兴市是上海面向未来发展的必由之路。读书提升个人修养、塑造城市气质、增强文化底蕴。上海书展已经成为爱书人的节日，要乘势而上，适应需求变化，创造更好条件，营造更加浓厚的书香社会氛围，让更多市民爱读书、读好书、善读书，使读书学习真正成为广大市民的一种生活方式、一种精神追求。让书香润泽更多市民、滋养城市文脉，为加快建设国际文化大都市、全力打响"上海文化"品牌作出更大贡献。上海市政府还通过营造政策环境、发动社会力量、打通相关产业上下游、优化阅读文化生态链、重视对区县考核中的文化因素等方面进行战略布局和统筹协调，给人民群众创造良好的写书、出书、读书的环境和氛围，进而推进全民创作和全民阅读恒久开展。在此环境下，各区县都形成了特色鲜明、深受群众欢迎的全民阅读活动品牌。全民阅读活动整体呈现机制化、品牌化、常态化、实体化的发展态势，一个以"书香上海"为精神内核的全民阅读文化共同体应运而生。

在推进全民阅读，增进文化自信方面也是如此。在中宣部指导和上海市委领导下，上海开展了主题鲜明、内容丰富、形式多样的全民阅读活动，努力构建一个由写书人、出书人、售书人、读书人组成的阅读文化共同体，而这其中，读书会的作用更为明显。如今，市民形成了直观感受——在上海，转角就能遇到读书会。当你走在淮海路，就会遇见以学术见长的望道读书会；当你走在北外滩，就会遇见讲述上海文化的建投读书会；当你走进思南公馆，就一定会遇见讲述文学故事的思南读书会；当你去上海图书馆，你一定会了解举办了40年3400多场次、直接听众150多万人的上图讲座；当你去浦东，就会遇见以主题类为主的学习读书会和以社科为主的陆家嘴读书会；当你去长宁，你肯定会听说星期广播阅读会……

据不完全统计，在上海有3万余个读书组织，小有规模、较为知名、活跃度高的读书会超过百家①，侧重点也有所不同，有的侧重文艺，有的侧重学术，2018年，这些读书会又各有发展。

一是综合类读书会的全民参与。每个读书会在成立之初都有自己的定位，虽然在实际举办中，可能其他内容也有所涉及，但是绝对不会是大部分，而综合类读书会最著名的代表就是上海的王牌阅读活动——上海书展。作为上海最大的"读书会"——由国家新闻出版广电总局、上海市人民政府主办，中共上海市委宣传部和上海市新闻出版局承办的上海书展已经成为在全国最影响力的阅读推广品牌之一。从2004年到2018年已经连续举办15年，参观人数从2004年20万人次增长到97.8万人次参展人数（其中主会场38.6万人次，分会场59.2万人次），阅读活动从170余项增长到1150余项，其功能也从最初的以售书为主转变为以通过活动推进全民阅读为主。15年间上海书展吸引了数千位海内外知名作家、学者与读者"零距离"接触，被誉为"读书人的文化黄金周""老百姓的阅读嘉年华"。阅读好平台成就好品牌，上海书展15年来创设了"书香中国"阅读论坛、上海国际文学周、"书香·上海之夏"名家新作系列讲坛等书展子品牌，与全市16个区携手组织"书香上海悦读季"系列活动，统一协调、配置各类优质阅读文化资源到区县、社区，让"大家"走近大家，使书展更接地气、更贴近读者百姓，真正推动阅读文化在全市每个角落落地生根、开花结果，达至"书香满城、分外浓郁"。上海书展在紧跟读者兴趣与需求的同时，作为弘扬主流价值、传播先进文化的重要阵地，责无旁贷地要营

---

① 阮健英.我国大陆地区读书会实证分析［J］.情报探索，2017（07）：62—66.

造好积极向上、催人奋进的书香氛围，努力让阅读在这座城市的声音更响亮，音色更丰富。

二是时政主题类读书会的有益尝试。自 2003 年主题出版的概念被提出以来，主题出版越来越被出版社和读者重视，尤其在进入新时代以来，如何在坚持服务党和国家大局的同时，进一步满足人民过上美好生活的新期待，为人民提供丰富的精神食粮，是主题出版面临的重大考验和紧迫课题。近几年来，主题出版图书的种类有了大幅度的提高，但是如何真正飞入寻常百姓家则是需要进一步思考的问题，最好的方式是与大众面对面。在上海众多的读书会中，有些读书会也在活动中加入一些理论解读的内容，如思南读书会举办过党建主题，上观读书会解读过重大理论，但是相比较而言，较为零散和单一。因此，2018 年，上海唯一以时政为主题内容的读书会应运而生——学习读书会。学习读书会于 2018 年 4 月启动，每两周的周六下午在浦东图书馆举行，以著名学者深入浅出的主题演讲为主，同时植入对谈、资料赏析等多种形式。与主题出版相似，学习读书会也非常关注重大时间节点，在 11—12 月，学习读书会举办纪念改革开放 40 年的主题月，邀请上海音像料馆的张景岳以影像资料赏析的形式阐述上海改革前后的衣食住行，引起在场观众的共鸣，大家看着小时候熟悉的场景，纷纷有感而发。在常规活动的同时，学习读书会还推出主题图片展，选取改革开放历程中的 40 个瞬间、40 个故事，邀请著名主持人骆新、刘凝在线解读图片背后的感人故事，至今收听量已达 7.3 万，反响热烈。

三是学术类读书会的推广。随着海量资讯时代的到来，"碎片式语言，拼盘式内容"的快餐式文化浅阅读越来越多，如何有效地培养读者深层次思考、专业性素养，学术类的读书会肩负着责任。在上海，学术类的读书会遍布很多，如文汇报社主办的文汇讲堂，上海市社联主办的望道讲读会，虹口区委宣传部、建投书局主办的建投读书会，上海人民出版社负责举办的陆家嘴读书会、行知读书会以及各高校自己举办的校内学术读书会等。众所周知，学术著作与大众图书相比，读者的数量相对较少，且更为集中，多为从事专业领域的读者，如何扩大学术著作的知晓度和影响力，上海多家读书会进行了尝试，其中文汇讲堂是比较有代表性的一个。文汇讲堂由文汇报社主办，创办于 2005 年 11 月，到 2018 年已经举办了 14 年 120 多期，它的定位是在关注热点的学术类大型公益演讲平台，以传播人文关怀、汇聚高端名流、讲得通俗易懂、堂中尽情交流为宗旨，以"在场、在版、在线"的多次传播方式，弘扬时代所需之思想、文化、精神。除了举办长达14年之久的文汇讲堂，近两年，学术类的读书会也有迅猛发展的势头，而这其中，以江南文化、海派文化为特色的建投读书会在2018年更是聚焦此主题，做得有声有色。

四是文艺类读书会的繁荣。思南读书会由上海市新闻出版局、上海市作家协会、黄浦区委宣传部共同主办，坐落在上海文化标志性建筑思南公馆里。从2014年至2018年已经举办了四年，举办期数超过了200期。思南读书会秉承"把有价值的书推荐给读者，也帮助爱书人深读、精读"的初衷，采取一个话题、一本新书、几位嘉宾、互动对话的活动方式，每周六下午两点，准时在"思南文学之家"举行。读书会主打作家牌、国际牌，迎来了奈保尔、李欧梵、金宇澄、毕飞宇等700多位海内外知名作家学者，四万人次读者参与，成为上海乃至全国知名的阅读品牌。2018年，思南读书会从1月6日开始到12月29日结束，共举办了58期活动，总期数达到280期。内容从诗歌、小说、文学评论、美学等各个方面展开。2018年，中国全民阅读年会在广西南宁国际会展中心举行，公布了"全民阅读优秀推广机构、推广人"，思南读书会荣获"全民阅读十佳推广机构"荣誉称号。2018年10月，在第二届"上海文化十强十佳十人十大品牌活动"评选中，思南读书会荣获上海十大文化品牌提名奖。

四、关于出版智库建设及出版人才培养

国民经济的发展和上海提出的文化大都市、国家历史文化名城、卓越的全球城市、具有世界影响力的社会主义现代化国际大都市等建设目标，对文化创意产业人才提出了崭新的要求。上海作为我国近现代出版发祥地和传统出版重镇，在出版人才培养方面居于国内领先地位。近几年，随着文化创意产业的兴起与出版业转型升级加快，出版人才培养受到各方高度关注。

（一）我国出版人才教育的现状和问题

根据相关学者统计，目前约有505所高职院校开设754个出版及相近专业，开设编辑出版学、数字出版等本科专业的普通高校为92家，招收学术型和专业型硕士研究生高校分别是45家和20家，招收出版专业或设

立研究方向的博士点院校约 12 家。上海作为我国出版业重镇，同时又是全球文化创意资源聚焦城市，在出版人才培养与专业建设方面居于国内领先地位。在国家新闻出版署和地方政府的大力支持下，依托本地丰富的出版文化资源和出版院校的积极建设，上海市现已形成包括中职教育、高职教育、本科教育、硕士生教育和博士生教育的完整出版人才培养体系。目前，上海出版类职业教育培养院校 2 所，分别是上海新闻出版职业技术学校、上海出版印刷高等专科学校；编辑出版学本科教育培养院校 3 所，分别是华东师范大学、上海理工大学和上海师范大学；出版类硕士教育培养院校 4 所，分别是复旦大学（出版专硕）、华东师范大学（出版学硕和专硕）、上海理工大学（出版学硕和专硕）和上海师范大学（出版学硕），其中出版学术型硕士学位点 3 家，出版专业型硕士点 3 家；出版类博士教育培养院校 2 所，分别是华东师范大学（挂靠传播学博士点）和上海理工大学（挂靠传媒管理博士点）。

但是，这仍然无法满足上海出版业对高端人才和复合型人才的需求。传统媒体与新兴媒体融合发展，是增强文化软实力、保持主流舆论领导地位和促进传统媒体走出困境的需要，但传统媒体与新兴媒体融合发展的推进速度并不理想，以致屡屡陷入困境。造成这种局面的主要原因在于新闻出版机构领导者关于媒体融合的认识模糊和出版从业者综合素养欠佳。因此，传统媒体只有摈弃幻想，积极拥抱互联网，努力提升从业者的互联网思维、新媒体传播素养、互联网文化建构能力、互联网内容生产能力以及价值创造和意义诠释能力，才有可能走出困境，在互联网框架下重新寻找自身的社会价值，并闯出一片新天地。为此，我们的教育有必要聚焦产业发展的关键领域和痛点问题，提出一套与文化创意产业需求适配的人才培养模式和教材体系。

随着人工智能、大数据等技术的迅猛发展，出版业内容生产模式、产品形态、经营方式和发展逻辑都发生了巨大变化，对出版专业人才培养提出新的要求。目前，上海地区基本建立起了包括职业教育、本科教育和研究生教育在内的完整出版人才培养体系，为上海乃至全国出版业发展提供人才保障。然而，面对新时代的机遇和挑战，上海出版人才培养方面仍面临诸多问题亟待解决。

一是，出版人才培养规模有待提高。尽管上海出版人才培养体系相对完整，但各个层次学校数量较少，如本科阶段只有 3 所高校，这与上海传统出版重镇地位不相符，也难以适应快速发展变化的出版业对应用型人才的迫切需求。因此，有必要加强对出版人才培养的重视程度，进一步加大培养队伍的规模，推动上海新闻出版事业的可持续发展。二是，培养目标同质化程度较高，缺乏差异化定位。尽管不同高校在学科背景与资源优势方面存在差异，但落实到培养目标层面，仍然存在同质化较高的问题。此外，不同层次的出版人才培养，特别是本科与硕士阶段，教授内容也应有鲜明的区分度，从而形成差异化的发展定位。三是，上海地区出版高校交流互鉴与资源共享亟待加强。从目前发展来看，上海地区出版类高校既有"985"级别高校、市属重点高校，还有大专院校，然而，相比于北京、浙江等地出版专业高校之间的频繁互动，上海地区不同高校之间的互动交流程度较低，资源共享意愿不足。

（二）关于出版人才培养体系建设的若干建议

针对上述现状和问题，我们认为，未来上海出版专业人才培养应着重加强几方面工作：

一是鼓励更多高校开办编辑出版学本科专业，或申请出版专业硕士学位，以丰富上海地区多层次的出版专业人才培养发展，尤其是像上海外国语大学、上海体育学院等特色型高校，可积极参与到出版教学队伍中，以形成差异化的人才培养格局。

二是建立上海出版智库，从招生就业、课程体系、学习实践等各方面系统性、全面性规划人才培养流程，做好出版专业不同学历之间的衔接，实现出版人才的全面而自由的发展。

三是充分利用上海优质出版和文化资源，加强出版专业高校之间、高校与行业之间的深度交流合作，如定期举办学科研讨会、产业峰会、学术沙龙等，加强各单位之间的资源共享，引领国内出版专业教育和出版行业发展趋势。

在借鉴了国内外出版人才培养的成功经验后，项目组提出以下人才培养模式，供出版教育机构和政府决策部门参考。

1. "三维一体"的出版人才培养策略

"三维一体"即是人才培养主体、平台、手段，实践教学体系和实践教学手段三个维度的协调统一。具体内容如下：

（1）人才培养主体定位、平台打造和手段优化

第一是人才培养主体定位。为了提高学生自主学习的能力，在出版专

业的课程上要摒弃传统的在课程上填鸭式照本宣科的教学方式，借鉴国外丰富多元的教学方式，形成以学生主体、教师主导、企业导向的人才培养主体定位的教学结构。在教学过程中，要让学生积极主动地参与其中，而不是单向式教学，可以让学生每周汇报出版案例，学生在查找案例的过程中会了解到企业成功的经验或失败的教训。但仅仅是分享案例还远远不能达到效果，要让学生在具体的案例中提出自己的问题和想法并进行课堂讨论和模拟训练，把案例教学、互动式教学、实践教学结合在一起的教学方式有利于形成学生和老师良好的双向互动。老师在课堂上应该起到主导作用，在传授基本学科的同时，可以组织安排学生到有关企业参观学习。此外，还可以聘请企业中高水平的编辑出版人员参与到教学中，这类人员会比老师更加具有社会实践经验，通过分享他们丰富的出版经历，为学生提供更加真实生动的案例，帮助学生了解出版的前沿动态。

　　第二是人才培养平台打造。人才培养平台可分为"课堂—课外—校外"三大平台。首先是课堂基础理论知识学习的平台，这也是构建另外两个平台的基础。这个平台上要注重与出版有关的知识，虽然出版专业注重实践，但实践也是基于基础知识之上才能进行。出版专业学生的课程由专业课和选修课这两部分组成。专业课包括教育部规定的专业主干课程以及各高校根据学校想要培养人才的侧重点所开设的课程，选修课则由学生根据自身想要提高的能力进行自主选择，如数字技术能力、营销管理能力等。其次，是课外学习知识的平台。学校可以根据自身情况在校内建立出版实训室，[①] 每周安排固定的时间让学生在实训室里进行操作练习，也可以延长实训室开放的时间，让学生可以随时实践。通过模拟出版从产品到运营的完整流程，培养学生出版产品的制作与编辑能力。最后，是校外学习平台。校外实践平台可以是老师组织学生定期到企业参观学习，也可以与企业进行合作，企业发布创新创业的项目，再与学校共同构建出版创新创业的平台，学生可以通过此平台发挥所长，锻炼自主创新能力，为出版市场注入新活力。

　　人才培养平台的打造，是对人才培养模式的完善。当前高校人才培养很大程度上落后于出版业的发展，因此，在平台的搭建中，要做好每一个

---

① 马持节. 全媒体编辑出版专业人才培养创新研究——以广东财经大学编辑出版学专业改革为案例 [J]. 中国编辑，2014（04）：74—77，83.

环节、每一块内容，只有将课堂、课外、校外三者有机结合在一起，才能够创新数字媒体环境下出版人才的培养模式，培养出真正适应市场需求的人才。

第三是人才培养手段优化。优化人才培养的手段，最重要的是以实习实训、创新创业、实践就业为宗旨，转变人才的培养目标、完善课程体系、建设师资队伍来达到优化目标。首先，转变培养目标。要从根本上转变人才培养的教育理念，树立"大出版""大教育"的理念，把培养应用型、复合型人才作为人才培养的目标，这就要求人才需要具有大的知识层面、掌握出版专业技能、拥有自主创新的意识以及善于发现问题解决问题的能力。因此，新时代的人才培养目标应该包括知识素养目标、专业技能目标、创新能力目标和人才规格目标。[1] 其次，完善课程设置。复合型人才的培养需要其知识面广，了解出版行业的方方面面。这不但需要具有扎实的理论基础，还需要了解最新热点。此外，随着数字出版的发展，高校也要注重出版技术能力的培养。最后，建设师资队伍。要规范人才考核机制，招揽掌握数字技术、网络新媒体、出版营销等方向的经验丰富的人才，也可以聘请媒体出版业高水平的从业人员来校教授相关课程。要加强师资队伍培训，以学术交流、项目资助等方式，有条件的还可以让老师到国外高校访问学习。

（2）建设"校企结合"的实践教学体系

出版形式的变革带动了人才培养模式的变革，高校培养人才的目标在向应用型、技能型人才转变，校企合作模式是人才培养模式改革的主线和核心。与企业进行合作最开始是高职高专院校常用的教学模式，随着教育的深化改革，目前校企合作已经成为一种常态化的教学模式，各高校也加强了与企业的联系，实现资源共享、信息共享的"双赢"模式。2018年7月，"全国高校数字出版联盟"在北京成立了，将"校企结合"的人才培养模式引领向新的高度[2]。当前出版行业处于重要变革时期，各类出版物竞争激烈，校企合作机制让出版专业人才实现突破与创新，培养出适合未来行业发展需求的综合应用型人才，为出版市场带来新鲜的活力。

---

[1] 沈秀，赵青，王文华. 行业需求视域下高校数字出版人才培养思考 [J]. 科技与出版，2019（08）：149—152.

[2] 吴鹏，程放. 数字出版转型期高校出版人才培养策略探究 [J]. 出版发行研究，2014（02）：91—94.

在这种实践教学体系下，要立足于双方的互动性，企业为学生提供合适的实习机会，让学生参加到企业的实际出版工作中，让学生把在学校学习到的知识高效率地运用到实践中，来发现理论上的欠缺。在工作环境下，学生能够深入地了解到出版的前沿工作，丰富知识储备的同时开阔了眼界，帮助自身为之后的职业进行规划。"校企结合"还体现在合作开课办学，如北京印刷学院和中国出版集团有限公司、中国教育出版集团有限公司等达成协议，在改革课程设置和人才培养方面已经深入合作多年；中国人民大学新闻学院也联合了今日头条一起研究开发出适应当前新媒体环境的课程体系；此外，汕头大学、河南工业大学、温州商学院等高校都实行了这种方法，为了进一步加强学生的实践能力培养，让实践能力更加系统化，培养出高素质的出版人才。[①]

（3）采取"分层递进"的实践教学手段

出版专业作为一门实践性很强的学科，不同于其他重理论的课程，特别是在现在数字出版时代，更要加强培养学生的实践技能。首先要夯实第一课堂，第一课堂的教学要加强实训内容，主要分为构造基于核心就业岗位的课程内容与开发系列特色课程：一、对目前出版企业中不同岗位需要做的业务进行分析来重构专业课程体系，达到精准学习的目标，同时要整合课程内容，在校企合作的基础上导入企业资源，设计学习项目。二、开发特色课程，可以是出版职业导入课程，可以是职业岗位课程，也可以是前沿动态课程，确保每学期能够开设一门，让学生在高校教育中能够得到系统培养。其次是拓展第二课堂，其主要目的是为出版专业注入生机活力，可以创办"数字出版工作室"，由专业教师指导，让学生自主进行管理，让理论教学与实践教学相融合。也可以在工作室实践模式下，依托学校合作的出版企业来承接市场业务，从而获得合理的报酬。此外，在第二课程上可以开发隐性课程，如设计专业竞赛、规范社会实践、强化出版协会管理等，从而拓宽人才培养阵地。最后则是整合社会资源，搭建校企通道，开发第三课堂，如建立学生到岗实习基地、订单培养基地、寒暑假社会实践基地等，让学生零距离体验出版业人员的工作，从而塑造培养自身的核心技能，塑造未来的职业能力。

---

① 周韶梅，刘菡. 新媒体环境下新闻出版人才培养革新探析［J］. 出版发行研究，2018（12）：103—106.

2. 高校出版人才培养模式的创新

（1）"两引一支"创新人才培养模式

目前许多高校在创新人才培养上已经做了很多尝试与改革措施，在发挥学校已有的优势资源的基础上，加强与出版企业的合作，争取培养出更多的创新人才。"两引一支"的培养模式是指以兴趣为引导、以平台为支撑、以项目为指引的模式。只有充分调动起学生在专业方面的兴趣，打造良好的学生学习实践平台，再通过真实项目进行指引，才能为学生提供自由的学术氛围和有价值的实践机会。[①] 兴趣作为学习的基础起着引导的作用，只有充分让学生发挥主观能动性才能使学生专心认真地投入实践活动中。没有兴趣，就无法长期在一个行业中工作下去。平台是兴趣的支撑点，兴趣需要一个可以表现的地方，平台则可以让学生自由发挥自己在专业上的想法。在平台上得到锻炼之后，通过企业的真实项目，来接触真正的职业环境，学校搭建的平台再真实也会和实际有所差别。项目在模式中指引着学生往正确的方向前行，提高学习和工作的效率。

学生自主选择出版专业说明其对出版抱有一定的兴趣，学校要着眼于进一步提升学生的兴趣，让学生积极主动参加各项社会实践活动。只有对出版有着较大的兴趣，才会对出版工作内容产生好奇，然后主动参与其中去了解整个出版的流程，进而参加一些学习型项目，如成立"出版工作室"等来模拟真实出版过程，锻炼自己各方面的能力，让理论学习充分运用到实践中，也为自己今后在行业中想要从事哪一方面的工作进行初步定位。由学校和企业合作建立的真实项目平台也为学生提供良好的实践机会，如"新媒体创意大赛"等大型比赛，学生不仅要有足够创新的选题内容，还要有创意的展示方法来把内容表达出来。在这样的过程中，锻炼了学生的创新能力，也让学生在对新媒体技术的应用能力、团队合作能力上都得到了培养，让学生在未来走入职场中可以成为具有竞争力的人士。真实项目则能够快速促进学生的成长，也是培养一批优秀人才的催化剂。在进入企业进行实习的过程中，最大限度地实现实践与理论结合。项目不仅培养学生的操作能力，也培养学生发现问题并解决问题的能力。

---

① 杨凤田，吴宏元.兴趣引导、平台支撑与项目牵引——沈阳航空航天大学创新人才培养模式［J］.高等工程教育研究，2014（01）：6—11.

（2）"2+2"模式

"2+2"模式是指实行"双证制"与落实"双导师制"。高校要培养应用型、复合型人才，就要坚持以市场需求为导向、以提高学生的综合能力为核心、把培养学生的实践经历与可持续发展能力放在首要的位置。

第一是双证制。"双证制"将学校教育与职业资格进行融会贯通，将职业资格认证制度的考核内容、考试标准融进教学特别是实践教学中，使学生在获得毕业证书的同时，获得相应的职业资格证书，从而提升高校人才培养的质量[①]。在本科教育期间，学校应该鼓励学生在学习之余多获取与本专业有关的职业资格证书，如"编辑资格证"等。这样在准备考证的过程中不但能通过考试了解到课堂之外的知识，而且利于了解未来专业的就业情况，增加自身的就业竞争力。此外，由于目前许多高校出版专业的课程设置和教学内容和社会需求的能力素养联系不够密切，导致人才培养跟随不上行业发展的需要，"双证制"也是推动课程体制改革的需要，进行学历教育课程与职业资格证书课程的开发与整合，让课程向增强学生实践能力转变。

第二是双导师制。"双导师制"是指让专业教师和实践导师共同培养学生，高校可以从行业中聘请一些拥有丰富经验的专家，为学生提供更多的实践和就业机会，如纽约大学出版研究中心的很多老师都是来自媒体公司的高层人士。教育部在 2011 年 11 月发布的《关于深入推进专业学位研究生培养模式改革的意见》中明确指出："专业学位研究生实行校内外双导师制，培养以职业需求为导向。"由于此文件并没有明确指出"双导师制"应该遵循的准则，因此虽然各高校纷纷实行此项制度，但未让制度落实到位。在实际培养研究生的过程中，往往只是以校内导师为主，而校外导师对学生缺乏实际的指导。落实"双导师制"，建立科学的考核激励机制，在鼓励校内导师积极负责学生学术科研等主要工作的同时激励校外导师积极参与到学生培养的全过程，承担起监督指导学生的专业实践的工作。此外，也要加强校外导师与校内导师的友好合作，抛开以往"只分工不合作"的现象。[②]

新的时代对人才培养提出了新的要求，如果高校教育无法跟上社会发

---

① 肖兴达，张建平，赵辉."双证制"培养的理论与实践［J］.中国高校科技，2011（09）：56—57.
② 李德升，陈丹，张聪聪.高校出版人才培养的多为创新——以北京印刷学院为例［J］.印刷学院学报，2018，26（12）：96—99.

展的需求，在影响学生未来就业的同时也会阻碍整个出版行业的发展。任何行业都不是墨守成规、一成不变的，想要改革创新，首先要从人才着手，引入复合型人才为行业注入活力。目前国内高校在出版人才培养的道路上一直处于探索的阶段，虽然少数高校已经摸索出适合自身学校发展的模式，但是大部分仍然在尝试与和学习中。在创新出版人才培养模式的过程中，要认识到目前存在的问题并积极解决，这样才能真正为出版业培养出一批又一批高质量的优秀出版人才。①

（三）上海出版智库建设的现状、问题与发展对策

当前我国智库，尤其是出版智库建设仍以数量取胜，智库建设质量还有待提升，智库影响力也有待加强。我国出版相关人员对出版智库的认识还模糊不清、似是而非，边界不明、功能泛化、新瓶装旧酒的问题比较突出。出版智库建设还没有受到普遍的重视，一方面智库在参与政府决策、引领行业发展中的作用还比较微弱，国际影响力较低，另一方面，具有宏观性、前瞻性、战略性、引领性的研究偏少。

上海是我国出版产业的重要力量，有着出版智库建设和发展的得天独厚的资源优势。当前，在出版业数字化转型时期，上海市涌现了一批如"阅文集团""喜马拉雅"等数字出版公司，为出版业发展和出版智库建设提供了良好的平台，同时，依托上海市诸多高校在出版领域学科建设优势，以及上海政府各有关单位的政策支持，上海市未来出版智库的建设与发展将大有作为。

总体上，上海市出版智库建设较为务实，基本回应了市委、市政府以"项目制"为抓手，引导新型智库从业人员积极研究新情况、解决新问题的要求和标准，为实现上海新型出版智库转型打下良好基础。但同时，面对出版业相对复杂的业态构成，上海市新型出版智库建设也有诸多需要解决的问题。为此，应科学发展各类型智库，制定合理发展目标与转型规划，制定合理人员培养方案，实现上海出版智库良好的人才格局，同时强化上海出版智库品牌建设，完善沟通渠道以提高智库影响力。

2018年底，上海市召开了新型智库建设工作推进会，会上强调：上海要进一步健全符合智库特点的政策体系，优化有利于智库发展的政务环

---

① 程海燕. 三维协同 项目导向——"出版网络营销"课程教学模式研究［J］. 出版发行研究，2015，11：14—19.

境，探索建立决策部门与智库之间的常态化、制度化对接机制，进一步加大智库人才的培养集聚力度，激发智库人才的创造力。加强媒体与智库之间的交流互动，增强"智媒融合"的协同效应，进一步放大新型智库建设的社会效应和智库成果的社会影响力。对上海新型出版智库的建设而言，可重点从以下三个方面谋划布局。

1. 科学发展各类型智库，制定合理发展目标与转型规划

推动上海出版智库建设，首先要从出版智库发展的战略层面和战术层面作合理调整。战略上，各类出版智库要充分重视向新型出版智库转型的重要性和必要性；战术上则应制定符合自身实际的发展目标和转型规划，真正提升出版科研机构的学术价值和社会价值，最大化发挥出版智库的实际作用，确保上海出版智库在我国出版智库格局中的重要地位。

在制定合理发展目标和转型规划中，各机构应积极学习掌握国家、上海市等有关部门关于智库、出版智库的相关政策，在此基础上，最大化保障智库研究的独立性。独立性是智库发展的灵魂，在出版智库建设过程中，应尽最大努力做到不受资金的驱使，不受企业利益的影响。机构应站在出版业整体发展的高度，不拘泥于现状解读，在科学预判的基础上，提供具有前瞻性的政策建议方案。同时，机构的目标设定应牢牢抓住智库的"政策性"功能，为各级别出版政策制定部门提供智力支持。对上海的出版智库来说，在衡量机构的实际情况以及政府和社会需求的情况下，应充分发挥机构的"政策性"功能或"地域性"优势，不断提升出版智库建设的影响力。同时在规划制定过程中，应重点围绕自身的"学术"优势和"产业优势"，不求"大而全"，但要"小而精"，努力寻找符合自己发展的特色研究方向，深耕其中，形成自身的智库优势。

2. 制定合理人员培养方案，实现上海出版智库良好的人才格局

人才问题是出版智库建设最为棘手的问题。实际上，智库转型过程中出现的许多问题归根到底都是人才问题。在合理的出版智库规划纲要下，各机构应优化人员招聘流程，适当改变招聘需求，加大对技术性人才的招聘，同时注重人员知识结构的丰富性和复合性。据笔者了解，上海各大出版智库招到高水平人才并不困难，难的是如何培养人才、留住人才。这不仅需要合理的薪酬保障，更需要激励制度的建立以及合理的人才培养方案的制定。另外，笔者发现我国不同类型的出版科研机构所面临的人才问题不尽相同，因此出版科研机构的人才发展应根据机构的不同类型而有所

差异。

对于组织架构和人员结构比较完善的出版智库，应更多关注现有人才的培养。定期开展出版智库建设相关会议和培训课程，鼓励成员根据部门专业和研究优势，以出版政策制定为目的，申报相关课题，并对优秀项目进行奖励。同时，应加强机构人才的科研交流，尤其应重视与其他出版智库或出版企业的交流与合作，可组织短期或长期的互访活动、组织定期的相关国际、国内研讨会议等，从而提升上海出版智库建设的影响力。

3. 强化上海出版智库品牌建设，完善沟通渠道以提高智库影响力

出版智库应坚决做政府决策的参谋者，而非随从者。总体上，当前我国出版智库的影响力较弱，急需将出版智库品牌建设问题提升到一定高度。

智库的品牌建设绝非一朝一夕，可以完成涉及机构管理和运营的方方面面。就上海而言，出版智库的机构负责人应在思想上认识到出版智库品牌建设的重要性，尤其注重智库建设过程中的沟通和宣传工作，发掘机构在地域、专业、平台等资源优势，智库品牌就是智库资源，智库资源就是智库财富。一方面，各智库机构应根据现实条件及机构定位建立和各级相关部门间的合作关系，建立相关的意见建议递送通道，定期组织机构人员与出版政策制定部门进行交流，了解部门政策需求。另一方面，各机构可建立属于自身的机构网站，并根据实际，适当建设出版智库新媒体矩阵，完善充实网站或矩阵子条目，发布机构的科研动态及各类机构信息。同时及时报道机构组织或参与的科研活动，积极主办或参与出版业相关会议，加强组织间合作，增加机构媒体曝光度，从而提升上海出版智库建设水平和影响力。

第一部分
传统出版转型与出版质量提升

上海出版社会效益评估的实践探索

王莳骏

摘　要： 为什么要对出版社开展社会效益评估？开展社会效益评估，其意义和作用究竟如何？政府的管理职能和引导机制如何在评估体系中予以体现，并得到落实？本文以上海市实施多年的出版社社会效益评估为具体案例，分析和阐述了开展社会效益评估对出版社的经营和发展所具有的指导意义和引导作用，以及如何通过实施社会效益评估，不断有效落实和提高政府的管理职能，引导和激励出版社坚持走专业化、学术化和优质化的发展之路，以满足人民群众对高质量的优秀文化产品的需求。

关键词： 管办分离　优化布局　确保重点　评估体系　精品化战略

2004 年，在上海文化体制改革的大背景下，上海市新闻出版局在原"双效益"评估体系的基础上，创新性地建立了上海市出版社社会效益评估体系，并将这一体系从原局属出版社推广到上海所有出版单位，以推动和确保上海的图书出版规划能力进一步提升，专业与学术出版的定位至为坚定，精品与优质意识牢固不破。这一体系创立与实践至今，尽管大到全国，小到上海本地，图书出版的态势和格局发生了极大的变化，但因其指导性明确，操作性强，指标性科学，规律性合理，不仅得到了上海市出版界同仁和各出版社的认同，也得到了国家出版行政主管部门及全国出版界同仁的好评。上海的一些出版社还以此为标准，建立了本单位的员工社会效益考核体系。本文试就这一评估体系的建立及多年来的实践经验与作用做一些思考与分析，以评估其在现实工作中的价值、作用和意义。

一、制定"上海市出版单位社会效益评估办法"的背景

上海市开展出版社社会效益评估工作可追溯到 20 世纪 90 年代。当时，我国长期以来实行的管办一体化事业体制导致"管办不分"成为事业单位管理体制中长期存在的顽症，为改变这一现状，中央要求积极探索管办分离的有效实现形式。此项工作最初开始于工商行政部门所主导的市场"管办分离"改革，其后延伸到出版、卫生、体育、教育等其他领域。从内涵来说，管办分离实际包括三层含义：一是监督管理与具体运营的分离，其解决的关键是政府与事业单位关系问题，即政府作为公共管理者，如何对事业单位进行宏观管理与监督（管），事业单位作为公益事业生产者如何负责事业单位运营（办）。二是公共管理职能与出资人职能的分离，其解决的问题是从政府职能层面进行管办职能的分离，将政府对社会事业的公共管理职能（管）与举办事业单位形成的出资人职能（办）分离。三是管办机构分设，分别设立承担公共管理职能与出资人职能的机构。

仅从形式上说，上述三方面在当时的上海出版界还是比较容易做到的。与各地情况有所不同的是，上海的"局社分设"自"文革"后即已形成，除了选题管理、干部管理等权限之外，局属出版社的日常经营活动基本由社独立开展，局一般不予干预。至于大学社和社会层面出版社与局的关系则更为明晰。

管办分离带来的进一步问题是，管理者如何加快实行政府职能转变，创新政府管理方式；运营者如何肩负社会责任，更为科学、合理、规范地做好运营工作，服务于社会。显然，厘清主管部门与事业单位之间长期形成的权力、利益格局，在管办职能分离后按照服务型政府要求，形成新的关系模式；健全考核监督机制，完善绩效考评等制度，特别是推行绩效管理与评估制度，以实现公共服务目标、提高服务质量为中心，形成政府与事业单位之间法定的绩效责任关系等是当务之急的工作。

基于这方面的考虑与要求，上海市新闻出版局于 1992 年正式设立与社会效益评估相关的"图书质量评估制度建设"课题，并与局原下属 18 家事业性质出版社进行共同讨论，反复协商，充分论证，制定了"上海市新闻出版局图书质量评估制度"，以推动出版单位实施"双效益"运行机制。该评估制度对出版社的社会效益有针对性地、突出重点地设定了若干

评估指标，从出版社的出书结构、图书内容质量和图书编校质量等几个主要方面对出版社进行量化考核。

2003 年上海实施出版体制改革后，上海市新闻出版局担负起对上海全部出版社的行业管理职责。面对从"管脚下到管天下"的又一次职能变化，上海市新闻出版局在市委宣传部的支持和领导下，及时调整和制定了"上海市出版社会效益评估办法"。

二、出版社社会效益评估的重点在于优化布局，确保重点

实施出版社社会效益评估的主要目的是什么，这是首先需要明确的问题，而要回答这一问题，则需要弄清下述几个概念：

（1）社会效益评估，首先不等同于行政主管部门的奖励。它是一个综合性的评估办法和体系，是一个适应出版行业规律，符合出版事业发展方向和目标的引导性指标。目的在于使出版业的发展与社会、文化的建设和发展以及人民群众的精神文化需求相契合。

（2）社会效益评估，其另外一个主要目的，并不纯粹是要求企业承担其应有的社会责任，还要求其达到一定的经济效益。社会效益评估，主要是针对企业生产的规划性和精品性，所以它的指标设定不是全覆盖的绝对性，而是基于其基本定性下的基本要求而设定的。

（3）实施社会效益评估，其对象必须有所明确。也就是说它要评估的是出版单位，还是仅仅为某些图书产品。从政府管理角度而言，评估主要是为了体现宏观的引导性和管理性，布局更为合理的图书出版结构，构建有利于精品图书持续不断涌现的机制，显然其评估对象应该是出版单位。

（4）社会效益总体来说是比较感性化的东西，主观性相对较强，但要开展评估工作，就必须有符合出版行业规律和特点的量化指标，同时又必须顺势而为，切忌主观臆断，逆规律而行。

鉴于上述四个方面的考虑，上海市新闻出版局在广泛听取出版单位和专家的意见后，特别制定了"上海市出版社社会效益评估办法"，旨在用专业、科学、客观的态度对出版单位的年度图书出版情况进行综合评估与引导。

办法共含有"总则""指标体系""考评程序"和"评估结果的奖惩"4 部分 25 条内容。其中，"指标体系"包括出书结构、内容和装帧质量、

编校质量、突出成果、违规活动五个方面。前三项为基本分，共100分。第四项为加分，第五项为罚分，共10个考核项目。

"出书结构"总计40分，其所设的评估内容包括4项指标：重点书比例及完成情况，重印书比例及完成情况，业务范围内需要确保比例的主要品种或门类完成情况，五年规划和特别任务图书完成情况。

显然，"出书结构"的重点是要评估出版社如何在纷繁复杂的市场面前坚守专业、发挥专长，努力做到你无我有、你有我优的准确市场定位，进而引导出版社充分重视专业分工和出书特色，鼓励出版社在某一领域做深、做精，形成独特的品牌。这实际上也是上海出版的一个鲜明特色和传统优势。长期以来，上海出版之所以能成为地方出版的一个高地和一片风景，其极为重要的一个方面就是矢志不渝地坚守专业出版之路，坚守规划出版之路，通过遴选重点图书，通过不断提高重印数的比率，达到出版社社会效益和经济效益的最大化。

此外，每年遴选重点图书的做法无疑具有开创性意义。作为除北京中央出版集群之外的最大地方出版集群，上海每年的新书品种从10多年前的9000余种，发展至今达12000余种，基本印合了中国图书出版业近10多年来的发展路径和轨迹。但是，品种数量的增加并不意味着社会效益和经济效益的同步提高。为解决这一问题，上海市新闻出版局每年组织专家从上海各出版社上报的重点图书中遴选350—400种图书列入年度上海市重点图书出版计划，并在社会效益评估中加以重点考核，以确保上海市实现每年有400余种精品图书、3000余种重要门类的高层次图书出版的目标。

"内容和装帧质量"占45分，"编校质量"占15分，另对有突出成果的进行加分，对违规与受到批评的予以减分。

如果说"出书结构"旨在评估出版社的专业出版和规划出版能力和作为，引导出版社走"专精特"发展之路的话，那么，"评估办法"的"指标体系"中第二和第三部分显然是要评估出版社精品化生产的能力和作为。近年来随着图书品种的不断增加，生产规模日趋扩大，很多出版社都承受了发稿量大、人手紧张、出版物质量难以保证的压力。为此，在社会效益评估体系中设立相关指标，既体现政府行政主管部门的管理职能，同时也是实现社会效益评估目标的一个重要手段，即在不断满足人民群众日益增长的精神文化需求的前提下，保证向民众提供高质量的优秀文化产品。

根据"考评程序"规定，评估分为自评、考核、公布三个环节。上海市新闻出版局依据统计数据，组织专家对出版社自评报告进行分析并考核。考核结果形成三张排行表：社会效益排行表、出书结构排行表、出书质量排行表，从而较完整地反映出版社的社会效益状况。

在这方面，笔者觉得有两个做法值得关注：

第一，建立相对固定的专家评估队伍，确保评估工作科学、有序、专业、客观地开展。为认真做好审读及其他诸如评估等方面工作，上海市新闻出版局出版管理处专门组建了一支近20人的专家审读队伍。这些专家不仅长期从事出版领域相关工作，有较丰富的管理经验和实践经验；同时熟悉党和国家的出版方针政策及相关法律，在政治上有较高的敏感性，在社科、文学、艺术、科技、外国文学等相关学科领域又具备较高的理论造诣与影响，熟悉并了解学科情况以及发展走势和动向。出版管理处根据每位专家的专业特长和学科分类，安排每人负责长期跟踪2—3家出版社，并要求其依据评估指标和要求对这些出版社的年度出书情况进行评估、撰写报告。

第二，动用行业专业协会的力量，参与评估工作。为保证评估工作更具专业性和客观性，上海市新闻出版局还特别委托上海市编辑学会和上海市书籍装帧艺术委员会，每年分别对出版社的编校质量进行抽样检查，对出版社的书籍装帧质量进行抽样评估，并将检查和评估结果以分值形式计入社会效益评估的总分之中。

上述这两种做法对于保证社会效益评估的专业性、客观性和可信性起到了至为重要的作用，也赢得了出版社的肯定和认可。很多出版社认为，考核结果所形成的三张排行表既关乎荣誉，也更具实际指导意义。比如评估中所涉及的一些硬性指标，像重点图书的出版周期考核、出书结构、图书质量等，对于实际工作的指导、引领作用十分明显和重要，值得关注和重视。当然，也有一些专家和专业人士认为这一评估体系还有进一步完善和深化的空间。比如有人就认为目前的评估体系还略显封闭，既然是社会效益评估，对读者、市场的满意度与需求度，对出版社及其产品品牌的熟识度和认知度以及社会与媒体的关注度等也应列入其中，作为重要的指标进行考评与衡量。应该说，这些意见还是非常中肯合理，富有建设性的，在条件成熟或容许的情况下，有必要进一步完善。

三、实施出版社社会效益评估产生的效应和作用

实践证明，实施出版社社会效益评估，不但有助于出版行政主管部门对出版社的导向、质量管理和规划进行有效地引导和科学布局，也有助于出版单位对自身产品的定位、质量把控及生产计划的周密安排等实施有效的管理和规划。

正是在社会效益评估机制的引领下，上海多年来持续开展的图书精品化战略取得了较大成效。以国家重点图书出版规划为例，"十一五"规划，上海出版社入选国家规划项目占比10.07%，社平均入选数为3.97种，超过全国的社平均入选数3.48种。"十二五"规划，上海出版社入选国家规划项目占比12.89%，社平均入选数为6.76种，超过全国社平均入选数4.16种。"十三五"规划，上海首期入选188个项目，依然名列地方出版板块首位。截至2019年，经过前后三轮补报，上海入选国家"十三五"重点出版规划项目达338个，占比9.88%，与其他地区横向比较，领先优势较为明显。同时从申报角度观察，上海地区的项目在主题选择、布局安排、扬长避短等方面对于重点图书出版规划的标准与要求的符合度也略高，而且覆盖面也较广，在哲学社科、文学艺术、科学技术、工具书和古籍整理类等方面的优势表现得相当明显和均衡。这一切均与社会效益评估所强调和要求的重视规划、合理布局有密切的联系。

同样，在国家出版基金资助项目方面，2008年至2013年，上海获国家出版基金资助项目达98项，占全国的11.7%，资助总额逾1.5亿元，占全国的13.1%，比排在后两位的江苏省和湖南省之和还多，彰显了上海在承担国家级重大项目上的强大实力。

2014年，上海又有21家出版单位的27种图书出版项目获得国家基金的资助，金额为1800万元。2015年，上海更是创纪录地得到35个项目的资助，金额达到2900万，创历史新高。经过两年的平稳发展，2018年，上海入选国家基金资助项目数达到55项，再创新高。

在每年的国家古籍整理出版资助方面，上海也一直处于地方领先地位。凡此种种，均与社会效益评估强调和引领出版社走专业化、学术化和精品化之路关联密切。

这些年上海的出版单位在内容建设方面，重视专业特色的趋势持续加

强。华东师范大学出版社、复旦大学出版社、上海译文出版社、上海科技出版社、上海书画出版社、上海交通大学出版社、同济大学出版社、东华大学出版社、上海音乐出版社、立信会计出版社等均个性鲜明，特色彰显。如华东师范大学出版社在教育学、心理学领域，复旦大学出版社在高质量的学术著作方面，上海科技出版社在前沿科技和医学方面，上海交通大学出版社在先进制造业领域，同济大学出版社在城市建筑领域，东华大学出版社在服装文化方面等，均得到评估专家的充分肯定，在市场上也受到读者和学界的赞许。

同时，在社会效益评估引领和严格要求下，经过管理部门和出版单位的持续努力，编校和装帧质量方面均有了较大的提高，尤其是大学出版集群进步极为明显。

为了进一步扩大和巩固出版社社会效益评估实施所产生的效应和成果，推动上海各出版单位进一步强化优势出版领域和专业队伍建设，不断提高代表上海乃至全国学术和专业水准的项目的持续开发能力，2014年上海市新闻出版专项资金图书出版类资助特别设立一个新的类别，重点支持某一领域在上海和全国处于一流水准、能够代表上海和国家水平的学术出版中心或专业出版中心，力图通过政府资金资助帮助和引导上海各出版单位进一步提高学术出版和专业出版水准，吸引更多的一流学者和优质作品，促进上海出版业在专业和学术出版领域更为有序、健康、持续地发展。

经过学术和出版专家的严格评审，上海人民出版社的"政治与理论读物出版中心"等首批12家学术·专业出版中心得到上海市新闻出版局授牌运作。至2018年，共有25家学术·专业出版中心被授牌，5家被培育，真正成为上海图书精品化的策源地和战略高地。同时，为进一步完善中心建设，帮助建立科学有效的管理机制，不断增强其活力与竞争力，并起到应有的示范、引领作用，上海市出版工作者协会和上海市新闻出版局出版管理处还结合各专业出版中心运营、建设的实际需要，以公平、公正、公开的原则，在广泛听取业界与学界专家意见的基础上，制定了相应的评估办法，对业已挂牌的学术·专业出版中心实施评估工作。这实际上也是对社会效益评估工作开展的进一步延伸和发展，在不断拓展内涵和深度的基础上，使社会效益评估工作更切合发展的需求，更贴近发展的实际。只有这样，其效应和作用才更为显现。

　　2017 年，在中共上海市委宣传部的部署下，上海市新闻出版局依据中央宣传部、文化部、国家新闻出版广电总局制定的《图书出版单位社会效益评价考核试点办法》，实施社会效益考核试点工作，要求本市所有出版社依照试点办法认真做好自评和主管、主办单位评价考核工作。在实施过程中，针对试点工作存在的情况，上海市新闻出版局及时与市委宣传部及出版社沟通，增制了考核情况汇总表等文件模板，按时高效地完成了社会效益考核试点工作。

　　为适应新形势的发展和要求，同时继续保持和发扬上海在图书出版管理方面所积累的经验做法，从 2017 年始，上海市新闻出版局将原"上海市出版社社会效益评估"更名为"上海市出版社图书出版评估"，并对个别考核内容和指标进行了相应的调整，如将国家级的质量检查结果纳入评估体系等，以期进一步提高评估的科学性与激励效应，为持续有效推动上海图书出版精品化战略的实施提供进一步的保障。

政策推动机制完善并举：
专业学术出版建设的新途径
——上海学术·专业出版中心建设综述

王蒔骏

摘　要：国家在各领域的高速发展，催生着专业读者群体的不断成长，也为以专业出版为核心竞争力的出版社的快速发展寻得发展良机。上海出版具有专业性的传统和基因，走专业化、精细化发展之路一直是上海出版人的追求和梦想。作为行政管理部门，如何在政策和机制上进行保驾护航？近年来，上海市新闻出版局首创了"上海学术·专业出版中心建设"举措，试图帮助和指导出版社在专业领域中不断拓展和深耕，以政策和机制的推动与完善，打造上海专业与学术出版高地。这些政策、机制与举措的成效如何，又有哪些值得推广的经验？本文对此予以综述和总结，以激励更多出版社持之以恒地走专业化、学术化和优质化的发展之路。

关键词：专业出版　学术出版　政策支持　评估体系　合理布局

一、图书市场需要专业出版

从近年来全国图书出版和图书市场情况看，除极少部分特定图书外，绝大多数出版物依赖发行量的风光已然不在。20世纪80年代的"一书难求"和90年代的动辄"印数过万"的状况，已成过去。互联网的快速发展，改变了人们的阅读习惯，信息量的密集化和阅读习惯的碎片化，导致浅阅读已较大程度绑架了"大众读者"。

随着国家各领域的飞速发展，专业读者群体不断成长，专业出版的内涵不断拓展，纹理显得更为清晰，并成为有前途的主攻方向。近些年来，以专业出版为核心竞争力的出版社的快速发展，很好说明了这一转变过程。专业领域不断拓展和深耕，呼唤专业出版的大发展。中小型出版社需要走专业化、精细化发展之路，以内容为王，围绕核心客户群，满足某个群体的实际需求。不断扩大专业影响力和专业出版品牌的知名度，成为专业出版社生存与发展的重要法宝之一。通过组织论坛、专业培训、院校走访、作者培育、专著首发和品牌宣传等增值服务，实现"读者、作者、编者"三者之间的有机互动，是专业出版社必然要做的工作之一。

二、各级政府对专业出版的大力支持

出版的历史是人类文明集成与传继的历史，这是出版的本质特征。出版物凝结着人类的思想和智慧，集聚了科学技术的发明创造和社会实践活动的经验与成果，反映了社会生活的各个侧面。显然，出版业的发展对社会的进步发展有着极其重要的作用。

为此，各级政府通过各种财政资助、平台搭建、税收减免和政策引导等手段给予出版以大力的扶持，而其中，对专业出版的大力支持则成为重中之重。

以上海为例，这些年，国家和上海市对专业和学术出版进行资助的项目包括国家出版基金、国家古籍整理资助资金、上海市文化发展基金图书专项、上海市科技学术专著基金、上海市新闻出版专项资金图书项目、上海市高校服务国家重大战略出版工程等，每年投入资金逾五千万，可以说对上海专业出版的发展起到了强力推动和引导作用。

三、专业与学术出版是上海出版的基因和基石

上海是中国近现代出版的发源地。长期以来，上海出版之所以能成为地方出版的一个高地和一片风景，其极为重要的一个方面就是矢志不渝地坚守专业出版之路。近四十家出版社，分布于集团、大学和社会三大板块，几乎都学有专长、术有专攻，承继了近代上海出版专业与学术的传统与基因。而近三十年来通过施行，在全国首创的"上海市出版社社会效益

评估"等手段，鼓励和支持出版社在纷繁复杂的市场面前坚守专业，发挥专长，努力做到你无我有、你有我优的准确市场定位，进而引导出版社充分重视专业分工和出书特色，在某一领域做深、做精，形成独特的品牌，也是行政管理部门的重点工作之一。

令人欣喜的是，尽管也曾有过迷失，但这些年在出版社和管理方的共同努力下，上海出版在内容建设方面，重视专业和学术特色的趋势持续加强。复旦大学出版社、上海译文出版社、上海音乐出版社、上海书店社、上海交通大学出版社、东华大学出版社、同济大学出版社等均个性鲜明，特色彰显。如复旦大学出版社在高质量的学术著作方面，上海音乐出版社在弘扬优秀民族音乐文化，彰显音乐学术特色与品位，系列化、多层次开发市场基础读物等方面，上海书店出版社在文化随笔等方面，上海交通大学出版社在先进制造业领域，东华大学出版社在服装文化方面，同济大学出版社在城市建筑领域等，均得到业内和专家的充分肯定，在市场上也受到读者和学界的赞许。

四、以政策支持为支点，进一步提升专业和学术出版的水平

冷静地看，要保持上海专业和学术出版的传统和优势，并使之能有持续、有力的发展和提升，除了认识上的高度重视外，还需要在政策、资金、人才等方面给予强力的支持和支撑，尤其是在基础建设方面要有新的投入。为此，2014年上海市新闻出版局决定在已有的新闻出版专项资金的使用上，尝试增加新的资助项目，对某一领域在全国处于一流水准、能代表上海和国家水平的专业和学术出版中心予以授牌，并给予专项资助。力图通过此番举措，从源头上推动出版社强化优势出版领域、优势专业队伍的建设和高水准项目的持续开发能力；通过中长期资金资助安排，为上海的出版业持续发展赢得一流的学者和作品，为上海出版高地建设培育和打造一批金牌大户和金牌选手，以进一步推动上海建设文化码头、发挥文化源头的功能效应。在广泛听取学术界和业界专家、学者的意见和建议的基础上，经过多轮评审及出版单位的自述，首批12家在某一领域能在全国处于一流水准、能代表上海和国家水平的专业和学术出版中心得到认定，并正式由上海市新闻出版局授牌资助运作。

表 1　第一批专业与学术出版中心

序号	中 心 名 称	建 设 单 位
1	历史文献出版中心	上海古籍出版社
2	当代原创文学出版中心	上海文艺出版社
3	政治与理论读物出版中心	上海人民出版社
4	专门史出版中心	复旦大学出版社
5	外国文学出版中心	上海译文出版社
6	先进制造技术出版中心	上海交通大学出版社
7	古典音乐与全媒体出版中心	上海音乐出版社
8	城市·建筑出版中心	同济大学出版社
9	医学临床与工具书出版中心	上海科学技术出版社
10	外语教育学术出版中心	上海外语教育出版社
11	纺织服装研究出版中心	东华大学出版社
12	教育学出版中心	华东师范大学出版社

五、建立科学有效的机制，不断增强中心的活力与竞争力

（一）研究制定"学术·专业出版中心评估办法"

尽管建立专业与学术出版中心的目标和要求非常明确，但毕竟是一件新生事物，没有既有的经验可以参照，需要作进一步的探索，尤其是后续如何进一步地支持、维护和发展，显得非常迫切和重要。为进一步完善中心建设，帮助建立科学有效的管理机制，不断增强其活力与竞争力，并起到应有的示范、引领作用，同时也为了确保政府专项资助得到合理、有效的使用，2015年，上海市新闻出版局出版管理处与上海市出版工作者协会联手，在对已经授牌的12家专业和学术出版中心的建设和经营情况进行中期检查的基础上，开展了旨在研究制定"上海学术·专业出版中心评估办法"的调研活动。

通过召开座谈会和实地走访等形式，调研组广泛听取了业界、学界专家和出版社的意见和建议。经过反复讨论与多次听取吸纳各方意见和建

议，最终制定出台了《上海学术·专业出版中心评估办法》，作为中心建设、规划、实施和新的中心申报的重要指导性文件，下发到各出版社。上海学术·专业出版中心评估办法请参阅下文。

上海学术·专业出版中心评估办法

为进一步完善"上海学术·专业出版中心"建设，帮助建立科学有效的管理机制，不断增强其活力与竞争力，并起到应有的示范、引领作用；同时也为了确保政府专项资助得到合理、有效的使用，上海市新闻出版局根据《上海市宣传文化专项资金管理暂行办法》和《上海市新闻出版专项资金监管和绩效评价管理办法》等文件的规定，特制订本评估办法，对被授牌的"上海学术·专业出版中心"实施评估。

一、上海学术·专业出版中心的发展目标和要求

为使上海学术·专业出版中心体现上海出版的优势和特点，持续代表上海乃至国家的学术和专业出版水平，被授牌的出版中心应努力达到以下目标和要求。

（一）建制与队伍

1. 建立相对固定与稳定的中心主体

上海学术·专业出版中心应以出版社内某一个或几个专业编辑团队为主体，确立相对固定的建制与人员；也可根据项目需求，以项目集聚人员等方式，合理组建项目团队。

2. 培养和造就一支优秀、专业和高素质的出版人才队伍

根据出版中心的自身专业特色，聚合相对稳定的专业编辑团队，从年龄、职称、学科、学历等方面不断完善梯队建设，逐步形成和建立一支具有专业性、前瞻性、科学性、创新性和能动性的复合型编辑人才队伍，成为中心产品开发和品牌建设的骨干力量。

3. 建立有利于人才成长的激励机制

围绕中心的任务和目标，加强人才梯队建设，充分发挥资深编辑的专业和经验特长，以老带新，帮助年轻编辑提高业务能力；通过专业培训、业务交流、项目合作等方式和机制，不断改善人才队伍成长的环境，提高人才队伍素质。

（二）规划与产品

1. 梳理中心专业定位，制订近中长期发展规划

出版中心应围绕国家重点出版规划和上海市重点图书出版规划，有针对性、前瞻性地编制中心发展的近中长期发展规划，并建立相应的阶段性实施方案和措施，努力做到有目标、有要求、有进度地推进，确保重点规划项目按时、高质量完成，努力打造一批有影响力的精品图书。

2. 突出中心专业特色，形成专业集中的产品线

注重中心发展的系统性研究，努力形成中心发展和产品开发的专业的、集中的产品线，突出专业特色，丰富内容资源，力求成为上海乃至全国相关领域的出版高地。

3. 探索中心融合发展方略，适应新形势下市场需求

出版中心应注重结合新形势下产业发展的要求和趋势，不断关注中心的外延发展，尤其是与新业态、新技术、新媒体的融合，力求打造多层次、多角度的内容、服务模式，努力发掘新的领域和新的增长点。

（三）作者与资源

1. 高度重视专业作者队伍建设

出版中心要通过规划和产品需求，不断发现、汇集相关领域一流作者或高端人才资源，发掘、补充和培养优秀的中青年及有潜力的专业作者队伍。

2. 与专业机构建立长期合作关系

中心应寻求与国内外相关专业领域的高等院校、研究所、民间智库、图书馆、博物馆等机构建立密切联系，形成较为长期的合作关系，通过获取权威的专业资源，不断提高出版内容的品质。

3. 为编辑和作者搭建交流沟通的平台

要结合中心的学术和专业品牌建设，充分利用学术论坛、学术研讨会、专业书展等方式和平台，努力为编辑和作者建立沟通交流的渠道，为中心的人才队伍建设和作者资源汇集创造良好的条件和氛围。

（四）品牌与推广

1. 打造优质出版品牌

通过出版中心的建设，打造一批有影响力、辐射面广的精品图书，

形成本学科领域的专业出版品牌。通过产品的持续开发，不断加强中心品牌建设。

2. 多种形式宣传推广品牌

运用各种方式（如举办学术研讨会、学术与专业论坛、专家咨询会、新书发布会，开设网络专页、新媒体推广等），多元、立体地推广和宣传中心的图书产品和品牌。

（五）运行管理与规范

出版中心的运营必须符合政府资金资助项目的要求，须建立严格的廉政保障措施和财务规范制度，保证中心开展的各项工作规范有序，有章可循。

二、上海学术·专业出版中心的评估标准

为了更好地扶持上海学术·专业出版中心建设，使出版中心达到预期的效果和影响力，特设定以下评估标准：

1. 中心设立与人员配置情况。学术·专业出版中心应有相对固定的建制；中心人员构成应包括中心负责人、骨干编辑和一般编辑人员等；中心负责人必须具备出版系列高级职称（含副高），中心编辑人员（含负责人）不得少于6人，除负责人之外具有出版系列高级职称（含副高）的编辑人员不得少于2人。

2. 人才队伍培养与建设情况。评估学术·专业出版中心从业人员业务培训与交流情况、设立培养与激励机制及实施情况。

3. 制订规划及出版情况。评估中心是否制定科学、合理的近中长期发展规划和图书出版规划。中心每年年终须提交下一年度的出版规划，同时考查年度出版规划执行情况，年度出版规划调整比例不得超过年申报总数的20%。

4. 重点项目立项及完成情况。中心每年须有1个项目被列入国家重点出版规划或完成1项国家重点出版规划项目；中心每年被列入上海市年度重点图书的项目不得少于2项（1套丛书计为1项）；评估国家和上海市重点项目以及政府资助项目的完成情况。

5. 中心及产品的影响力和出版物质量情况。从横向（以全国同类产品为参照）和纵向（以自身历年情况为参照）两方面评估中心及其图书产品的影响力；考核中心是否形成有专业特色的产品线，包括品牌图书系列或专业领域的代表性著作等；考核图书产品的内容质量、编校质量、装帧质量和印制质量等。

6. 中心融合发展情况。评估中心为适应新形势、新情况的需求，所进行的融合发展的内容、手段、措施以及实施成效等。

7. 作者资源与内容资源的汇聚情况。评估中心建立相关领域作者队伍的情况，包括聚合一流作者和发掘、培育有潜力的优秀作者的机制、措施与实效；中心吸纳优质内容资源的情况，包括与专业领域机构的合作、编辑与作者交流平台的建设等。

8. 中心品牌及图书产品推广与宣传情况。评估中心针对其出版品牌及规划内重点产品的推广营销所采取的措施与实施情况。中心年度规划中出版品种的50%以上，每种图书须有一篇发表于市级以上报刊的书评或有一定学术含量的书讯。

9. 制度建设情况。评估中心相应的廉政保障和财务规范制度的建立与执行情况。重点评估中心使用资助款项的程序、范围和标准是否合规，是否达到单独立账、账目明晰、单据真实等要求。

10. 附加指标。中心出版的图书如获得中国出版政府奖等出版类国家级奖项和上海图书奖、上海书籍设计艺术奖，以及承担与本中心专业相关的国家级重大学术文化任务，考评时予以加分；中心人员如获得国家级、上海市级出版类荣誉，考评时予以加分。如中心出现违规出版，发生出版事故，受到批评的，考评时予以扣分。

三、上海学术·专业出版中心评估方式

为进一步加强上海学术·专业出版中心建设，提高上海学术·专业出版中心的综合水平，经上海市新闻出版局研究决定，成立"上海学术·专业出版中心建设领导小组"，由局领导担任组长。领导小组设办公室于相关职能处室。

上海学术·专业出版中心评估工作由"上海学术·专业出版中心建设领导小组"组织开展，聘请出版和学术专家组成考评组，每两年评估一次，遵循公平、公正、公开的原则，按照自评、抽样、陈述、打分等程序进行。

1. 自评报告。各中心每两年须提交一次自评报告，主要内容包括中心自身建设与发展状况，执行和实施规划情况，图书出版及在业界和学术界影响力情况，人员配备及经费使用情况等。

2. 抽样检验。由中心提交上两年度中心出版规划中，已经出版品

种的 10% 的图书（1 套丛书计为 1 种，不足 2 种的提交 2 种），送交考评组评估质量。同时通过横向与纵向的比较，评判其在学界和业界的影响力和发展情况。

3. 现场陈述。采用中心负责人陈述，专家提问等方式，由专家考评组对中心业绩、运营规范，以及影响力等方面进行考评。

4. 综合打分。专家考评组综合各中心的自评报告、出版成果抽样检验结果及现场陈述等情况，为中心打分。

四、上海学术·专业出版中心评估结果和资格管理

经过中心自评、抽样检验、现场陈述和综合打分四个环节，最后产生"优秀""合格"和"不合格"三档评估结果。获评估"优秀"的中心，将给予持续资助并适当奖励；获评估"合格"的中心，给予持续资助；一次评估"不合格"的中心，不予资助，并在上海市出版社社会效益评估中给予相应扣分；累计两次评估"不合格"的中心，予以取消中心称号和摘牌处罚，被摘牌的中心，须四年以后方可重新申报。受资助期间，如中心出版有重大政治问题图书、发生重大出版事故或有重大违规行为等，将直接给予取消中心称号和摘牌处罚。

五、上海学术·专业出版中心资助资金使用范围

上海市新闻出版专项资金属政府财政资金，受资助单位须严格按照中央和地方有关文件精神和政府财政资金的有关规定管理和使用。专项资金使用账目须单独设列，且应具有可检查性。具体的资金使用方式和范围，应限于以下几类：

1. 学术·专业出版中心组织相关领域专家学者举办座谈会、学术研讨会等产生的费用。

2. 学术·专业出版中心针对中心重点规划产品出版举办的发布会及其他品牌、产品推广活动产生的费用。

六、其他

本办法于 2015 年 12 月起执行。

（二）严格依据评估办法，统筹合理规划布局，有序发展扩容并举

2016 年，根据正式公布的《上海学术·专业出版中心评估办法》，上海市新闻出版局组织专家从中心的建制与队伍、规划与产品、作者与资源、图书与品牌推广、运行管理与规范等五个方面，结合各中心的自评报告、两年内出版的重点图书等情况，对 12 家专业和学术出版中心进行了第一次评估。为使评估更具权威性和客观性，市新闻出版局还特别委托北京开卷信息技术有限公司专门制作了 12 家出版中心同类产品在全国的排名、市场占有率等情况报告。

从评估情况看，专家们认为两年来首批授牌的 12 家学术·专业出版中心呈现稳步发展的良好态势。具体表现在：科学制定和实施发展规划，既有正在着手的重点产品，又有中期主体出版计划，也有打造国内一流的出版品牌、国际优秀科研平台的长期发展规划。各出版中心充分挖掘品牌优势，选题策划不断拓展，产品线的建设方向更为清晰，重量级的作品不断被推出，如"政治与理论读物出版中心"（上海人民出版社）的《中国共产党历史图志》《斯大林传：命运与战略》获华东地区优秀哲学社会科学图书评选一等奖，"医学临床与工具书出版中心"（上海科学技术出版社）的《临床遗传学》获上海图书奖一等奖，"外国文学出版中心"（上海译文出版社）成功取得村上春树最新作品的中文出版权，"当代原创文学出版中心"（上海文艺出版社）的《蟠虺》被评为年度中国小说协会榜首作品；"政治与理论读物出版中心"在保持现有作者资源的同时，积极为专业机构和重要的作者提供信息资源服务，与 20 多家高校、研究机构建立了良好的合作关系；"纺织服装研究出版中心"（东华大学出版社）通过建立学术委员会和专业委员会以及举办专业论坛等方式，将国内相关领域的专家和学者集聚在中心周围，进一步丰富了自身出版资源。各出版中心注重编辑队伍的长期建设，制定和实施人才培养计划，注重发挥现有编辑骨干的带动作用，编辑队伍年龄结构趋于合理，为长期发展打下良好基础。

尤其像上海音乐出版社的"古典音乐与全媒体出版中心"和上海外语教育出版社的"外语教育出版中心"，不但按要求进行了近、中、长期发展规划的制定与实施，选题策划在原有的基础上有所拓展，产品线的建设方向更为明确，而且出版中心的品牌建设也得到加强。他们以中心为平台，召开高端学术会议，聘请一流专家为顾问，策划了一系列优质选题，为中心的后续发展打下了坚实基础。为此专家们对这两家中心给予了评估优秀的评价，并从资金上给予进一步的奖励。

同时，依据"评估办法"中对中心设立与运作的要求，上海市新闻出版局在当年又开展了新一轮的"学术·专业出版中心"的申报与评审工作。由于建设学术出版中心的举措得到了上海各出版单位的欢迎，响应者众多，共有 25 家出版社申报了 28 个学术与专业出版中心。经过综合评估与严格评审，最终 8 家出版中心得到了认定。

表 2 第二批专业与学术出版中心

序号	中 心 名 称	建 设 单 位
1	汉语语文辞书编辑中心	上海辞书出版社
2	经济学高级学术出版中心	上海财经大学出版社
3	"哲人石"科学人文出版中心	上海科技教育出版社
4	法学出版中心	上海三联书店
5	近现代上海历史文献研究出版中心	上海书店出版社
6	书法研究出版中心	上海书画出版社
7	能源资源环境健康（化学化工）出版中心	华东理工大学出版社
8	连环画创作与研究出版中心	上海人民美术出版社

2018 年，上海市新闻出版局再次组织专家，对业已授牌资助的 20 家专业与学术出版中心进行了评估。依据评估办法，专家组仔细认真地审阅了各中心上报的材料，并对相关信息进行了比对核实。专家们认为，各中心既有明确任务、实施进度的短期计划，也有打造国内一流出版品牌的中长期规划，产品线更加明确清晰，富有专业特色的重量级产品时有推出。经评估，20 家出版中心全部合格。其中上海科学技术出版社的"医学临床与工具书出版中心"、上海古籍出版社的"历史文献出版中心"和上海交通大学出版社的"先进制造技术出版中心"因其在完成国家重点出版规划及重点项目上的出色表现，获评优秀。

与此同时，按照统筹规划、有序发展的原则，上海市新闻出版局在当年启动了第三轮的上海学术·专业出版中心申报、评审工作。经过四年的规划、建设与运营及相应政策的引导、配套与鼓励，各出版单位对市新闻出版局这一旨在推动专业与学术出版高质量发展的举措有了极大的认同，共有 21 家出版社新申报了 27 个专业与学术出版中心。经专家组评定，新增了上海教育出版社的"语言文字出版中心"等 5 家，另有第二军医大学出版社的"海洋医学出版中心"等 5 家被列为培育扶持对象，给予一定的资助资金和两年的培育时间，待评估通过后再正式授牌。

表3　第三批专业与学术出版中心

序号	中　心　名　称	建　设　单　位
1	语言文字出版中心	上海教育出版社
2	会计学出版中心	立信会计出版社
3	古典文学出版中心	上海古籍出版社
4	数学出版中心	华东师范大学出版社
5	经济管理学术出版中心	格致出版社
6	海洋医学出版中心（培育）	第二军医大学出版社
7	原创儿童文学出版中心（培育）	少年儿童出版社
8	原创图画书出版中心（培育）	中国中福会出版社
9	原创双语工具书出版中心（培育）	上海译文出版社
10	民族民俗民间文化出版中心（培育）	上海文艺出版社

至此，上海共有25家专业与学术出版中心得到市新闻出版局的正式授牌与资助，5家专业与学术出版中心得到培育扶持，涵盖上海出版集团、大学及社会出版社三大板块，其中上海古籍出版社、上海译文出版社、上海文艺出版社和华东师范大学出版社均有两家中心。它们将成为上海学术与专业出版持续发展、打造优秀产品和品牌的重要支柱。

（三）注重顶层设计，政策持续发力，机制趋于完善

为了让上海学术·专业出版中心的政策实施能够持续深入、取得实效，上海市新闻出版局在政策实施之初就特别注重政策的顶层设计，并在实践中不断加以完善和补充，逐渐形成了一套较为完整的运作机制：首先研究制定了《上海学术·专业出版中心评估办法》作为基础和标准，从建制与队伍、规划与产品、作者与资源、品牌与推广、运行管理与规范等五个方面对出版中心的运行与建设进行规范和评估。评估"合格"的给予专项资金的持续资助，"优秀"的给予额外奖励，"不合格"或排名最后两位的给予暂停本轮资助的警示，连续两轮未获得资助的出版中心将给予"摘牌"处理。其次，对一些已具备一定基础但尚未达到国内或本市一流水平的出版中心，实施培育扶持政策，给予一定的资助，待两年评估合格后正式授牌。通过培育、授牌、资助到评估、奖励和退出机制的建设，系统打造上海学术·专业出版中心品牌，包括它的编辑团队品牌和图书出版品牌。

六、聚焦专业出版，提升学术内涵，推出精品力作，打造出版品牌，中心建设成果显现

从 2014 年上海市新闻出版局首次推出打造"学术与专业出版中心"的政策，经过四年的实践、探索，不但目标更为清晰，政策也更趋完善。各出版社对学术与专业出版的重要性与必要性的认识与认同也更为一致，对中心的建设与投入持续加强，规划、资源、团队、产品及品牌效应叠加，兼具学界影响力与市场辨识度的精品图书不断涌现，尤其是聚焦国家重大工程、重点工程和前沿成果的专业出版项目屡创佳绩，专业与学术出版的影响力从上海本土扩延至全国，再拓展向海外学界。

至 2018 年，25 家出版中心围绕专业定位，推出一系列重大出版工程，多次荣获国家级奖项，成为上海出版持续发展、优秀产品不断涌现的重要支柱。上海科学技术出版社"医学临床与工具书出版中心"有 14 个项目入选国家"十三五"重点出版规划，《百年中医史》等项目获国家出版基金资助；上海古籍出版社"历史文献出版中心"有 6 个项目入选国家"十三五"重点出版规划，《日本国见在书目录详考》获中国出版政府奖；上海交通大学出版社"先进制造技术出版中心"持续推出"大飞机出版工程""海洋强国出版工程"等重大项目，其中"大飞机出版工程"七个系列110 余种图书，向爱思唯尔等国际出版集团输出英文版权 17 项。

还比如像上海人民出版社的"政治与理论读物出版中心"推出了《中国协商民主的逻辑》《中国新觉醒》等优秀主题出版物；上海文艺出版社的"当代原创文学出版中心"形成针对作家队伍的"点、线、面"立体架构，有 17 种图书入选国家"十三五"规划，《黑白男女》获中华优秀出版物奖；上海译文出版社的"外国文学出版中心"在版外国文学图书超 1000种，每年版权投入逾千万元，掌握了重要文学大国的大部分重要作家版权资源；上海书画出版社的"书法研究出版中心"，推出《中国书法史绎》等特色读物；上海书店出版社的"近现代上海历史文献研究出版中心"，策划了"口述历史丛书"等系列专著；上海科学技术出版社的"医学临床与工具书出版中心"，打造了"杏林园"中医药品牌数据库平台等。此外，华东理工大学出版社"能源资源环境健康（化学化工）出版中心"的"中国能源新战略"出版品牌、上海科技教育出版社"哲人石科学人文出版中

心”的“哲人石”出版品牌、同济大学出版社“城市·建筑出版中心”的“光明城”“城市行走”出版品牌等都已在全国市场上形成一定的影响力。

同时，各出版中心强化激励机制，实施人才培养计划，呈现阶梯形年龄结构，培育出高素质的专业人才队伍。其中，上海书画出版社“书法研究出版中心”的王立翔被评为全国新闻出版行业领军人才，华东理工大学出版社“能源资源环境健康（化学化工）出版中心”的张辉获上海出版人奖，上海古籍出版社“历史文献出版中心”的吕瑞锋、上海科学技术出版社“医学临床与工具书出版中心”的陈玲玲获上海出版新人奖，上海人民出版社“政治与理论读物出版中心”的鲍静、上海译文出版社“外国文学出版中心”的冯涛、上海人民美术出版社“连环画创作与研究出版中心”的康健、上海教育出版社“教育学出版中心”的彭呈军被评为上海优秀编辑。

坚守学术出版之路，打造专业出版特色，四年来上海市新闻出版局围绕专业与学术出版中心建设持续发力，不但深化了出版社聚焦专业领域，强调品牌领先的意识与导向，也对纵深开拓选题，培养造就一批高素质编辑队伍，吸纳众多优质出版资源，持续做强做大上海优势出版领域，起到了“引擎发动”的作用。2018年国家“十三五”重点图书、音像制品和电子出版物出版规划项目第二次调整后，上海新增入选74种，项目总数达332种，占全国近10%；上海55个项目入选2018年度国家出版基金，占比超7%，再创新高；上海23个项目入选2018年度国家古籍整理资助项目，占比超22%，领先优势显著；三年一度的中国出版政府奖，上海学术出版占得四席，分别是华东师范大学出版社《中国文字发展史》、上海科技教育出版社《竺可桢全集》、上海辞书出版社《大辞海》、上海古籍出版社《日本国见在书目录详考》，继续领跑全国。

塑造上海主题出版品格：
主题出版的理论和实践

沈骁驰　王为松

摘　要： 主题出版在繁荣社会主义文化、满足人民精神文化需求的过程中发挥着重要的引领作用。主题出版既要体现党和国家的意志并坚持"围绕中心、服务大局"的根本要求，又要坚持以人民为中心，为丰富人民群众的精神文化生活而努力。如何做好主题出版成为上海各大出版社面临的重要发展问题。本文系统梳理 2018 年上海在主题出版领域的发展概况与实践成果，总结成功经验，并通过几组关系切入，对如何做好主题出版、塑造上海主题出版品格提出相关意见。

关键词： 主题出版　出版品格　服务大局　上海文化

中共上海市委书记李强指出，新时代要有新使命新作为，要打响"上海文化"品牌。丰富的红色文化、海派文化、江南文化是上海的宝贵资源，要用好用足，大力发展有竞争力和影响力的文化产业，支持文化展示、文化演艺、文化市场发展，增强文化辐射力集聚力，使上海文化金名片更加闪亮。作为文化产业的重要组成部分，出版事业必须加强自己的竞争力和影响力，在打响"上海文化"品牌的过程中发挥自己的功能。

在出版事业中，一个年轻且朝气蓬勃的出版方向——主题出版占据了越来越重要的地位。早在 2017 年，时任国家新闻出版广电总局出版管理司司长周慧琳就指出，做好主题出版工作是全面发挥出版功能的体现。随着我国出版事业的进一步发展，对出版功能的认识也越来越全面。这些功能中，记录历史、宣传真理、资政育人功能的发挥，与主题出版关系极为密切。① 因此，做好主题出版工作，不但能够更好发挥出版功能，而且还将进一步助力打响"上海文化"品牌。

"主题出版"历来与党和国家大事密切相关，一度与人民群众的生活保持着"距离"。但是近年来，"主题出版"却越发成为了文化领域的热词，展出"接地气"的风貌。尤其是党的十九大以来，中国特色社会主义进入新时代，我国社会主要矛盾已经转化为人民日益增长的美好生活需要和不平衡不充分的发展之间的矛盾。② 如何在坚持服务党和国家大局的同时，进一步满足人民过上美好生活的新期待，为人民提供丰富的精神食粮，是主题出版面临的重大考验和紧迫课题。当下，主题出版的地位和作用进一步突出，是国家意志和时代精神的风向标③，各出版单位也勇担重任、开拓创新，不断探索推动主题出版事业发展的方式方法。在全体出版工作者的努力下，主题出版通过不断地转型升级，范围持续扩大、内涵凸显深度、形式更加多样，真正飞入了寻常百姓家。

对于上海来说，主题出版既要体现党和国家的意志并坚持"围绕中心、服务大局"的根本要求，又要坚持以人民为中心，为丰富人民群众的精神文化生活而努力，更重要的是，要在推进出版事业的过程中，形成上海优势、上海特色，从而塑造出上海主题出版品格。"一座城市有一座城市的品格。上海背靠长江水，面向太平洋，长期领中国开放风气之先。上海之所以发展得这么好，同其开放品格、开放优势、开放作为紧密相连。开放、创新、包容已成为上海最鲜明的品格。这种品格是新时代中国发展进步的生动写照。"④ 这是习近平总书记在首届中国国际进口博览会主旨演讲中对上海城市品格作出的高度概括，开放、创新、包容也为上海各方面的发展提供了重要标准，更为上海主题出版品格的塑造提供了明确的方向。

2018年是"特殊年份"，"给人们以汲取智慧、继续前行的力量"，两件重要的大事受到了广泛关注：一是马克思诞辰200周年、《共产党宣言》发表170周年；二是中国改革开放40周年。围绕这两个重要时间节点，主题出版展现出了强劲的发展势头，涌现了一大批社会效益优、经济效益

---

① 周慧琳.努力做好新形势下的主题出版工作［J］.出版参考，2017（01）：5—8.
② 习近平.决胜全面建成小康社会　夺取新时代中国特色社会主义伟大胜利——在中国共产党第十九次全国代表大会上的报告［R］.人民出版社，2017：11.
③ 韩建民，熊小明.新时代主题出版的八大转变［J］.出版广角，2018（06）：6—8.
④ 习近平.共建创新包容的开放型世界经济——在首届中国国际进口博览会开幕式上的主旨演讲［N］.人民日报，2018-11-06.

佳的主题出版成果。2018 年，也是上海主题出版品格塑造的关键之年，上海秉持开放的眼界、创新的思维和包容的态度，守正创新，抒写了新时代上海主题的出版的华丽篇章，并在新时代烙下了自己的主题出版品格。

一、初步认识主题出版

要了解上海主题出版的情况，必须先从总体上初步认识主题出版。"主题出版"这一提法正式形成于 2003 年，当时的国家新闻出版总署开始实施主题出版工程，其含义被表述为"出版机构围绕国家政治、经济、社会、文化等方面的工作大局，党和国家发生的一些重大事件、重大活动、重大题材、重大理论问题等主题而进行的选题策划和出版活动"。这一基本表述受到了广泛使用，虽然其内涵不断扩大，但中心思想一直延续至今。

（一）主题出版的发展阶段

主题出版这项事业从 2003 年启动，到今天已成为我国一种重要且发展较快的出版方向。从一项直截了当的"政治任务"，到如今成为既有意义又有意思、既有深度又有温度的"热门话题"，这种转变并不是一蹴而就的，其中经历了阶段性变化和持续升温的过程。可以把主题出版的发展分为两个阶段：一是 2003 年至 2011 年，主题出版的起步探索阶段；二是 2012 年至今，主题出版的黄金发展阶段。[①] 在前一阶段，主题出版主要聚焦纪念性、历史性的重大事件节点，或者配合当年重大事件的宣传工作展开。这一时期，出版行业对于主题出版的认识尚不够全面深入，基本是按照党和国家相关部门所确立的当年主题出版的工作重点而展开，因此是不断探索、勇于尝试的时期。

为迎接党的十八大的召开，2012 年，原新闻出版总署下发了《关于报送迎接党的十八大主题出版重点选题的通知》，其中指出，全国出版界要以高度的政治责任感和使命感，及早策划，精心部署，做好迎接党的

---

① 对于主题出版发展阶段的划分，学界目前尚无定论。主题出版产生至今不过短短十多年，笔者认为，随着今后不断发展，其阶段划分还将有较大变化。就目前的情况而言，2012 年这一时间节点是比较明显的。也请参见：秦艳华，秦雪莹. 主题出版：新时代、新作为、新气象 [J]. 中国出版，2019（11）：26—29；庄庸. 追寻主题出版五年关键词 [N]. 中国出版传媒商报，2017-06-30（01）.

十八大主题出版工作，为党的十八大召开营造良好文化氛围。同时，对主题出版的重点选题也提出了进一步要求：要注重内容和形式相统一，既要有专业、厚重的理论研究著作，也要有面向大众的优秀通俗读物；既要有满足国内各少数民族读者需要的民族文字出版物，也要有适应海外市场需求，具有国际影响力的优秀作品。①2013 年，《关于做好深入学习宣传贯彻党的十八大精神主题出版工作的通知》不但要求各省级新闻出版局和主管部门要高度重视相关主题出版重点选题的出版工作，而且还要求通过多种媒体、多种途径对重点出版物进行宣传，扩大主题出版重点出版物的社会影响。至此，"主题出版"成为最热门的"显词"，首次被提升到党和国家顶层设计的战略高度，并且更注重理论的大众化、通俗化和时代化，以此凝聚社会共识，统一民心。因此，从顶层设计到基层创新，主题出版成为许多出版社甚至整个出版行业的重要抓手。②之后，主题出版的发展迈入了快车道，一方面，党和国家不断加大对主题出版的政策引导和资金支持，使主题出版在"大局"中发挥越来越瞩目的作用；另一方面，基层出版单位自觉"着眼党和国家工作大局"，精准把握重点，打开思路、创新手段，努力在"上接天线"的同时，更深入思考如何"下接地气"。这样，在顶层和基层的共同努力下，在一次次转型升级之后，主题出版成为上情下达、下情上传的重要媒介，也成了推动社会形成凝心聚力良好风气的重要力量。

（二）主题出版的特征

经过十多年的发展，尤其是经过党的十八大以来的黄金发展，主题出版不断赋予出版事业新的生机与活力，为社会主义文化强国写下了浓墨重彩的一篇，也使其自己成为一个特征鲜明的出版方向。要了解主题出版的特征，必须先正确认识主题出版的含义和发展中的两条关键信息：一是主题出版必须围绕中心、服务大局，以党和国家的中心工作需要为立足点；二是主题出版必须关涉党和国家各方面的重大主题，内容具有相对集中性。以此为出发点，主题出版呈现出如下几点特征。

一是坚持正确导向。所谓主题出版，不能仅仅将其理解为是一项通过出版活动把党和国家的理论和路线方针政策讲清楚、说明白、宣传好的文

---

① 新闻出版总署下发通知要求及早策划党的十八大主题出版［J］. 中国出版，2012（05）.
② 庄庸. 追寻主题出版五年关键词［N］. 中国出版传媒商报，2017-06-30（01）.

化工作。主题出版工作的重视与否、好坏与否，关系到社会稳定和文化安全，关系到党和国家各项事业的顺利推进，甚至关系到党和国家的前途命运。主题出版必须坚持正确导向，牢牢守住政治导向这条生命线，把牢政治关、方向关，唱响主旋律、传播正能量，为更好服务党和国家工作大局奠定良好的基础。

二是明确呈现主题。主题性是主题出版区别于其他出版活动的重要标志。[①] 做好主题出版，"主题"是重中之重。主题的选择必须聚焦于党和国家发生的重大事件、重大活动、重大题材、重大理论问题；主题一经确定，出版单位就应该以此为中心进行相关选题策划和出版活动，并且要明确呈现主题内容、着力彰显主题内涵。每年中央都会确定一些当年的选题重点，这些重点便成了主题出版的重要参考依据。

三是精准把握时效。主题出版"围绕中心、服务大局"的根本要求决定了主题出版必须讲求时效性，必须把关注点放在最具时代价值的课题上，做到紧扣时代热点、回答时代命题、把握时代脉搏。精准把握时效，就必须有敏感性和前瞻性，对未来的党和国家的重大工作，以及社会的兴奋点和关注点作出预判，及早做好准备，从容安排主题出版的工作进度和营销节奏，掌握主动权，率先抢占阵地。

四是丰富表达形式。主题出版不应受限于"政治读物"的框框，更要避免出现内容艰深难懂、表达晦涩别扭、形式单调无趣的情况。主题出版应该始终坚持"以人民为中心"的理念，不断走向大众，通过多样的题材、丰富的体裁和生动的表达、有效的传播，把理论性和实践性结合起来，把思想性和可读性统一起来，把学习性和互动性融合起来，凸显主题出版的亲和力，为党和国家的创新理论打通"飞入寻常百姓家"的路径。

二、上海的主题出版，聚焦 2018 年

历史，总是在一些特殊年份给人们汲取智慧、继续前行的力量。2018年正是这样一个特殊年份——上半年，我们纪念马克思诞辰 200 周年，从马克思的伟大人格和历史功绩、崇高精神和光辉思想中汲取力量，也宣示我们对马克思主义科学真理的坚定信念；下半年，我们迎来了中国改革开

---

① 杨国祥. 浅谈主题出版的特征与策划［J］. 出版广角，2013（11）：66—68.

放40周年，从改革开放40年的光辉历程、伟大成就和宝贵经验中，凝聚起在新时代继续把改革开放推向前进、创造中华民族新的更大奇迹的力量。站在新的历史起点上，主题出版工作应该以新时代的鲜明主题为切入点，引领导向，在总结好历史经验和启示的同时，为新时代推进中国特色社会主义伟大事业提供强大动力和文化支撑。这既是新时代赋予主题出版的全新内涵，又是对新时代主题出版工作提出的根本要求。

上海是改革开放排头兵、创新发展先行者。习近平总书记要求上海勇于挑最重的担子、啃最难啃的骨头，发挥开路先锋、示范引领、突破攻坚的作用，为全国改革发展作出更大贡献。这就为新时代上海发展指明了前进方向，明确了目标定位，赋予了重大使命。

在主题出版工作中，上海亦展现出了"排头兵""先行者"的风貌。主题出版工程实施十多年来，在中宣部、原国家新闻出版总署、原国家新闻出版广电总局的高度重视下，在中共上海市委宣传部的精心指导下，上海的主题出版工作在实践和发展中实现了飞跃，无论是内涵上的延伸、程序上的规范、质量上的精进，还是形式上的拓展、影响力的加强，都与启动之初大不相同。特别是在2018年，上海主题出版工作按照上海市委、市政府关于全力打响"上海文化"品牌的决策部署和"上海文创50条"的精神要求，深挖上海文化资源和城市历史文脉；聚焦时代命题，以马克思和改革开放为智慧和力量源泉，为坚定四个自信、增强爱国情怀提供养料；围绕积极融入长三角更高质量一体化发展战略布局，不断迈向卓越的全球城市和国际文化大都市，做优做强主题出版。上海的主题出版坚持守正、勇于创新，不但成为全国出版格局中的一股重要力量，也在"开放、创新、包容"的上海城市品格的浸染之中，通过一系列的实践，逐步在全国出版格局中形成了自己的品格和特色。

（一）凝心聚力，形成主题出版推力

各界联动体现大局意识，只有凝心聚力，才能形成上海主题出版不断发展的推力。

随着主题出版的不断推进，对于主题出版的理解也得到不断深化和延伸。党的十九大报告指出：中国特色社会主义文化，源自中华民族五千多年文明历史所孕育的中华优秀传统文化，熔铸于党领导人民在革命、建设、改革中创造的革命文化和社会主义先进文化，植根于中国特色社会主义伟大实践。这种文化上一脉相承的关系，不仅为新时期主题出版内涵的丰富与发展提供了强大的理论支撑以及新的思想资源和养分，[①] 更是为主题出版内涵的延伸提供了重要理论依据。已有学者开始思考将主题出版界定泛化，以开拓研究者的视野、总结主题出版规律，更好地指导当下及未来主题出版的选题与运作。[②] 而在这方面，出版行业已经先行一步，不但关注经济、政治、文化、社会、生态文明等领域的宏大主题，而且也聚焦人民日益增长的美好生活需要和个体发展需求等微观话题。理论和实践证明，主题出版的内涵已经得到并且将持续得到延伸。

在这样的发展形势下，要做好主题出版，光靠出版界的努力是远远不够的。上海通过上下联动、各界互动，做到了凝心聚力，有力推动了主题出版的发展。中共上海市委宣传部始终关心并亲自指导着上海的主题出版工作，2018 年 6 月，市委常委、市委宣传部部长周慧琳到上海主题出版的重镇——上海世纪出版集团调研。上海世纪出版集团是集出版、印刷、实体书店、艺术品经营四大业务板块于一体的综合性大型出版传媒集团，于 2018 年入选"全国文化企业 30 强"。周慧琳部长参观了精品图书展示厅，了解相关图书出版情况和集团在主题出版方面的成绩，并对集团提出了要求：坚持多出好书，更好地服务读者，加大改革创新力度，探索适合自身的现代出版和文化产业发展道路。这充分说明市委宣传部对主题出版工作的高度重视。在 2018 年 11 月的"上海市纪念改革开放 40 年研究丛书"出版座谈会上，周慧琳部长进一步要求上海出版界和理论界、史学界、教育界等要在习近平新时代中国特色社会主义思想的指引下，跨界协同联动、密切结合，推出更多体现国家战略和理论素养的精品力作，进一步推动上海主题出版朝着精品化、专业化、经常化方向迈进，更好服务全国和上海经济社会发展。

在市委宣传部的关心和具体指导下，上海出版界也积极主动加强和高校、研究机构等理论界、学术界的沟通交流，在做好选题策划的基础上，根据主题和受众，或者有针对性地寻找理论水平高、学术能力强的作者，或者积极主动地挖掘有潜力的作者，共同做好主题出版这篇大文章。比

---

① 韩建民，熊小明，王卉. 新时代主题出版的发展思考［J/OL］. 出版广角，2019（04）：24—29
［2019-12-09］. https://doi.org/10.16491/j.cnki.cn45-1216/g2.2019.04.05；韩建民，熊小明，李婷.
主题出版发展新动向：创新模式 把握规律 引领转型［J］. 中国出版，2019（15）：18—21.
② 刘红，闫新悦. 我国主题出版研究综述［J］. 昆明理工大学学报（社会科学版），2018，18
（03）：86—91.

如，上海出版界与市委党史研究室联合推出《中国改革开放全景录·上海卷》《上海改革开放史话》和口述史系列图书，从宏观、微观两个视角同步展现上海"排头兵""先行者"的精神风貌；与复旦大学合作推进"习近平新时代中国特色社会主义思想研究工程"和"当代中国马克思主义研究工程"两大工程以及"中国话语丛书"的出版，旨在以系列理论精品图书，助力党的思想理论和中国话语建设；与市社联共同策划"上海市纪念新中国成立70年研究丛书"和"上海市纪念改革开放40年研究丛书"等，为繁荣发展中国特色哲学社会科学作出贡献；与市委党校合力推出《从"心"出发》《铁心力量》《钢铁是这样炼成的》《打铁还需自身硬》等主题教育读物，为党员提供理论性、通俗性兼备的教育读本；与中共一大会址纪念馆合作，借助大量馆藏的珍贵文献和资料，共同建设好"党的诞生地"主题出版工程，守护好中国共产党人的精神家园。

上海的主题出版并不止步于凝聚起上海各界，而是将目光拓展到长三角，不但要自己做好，还要与兄弟省市携手并进，形成更大推力，为主题出版事业添砖加瓦。2018年上海书展期间，"坚定文化自信　坚持改革创新　打造传世精品——改革开放40年与主题出版"2018长三角主题出版论坛在上海举办，中宣部以及长三角三省一市的相关领导和出版界人士、专家学者近百人出席论坛。与会嘉宾交流长三角主题出版工作经验，共商繁荣主题出版发展大计。未来，长三角主题出版既要保持和加强各自特色，也要加强交流与合作，携手提升主题出版的水平和影响力。①

（二）扎根学术，积淀主题出版实力

工作队伍展现扎实功底，只有扎根学术，才能积淀上海主题出版畅销长销的实力。

学术出版是一个国家思想创新、科技创新、文化传承的最直接体现，学术出版的实力和水准是一个国家经济与文化发展水平的重要标志，集中反映了一个国家的文化软实力和文化影响力。②主题出版与学术出版虽然是两个相对独立的出版方向，但其目标指向却是一致的，即增强文化自信，提升国家文化软实力。上海的主题出版随着自身的不断发展和转型，

---

① 王洪波. 加强交流与合作，2018长三角主题出版论坛举行［N］. 中华读书报，2018-08-22；曹玲娟. 2018长三角主题出版论坛举行［EB/OL］.（2018-08-17）. http://sh.people.com.cn/n2/2018/0817/c134768-31945836.html.

② 邬书林. 加强学术出版　打牢中华民族伟大复兴知识根基［N］. 中国新闻出版报，2013-08-16（01）.

逐步打破了与学术出版之间的壁垒，并将学术出版作为自己的重要基础之一：内容方面，以学术权威性作为支撑；导向方面，以学术严肃性作为支撑；"走出去"方面，以学术共通性作为支撑，① 更好通过学术出版来彰显主题出版的生命力。

能否做到行之久远、常做长新，是检验主题出版工作成效的重要标准。上海出版人始终秉持这样一个观念：主题出版首先是学术出版，要建立在学术研究扎实的基础上，没有学术基础的主题出版行之不远。② 正是在这样的理念之下，上海在推动主题出版与学术出版的融合方面作出了努力和探索。

一是打造优秀的主题出版作者宝库。主题出版要立足学术、内容为王，专业水平高、理论积淀深、学术权威强的作者便自然成为主题出版不可或缺的内容提供者，是主题出版事业的源头。上海的主题出版事业历来与理论界、学术界紧密联系在一起，时刻关注高校、科研机构的研究动态和最新研究成果，并且与一大批专业学者和研究人员长期保持良好的合作关系。从这个意义上说，上海已经打造了一个汇集众多优秀学者（比如郑必坚、金冲及、李君如等）的主题出版作者宝库。除了学界泰斗级的人物，宝库里也有年轻的学术新秀，可谓是老、中、青全覆盖，他们是上海主题出版内容和生命力的保证。近些年，在进一步结合时代命题的要求下，大批高水平作者的高质量研究成果不断涌现：林尚立对协商民主的研究，王家范对中国历史的研究，熊月之对江南文化的研究，刘统对共产党城市治理经验的研究，张军对经济学的研究，王公龙对马克思主义的研究，周振华对全球城市的研究，等等，无一不是作者长期伏案工作的成果，这些都有力地保证了主题出版的质量。同时，上海还致力于不断扩大宝库，一大批优秀作家也成了上海主题出版的宝贵资源。何建明《浦东史诗》、颜维琦《种子的力量：读懂钟扬》等优秀主题出版物，既体现了作者的学术功底，更展现了他们的情怀。可以说，作者资源是上海主题出版的珍贵宝藏，主题出版也为作者研究成果的推广提供了资源和平台。

二是锻造有力的主题出版工作队伍。打铁必须自身硬。要做出有品质

---

① 周峥. 如何让主题出版行之久远——以上海人民出版社主题出版的实践为例 [J]. 中国编辑，2016（05）：51—56.

② 施晨露. 如何推动主题出版高质量发展，学者作家出版人这样说 [EB/OL].（2019-08-13）. https://www.jfdaily.com/news/detail?id=169489.

的主题出版，就必须拉出一支高水平、专业化、有干劲、能拼搏的编辑队伍。既出书又出人，一直是上海主题出版的重要目标。作为党社，上海人民出版社始终站在传播精神文明、宣传理想信念的前沿阵地，成为上海主题出版的主力军，并锻造了一支业务本领过硬、大局意识强烈的新时代主题出版"铁军"。这得益于出版社优化了组织架构，建设了以专业学科为导向的编辑出版中心。其中，政治与理论读物编辑中心主要承担打造重大主题出版物及政治读物产品生产线的重任。早在 2015 年 2 月，政治中心就获得上海市"政治与理论读物出版中心"称号，成为首批上海学术（专业）出版中心之一，政治读物领域只此一家。中心编辑有着专业的学科背景，熟悉党和国家的理论方针，善于团队协作，并且自觉将主题出版看作一项神圣的使命，近年来，推出了一系列精品主题出版物，如《朱镕基上海讲话实录》《政治的逻辑：马克思主义政治学原理》《中国协商民主的逻辑》《中国改革开放全景录·上海卷》等，切实为主题出版把好方向关。中心全员参与党的十九大文件及辅导读本等重点图书出版发行项目组，负责编辑环节，连夜核对校样，保证编校质量。这支队伍是上海主题出版中的有生力量，不断把上海主题出版工作推向高潮，也为上海主题出版的品牌建设、品格塑造和长远发展蓄力。

中宣部副部长梁言顺在调研上海人民出版社时指出，要坚守政治方向、正确导向，做优做强主题主线，聚焦聚力抓好精品生产，切实履行好"举旗帜、聚民心、育新人、兴文化、展形象"的任务。在中宣部出版局和市委宣传部的指导下，"党的诞生地"主题出版中心已经挂牌成立，这支朝气蓬勃的工作队伍，将献身上海红色主题出版事业，为筑牢中国共产党人的精神家园不懈奋斗，献礼建党 100 周年。

（三）守正创新，激发主题出版活力

宣传手段体现宽阔思维，只有守正创新，才能激发上海主题出版走向读者的活力。

坚持以人民为中心的理念，是主题出版的工作导向。主题出版要在文化传承的同时做好文化的有效传播，在文化普及的同时做好文化的有效提升。[①] 上海的主题出版始终以服务大众、引领读者为目的，回应人民群众

---

① 施晨露. 如何推动主题出版高质量发展，学者作家出版人这样说［EB/OL］.（2019-08-13）. https://www.jfdaily.com/news/detail?id=169489.

对热点问题的关切、满足人民群众对美好生活的向往，真正做到读者在哪里，受众在哪里，出版的触角就要伸向哪里，出版工作的着力点和落脚点就要放在哪里；在坚守正道的同时，勇于创新方法、积极拓宽宣传思路，为上海主题出版创造有效传播的条件，实现研究、出版和传播的有机统一。

上海书展为主题出版提供了集中展示的舞台。盛夏的上海，书香满城。在国家倡导建设全民阅读、建设书香社会的要求下，一年一度的上海书展成为全民共享的文化盛宴，不但体现了以人民为中心的理念，而且为上海主题出版提供了集中展示、密集宣传的舞台。书展的主题展向公众宣告了时代的主题，主题出版论坛为推动主题出版更加繁荣发展提供了研讨、分享和交流的平台。而许多上海本土主题出版物都选择在书展进行首发，各类座谈会、分享会、见面会、签售活动纷至沓来，书展的影响力可见一斑。在书展的舞台上，上海主题出版通过密集式宣传产生了深度话题，实现了与人民群众的零距离接触。

各类读书会为主题出版创造了精准服务的平台。读书会由来已经，是民间阅读组织的一种典型模式①，与图书出版有着天然的联系；同时，其功能会随着时代进步和社会发展而不断更新，对于整个社会教育普及、民间交流和阅读推广具有积极作用。②新时代的上海，随着主题出版的日益升温，读书会在保持自己流行度的同时，也逐渐与主题出版形成了紧密的联系。上海的主题出版工作一方面积极主动融入各类读书会，比如思南读书会。思南读书会是具有时代特色和海派背景的文化品牌，旨在助力阅读成为沪上市民的日常，满足人们对美好生活的向往。③上海主题出版作者宝库中的知名学者活跃在思南读书会的活动现场，上海优秀主题出版成果利用"文化思南"的品牌效应，加入了城市阅读生活和市民精神世界塑造的过程。另一方面，根据主题出版的根本要求、特定需求和服务目标，推动开发了一批读书会品牌，比如学习读书会。学习读书会是上海出版界与浦东区委组织部、宣传部共同主办的读书交流活动，旨在向区域内的党员干部群众精准推送主题出版的文化、社交服务，开辟了中国特色社会主义文化传播的新路径。借助读书会的平台，上海的主题出版进一步提升了文化

---

① 张澜，余斌.国内外读书会研究述评［J］.文学教育（下），2019（10）：40—41.
② 向剑勤.读书会的演进及其功能探析［J］.图书情报工作，2016，60（05）：38—44，76.
③ 许旸.梧桐影深书香正浓，这里见证上海最迷人阅读表情［N］.文汇报，2019-02-16.

服务功能，并拓展至更广阔的城市公共文化空间；反过来，也为读书会提供了重要内容来源和发展推力。

媒体融合为主题出版开发了高效传播手段。作为一项国家战略，推动媒体融合发展、建设全媒体成为我们面临的一项紧迫课题。我们要因势而谋、应势而动、顺势而为，加快推动媒体融合发展，让正能量更强劲、主旋律更高昂。① 一次次转型升级，让上海的主题出版始终走在媒体融合发展的前列。近年来，上海的主题出版勇于跳出传统出版的视域，充分利用颇具"国民度"的新媒体，积极推动主题出版发挥更大效能，让党的声音传得更开、传得更广、传得更深入。2018 年是上海主题出版与新媒体融合的关键转型之年。为纪念马克思诞辰 200 周年，上海推出主题出版物《马克思的 20 个瞬间》及其配套音频党课"给 90 后讲讲马克思"和原创漫画，风靡全国，激发了社会各界尤其是青年人的学习热情，受众人数超过 3 亿人次，同时，也为展现马克思主义中国化的时代内涵提供了有益参考。为庆祝改革开放 40 周年，上海各界又联合推出包含主题出版物《改革开放成就上海》在内的"回响四十年　我们再出发"全媒体党课，并在上海之巅举办了党课开播式和新书首发式。上海的主题出版跳出了平面化的思维，实现了从平面向立体、从"视觉"向"视觉＋触觉＋听觉"的转变，走出了一条"主题出版＋多媒体＋服务"的创新之路。在媒体融合的大潮流中，主题出版拓展了更高效的传播手段。

（四）开放进取，挖掘主题出版潜力

话语能力决定国际表达，只有开放进取，才能挖掘上海主题出版国际传播的潜力。

做好主题出版工作是提高中华文化"软实力"的重要途径。随着中国的发展，国际社会对中国既充满好奇和兴趣，也存在误解。这就要求我们把中国故事向国际读者讲清楚、讲生动，塑造出国家的新形象，提升国际影响力，让世界触摸中华文化脉搏。而这些都是主题出版的重要内容，也是我们应该优先"走出去"的。②

上海长期领中国开放风气之先，其开放品格、开放优势、开放作为，不但使上海的发展领先，也为上海打造面向世界的会客厅奠定了基础。而

---

① 推动媒体融合向纵深发展，巩固全党全国人民共同思想基础［N］. 人民日报，2019-01-26.
② 周慧琳. 努力做好新形势下的主题出版工作［J］. 出版参考，2017（01）：5—8.

上海开放的城市品格，为上海出版"走出去"提供了良好的基础。2018年10月，上海市新闻出版局印发《打响"上海出版"品牌三年行动计划（2018—2020年）》，明确提出了"出版'走出去'持续扩大规模提升影响力覆盖面"，"把上海建设成为中国出版'走出去'的桥头堡"的总体目标。① 这就对上海出版"走出去"提出了目标要求。近年来，在国家和地方的政策资金扶持下，上海的主题出版"走出去"成为讲好中国故事、传播好中国声音、创新话语表达方式的先锋力量，并获得了一些经验和成绩。

讲好中国故事，坚持内容为王。中国故事最精彩的主题，是讲清楚中国共产党为什么"能"、马克思主义为什么"行"、中国特色社会主义为什么"好"。"中国三部曲"（《中国震撼》《中国触动》《中国超越》）作为中国模式强有力的理论总结，凭借扎实的学术功底和极具当代价值的内容，不但热销国内，而且先后授出8个语种的版权，《中国震撼》还被列为美国华盛顿大学国际关系课程的教材；讨论中国制度优越性的《文明型国家》成功实现"走出去"；呈现中华创世文明的《开天辟地——中华创世神话》也已推出英文版和波兰文版；外文版"文化中国"丛书作为世界了解中国文化的入门读本，品种不断增加，覆盖面扩大至全球40多个国家和地区，被誉为"走出去"内容建设的成功样本。这些都是主题出版中讲好中国故事的优秀示范。

传播好中国声音，深化平台合作。中国故事怎么讲？根本在于传播理念，以理服人，以情动人，以我为主，融通中外。融通中外，就要打破中外传播媒介之间的壁垒，顺应媒体融合的大势，充分利用全媒体平台，为传播好中国声音，着力构建全方位、多层次的文化"走出去"格局创造更多机会。上海积极与国外有关人士开展合作交流活动，主动在英国伦敦书展、德国法兰克福书展、美国书展展示上海优秀的主题出版成果；在国外各大城市开设以"阅读上海"为品牌的海外展销平台，让上海的主题出版在国外常销。另外，"上海翻译出版促进计划"是上海政府层面推动落实出版"走出去"的重要平台，也为上海主题出版"走出去"提供了政策和资金上的有力支撑。

---

① 上海市新闻出版局关于印发《打响"上海出版"品牌三年行动计划（2018—2020年）》的通知［EB/OL］.（2018-10-12）. http://www.shanghai.gov.cn/nw2/nw2314/nw2319/nw12344/u26aw57077.html.

创新话语表达方式，增强文化传播亲和力。主题出版"围绕中心，服务大局"的根本要求，决定了其内容立足于中国国情，具有浓厚的中国色彩。如何打破国家界限，消弭理解上的差异，让世界了解真实的中国、立体的中国、全面的中国，也是上海主题出版"走出去"的一项重要任务。一方面，以学术为根基，充分利用学术研究在原理、原则、方式上的一致性、共通性，来支撑上海主题出版"走出去"[①]；另一方面，尊重国际读者的阅读习惯和口味，"因地制宜""因国施教"，主动变通叙事方式，创新对外话语表达方式。《中国震撼》的英文版充分考虑了国际读者的阅读兴趣和习惯，与中文版相比，调整了近三分之一的内容，书名也在推敲后重新确定，推出后在海内外产生了广泛影响；《中国传奇：浦东开发史》《改革开放成就上海》的外文版，也将在提炼、浓缩中文版精华的基础上，讲好上海人民改革奋斗圆梦的故事，实现中国故事的国际表达，在对外传播中更好展现中国文化的亲和力。

作为上海主题出版重要阵地的上海人民出版社长期致力于推动主题出版"走出去"，连续多年跻身"中国图书海外馆藏影响力出版百强"前十五，并荣获"2018年度中国版权最具影响力企业"，这充分说明了上海主题出版已成为上海出版、中国出版"走出去"的重要力量。

三、进一步思考：从几组关系切入

党的十八届四中全会指出，必须坚定文化自信，牢牢把握社会主义先进文化前进方向，围绕举旗帜、聚民心、育新人、兴文化、展形象的使命任务，坚持为人民服务、为社会主义服务，坚持百花齐放、百家争鸣，坚持创造性转化、创新性发展，激发全民族文化创造活力，更好构筑中国精神、中国价值、中国力量。[②] 这既是对繁荣发展社会主义先进文化所提出的明确目标，更是为主题出版指出了奋斗方向和实践要求。

通过上海的主题出版实践和一系列主题出版研究文章可知，社会对主题出版仍抱有一些"偏见"。主题出版具有特定的导向性，不免让人将其

---

① 周峥. 如何让主题出版行之久远——以上海人民出版社主题出版的实践为例 [J]. 中国编辑，2016（05）：51—56.

② 中共中央关于坚持和完善中国特色社会主义制度，推进国家治理体系和治理能力现代化若干重大问题的决定 [N]. 人民日报，2019-11-6.

与"枯燥无味"的"政治任务"相联系。同时，其强烈的时效性，也使之被扣上了"应景之作"的帽子。再加上其起步较晚，发展至今不过十余年，与传统的学术读物相比，主题出版物现实性过强，不够有深度，与通俗的大众读物相比，主题出版物又不够接地气，因此，存在"偏见"在所难免。上海的主题出版工作应该着力打破偏见。通过进一步深思以下几组关系，或许可以为上海未来的主题出版工作提供思路。

一是"有为"与"无为"。"有为"，即对主题出版的发展事业作出长远布局和规划。政府要通过顶层设计，为主题出版提供更好的政策扶持和资金支持，让出版工作者无后顾之忧。出版单位要做到"主动谋划、提早规划、精心计划"①，优化组织架构和选题布局，统筹资金分配和考核激励，落实人员培养和团队建设，掌握大政方针和作者资源；要把主题出版作为打响出版社品牌的一项重要指标，使之与自己的总体发展战略有机统一起来。"无为"并不是什么都不做，而是在前期"有为"的基础上形成的一种"水到渠成"。要遵循主题出版活动的规律，不能因为赶时间节点，而要求作者在短期内完成不可能的任务，更不能抱着"超常发挥"或"钻空子"的心态，试图越出一般的出版流程和宣传周期。"大飞机出版工程"从十年前就前瞻性地为国家战略服务，目前已形成系列成果，被誉为"出版为国家服务的典范"，生动体现了"有为"与"无为"之间的关系。

二是"意义"与"意思"。"意义"（即价值）是主题出版的"魂"，是与生俱来的。但"有意义"且意义抽象宏大的主题出版物比比皆是，"有意思"的主题出版物却是凤毛麟角。实际上，主题出版只有做到"有意思"，才能引起更多人的兴趣进而鼓励大家去关注、理解和内化其"意义"，才能真正体现出主题出版以人民为中心的理念。所以，当主题出版物的"意义"和"意思"有机结合起来，两者会相互影响和促进。对主题出版来说，"意义"因为"有意思"的呈现而更加吸引人、感染人，"意思"则因为"有意义"的内容支撑而不至于低俗无聊，流于浅薄。②"有意思"可以体现在很多方面，主题出版要"讲好中国故事"，这里的"好"

---

① 关于出版机构的"有为"和"无为"，可以参见：李建红. 主题出版的三大规律［N］. 中华读书报，2018-04-25.

② 关于如何有效地呈现主题出版的意义，范军从政治性和学术性的有机结合、价值观的普遍性和特殊性思维有机结合、"有意义"和"有意思"的有机结合、内容与形式的有机结合等方面进行了探讨。参见：范军. 主题出版的"意义"与"意思"［J］. 出版科学，2017（03）.

既是指有意义，也是指有意思；既是指内容本身的趣味性，也是指表达上的通俗性；既是指外观上的美观性，也是指传播手段的丰富性。上海要努力打造出兼顾"有意义"和"有意思"的主题出版品牌。

三是"历史"与"现实"。随着主题出版内涵的不断扩大，越来越多的历史题材出版物也被纳入主题出版的范畴。以往党史、国史、军史类主题出版物颇受重视；后来，一大批宣扬中华优秀传统文化、展现中华文明悠久历史的读物也成为了主题出版的重要组成部分；现在，随着"不忘初心、牢记使命"主题教育的深入开展，学习领悟党史、新中国史、改革开放史又再次获得强调。可以预见，历史类主题出版物必将硕果累累。讲历史，并不只是在回顾过去，而是要去感受历史温度、理解历史发展，为历史赋予时代价值进而启迪现实。这是主题出版与传统历史读物的重要区别。因此，主题出版中，历史不能缺席，更不能脱离现实。"历史照亮未来。"主题出版应当引领人们从历史走向现实，再从现实走向未来。

四是"传统"与"现代"。当下，主题出版经历着重大转型，从传统出版到传统出版和新兴出版融合发展，再到加快推动媒体融合发展，这些都对传统出版提出了挑战。而主题出版作为比较"年轻"的出版方向，在这方面更有能力和机会率先取得突破并成功转型。2018年，上海在主题出版方面迈出的重要一步就是开发了比较成熟的全媒体产品。从《马克思的20个瞬间》的"纸质书＋音频"到《改革开放成就上海》的"纸质书＋音频＋视频"，全媒体产品实现了社会、经济双效益的丰收。主题出版用现代化手段拓宽了辐射面、增强了影响力，形成了立体化的知识传播模式。但同时，其传统元素绝不能被"抛弃"，比如，现代化技术无法取代传统的编审工作，纸质书依旧是广大读者的首选，等等。所以主题出版要在保留好传统本真的基础上，用现代思维和手段赋予其新的生命力。作为新时代国家重大文化建设工程，新版《辞海》在传承以往版本精髓的同时，也将首次实现纸质版和融合音频视频图像等多媒体资源的网络版同步出版，为主题出版"传统"与"现代"的交融提供新的案例。

五是"走出去"与"走进去"。随着中国综合国力的提升、国际交流的日益频繁和媒体融合大势所趋，主题出版已经初步建立了"走出去"的平台和渠道，不少优质主题出版物成功"走出去"。但"走出去"并不意味着"走进去"，也就是说，中国故事有了国际表达，但在国际传播上还缺乏经验，略显无力。如何完成从"走出去"到"走进去"的升华，也是当前主题出版亟须探索的内容。上海背靠长江水，面向太平洋，在"走出去"方面有着天然优势；同时，其开放、创新、包容的城市品格，也为主题出版"走进去"奠定了良好的基础。在这方面，上海应该先行一步，探索国际化的传播道路，为全国的主题出版事业提供可借鉴、可复制的经验。上海交通大学出版社在主题出版物的基础上，进一步推动相关数据库"走出去"，就为主题出版从"走出去"迈向"走进去"提供了新的解题思路。

六是"上海"与"全国"。一滴水能反映出太阳的光辉，一个地方可以体现一个国家的风貌。正如习近平总书记把上海视为改革开放以来中国发生翻天覆地变化的一个生动例证，在全国的主题出版事业中，讲好上海故事，也将为讲好中国故事提供新的视角和思路。一方面，上海要充分利用本地的优势和资源，把上海故事讲清楚，把上海经验总结好，把上海精神传出去。另一方面，上海的主题出版工作要始终保持大局意识，主动与国家战略对接，并在全国出版大格局之中形成自己的特色、塑造出自己的品格。

结　语

按时间来算，主题出版还是一个朝气蓬勃的"少年"，未来还会经历更加充分的发展和转型。其所具有的坚持正确导向、明确呈现主题、精准把握时效、丰富表达形式等特征，赋予了出版事业新的生机，更为上海的出版事业增加了一抹亮色。

2018 年，上海在主题出版事业上做了大量工作：上海各界凝心聚力，共同形成了主题出版的强劲推力；扎根学术专业导向，使主题出版具备了精品化的实力；坚守正道勇于创新，激发了主题出版在形式和传播上的活力；开放进取敢为人先，展现了主题出版"走出去"的决心和潜力。这些工作实现了一些突破创新、取得了一些成果进步，但也留下了一些遗憾。从一定意义上说，未来的工作还有长足的进步空间。对于上海来说，主题出版发展之路任重而道远。一方面要积极响应党和国家的决策和部署，为推动社会主义先进文化繁荣发展贡献自己的力量；另一方面，要进一步塑造上海自己的主题出版品格，做出有上海特色的主题出版。

上海期刊的创新发展

赵　靖

摘　要：期刊在知识传播、学术交流方面发挥着重要的引领作用。上海期刊作为上海出版业的重要组成部分，在其自身发展的过程中，又形成了哪些优势与特点？本文通过阐述上海社科期刊与科技期刊的概况与学术影响力，以上海期刊的创新发展工作实践为例，分别阐述各自发展的特色与亮点，研判其发展趋势并提出相关建议。

关键词：上海期刊　创新　发展

2018 年上海实际出版期刊 618 种，占全国期刊总量的 6.1%，其中社科类期刊 268 种、科技类期刊 350 种，实际出版期数 5640 期，总印数 8503.24 万册，总印张 456104.11 千印张。期刊经营总收入 118319.72 万元，其中，广告收入 37877.42 万元，发行收入 38809.81 万元，新媒体收入 1170.49 万元，版权收入 835.15 万元，项目活动收入 4373.95 万元，其他收入 35252.9 万元。利润总额 16837.01 万元。从业人数为 4648 人，其中采编人员 2759 人。

一、上海社科期刊综述

上海社科期刊有着悠久的历史，早在 19 世纪，上海就有多种社科期刊问世。1922 年创刊的《小朋友》杂志至今仍在上海出版，发行全国。经过一百多年的发展，上海社科期刊基本形成了种类多样、特色鲜明、质量一流的整体格局。就内容而言，上海社科期刊涵盖了社会生活的诸多领域，并在时政新闻、社科学术、文化艺术、少儿、生活、财经等多个领域，培育了具有上海特色和全国影响的知名期刊。

2018 年，上海社科期刊坚持以习近平新时代中国特色社会主义思想为指导，坚持以人民为中心的工作导向，坚持把社会效益放在首位，注重对期刊发展规律的研究，注重对期刊出版人才队伍的建设，注重对融媒体发展的探讨和实践，注重探索社科期刊在新时代更好更快发展的新途径、新方法，在主题出版、社会服务、文化引领、经济效益、国际影响等方面都有新的突破。

（一）上海社科期刊概况

2018 年上海共出版社科期刊 268 种，其中中文社科期刊 252 种（占比 94.03%），英文社科期刊（含中英文）16 种（占比 5.97%）。这些期刊分散在多家主办单位，其中主办（含与沪外单位共同主办）期刊 5 种（含）以上的单位有 14 家。主办期刊最多的五家单位是：华东师范大学（主办 18 种期刊），上海社会科学院（主办 12 种期刊），上海报业集团、上海世纪出版股份有限公司、上海少年儿童出版社有限公司（各主办 8 种期刊）。上海社科期刊出版单位的性质比较多元，涵盖了事业法人、企业法人和非法人编辑部几种类型，其中事业法人 18 个，企业法人 37 个，非法人编辑部 213 个。

从刊期来看，上海社科期刊基本涵盖了所有刊期，其中尤以月刊（113 种）和双月刊（93 种）为多，半年刊（1 种）和旬刊（3 种）最少，其余还有年刊（7 种）、季刊（25 种）、半月刊（20 种）、周刊（6 种）。

上海社科期刊共有从业人员 2277 人，其中，博士研究生学历 443 人，硕士研究生学历 651 人，本科学历 883 人，大专及以下学历 300 人；正高级职称人员 351 人，副高级职称人员 377 人，中级职称人员 740 人，初级及无职称人员 809 人。

上海社科期刊的办刊经费，有 135 种获得了来自主管单位或主办单位的经费支持，占比 50.37%；有 11 种获得了各类国家级专项经费支持，占比 4.10%；有 31 种获得省市级专项经费支持，占比 11.57%。

上海社科期刊的发行方式比较多元，总体来看，以邮发，以及邮发与自办发行相结合的发行方式为主。其中，采用单纯邮发方式发行的期刊 94 种，采用邮发与自办发行相结合发行方式的期刊有 107 种，采用自办发行方式发行期刊的有 55 种，采用其他发行方式的有 12 种。由于上海社科期刊种类丰富，不同期刊的发行量也有很大差别，平均期发行 0.5 万册（含）

以下的有 157 种，0.5 万—1 万册（含）的有 38 种，1 万—1.5 万册（含）的有 13 种，1.5 万—2 万册（含）的有 7 种，2 万—2.5 万册（含）的有 13 种，2.5 万—3 万册（含）的有 8 种，3 万册以上的有 32 种。可见，上海社科期刊中，绝大多数期刊的平均期发行量在 1 万册以下，这可能与上海社科期刊中学术期刊以及行业专业期刊较多有关。值得注意的是，上海社科期刊中也有少数期刊的发行量比较大。其中平均期发行量突破 50 万册的是《故事会》，突破 10 万册的有《上海支部生活》《大江南北》《东方航空》。

上海社科期刊的广告经营方式比较多元，以自主经营（127 种）和其他经营方式（105 种）为主，少量期刊采用了委托代理经营（21 种）以及自主和委托代理相结合的经营方式（15 种）。

上海社科期刊中各期刊的年度总收入差别较大，整体呈现出两极分化的状态。年度总收入在 100 万以下的有 162 种，年度总收入在 500 万以上的有 33 种。其余分别为：年度总收入 100 万—200 万的有 40 种，年度总收入在 200 万—300 万的有 15 种，年度总收入在 300 万—400 万的有 11 种，年度总收入在 400 万—500 万的有 7 种。特别值得一提的是，上海有多种期刊的年度总收入突破 2000 万元，其中总收入排名前三的分别是《第一财经周刊》《故事会》《理财周刊》。

（二）上海社科期刊的学术影响力

上海中文社科期刊中有学术期刊（以国家新闻出版署公布的名单为依据）121 种，非学术期刊 131 种（其中少儿类期刊 24 种，市场及工作指导类期刊 107 种）。上海英文（含中英文）社科期刊共有 16 种，除少量年鉴类期刊、商业类期刊外，大多是学术期刊。

1. 上海社科学术期刊被"三大核心"收录情况

上海共有 56 种社科学术期刊被收录为《中文社会科学引文索引》（简称 CSSCI）（2019—2020 年）核心期刊（总 568 种），占比近 10%，较 CSSCI（2017—2018 年）核心期刊收录比例 8.86%（总 553 种）增长超过一个百分点。上海被收录期刊数量仅次于北京，位居全国第二（见图 1）。同时，被收录为 CSSCI（2019—2020 年）扩展版来源期刊的共 14 种（总 214 种），占比 6.54%（见图 2）。

上海共有 71 种社科学术期刊被 2017 年版《中文核心期刊要目总览》（简称"北大核心"）收录为核心期刊（社科学术期刊总 733 种）（见图 3），占比 9.69%（见图 4）。

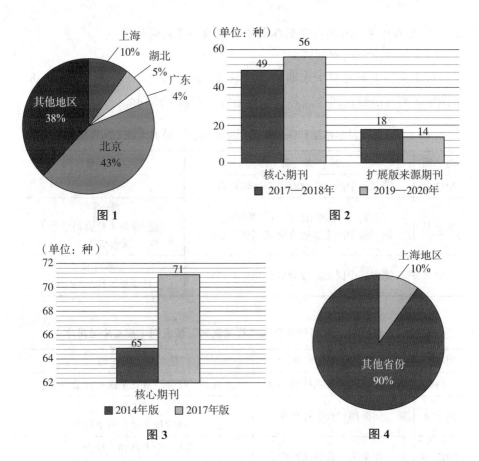

图 1

图 2

图 3

图 4

在 2018 年《中国人文社会科学期刊 AMI 综合评价报告》(简称 AMI)中，顶级期刊上海阙如(总数 5 种)，权威期刊 1 种(总数 56 种)，核心期刊 40 种(总数 519 种，占比 7.17%)，另有 43 种社科学术期刊收录进扩展期刊(见图 5)。

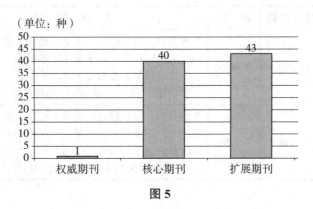

图 5

2. 上海社科学术期刊荣获各类重要奖项和资助的情况

（1）荣获国家级奖项情况

近年来，上海社科学术期刊获"中国出版政府奖"、全国"百强期刊"等国家级奖项的数量居全国各省、自治区、直辖市前列。

表 1　上海社科学术期刊获"中国出版政府奖"情况（按 CN 号排序）

时　间	奖　项　名　称	获　奖　期　刊
2012 年	第二届中国出版政府奖期刊奖提名奖	社会
2015 年	第三届中国出版政府奖期刊奖 第三届中国出版政府奖期刊奖提名奖	社会 复旦学报（社会科学版） 探索与争鸣
2018 年	第四届中国出版政府奖期刊奖提名奖	学术月刊 复旦学报（社会科学版）

表 2　上海社科学术期刊获全国"百强期刊"情况刊（按 CN 号排序）

时　间	奖　项　名　称	获　奖　期　刊
2013 年	第一届全国"百强社科期刊"	学术月刊、社会、复旦学报（社会科学版）
2015 年	第二届全国"百强社科期刊"	财经研究、学术月刊、社会、 复旦学报（社会科学版）
2017 年	第三届全国"百强社科期刊"	书法、学术月刊、社会、 复旦学报（社会科学版）

（2）获国家社科基金资助学术期刊情况

表 3　上海社科学术期刊获国家社科基金资助学术期刊情况

时　间	数量 / 总数	占　比	入　选　期　刊
2013 年	12/200	6.00%	学术月刊、财经研究、法学、复旦学报（社会科学版）、华东师范大学学报（哲学社会科学版）、社会、社会科学、探索与争鸣、外国语（上海外国语大学学报）、文艺理论研究、心理科学、音乐艺术
2014 年	12/196	6.12%	学术月刊、财经研究、法学、复旦学报（社会科学版）、华东师范大学学报（哲学社会科学版）、社会、社会科学、探索与争鸣、外国语（上海外国语大学学报）、文艺理论研究、心理科学、音乐艺术

时　间	数量/总数	占　比	入　选　期　刊
2015 年	12/196	6.12%	学术月刊、财经研究、法学、复旦学报（社会科学版）、华东师范大学学报（哲学社会科学版）、社会、社会科学、探索与争鸣、外国语（上海外国语大学学报）、文艺理论研究、心理科学、音乐艺术
2016 年	11/197	5.58%	学术月刊、财经研究、复旦学报（社会科学版）、华东师范大学学报（哲学社会科学版）、社会、社会科学、探索与争鸣、外国语（上海外国语大学学报）、文艺理论研究、心理科学、音乐艺术
2017 年	11/190	5.79%	学术月刊、财经研究、复旦学报（社会科学版）、华东师范大学学报（哲学社会科学版）、社会、社会科学、探索与争鸣、外国语（上海外国语大学学报）、文艺理论研究、心理科学、音乐艺术
2018 年	12/192	6.52%	学术月刊、财经研究、复旦学报（社会科学版）、华东师范大学学报（哲学社会科学版）、毛泽东邓小平理论研究、社会、社会科学、探索与争鸣、外国语（上海外国语大学学报）、文艺理论研究、心理科学、音乐艺术

（3）获教育部"名刊""名栏"资助情况

表 4　上海社科学术期刊入选"名刊工程"情况

时　间	批　次	数量/总数	入　选　期　刊
2003 年	第一批	1/11	复旦学报（社会科学版）
2006 年	第二批	1/8	华东师范大学学报（哲学社会科学版）
2011 年	第三批	1/12	社会

表 5　上海社科学术期刊入选"名栏建设"情况

时　间	批　次	数量/总数	入　选　期　刊
2004 年	第一批	1/16	华东师范大学学报（哲学社会科学版）"世界史研究"栏目
2011 年	第二批	1/24	上海大学学报（社会科学版）"影视理论研究"栏目
2014 年	第三批	1/25	财经研究"公共经济与管理"栏目、上海交通大学学报（哲学社会科学版）"科学文化"栏目

3. 上海社科期刊新刊创办情况

中国特色社会主义进入新时代，上海社科期刊也迎来了发展的新时期。2016—2018年，上海共新增社科期刊15种，其中中文期刊11种、英文期刊2种、中英文合刊2种。新创期刊中以学术期刊为主，其中，比较有代表性的有《国际比较文学》《东方学刊》等。

《国际比较文学（中英文）》创刊于2018年6月，由上海师范大学主办、上海师范大学比较文学与世界文学研究中心承办。它以推动"中国文学走出去"为宗旨，突出以文学为中心的跨文化、跨学科研究，刊发并向国外推介具有中国特色、中国风格、中国高度的文学与文化多学科整合研究的原创性论文，以期助推比较文学学科发展，促进中外文化对话交流。

《东方学刊》创刊于2018年9月，由上海市社联与复旦大学共同主办。旨在加强学术话语体系交流平台建设，探索中国崛起的原因和规律，侧重政治学、经济学、历史学及其他学科的研究成果以及跨学科的中国学研究成果，以期推进中国道路、中国模式和中国话语的原创性学术研究。

（三）上海社科期刊的特色与亮点

1. 立足自身特色，积极开展主题宣传

上海社科期刊认真学习与贯彻党的十九大精神，立足自身发展特色，通过开设专栏、组织特稿等方式对党的十九大精神和习近平新时代中国特色社会主义思想进行深入阐释与宣传。《毛泽东邓小平理论研究》持续刊发多篇文章，围绕政治、思想文化、价值观、制度建设等主题，深入研究新时代中国特色社会主义理论与实践。《中国浦东干部学院学报》专门设置了"中国特色社会主义""马克思主义理论与实践""党史党建"等栏目。

《财经研究》从2018年第二期开始，在"十九大专栏"中，围绕就业问题、创新问题、政府与市场、绿色发展、教育与创新、"一带一路"建设等刊发多篇文章。《探索与争鸣》杂志则在"学习贯彻党的十九大精神"栏目下，刊发了多篇优秀文章。《上海党史与党建》设置纪念"建党95周年"专题、"红军长征胜利80周年"专题、"十九大"专题等，对党的十九大精神和习近平新时代中国特色社会主义思想进行了系列解读与宣传。《上海财经大学学报》组织专家学者，深入论述了改革开放40年我国生产关系、交换关系的演变特征、现实路径与理论机理。

上海社科期刊也非常注重中华民族优秀传统文化的传承创新，大力弘扬社会主义核心价值观。例如，上海各家少儿期刊结合现代少年儿童的阅

读特质，积极策划中华优秀传统文化专栏，集中刊发优质文章。《儿童时代》推出了全新栏目"中华典故""汉字小达人"，让少年儿童感受中国汉字、中华传统文化的博大精深。《少年文艺》将民族优秀文化传承与社会主义核心价值观全面体现于所刊发的每一篇文学作品之中。《哈哈画报》推出"大美中国"栏目，赞美中国科学力量，展现中国智慧，传播中国优秀文化。《小主人报》的"中国梦·我的梦"栏目，与共筑中国梦的宏大主题实现了完美结合。《新读写》杂志则组织举办了"海峡两岸青少年书法交流展示活动""让青少年读懂中国"等一系列大型活动。《当代学生》以弘扬中华民族优秀传统文化为宗旨的"中学生古诗文阅读大赛"、以培养青少年爱国主义精神为目标的"中学生时政知识大赛"等系列活动，已经成为极具上海特色的品牌项目，被上海市教委列为民族精神教育传统活动和德育传统活动，取得了良好的社会效益。

2. 发挥专业优势，承担"培根铸魂"重任

坚持马克思主义，着力构建中国特色哲学社会科学话语体系，就是要在指导思想、学科体系、学术体系、话语体系等方面充分体现中国特色、中国风格、中国气派。上海社科期刊尤其是学术期刊，高度重视中国特色哲学社会科学及知识体系构建、中国学术话语体系创新等问题，充分发挥自身优势，精心策划，组织专家学者撰写深度解析文章。比如，《探索与争鸣》杂志自 2016 年起常设"中国学术话语体系创新""重识中国与世界"等专栏，多举措全面推动相关理论研究，集中刊发了系列文章。《复旦学报（社会科学版）》以"马克思主义哲学基础理论与前沿问题研究"这个重点建设栏目为抓手，结合"中国哲学研究"栏目，大力弘扬马克思主义，刊发系列重头文章。《同济大学学报（社会科学版）》则在"当代马克思主义·纪念马克思 200 周年诞辰之时代哲学专题"栏目中，刊发了系列长文。

上海社科学术期刊还积极发挥平台优势，通过举办学术研讨会等方式推动学术研究，培养青年学人。上海大学《社会》杂志从 2012 年起搭建了全国高校社会学专业期刊平台"社会学理论工作坊"，每年向全国社会学专业师生公开征文，遴选出优秀文章，刊登在《社会》杂志上。《社会》杂志对年轻学人的培养过程，正体现了学术性刊物育人的功能和价值。为进一步考察、研究与促进马克思主义文论在当代中国的发展，梳理经典马克思主义文论思想所处的地位及其作用，建设具有中国特色的新时代马克

思主义文论思想，《复旦学报（社会科学版）》与复旦大学中文系、全国马列文艺论著研究会共同主办了"全国马列文艺论著研究会第三届理事论坛暨纪念马克思诞辰 200 周年学术研讨会"，来自中国社会科学院、中央党校、北京大学、中国人民大学、复旦大学等国内各大高校与科研院所的 60 余名专家学者出席会议。

1957 年 7 月，新中国最早创办的大型纯文学期刊《收获》在上海诞生，主编是巴金和靳以。1979 年之前，全国仅此一家。《收获》奉行的是"海纳百川，有容乃大"的宗旨，汇集各种风格流派的顶尖作品，向世界展示中国当代文学日趋成熟的实绩。著名作家余华、苏童、格非、马原、孙甘露等人，就是先在《收获》上亮相，然后在全国崭露头角的。所以有人说，《收获》是作家们成名的阶梯，是几代作家共同成长的地方，是中国当代文学史的"简写本"。《收获》发表的作品被改编成影视剧，数量之多，影响之大，为《收获》赢得了广泛声誉。1956 年在上海创刊的《萌芽》是新中国的第一本青年文学刊物，创刊六十年以来，《萌芽》杂志始终紧扣时代脉搏，致力于挖掘文学新人，为他们搭建不拘一格施展才华的舞台。1999 年，以"面向新世纪，培养新人才"为宗旨的首届新概念作文大赛由《萌芽》杂志社发起，大赛涌现出韩寒等一大批全国知名的青年作家，新概念作文大赛历年来始终被媒体和社会高度关注。

3. 创新发行模式，经济效益不断增长

上海社科期刊中有很多优秀的大众类期刊，比如文学艺术类期刊、时政类期刊、财经类期刊，等等。各期刊立足自身领域，发挥自身优势，不断创新办刊思路、创新发行模式，在取得良好社会效益的同时，还取得了令人瞩目的经济效益。《故事会》创办于 1963 年 7 月。长期以来，这本杂志以发表反映中国当代社会生活的故事为主，同时兼收并蓄各类流传的民间故事和经典的外国故事，力求每一篇故事都读得进、记得住、讲得出、传得开。期发行量曾高达 760 万册，年平均期印数为 658.2 万册。"故事会5 元精品系列"（100 种），总印数高达 1000 万册。《故事会》注重一个内容多次开发，一次开发多次产出，一次产出多次增值，做大做强故事文化产品线。2016 数字阅读影响力期刊 TOP100 国内排行第 7 名，移动终端阅读排行第 1 名。2019 年年底故事会 App 的用户数有望突破 100 万。《故事会》2018 年发行收入近 3000 万元。《新民周刊》是目前国内报刊零售和自费订阅市场上发行量最大的时政类周刊，也是上海第一份综合性新闻周刊。《新民周刊》以时政、经济、社会、文化、科技报道为主，擅长分析报道、深度报道、图片报道，注重对当下重大新闻事件、经济现象、社会焦点的解析。《新民周刊》不断拓展发行渠道，2018 年实现发行收入近 700 万元。《第一财经周刊》致力于为读者提供崭新而富有价值的商业新闻服务，内容上既有专业的公司现象分析，也有轻松实用的行业信息和公司人士关心的各方面问题。《第一财经周刊》积极尝试各种新的传播渠道，比如其新媒体中心推出了"订阅码"这一创新产品，用户可以通过网银以及支付宝单独或批量购买订阅码，激活订阅码即可开启相关数字杂志的订阅。2018 年度，《第一财经周刊》总收入达到 5000 多万元，其中发行收入 1500 多万元。

4. 注重国际对话，助力中国文化走出去

习近平总书记指出："文明因多样而交流，因交流而互鉴，因互鉴而发展"，"以文明交流超越文明隔阂、以文明互鉴超越文明冲突、以文明共存超越文明优越"。在文化多元化发展的背景下，上海社科期刊本着弘扬传统优秀文化的宗旨，以全球化的视野、包容开放的态度、不懈追求的精神，积极践行中国文化走出去的目标，扎实推动文化走出去战略。不仅如此，为使中国学术能更多地参与世界文化学术的交流，上海社科期刊还努力推动刊物向高端化方向迈进，力争更深度地融入国际学术期刊界，成为传播中华思想文化、国家软实力和进行国际学术交流的平台。上海社科期刊尤其是学术期刊长期追踪国际知名学者的课题进展与研究现状，及时跟进，主动约稿并迅速刊出，产生了良好的影响。例如，《复旦学报（社会科学版）》着力打造的"域外新刊"栏目，即以鲜明的特色获得了广泛的学术与社会影响，并引起了国外学者的关注，自 2013 年以来，已经连续刊发了 27 位外籍专家学者共 28 篇专论。《中医药文化》杂志通过"中医药国际化及相关问题研究""国际学术工作坊""中医药文化国际发展论坛"等栏目，充分展示了国际层面中医药社会人文学科领域研究的最新成果。

上海社科期刊还充分利用各方面资源（比如借助第三方平台），积极推动海外出版。比如，自入选国家"中文精品哲社学术期刊外文版数字出版工程"后，《财经研究》每年遴选出 60 篇文章进行全文翻译，并利用"中国知网"的数字出版平台和国际传播平台，提高文章与期刊的国际影响力。华东师范大学在《华东师范大学学报（哲学社会科学版）》基础上创办文科英文丛刊《华夏学术》，该丛刊将华东师范大学知名学者的优秀论文以英文形式结集出版。同时，华东师范大学出版社与新加坡世界科技出版公司合作，在《华夏学术》基础上，经精选和重新按照学科、专题分类编辑后，由新加坡世界科技出版公司以华东师大"当代中国书系"为题重新结集出版。

《上海文学》是当代中国具有重要影响的文学杂志之一，由巴金创刊于1953年，被誉为"海派文学的主办基地"。2018年开始，《上海文学》杂志社和中国图书进出口（集团）总公司合作，推出英文版特刊，是目前上海唯一一种推介中国当代文学的外文版文学期刊。《上海文学》英文版选取国内最新发表的优秀的文学作品，包括中短篇小说、散文、诗歌、非虚构文学等，由一批经验丰富的外国汉学家担任翻译，以准确反映中国当代文学创作的高度和深度。英文版的推广发行工作则依托中国图书进出口（集团）总公司，在世界范围内推广发行。除了线上销售渠道和中图公司在世界各地的实体书店发行，还向全球所有的孔子学院和国外图书馆推广，做到所有的刊物都能到达外国读者手中。

5. 坚持融合发展，不断提升传播能力

随着"互联网+"、大数据、新媒体时代的来临，当今时代传播模式已经发生了深刻变革。近年来，上海社科期刊顺应时代发展，遵循期刊发展规律和新兴媒体传播方式，强化互联网思维，积极推进传统媒体与新兴媒体的融合发展。不少期刊投入了专门经费来完善编辑部审稿专家数据库、来稿数据库、作者数据库、读者数据库等基础设施的建设。也有部分期刊与斯普林格、玛格泰克等公司合作，进一步深化期刊的网络和数字化建设。被国际著名索引机构数据库 EBSCO Database、Social SCIences Index、International Political SCIence Abstracts、PAIS International Abstracts、Sociological Abstracts、Worldwide Political SCIence Abstracts 等收录的上海社科期刊在不断增加。西方读者可以通过这些社会科学索引数据库对期刊发表的文章进行有效查阅和下载，这大大增强了上海社科期刊在国外学术界的流通量，扩大了期刊和栏目在西方的读者群和影响力，也有利于吸引更多外国作者向期刊投稿。同时，上海社科期刊也大都开通了微博与微信账号，及时推送每期目录及重点文章，起到了有效而广泛传播内容的作用。

《儿童时代》《看图说话》《哈哈画报》《十万个为什么》等刊物积极构建全媒体数据库，尝试基于 AR 技术在少儿期刊中的应用，用沉浸式体验增强读者的代入感。《十万个为什么》杂志还与美国《国家地理学习》杂志开展版权合作，推出了杂志的数字版。数字版有 App 平台，还有独立网站。读者可以在 App 中订阅相应的数字版，也可以在网站上进行相应的操作。并且，数字版还提供了更精细、更完整、更多样的多媒体素材和互动内容。《为了孩子》则尝试依托"中国移动手机阅读基地"，推出"育儿天地"手机报，让读者享受时尚、健康、环保、便捷的随身阅读新体验。

上海大学期刊社在上海市新闻出版专项基金支持下，成立了全国首家"期刊融合出版实验室"，在一期工程中，研发期刊集群化的智能管理系统，梳理旗下各刊编辑部和各个部门的数字资源，并建立数据库。这一过程中，将原来纸质期刊的线下操作和数据，迁移到线上系统进行统一管理运作。同时，还对学术期刊的富媒体出版进行了探索，包括增强出版——刊上 AR、可视化出版等，均取得了良好成效。

6. 培养"三新""四力"，人才队伍建设质量不断提高

人才是社科期刊发展的核心竞争力。上海社科期刊人才队伍在年龄、学历、职称等方面整体结构合理，为期刊的高质量发展提供了坚强保障。为了不断提高社科期刊整个人才队伍的建设质量，帮助编辑人员不断掌握新知识、熟悉新领域、开拓新视野，不断增强脚力、眼力、脑力、笔力，上海市形成了由不同主体参与的容纳不同层次、涵盖不同领域的人才培养和发展体系。近年来，上海市新闻出版局联合上海市人力资源和社会保障局多次评选"上海出版人奖""上海出版新人奖"，其中社科期刊领域多人入选。这既是对人才能力和水平的认可，也为各类人才进一步发展提供了更好的平台。上海市新闻出版局也连续多次组织包含社科期刊出版人才在内的新闻出版行业领军人才和中青年业务骨干赴境外学习培训，为各类人才拓宽视野、提升能力提供了宝贵机会。

在上海市新闻出版局的支持下，上海市期刊协会连续组织出版专业技术人员继续教育培训活动，并充分考虑到社科期刊的特殊性，开设了多个针对社科期刊从业人员的专场培训，为提升他们的政治素养、业务能力、文史修养等发挥了重要作用，因此，受到了学员的广泛好评。各社科期刊出版单位也充分发挥自身在人才队伍建设方面的积极主动性，努力筹措资金，积极争取机会，为编辑人员的成长成才提供帮助。比如，上海大学期刊社专门为青年编辑搭建了实践平台"上大期刊屋"，自 2009 年以来已在全校研究生公寓、留学生公寓、本科生活动中心、各个学院设立了 19 个服务点，青年编辑担任志愿者、成为学术导师。服务点还设到了校外社区乃至海外孔子学院，宣传中国文化的同时拓展了传播渠道，提升编辑国际

交流能力。

（四）上海社科期刊的发展趋势和建议

中国特色社会主义进入新时代。作为社科领域最新成果的发布平台，社科期刊是引领和推动文化传承创新、学术发展进步的重要载体，理应站高望远，在一个新的思想高度和学术水平上开展工作。上海社科期刊应该把握时代发展脉搏，立足自身领域，发挥独特优势，为新时代中国特色社会主义文化发展贡献更大力量。

1. 坚持社会效益优先，走特色化发展之路

在新的时代背景下，上海社科期刊要坚持正确的舆论导向，以重大理论和现实问题为重点，回应时代召唤，坚持把社会效益放在首位。上海社科期刊种类多样，特色鲜明，应在坚持社会效益优先的基础上，立足自身特点，走特色化发展道路。学术期刊应解放思想，求真务实，积极推进理论创新，营造有利于发现真理、繁荣学术的创新环境；倡导优良学风和文风，重视学术道德和科研诚信建设，建立与完善预防学术不端行为发生的审稿制度；同时，扎实推进理论与实践的良性互动，做到理论联系实际，学术结合时代，注重社会思潮、理论前沿和学术热点的导向和研究，树立特色化的发展理念，走特色化的发展道路。市场类期刊在注重经济效益的同时，更要重视自身的社会效益，努力通过特色化发展，实现社会效益和经济效益的统一。

2. 积极探索融合出版，不断提高传播能力

当今大数据时代，互联网的发展给社会带来了日新月异的变化，在传统媒体领域，互联网带来的改变尤为明显。当前，上海社科期刊虽然在融合出版方面已经做了比较多的有益尝试，但整体的融合出版水平还有待进一步提升。比如，上海社科期刊中仍有相当一部分尚未开通官方网站、微信公众号、微博等；而在融合出版方面做出较有影响力的尝试的期刊则更少。因此，如何遵循社科期刊发展规律和新兴媒体传播方式，有效提升数字化、融合出版能力与水平，积极推进传统媒体与新兴媒体的融合发展，是上海社科期刊今后工作的重点之一。

3. 持续加强国际合作，进一步提高国际化水平

在全球化时代，中国文化必须走出去，以更好地增强国家文化软实力。相较科技期刊，上海社科期刊在国际化发展方面还有很大提升空间。社科期刊由于语言和意识形态上的差异，国际化发展的方案更要做好精心

设计，要寻找好的突破口，通过国际合作搭建起国际交流和对话的平台，并不断提高自身的影响力。比如，可以通过新创办外文期刊、做大做强已有外文期刊、加强版权输出等途径不断提高上海社科期刊的国际影响。

中国特色社会主义进入新时代，为上海社科期刊提供了前所未有的发展机遇，也提出了更高的工作要求。经过多年努力，上海社科期刊已经拥有良好的发展基础，也取得了突出的工作成绩，未来，上海社科期刊要以习近平新时代中国特色社会主义思想为指导，坚持稳中求进、守正创新，推动期刊向规模化、集约化、专业化、国际化方向发展。在保持刊物既有传统和优势的前提下，立足上海，服务全国，以更积极开放的心态，迈开大步"走出去"，为新时代文化繁荣发展，做出上海社科期刊应有的贡献。

二、上海科技期刊综述

上海是中国的科创中心和科技高地，也是中国科技期刊的发祥地和重镇。上海的科技期刊集中反映了上海和全国乃至世界科技进步的最新成果，因此也培育了一批在国际科技界非常有影响力和话语权的科技期刊。2018年11月8日，习近平总书记主持召开中央全面深化改革委员会第五次会议并发表重要讲话。会议强调了科技期刊在传承人类文明、荟萃科学发现、引领科技发展、直接体现国家科技竞争力和文化软实力方面有着重要的作用。会议审议通过了《关于深化改革培育世界一流科技期刊的意见》，说出了广大科技期刊工作者的心声，也极大地鼓舞了大家做好本职工作的决心和信心。在十九大精神的指引下，上海的科技期刊工作者勤奋工作，努力开拓，在各方面均取得了令人瞩目的成绩。

（一）上海科技期刊概况

上海有350种科技期刊，其中5种创办于新中国成立之前，创刊的高峰期是在20世纪80年代。350种科技期刊所属学科分布较广，在无线电电子学、电信技术、工程与技术科学、医学、能源与动力工程、水产学、化学、经济计划与管理、核科学技术和天文学等学科领域影响力较大，这些学科也是上海优先发展的基础和应用学科。350种科技期刊的从业人员的学历相对较高，其中学术期刊编辑以硕士及以上学历为主，技术和科普期刊编辑以本科学历为主。350种科技期刊中，具有中级职称的编辑是办刊的骨干力量。

350 种科技期刊可以分为学术类（中文 99 种、英文 17 种）、技术类（123 种）、医学类（中文 72 种、英文 18 种）及科普类（21 种）4 个大类（见图 6）。

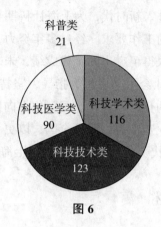

图 6

在 2014—2018 年这 5 年间，上海共新办科技期刊 27 种，包括 15 种中文科技期刊和 12 种英文科技期刊；其中更改刊名的新刊有 17 种，创办的新刊有 10 种。

在 15 种中文科技期刊中，除《光学学报》（网络版）是原国家新闻出版广电总局授予的网络版试点外，其他 14 种均为更改刊名而形成的新刊。其中科技学术期刊 1 种，《应用技术学报》；医学学术期刊 1 种，《化工与医学工程》；科技技术期刊 12 种，分别是《隧道与轨道交通》《汽车与新动力》《有色金属材料与工程》《时尚设计与工程》《建筑科技》《氮肥与合成气》《项目管理评论》《科学教育与博物馆》《纺织检测与标准》《信息与管理研究》《交通与港航》和《电器与能效管理技术》。在 12 种英文科技期刊中，除《细胞研究（英文网络版）》是原国家新闻出版广电总局授予的网络版试点外，其他 11 种英文科技期刊中有 8 种是获批的新刊（均为学术期刊），另外 3 种是更改刊名而形成的新刊。12 种英文科技期刊中，科技学术期刊有 5 种，分别是《计算材料学》《地下空间》《光子学研究》《海洋科学与技术》和《纳微快报》；医学学术期刊有 7 种，分别是《综合精神医学》《转化神经变性病》《亚洲泌尿外科杂志》《介入医学杂志》《中西医结合护理》《细胞研究（英文网络版）》《法庭科学研究》。

从近 5 年新刊创办的情况可见，获批新刊号的绝大多数为英文学术期刊，而更名的新刊则绝大多数为技术类期刊。

（二）上海科技期刊影响力状况

评价科技期刊学术质量和影响力的方法主要有定量和定性两种：定量方法是通过相关数据揭示期刊在学术界的影响力，从一定程度上可以反映期刊的学术质量；定性方法是通过评估期刊所发表论文的创新性和科学意义等，来体现期刊的价值和水平，同时，业内同行学者对于期刊的评价也可作为定性评估期刊的依据之一。然而，由于定性评估方法操作和实施的难度很大，并未大量采用，定量评估还是目前常用的评估方法。为此，本报告提到的科技期刊的影响力，也是以国内外数据库的定量评估指标作为主要依据。

1. 上海中文科技期刊在国内同行中处于领先地位

以国内《中文核心期刊要目总览》（简称"北大核心"）、中国科学引文数据库（CSCD）、《中国科技期刊引证报告》（CJCR）和《中国学术期刊影响因子年报（自然科学与工程技术）》（简称"影响因子年报"）等数据库为主要蓝本，通过对上海中文科技期刊在这4个数据库中的指标统计分析，可以发现，上海中文科技期刊在这些数据库中均有突出的表现，其学术影响力处于国内领先地位，是我国中文优秀科技期刊的杰出代表。

（1）最新公布的2017版《中文核心期刊要目总览》（"北大核心"）共收录中文期刊1983种，其中科技类1250种。上海科技期刊有91种被收录，占所有被收录科技期刊的7.3%，在全国居领先地位。"北大核心"（2017版）收录的上海中文科技学术期刊中有18种期刊排位上升，排位上升超过10位的有5种期刊，分别为《复旦学报（自然科学版）》《计算机工程》《上海大学学报（自然科学版）》《应用科学学报》和《华东师范大学学报（自然科学版）》。"北大核心"（2017版）收录的上海中文科技学术期刊中，学科排序第1的有2种，分别为《声学技术》和《水产学报》；学科排序第2的有5种，分别为《光学学报》《内燃机工程》《天文学进展》《无机材料学报》和《中国造船》，其中《内燃机工程》排位首次进入前3；学科排序第3的有4种，分别为《动力工程学报》《化学学报》《中国航海》和《中国激光》。

（2）中国科学引文数据库（CSCD）2017—2018年度统计显示，CSCD共收录期刊1229种，其中上海科技期刊116种，占总数的9.4%，处于全国领先地位。116种上海科技期刊中99种为中文期刊，其中科技学术期刊共有47种，占上海科技学术期刊的40.52%，其中核心库收录30

种，扩展库收录 17 种。

（3）2018 年版《中国科技期刊引证报告（核心版）》（CJCR）共收录上海中文科技学术期刊（包括英汉类）63 种，与上一年持平，依然在全国处于领先地位。平均影响因子则大幅上升至 0.489，其中共有 9 种期刊进入本学科的前 3 名，《城市规划学刊》和《辐射研究与辐射工艺学报》分别在建筑科学与技术类和核科学技术类中排名第 1。从学科排名来看，2018 年上海有 9 种中文科技学术期刊的核心总被引频次排名前 3，其中《中国激光》和《水产学报》的核心总被引频次分别在光电子学与激光技术类和水产学类排名第 1。2018 年上海有 8 种中文科技学术期刊的综合评价总分大于 60。2018 年上海中文科技学术期刊平均基金论文比上升至 0.686，2018 年基金论文比大于 0.800 的上海中文科技学术期刊有 26 种，基金论文比大于 0.900 的有 10 种。2018 年上海中文科技学术期刊的平均核心他引率大幅上升至 0.97，上升幅度达 17%，2018 年平均核心引用刊数已经达 208 种，这显示出上海中文科技学术期刊的学术影响力越来越大。

在 72 种上海中文医学学术期刊中入选核心版 CJCR（2018 年）的有59 种，核心总被引频次学科排名前 3 的期刊有 7 种。综合评价总分学科排名前 3 的期刊共 6 种，其中《中国感染与化疗杂志》和《中华内分泌代谢杂志》均排名学科第 1。上海 72 种中文医学学术期刊中被扩展版 CJCR（2018 年）收录的有 69 种，扩展影响因子学科排名前 3 名的上海中文医学学术期刊共 7 种，其中《检验医学》《中国感染与化疗杂志》学科排名第1；《介入放射学杂志》《植物生理学报》学科排名第 2；《中国寄生虫学与寄生虫病杂志》《中成药》《医用生物力学》《中国男科学杂志》在各自学科排名第 3，学科影响因子排名前 10% 的上海中文医学学术期刊共 5 种，扩展总被引频次学科排名前 3 的上海中文医学学术期刊共 2 种。

（4）2018 年版《中国学术期刊影响因子年报（自然科学与工程技术）》（"影响因子年报"）显示，上海中文科技学术期刊在各学科分区中的数量基本上保持稳定，在全国处于领先地位。其中有 24 种近 3 年的影响力指数排名位于本学科的 Q1 区，占总数的 25%。以 2017 和 2018 年的分区来看，有 3 种中文科技学术期刊从 Q2 区升到 Q1 区，2 种从 Q3 区升到Q2 区，6 种从 Q4 区升到 Q3 区。上海共有 9 种期刊进入所在学科的前 3名，其中《光学学报》《振动与冲击》《动力工程学报》和《水产学报》分别在各自所属学科期刊中排名第 1，上海中文科技学术期刊在无线电电子学、电信技术、工程与技术科学、能源与动力工程、水产学、化学、经济计划与管理、核科学技术和天文学等学科领域影响力较大，这些学科也是上海市优先发展的基础和应用学科。相比 2017 年，上海中文科技学术期刊 2018 年平均量效指数增长显著，达到 3.192，增幅为 8.2%。上海中文科技学术期刊平均量效指数比全国科技期刊的均值高 25.2%，这说明上海中文科技学术期刊近年来在学术质量和品牌建设方面取得的成效显著。2018 年上海中文科技学术期刊的平均复合影响因子上升为 0.71，增幅达到 9%，排名前 3 的期刊分别为《城市规划学刊》《化学学报》和《光学学报》，影响因子分别为 4.503、2.605 和 1.872。上海中文科技学术期刊复合影响因子在本学科中排名前 3 的期刊，一共 8 种，分别为《化学学报》《光学学报》《城市规划学刊》《核技术》《动力学工程学报》《中国激光》《水产学报》和《辐射研究与辐射工艺学报》。上海中文科技学术期刊复合总被引频次排名前 3 的期刊分别是《计算机工程》《振动与冲击》和《同济大学学报（自然科学版）》，均获得了超过 10000 次的引用。上海中文科技学术期刊基金论文比大于 0.8 的有 39 种，基金论文比大于 0.9 的有 26 种，其中《水产学报》《海洋渔业》和《渔业现代化》的基金论文比达 100%。上海中文科技学术期刊的平均 Web 即年下载率逐年升高，增幅达 12% 左右。

（5）《科学引文索引》(SCI) 虽然以收录英文期刊为主，但早年也收录了少量中文期刊。2017 年上海有 4 种中文科技期刊被 SCI 收录，分别是《有机学报》《化学学报》《无机材料学报》和《红外与毫米波学报》，其中《化学学报》是我国创刊最早的综合性化学学术期刊（始于 1933 年），也是第一个被 SCI 收录的中国化学领域期刊，同时是目前 SCI 影响因子最高的中文期刊。从近 5 年 JCR 报告中上海中文科技学术期刊学科排名分区情况可知，《有机化学》和《红外与毫米波学报》均分别稳定在 Q3 区和 Q4区，《化学学报》则由 Q3 区提高至 Q2 区。

表 6　2013—2017 年被 SCI 收录的上海中文科技学术期刊学科分区情况（按 CN 号排序）

序号	刊　名	2013 年	2014 年	2015 年	2016 年	2017 年
1	化学学报	Q3	Q3	Q2	Q2	Q2
2	有机化学	Q3	Q3	Q3	Q3	Q3
3	无机材料学报	Q3	Q3	Q3	Q4	Q4
4	红外与毫米波学报	Q4	Q4	Q4	Q4	Q4

（6）截至2019年3月，Scopus数据库总计收录864种中国大陆期刊，其中837种为科技期刊。上海99种中文科技学术期刊中有28种被收录，占比达28%。2017—2018年新收录上海中文科技学术期刊9种，其中2017年新增2种，2018年新增7种。上海72种中文医学学术期刊中有10种被Scopus数据库收录，绝大多数处于Q4区。

截至2019年3月，EI数据库共收录中国期刊225种，其中有23种上海中文科技学术期刊被收录，占比处于全国领先地位。

截至2019年5月，上海72种中文医学学术期刊中被MEDLINE数据库收录的期刊共2种，分别是《法医学杂志》和《上海口腔医学》。

2. 上海英文科技期刊在国际同行中影响力稳步提升

被国际知名数据库收录，能够反映期刊在相应学科的地位和水平。本报告选取了以国际上知名的数据库为主的评价系统进行统计分析，其中包括《科学引文索引》（SCI）、反映工程技术领域重要成果的EI数据库、在生物医学领域具有很高声誉的PubMed数据库和近年来非常活跃的Scopus数据库等，这些数据库是目前各级期刊主管部门采用且比较通行的评价依据。

（1）据2017年《科学引文索引》（SCI），上海现有的35种英文期刊中，共有18种被SCI收录，无论是收录数量和所处位置均在国内占明显优势。目前上海拥有英文科技学术期刊共计17种，其中被SCI收录的有10种，占总数的58.82%，有4种位于Q1区，2种位于Q2区；与2016年相比，Q1区期刊数量从1种增加到4种，有1种期刊从Q3区上升到Q2区，没有出现期刊分区下降的情况。上海18种医学英文学术期刊被SCI收录的有8种，被ESCI收录的有3种。8种期刊中，5种期刊位于Q1区，2种位于Q2区，1种位于Q3区，其中《细胞研究》多年来一直居于国内期刊影响因子第一的地位。

（2）截至2019年3月，EI数据库共收录中国期刊225种，其中32种是上海科技期刊，占比14.2%，包括9种英文期刊。

截至2019年3月，Scopus数据库总计收录864种中国大陆期刊，其中837种为科技期刊。17种上海英文科技学术期刊中有12种被该数据库收录，占比70.59%。

被PubMed数据库收录的上海科技学术期刊有11种，上海18种医学英文学术期刊被PubMed收录的有14种，均处于国内领先地位。

上海18种医学英文学术期刊被MEDLINE收录的有9种。

（3）《中国科学引文数据库》（CSCD）2017—2018年度收录来源期刊1229种（核心库887种，扩展库342种），其中英文期刊201种，中文期刊1028种。其中上海英文科技学术期刊共有10种，均被核心库收录，占上海英文科技学术期刊的58.52%，占上海科技学术期刊的8.62%。上海18种医学英文学术期刊被2019—2020年度CSCD收录的有11种。

上海18种医学英文学术期刊有3种被"北大核心"（2017版）收录。

《中国科技期刊引证报告（核心版）》（JCJR）2017年和2018年均收录4种上海英文科技学术期刊，分别是《数学年刊B辑》《中国光学快板》《极地科学进展》《水动力学研究与进展B辑》。

《中国学术期刊影响因子年报》共收录上海英文科技学术期刊14种（未计2015年之后创刊的2种），占上海英文科技学术期刊总数的82.35%。

3. 上海科技期刊荣获各类重要奖项和资助的情况

（1）获奖情况

近年来，上海科技期刊取得了令人瞩目的成绩，多种期刊获得了"中国出版政府奖"、全国"百强期刊""百种中国杰出学术期刊""中国最具国际影响力学术期刊"和"中国国际影响力优秀学术期刊"等荣誉，入选数量均居全国各省、自治区、直辖市前列。

2012年，《化学学报》《细胞研究》获"第二届中国出版政府奖期刊奖"；2015年，《细胞研究》获"第三届中国出版政府奖期刊奖"，《大众医学》获"第三届中国出版政府奖期刊奖提名奖"；2017年，《中国药理学报》获"第四届中国出版政府奖期刊奖"。

2013年，《同济大学学报（自然科学版）》《印染》《化学学报》《中国激光》《中国药理学报》《无机材料学报》《细胞研究》《分子植物》《大众医学》等入选第一届全国"百强期刊"；2015年，《印染》《水产学报》《化学学报》《中国激光》《中国药理学报》《无机材料学报》《细胞研究》《应用数学和力学（英文版）》《分子植物》《运动与健康科学》《科学画报》等入选第二届全国"百强期刊"；2017年，《光学学报》《印染》《水产学报》《中国药理学报》《无机材料学报》《细胞研究》《上海大学学报（自然科学版）》《科学画报》等入选第三届全国"百强期刊"。

2017年的"百种中国杰出学术期刊"中，上海共有5种科技学术期刊入选，分别是《动力工程学报》《辐射研究与辐射工艺学报》《化学学报》

《水产学报》和《中国激光》。另有 1 种中文医学学术期刊《中华内分泌代谢杂志》入选。

2018 年，上海共有 9 种医学学术期刊、10 种科技学术期刊入选"中国最具国际影响力学术期刊"（其中《细胞研究》全国第 1 名），1 种医学学术期刊、8 种科技学术期刊入选"中国国际影响力优秀学术期刊"。

（2）国家基金资助情况

表 7　获第二期（2016 年至 2018 年）"中国科技期刊国际影响力提升计划"资助的上海期刊（同类按 CN 号排序）

类别	刊　名	主　办　单　位
A 类	中国药理学报	中国药理学会、中国科学院上海药物研究所
	细胞研究	中国科学院上海生命科学研究院生物化学与细胞生物学研究所、中国细胞生物学学会
	分子植物	中国科学院上海生命科学研究院植物生理生态研究所、中国植物生理与植物分子生物学学会
B 类	应用数学和力学（英文版）	上海大学、中国力学学会
	亚洲男性学杂志	中国科学院上海药物研究所、上海交通大学
	中国光学快报	中国科学院上海光学精密机械研究所、中国光学学会
	运动与健康科学	上海体育学院
	纳微快报	上海交通大学
C 类	中国化学	中国化学会、中国科学院上海有机化学研究所
	生物化学与生物物理学报	中国科学院上海生命科学研究院生物化学与细胞生物学研究所
	神经科学通报	中国科学院上海生命科学研究院、中国神经科学学会、中国人民解放军第二军医大学
	高功率激光科学与工程	中国科学院上海光学精密机械研究所、中国光学学会
	结合医学学报	上海市中西医结合学会、上海长海医院

由中国科协出台的 2018 年"中文科技期刊精品建设计划"资助期刊中，上海共有 5 种科技学术期刊入选学术创新引领项目，为《中国激光》《化学学报》《光学学报》《水产学报》和《核技术》。

（三）上海科技期刊的发展趋势和建议

1. 全面提升上海科技期刊的质量、影响力和竞争力

由于各级主管、主办单位的支持，以及近年来从国家到上海市设立的各类出版基金项目的支持，上海科技期刊的质量大幅提升，尤其是部分英文期刊进步显著，成为相应领域中具有引领作用的世界级刊物，在各自学科中分别具有较高的影响力和竞争力。

同时，也必须看到，上海科技期刊的发展水平存在明显的不平衡，优秀刊物的数量还不够多，许多刊物还存在很大的发展空间。为此，需要各主管、主办单位认真分析存在的问题，对于优势明显的刊物，在加大扶持力度的同时，也要让同行分享其成功经验，以期带动更多的上海科技期刊向高质量、高影响力和高竞争力方向发展。

2. 积极推动上海科技期刊的新媒体技术应用

互联网的迅猛发展，已让传统期刊出版人切实意识到向新媒体转型的紧迫性和必要性。目前，上海许多期刊编辑部通过建设网站、开设微信公众号、开通微博、建设 App 等方式，提升期刊的网络传播能力。这些期刊利用新媒体技术平台，实现了优先出版、绿色通道出版、优秀论文推送等功能，缩短了论文的发表周期，扩大了刊物的影响力。部分编辑部还利用新媒体低成本、交互性、共享性等特点，建设了不同类别的 QQ 群、微信群，把编委、审稿人、作者、读者分别纳入不同的群组，实现信息实时互动与共享，很好地发挥了新媒体的优势，弥补了传统媒体的短板。可以看到，绝大部分期刊编辑部对于新媒体技术的应用是开放的、积极的，主观上愿意去尝试。

比如，《大众医学》就是融合发展的优秀案例。《大众医学》将微信公众号作为"主阵地"，兼顾官方微博、今日头条号等新媒体平台，坚持"内容为王、专业科普、专家科普"的宗旨，在新媒体应用和运营方面发展迅速，并因此荣获中国期刊协会"2018 年度期刊数字影响力 100 强"称号。《大众医学》从 2017 年起推出了微信"有声版"，每周六推送，受到了广大网友的欢迎。针对中医板块比较常见的保健操、按摩、推拿等涉及操作的内容，尽可能以视频的形式推送，方便广大读者理解和学习。同时，《大众医学》也进一步加强了纸质期刊与新媒体的互动，用新媒体来弥补纸质期刊在篇幅、表现形式方面的短板。纸质期刊的读者只要扫描二维码，就能看到无法在杂志上呈现的音频、视频等内容。在微信营销方

面,《大众医学》继 2015 年开通微信书城，为微信用户提供杂志订阅、纸质图书购买、电子书购买服务之后，又于 2017 年正式推出了"知识付费"服务，将最新出版的杂志上的优质内容，如广受纸刊读者好评的"健康锦囊"、实用性强的优质好文章等制成电子版，供用户在线购买、在线学习。《大众医学》于 2018 年 12 月推出了与官方微信平台无缝对接、与纸质期刊联动的在线医学科普平台——《大众医学》"专家专栏"。这是一种全新、精准的医学科普传播平台，也是大众医学从"大众科普"走向"分众科普"或"个性化科普"的重要一步。与杂志追求科普知识的"大而全"不同，"专家专栏"更专注"个性化科普"，每个专栏都汇聚同一病种的患者，科普知识的发布也更为"精准"。"专家专栏"的推出还为《大众医学》举办各类线上活动提供了有力的技术支持，同时促进了《大众医学》官方微信的发展。

当然，由于大部分期刊编辑部缺少 IT 技术人员，也少有精通新媒体技术的编辑，故新媒体的应用往往还是依靠一些技术公司提供服务，尤其是英文期刊。因此，建议上海科技期刊编辑部要加强新媒体技术人员的配置，同时加强对现有编辑进行新媒体技术的培训，鼓励期刊之间加强交流，支持有实力的编辑部进行技术输出。

3. 大力促进上海科技期刊的集群化、集约化出版实践

从国内外科技期刊发展的规律来看，实现集约化发展，是期刊做大做强的必由之路。学科刊群的集群化运营，是实现资源整合、快速发展的快捷通道。同类学科的期刊，以学科刊群为纽带，加强同类期刊的协同与联系，充分利用群体优势，可实现规模效应、优势互补、强强合作、共同发展，强化学科的服务能力，提升学科的影响力。

上海科技期刊已在一些学科和出版单位进行了集群化实践。如中国激光杂志社牵头的中国光学期刊联盟和中国光学期刊网，通过 10 多年的集约化发展和运营，出版实力明显提升，在国内外享有盛誉。又如，上海医学期刊也呈现出主办单位相对集中的趋势，并有顶尖期刊领航，已具备了建设学科刊群的基础。随着上海科创中心和"双一流"大学建设的推进，上海地区可以以光学、医学等有较好基础的学科为试点，出台相应政策，扶持这些期刊，加强集群化、集约化实践，在行业中起到示范引领作用，以期带动更多的学科刊群进行资源融合，促进上海科技期刊做大做强。

4. 建设有上海特色的学科刊群数字出版平台

上海科技期刊需要从"单刊国际影响力提升"向"集约化国际影响力建设"转变，创建有上海特色的学科刊群数字出版平台。在建设平台的过程中，应以优势学科作为切入点，以目前集约化、集群化发展较为成熟的学科和刊群为基础，也可以与国内有此意向的主管部门，如教育部和中科院等协调，形成合力，保证平台内容的质量；应充分调研用户需求，征询主管部门和同行学者对于平台的使用意见，保持平台与用户的互动。基于以往多次拟建平台而未建的情况，以及国内外数字平台的建设运营现状，建议构建一个合理的运作体制，只有依托一个有实力的实体单位，才能保障平台的顺利建设并长期有效地运营。

5. 优化职称晋升评审机制，拓展编辑人才发展空间

人才是科技期刊发展最重要的因素，一流的科技期刊更需要一流的编辑队伍。上海科技期刊拥有一大批高学历、高素质的职业编辑，这是科技期刊学术质量和出版质量的基本保障，也是科技期刊事业发展的希望，因此，必须注重他们职业生涯的规划和发展。目前，针对科研人员，各个部门和单位都出台了很多支持人才发展的政策，而针对科技期刊编辑的人才政策却是缺失的。在科研院校等单位，科技编辑往往归入二线岗位或辅助岗位，在职称评定和薪酬体系中均与一线人员有很大的差别，导致一大批优秀青年编辑因前途无望而转岗或跳槽，造成优秀编辑人才流失。因此，建议优化科技编辑职称晋升机制，与一线科研人员享受同等待遇，形成与国际出版机构相当的有竞争力的薪资待遇；设立各类针对优秀编辑的专项资助，鼓励他们进行编辑出版的研究与实践；鼓励有志于从事科技编辑的科研人员转岗从事编辑工作，给予他们与科研工作同等的待遇；通过引进海内外领军人才，培育国内优秀编辑，逐渐形成人才梯队的良性循环模式。

6. 倡导建立期刊分类评价体系，不同类别的期刊采用不同的考评标准

学术、技术和科普期刊有着不同的特征，对于它们的评价也应有不同的标准。对于学术期刊，目前更多的是使用期刊数据库引证指标进行定量评价；对于技术和科普期刊，应弱化数据库引证指标的评价权重，增强其对行业指导能力、技术转化能力和行业影响力等评价指标的权重。

7. 充分发挥行业学会、协会的作用，支持同行学习交流

专业学会和行业协会的组织系统覆盖了几乎所有的自然科学学科和大

部分的产业部门，具有其他机构所无法比拟的学术优势、人才优势和网络优势，建议充分利用专业学会和行业协会的优势，吸引更多的专家参与办刊实践，提升刊物的学术质量。专业学会和行业协会可以通过承接部分政府项目，开展专业培训、专题调研、学术交流等工作，促进上海科技期刊稳步前行。

（本文统计资料由上海市期刊协会提供）

文化之窗：上海书展的发展实践探析

冯　媛　张艳堂

摘　要： 上海书展历经 16 年发展，已经成为全国重要的文化活动之一和对外展示中国文化的重要窗口，对我国出版业的发展具有重要的意义。本文通过梳理上海书展的概况、特点，并结合 2019 年上海书展的实践，剖析上海书展面临的机遇与挑战，研判发展趋势，以期为上海书展的长期发展提供意见咨询，营造上海书展的良好生态。

关键词： 文化　出版　上海书展

一、上海书展概况

上海书展酝酿于 2003 年，正式开办于 2004 年，现如今由国家新闻出版广电总局、上海市人民政府主办，涉及业务不仅有图书等出版物展示和订货团购，还包括版权贸易、文化活动、信息聚合等。上海书展迄今已经走过 16 个春秋，成为上海乃至全国的一张亮丽的文化名片，同时也是国家所重视的功能全面的国际性出版文化盛会。上海书展缘何长盛不衰？缘何取得瞩目成就？除了纸质阅读能给读者提供更好的阅读体验之外[1]，究其原因，是出版人、写作者和读者共同参与、共同努力的结果[2]。因此，梳理上海书展的发展历程，剖析现存问题，总结成功经验尤为重要。

（一）书展的历史演变

顾名思义，书展就是书籍的展览、展销。一般来说，书展可以分成订

---

① 潘启雯.纸质阅读能提供更好的阅读体验［N］.中国图书商报，2012-08-21（009）.
② 赵书雷，郭静雯.绵延书香，读懂时代——上海书展 15 年的思考［J］.出版广角，2018（20）：26—28.

货型、展销型和版权交易型三类。订货型书展主要是由大客户根据出版商提供的书籍目录或者是样书签订订单，如北京图书订货会；展销型书展则是在展会现场，由普通大众直接现场购买书籍的展览形式，如上海书展、地坛书市等；版权交易型书展是出版界业内人士进行图书展示和版权交易的主要场所，如法兰克福书展等。

16、17 世纪，由于地理位置便捷，法兰克福成为当时重要的图书交易场所，书展在这一时期的法兰克福初见雏形。18、19 世纪，在德国莱比锡图书市集兴起的图书贸易形态，为书展在世界范围内的发展提供了范本。1948 年，作为工业展览的有机组成部分——莱比锡书展创立。1949 年，由于德国一分为二，基于多种因素考量，法兰克福地理位置优越，地处交通枢纽，又是德国的金融贸易聚集地，因此德国出版商和书商协会选择在法兰克福保罗教堂举办法兰克福书展，此次法兰克福书展被看作是现代意义上的第一次书展。如今，法兰克福不仅成为国际出版业的发展重地，而且成为国际出版商购买不同国家语言版权图书的中心，法兰克福书展已经成为全球最大的图书博览会。①受法兰克福书展的影响，世界各地也逐渐兴起举办书展的热潮，很多国家都举办了各具特色的国际性书展，如东京国际书展、博洛尼亚儿童图书博览会、莫斯科国际书展等。

（二）上海书展诞生的背景

上海书展与台北书展、香港书展并列三大华文书展，上海书展不仅增添了我国出版业活力，而且促进了出版产业健康有序的发展，同时也进一步提升了我国在国际文化话语权的地位。总的来说，上海书展具有很强的标本意义，代表着全民阅读时代城市书展模式的到来②。

1. 国内书市的成功经验

1979 年，上海科技书店尝试举办了图书夜市。1980 年，暑假图书展销会于上海体育馆举办，同年，有关部门组织成立了北京第一届全国书市。从此，中国出版业逐步进入良性发展，中国书展逐渐勃兴。1981 年 9 月 6 日至 20 日，上海书市在上海工业展览中心技术革新馆举办，这是真正意义上的具有城市文化价值的书展。1986 年，第一届北京国际图书博览会成功举办。1991 年，第四届全国书市在广州举行。

2004 年上海书展迎来转折。2004 年以前举办的各种图书交易会，其

---

①② 王鹏飞，刘思源.出版业的橱窗：新中国书展 70 年［J］.科技与出版，2019（09）：16—23.

主体是出版商的业内交易会，采取较为封闭的模式，无法满足读者的需求。随着出版业的改革逐渐深化、步伐不断推进，沪版图书订货会、上海图书交易会和上海书市得到了读者越来越多的关注和期待。让市民而不是出版商成为主体，让阅读而不是交易成为目的，这构成了 2004 年上海书展的关键词①。因此已举办了十八届的沪版图书订货会、上海图书交易会和上海读书节暨上海书市于 2004 年合并为上海书展。正式开启了书香满城的发展之路。②

2. 社会变革的市场需求

上海书展的出现和发展是顺应时代潮流的结果。自 1978 年改革开放以来，我国的经济结构调整和政治体制改革不仅促进了国家综合国力的提高，也带来了出版业渐进上升式的发展历程。一方面是社会主义市场经济体制的确立，为我国出版业的发展增添新的活力，各出版机构开始成为独立的市场主体，有机会独立参与到市场竞争中，逐渐拥有属于自己的出版资源和出版渠道，能够自主规划自己未来的发展道路。另一方面是 2003 年我国加入 WTO，以更加开放的姿态适应全球化格局下的发展模式，与之相对应的，国内外的出版环境也因此发生了巨大的改变，人们关心的不仅仅是国家的经济实力，还有如何提高国家的影响力。上海作为中国改革开放的前沿阵地和对外交流的窗口，因此，上海书展理应与其国际地位相一致，承担着展示中国文化软实力的重要使命。

综合来说，上海书展契合了社会转型和市场环境的需要，同时也顺应了国际化、全球化的趋势，并在文化交流、版权贸易、扩大国内外传播使命等方面起到了重要作用。

3. 国家政策的制度保障

上海书展从最初的图书零售市场到发展为集业界沟通、版权贸易、文化交流、信息聚合为一体的综合平台，经历了漫长的发展过程，如今能引起国内国外的广泛关注，与国家政策的支持密切相关，究其原因，国家从宏观层面为上海书展的举办和发展提供了制度性的保障。

1991 年，《著作权法》正式实施，开启了我国版权保护的进程。1992年，我国加入世界版权公约，开始在全球出版业发展的大背景下，寻找属

① 王鹏飞，刘思源.出版业的橱窗：新中国书展 70 年［J］.科技与出版，2019（09）：16—23.

② 宗蕾.上海书展的目标是书香满城——访上海书展办公室主任、上海市新闻出版局副局长彭卫国［J］.新阅读，2018（10）：27—28.

于自己的内容产业竞争之道。2003 年，党的十六大报告中明确提出将文化产业发展和文化体制改革作为国家文化发展的重要方向。出版业在经营方式上的改革和转变为上海书展的出现营造了良好的经济土壤。在 1988 年 5 月中宣部和新闻出版总署出台的两份意见中，同样明确提出：出版社应同时充当生产经营者的身份。随着这两份意见的出台，出版改革的号角被逐渐吹响。此次改革主要针对出版和发行两个环节，出版环节的自主权被进一步扩大，发行方面则实行"一主三多一少三放"的政策。出版业改革由此渐入轨道。这些，为上海书展的举办提供了经济实力方面的保障。

不仅如此，国家新闻出版广电总局、上海市政府也对上海书展的发展倾注了很多心血。2005 年，上海书展办公室日常工作正式启动。此项工作由上海市新闻出版局牵头，这是上海书展向专业化、规范化发展迈出的重要步伐。2006 年，上海联合书业会展有限公司由上海市出版发行单位共同投资成立。2007 年，时任上海市委书记习近平参观了上海书展，并首次提出"认真打造上海书展这张文化名片，增强上海文化的吸引力和影响力，提高上海城市软实力"的观点。2011 年，上海书展开始由国家新闻出版总署（现为国家新闻出版广电总局）、上海市人民政府主办，中共上海市委宣传部、上海市新闻出版局承办，这标志着上海书展被纳入更高的层面、更大的发展格局中，上海书展已经成为全国层面的重要文化展会。

如今，上海书展已被国家提升到推动国际文化传播和促进全民阅读的高度，上海书展已成为联系读者与出版人的重要纽带，出版人得以更深层次引发读者文化共鸣，传递社会主义核心价值观，并进一步推动国家文化软实力的建设与发展。

（三）上海书展的探索和发展

上海书展正式成立后，虽然主营版权贸易和零售，但其发展格局与模式并非一成不变，而是在不断地探索和发展中逐步走向今天的多元化格局。

2004 年第一届上海书展成立上海书展办公室，对探索上海书展的未来发展来说，这一常设部门的设立是具有先见之明的点睛之笔。

2006 年，上海书展引入法兰克福书展主题馆这一概念，设置不同的书展主题区，丰富了书展的内涵，进一步提升了上海书展在全国的影响力。而主办方力争将社会效益提升到上海书展的首要地位，采取政府支持与市场运作相结合的方式，对上海书展的未来发展作出了积极有益的探索。

2007 年和 2008 年的上海书展效仿法兰克福书展的"主宾国"提出了

"主宾省"的概念，进一步提高其他省市出版社在上海书展中的展出地位和比重，促进了上海书展的良性发展。但实际上，2007—2008 两年间，上海书展的办展力度虽加大，却遇到了发展瓶颈，规模与影响力并没有显著提升。

2009 年上海书展首次设立主题日活动。在这些主题日活动中，读书与生活两大核心元素得到了巧妙地结合，"全民阅读"与"城市书香"两大概念也初见雏形与成效。

2010 年是上海书展经过六年的积累和沉淀后，取得爆发式成长的关键一年。这届书展提出"立足长三角、服务全国"的发展目标，参展单位数量又一次取得了突破性增长。不仅吸引了全国各地的综合出版社参与，更有科学、少儿、古书、辞书、媒介等多类专业出版社的大力加盟，奠定了上海书展在全国书展业中的地位，也为上海书展的升格和快速发展提供了有力的支撑点。

2011 年，上海书展正式由区域性书展升级为全国性书展，一个世界级书展和文化盛会的雏形已经初步展现。一方面，原新闻出版总署决定与上海市政府共同主办 2011 年上海书展，并由上海市委宣传部和上海市新闻出版局负责承办，明确提出"三不变"原则，即名称不变、时间不变（固定在每年八月的第三周星期三，持续一周）、场地不变。另一方面，上海书展的办展规格得到了进一步提升，成为能够与全国图书博览会、全国图书订货会和北京国际图书博览会并立的国家级展会。转型升级后的上海书展找准了自身发展定位，并与国家图书博览会、订货会进行差异化竞争，将发展重点落实在"阅读品质"与"全民阅读"。与此同时，上海书展加入了"书香中国"上海周这一具有独创性和广泛影响力的活动内容，掀起了全民阅读的热潮。

2012 年后，上海书展不断完善书展服务水平，丰富自身内涵定位，高度凝练概括成"文化盛会、百姓节日、理想书房"三大重点，在主题出版上大力弘扬和践行社会主义核心价值观，紧扣当年的国家重大活动进行阅读引领，同时加大国际文化交流，增强上海市区联动力度，签约长三角一体化出版发展战略合作协议。上海书展作为服务长三角乃至全国出版界的文化大平台，在助推健全完善长三角出版界合作机制上取得了丰硕成果。①

---

① 赵书雷，郭静雯. 绵延书香，读懂时代——上海书展 15 年的思考［J］. 出版广角，2018（20）：26—28.

世界上许多知名的书展，之所以能够长盛不衰，保持旺盛的生命力，其核心就在于书展对于人类发展、人类文化交流、文化传承有着不可替代的促进作用。上海书展的探索发展并未停止，从其发展历程来看，上海书展已经完成了从区域性图书交易订货会向综合性阅读推广平台的转变；从立足上海、长三角的图书展览到面向全国的文化传播和阅读风尚引领的转变，它的下一步终将是走向全世界，服务全球读者。上海书展在继续向世界一流书展的水平迈进的过程中，正积极以文化底蕴为积淀，将促进世界文化繁荣、展现中国文化魅力的使命融入书展的生命中。

二、上海书展的特点

（一）上海书展的办展模式

1. 分析市场，明确定位

"直接面对读者"的亲民定位，是上海书展的创新点。无论是业内人士，还是普通读者群体，都将上海书展作为引领出版业潮流的前沿阵地。从策划选题、发行销售等各个环节，众多出版社都将上海书展看作是"最接地气"的良机。一方面是策划布展过程中，许多知名出版社都从上海书展举办之前数月开始准备，集中一批新书、好书，在上海书展开展时发布，以求获得读者更多的关注。另一方面是展示举办过程中，上海书展搭建起了出版社和读者进行面对面的交流平台，有助于出版社了解读者的阅读意愿。

2. 政府搭台，社会协力

上海书展的发展壮大既得益于其定位亲民、订售分开的优势，也得益于其名称不变、时间不变、场地不变的常态化的办展理念。但究其深层次原因，还在于政府搭台、社会协力、市场运作的办展范式。

上海书展的成功模式，有赖于其自身形成的个性化、常态化的办展方式。就其组织架构而言，原国家新闻出版总署和上海市政府直接组织参与的办展高度以及其带来的品牌效应，确保了书展具有全民共享的公益底色，同时也强调了书展作为公共文化事业的补充这一重要角色。以全民共享为本，以公益公共为先，是上海书展的基础，保证了上海书展是一个文化盛会，而不仅仅是销售盛会。政府搭台为上海书展的成功举办创造了很多有利条件，但政府并未过度介入。政府搭台，出版商唱戏，上海书展在政府的大力支持下，对于书展进行市场化的开放式管理，各行业协会负责协调各个环节的组织和落实，广泛联合各方力量，不断扩大上海书展的规模和影响力。

3. 发挥优势，形成合力

在政府的统一调度下，各机构、部门、组织协调合作，发挥补充优势，形成合力。书展办公室负责组织调度、协调各成员单位及各方力量，并负责总体方案的制定和督导执行。新闻宣传部肩负着书展宣传的主要使命，在官方渠道组织召开新闻发布会，同时协调各家媒体、报社对上海书展进行全面报道。业务部在前期辅助开展书展的招商工作，同时协调场地布置、展馆分配等，并在书展期间负责会场秩序管理。专业活动部负责策划组织书展阅读论坛、馆配论坛、书香·上海之夏、上海国际文学周等大型论坛和系列活动。社会活动部负责指导、协调各区县及分会场的群众性读书活动，发动社会各界广泛参与、支持书展。会务接待部的职责是联络各个参展单位，解决参展单位人员在参展过程中遇到的生活麻烦，并负责各类论坛、文化活动嘉宾的接待工作。安全保卫部与业务部门一道，对于书展过程中的秩序起到保障作用，做好会场的安全防范工作，预防并处理各类突发事件，保证参展单位与参展人员的安全。志愿者部负责招募和培训志愿者，组织协调志愿者在书展期间为参展企业和读者提供咨询、引导等服务。资源开发部负责为上海书展寻找各类赞助商，以及提供各类广告宣传创意。

根据社会参与、市场运作、人性服务的要求，本着"以人为本、专业办展、服务至上"的宗旨，以流程化管理、精细化管理、专业化管理的办展模式，将上海书展充分与图书市场的各个产业链条相结合，保证了上海书展的开放格局和文化含量，也为建设形成有中国特色、时代特征、上海特点的大型书业会展模式做出了积极探索。

（二）上海书展的文化诉求

海纳百川、追求卓越、开明睿智、大气谦和，这是上海精神的体现，深深影响了上海书展文化的形成，上海书展的文化理念亦是以地区为载体，引来了全国乃至世界的出版机构踊跃参与。上海书展不仅仅是上海地区的书展，更是全国读者的书展。上海积极出台政策，给予优越条件，大力引进全国各地的出版机构，热情周到的服务使得外地出版社忘记自己"客人"的身份，使得他们积极融入参与到上海书展的发展建设中。每年的上海书展都会看到诸多不同区域、不同类型的出版机构相互探讨、展示、交流、交易，通过国内外出版社的积极参与，逐渐形成上海书展的完整的书展文化。

文化的呈现本身就是一个体现文化水准的过程。一方面，文化的呈现应该尽力合乎文化的本义；另一方面，文化的呈现也不能仅仅局限于专业出版者的争论之中，而是应该以最言简意赅的形式，将文化的成果普及到千家万户的普通读者。上海书展体现了上海的城市文化追求和价值理念，主要包括以下方面：第一是每届上海书展，组委会都会根据书展的主题和定位，结合当下社会的主流热点，主动策划主题活动，强调文化品位。第二是注重普及性和学术性兼容，互动性与服务性共济，力求全面覆盖各个年龄、各种层面的文化需求。第三是上海书展一直坚持"上海首发、全国畅销"的概念，并在2013年定调"我爱读书，我爱生活"的主题，每一次的定位都更加注重于读者的生活和文化理念的传递之上。第四是上海书展希望将自身打造成中国最美书展，通过弘扬社会主义主旋律，倡导全民阅读，向世界宣传上海市的优秀文化成果，并充分展现自己的文化综合实力。

上海书展通过呈现好书满足市民需求、服务公众。① 同时，为了使这种文化追求和价值理念的表现更为深入，上海书展每年都邀请各类名人嘉宾，从诺贝尔文学奖获得者、文化名人、学者专家到演艺明星、知名主持人、运动明星等，包括裘锡圭、葛剑雄、葛兆光、张军、傅杰等多位国内社会各界的精英代表参与书展。书展上的大型讲座、论坛、作家手稿展示拍卖、新书发布、系列签售、诵读鉴赏等活动，则愈加彰显了书展的人文魅力。大量文化名人及嘉宾的聚集，也吸引了他们背后的"粉丝"，无形中提升了上海书展的文化内涵与影响力，这对于带动书展的整体销售，起了积极的推动作用，也充分体现了上海强烈的文化向心力。同时，在强调"大家"发声的同时，上海书展也极其注重历史传承，管窥近代中国出版史，上海留下了浓墨重彩的一笔：福州路书局林立、报纸杂志腾涌澜翻、一流作家层出不穷，为此，上海书展历年都特辟历史展览专区，陈列出版传统技艺和推介前辈大家，将上海书展的文化特色嵌入到深深的历史车辙中去。

---

① 宗蕾. 上海书展的目标是书香满城——访上海书展办公室主任、上海市新闻出版局副局长彭卫国［J］. 新阅读，2018（10）：27—28.

（三）上海书展的社会影响

1. 激发"名人"效应

经过多年沉淀，以上海书展、"书香中国阅读论坛"等为代表的一系列文化活动，已经在国际上取得良好的赞誉，并吸引了包括多位文学家、艺术家、知名出版人等一大批国际优秀学者、行业专家的关注。上海书展进一步激发了全民的阅读兴趣。

2. 促进合作发展

每年临近上海书展举办之时，上海市新闻出版局都会积极联络全国各地的出版机构，积极宣传推广，争取将更多全国出版机构纳入上海书展的发展生态中。此外，上海书展为了扩大不同省市与上海出版文化的互学互鉴，每年评选一个省份作为"主宾省"成为重要合作伙伴。"主宾省"自推广以来，获得了各省级新闻出版单位的大力支持，受到了全国各地出版社的一致好评，"主宾省"也成为各省出版界之间角逐、较力的平台。例如，浙江、江苏、安徽、重庆等曾经作为"主宾省"的省份，都在上海书展的舞台实现了效益和名誉的双赢，这在一定程度上反映了上海书展在业界的影响力和地位。

3. 打造文化窗口

作为三大华文书展中唯一一个在大陆地区举办的书展，上海书展集中展示着中国 31 个省市自治区的最新文化成果，上海书展也成为中国文化发展的重要记录者，是让世界了解中国、认识中国的重要窗口，这无形中为提升上海市乃至全中国的文化魅力起到了巨大的作用。同时，作为书展重要环节之一的上海国际文学周，是上海书展的经典品牌，通过对于高品质的追求，对于细节的把控，对于文学发展的热情，凸显文学的跨文化交流价值，得到世界范围内的一致认可。上海书展已成为国际文化交流的重要平台。[1]

4. 引领阅读潮流

"重拾书本、重温书香"，是上海书展力争提醒人们回忆起的重要精神实质。一直以来，上海书展以包容开放的办展态度，凭借其对社会的影响力、对读者的吸引力、对市场的号召力，汇聚起了读者、作者、出版社、

---

[1] 赵书雷，郭静雯. 绵延书香，读懂时代——上海书展 15 年的思考［J］. 出版广角，2018（20）：26—28.

发行商等阅读文化链条上的所有参与要素，构筑出一个海内外学术界高度关注、热情参与、思想碰撞、学术交流的文化舞台。上海书展将"让阅读成为一种习惯"的精神与"书香中国"的各项文化活动同时推进，运用一系列丰富多彩的系列主题活动，春风化雨般将这一珍贵的阅读习惯融入上海市的城市精神中，掀起了上海全民阅读的新高潮，引领了城市阅读的新风尚。阅读的价值将在上海书展的"重拾""重温"中逐渐体现，上海书展构建起文化交流的重要空间，观众可通过与空间、参展商、技术的互动，通过感官体验得到情感共振，实现文化共享，使观众和书展产生情感和记忆勾连①，长期持续激发读者兴趣，上海书展让每个读者都处于阅读文化的共同体当中，使阅读成为一种深入人心的生活理念。

三、2019 年上海书展的思考

（一）基本情况

2019 年，上海书展与时代同频共振，以"壮丽 70 年，奋斗新时代"为主题。书展主题造型"帆船"由新中国 70 周年、书本和风帆三大元素的组合而成，体现"我们都在努力奔跑，我们都是追梦人""扬帆远航"等美好寓意，以"红色文化、海派文化、江南文化"品牌塑造为核心，坚持"服务读者、服务行业、服务全国"的办展理念。主会场仍然设在上海展览中心，同时在全市各处设立超过 100 个分会场，并在长三角和国内其他城市开设约 50 个分会场。2019 年书展共有 500 多家出版社、16 万余种精品图书、1200 多场阅读活动；首发新书超过 500 种，首发新书活动超过 200 场，品类涵盖文史、社会、科学、生活、艺术等各个领域。无论是从规模、观众人数、图书品种，还是从销售额、阅读活动量都较往年明显增长，取得了亮眼的成绩。

2019 年上海书展主会场入场观众数再创历史新高，100 余个线下分会场人流如织，线上分会场人气爆棚，营造出"申城无处不书香"的读书氛围。书展期间，《江山胜迹》《大国坚守》《大江奔流》和"九说中国"丛书、"藏在名画里的中国"等一大批重量级新书成功首发，受读者追捧；与书展同期举行的上海国际文学周上，加拿大插画家约翰·豪、挪威作

---

① 唐燚桦.上海书展的空间生产与阅读文化构建［J］.出版广角，2019（19）：80—82.

家罗伊·雅各布森、土耳其作家艾丽芙·沙法克、中国作家孙颙等 30 余位海内外作家参与了文学论坛讲座、新书首发、作品朗读等 50 余场活动，与同行、读者深入交流。

四川成为 2019 年上海书展主宾省。四川出版社代表团从近两年出版的 5000 余种新书中精选 2468 种图书展示展销，其中 2019 年出版的新书 865 种，入选主题出版、国家出版基金项目、古籍整理出版资助项目和获各类奖项的优秀图书 280 余种。

值得一提的是，上海世纪出版集团聚焦主题出版，集中推出一批记录新时代、书写新时代、讴歌新时代的精品图书。聚焦学习宣传贯彻习近平新时代中国特色社会主义思想和党的十九大精神，有《习近平新时代中国特色社会主义思想研究工程丛书》《当代中国马克思主义研究工程丛书》《中国话语丛书》等；聚焦新中国成立 70 周年、上海解放 70 周年等重大时间节点，有《战上海》《浦东史诗》《中国寻路者》……此外，上海将打造全国首座新闻出版专业博物馆。建成后的新闻出版博物馆将以国家一级博物馆为目标，打造新闻出版业文献档案中心、文物修复中心、创新发布中心和文创展示中心，填补国内没有新闻出版专业博物馆的空白。

（二）书展亮点

1. 主题宣传，与时代相呼应

2019 年是新中国成立 70 周年，上海解放 70 周年，是全面建成小康社会、实现第一个百年奋斗目标的关键之年。全国出版界围绕深入学习宣传习近平新时代中国特色社会主义思想，围绕坚定中国特色社会主义道路、理论、制度、文化自信，出版了一大批精品图书，全面记录、解读、总结新中国成立以来经济、政治、文化、社会、生态和民生等各方面取得的伟大成就和成功实践。2019 年上海书展着力汇集全国出版界精品图书，并精心组织举办相关阅读活动，将上海书展打造成"不忘初心，牢记使命"主题教育的一个重要宣传阵地。

书展东一馆入口处设立"壮丽 70 年，奋斗新时代"主题图书展销馆，展销宣传阐释习近平新时代中国特色社会主义思想的相关书籍，包括新近出版的《习近平新时代中国特色社会主义思想学习纲要》《习近平谈治国理政》第二卷的多个语种版本和习近平总书记最新重要讲话的单行本等、"不忘初心、牢记使命"主题教育、庆祝新中国成立 70 周年等主题图书，目前已经出版的中宣部确定的 2019 年主题出版重点出版物和"学习时代楷模，致敬时代楷模"图书等逾千种。上海世纪出版集团、中国出版集团、中国国际出版集团和2019年"主宾省"四川出版展团等，都在各自展区的显著位置，集中展示宣传阐释习近平新时代中国特色社会主义思想，反映新中国70周年成就和实践，阐述红色革命文化、社会主义先进文化和中华优秀传统文化等的最新佳作，展示代表过去一年优秀出版成果的各类精品图书。

2. 阅读活动，积极探索创新模式

2019年上海书展积极复制推广，特别力推10个"七系列"阅读活动，包括："致敬七楷模"讲读会、国学七天七堂课、古今七日话辞书、文学思南七日谈、名家七天谈新作、科普七天院士行、亲子七天童书会、名家七讲下江南、大家相约"中版七夜"、雨果上海七日行。这些活动无论在内容还是形式上都颇具新意。如"致敬七楷模"讲读会，结合"学习时代楷模，致敬时代楷模"图书展，精选《中国天眼：南仁东传》《种子钟扬》《海魂：两个人的哨所与一座小岛》等7本楷模人物传记，邀请作者和编辑每天做一场讲读活动。而"国学七天七堂课"则以弘扬优秀传统文化、精读国学经典为主旨，遴选《诗经》、唐诗、宋词、明清小说及其他古文中的经典篇目，力邀专业研究领域的一流学者主讲，具有很高的学术价值。

3. 技术驱动，共建书展格局

近年来，新技术快速改变、重塑着图书出版业的各个环节，不仅是数字图书挑战纸本图书、线上销售挑战线下销售，传统形态也随之不断推陈出新，如实体书店迭代升级。2019年上海书展继续拥抱新技术，拓展新业态：（1）继续运用书展官网、微博、微信和各类新媒体，随时提供各类服务信息，同时强化全媒体融合宣传；（2）借力"文化上海云"推出网络售票渠道；（3）完善主展馆的移动支付服务；（4）继续推出"上海书展云会场"，提升网上书展书目查询、活动查询、云端购书平台等服务；（5）完善书展重点阅读活动网络直播系统；还首次推出手机端"移动书展"，利用目前最常用的微信平台，设置"上海书展"微信小程序，将书展主会场和超过100个分会场的千余场活动信息分类发布在手机端，微信用户可以更加便捷高效地了解信息，及时参与线下活动。

4. 创新形式，营造书香氛围

在重大书展之前推出一批新书、重点书和精品书，这已经成为业界的一个惯例，有利于推动出版全过程面向受众市场，促进图书的整体策划、营销①。2019 年上海书展不断创新，实现了形式丰富的多个"首次"亮相。

首次新增分布在全国各城市的钟书阁、西西弗、言几又、上海三联书店等约 50 家品牌连锁实体书店作为书展分会场，强化上海书展的全国影响力。

喜马拉雅 App 首次设立上海书展听书分会场，设置 7 个主题频道，分类推荐经典读物，同时推出上海书展限定版免费听书礼包，每天提供 70 本书。

阅文集团首次将 70 本书推荐给读者下载阅读，同时组织开展"网络文学会客厅"活动，并举办网络文学作品《上海繁华》等纸书出版首发式。

上海市总工会主编、上海三联书店出版社出版的"劳模故事书籍"在上海书展首发。

中国实体书店创新发展年会在 2019 上海书展期间举办。年会聚焦"资本融合与技术创新驱动下的书店变革"，探讨互联网、大数据、云计算、人工智能等要素给图书出版业特别是书店带来的变革。

上海国际文学周迎来第九届，通过举办论坛、文学对谈、讲座和"诗歌之夜"等形式多样的 50 余场活动，促进中外文学、文化的交流互鉴。

"原版图书馆"继续由上海外文图书公司、中图上海公司、中国国际出版集团、沪港三联书店等打造，展销万余种世界各地原版图书。

"世界最美的书"设计艺术展继续举办，展示"世界最美的书"获奖作品。

上海书展继续联合社会各界，在全市范围内配送阅读文化资源，以 8 月为一个单元时段，以"同一主题、固定场所、展销结合"模式，把高品质阅读活动送到更多市民身边。一是与全市 16 个区携手，推动"一区一特色"全民阅读活动示范品牌进一步成熟、定型。书展期间，请 7 个区相关负责人就全民阅读活动和公共阅读文化空间建设接受专题采访。二是将图书馆、实体书店、社区文化服务中心、农家书屋等公共阅读文化空间纳入书展分会场体系。

---

① 潘家武.论我国书展的发展［J］.农业图书情报学刊，2009，21（11）：162—164.

四、上海书展面临的机遇和挑战

截至 2019 年，上海书展已走过 16 个春秋，获得了许多时代所赋予的机遇——中国出版业重组的重要历史机遇，数字化出版时代所带来的融合发展机遇等。但同时上海书展也面临着如何顺应时代潮流向前发展的重大挑战。本书通过梳理上海书展的机遇与挑战，剖析问题关键，力图为上海书展发展提供决策咨询与智力支持。

（一）上海书展面临的机遇

在 16 年的发展过程中，上海书展虽然也有过"降温"的时候，但总体上是"升温"的，而且到目前为止仍然处于"升温"状态。数字出版时代来临，为传统出版业提供了转型升级的机遇，紧扣中国出版业重新定位的重要机遇期成为时代命题。上海书展最近几年虽不注重展会数据的披露，但业内的普遍感受是：上海书展的影响力持续增加。

2019 年第 26 届北京国际图书博览会的数据显示，中外版权贸易无论是输出还是引进都呈现出增长态势，参展国家和展商数量的也在同步增长。随着"一带一路"的进一步深化，上海书展也将迎来更多的版权贸易和文化交流的机遇。多方证明，上海书展处在一个重要的历史机遇期。

此外，信息技术的发展，为上海书展增加了无限发展的可能和机遇。从近几年上海书展的表现形式来看，上海书展与技术融合创造了许多令人印象深刻的新型互动方式和场景，例如上海书展借助微信小程序、微博等移动社交媒体和平台打造线上虚拟书展，做到让观众深度了解书展，形成书展之外互动的新空间，打通线上网友与线下观众的时空隔阂，让书展体验更加完善。①

（二）上海书展面临的挑战

数字化使得整个世界的发展日新月异。在网络和电子设备的不断冲击下，人们的阅读理念和阅读习惯也在悄悄发生着变化，以纸质图书零售为主的上海书展也面临新的挑战。

一是数字阅读对纸质阅读的冲击。随着智能手机、电子阅读器的普及，数字化阅读越来越受欢迎并逐年递增，如今已经成为主流阅读方式。

---

① 唐燊桦.上海书展的空间生产与阅读文化构建［J］.出版广角，2019（19）：80—82.

据中国新闻出版研究院第 16 次全国国民阅读调查结果：2019 年，38.4% 的成年国民更倾向于"拿一本纸质图书阅读"，比 2017 年的 45.1% 下降了 6.7 个百分点；超过半数成年国民倾向于数字化阅读方式，倾向手机阅读的读者比例上升明显。研究认为，尽管很多人对数字化阅读持怀疑态度，甚至于公开反对，可技术进步带来的阅读方式变化，并不以个人的意志为主导，数字化阅读的倾向比例在质疑和反对中持续增长，充分证明了大众的选择结果。而且，数字化阅读并非中国特有的现象，乃是全球的发展趋势，主要体现为数字化阅读增长，图书和报纸期刊等阅读率下降。

二是参观书展时间成本较高。相比电商消费方式，去书展接触实体书，需要付出更高昂的时间和精力成本，因此越来越多的人选择在线交易。在这种趋势下，上海书展所面临的挑战不言而喻，为了书展的良性发展计划，书展主办方必须对此予以足够的重视。

三是技术与文化的冲突。对传统出版而言，弥合技术与文化之间的鸿沟也困难重重，传统出版物拥抱技术，并不是简单地将出版物电子化这么简单，而是应该利用技术生产适合刻下知识和信息获取方式的内容，与此同时还不能舍弃文化的普遍价值。上海书展作为行业风向标，应该进行多方面的实现路径探索和载体形式呈现。

（三）上海书展未来发展的趋势研判和对策

上海书展未来的发展方向是倡导品质阅读、引领全民阅读，并为市民提供全国最优质的阅读平台。拓宽读者的阅读视野，为读者提供方方面面的周全服务，让更多的市民读者参与到上海书展当中，使上海书展成为人们重温书香的标志性场所。

从出版行业来看，在技术飞速发展的背景下，传统出版必须与技术进行深度合作，才能获得新的动力，这已经成为目前出版界的一个共识。如何促进上海书展不断向前发展？笔者提出如下几点思考：

第一，提供优质的阅读资源，坚持品质阅读的导向，不断提高文化服务职能。这一点是上海书展在多年的发展过程中已经形成的重要共识。上海书展近年来打破数字迷思，不再追求销售数字上的好看，转而投向高品质的阅读和高水平的服务。每年的上海书展只有七天时间，但阅读并不只有这七天。2019 年，上海书展结束后，官方利用已有资源，推出"上海出版·每月书单"栏目，这也是上海书展在展后将上海书展的阅读风长期持续推广、为读者提供服务的一个重要标志。

第二，利用技术，尤其是信息技术，推动传统出版物跨媒介深入发展。传统出版并不是"保守"出版，不是故步自封。从出版的历史上看，出版业一直都与技术发展密切相关。但是在技术迅猛发展的今天，传统出版的确面临着如何快速跟上技术发展脚步的难题。当然，不管是何种材质制作的书籍，都是记录知识的载体，其内容才是最重要的。数据证明，数字化阅读的发展，提升了国民综合阅读率和数字化阅读方式接触率，整体阅读人群持续增加，这就体现出数字化阅读的进步性。社会大众不必纠结于数字化阅读对纸书的冲击，而是应该思考如何利用智能手机、电子阅读器等工具，提高阅读率、阅读水平，以适应数字化阅读的未来趋势。

上海书展拥抱新技术，改变了书展大量图书堆积、挤占有限空间的传统展销方式，既符合读者越来越在意阅读空间环境的新需求，又符合越来越多读者架上选书、网上买书的新习惯。在现场，图书展示、扫码订购、场外直送的售书模式越来越常见。不止于此，2019年上海书展还首次推出手机端"移动书展"，设置"上海书展"微信小程序，将书展主会场和超过100个分会场的千余场活动信息分类发布在手机端，让读者"一键参与"。网络阅读和"听书"也受到官方推荐——喜马拉雅App设立上海书展听书分会场，推出上海书展限定版免费听书礼包，阅文集团则将70本书推荐给读者下载阅读。

第三，开阔国际视野，促成版权贸易大有可为。线下，社科精品馆、文学精品馆、国学馆、国际馆等打破以出版社为主体的传统陈列方式，调整为以品种为主的展销方式，既便于读者集中选购，也为出版社了解读者需求提供数据支持。线上，2019年上海书展探索用新手段完善读者的书展阅读体验，"云会场"首次亮相，通过"云会场"，读者可体验书展书目查询、出版社查询、活动查询、书展活动直播、扫码购书。上海书展在策展布展等执行能力方面，从过去16届的组织实施积累了大量丰富的实践经验，尤其近年来上海书展在对数字化阅读的展示和推广上，已经做了许多有益的工作，线上线下融合，在2019年书展表现得更加明显，成为上海书展的卓越亮点。

上海出版加强编校质量管理的措施和成效

——2018 上海市出版物编校质量检测项目结项报告

孙　欢

摘　要： 通过组织语言文字应用检测专家、检测员、社会志愿者等，开展上海市新闻出版领域出版物语言文字应用的监督检测工作，为城市语言文字管理提供决策依据，并配合宣传国家语言文字法规，提高城市特别是媒体单位的语言文字规范意识，促进本市社会用字规范化水平的不断提升。抽查本市38 家出版社图书的文字运用状况，实现对纸质出版物用字的动态监测。

关键词： 出版　检测　规范意识　决策依据

受上海市委宣传部的委托，上海咬文嚼字文化传播有限公司于2008 年正式成立了上海市出版物编校质量检测中心。

多年来，检测中心致力于为本市的出版物质量检测服务，同时，还接受兄弟省市和社会团体的委托服务。2018 年，检测中心为推动上海市语言文字规范化工作的整体提高，通过出版物编校质量检测项目的实施，监测2018 年本市新闻出版行业的出版物的语言文字运用状况，为城市语言文字管理提供决策依据，并配合宣传国家语言文字法规，提高出版单位的语言文字规范意识，通过社会各界共同努力，引导社会语文向健康方向发展。

"2018 年上海市出版物编校质量检测项目"自2018 年7 月初启动，至同年10 月底完成，前后共四个月时间。现将有关情况报告如下。

一、概况

本项目是在上海市委宣传部的大力支持和具体指导下开展的。开展本

125

项目的目的，是为了了解上海市出版物编校质量现状，宣传国家语言文字政策，促进编校队伍建设，推动语言生活健康发展。

接受检测的出版社共 38 家。大致可分为三种类型：一是上海世纪出版集团下属 19 家出版社，每家查 10 册书，共计 190 册书；二是 12 家高校出版社，每家查 10 册，共计 120 册书；三是 7 家社会系列出版社，每家查 10 册，共计 70 册书。选择这 38 家出版社，既考虑代表性，也考虑覆盖面。

本次检测共分六个阶段：

第一阶段为确定检测范围。每一种图书抽查 10 万字，不足 10 万字的，审读全部内容。

第二阶段为组织审读专家。参加本次审读的共 38 人，正式检测前参加集训，明确本次检测的意义和要求。

第三阶段为初审。两位专家审读一种图书，审读发现的问题由专人负责汇总。

第四阶段为复核。三位专家组成复核组，针对初审发现的问题，逐条进行复议，防止误判。

第五阶段为研讨。凡复核中存在争议的问题，均提交研讨会讨论，以取得共识；一时不能解决的，不作差错认定。

第六阶段为整理。包括整理差错材料，撰写结项报告。

本次检测的重点，是语文应用中的常见差错，如错别字、用词不当、病句、标点错误和数字错误。判断的依据是国家现行语言文字规范标准、权威语文工具书和出版行业约定俗成的语文习惯。

二、检测结果

本次检测图书扣分分两档：凡文字性、事实性差错扣 1 分；标点差错、数字用法不规范，以及其他字、词书写不规范，扣 0.1 分。根据差错率分为合格、不合格 2 个等级：差错率不超过 1% 的为合格图书，差错率超过 1% 的为不合格图书。

按此标准，上海接受检测的 38 家出版社的 380 种图书，差错率不超过 1%（含 1%）的为合格图书，共 357 种，约占图书总数的 94%。差错率超过 1% 的为不合格图书。其中，差错率在 1.01%—2% 之间的有 21 种，约占图书总数的 5.5%。差错率在 2.01%—3% 之间的有 2 种，约占图书总数的 0.5%。

三、差错分析

（一）用字差错

1. 简单的同音差错

如：

① "土地级差"错为"土地极差"

② "满不在乎"错为"蛮不在乎"

③ "正式成立"错为"正是成立"

④ "计时"错为"记时"

⑤ "纵身一跃"错为"纵声一跃"

⑥ "时来时不来"错为"似来似不来"

这些差错几乎没有辨识难度，造成差错的原因主要有两个：一是编校人员工作时不在状态，心理投射不到位，对差错视而不见；二是相关单位缺乏严格的审校制度，或者校次不够，或者复核不严，让差错如入无人之境。

2. 《通用规范汉字表》在出版物用字中没有得到严格执行

字表是在 2013 年发布的。这份字表用时 10 年制定完成，对社会规范用字具有重要指导作用。但此次检查发现，字表对用字所作的调整，在出版物上基本没有体现出来，出版物用字我行我素，一任其旧。特别是下面五个字：

① 蹚——"蹚过浅浅的小河"

《第一批异体字整理表》中，曾规定蹚、踏是异体字，趟是规范字。规范汉字表经重新审核，恢复了"蹚"字的规范字地位。凡是从浅水或草地、庄稼地中轻轻走过，用"蹚"，不再用"趟"。这一调整显然没有引起出版社注意，检查时看到的仍是"趟"字。

② 桠——"芬芳美丽满枝桠"

"桠"是由"椏"简化来的。在规范汉字表中，"椏"为"丫"的异体字。但在姓氏人名、地名和科技语中，"椏"是规范字，可类推简化为"桠"，如"五桠果科"。"枝丫"是一般常用词，不属于姓氏人名、地名和

127

科技术语，写作"枝桠"是不合规定的。

③ 戮——"领导班子必须戮力同心"

"戮"和"勠"本是两个不同的字。"戮"义为杀，特指上杀下；"勠"义为并力、合力。因为历史上，"戮"常借用作"勠"，两字形成了异体关系。《第一批异体字整理表》规定"勠"是"戮"的异体字，"戮力同心"是规范用法。规范汉字表复查以后，考虑到历史上的两字关系，"勠"已调整为规范字。出版物上仍沿用"戮力同心"是错误的。

④ 钜——"商店里挂着'钜惠'的广告"

在规范汉字表中，有39个本为异体字的字，用于特定场合为规范字，"鉅"是其中之一。"鉅"限用于姓氏人名、地名，可类推简化为"钜"。"钜惠"即巨大的优惠，"巨大"是一般词语，非特定用"钜"的场合，"巨惠"是不能写作"钜惠"的。

⑤ 頫——"这是大书法家赵孟頫的字"

"頫"也是39个限于特定用法的字之一。"頫"是"俯"的异体字，用于姓氏人名时为规范字，可类推简化为"頫"。赵孟頫是宋末元初大书法家，屡屡见诸报端，但一般都写作"赵孟頫"，用的是繁体字"頫"，没有类推简化。这和规范汉字表的规定是不一致的。为什么会频繁出现这种情况，显然和字表推出以后，字库没有相应跟上，一般电脑打不出"頫"字有关。这种滞后现象，亟待引起注意。

3. 由于对相关文件不熟悉、不重视，出版物上某些用字长期处于不规范状态，已经成为顽症

现举例如下：

① 藉——"萧友梅凭藉上海西方音乐氛围……"

"藉"是一个多音字，可以读 jí，比如"一片狼藉"，还可读 jiè，如"精神慰藉"。但"藉"又是"借"的繁体字。"凭藉""假藉""藉以""藉口"中的"藉"，从用字规范来说，都应该写成"借"。出版物上却仍是"藉"字大行其道。

② 桔——"清音桔香鹅"

"桔"是"橘"的俗字。在"二简字表"中，"桔"是"橘"的简化字。"二简字表"撤销已30年，但"橘"写作"桔"的现象，仍在出版物上屡禁不止。其实，"桔"的读音是 jié，主要有两个用途：一是用于桔梗，中药材名；一是用于桔槔，传统的汲水工具。

128

③ 粘——"可把凡士林做粘合剂"

本次检查中,"粘"字大量出现,除"粘合剂"外,还有"粘度""粘性""粘液""粘血便"等等,其中"粘"字都应用"黏"。"黏"和"粘"本是异体和正体的关系,但在1988年的通用字表中,"黏"字已恢复了规范字的地位。由于辞书的滞后,更由于新闻单位规范用字的意识不强,至今仍"黏""粘"混用,该用"黏"字的地方往往用了"粘"。

④ 叠——"以四季更叠来诠释这段爱情"

"叠"曾是"迭"的繁体字,但早在1986年重新公布《简化字总表》时,"叠"字已恢复使用。在规范汉字表中,"叠"和"迭"都收入了一级字表。两字的分工是:"叠"为上下重叠,"迭"为前后更迭。"历史的更叠"应用"更迭"。

4. 出版物上有一批典型别字,这些别字长期存在,而且覆盖面广,严重影响出版物文字质量

本次检查发现的典型别字,按出现频率,排在前六位的是:

① 城乡结合部

"基础生活圈涉及城市外围的城乡结合部……"

"结合部"应为"接合部"。所谓"城乡接合部",是指城市和乡村的相邻区域。这里的"接合",仅仅是地理上的邻接,而不是组织上、经济上或思想上的融合。"结合"有融为一体的意思。

② 亦或

"被漠视,亦或沦落为异端……"

"亦或"应为"抑或"。"抑"可用作选择连词,"或"也可用作选择连词,从清代开始,两词连用构成"抑或"一词,其词汇意义相当于"还是"。"亦"可用作副词,相当于也,不表示选择关系。

③ 不知所踪

"而那名女生在羞愤之下不知所踪。"

"不知所踪"应为"不知所终"。这一差错为近年来流行,现已成为高频差错。"所终"是一个所字结构,要求"所"字后面跟动词,构成一个名词性成分。"不知所终"义为不知最后的下落。而"踪"是踪迹的踪,名词,不能和"所"字组合。

④ 说到

"我自己向下一望都会心慌,对于孩子来说更是危险。"梁小姐说到。

"说到"应为"说道"。"道""到"不分还有其他表现形式，如"李宗盛在歌里唱到"，"一位老人在给家乡官员的信中这样写到"。"唱到""写到"应为"唱道""写道"。"道"就是"说"，"说东道西""说三道四"，"说"和"道"无论分开还是组合成词，都是说的意思，所以"道"可作为引文的提示语。"说道""唱道""写道"，无论是用在什么位置，都和引文有关。而"到"用在动词后面，是作为补语出现的，没有提示引文的作用。

⑤ 干嘛

"这是干嘛用的？是孩子们的玩具吗？"

"干嘛"应为"干吗"。"吗"和"嘛"均可作疑问代词，意思是什么。干吗，即干什么，也可写作干嘛。必须提请注意的是，近年来已明确以干吗为首选词形。《现代汉语规范词典》特意强调：干吗不要写作干嘛。《现代汉语词典》干脆没收嘛的第二声。当然，在方言中嘛仍保留着疑问代词用法，比如天津人的吃嘛嘛香。

⑥ 籍籍无名

"他和众多籍籍无名，死于毫无希望的海战，或……死于穷困的士兵一样……"

"籍籍无名"这种用法屡见于出版物，已成一个流行错误。其实"籍籍"有盛大、显赫的意思，它应该是有名而不是无名。无名应该用"寂寂"，只有"寂寂无名"，没有"籍籍无名"。

5. 汉字中有一批容易混淆的字，在使用中稍不留神，便会张冠李戴

这类差错在出版物上尤为常见。在本次检查中，易混字差错几乎占到一半。现举数例并略加分析如下：

① 颗——棵

"随便一摆就是一颗千年古树……"

"一颗树"应为"一棵树"。颗、棵混用，主要和读音有关，但也不能排斥历史原因。"颗"从页果声，本义是"小的头颅"。因此可指小而圆的颗粒状物体。后来，又引申出量词的用法，其所用对象仍然限于小而圆的颗粒状物体，如两颗樱桃，一颗花生米。明清以后，"颗"可用于计量树木等植物，如《西游记》中有"你去把那崖边柳树伐四颗来"。与此同时，本义为"断木"的"棵"字也可用作量词，同样可以用于计量树木等植物。现"颗"和"棵"量词用法，已有明确的分工："颗"字回归本位，限用于颗粒状物体；而"棵"字则表示树木等植物，"一棵树"自不能写

成"一颗树"。

② 账——帐

"邢司务经手，开过经帐。"

在历史上，先有帐，后有账。帐不仅指帐篷，也指帐目。有一种说法，所谓算帐，是因为古人通过计算帐篷来统计人口和牲畜。账字出现以后，帐仍可通账，帐户和账户、帐号和账号长期以来是异形词关系。《现代汉语词典》第六版问世后，明确指出帐旧同账。自此以后，帐指帐篷，账指账目，两者不宜再混用。例中的"帐"应用"账"。

③ 即——既

"即营养丰富又不会被鱼刺困扰"

近二三十年来，即、既不分成了一个顽症。例句中的"即"字，应改用为"既"。从造字角度来说，即、既是字形相关而字义相反的一组字；从用字角度来说，"即"有就的意思，"既"有已的意思。例句中的"既"，强调的是"已"，用"即"是说不通的。

④ 带——戴

"在牢里，我们都带了脚镣，而且每天有人被拖出去杀头……"

带、戴的用法，有一个演变的过程。"戴"本是头上顶着东西，因此物体置于头上方可用戴；"带"本是腰间系的布条，后引申出动词意义，除头以外的其他部位皆可用"带"。今天两字的分工是：凡是特意将物体置于身体的特定部位，一律用"戴"；凡是随意将物体携于身体的任何部位，一律用"带"。脚镣是特意置于脚上的，必须用"戴"；如果是把脚镣放在包里，藏在袋里，或者拿在手上，那才是"带着脚镣"。

⑤ 窜——蹿

"黄色工会的一小撮人窜上屋顶来攻打，总工会的纠察队针锋相对，上屋去抵抗。"

"窜"和"蹿"是出版物上的常用字，常见的差错是误"窜"为"蹿"，此处却是误"蹿"为"窜"。"窜"和"蹿"都有快速跑动的意思，两字的区别在于："窜"是在平面上乱跑；"蹿"比"窜"多了足字旁，除了乱跑以外，还有足的蹬踏动作，快速地向前或向上跳跃。例句说的是蹿上屋顶，理应用"蹿"而不用"窜"。

⑥ 属——数

"指出黄公望《秋山图》之重要性，始作俑者，当属董其昌。"

"属""数"的区别也许有点隐蔽，至今未引起出版社的足够注意，因此错得相当普遍。例句中应该用"数"却用了"属"，"属"义为归属，如"机会当属有准备的人"，"胜利终属浴血奋战的中国人民"。"数"则有个计算和比较的前提，如"班级里就数他语文好"，"晚报就数这家发行量大"，这都是比较的结果。例句中的"始作俑者"，是比较的结果，自然应当用"数"。

（二）词语差错

出版物中的词语差错，和其他类型的差错相比，有逐年上升的趋势。这一方面和语言生活的活跃有关，新词新语不断产生，词汇意义不断演变，从而增加了语言运用的难度；但更重要的原因，还是语文学习态度不够认真，往往是大而化之，不求甚解，甚至自以为是，不管懂与不懂，用了再说。本次检查发现的差错，主要有以下几个方面：

1. 词语运用违反相关规定，存在明显不规范现象

① 滥用外语词，既不看有无必要，又不作必要解释，徒增阅读难度。如：

"技术手段革新对他们来说应该是 so easy，可态度的转变却要经过漫长的时间。"

② 沿用非法定计量单位，有时新旧单位混用。如：

"大的在 2 平米左右，可存放冰箱等家电；小的 30 公分见方，可放小物品。"

③ 受口语影响，随意改变词形结构，如"摄氏度"是一个规范的词形，常被分拆使用：

"他们被困在荒无人烟的区域，周围气温达摄氏零下 45 度。"

④ 习惯用旧词语，其中常见的有，把"概率"说成"几率"，"美元"说成"美金"，"聚光灯"说成"镁光灯"，尤为突出的是，该用"通信"的地方常常用了"通讯"。如：

"电子通讯的发明已经改变了……先前存在的关系。"

2. 出版物上的量词使用，往往比较随意。有些属于因缺乏辨析而导致误用，有些则暴露了编校人员的知识缺陷

① 滥用"位"字。"位"是用于人的、含有敬意的量词，凡是不值得敬重的人，是不适合用位的。但出版物中，常常会习惯性地用上"位"字。如：

"该团伙在扒窃期间，田某还负责每位成员食宿以及为其供应毒品。"

② 误"副"为"幅"。"副"和"幅"都是常用量词，两字声符相同，但使用对象有别。凡用"副"计量的对象，都应该是成双成对、成组成套的，如"一副对联""一副手套""一副象棋""一副扑克"。但出版物上总见以"副"代"幅"，这已成为高频差错。如：

"当场速写了一副江南丝竹合奏画……"

③ 量词在用于偏正结构的词语时，有时会受到修饰成分的干扰，而忘掉了中心成分，如"蜜蜂采了一万朵花粉"，"朵"是"花"的量词，不是"花粉"的量词。下例中，"座"可作"引擎"的量词，但不能作"飞机"的量词：

"国产片就像一座失去引擎的飞机，在市场上摇摇欲坠地下滑再下滑。"

④ 量词误用更多的情况是搭配不当，为了让量词更能发挥描写作用，出版物在选用量词时往往随心所欲，导致不合习惯。如下例用"派"作"画卷"的量词：

"田埂上的油菜花盛开，在碧水的映照下，呈现出一派碧水黄花竞春色的美丽画卷。"

3. 结构助词"的、地、得"一片混乱

不仅出版物如此，在当前的汉语运用中，已成为普遍现象。这既和三个助词的历史有关，历史上曾以"的"字代替"地、得"的使用，三者没有严格区分；更和现代人的语用态度有关，不屑于认真区分这三个助词。

① "的"字是定语的标志，用在名词前面，或者表示修饰关系，或者表示领属关系。在本次检查中，发现大量误例，在定语和中心词之间用的是"地"或"得"。如：

"按照社会学家言简意赅地概括"

"拿出极大地耐心"

"我在讲得时候"

"租下闲置得土地"

② "的"字还可以构成名词性的"的"字结构。本次检查发现，在比较单纯的"的字结构"中，"的"字不会用错，如"红的，黄的，撒了一地"，"吃香的，喝辣的，过的神仙日子"。一旦结构复杂，就容易判断失误，该用"的"，常常用了"得"。如：

"与当年拍得一模一样"

③ "地"是状语的标志，用在动词或形容词前边，表示一种状态或一种程度。本次检查发现，很多出版物习惯按传统用法，用"的"而不用"地"；也有些出版物出现误判，既不用"的"，也不用"地"，而用"得"。如：

"盾构机在……蜿蜒起伏的掘进"

"意见出奇得统一"

"这两年支持力度相当得大了"

④ "得"是补语的标志，用在动词或形容词后面，表示可能，或者连接后面补充说明结果或程度的相关内容。本次检查发现，很多出版物仍然习惯按传统用法，用"的"而不用"得"。如：

"那是多么的吉祥美好。"

4. 词语差错更多地表现为用词不当。其中又可分为四种情况：误解词义、不合语境、谦敬失范和追随流行

下面分别举例并略作说明：

① 误解词义

"而对自己一生的回顾却不以为然……"

例句误解了"不以为然"的意思。然，正确的意思。"不以为然"，即对别人的意见持否定的态度，不以为是正确的，如"他对班长的意见不以为然"。"不以为意"是不当一回事，不放在心上，如"他对医生的劝告不以为意"。前者是不同意，后者是不重视。而例中是不当一回事的意思，只能用"不以为意"。

② 不合语境

"相反如果最高人民法院指导性案例仅具有指导性，而没有拘束力……就有可能又回到《最高人民法院公报》案例的实践效果差强人意的老路上来。"

例句中的"差"在古代意为"甚"，现代指"比较"；"强"指"振奋"。"差强人意"意为尚能使人满意。上例想要表达的意思是"难以令人满意"，而用了"差强人意"，意思就反了。

③ 谦敬失范

"这边还未落座，那边家萃就请去他的书房，看看由他创作，兄长鲁彦周特意为他书写的一副对联'心映云空飞燕字，笔走山河铸剑篇'……联与字相得益彰，蓬荜生辉。"

作者应邀到朋友家做客，欣赏朋友家书房里的联与字，怎么能用"蓬荜生辉"来称赞呢？"蓬荜"是蓬门荜户的缩写，这是贫寒人家居住的地方，有客人来访，或者有朋友赠送自己书画，主人常用"蓬荜生辉"来表达感谢，意思是客人的光临或者赠与，让自己贫寒的居室有了光彩。可见，"蓬荜生辉"是谦辞，主人可以用，客人是用不得的。

④ 追随流行

在语言运用中，某些词语有一些流行用法，其词汇意义或语法功能和传统用法有所不同。这可能是语言的发展，媒体应该与时俱进；但也可能是用词不当，不能以讹传讹。媒体应该有清醒的判断意识。且以本次检查中多次出现的"期间"和"首当其冲"为例。

A．"1976 年后，摩尔接替……总裁，期间加大了 CPU 的战略投入。"

B．"对这些理论进行检验首当其冲的是经济交易领域……"

A 句中"期间"的用法，在出版物上极为常见。其实"期间"是一个黏着词，只有前面加了修饰成分，才有实际意义，如"出国期间""放假期间""进修期间"，单独一个"期间"，是不能放在句首做状语的。

B 句中的"首当其冲"，其义是首先受到冲击或威胁，"冲"是一个关键语素。流行用法却是置"冲"于不顾，把"首当其冲"当作"首先"用，本句就是一例。

5. 词语运用还有一个问题，就是分不清近义词。这个问题十分严重。大量的词语误用差错，是因混淆造成的

现按出错率高低，选 6 个误用实例：

① 反映——反应

"他们在书场中的反应……引领听众的反映……"

"映"有照的意思，如"朝霞映在阳澄湖上"。"反映"即"反照"。它的特点是：反映出来的东西和映的主体有相似点。"反应"则是在外界的刺激下面，机体所发生的变化，两者有因果关系。一个人喝酒后脸红心跳，这是酒精在起作用，这种机体受到刺激后的变化是"反应"而不是"反映"。

② 爆发——暴发

"不断退化的草场……爆发过严重的疫情，牧民们损失惨重。"

暴发和爆发，意思都是突然而猛烈地发生。但前者更强调突然，后者更强调猛烈。也就是说，前者重在速度，后者重在力度。因为崩溃、进

裂、喷溅和爆的力度联系在一起，所以火山喷浆是爆发，革命让旧秩序崩溃是爆发，战争时炮火喷溅是爆发，肺气炸了情绪失控也是爆发……例中突然发生的"严重的疫情"，强调的是"突然"，所以应该用"暴发"。

③ 必须——必需

"所必须的微量元素……"

"必须"和"必需"词性不同。"必须"是副词，强调的是应该如此；"必需"是动词，强调的是不可缺少。因此，"必须"常和动词发生关系，"必需"则常和名词发生关系。"微量元素"，是人们饮食中不可缺少的物质，自然应用"必需"。

④ 权力——权利

"……将'4004型'卖给其他客户的权力……"

"权力"指政治上的强制力量，或是职权范围里的支配力量，它是以服从为前提的。没有被支配者的执行，就无法体现出权力。"权利"是公民或者法人依法享有的利益和自由，它首先考虑的是权利拥有者的自身需要，而不是去支配别人。"权力"和"监督"相对，"权利"和"义务"相对。上例中的"权力"应为"权利"。

⑤ 出生——出身

"李启汉……出生很贫苦，很能吃苦……"

"出生"的"生"是指诞生，即胎儿从母体中分娩出来的过程，如"他出生于上海"，"他一出生便给全家带来了欢乐"；"出身"的"身"是指身份，它和一种特定的背景相联系，如"他出身于工人家庭"，"他是教师出身"。正确的用法"出生"应是"出身"。

⑥ 分辨——分辩

"容不得我去仔细分辩和细细思考……"

"辨"指辨别。"分辨"，仔细地辨认区别。可以用于具体的对象，如"首先分辨红色和绿色"；也可用于抽象的对象，如"分辨善恶美丑的能力"。"辩"即辩白。"分辩"，即通过口头或书面的形式辩解，如"他为自己的失误分辩"。上例明显是"仔细地辨认区别"，应该用"分辨"。

（三）表述差错

出版物作为宣传媒介，不仅要求材料真实具体，观点正确鲜明，而且在文字表述上，要讲究准确性、规范性和清晰度。出版物的文字运用，在社会语言生活中应具有标杆的作用。

1. 在正确性方面，主要存在以下问题：

① 政治上不严谨

"目前，珠海已明确在美国、德国、香港等地设立一批驻境外代表处，即将展开正式运作。"

香港、澳门、台湾不能和国家并列，否则会造成不良的政治影响。这是反复强调的一条规定。但在本次检查中，仍发现这类问题。

② 时态矛盾

"……将通过采取分级分类的方式，层次分明地推动全区各领域改革全面铺开，在集中力量推进重点改革项目、力争在重点领域和关键环节取得突破的同时，充分发挥各单位的主动性、创造性，形成了百花齐放的改革格局。"

例句一开始用的是"将"字，说的是即将采取的措施，后面是希望出现的远景。可见不能用"了"字。

③ 搭配不当

A. "梅花鹿也是大家公认的营养价值较高的鹿茸。"

B. "项目在实施中不仅注重物质帮扶，还注重消除社会歧视和心理关怀，帮助阿华一家在逆境中重生。"

A句为主谓搭配不当，"梅花鹿"不能简单地说成"鹿茸"。

B句是动宾搭配不当，"消除"的宾语只是"社会歧视"，但由于"社会歧视"和"心理关怀"在句中容易被理解为并列关系，于是"心理关怀"也成了"消除"的对象。

④ 关联词语失范

"如今的书籍设计已不仅仅是封面设计，而是里里外外构成一个整体。"

关联词语差错是出版物中的常见差错。本次检查发现，其中有一组关联词，出错的概率极高。"不仅""不仅仅"或者"不但"的后面，应该紧跟的是"而且"，但经常出现的是"而"。本是递进关系，错成了转折关系，这应该引起编核人员的特别关注。

⑤ 成分残缺

A. "随着外来文化的进入、现代化的进程、商品化的影响，使我国原本丰富的非物质文化遗产正遭受着猛烈的冲击，非物质文化遗产失去了原本的生存土壤和社会环境。"

B．"通过参加县广校的新型职业农民培训，外出学习考察等，使他转变了思路，开阔了眼界。"

成分残缺同样是出版物的常见病。通常多见的是宾语残缺、谓语动词残缺。本次检查发现的，主要是主语残缺，几乎都发生在"随着……，使……""通过……，使……"这类句式中。这类句式，如果前后两句主体不同，可以不出现主语；但A、B两句均为同一主体，A句是"非物质文化遗产"，B句是"我"，从而成为病句。

⑥ 杂糅

A．"四方坪居民王坪认为，现在看小病方便了，长期以往得大病的几率也会降下来。"

B．"依法监管需要从维护市场环境、促进市场发展为目标……"

A句是词形杂糅，有"长期以来"的说法，也有"从此以往"的说法，不能说成"长期以往"。

B句是句式杂糅，"从……出发"是一种句式，"以……为目标"是另一种句式，不能拼凑成"从……为目标"。

2．在规范性方面，主要的问题是：

① 不合表述习惯

"从2017年～2019年，中心在已有项目的基础上，开展了一系列调研。"

浪纹号是连接号的一种。浪纹号主要用于表达数值范围，如"20～30人""300万～500万"。"从2017年～2019年"，意为从2017年到2019年。按照表述习惯，"到"字是不能用浪纹号来代替的。

② 并列不当

A．"客户都是东莞、广州、珠三角地区小规模工厂的商人。"

B．"今年春节期间，九华山共接待游客43.89万人次，未发生一起扒窃、盗窃、诈骗等扰乱旅游市场的违法犯罪案件。"

A句的东莞、广州都属于珠三角地区，将它们处理成并列关系，是不合逻辑的。

B句中的扒窃、盗窃，在作案手法上似有不同，但都是秘密地窃取别人的财物，在窃取这一点上，是没有实质的差别的，"盗窃"包括"扒窃"，将两者并列，也是没有必要的。

③ 重复交代

A．"西安至成都高速铁路，简称西成高铁，设计最高时速250 km/h。"

B. "全线采用 4 车道标准建设，设计时速每小时 80 公里。"

报道铁路或者公路建设，是出版物的常规任务。在这类报道中，交代铁路或公路时速，是不可或缺的。但本次检查中发现，往往有重复交代现象。A 句中的"h"即小时的符号，前面的"时速"应改为"速度"，以避免重复。

B 句中没有用符号，却既用"时速"，又用"每小时"，重复感更强。"每小时"可删掉。

④ 语意重叠

A. "不必讳言地讲，面对新形势新任务，仍有一些党员干部明显不在状态。"

B. "将历史性地提高国防支出，以重建美国日益消耗殆尽的军事力量，这是我们现在最需要的。"

"重复交代"是在必须交代的地方，作了两次交代；而"语意重叠"则是因句中某些词语意思隐晦，不知不觉地又说一次。A 句中的"不必讳言"，"言"就是讲，后面又用一个"讲"字，就因为没有充分注意前面这个"言"字。

B 句中的"消耗殆尽"，"殆"已经包含了一天一天的意思，前面的"日益"，也是没有必要加的。

3. 在清晰度方面，主要的问题是：

① 时间模糊

"2017 年世界移动通信大会将于 27 日在西班牙巴塞罗那开幕。"

在不同的媒体中，出版物的时间性是很强的。出版物在报道中，要明确地交代时间，不能让读者猜谜。例句看似交代了时间——"将于 27 日"，这是一则预告式的新闻；然而，出版物出版的这天，却是已经过了"27 日"的 3 月 1 日。面对这则新闻，读者难免莫名其妙。

② 地点模糊

"连日来，从自治区到全疆各地，第九批省市援疆干部人才顺利进疆。"

"自治区"和"全疆各地"，其实意思是一样的，自治区包括全疆各地，全疆各地属于自治区。"从自治区到全疆各地"，这句话无法让人正确理解。只有点明"自治区首府"，或者直接说"乌鲁木齐"，"从"字才有着落。

③ 主客模糊

"垃圾分类管理，对违法者提高处罚成本，并建立监督检查机制，将其纳入职能管理部门的考核。"

采写新闻要有一定的视角，可以从主体叙述，也可以从客体叙述，但不能变来变去，让读者无从把握。例句中针对的是"违法者"，但说的是"提高处罚成本"，"处罚成本"和"违法者"何干？应该是"提高违法成本"。

④ 前后矛盾

"若干年后，一座可以媲美钱江新城核心区的新城即将崛起。"

例句前句说"若干年后"，这是一段较长的时间，后句又说"即将崛起"，这是一个指日可待的时间，两句传递的信息是不一致的。

⑤ 表意不清

"被问及如何看待中国经济是否向好，他没有急于肯定或反驳这个观点，而是脱口说出几个重要的数据……"

例句问得莫名其妙，既不是"如何看待中国经济"，也不是"中国经济是否向好"，而是"如何看待中国经济是否向好"，可以说是不知所云。后面却说"没有急于肯定或反驳这个观点"，问话中没有提出任何观点，"肯定或反驳"从何说起！

（四）标点差错

标点差错，每错一处只扣 0.1 分，而且同一类型的差错，不重复计算，就此而言，占比不高；然而，标点差错的绝对数量，却是排在第一位的。从本次检查情况来看，其中有一些是简单差错，只要认真看一眼便会发现。这类差错的多少和编校人员审稿时的精神状态以及有些出版社的检查制度有关。除此之外，还有不少差错是一错再错，这家出版社错，另一家出版社也错。这类高频差错的存在，说明出版社人员对标点的用法还没有真正掌握。下面分析的主要是后一类问题。

1. 问号差错

问号使用最大的问题，是把非疑问句当疑问句。

① "甚至连他自己都不清楚，他负过多少次伤？"

② "他一个人在纽约街头流浪，不知道自己要做什么，也不知道自己能做什么？"

这两句中的问号都是用错的，应该改用句号。有人看到句中有"多少""怎么"之类的疑问词，就以为是疑问句。其实，疑问词并不是疑问句的标志，疑问句是由疑问语气决定的。"他负过多少次伤"，"要做什么""能做什么"，这两句单独出现可以是疑问句，但在整个句子中，它们分别是"不清楚""不知道"的宾语，整个句子是陈述句。

2. 句号差错

句号使用最大的问题，是在分项列举时，先用句号再用分号。

① "第一方面：落实第三方平台的主体责任。子项目为……；第二方面：政企合作。子项目有……；第三方面：产业合作。包括……子项目。"

② "三方面存在不足：首先，前期尽职调查做得不够。中国企业不习惯……市场调查；其次是对合约不重视。……各种各样情况都出现过；第三用中国管理模式管英国公司。"

类似误例可以举出很多。这类句子都为分项列举，每个分项先用句号概括，再在并列项之间用分号。句号是句末点号，分号是句内点号，它们都可以表达停顿，但停顿时间的长短是不一样的。一个句子用了句号，后面再用分号，这个分号是压不住的，应该改用句号。或者把前面的句号改为逗号。

3. 顿号差错

在句内点号中，顿号停顿的时间是最短的，出错率却是最高的。本次检查发现的顿号差错，主要有三种类型：一是分句之间用顿号，二是"甚至""抑或""尤其"等连词前用顿号，三是不同并列层次均用顿号。下面分别举例分析：

① "自闭症患者和高智商人群存在许多共同点，如：脑增长更快、视觉、感觉和空间能力更强、注意力更集中。"

② 宝宝终于可以像同龄婴儿那样翻身、爬行、站立、甚至还可以蹒跚地走上几步。"

③ "上海的越剧、沪剧、淮剧、安徽的黄梅戏、河南的豫剧，都为会演带来了新剧目。"

顿号标示的是句子内部的并列成分，而例①中却是 3 个并列的分句，在它们之间应用逗号，不用顿号。"甚至"前面一般都是短暂的停顿，正是考虑到这一点。例②作者用了顿号，但"甚至"前后并不是并列关系，用顿号是不规范的，还是要用逗号。

例③中"越剧""沪剧""淮剧"是并列关系，"上海的越剧、沪剧、淮剧"和"安徽的黄梅戏""河南的豫剧"也是并列关系，但它们的并列和前面的并列，并不处于同一层次，句子中均用顿号，就造成了层次的混乱。高一层次的并列应改用逗号。

4. 分号差错

分号差错常见的是分号越级使用，或者在非并列关系的多重复句中，没有用在第一层次。本次检查发现的是，在并列复句中，分号误为逗号。

"最高综合优惠1万；……最高补贴5000元；……厂家直销5.69万；……免息双享贷等折扣和优惠，除此之外，还有各类丰富的购车优惠。"

这里说的是在海南国际车展中，商家给出的各种优惠。整个句子是一个并列结构，每一种优惠用了一个分号。这样处理当然是没有问题的。但最后一句还是说的优惠，是除了上面说的以外的其他优惠，因此和上面各项优惠仍是并列关系。作者在"除此之外"前面不用分号而用逗号，这就取消了它的并列项资格，显然是不妥当的。

5. 冒号差错

冒号使用最大的问题，是在总分句中，该用冒号的地方用了逗号。这一差错在出版物上十分流行。

①"明星提起诉讼的理由主要围绕两方面，一是未经过授权将其肖像图片用于商业宣传，侵犯其肖像权；二是涉及侵权的内容往往针对整形美容进行宣传，容易让读者产生不良的联想，从而降低社会评价，侵犯其名誉权。"

②"与会单位与人员又提出了两点建议，一是优先考虑将具有一定价值的树木就地移植至保留绿岛内；二是合理置换迁移树种，对于已退化和损伤的杨树、泡桐、构树等速生树种进行科学处理。"

这两句都是总提分承的句子，在总提的后面用了逗号，分承部分却用了分号。而逗号是无法统领分号的。这就留下了尾大不掉的毛病。

冒号还有一种错法，就是该用比号的地方用了冒号。如："产量与进口量之间为2∶1"，"罗斯最终以72∶27的高票通过听证"，"5∶1上港大胜"……这几例中，居中的比号都成了冒号。这可能和冒号在处理上比较方便有关，但更深层次的原因，还是对标点符号的规范运用缺乏认识。

6. 破折号差错

破折号的差错，主要表现在和提示语并用。

①"有些事还是不知道为好，其对象可概括为'三不知'——即公众'不想知''不应知''不欲知'的信息。"

② "外需的急剧下滑，或政策操作失察——即货币条件超预期紧缩——可能导致中国经济前景暗淡。"

这两句在破折号后面都用了"即"字。"即"具有提示的作用。而破折号具有和冒号一样提示的功能。既用破折号，又用提示语，犯了叠床架屋的错误。

7. 间隔号差错

间隔号差错，主要表现在由月日构成的词语中。

① "让历史说话，还原'二·二八'事件真相。"

② "值此'3.5'学雷锋之际……"

月日构成的词，在《标点符号用法》中，是有明确规定的。凡是由汉字数字构成的月日词，为了防止误解，一月、十一月、十二月要加间隔号，其他月份一律不加。例①中"二·二八"加了间隔号，是不符合规定的。凡是由阿拉伯数字构成的月日词，不管是哪一个月，都要加间隔号。例②中'3.5'不用间隔号而用下脚点，同样是不符合规定的。

8. 引号差错

① 单、双引号混淆

"《'环球''假日'同争辉》"

《标点符号用法》规定，先用双引号，再用单引号。书名号或括号里的引文，同样应该按此处理，不能因为用了书名号或括号，里面的引文改用单引号。

② 非完整引用用句内点号收尾

"'他总是在关键时刻被赋予重任，'这是业界对郭树清的评价。"

"重任"后面用逗号，说明这句引文是不完整的。按照文件规定，这个逗号只能置于引号之外，不能置于引号之内。

③ 非独立引用句末点号置于引号之内

"开展没有几天，就有网友就展览中的展品提出质疑，认为'展览中多件收藏品并非文物，缺少历史逻辑，更像是现代仿品。'"

引文前面既没有停顿，更没有提示语，属于典型的非独立引用。句末点号放在引号里面是完全错误的。

④ 同一段引文加插入语点号误用

A．"特朗普要求在重要国际水道、战略咽喉加强美军的存在感"，一名美国官员对路透社说，"包括霍尔木兹海峡和南海等地。"

B. "社会上书法的'失范'根本原因是书法教育的缺失。"重庆大学艺术学院院长雏三桂说："以前还保留书法课，现在……"

A句引用的是一名美国官员的话，B句引用的是一位艺术学院院长的话。他们两人的话都被分拆成两个部分，中间加入了插入语。这种引用方法，必须注意两点：一是引文的所有标点，都必须放在引号之内；二是插入语后只能用逗号，不能用冒号，更不能用句号。现A句把逗号放在引号之外，B句插入语后用了冒号，都是不合规定的。

（五）数字差错

出版物和数字有不解之缘。出版物中，经常会出现大量数字。数字的正确和规范使用，是判断出版物编校质量的重要依据。本次检查发现，出版物在数字用法方面是相当随意的。大致存在以下问题：

1. 不合数字事实

① 数字不合理

"中短篇小说往往考验作家驾驭文字的实力，寥寥数百字不仅能让人感叹文字的力量，还能让读者遐想、深思。"

"寥寥数百字"，一般是微型小说的篇幅，很难构成短篇小说，更不用说中篇小说。作者为了强调文字的力量，故意把字数说少，但失去了可信度。

② 计算不正确

"累计资助学生9126.14万人次，比上年增加692.87万人次，增幅达7.6%。"

增幅应以上年为基数，作者却以当年为基数，结果把8.2%的增幅，误算成了7.6%的增幅。

③ 表述不精细

"唐朝一张度牒的官价是一百贯，宋代一张度牒的官价是一千贯，比唐朝涨了十倍。"

一千贯确实是一百贯的十倍，但这是涨到十倍，不是涨了十倍。一千一百贯才是涨了十倍。出版物往往不分"涨到"和"涨了"，在表述时粗枝大叶，大而化之。

2. 不合用法规范

① 两种数字系统混用

"现存唐诗五万多首，《全宋诗》收诗近25万首。"唐诗用汉字数字，宋诗用阿拉伯数字，类似混乱现象，在本次检查中举不胜举。

② 概数误用顿号

"20 世纪 60、70 年代之交"

相邻相近数字表示概数时，有两条明确的规定：一是不能用阿拉伯数字，二是在相邻相近数字之间不能用顿号。"60、70 年代"中的顿号是多余的，另外，阿拉伯数字应改为汉字数字。

③ 数值单位省略不当

"基础建设预算为 12～15 亿元。"

用连接号表示数值范围时，相同的计量单位可以省略；但表示数值的"万、亿"不能省略。"12 亿～15 亿元"不能说成"12～15 亿元"。

④ 汉字千百十和阿拉伯数字同用

"新西兰的皇后镇，每年吸引 4 万 5 千 5 百人到访。"

当用阿拉伯数字表示的数值较大时，可以用汉字万和亿，但不能用千百十。"4 万 5 千 5 百人"的正确用法，应是"4.55 万人"或"4 万 5500 人"。

⑤ 12 小时制和 24 小时制同用

"2 月 27 日晚 20 点 57 分，天津市南开区大悦城商城内发生一起惨案。"

表述时间，可以用 12 小时制，也可以用 24 小时制，但两者不能同用。"2 月 27 日晚"，这是 12 小时制的用法，后面却是"20 点 57 分"，改成了 24 小时制。这是不合规范的。由于出版物没有注意这个问题，此类用法相当普遍。

⑥ 下降用倍表述

"专门针对伪基站和黑广播，破案 345 起，抓获犯罪嫌疑人 289 人，去年这类案件同比下降一倍多。"

倍，指和原数相等的数。可以成倍增长，但不能成倍下降。下降 1 倍，那结果便是 0，这不是一种科学表述。出版物有引导语言坚持科学表述的责任，不能迁就一些既成语言事实。

3. 不合汉语习惯

在长期的语言实践中，汉语在表述数字时，形成了自己的表述习惯。尊重这些习惯，不仅是科学表述的需要，而且也能体现出版物的亲和力。在本次检查中，我们发现某些出版物对此重视不够，特别是在概数表述中，存在着种种差错。这里对概数差错稍作分析：

① 两个动词连用

"全国一年有超过近亿万元'黑金'在暗流中游走。"

表述概数，可以用动词＋数字的形式，如"超过100人""不到200元"，但一般只能用一个动词，否则，很可能不是表述重复，便是表述矛盾。上句便是表述矛盾的例子。既"超过"，又靠近，这个数字是无法理解的。

② 动词和概数词连用

A. "投入资金230万元，人力上千余次……使宛川河的生态环境逐渐得到了恢复。"

B. "她贪污单位公款280.7万元，而其中近200多万被其用于打赏网络主播。"

C. "华西村的旅游业颇有自己的特色，除几大景点和不到10家左右的酒店，其拉动旅游业的主力就是报告会。"

此类病例极多！所谓概数词是指"多""余""上下""左右"之类词语。数字＋概数词是概数表述的一种最常见的形式。但既用概数词，又用动词＋数字的形式，是不合汉语表述习惯的。"上千余次""近200多万""不到10家左右"，都犯了这一错误。

③ 两个概数词连用

"崇文门菜市场地下2600余平方米左右的地下室，也已经完全被群租占据。"

数字＋概数词的表述形式，一个概数词已足以达到表述效果，一般不用两个概数词。两个概数词并用，很可能导致表述不清，甚至出现矛盾的情况。"2600余"，这个数字肯定是超过2600的；"2600左右"则存在超过和不足两种可能。既用"余"又用"左右"，这个数字便无法确定。

④ 相邻相近数字和概数词连用

"当时车速六七十码左右，车上共有6人。"

相邻相近数字连用，也是概数表述的一种形式，如"四五百元""三五十人"。因为这种形式已经限定了一个数值范围，所以不能再用其他表述形式，特别是概数词表述形式。例句中应删去"左右"。

⑤ 副词和数值范围连用

"每月，单店租金至少在1—2万元左右。"

"至少"和"至多"是两个常用的副词。"至少"规定了下限,"至多"规定了上限。"1—2万元"表示的是一个数值范围(1后面应有数值单位万,否则不合数字用法规定),它是不能和"至少"搭配的。在这个数值范围后面,还有概数词"左右",更加错上加错。

⑥ "数"和动词或概数词连用

A. "个个都身怀绝技,人人都练就一身好武艺,平均个人装修面积已经超过数十万平方米。"

B. "农民张乐红在自家的鸡舍内养殖了数千余只蛋鸡和肉鸡,年增收两万多元。"

"数"和"几"一样,都是汉语中的不定量数词。"数百斤","数"是百位数;"数十元","数"是十位数;"十数人","数"是个位数。"数"+数字,也是一种概数表述形式,但它同样不能和其他表述形式连用。"超过数十万平方米",是和动词连用;"数千余只",是和概数词连用:这都是不合汉语表述习惯的。

四、结语

本次检查,每家出版社只查10种图书,而且每书只查10万字,在编校质量名次的排列上,不排除有一定的偶然性。有些出版社,长期编校质量稳定,可能某一本书审校不严,拉低了整个出版社的名次;也有些出版物,由于多为合作稿,不完全能代表编辑部的审校水平。不过从整体上看,本次检查还是反映了出版物的实际编校质量。不合格的出版物虽然不多,但编校质量在1%以内的同样不多,提高编校质量的空间还是很大的。

我们建议:

第一,对于编校质量在1%以内的出版物,可以采用适当的形式予以鼓励,以形成重视编校质量的环境。

第二,要继续加强关于语文规范化的宣传,特别是《通用规范汉字表》的宣传。从检查情况来看,出版社对"规范汉字表"的知晓度低,执行力弱,应该予以补课。另外,在标点和数字应用上,图书的出错率也是比较高的。《标点符号用法》和《出版物上的数字用法》也应加强宣传。

第三,举办培训班是一个行之有效的培养队伍的方法。各家出版社可以根据自己的人员情况和工作安排,自己独立办班或者选送人员外培。本次检查发现的典型问题，可以作为培训班的重点教学内容。

第四，建议上海市委宣传部出面，举办一些专题研讨会，重点研究出版物语言问题。如出版物文字差错的出错规律，出版物文字应用中的疑难杂症，出版物语言的规范和发展，纸质出版物和网络语言，等等。学术上的研讨，可以有力地指导现实的语言运用。

上海出版社版权业务经营及版权
走出去：现状、问题与对策

张　宏

摘　要： 在版权产业中，出版业属于核心版权产业板块。近年来，在上海政府相关出版管理部门的大力支持引导和有效监管下，上海出版社的版权经营业务取得了长足的发展，形成了自身的版权业务经营模式，在内容版权的获取、版权对外贸易等方面取得了丰硕的成果，也培养了一支版权贸易专业人才队伍。与此同时，上海出版社的版权业务经营中也存在着诸如专业人才不足、经营机制不完备、全版权经营意识和开发欠缺、与国际同业发达的版权业务经营接轨以及数字化时代面临全新的版权业务经营挑战等问题。上海出版社针对这些问题和挑战采取的积极有效的对策将为上海出版社版权业务经营发展、提升上海出版业在核心版权产业中的地位带来新的机会。

关键词： 上海出版社　版权业务经营　版权走出去　问题　对策

　　2018 年 4 月，习近平在博鳌亚洲论坛 2018 年年会开幕式发表的主旨演讲中再一次明确了中国加强知识产权保护的重大举措。① 作为知识产权最主要组成部分——版权（即著作权）的经营和保护，同样也是我国需要发展和重视的内容之一。我国版权产业近年来取得了长足的发展。根据官方权威调研的"2017 年中国版权产业的经济贡献"数据统计，2017 年中国版权产业的行业增加值已达 60810.92 亿元人民币，占全国比重

---

① 央视网. 习近平在博鳌亚洲论坛 2018 年年会开幕式发表主旨演讲（实录）[EB/OL].（2018-04-10）. http://news.cctv.com/2018/04/10/ARTIOYPvrOON6qhl5NIhqlEZ180410.shtml.

7.35%。① 中国政府高度重视包括版权在内的知识产权工作，国务院印发了《"十三五"国家知识产权保护和运用规划》，国家版权局印发了《版权工作"十三五"规划》，全面指导我国版权产业的发展。

上海是我国较早建立版权统计制度和版权管理指标体系的城市，上海的版权产业发展在全国也处于领先位置。根据《上海版权产业报告2015》披露，"十二五"期间，上海版权产业增加值已占上海10%以上，增长到了2015年的2973.87亿元。上海版权产业的年均实际增速达到10.45%，对本地的年均经济贡献率为14.08%，版权产业已经是上海经济发展中名副其实的支柱产业。② 即便如此，上海的版权产业在经济贡献率上与欧美等发达国家通常超过20%甚至更高的贡献率之间还存在着相当的差距。

根据世界知识产权组织出版的《版权相关产业经济贡献调查指南》一书的界定分类，版权产业分为核心版权产业、相互依存版权产业、部分版权产业和非专业支持产业等，其中核心版权产业包括文字作品、音乐、戏剧制作、曲艺、舞蹈和杂技、电影和影带、广播和电视、摄影、软件和数据库、美术与建筑设计、图形和模型作品、广告服务、版权集体管理与服务等。③ 核心版权产业所包含的诸多方面均与出版业密切关联，特别是其中的文字作品等更是属于图书出版的主要范畴。因此可以这样认为，出版业所涉及的版权运营活动属于核心版权产业的有机组成部分之一，出版业属于典型的版权相关产业。

上海是我国出版业的重镇，目前拥有43家出版社。这些出版社的版权业务活动较为活跃，也是上海版权产业中核心版权产业的重要产业力量。本文拟通过调研和调研中获得的相关信息对上海出版业的版权运营、版权走出去状况以及发展问题进行分析，以期从版权产业视角展示上海出版业的一个侧面。本文所述上海出版业专指在上海持续经营的出版社群体。

---

① 人民网.2017年中国版权产业增加值突破6万亿元［EB/OL］.（2019-04-29）.http://finance.people.com.cn/n1/2019/0429/c1004-31055981.html.

② 中国经济网.上海版权产业报告2015：版权产业成经济发展支柱产业［EB/OL］.（2017-05-23）.http://www.ce.cn/culture/gd/201705/23/t20170523_23113375.shtml.（说明：这是目前可检索到的有关上海版权产业情况的最后数据报告，经向相关政府部门了解，上海版权产业报告2016尚在研制中，还未正式发布.）

③ 范军.中国版权产业对经济的贡献持续增长［N］.中国出版传媒商报，2018-02-13（006）.

一、上海出版社对版权业务的基本认识及存在问题

上海作为我国的出版重镇，一直以来上海政府的相关管理部门对上海的版权产业和出版社的版权业务经营活动都十分重视。这是上海出版业作为上海整体产业经济构成的一部分以及上海版权产业整体发展中上海出版业作为核心版权产业所处的地位决定的。其中最能反映上海地方政府对推进版权产业力度的政策性机制便是 2017 年 12 月 12 日中共上海市委、上海市人民政府正式印发推出的《关于加快本市文化创意产业创新发展的若干意见》(简称"上海文创 50 条")。2018 年 5 月 4 日中共上海市委宣传部等十一部门又联合印发了《关于促进上海出版产业发展的实施办法》。[1] 文化创意产业的核心是创新以及包括版权在内的知识产权保护发展，上述政策和办法的出台无论对上海整体版权产业还是上海出版业的版权业务经营都是极大的推动。

自从《中华人民共和国著作权法》颁布实施以来，上海出版业对出版经营活动中版权业务的重视日益加强。据不完全调查，目前上海许多出版社都专门设置了法务岗位，其主要岗位职责之一便是对本单位涉及版权问题的经营行为进行把关。所有出版社都聘请法律顾问，这些法律顾问的主要职责之一便是对出版社涉及的版权问题提供咨询和法律服务。随着广大作者和读者的版权意识日益加强，上海的出版社也日益加强了对编辑人员的版权知识以及编辑出版过程中涉及版权问题的处理等方面的学习和培训，将版权业务学习纳入编辑人员的业务技能提高和发展中。各家出版社不断完善出版合同内容和条款，十分重视通过合同获取版权相关权利的授权并对著作权人的相关权利和出版社自身的权利进行积极有效的保护。出版社对数字出版条件下的内容和版权的使用及保护等也日益重视。

但目前上海出版社在对版权的认识以及在进行版权业务运营过程中存在一些误区以及缺陷，其中最为明显的表现有两个方面：一是对版权的概念理解有误，导致出版社对并不拥有绝大部分内容的版权而只是一个版权中部分财产权利的使用者这一身份认识不清。在上海出版社中，认为著作

---

[1] 上海市人民政府官网."50 条"聚焦打响"上海文化"品牌 关于加快本市文化创意产业创新发展的若干意见引发热议［EB/OL］.（2017-12-15）. http://www.shanghai.gov.cn/nw2/nw2314/nw2315/nw4411/u21aw1274839.html.

权是作者的权利而版权是出版社的权利的从业者大有人在，其中甚至包括许多出版社的领导。我国著作权法明确指出，著作权就是版权，两者在法律概念上的内涵和外延是完全一致的。二是上海大部分出版社都缺乏对自身所拥有版权资产或者相关权利开展运营的意识和规划，版权资产家底不清晰，同时也缺乏相关的专业人才，编辑人员对版权资源的二次、三次开发利用意识很弱。这两点可能也是导致上海出版社在版权业务经营方面亟待改进与提高的最基本的原因。

二、上海出版社版权业务运营状况及基本运营模式

出版业的版权业务主要集中在内容版权的获取、使用以及保护这三大方面，上海出版业的版权业务也同样如此。出版社可通过对版权相关权利的获取使用以及保护进行版权资产的整合盘活，从而获取相应的社会效益和经济效益。

按照当下政府主管部门对上海出版业的板块区分，总体而言，上海出版社按照其主办方及类型分为这样三大板块：上海世纪出版集团及其所属出版单位、上海各家大学出版社、由其他主办方主办和所属的其他类型出版单位。分别针对上述三大板块出版单位所开展的版权业务运营的主要形式进行调研后发现，几乎所有出版社在其图书和数字出版等业务过程中涉及内容版权时均采用与著作权人签订授权使用合同（最为常规的为图书出版合同）、向著作权人购买相关内容的使用权（比如通过版权贸易引进图书的出版等）以及通过自身产出内容（即常见的职务作品形式等）拥有自主内容版权等方式。在开展数字出版过程中也有较多出版社采用合同约定的方式将原创内容的版权纳入自身的版权资产。基本上，上海的出版社通过出版合同获取的内容使用权绝大多数包含了内容的网络传播权，且无论纸质内容和网络传播权均为专有使用权，这一点充分反映了上海的出版社在内容版权获取过程中对自身利益的重视。而这似乎也是目前国内出版社较为通用的做法，也是出版社在日益明晰自身并非是大部分内容版权的拥有者这一现实后所采取的较为有效的做法。因此，可以做出这样的结论，即出版社对于内容版权的使用和运营所处的位置是较为被动的，出版社自身所拥有的版权资产并非如业界很多人所想象的那样丰富。

在这样的现实条件下，上海出版社的版权业务运营方式基本呈现三大

类型，即出版社通过合同获取内容使用权（如图书的复制权、发行权等）开展出版活动，并通过出版经营活动（包括将获取的专有使用权进行境内的版权运营）取得社会效益和经济效益；出版社通过开展版权的涉外经营即版权贸易（著作权贸易）进行版权使用权的引进或者输出，并由此获得社会效益和经济效益；出版社对自身所拥有的版权资产或者通过合同获得的拥有专有使用权的内容进行其他版权业务经营活动。第一种类型为出版社版权业务的境内运营。第二种类型为出版社的版权业务涉外经营或涉外版权贸易。第三种类型为出版社的其他版权业务开发和经营活动。

（一）上海出版社版权业务的境内运营

目前上海出版社版权业务的境内运营基本可以等同于其自身的出版经营活动。得出这个结论的依据是，跟我国绝大部分出版社一样，上海出版社的出版经营活动大都是通过出版合同获得著作权人授权后进行作品的复制和发行活动，此外便是对作品进行数字化网络传播。无论是上海世纪出版集团所属出版社、大学出版社抑或其他出版社，基本都是以通过获取版权授权的方式开展出版活动。其中有少量的版权业务是基于出版社自身投入或者以职务作品和权利买断形式开展的。而随着数字化融合出版的不断发展，上海出版社对拥有内容版权的意识和需求不断增长。经对上海多家出版社的图书出版合同文本进行分析发现，这些出版合同文本中几乎全部都有作品的网络传播权条款。通过该条款，出版社获得了著作权人的授权，从而拥有了作品网络传播权的专有使用权，这就为出版社进行作品电子书的开发和销售、作品内容的其他数字化形式开发和传播提供了保障。这应该是出版社对版权相关权利进行有效利用的普遍做法之一。此外，在合同文本中，上海的出版社基本都设有获得作品通过版权贸易向境外进行授权的专有授权条款，这为上海出版社在合同有限期内开展图书等的版权贸易、实现版权输出提供了保证。

但比较有意思的是，笔者未能在上海出版社的出版合同中发现作品内容的二度或三度开发及相关衍生权利或者邻接权利授权的条款。比如，针对作品进行文化创意开发（包括影视改编、形象使用、衍生、展览演出等）和知识服务（在不同载体上向读者提供基于作品的深度内容服务）的版权权利授权条款缺失，而这本可以成为出版社获取作品版权相关权利，进行版权业务深度运营开发的基本条件，尤其是在数字网络技术、人工智能和产业融合不断发展的今天，拓展版权资产是扩大出版社版权业务活动领域的基础条件。

（二）上海出版社版权业务的涉外经营

上海出版社版权业务的涉外经营以开展涉外版权贸易为主要业务形态。出版社通过与境外出版机构的谈判等将获得授权的作品通过翻译、影印、改编等方式实现版权引进和输出。上海出版社对开展涉外版权贸易普遍较为重视，几乎所有的出版社都设置了负责版权贸易的岗位和人员，有的将此项版权业务的职能放在总编办公室，而更有许多出版社设立了专门的版权部或者对外合作部，由既熟悉出版业务又精通版权知识且熟悉外语的专门人员具体负责出版社的版权贸易事务。这为上海出版社开展涉外版权贸易提供了良好的基础。上海出版社通过组织人员参加各类大型国际书展、通过与境外主要出版公司的版权代理人或设立在国内的代表机构以及通过与国际出版界的其他形式的互访交流，使版权贸易业务的开展取得了良好的成效。

根据权威媒体发布的数据，单单2017年上海出版社的对外版权贸易数量就非常大。"据统计，2017年，上海共引进图书版权1770种、录音制品112种、录像制品115种，电子出版物254种；输出图书版权444种、电子出版物572种。与2016年相比，图书版权引进增加431种，同比上升32.2%；图书版权输出增加264项，同比上升146.7%。电子出版物的版权贸易尤其活跃，其中引进增加225种，是2016年的8.7倍，输出增加569种，是2016年的190倍。"[1]据调研及相关出版社每年获取的版权图字登记编号推算，过去三年里上海出版社开展版权贸易引进的图书作品具有相当的规模。在已经进入出版流程的版权贸易引进作品中，上海世纪出版集团所属出版社在2016年到2018年间版权引进图书的数量增长较快，从2016年的超过200种到2018年的接近700种。上海的大学出版社近三年的版权引进品种则较为平稳，每年的引进数量基本稳定在200种左右。上海的其他板块出版社版权贸易业务量过去三年也有了较大的发展，引进数量基本由2016年的超过100种增加到2018年的超过200种。

由于无法统计到这些版权引进作品在出版后的市场表现，因此无法测算上海出版社在版权贸易中引进一块所能实现的社会经济效益，因而也无法评判上海出版社的这一块版权业务的总体效果。

---

① 施晨露. 2017年上海出版物对外版权贸易高速增长［N］. 解放日报，2018-04-27.

此外，目前上海尚无专门机构对上海出版社涉外版权贸易的成果进行专项统计，因此本文无法给出上海出版社每年在版权贸易中输出项目和效益的精确统计数据。在随机访问和查询中，总体感觉是：以华东师范大学出版社、上海交通大学出版社为代表的大学出版社每年的版权输出有一定的量并且取得了一定的经济效益。华东师范大学版《一课一练》英文版向英国的输出、上海交通大学出版社的学术著作走出去项目等都取得了良好的社会效益和一定的经济效益。上海外语教育出版社的《英译汤显祖戏剧全集》输出到英国，由出版过哈利·波特系列小说的布鲁姆斯伯里出版公司出版，被纳入其世界戏剧作品数据库中，进入主流发行领域。与此同时，上海世纪出版集团所属不少出版社每年版权输出成果也不少，上海数学教材输出到英国产生了较大的影响。其他板块出版社的版权输出也时有成果斩获。从随机调研中发现，上海出版社版权贸易中的输出目的地主要有日本、韩国和其他一些东南亚国家以及美国和部分欧洲国家、中东地区国家等。

近几年媒体曾大量报道上海出版社的版权贸易成果，甚至有媒体用"上海出版物对外版权贸易高速增长"为标题报道上海出版社开展版权贸易所取得的成绩。每年上海有不少出版社和出版社从事版权贸易的人员获得优秀版权贸易成果奖等。这也从另一个侧面反映出上海出版社的涉外版权业务在不断发展并取得了良好的成效。

（三）上海出版社的其他版权业务开发和经营活动

上海出版社的主营业务以图书出版发行为主，近年来也开始进入融合出版实践。有一些出版社已经开始在版权业务方面走出了单一的版权贸易引进输出方式，开始进行购买版权内容或利用自身拥有的版权内容尝试通过开发新媒体应用平台或其他形式为用户提供内容或知识服务。比如少年儿童出版社对其品牌产品《十万个为什么》的版权运作、上海交通大学出版社与德国斯普林格出版公司的版权合作、上海外语教育出版社与牛津大学出版社通过协定达成对工具书数字内容的版权授权及分成合作、上海音乐出版社基于该社各类音乐作品开发数字化平台提供内容和音乐知识服务等都是上海出版社进行单纯图书版权贸易之外的版权业务经营活动的全新方式。这些新的版权业务活动的出现也反映了上海出版社对版权资产管理经营的日益重视，他们正在有意识地对版权资产进行更大范围内的利用和开发。

（四）上海出版社版权业务的基本运营模式

从上述上海出版社版权业务的基本运营状况分析可以看出，目前大多数上海出版社的版权业务运营基本采用两种模式：一是通过获得授权或者提供授权的方式进行版权对外贸易，主要形式为图书版权的引进或者输出。这也是国内其他地区出版社通用和常见的版权业务模式。其中版权引进主要通过与境外版权持有人特别是作品的出版方或者作品版权授权经纪或代理机构取得。而版权输出则是出版社通过与作品版权持有人签订出版合同等，在获得专有使用权的基础上，经与境外出版机构或者通过版权代理机构等实施。二是通过版权授权、购买或者将自身拥有的版权进行内容二度开发利用，并利用新媒体技术开展融合出版，向读者或其他用户提供内容和知识服务。上海出版社的第一种版权业务运营模式较为成熟，第二种模式则正在摸索和经验积累过程中，有成功的个案，但尚未形成普遍的做法。

三、上海出版社版权业务运营的管理及路径

上海出版社版权业务运营的管理及路径主要可以从两个层面进行分析。一个是上海出版政府主管部门对出版社版权业务的整体管理、指导和监督。另一个是上海出版社自身的版权业务经营管理和路径。

（一）上海出版政府主管部门对出版社版权业务的管理

目前，上海地方出版社均已纳入上海市委宣传部的业务管理和指导，上海的大学出版社和其他类型出版社也按照所属主管方与上海属地管理的原则纳入上海市委宣传部的管理和指导。在版权业务运营一块，上海出版社接受上海市版权局的领导和监督管理。其中对外贸易中，作品的引进合同纳入版权管理部门的登记管理体系，从 2019 年开始出版走出去工作也接受版权管理部门的指导。上海出版社其他版权业务活动接受版权管理部门的监督和管理。目前上海出版社的版权输出统计和评估等工作尚未有专门机构将其纳入工作职能中，但政府管理部门积极推进上海出版走出去，除新闻出版专项资金扶持以及外宣工作支持以外，上海市新闻出版局于 2015 年发起并设立了"上海翻译出版促进计划"，[1] 鼓励上海出版社将优秀

---

[1] 上海市人民政府官网. 本市推出"上海翻译出版促进计划"［EB/OL］.（2018-12-07）. http://www.shanghai.gov.cn/nw2/nw2314/nw2315/nw31406/u21aw1353692.html.

的产品翻译并推向海外。此外，上海政府职能部门还积极搭建平台，通过在上海举办一年一度的上海书展、上海国际文学周、上海国际童书展等，为广大上海出版社创造开展版权对外贸易的基础条件和机遇。

（二）上海出版社开展版权业务运营的自身管理和路径

迄今上海出版社在开展版权业务运营特别是开展版权贸易方面已经拥有了一套较为成熟的管理模式，且其进行版权业务活动的路径也十分明晰。这种管理模式和路径基本可以罗列如下：

1. 出版社内部设置有明确的版权业务管理职能。其管理方式主要为：出版社明确分管版权业务的领导具体负责版权业务的管理和实施；出版社一般都设有专门的版权业务部门，如国际合作部或版权部等，或者虽然没有设立专门的业务部门，但明确版权业务工作由总编办公室或者社办公室负责；版权业务部门配备有专门的工作人员，一般是具有较强的出版编辑业务能力、了解国内外出版业版权业务动态、具有较强的外语沟通能力并且熟悉国内外出版和版权业务规则、具有良好的内部业务沟通协调能力的人员；涉及版权业务运作的部门之间有良好的互动沟通和需求调节功能；有财务人员负责涉及版权业务的财务税务工作；有较为合理的版权业务档案管理机制等。

2. 出版社有健全的内容版权授权或获取机制和流程。单就版权对外贸易中的引进而言，上海很多出版社所采取的基本流程是：引进选题的寻找—选题论证—版权业务谈判—签约—选题申报与合同登记—编辑出版—营销和版权使用费结算支付等。相对而言，版权输出的流程则较为简单：确认是否拥有相关权利—版权业务谈判—签约—收取版权使用费和样本等。这两个过程中涉及的作品翻译及翻译版权等问题也是不少出版社较为重视的部分。很显然，目前上海出版社自身的版权业务管理仍然以图书出版或者数字内容转化授权使用为主。

四、上海出版走出去中的版权经营

近年来，上海出版在"走出去"方面取得了长足的发展，上海出版社出版的许多优秀作品通过版权贸易等形式不断被欧美及其他国家和地区的出版机构引进出版。其中的一个标志便是近两年上海出版社在北京国际图书博览会等国际书展上，在版权输出方面的亮眼表现。比如 2018 年北京国际图书博览会首日，上海出版社与境外机构达成版权输出协议或意向，不仅版权输出产品数量较多，且合作机构的影响力等质量也较高。① 在2019北京国际图书博览会上，上海出版业在版权贸易特别是版权输出一块也同样有精彩的表现。② 上海出版社在版权经营"走出去"上能够取得良好的成效和业绩，与上海政府出版管理部门的积极推进及上海出版社自身的积极运作密不可分。

上海政府出版管理部门对上海出版社的整体版权业务经营一直进行了有效的管理、推进和监督。其中在对外版权业务经营特别是促进上海出版"走出去"方面，政府管理部门在资金、政策、搭建平台等方面给予了积极和富有成效的支撑。其中除了历年来通过新闻出版专项资金给予上海出版社走出去项目和版权输出项目大力扶持以外，其搭建的上海国际童书展、上海国际文学周、上海书展等平台更是为上海出版社与国际出版业开展交流和版权合作提供了有力的支持。此外，2015年正式出台的"上海翻译出版促进计划"为上海出版社优秀出版物向境外的翻译出版做出了积极的贡献。该计划支持而输出的出版物也分别在目的国的权威出版机构出版并得到了有效的传播。自2015年起，先后入选该计划的上海优秀出版物有：英文版《租界》、韩文版《老猫的书房》、英文版《革命与形式：茅盾早期小说的现代性展开1927—1930》、英文版《假面吟》、越南文版《十万个为什么》（新世纪普及版）、塞尔维亚文版《上海的金枝玉叶》、英文版《小香草》、日文版《方言与中国文化》、英文版《一画一世界：教你读懂中国画》、德文版《租界》、英文版《园冶》、英文版《开天辟地——中华创世神话》、英文版《Shanghai：Mosaic of Dreams（上海：梦之地）》、英文版《东京审判亲历记》、英文版《来华犹太难民研究（1933—1945）：史实、理论与模式》、英文版《瓶花谱·瓶史》、英文版《中国近代中医药期刊汇编总目提要》、日文版《话题的结构与功能》、日文版《巧虎的开心创意小屋（中国故事系列5种）》以及越南文版《中国古典文学名著（袖珍绘本版）》等，合作方出版机构有德国斯普林格、美国圣智集团等境外主流出版机构。这有力地推进了上海优秀出版物的翻译和走出去，并为上海

① 东方网. 学术出版中外交流均有斩获，上海出版"走出去"又有新成果［EB/OL］.（2018-08-24）. https://www.shobserver.com/news/detail?id=101748.

② 搜狐. 上海出版精彩亮相第二十六届北京国际图书博览会［EB/OL］.（2019-08-24）. http://www.sohu.com/a/336165001_488854.

出版社开展对外版权业务经营提供了一条新的路径。[①]

上海出版社自主开展的对外版权业务经营主要集中在涉外版权贸易中的版权输出方面，同时也有出版机构积极开展国际出版合作，通过在境外设立出版分支、成立出版公司或者直接向境外作者进行组稿约稿等形式进行版权业务活动，策划设计出版直接面向境外读者和市场的出版物，更直接高效地进行出版"走出去"运营。其中上海新闻出版发展有限公司的对外出版业务最具特色和成效。

此外，上海出版业领全国风气之先，在上海搭建起了中国学术出版走出去的研讨和实践平台。由上海交通大学出版社主办的中国学术出版走出去高端论坛已经连续举办了七届，在国内出版界和学术界产生了较大的影响，同时也引起了国际学术出版业的广泛关注。

五、上海出版社版权业务经营及版权走出去中存在的问题

尽管最近几年上海出版社的版权业务经营取得了明显的成绩，上海各出版社对本社的版权业务特别是涉外版权贸易也日益重视，版权业务管理也常态化规范化，并且整个上海出版业已经出现了一支涉外版权贸易的队伍，但我们同时也必须看到，就整个出版产业的发展、国际出版业版权业务的活跃程度以及当下政府和行业对版权产业的重视而言，上海出版社的版权业务经营及版权"走出去"还存在着不少有待尽快解决的问题。这些问题中最为主要的有：

（一）上海出版社存在版权业务经营人才欠缺的问题

目前，上海出版社的版权业务专业人员主要集中在版权贸易和对外合作部门，少数分布在出版社的总编办公室等部门。而这些版权从业人员的业务专长又普遍偏重版权的引进和输出，而对于更大范围和更深入的版权开发和运营并不擅长。版权业务经营人才的缺乏另外还表现在出版业对这方面人才培养的欠缺上。这似乎跟出版社对于自身版权资产的掌握不清、对于版权的二度三度开发不重视以及对版权运营的不科学、版权业务经营意识弱密切相关。版权业务经营人才的欠缺则导致了上海出版社的版权业

---

① 请参见上海长江出版交流基金会官网有关上海翻译出版促进计划的介绍 ［EB/OL］. http://www.changjiangwenhua.com/?page_id=87. 以及上海各主要媒体对历年上海翻译出版促进计划入选作品的报道.

务依然相对集中在传统的内容版权专有使用权的获取和一度开发以及简单的版权引进和输出方面，而未能开拓更多的版权业务。

（二）上海出版社版权业务经营的机制问题

上海出版社的版权业务运营机制普遍采用的是由编辑部门通过合同方式获取作品版权持有人授权，然后在此基础上开展版权贸易，也有其他少量版权业务的运作方式。这种版权业务运营机制相对单一，运营面集中在编辑部门而没有上升到出版社的层面，因而没能将出版社的版权运营更加全面多样立体化地开展起来。此外，出版社缺乏对版权业务效果的评价机制，这可能也是出版社版权业务运营机制不完备的因素之一。

（三）上海出版社的版权业务存在经营面较窄、出版社对版权资产的全方位、多维度、立体化、延展开发衍生开发严重不足问题

目前上海出版社的版权业务经营主体部分普遍集中在内容专有使用权的授权上，大部分体现为版权对外贸易中的引进和输出以及作品网络传播权的授权使用等形式。对版权资产的多维度、立体化和衍生开发几乎都不曾考虑和规划。这一方面是因为缺乏全版权开发的意识，另一方面也是缺乏具有这种全版权业务经营能力的专业人员，更是出版社缺乏自身品牌开发或者自身产品品牌开发规划管理的反映。在这方面，上海出版社需要多向国际同业（比如日本出版社对版权的二次开发经营等做法）学习借鉴。

（四）上海出版社与国际出版业版权业务经营的接轨问题

上海出版业与国际出版业之间有着广泛而密切的联系，两者之间的版权业务开展也十分频繁。然而这种联系较多地局限在单纯的版权引进和输出上，而未能与国际出版业尤其是众多出版强国的出版社对版权业务的重视、对版权资产的全面开发利用以及那种全版权经营理念等接轨，更未能将之结合上海出版社的版权业务经营实际并引入自身的实践中，未能更有力地促进出版作为核心版权产业的发展。

（五）数字出版时代上海出版社版权业务经营和发展面临的新挑战

全球出版业已进入纸质出版与数字出版融合发展的阶段。随着这一阶段的到来，出版社对内容版权的经营管理也发生了新的变化。原来单一的局限于纸面呈现的作品现在可以以新媒体、网络移动应用等多元立体方式呈现，其中涉及的版权业务的运营管理也更为多元和丰富。版权授权从单纯的纸质作品向更为丰富的电子书、数字应用、音视频、动漫游戏以及基于数据库的知识服务等转向。因而，上海出版社的版权业务经营和发展在数字出版时代迎来了新的挑战。

六、上海版权业务经营及版权走出去的发展对策

上海出版社版权业务经营及版权走出去中存在的上述问题在一定程度上制约了上海出版社版权业务的进一步发展，并由此也在一定程度上影响了作为上海核心版权产业的重要组成部分的上海出版业的发展。针对这些问题，本文提出以下对策建议：

（一）提升上海出版从业人员的整体版权意识和版权经营意识

发展版权业务的前提是从业人员具有强烈的版权意识、充足的版权知识以及对版权资产的充分认识和有效管理。尽管多年来上海出版社广大从业人员特别是管理人员和编辑人员的版权意识已有了相当的提升，但随着版权产业的发展、新技术带来的版权业务拓展、版权资产的不断丰富，出版从业人员的版权意识、版权知识需要继续加强和提高，从而能对出版社的版权业务进行主动运作、积极经营。具体的对策可从两个层面实施：一是出版社自身建立版权业务和版权知识学习经营机制，出版社领导更需加强对版权资产知识和管理的学习[①]；二是政府管理部门进行科学管理和引导，从上海版权产业整体发展的宏观层面推进上海出版从业人员的整体版权意识和版权经营意识。

（二）确立人才培养机制，强化版权专业人才队伍建设

上海出版社版权业务经营和发展的最核心需求是培养和建设一支版权专业人才队伍。当下出版社单纯依靠法务人员和以版权贸易为主要工作内容的版权经理进行版权业务经营显然是不够的。版权专业人才的培养是个系统工程，出版社的版权专业人才属于复合型人才，需要掌握版权法律知识和版权实践操作、需要有丰富的编辑出版业务经验、需要具备创新能力、协调能力、经营能力、营销能力以及一定的新技术知识，需要有良好的沟通谈判能力和外语交流能力。因此，版权人才的培养可以采取多管齐

---

① 2018 年 2 月原国家新闻出版广电总局改革办公室曾经发布新闻出版广播影视企业版权资产管理工作指引（试行），系我国政府部门目前针对新闻出版广播影视企业的版权资产管理工作最新最具体的指导性文件。详见国家新闻出版广电总局改革办公室关于印发新闻出版广播影视企业版权资产管理工作指引（试行）的通知［EB/OL］. http://www.sohu.com/a/224429714_570245.

下的做法，通过引进专业人士、在职委托培养、从编辑出版人员中选拔、加强业内和中外交流、参与各类版权产业业务培训学习等方式进行日常版权人才队伍的培养，同时建立长效机制，确保版权专业人才队伍的梯队布局和持续建设。

（三）加大政府政策扶持力度，积极发挥版权专业协会的作用

从上海出版版权产业发展过程看，政府出版管理部门一直给予了有效的引导支持和管理。针对上海出版社版权业务在新形势下的发展需求，政府管理部门可以从这样三个方面加大对上海出版社的管理力度：一是依据"上海文创50条"等市级政策，从政策层面进一步加大对上海出版社版权业务的推进和引导，帮助上海出版社提升版权业务管理和经营；二是从整体协调角度出发，加强对上海出版业整体版权资产的宏观调控，服务上海整体版权产业的发展；三是从项目和资金等方面对上海出版社的版权产业管理和经营给予扶持，特别是在出版社基于版权的文创业务和版权走出去业务方面给予更为积极有效的支持。此外，在版权人才培养、队伍建设、版权知识和版权意识的普及提升等方面，还可以积极发挥版权专业协会的作用，采取政府、社团组织或协会以及出版社等三方协作立体运营的方式共同促进上海出版版权产业的发展。

（四）扩大上海出版社版权业务覆盖面，探索数字出版条件下版权业务运营的新模式

上海出版社基于出版物相关版权专有使用权开展的版权业务经营，从经营面上看还比较狭窄，这种狭窄随着数字出版条件下版权业务的新发展而显得更加不能满足整体出版版权产业发展的需求。为此，上海出版社应在现有版权业务的基础上，努力通过合同约定或者自主开发，获取更多版权专有权利，除传统的版权贸易经营外，结合文创业务、出版社开发运营、内容和知识服务提供、数字网络传播形态多样化等，不断扩大出版社的版权业务覆盖面，探索建立数字化版权业务运营新模式，并不断实现出版社自身版权资产的增量，从而实现版权业务的新发展。

（五）加强上海出版社与国际出版业版权业务经营的交流和互鉴

上海是我国版权产业发展重地，上海出版社与国际出版业在版权业务方面有着密切的交流，但这种交流相对固定在以图书版权贸易为主的比较单一的形式上。而国际出版业特别是欧美日等出版强国和地区出版业对版权业务的立体化、多元化、主动性、持续性的运营发展理念、模式和实践非常值得上海出版社学习、借鉴。无论是通过走出去还是请进来的方式，上海出版社在版权业务的经营方面完全可以以更大的力度加强与国际出版业的互动交流，根据上海出版社的实际和特色，"洋为中用"，通过互鉴走出一条版权业务经营发展的上海道路来。

结　语

上海出版社有着丰厚的发展底蕴，同时也积累了丰富的内容资源和版权资产。上海的版权产业发展离不开上海出版这一核心版权产业。无论是当下还是未来，上海出版社在版权业务的经营上与其他地区的同业相比还有着一定的比较优势，并且拥有相当大的发展和提升空间。随着国家对上海的全新定位和要求，上海出版社的版权产业经营和发展一定会为上海整体版权产业的发展提高做出更加积极和有效的贡献，并能够成为我国核心版权产业的标杆性行业代表。

扎根中国教育出版 讲好中国教育故事

——华东师范大学出版社实施"国际化"发展战略的实践探索

王 焰

摘 要：华东师范大学出版社始终将"国际化"作为发展的重要战略之一，致力于建设国内一流、国际知名的出版传媒企业。长期以来，华东师范大学出版社的"国际化"工作立足教育出版，以"扎根中国教育出版，讲好中国教育故事"为基本理念，以 N 个"1+1"为具体战略，聚焦"一个市场、全球布局"，积极开展出版国际合作，不断扩大文化出口的规模，增强中国文化的传播力和影响力。

关键词：教育 出版 中国故事 华东师范大学出版社 国际化

一、华东师范大学出版社概况

华东师范大学出版社于 1957 年 6 月在上海创建，是新中国成立后最早创建的两家大学出版社之一。1959 年，出版社因国家调整出版事业而停办，1980 年 6 月复社。由华东师范大学主办，中华人民共和国教育部主管。2009 年 6 月，华东师范大学出版社改制为华东师范大学出版社有限公司。

华东师范大学出版社秉承大夏大学（华东师大前身）的人文精神，依托华东师范大学深厚的学术底蕴，形成了以大教育为出版宗旨的综合性出版特色。出版物主要由教材、学术著作、社会读物构成。教材包括基础教育课本和教学辅导书、高校教材和教学参考资料，以及涵盖学前教育到职后教育等的各种终身教育教学资源；学术著作以教育学、心理学以及其他人文和社会科学著作为主；社会读物主要为人文社科大众读物和具有教育、科学内涵的幼儿及青少年读物。华东师范大学出版社设有国家新闻出版署授予的出版融合发展重点实验室，上海市新闻出版局授予的上海学术·专业出版中心教育学出版中心、数学出版中心。

华东师范大学出版社在出版业向市场经济转型、经营性新闻出版单位转企改制等历次出版改革中，始终走在前列，既坚持大学出版社的出版方向、以教材和学术著作为主的出版结构，又持续在体制和机制上进行改革创新，实现了超常规的发展。华东师范大学出版社自建社以来，出版图书约 4.5 万种，《大学语文》等成为华东师范大学出版社常销的名牌图书。2018 年，共出版图书 5378 种，其中初版与重版图书 1430 种、重印图书 3948 种；回款码洋 12.42 亿元，销售收入 4.87 亿元。

华东师范大学出版社始终坚持为教育和学术服务，注重出版物的高质量，荣获了国家级、省部级等许多奖项。其中的重要奖项为：第四届中国出版政府奖先进单位奖；新闻出版总署授予的"全国良好出版社""全国百佳图书出版单位"称号；新闻出版广电总局授予的"数字出版转型示范单位"称号；国家版权局授予的"全国版权示范单位"（2016 年）称号；教育部授予的"先进高校出版社"称号；"全国图书版权输出先进出版单位"（2007 年）称号；"中国版权最具影响力企业"（2016 年）；上海市委宣传部、上海市新闻出版局等指导下评选的"上海文化企业十强"称号两次；上海市经济和信息化委员会等六部门授予的"上海市知识产权示范企业"称号。董事长、社长王焰被评为全国新闻出版行业领军人才。《朱子哲学研究》获第五届国家图书奖提名奖；《中国教育史研究》获第二届中国出版政府奖图书奖，《中古汉字流变》等两种图书获第二届中国出版政府奖图书奖提名奖，《私想者》获第二届中国出版政府奖装帧设计奖，《中国文字发展史》（五卷本）获第四届中国出版政府奖图书奖、第六届中华优秀出版物提名奖；《原创》等多种图书获"中国最美的书"；《中国近代经济地理》（九卷本）等多种图书获上海图书奖一等奖。华东师范大学出版社注册商标 ECNUP 为中国驰名商标、上海市著名商标，华东师大版《一课一练》注册商标为上海市著名商标。华东师大版《一课一练·数学》输出到全球第二大教育出版集团哈珀·柯林斯出版集团，以《上海数学：一课一练（基于英国国家课程标准）》[*The Shanghai Maths Project* (*For the English National Curriculum*)] 书名在英国出版。《人民日报》数次报道该合作项目，并将《上海数学：一课一练》列为"2017，海外热议的中国五本书"之一。

二、华东师范大学出版社国际化工作建设与成果

华东师范大学出版社始终将"国际化"作为发展的重要战略之一，并致力于建设国内一流、国际知名的出版传媒企业。华东师范大学出版社立足于教育出版，以"扎根中国教育出版，讲好中国教育故事"为理念，四个"1+1"为战略规划（走出去+引进来，传统文化+当代中国，西方主流市场+"一带一路"及周边国家，纸质版权+数字版权），积极开展出版国际合作，取得了显著成果。

2017年，华东师范大学出版社共输出版权54种，实现版税收入20234美元（合人民币136251元）。2018年，共输出版权102种，实现版税收入19773美元（合人民币133147元）。

2017年，14个版权输出项目获得国家级项目资助，资助总额300万元；7个版权输出项目获得上海市级项目资助，资助总额28万元。另有2种图书获得"图书版权输出奖励计划"。2018年，14个版权输出项目获得国家级项目资助，资助总额506万元；7个版权输出项目获得上海市级项目资助，资助总额20万元。另有2种图书获得"图书版权输出奖励计划"。

两年来，版权输出项目覆盖14个语种、20个国家和地区。

华东师范大学出版社的版权输出项目以教育类、学术类、文学产品为主。教育类产品中，学前教育图书、教辅图书经济效益好，创造了可观的外汇收入。学术类、文学类产品因投入大、周期长，目前还未显现可观的经济效益。

（一）扎根中国教育出版，讲好中国教育故事

华东师范大学是一家以"大教育"为特色的出版社，产品覆盖了从学前教育、基础教育、高等教育到职业教育的教育"全领域"，特别是在教育理论和教师教育出版方面，一直处于领先地位，多部重要教育类图书获各级各类奖项：《中国教育史研究》（共7卷）获第二届中国出版政府奖图书奖；《中国特色现代大学制度探索与实践》获第三届中国大学出版社图书奖；《教育魅力》获第四届中国大学出版社图书奖优秀畅销书；《杜威全集》多次获得上海图书奖；《回归突破："生命·实践"教育学论纲》获第七届吴玉章人文社会科学奖；《与中国院士对话》系列获得桂冠童书奖。

在实施出版社的国际化战略和"走出去"工作方面，如何凸显和加强"大教育"特色一直是华东师范大学出版社积极实践的方向，对教育类产品版权的推介也一直是工作的重点。前期成果有 23 种华东师大版《一课一练·数学》走进英国，变身《上海数学：一课一练（基于英国国家课程标准）》，引发了广泛关注和热议；《陈鹤琴教育箴言》（英语版）、《基础教育发展的中国之路》（俄语版、乌兹别克语版、越南语版）入选国家社科基金中华学术外译项目。

2018 年 4 月，由华东师范大学出版社出版的《华东师大教育评论（英文）》（ECNU Review of Education，ISSN 2096—5311，CN 31—2150/G4）正式创刊，在全美教育协会（AERA）年会上隆重首发。这是华东师范大学出版社出版的第一本英文期刊，同时也是国内第一份拥有正式 CN 号的教育研究方面的英文国际学术期刊，旨在为中国教育研究学者提供公平的国际发表平台，提升中国学者在国际学术界的地位，扩大中国教育研究的国际话语权和影响力，从而服务国家"双一流"建设和中国文化"走出去"战略，讲好"中国教育故事"。

2018 年 8 月，华东师范大学出版社与瑞士兰培德国际学术出版集团在第 25 届北京国际图书博览会上举行了教育类图书战略合作签约仪式。此次战略合作签约标志着中国教育现代化 40 年的经验走向西方，将会为中国与西方就教育理论与教育实践深入对话提供有效的机制，合作成果将反哺中国教育事业，并为全球教育的发展提供中国经验。《教育现代化的中国之路——纪念教育改革开放 40 年》（10 卷本）成为此次战略合作计划的第一个具体项目，将由兰培德出版全系列英文版，面向全球英语图书市场同步发行纸书和电子书。该丛书的英文版已入选国家社科基金中华学术外译项目。

（二）从四个"1+1"到 N 个"1+1"战略

1. 四个"1+1"之"走出去 + 引进来"

"引进来 + 走出去"描绘了华东师范大学出版社版权贸易工作的整体蓝图。华东师范大学出版社自 1998 年起开展国际版权贸易，18 年来始终坚持精品、高端的引进策略，译介了一大批国外最优秀的教育学、心理学及人文社会科学著作，既拓展了相关学科学者的国际化视野，推动了相关学科研究与国际水平的接轨，也为出版社赢得了教育学、心理学图书的出版权威地位。其中，"当代心理科学名著译丛"（24 种）、"当代教育理论译丛"（19 种）、"创智学习丛书"（7 种）、"当代学前教育译丛"（11 种）、"皮亚杰发生认识论精华译丛"（5 种）等先后斩获全国引进版优秀图书奖、上海市优秀引进版图书奖等；《儿童心理学手册》获第二届中国出版政府奖图书奖提名奖；《法国文化史》作为 2012 年巴黎图书沙龙上海主宾城市之礼物赠送给法国总理让-马克·艾罗特。

根据伦敦政治经济学院国际发展系副教授 Elliott D. Green 对 Google Scholar 中引用数据的分析，25 种社会科学领域被引用最多的书籍中，《被压迫者教育学》《思想和行动的社会基础——社会认知论》《情景学习：合法的边缘性参与》均由我社首次引进并出版。

另外，华东师范大学出版社在引进工作中积极服务国家战略，打造外交亮点。2014 年 5 月 13 日，《普京文集（2012—2014）》在俄联邦驻华使馆首发，成为"普京总统 5 月访华的一项重要成果"，是 2014 年"中俄两国双边关系的一个亮点"。2014 年 10 月 22 日，华东师范大学党委书记兼副校长任友群将四卷本《尼雷尔文选》赠送给坦桑尼亚总统基奎特，为中坦两国深厚的友谊再添新贡献。2015 年，参与国家新闻出版广电总局"中俄互译"重点项目，承担了 5 种图书的翻译出版工作，进一步推动了中俄文化互通交流。

同时，华东师范大学出版社始终积极响应新闻出版"走出去"的号召，早在 1999 年，华东师范大学出版社就将《高中数学应用问题》《初中数学应用问题》《小学数学应用问题》等书版权输出到台湾九章出版社。近年来，依托华东师范大学深厚的学术底蕴，出版社充分利用国际书展主宾国活动，逐渐形成了以立体化的多学科优质教育资源"走出去"为主导的版权输出特色，华东师范大学出版社在其深耕细作的大教育领域都实现了持续的多语种（英语、韩语、马来西亚语等）、多介质（纸质书、电子版、数据库）的版权输出。

华东师范大学出版社在"引进来＋走出去"的指导下，不断开拓国际版权贸易新局面，提升中国教育的国际影响力，并始终致力于通过快速增加版权输出品种数来缩小引进输出比。2018 年华东师范大学出版社引进输出比为 1.25∶1。

2. 四个"1+1"之"传统文化 + 当代中国"

"传统文化 + 当代中国"体现了华东师范大学出版社"走出去"工作中产品题材结构。中国特色社会主义文化源自中华民族 5000 多年文明历史所孕育的中华优秀传统文化，熔铸于党领导人民在革命、建设、改革中创造的革命文化和社会主义先进文化，植根于中国特色社会主义伟大实践，是我们坚定文化自信的深厚基础，也是出版人取之不尽、用之不竭的宝贵精神财富。"不忘本来、吸收外来、面向未来"。华东师范大学出版社一直致力于弘扬中国传统文化，关注中国传统价值回归，出版了一系列具有"中国特色"的原创作品，并持续将中国传统文化的学术著作、普及读物输出海外。

长江学者朱志荣教授的《中国艺术哲学》实现了德文版、韩文版、俄文版的版权输出；华东师范大学顾伟列教授的《中国文化通论》实现了俄文版、乌兹别克文版的版权输出；曾亦、郭晓东教授的《春秋公羊学史》实现了韩文版的版权输出；杨赛博士的《中国音乐美学原范畴研究》实现了英文版的版权输出；由上海博物馆主编的《博物馆绘本·元青花》实现了泰米尔文版、俄文版的版权输出；龙国富教授的《甲骨文与中国上古文明》实现了韩文版的版权输出；徐梵澄先生的《孔学古微》实现了俄文版、韩文版、乌兹别克文版的版权输出；周斌教授的双语书法教程《风调雨顺》实现了尼泊尔文版、韩文版、乌克兰文版、泰文版、英文版的版权输出；新锐作家张佳玮的《三国志异》实现了泰文版的版权输出……华东师范大学出版社在中国传统文化图书走出去上的精心耕耘和持续发力，让全世界更多读者有机会了解中国文化、探索中华文明精神内核。

改革开放 40 年来，中国在经济、科技、教育等各个领域取得了骄人的成绩。中国不是"被全球化"，而是主动地选择，并在不断地教育变革中走出了一条具有中国特色的发展道路，形成了自己的"中国经验"，为世界基础教育发展作出了贡献。中国的基础教育发展是在发展中国家、转型国家和社会主义国家这个三重语境中展开的，多年来中国一直倡导要立足于中国的特殊国情，以建设一个富强民主文明的现代化国家为目标，在实践中逐步形成了一种有特色的渐进式发展模式。

中国经验是世界教育发展经验的重要组成部分。向海外读者讲述中国当代故事，尤其是中国的教育故事，是华东师范大学出版社当下"走出去"工作的重点。

"中国教育研究新进展""中国高等教育研究新进展"和"中国职业教育新进展"系列早在 2013 年就实现了数字化输出，由圣智出版集团出版电子版。此后，《教育现代化的中国之路》（共 10 卷）实现了英文版的版权输出，并作为与瑞士兰培德学术出版集团战略合作的第一个项目翻译出版；《陈鹤琴教育箴言》实现了英文版的版权输出；《基础教育发展的中国之路》实现了俄文版、乌兹别克语版、越南语版的版权输出；《新时代人民满意的教育》实现了越南文、乌兹别克文、波兰文的版权输出。

正如知名学者郑永年指出的："因为改革开放包括对内改革和对外开放这两个互相依存的方面，因而讨论中国模式就是要把改革开放放在中国和国际发展这两个维度中去探讨其意义。就是说，中国模式不仅属于中国历史，也属于世界历史。"华东师范大学出版社有责任总结中国基础教育的发展经验，一方面有利于发扬我国教育的本土理论，找准位置，指引我国未来教育改革方向，另一方面对世界教育发展做出自己的贡献，通过"走出去"提升我国的国际地位与影响力。

3. 四个"1+1"之"西方主流市场+'一带一路'及周边国家"

"西方主流市场+'一带一路'及周边国家"体现了华东师范大学出版社"走出去"工作的海外市场规划与布局。

华东师范大学出版社自1998年开展版权贸易以来，已与来自34个国家超过480家海外出版社建立了版权贸易合作关系。华东师范大学出版社以版权引进为起点，积累了大量以欧美传统大社为代表的优质客户。在近年"走出去"的工作中，引进市场中积累的欧美传统大社率先成为华东师范大学出版社的"走出去"客户。华东师大版《一课一练·数学》版权输出到全球第二大教育出版集团哈珀·柯林斯出版集团，与之合作出版《上海数学：一课一练（基于英国国家课程标准）》，取得了良好的市场反响和经济效益；《教育现代化的中国之路》（共10卷）版权输出到了瑞士兰培德学术出版集团；《陈鹤琴教育箴言》版权输出到了麦格劳·希尔出版公司；《WSPC—ECNU中国书系》版权输出到了新加坡世界科技出版公司……

与欧美传统大社开展合作，可以充分运用对方在西方主流市场积累多年的发行渠道，确保了图书版权输出后在西方主流市场的发行力度，使这些图书能触及更多的海外读者，让"走出去"真正做到"走进去"。

自习近平总书记在2013年提出"一带一路"合作倡议后，华东师范大学出版社开始致力于拓展与"一带一路"沿线国家出版社的合作，开拓了俄语、乌兹别克语、吉尔吉斯语、乌克兰语等中亚语种，阿拉伯语、阿非利卡语、土耳其语等非洲和西亚语种，越南语、泰语等东南亚语种，以捷克语为代表的东欧语种，以及以墨西哥、古巴为代表的拉丁美洲西班牙语。华东师范大学出版社在"一带一路"沿线国家的版权输出具有多点开花、覆盖面广的特点，使图书能够尽可能多地触及全球各个国家的读者，为"一带一路"民心相通的文化交流事业贡献了力量。

4. 四个"1+1"之"纸质版权＋数字版权"

"纸质版权＋数字版权"指引了华东师范大学出版社未来"走出去"工作的产品形态结构的发展方向。

华东师范大学出版社于 2016 获得国家新闻出版广电总局授予的"出版融合发展重点实验室"。近年来，华东师范大学出版社积累了大量优质的融合出版技术与数字阅读产品资源。

从 2006 年起至今，华东师范大学出版社完成了 14 项软件著作权登记，并且开发了多个数字教育平台，满足各种环境下的学习需求。"'美慧树'儿童早期教育全媒体解决方案"获"国家文化产业发展专项资金"立项资助，平台将原创绘本、AR 增强现实客户端应用、互动白板应用、互动课堂系统、教师选课系统、家园互动系统、教研培训系统完美整合，实现智能平板、一体机、交互白板、手机等数字终端的移动互联网无缝对接，形成了一套针对幼儿园课程教育的软硬一体化全新解决方案。

"'智慧树'数字教育解决方案"包含移动学习客户端、学生综合素质发展评估管理系统、数字教材制作系统、数字教材应用系统、数字教学管理系统等模块，实现跨平台、跨终端应用，旨在打造教学新模式，满足课前、课中、课后无缝衔接，以提高学校的教学管理效率，营建个性化、智能化的学习空间，最终实现学校教育信息化。

华东师范大学出版社已打通 B2B+B2C 全方位的数字阅读渠道，涵盖多种平台和介质，确保读者能够方便快捷地获得出版社提供的优质电子图书。华东师范大学出版社的合作单位包括豆瓣、Amazon Kindle、App Store、iBooks、CMread、Tyread（天翼阅读）、腾讯文学。

华东师范大学出版社多年来在数字出版领域的耕耘，现已积累了大量优质的融合出版产品，数字出版"走出去"已经蓄势待发。

5. 从四个"1+1"到 N 个"1+1"

2018 年《华东师大教育评论》（英文刊）创刊，华东师范大学出版社的"走出去"战略从四个"1+1"扩展到"图书＋期刊""版权输出＋实物出口"等 N 个"1+1"。"一个市场、全球布局"，从"走出去""走进去"进一步发展到"走上去"，不断扩大文化出口的规模，增强中国文化的传播力、影响力，始终是华东师范大学出版社"国际化"战略的主旋律。

三、积极开拓海外市场

（一）发力主题出版，以立体化产品题材结构讲好中国故事

近年来，华东师范大学出版社将主题出版作为重要工作来推进。华东师范大学出版社立足于自身的"大教育"定位与教育资源优势，着力于打造适合"走出去"的主题类原创图书，力求讲好中国故事、反映当代中国成就、传播中国传统文化。部分主题类图书将在近期出版问世：《新时代中国教育方略——习近平教育思想学习札记》是习近平总书记教育思想的荟萃，主要包括我国教育的战略定位、根本任务、根本宗旨、发展道路、发展动力、领导核心等内容；《走进中国战舰丛书》以中国战舰和海军官兵为观察坐标，以新时代国防教育和军民融合为内涵统领，以中国特色强军之路为主线，透过远航亲历、访谈海军官兵等视角，揭秘中国战舰从下水到形成战斗力的艰辛历程，展现了一幅中国海军从近海走向深蓝波澜壮阔、气势恢宏的历史画卷；讴歌了海军官兵无私奉献、敢于牺牲的使命担当，书写了一首感天动地、气壮山河的英雄史诗；《习近平外交思想的中国智慧》将中国特色大国外交理论用习近平总书记的外交思想加以统括，并通过中国智慧的路径加以解读。《2035中国教育发展战略》（共10卷）从新高考、国际研究、民办教育、教育舆情、高校建设、互联网教育、教育指标、学前教育、教育经费、义务教育等10个方面，立足现状，展望中国教育未来。《中国好故事 Tales of China》用英语重新演绎盘古开天、生肖来源、夸父追日、田螺姑娘、精卫填海等中国传统故事，做出世界级的中国故事，让世界读者听得懂、喜欢听。

华东师范大学出版社始终整合优势资源，在图书出版领域锐意创新，不断出版符合全球图书市场的好作品，为文化出口工作打下了坚实的基础，也将成为下一步"走出去"工作的良好开端。

（二）关注"一带一路"沿线国家新兴图书市场，开拓新的版权贸易伙伴

习近平总书记的"一带一路"倡议为文化产业开拓市场提供了历史机遇。文化消费需要广阔的市场，消费主体越广泛，文化的传播就越广泛，文化的影响力就越大，文化产业的市场空间也就越大。随着面向"一带一

路"沿线国家"走出去"工作的开展，我们发现，只有与越来越多不同文化背景，各地区、各民族人民交流越来越密切，中国的各种优秀文化及和谐发展、和平共处的理念才能真正有效传播。

华东师范大学出版社正在努力开拓新的"一带一路"沿线国家的"走出去"合作，目前，已经在洽谈合作的有：埃及阿拉比出版社（阿拉伯语），南非堡垒出版社（阿非利卡语），波兰马尔沙维克出版社（波兰语），哥伦比亚伊菲特大学出版社（西班牙语）。未来，华东师范大学出版社也将借助北京国际图书博览会、国际书展主宾国等平台，与更多"一带一路"沿线国家出版社建立合作，通过文化的传承、交流和创新，更好地服务国家发展战略。

（三）不断尝试文化出口新模式

在版权贸易领域之外，华东师范大学出版社正计划开展新的文化出口合作模式。

1. 按需印刷

近年来，华东师范大学出版社发现东南亚地区的教育界、文化界人士有比较旺盛的购买中文图书的需求，这类需求图书品种量大，但单个品种数量需求不多。版权贸易和实物出口都无法高效、经济地满足这样的海外图书需求。

华东师范大学出版社拟与跨国图书发行企业、印刷企业合作，开展海外按需印刷合作模式：尝试授权国际图书经销商，读者通过网上下单，印刷企业即可为读者单独印制，单本的综合成本应低于实物出口的交易和物流成本。

2. 实物出口

近年来，华东师范大学出版社也遇到了图书品种有限，但单个品种购买量较大的海外购买需求，如汉语教材、教辅图书等。

华东师范大学出版社拟申请实物图书出口资质，以进一步满足日益增长的海外购书需求，并与"中国书架""易阅通"等平台合作，拓展图书实物出口的途径，使海外读者能更方便地接触到华东师范大学出版社的图书。

3. 数字产品授权

华东师范大学出版社依托"出版融合发展重点实验室"，多年来在数字出版领域精心耕耘，现已积累了大量优质的融合出版产品，数字出版

"走出去"已经蓄势待发。华东师范大学出版社计划与海外教育机构、出版机构加深交流，共同打造适合海外当地市场的富媒体资源产品和一站式在线教育解决方案。数字产品授权也有利于未来华东师范大学出版社进一步提高版权输出品种数，实现外汇收入快速增长。

结　语

　　华东师范大学出版社的版权输出工作起步较早，在 2006 年就凭借"以立体化的多学科优质教育资源'走出去'为主导的版权输出特色"一举夺得"全国图书版权输出先进出版单位"。2015 年随着华东师大版《一课一练·数学》输出全球第二大教育出版集团哈珀·柯林斯，华东师大出版社的版权输出工作再掀高潮，尤其是 2017—2018 两年，版权输出品种持续攀升，输出国家和地区范围不断扩大，通过北京国际图书博览会、古巴哈瓦那书展中国主宾国、博洛尼亚童书展中国主宾国及其他国际书展的舞台，取得了一定的海外知名度。今后，我们将继续努力，在扩大版权输出地域和语种范围、增加版权输出品种、提高版权输出外汇收益方面深耕细作，扎扎实实地向海外讲好中国教育故事。

附录：

2017—2018 年华东师范大学出版社版权输出品种国家和地区及语种分布情况

国家和地区分布		语种分布	
国家和地区	版权输出项目数量	语　种	版权输出项目数量
中国香港	1	中文繁体字	7
中国台湾	1	韩语	9
韩国	9	泰米尔语	1
印度	1	英语	73
英国	4	捷克语	1
捷克	1	阿拉伯语	27
新加坡	8	日语	2
黎巴嫩	6	乌兹别克语	7
日本	2	俄语	9
乌兹别克斯坦	7	越南语	1
俄罗斯	9	西班牙语	4
越南	1	吉尔吉斯语	8
古巴	2	土耳其语	2
墨西哥	2	尼泊尔语	5
瑞士	1		
吉尔吉斯斯坦	8		
土耳其	2		
尼泊尔	2		
阿联酋	1		
澳大利亚	1		
国家和地区合计：20	版权输出项目数量合计：156	语种合计：14	版权输出项目数量合计：156

第二部分
数字出版和绿色印刷产业发展

上海数字出版产业发展现状和趋势

马晓俊 孙 晶

摘 要： 上海数字出版产业快速发展，2018 年在经历重大机构调整的同时，也出台了一系列产业扶持政策，并在融合转型、网络游戏、网络文学、知识付费、数字教育等多领域收获双效益。未来上海数字出版将在数字产品内容精品化、人工智能、5G 物联网、电子竞技等方面取得更大的进展。

关键词： 上海 数字出版 产业发展趋势

当前，全球已进入第三次技术革命的深化阶段，迎来了全新的数字经济时代。十九大报告中指出"我国社会的主要矛盾已经转化为日益增长的美好生活需要和不平衡不充分的发展之间的矛盾"。这一论断指引我们发展的走向即是需要追求高质量、高效率的可持续增长。而其中，数字经济作为两会政府报告中提到的"发展壮大新动能""为数字中国建设加油助力"主要发展模式，成为城市发展最重要的承载主体。

数字技术与传统产业的结合，正创造着全新的未来和无限可能。作为城市发展新动能的数字经济以及相关数字产业，正以迅猛的速度重塑着各种社会关系，促进社会的全面变革和深度发展。2018 年《中国城市数字经济指数白皮书》统计，上海的数字经济已经处于领导者地位。2018 年10 月，上海市人民政府办公厅转发了市经济信息化委制订的《上海市推进新一代信息基础设施建设助力提升城市能级和核心竞争力三年行动计划（2018—2020 年）》，为将上海打造成为世界级的信息基础设施标杆城市指引了方向。2019 年 1 月，上海市经济信息化委和市发展改革委印发了《关于加强本市互联网数据中心统筹建设的指导意见》，2019 年 6 月又印发了

《上海市互联网数据中心建设导则（2019版）》，这对上海数据中心建设起到了很好的规范和指导作用。

2019年8月，上海举办了以"智联世界　无限可能"为主题的世界人工智能大会（WAIC 2019）。大会以"高端化、国际化、专业化、市场化、智能化"为特色，汇聚了全球智能领域最具影响力的科学家和企业家、投资人，打造了世界顶尖的智能合作交流平台，成为具有国际水平和影响力的行业盛会。可以说，上海在全球化数字经济发展的浪潮中，铆足了劲。

从数字出版产业发展的角度，一直以来，数字出版的产业属性是出版行业以及相关从业者的当务之急，从基础设施的软硬件改造，到数字资源的建设，再到中大型运营平台等重大项目带动的战略策划和实施，其意义主要在于提升出版产业的技术装备和高技术应用水平，是把数字化作为改造传统业态的手段，去赋能传统出版产业。另外，近年来，数字出版的事业属性，在国家和地方的重大政策文件中被高度重视，坚持正确政治方向和出版导向，弘扬主旋律、传播正能量，做到有责任、有担当，也是数字出版产业发展的应有之义。

一、数字出版管理机构的调整与政策支持

2018年3月，中共中央印发了《深化党和国家机构改革方案》，其中，关于新闻出版机构改革的规定指出，"中央宣传部统一管理新闻出版工作""加强对出版活动管理，发展和繁荣中国特色社会主义出版事业""中央宣传部对外加挂国家新闻出版署（国家版权局）牌子""统筹规划和指导协调新闻出版事业、产业发展"。中央宣传部关于新闻出版管理方面的职责规定，进一步提升了政治站位，进一步强化了出版的事业属性；在出版事业与出版产业的关系方面，基于原有的统筹规划，冠之以"指导协调"，更加有机融合处理了新闻出版事业与产业发展的关系。新闻出版工作由中宣部统一管理，将进一步加强党对新闻出版工作的领导、强化新闻出版工作的价值导向和社会效益、提高新闻出版业服务经济社会发展的水平与能力。

而作为数字出版的主管部门——"科技与数字出版司"，其主要职责在于：新闻出版业科技发展、科技进步相关工作；新闻出版、印刷、互联网和数字出版标准化工作；游戏审批、网络文学、网络书刊、手机书

刊、手机文学监管工作以及进行网络出版和数字出版的发展规划编制和实施。2013 年的机构改革中，数字出版职责作为原国家新闻出版广电总局加强的职责之一被再次强调："加强对数字出版以及网络视听节目服务、公共视听载体播放广播影视节目的规划指导和监督管理，推动协调其健康发展。"同时，科技与数字出版可承担数字出版内容和活动的监督管理工作，对网络文学、网络书刊和开办手机书刊、手机文学业务进行监督管理。

2018 年的机构改革中，数字出版主管部门调整为中宣部出版局。上海根据中共中央《深化党和国家机构改革方案》，在 2018 年也随之进行了机构调整，数字出版主管部门由原先的上海新闻出版局科技与数字处调整为中共上海市委宣传部网络出版处。机构改革之后，数字出版的产业属性和事业属性被再次强调和提升，主管部门从融合出版规划以及协同化管理的角度，特别是在加强数字出版工作的价值导向和社会效益方面，起到指导协调和统筹规划的作用。

机构改革提高了效率，加强了产业的统筹和协调发展。在产业发展政策方面，上海也出台了一系列推动数字出版产业发展的地区政策。早在 2017 年 12 月，中共上海市委、上海市人民政府就印发了《关于加快本市文化创意产业创新发展的若干意见》的精神（简称"上海文创 50 条"）。围绕着力推动文化创意重点领域加快发展、构建现代文化市场体系、引导资源要素向文化创意产业集聚等提出 50 条举措。就数字出版产业领域而言，建设全球动漫游戏原创中心、深化动漫游戏公共服务、加快全球电竞之都建设、把网络文化产业作为驱动上海文化创意产业创新发展的新动能、加快数字出版产业发展等相关产业发展内容都被纳入"上海文创 50条"当中。

2018 年 4 月 24 日，上海市委、市政府召开全力打响"四大品牌"推进大会。《关于全力打响上海"四大品牌"率先推动高质量发展的若干意见》随后发布。上海新闻出版局随即制订了《打响"上海出版"品牌三年行动计划（2018—2020 年）》，提出要扶持一批数字出版品牌企业。继续支持阅文集团做强做优做大网络文学，支持其与传统出版单位合作开展融合发展项目。对盛大游戏、巨人网络等上海本土龙头企业，进一步做好服务工作，帮助企业申报国家各类奖项，推动品牌塑造。针对米哈游、莉莉丝、锐战等新锐网络游戏公司，积极推动企业申报网络出版服务许可证及上市工作，同时做好内容监管。针对小微研发企业，建立上海网络游戏测试公共服务平台、上海网络游戏出版申报服务平台，建立"上海网络游戏企业交流群"。

《关于加快本市文化创意产业创新发展的若干意见》仅发布半年，为了更进一步持续加快全市出版产业的创新发展，上海市委宣传部，上海市新闻出版局、上海市发改委、市经信委、市教委、市科委、市财政局、市人社局、市规土局、市文广影视局、市地税局等十一部门又在2018年5月25日共同制定了《关于促进上海出版产业发展的实施办法》（以下简称实施办法）。实施办法的出台，可以看作是吹响了上海出版产业发展的号角，是为了全面提升上海图书出版、印刷、发行和版权产业发展水平，更是为了构建与全球卓越城市、国际文化大都市建设目标相匹配，与中国近现代出版发祥地和传统出版重镇地位相适应的出版产业新格局。

在数字出版领域，实施办法着重强调了"新业态、新模式"。这种新业态、新模式是在互联网战略指导下的发展。由于传统出版在知识传播方式转变、消费需求升级的大环境下中旧业态、旧模式已经显得不适应，而知识服务浪潮中，手握大量内容资源的出版社立于知识服务产业的上游，因此需要将传统出版的"编印发"流程全面升级，以应对数字经济时代的需求。实施办法不仅提出需要就内容编辑、复制加工、传播、管理进行全流程的数字化建设，拓展版权开发、知识付费服务等新业务，还强调扶持新型图书发行企业，特别是运用网络发行、数字发行、社群营销等新营销模式，弥补目前上海发行领域的这一明显弱项；更提出持续支持绿色印刷，推动按需印刷、个性化印刷实现市场化运作，协调推广"先发行、后印刷"新模式，支持制定相关标准，优化行政管理。

2018年11月14日，中央全面深化改革委员会第五次会议在京召开，会议审议通过了《关于加强和改进出版工作的意见》。意见中对新形势加强出版工作提出了明确要求。特别是在数字出版领域，要认识到深化改革大局、媒体融合发展大势，进一步增强发展的使命感和紧迫感，走高质量发展之路，加快推进数字出版产品的供给侧结构性改革，实现内容从高原到高峰的跨越转变，始终把提升内容质量作为发展的生命线，坚持以人民为中心的生产创作导向，以导向正确、主题鲜明、特色突出、健康向上、格调高尚的数字出版产品和服务丰富出版物产品市场。

二、上海数字出版产业发展的新气象

（一）上海数字出版大力拓展产业内容并提升产业能级，确保领先地位

2018 年，上海网络游戏产业保持快速增长势头，确保了全国市场三分之一份额。以引进国际领先的游戏分发平台为契机，吸引集聚了一批游戏类龙头企业和创新创业企业，不断缩短和全国第一之间的距离。根据《关于加快本市文化创意产业创新发展的若干意见》《关于促进上海出版产业发展的实施办法》等一系列新的政策文件精神，上海的电子竞技抢抓机遇、趁势而上，迅速确立全国电竞产业中心地位，上海正努力建设"全球电竞之都"。

一年一度在上海举办的中国国际数码互动娱乐展览会，2018 年也创下多个数据之最。近年来，中国国产游戏自主研发能力的快速进步，特别是移动游戏的高速发展，极大提升了国产游戏在海外市场的占有率。根据 2018 年《上海游戏出版产业报告》显示，2018 年上海网络游戏销售收入达到 712.6 亿元，增长率为 4.2%，保持稳定增长态势。而 2018 年上海移动游戏销售收入达到 393.2 亿元，增量有 58.7 亿元，增长率为 17.6%，高于中国移动游戏市场实际销售收入 15.4% 的增长率。2018 年上海自主研发网络游戏销售收入达到 593.1 亿元，值得关注的是，在全国整体市场增长乏力背景下，增长率达到 10.9%，这主要因为上海主要游戏企业以产品研发为导向，立足于产品自研领域多年。2018 年上海自主研发网络游戏销售收入占全国比例为 36.1%。而 ChinaJoy 作为加强中国国内电子娱乐产品行业管理，积极规范电子和网络出版物市场，严厉打击盗版及非法复制行为的重要国际展览会，也将被打造成具有中国特色的国际一流品牌展会。

上海强化国家级新闻出版产业园区功能建设。支持张江国家数字出版基地以一流的金融型、科技型、国际化数字出版高地为目标，建设成为文化与科技相融合的数字出版产业示范园区，打造更加开放、包容的创新创业生态系统。张江国家数字出版基地的数字出版及相关产业 2018 年销售收入 560 亿元，较 2017 年增长 15%。基地累计引进企业 691 家，聚焦数字出版、创意策划、平台运营、技术研发等领域，吸引更多优质数字出版内容企业。加快推进国家数字出版基地虹口园区建设成为国家数字出版基地。虹口园区的数字出版及相关产业销售收入 2018 年达 142 亿元，较 2017 年增长 10%。金山国家绿色创意印刷示范园区，积极吸引一批具有国际领先技术和竞争力的企业入驻，完善检测、培训、展示、交易等功能性服务平台。

上海大力推进国家音乐产业基地建设，以音乐产业为核心，建设功能齐全、配套服务优良的一流示范区。根据2019年《2019中国音乐产业发展报告——音乐产业集聚区专题报告》显示，上海2018年国家音乐产业基地上海音乐谷共入驻524家企业，较2017年同比增长75%，其中与音乐产业相关的企业209个，占入驻企业总数的39.89%，较2017年同比增长74%。2018年上海国家音乐产业基地上海音乐谷从业人员总数是6288人，其中与音乐产业相关的从业人数是440人，占总从业人数的7.00%。

国家版权贸易基地（上海），发挥国际版权评估与交易、纠纷调解、金融服务、作品展演和人才培训五大功能，促进版权贸易专业化、集约化和规模化发展。2018年10月28日，包括国家版权贸易基地（上海）在内的12家经国家版权局批准的国家版权交易中心（国家版权贸易基地、国际版权交易中心）宣布成立"国家版权交易中心联盟"，旨在加强版权保护和运营，发挥各自特点，整合优势资源，互惠互利、资源共享、合作共赢，共同推动版权产业发展。

（二）出版单位转型创新能力显著提升

2018年，上海积极推动传统出版升级和融合发展，以国家出版融合发展重点实验室、新闻出版业科技与标准重点实验室建设为抓手，积极探索传统出版和新兴出版深度融合模式。例如，支持《辞海》等大型工具书数字出版云平台建设，拓展"出版＋知识服务"新模式，支持老唱片等珍贵文化资产的数字化开发利用。

华东师范大学出版社国家出版融合发展重点实验室作为全国首批20家国家级出版融合发展重点实验室中的上海唯一一家重点实验室，自2017年建立至2018年，一年多时间里已经建成了一整套完备的实验室运营和保障机制，确立了从"发布端融合"到"用户端精准"的研究方向。复旦大学出版社历时五年打造的"复旦新学术"正式上线。作为一个在互联网时代传播人文社科学术资源的融媒体平台，"复旦新学术"涵盖人文社科多学科、多媒体、多种不同的工作内容，涉及多种资源，旨在倡导传统学术出版模式的转型与融合，建立学术全媒体首发系统，建立以学术评价体系为基础的学术推荐模式，并以"PC端＋移动端"的形式盘整学术资源，打破校际界限，将线下资源整合到线上，实现线上线下互动。

近年来，上海新闻出版局以专项资金的形式，连续数年支持数字出版转型项目，建设了一批上海优势出版领域的数据库，如《辞海》第七版基础数据库"汉字字库规范化制作数据库""连环画数据库""古琴减字谱富媒体数据库""中医英语标准化语料库"等60多个数据库。

上海交通大学出版社依托自身的"一库两服务"战略（一库指将品牌出版物数字化，打造以数据库为基础的融合平台；两服务指借助知识付费渠道，提供学术背景的在线教育服务和满足大众阅读需求，与多平台合作的电子阅读服务），加大以专业特色为基础的数据库建设，其建设的东京审判文献数据库荣获了第四届"中国出版政府奖"音像电子网络出版物奖。

2018年，上海出版业转型融合持续深入。出版单位对融合发展有了更加全面深入的思考，纷纷围绕"融合出版"进行规划布局，借助新技术、新形态和新媒介，在内容、产品、品牌、模式等方面持续探索，创新能力有了显著提升。如上海外语教育出版社利用新技术手段、联合新媒体平台，深入开发出版资源，推出了"随行课堂""爱听外语""词博士""词达人"等一系列融合出版成果。

传统出版单位以音视频为着力点，深耕自身优势内容资源，开展知识服务布局，目前已涌现出多个知识服务品牌，形成了自身的优势特色，并取得了较好的市场反响。如华东理工大学出版社门户App——花梨阅读，作为出版社的官方新媒体服务、知识付费门户平台，集合了出版社近400个品种的内容音频资源，已为百万级用户提供内容资源服务，会员转化率达40%，用户呈现出较高的黏合度及复购转化意愿。上海译文出版社与喜马拉雅FM合作，在有声改编、IP孵化、版权保护等方面取得了很好的社会和经济效益。

（三）网络文学良性生态逐步构建

截至2018年12月，我国网络文学用户规模达到4.32亿，占网民总数的52.1%。网络文学作品总量超过2400万部，其中签约作品近130万部，2018年新增签约作品24万部。国内重点网络文学网站签约作者达61万，并有上千万作者参与创作。

上海是集聚网络写手、文学网站最多的地区，被认为是全国网络文学创新和发展的高地，也诞生了一批在全国产生重要影响的网络作家，形成一股重要的文学力量，对中国网络文学的发展做出了重要贡献。

2018年，上海网络文学销售收入47亿，占全国近40%，全国网络文学作者90%签约上海文学网站。多款网络文学作品和网络游戏产品获得全国级别的奖项，数量在全国名列前茅。网络文学作品质量有了显著提升，主流化、精品化趋势日益明显，特别是现实主义题材持续蓬勃发展，成为网络文学发展的强劲动力。各家网络文学网站平台纷纷着力增加现实题材储备，并结合重大节日、重大事件、重要节点和重要社会热点进行作品征集，在主题出版中的表现日益突出。

阅文集团2018年营收首次突破50亿大关，同比增长23%，全年经营利润11.15亿人民币，月活跃用户数突破2亿，继续保持快速发展态势。此外，阅文集团从2016年起举办原创网络文学现实主义作品征文大赛。受大赛推动，网络文学现实主义题材小说迅速增长，打破了此前网络文学套路化、模式化的症结，注入更新鲜、生动的能量，拓展了更广阔的内容空间。大赛评选出的优秀现实主义小说，社会影响力持续扩大，《复兴之路》等8部获奖作品已出版纸质书，《大国重工》等7部获奖作品签约影视版权。

2018年6月，上海更是面向网络文学推出《上海市文学创作系列网络文学专业职称评审办法（试行）》。在全国范围内首次专门就网络文学建立体系完整的社会化职称评审机制。络文学已成为全国，特别是北京和长江三角洲地区文化建设的重要着力点，并呈现出集群化、生态化、差异化、特色化发展态势。

（四）数字教育出版深入发展

2018年，伴随我国教育信息化加快推进，上海数字教育出版保持良好的发展势头，并呈现垂直化、精品化发展的态势。

2018年，国家有关部门加大了对中小学教育教学类App的管理力度。《关于健全校外培训机构专项治理整改若干工作机制的通知》等政策出台，明确提出加强对线上培训内容的监管，将有效推动基础教育领域数字教育实现规范化、高质量发展。

上海新闻出版局与上海市教委共建文教结合"优势课程数字化开发与应用"项目，上海教育、教材类出版社为本市中小学师生研发了"多样的生命世界""中华节气与饮食文化""小学生心理健康"等近30门数字校本课程，并进入课堂试用。

2018年，随着教育出版转型升级、融合发展渐趋深入，数字教育出版发展模式日趋多元。各家出版单位纷纷基于自身资源优势，探索"专、精、特、新"的发展路径。上海少年儿童出版社推出了《十万个为什么AR 版》《第一次遇见科学》多套图书，利用 3D、VR、AR 等新的技术手段，让孩子翻阅图书的同时，融入到求索世界的虚拟空间中。上海少年儿童出版社还通过与领先的"互联网＋教育"企业合作，探索把互联网技术应用于传统教育的各个方面，并通过技术运用，研发更多数字教育产品，为阅读、学习带来全新体验。

（五）期刊数字出版转型全面加速

2018 年，随着媒体融合迈向纵深发展，上海期刊出版转型迎来了全面加速，并借此焕发出新的活力。期刊社走上信息化、专业化、国际化、数字化发展路，在坚守传统期刊出版内容质量优势的同时，也努力摆脱纸质期刊单向传播的短板。上海市新闻出版局和上海市教委也组织实施了"上海市新闻出版专项资金"和"文教结合高水平高校学术期刊支持计划"等多个项目，对上海英文学术期刊进行了为期三轮的资助和扶持。

如上海大学期刊社推进全社信息化建设，为每一本期刊建立了门户网站，配置玛格泰克采编系统，英文期刊采用 Scholar One 采编系统，实现了在线投稿、审稿、远程编辑，完成了数字化建设。2018 年起，该社推出"两微一端"建设，英文刊采用国际视频会议等方式与国外作者、编委和审稿专家进行直接交流。在进行数字化建设 2.0 版过程中，通过上海市新闻出版专项基金立项，成立了"期刊融合出版实验室"，在一期工程中，研发期刊集群化的智能管理系统，梳理旗下各刊社各个部门的数字资源，并建立数据库。这一过程中，将原来纸质版的线下操作和数据，迁移到线上系统进行统一管理运作。同时，该社还对学术期刊的富媒体出版进行了探索，包括增强出版——刊上 AR、可视化出版等，均取得了良好成效。

（六）知识付费转向专业化、实用性

2015 年到 2018 年，知识付费用户规模增长率保持在 100% 上下。但《2018—2019 中国数字出版产业年度报告》显示，用户对知识付费产品选择会更加理性，未来情感类热度将逐渐削弱，专业化、实用性强的内容将成为市场主流。

2018 年，知识付费行业的马太效应日益加剧，主播资源、版权资源和用户资源向头部平台，如喜马拉雅 FM、得到、蜻蜓 FM 等加速集中。出版社在参与知识付费中，开始由资源简单转化，逐步把关注点放到注重到用户运营、知识的深度方面，面向细分市场、基于垂直领域做优势内容。如华东理工大学出版社创新设计了"七种数字产品类型＋四项管理制度"的数字出版发展格局（七种数字产品类型包括：电子书、点读电子书、声音产品、移动学习 App、数字课程、e-only 出版和其他数字产品等；四项管理制度是指：数字选题申报制度、纸数同步制度、数字产品版税支付制度、数字收益结算分成制度）。该社独立策划的数字课程产品——《安宁老师的日语课》，已经位列喜马拉雅 FM 小语种赛道收听前列。

（七）短视频成为数字营销布局重点

2018 年，短视频领域发展势头持续强劲，对行业格局产生了较大影响。抖音、快手等短视频平台的迅速崛起，也使得短视频成为数字出版内容生态布局中重要的一环。

2018 年，上海部分出版社也在短视频营销方面扶持创作团队，加强原创内容生产。期望借助这一新兴领域，拓展营销新渠道。如复旦大学出版社定制了出版社的专属"读书号"，收获了一定量的粉丝，其中部分内容的抖音短视频还有近万的点播率。上海教育出版社、上海书画出版社、华东理工大学出版社、上海辞书出版社也都根据各自的内容资源、作者资源建立抖音号进行图书的新媒体营销。但无论是爆款图书产品打造还是内容主题的持续输出方面，上海数字出版还处于探索阶段。

（八）数字出版行政服务管理进一步加强

上海充分利用国产网络游戏属地管理试点政策。市行政管理部门优化流程，压缩审批时间，化解瓶颈问题，营造更具吸引力和竞争力的产业发展环境。2018 年市新闻出版局收到符合属地管理条件的 825 款国产网络游戏申报，比 2017 年增加 24%，占全国同类申报总数近三分之一。平均每款游戏审核周期减至一个月，比全国平均周期缩短 50% 以上。建设"上海网络游戏出版申报服务平台"，初步解决小微企业和独立开发团队网游版号申报困难问题。

另外，根据《上海市深入推进审批服务便民化工作方案》（沪委办〔2018〕37 号）的规定，上海新闻出版局于 2018 年 11 月公布了《上海市新闻出版局"马上办、网上办、就近办、一次办"审批服务事项目录》。其中，涉及审批承接境外音像制品、电子出版物、计算机软件、电子媒体非卖品等复制业务以及互联网出版许可（初审）等业务也都实现了马上办、网上办、一次办。

三、上海数字出版产业发展新趋势

（一）财政调控趋合理，内容生产精品化

将宏观调控与市场调节相结合，引导出版产业以及企业科学合理地制定战略规划，充分发挥财政资金的使用效率，是 2018 年起国家文化产业类财政资金扶持的总基调。关于数字出版产业财政扶持，2018 年，我国在文化产业重大项目方面下发了新政策，分别是《关于申报 2018 年度文化产业发展专项资金（重大项目方面）》（财办文〔2017〕50 号）以及《财政部办公厅 中宣部办公厅商务部办公厅关于申报 2018 年度文化产业发展专项资金（重大项目方面）转移支付项目的通知》（财办文〔2018〕13 号），政策首次区分了中央本级和地方重大项目，体现了宏观调控的精准性和细分性。同时，政策对所申报的重大项目，在社会效益、经济效益、公益指标等方面做出了严格的要求。这也就意味着数字出版项目，包括数字出版企业要摆脱以往"等米下锅"的状态，逐步通过扶持资金的绩效性改革，实现真正的市场化，从而切实推动数字出版产业的发展。

因此，围绕着这个目的开展的资源整合，就需要吸引各类社会资源的加入，特别是金融资源的介入，并由传统的"产品"单引擎驱动，转变为依靠"产品 + 资本"双引擎驱动，甚至多引擎驱动。目前，数字出版产业正在加快向内容精品化发展。无论是网络文学、网络游戏，还是知识付费、短视频等领域，都逐渐认识到深耕内容才是提升价值的根本关键。另一方面，版权的运营也成为数字出版产业逐渐成熟清晰的商业模式，特别是网络文学、游戏、动漫、影视等内容产品之间的互动，让大家看到跨界融合的路径日渐明朗。良好的版权基础，加上 IP 的多领域版权开发运营，将给出版单位带来实质性的变革。而主管部门把关趋于严格和人们的审美趣味提高，必然会推动数字出版的内容生产增强导向把关意识和精品生产意识，并逐渐摆脱唯点击率、唯播放量的不良风气。

（二）人工智能技术将为数字出版解决海量数据难题

通过构建 BP 神经网络数学模型，人工智能可以通过读取海量的信号"大数据"进行自我学习，通过调节学习率而降低信号传导误差，这为人工智能时代的数字出版奠定了理论基础。人工智能技术会越来越多地应用于数字出版产业的内容创作、内容审核、流量预测、产品运营、内容推

荐、用户交互等各个方面。特别是人工智能技术在人机交互层面的应用不断深化，可为文学作品中的人物角色赋予虚拟形象和情感表达，丰富用户的阅读体验。

不久的将来，人工智能在提升IP价值方面将发挥更大的作用。目前已有视频平台将AI技术应用于IP运营过程中。运用AI技术建模后进行海量的大数据分析，并通过AI的自我学习能力，逐步调整和缩小差错，从而提升影视剧作品选角、流量预测、宣传推广等方面的精准度，这大大提高了IP运营效率。目前，已有网络文学企业开始尝试将人工智能应用于作品的IP价值评估。另外，运用人工智能技术，对海量数字内容，包括文字、音频、视频等形式进行内容审查和把关，也会推动数字出版产业的良性发展。

（三）5G、物联网将为数字出版提供全新的解决方案

2019年6月，工业和信息化部向中国移动、中国联通、中国电信和中国广电四家企业发放5G牌照，标志着我国正式步入5G商用元年。5G将极大提升信息的共享效率和传递能力，对出版业选题策划、生产传播、消费等各个环节都带来深远影响，为出版业融合创新开拓更加广阔的想象空间与实践路径。

一方面，5G环境下，随着网速的增加，数字出版的富媒体内容生产将迎来爆发，特别是中短时长的视频内容占比将大幅提升。同时，也将激发更加多元的数字内容消费需求，也将催生更多元的数字内容产品形态和服务模式。

另一方面，5G的低功耗、高速率、低成本以及延时低的特性，对物联网行业带来的改变也会极大推动数字出版产业的跨界融合，形成基于二维码标签、AR出版、共享图书等的众筹、众包、众扶、众享等新型商业模式，从而改变出版行业的服务模式、物流模式、营销模式。

（四）电子竞技将成为数字出版产业新增长点

电子竞技游戏作为游戏的重要分支之一，已经成为我国游戏行业新的收入增长点。国内的电竞俱乐部也已经具备了参与世界赛事的运营和竞争能力，如在2019年11月举行的英雄联盟2019年S9全球总决赛中，来自中国的FPX战队一举夺得世界冠军。根据2019年发布的《上海电子竞技产业发展评估报告》显示，2018年上海电子竞技游戏市场收入达到146.4亿元，相比于2017年，保持了持续稳定的增长。2019年1—5月热度

TOP20 客户端电子竞技游戏中上海款数占比达到 45%，目前上海也是国内客户端电子竞技游戏新品最活跃的地区，近年来《CS：GO》《守望先锋》等精品产品均是通过上海引进。同时，2019 年，上海电子竞技赛事保持平稳有序发展，国内有超过三成的电子竞技赛事在上海举办。值得期待的是英雄联盟 2020 年 S10 全球总决赛的决赛将在上海举行。

除英雄联盟职业联赛、王者荣耀职业联赛等赛事继续在上海举办之外，DOTA2 国际邀请赛、守望先锋太平洋挑战赛等赛事也落地上海。

上海正在加快"全球电竞之都"建设。除了赛事支持之外，上海也在加强"全球电竞之都"品牌影响力建设。如，在每年 ChinaJoy 期间举办"全球电子竞技产业峰会"，支持腾讯、暴雪、育碧、艺电等海内外知名企业在沪开展电子竞技项目，支持完美世界、巨人网络、东方明珠新媒体股份有限公司、阿里体育、VSPN、香蕉体育等上海本土电竞企业做大做强，支持本市知名电子竞技俱乐部、选手"走出去"参展参赛。另外，在人才培养方面，支持相关企业、机构针对电子竞技产业发展的紧缺人才、高端人才、专业人才及后备力量，开展全日制学历培养和职业培训，并积极配合园区及场馆建设。

融合出版背景下学术出版的数字化探索

高 婧

摘 要：融合出版背景下，出版业也被卷入互联网的浪潮中。新媒体新技术带来新变化，其中，学术出版更是直面挑战。复旦大学出版社通过旗下"新学术"平台，正在探索一条学术出版的数字化转型之路。本文通过分析"新学术"探索创新之路，总结经验教训，同时对互联网时代的学术出版进行思考与展望。

关键词：学术出版 数字出版 "新学术" 转型

一、学术出版转型之惑

互联网浪潮席卷着出版业。不少互联网公司凭借技术和平台优势，网罗资源，完成了本应由出版业完成的产业。在此背景下，出版业难免陷入转型与改革的焦虑：到底是做好内容就够了，还是需要迎接每一次技术浪潮的洗礼，紧跟变化？如何在互联网时代的海量资源中把自己的资源展现在市场和读者面前？市场占有率较少的学术出版也同样要直面新媒体、新技术的挑战。

作为业内公认的原创性学术著作出版重镇的复旦大学出版社，学术出版是其重要出版业务之一，占图书出版结构的 20% 左右。从社会效益角度而言，这部分图书为高校科研及学术服务，承担着繁荣学术和传承优秀文化的责任。但从经济效益角度而言，学术读物的主要市场是针对专业人群，部分学科偏冷门导致学术读物市场小众化，造成部分学术图书印量小，市场难以盘活，即便有一些优秀的原创学术著作，也只是少量印刷后便成"绝版"。

值得一提的是，复旦大学出版社拥有多年来积累的学术资源，背靠全国一流院校复旦大学，出版社本身也聚集了全国最优秀的学术人才与资源，如何整合、盘活、激活它们，则是可以从出版角度进行创意和运作的领域。

复旦大学早在五年前就有搭建一个学术平台的想法，为复旦乃至上海的学术发展的角度提出了诸多可能的发展方向。它将回应诸多问题与思考：第一，如何使百年的上海学术变成一种文化的资源？第二，如何使所有的上海人文社会科学资源得到有效地整合，打破学校的界限，建立一个大型的人文社会科学研究的共同体？第三，如何为未来上海的城市（智慧城市或者全球城市），提供文化软实力的支撑？第四，如何使上海高校人文社会科学的知识生产、思想创造、文化创新成果能够惠及 2300 万的市民？

二、一次转型探索：复旦新学术

最初的想法在获得部分校领导和多位学科专家的阐发和建议支持下，通过结合当下变化和技术更迭，正式落地复旦大学出版社生根发芽。既有前期高屋建瓴的顶层设计，又基于现实转型的迫切需要，加之多年学术资源的沉淀与酝酿，新学术网应运而生。在"学术网"前面冠以"新"字，则饱含着项目创始人改革的初心与创意。由此而观，这样的学术平台不仅仅是将资源数字化，也不单单是一个数字项目，它旨在创造一个学术出版新格局，建设一个学术资源新生态，呈现足够的"新意"。

（一）为何需要"新学术"？

"新学术"并非仅仅是顶层设计的一个概念，它立足于国内学术发展的相关现实，具体体现在以下几点：

1. 响应建设文化强国的战略目标

2016 年 5 月 17 日，习近平总书记在全国哲学社会科学工作座谈会上发表重要讲话，讲话提出："哲学社会科学是人们认识世界、改造世界的重要工具，是推动历史发展和社会进步的重要力量，其发展水平反映了一个民族的思维能力、精神品格、文明素质，体现了一个国家的综合国力和国际竞争力。……新形势下，我国哲学社会科学地位更加重要、任务更加繁重……"[①] 为此特别提出应"要运用互联网和大数据技术，加强哲学社会

---

① 习近平. 在哲学社会科学工作座谈会上的讲话 [EB/OL]. http://www.npopss-cn.gov.cn/n1/2016/0519/c219468-28361739.html.

科学图书文献、网络、数据库等基础设施和信息化建设，加快国家哲学社会科学文献中心建设，构建方便快捷、资源共享的哲学社会科学研究信息化平台。……要建立科学权威、公开透明的哲学社会科学成果评价体系，建立优秀成果推介制度，把优秀研究成果真正评出来、推广开"。①

2. 打造学术精品，树立学术权威

互联网时代提供了海量的数字资源，这反而造成了专业精品资源匮乏分散。目前，国内与人文社科学术相关的专业网站主要分为几类：一种是文化思政类网站，以发布思想性时政类观点为主；一种是专业类数据库，可能收费也可能免费，提供相关专业类论文或者研究素材下载；一种是与人文社科学科考研相关的网站，发布相关学科考试的素材。另外，还有不少冠以"学术"但实则是收费的商业性论文发表平台。总体而言，这些网站良莠不齐，导向不明，市场上缺少权威精品、以纯学术为导向的交流空间。

3. 开放平台有市场空间

目前国内专业的全学科的学术资源主要以数据库的形式存在，如知网。经过多年的资源积累，知网已经逐渐呈现垄断的局面，其利润驱使导致的过度商业化运行饱受学界争议。根据中国知网的母公司"同方股份"2018年的半年报显示：2018年1月1日至6月30日，公司主营业务收入达到5亿元，毛利率为58.83%，归属于母公司股东净利润超过6000万元。② 与此同时，用户乃至是这些资源的原创者，所付出和获得的却极不对等。对个人用户而言，根据"中国知网会员流量计费标准表"显示，期刊全文常规数字出版（非独家、非优先出版）下载为0.5元/页，一本硕士学位论文下载价格是15元/本，博士学位论文下载需要25元/本。③ 对于高校这样的机构用户，费用更是高昂，许多图书馆40%的经费都花在购买数据库上。而这些论文资源的原创者，是否获得了应有的回报呢？在知网"关于向中国学术期刊（光盘版）电子杂志社领取学位论文稿酬的通告"中可知，作者必须联系知网才能获得稿酬，以2008年（含2008年）

---

① 习近平. 在哲学社会科学工作座谈会上的讲话［EB/OL］. http://www.npopss-cn.gov.cn/n1/2016/0519/c219468-28361739.html.
② 同方股份有限公司. 同方股份2018年年度报告［EB/OL］. http://quotes.money.163.com/f10/ggmx_600100_5277334.html.
③ 中国知网. 中国知网会员流量计费标准表［EB/OL］. http://vipcard.cnki.net/ec/czzx/account/account.html.

后的稿酬支付标准为例，博士论文著作权人可一次性获得面值400元人民币的"CNKI网络数据库通用检索阅读卡"和100元人民币的现金稿酬，硕士论文著作权人一次性获得面值为300元人民币的"CNKI网络数据库通用检索阅读卡"和60元人民币的现金稿酬。① 相比超过50%的毛利率，这样的回馈实在难以凸显"知识的价值"。种种争议之下，一个开放的平台或许能够赢得市场的空间。

4. 与国际学术发表趋势接轨，发出中国声音

当前科研人员普遍反映论文发表周期长，学术交流渠道窄，不利于科研成果快速、高效地转化为现实生产力。学术界迫切需要一个权威、实时、集群化的学术发布平台的呼声不断高涨。及时发布中国重要的学术成果，传播中国优秀的原创学术，对相关问题发出中国声音，树立国际话语权，成为"新学术"的应有之义。

（二）何为"新学术"？

简而言之，"新学术"作为一个以传播人文社科学术为特色的融媒体平台，定位是在互联网时代，为高校学者提供专业的学术服务，为高校师生提供权威的学术指导，为各个学科提供共享交流的平台。在国家大数据的战略背景下，倡导传统学术出版模式的转型与融合，以"PC端+移动端"的形式盘整学术资源，打破校际的隔阂与束缚，将线下资源整合到线上，实现线上线下互动。它涵盖人文社科多学科、多媒体、多种不同的工作内容，涉及多种资源。

目前"新学术"包括线上门户网站www.xinxueshu.cn或www.fudanxinxueshu.com，移动端公众号"复旦新学术"，正在筹划即将启动的线下高端学术论坛"复旦新学术"，以及一个虚体中心——上海学术与文化创新共享中心。

其中，门户网站（1.0版）以发表学术成果、发布学术信息、推荐学术经典、展示学术创新为主。它包含四个一级栏目，入门、首发、数据集、创新坊；另有三个衍生栏目，活动、学问、云集。其中，入门栏目是推荐各学科必读的学术经典，以著作和论文为主；首发栏目是首发学术论文和学术观点；数据集是学术研究的数据库或者数据的整合、推荐；创新

---

① 中国知网. 关于向中国学术期刊（光盘版）电子杂志社领取学位论文稿酬的通告［EB/OL］. https://www.cnki.net/other/gonggao/bqsm.htm.

坊是邀请具有活跃度的学人、机构或虚体中心开设网上工作室。活动页面主要介绍即将举办的学术活动、论坛、读书会，以及重磅活动的回归与报道；学问页面是针对学人的全媒体数据库，目前以发布学术微访谈为主；云集页面则是研究课题的合作及部分学术课题的产业化孵化。截至2018年9月13日上线时，门户网站（1.0版）主要开通的页面是入门、首发、数据集、活动。网站正式上线后，又集结学术评价团队和技术公司部署开发2.0版本，目前，2.0版本正处于稳步开发阶段。

移动端"复旦新学术"主要集结门户网站的精华，推送优秀的学术论文、介绍高端的学术论坛和活动、发布相关学术资讯，以及制作优质原创学术专题。

线下论坛"复旦新学术"将从跨学科的角度邀请一流学者就学术专题、热点进行对话和对谈，对核心问题发声，展示不同学科看待问题的视角与观点。

虚体中心"上海学术与文化创新共享中心"是整个"新学术"落地的执行机构，由复旦文科科研处主管，具体执行单位是复旦大学出版社"新学术"项目组。项目组将运营新学术门户网站、移动端以及未来提供多种学术服务。

（三）"新学术"何为？

那么所谓的"新"，到底体现在何处？"新学术"到底做了些什么？

1. 打破校际界限，资源数字化并聚集，使之共享并成为窗口

在调研阶段发现，各高校并非没有优质的人文社科学术资源，它们大都以两种形式存在：第一种，散落在各个高校或者高校的各个院系。比如有条件的高校会有自己的学术中心门户网站，发布各种学术资源；有多种期刊的高校会有自己的期刊中心网站，发布学术论文等。然而可能会出现这样的现象，B高校正在举办A高校的研究者所感兴趣的学术活动，但A高校研究者却由于无法第一时间获得信息而错过，抑或是B高校举办了一场高端学术论坛，A高校的人不知道去哪里了解这场论坛的详细情况。另外，即便是同一所高校，也会出现各个期刊各自拥有不同的期刊门户和采编系统，导致资源重复建设的情况。

"新学术"所致力的资源整合，是打破校际界限，在上海乃至全国范围内，进行学术资源的整合和聚集，这些资源包括学术论文、学术研究数据库、学人数据、学术活动资源等。毫无疑问，这是一项艰巨和漫长的工

作。因此，"新学术"由复旦大学内开始"积跬步"，摸索经验，探索合作和整合的机制，建立相关合作的示范案例，便于后期将范围扩至上海，率先成为上海学术共享的窗口。

2. 建立学术全媒体首发系统

学术全媒体首发系统突出两点：

第一，建立"首发系统"。学术首发的功能是项目创始者在顶层设计之初就提出的，希望"新学术"能够成为互联网时代学术发布的权威平台。这种模式能够让学术成果在第一时间就能进行传播、及时发声，避免传统发表周期长、排队候期的情况。

目前被学术界认可的学术首发方式有两种：一种是网络首发，即通过期刊评审已经被录用的文章，在正式出版前优先在线出版。例如某文章拟定于 2019 年 11 月发布于某期刊，出于某种原因，于 2019 年 6 月先在该期刊网站发布。这种方式主要见于国内知网等平台。另一种是预印本（preprint），是指学术成果在正式出版物上发表之前，为了传播和交流，自愿通过互联网或者学术会议进行发布。相关平台有国外康奈尔大学的"arXiv"、国内中科院下"ChinaXiv"以及教育部科技发展中心主办的"中国科技论文在线"，均以科技论文发表为主。人文社科领域有国外的 SSRN（Social Science Research Network）主要收集经济学、法律、公司治理、人文学科等人文社科领域文章，已被 Elsevier 收购。[①] 新学术的"首发"主要定位是人文社科领域的"预印本"平台。

诚然，在目前国内高校学术评价模式下，学者职称评定主要还是以核心期刊发布学术成果为依据。这种利益相关最直接的驱使也让绝大部分学者发布自身学术成果时首选期刊。学术评价模式的改进与发展并非一朝一夕，在这种情况下，"新学术"的首发也根据现实选择两种路径并行的方案：第一种，是与期刊达成合作，实现"优先出版"；第二种，同时接收个人投稿。对于个人投稿，会根据投稿人意愿帮助其推荐到后期正式出版的期刊，建立双向选择的模式。个人投稿中著作类的学术成果，复旦出版社也会根据具体情况，选择是 e-book only、按需出版还是正式纸质书出版。所有线上首发的学术成果，第一时间也会得到版权保护，充分维护作

---

① 张智雄，黄金霞，王颖，刘静羽，陈雪飞. 国际预印本平台的主要发展态势研究［J］. 数字图书馆论坛，2017（10）：2—7.

者的权益。

第二，首发系统是全媒体发布的，即包含图文音视频、数据库及数据包等复合媒体形式等多种资源。目前传统期刊发布是以纸质论文为主，但随着技术发展，研究工具使用的范围也越来越广，不少研究可能涉及音视频等多媒体工具，例如一篇研究语言学的论文，涉及研究说话人的表情、手势。传统的发表依靠截图，远远不及几秒钟的视频让人观察得更为清楚、完整。此时，论文＋视频资料的发表方式，更能完整展示研究过程，更能透彻地说明相关问题。再比如一项课题研究的成果，除了纸质报告之外，最重要的成果也许是以数据库的方式呈现。传统纸刊也许只能提供一个访问的网址，而全媒体首发系统则可以将数据库囊括在内。

全媒体首发系统在"新学术"网站上主要以"首发"栏目呈现，目前首发系统正在进行升级，未来用户除了自己能够上传、进行文件管理之外，期刊也能通过采编系统进行组稿、分发稿件、评审等编辑全流程管理。

首发系统的建立对于复旦出版社而言，首先是可以沉淀优秀的学术成果，首发的论文会择优按学科出版年度优秀论文集，首发的著作也会择优出版纸质出版物；另外能够通过系统建立与优秀学者的联系，为各种图书选题策划奠定基础。

3. 建立以学术评价体系为基础的学术推荐模式

不管学术研究初始，还是学术研究进行时，研究者都需要阅读大量文献著作。此时，经典权威的阅读清单必不可少。"新学术"的入门栏目就是专门推荐各学科必读的经典著作和优秀论文。那么，什么样的著作和论文才是经典必读的？面对海量资源，如何从中遴选？如何帮研究者将时间花在更值得深度阅读和思考的文献上？

为此，"新学术"采取"专家推荐＋算法推荐"相结合的遴选模式。一方面，邀请权威学科的一流学者，推荐相关学科必读书目和论文。例如复旦大学中文系陈尚君老师是唐诗研究的顶尖专家，他推荐的阅读书目必然是优中选优；再比如新学术的合作期刊《当代修辞学》本身就是语言学领域内的核心期刊，每期所发的文章经过多位评审专家遴选，在这些文章中更容易选出值得好好阅读的论文，此外，期刊主编祝克懿老师会为"新学术"推荐每期期刊中的优质论文。

除主观推荐之外，"新学术"也在寻求更为科学的推荐模式。复旦大学图书馆学术评价小组的加入，让整个推荐模式有了更为客观和科学的团队基础。复旦大学图书馆评价研究中心依托情报研究部成立。中心以人文社科的发展评价为重心，覆盖全学科、全类型学术信息的分析和研究，并建立了学术数据分析与展示平台，提供高度定制化的情报信息挖掘与分析服务。中心将从第三方角度，对学科发展状况提供客观分析和评价，为"新学术"相关工作提供决策参考，旨在建设一个智库模式的科学评价与数据研究机构。新学术的学术推荐系统，将在已有的期刊评价、学科评价成果的基础上，进一步研发互联网时代基于学术大数据的学术评价体系，并将其结果应用于学术推荐上。例如，"新学术"未来将评选相关学科年度优秀学术成果。学术评价团队通过设计的评价指标对图书、论文进行评定，从而获得多维度的排名，最终获得综合评定的结果。这些评定既可以以可视化的方式进行呈现，也将在"入门"栏目中以书单、书目的形式呈现。

4. 建立线上线下知识创新平台

学术研究的本质是求得相关问题的解决，从而进行知识和理论的创新。"新学术"的线上创新平台主要以"创新访"栏目的形式出现，通过集结具备活跃度的学人、机构、虚体中心开设网上工作室，呈现这些创新个人及团队的活动、课题及成果。同样，进驻创新访的个人及团队，也可以通过平台发布项目招募、课题合作、活动预告，以期借助平台扩大自身影响力，解决相关问题，达成跨校、跨学科的对话。以"新学术"合作的"医艺承扬大讲堂"为例，它是在复旦大学陈灏珠院士医学发展基金的积极推动下，在上海复旦大学教育发展基金会、上海医学院的大力支持下所成立的线下系列讲台。其中，"医艺承扬"的寓意是将艺术融入到医学教育中，继承和弘扬医学人文的精神和美德，提升医学生的综合素质。大讲堂将以移动课堂的形式，深入书院、学院、医院，举办一系列专题讲座，从医学家、艺术家的不同视角展开交流与探讨，积极构建学校探索"美育于医"和"以艺育人"的实践平台，极具创新性。"新学术"不仅为其开设创新访，还定期推送大讲堂的活动通知和推文，并剪辑大讲堂的视频进行推荐。艺术与医学的跨学科对话，正如古罗马著名医学家盖仑曾感慨的："医学既是一门博深的科学，又是一门伟大的艺术"；在现实中，也能够实现医学教育科学性、艺术性和社会性的有机结合。①

---

① 黄文发，何珂. 医艺承扬：上医人文医学教育新添"海派艺术"内涵［EB/OL］. http://news.
  fudan.edu.cn/2018/0528/45901.html.

通过对线下知识创新平台进行整合后在线上呈现，同时通过追踪线下重要创新平台如高端智库论坛、高端学术讲座等，将其精华资源进行整合和推送，"新学术"充分呈现各个学科乃至跨学科对话的碰撞与火花。例如，上海论坛是由复旦大学主办、韩国高等教育财团赞助的国际经济论坛，论坛最具影响力的活动是每年 5 月在复旦大学举办的论坛年会。年会期间，来自全球学、政、商界精英、领袖通过形式多样的分论坛研讨会、圆桌会议等发表见解，开展对话与交锋，就亚洲经济和国际局势所面临的重大问题进行广泛、深入的研讨，探求共识。多位中外政要、中外著名大学校长、海内外著名学者包括诺贝尔经济学奖获得者、中外商界精英曾受邀出席论坛年会并发表大会主旨演讲。① 毫无疑问，这些对话、讲座、见解、观点都具有重要价值与意义。"新学术"不仅在"活动"页面为其开设专区，在"首发"页面推送论坛演讲，其中精华内容还通过复旦大学出版社进行正式出版，包括纸书和电子书，其中，由复旦大学电子音像出版社制作的电子书，以主题形式进行编辑，通过 ibooks 面向全球发行，让中国声音及时得到传播。

5. 促进学术文化创新成果的产业化

学术研究的最终目的是服务于大众，改善人民生活，促进社会进步。一般而言，理工科的学术成果能够较快地转化为现实生产力，而在多数人眼中，人文社科研究的往往是离现实生活较远的"形而上"问题。"新学术"的云集栏目，则是致力于促成将学术与文化产生的效果转化为新的学术文化产业。在该栏目下，将进行课题、学术成果的 IP 孵化或者成果转化。

这些孵化体现在几个方面：

一是出版产品资源。按照学科分类，平台将建立独立的电子期刊，这些期刊可面向机构和个人展开订阅服务。另外，通过与电子阅读、音频、视频的第三方平台进行深度合作，平台整合的资源以及具备转化能力的相关成果，在学术编辑的加工、处理后，转化为音视频、电子图书等全媒体资源，可进行免费及收费服务。

二是数据库资源，平台整合的数据库资源，也可以根据各个数据库的具体情况和研究者意愿，选择是否出版和商业化运营。复旦出版社有相关

---

① 上海论坛. 上海论坛简介［EB/OL］. http://www.shanghaiforum.fudan.edu.cn/.

团队，帮助数据库进行推广营销。所得利润可一定程度反馈数据库研究者。除此之外，新学术也基于复旦社自身的特色资源进行数据库产品建设，并将其作为出版社数字化转型升级的重要路径。例如，复旦社在大学英语教师培训领域深耕多年，不仅拥有名师名家资源库及超过 200 小时的培训视频课程资源，基于此独立开发了"大学英语教师培训视频库"，内容囊括学术英语、职业英语、跨文化交流、演讲技巧等，数据库目前已经上线并实现销售。

三是创意产业。主要与企业界进行合作，特别是在产品研发部门，提供人文社会科学的学术支持，如专家支持、调研支持、社会理论支持等。相关课题的研究成果，特别是与现实问题相关的，比如针对某个人群的用户行为研究，针对某个行业的调查研究，这些成果一定具备参考价值，能够帮助企业或相关部门制定相关策略或政策。

产业化一方面是可以回馈学术贡献者，另一方面也将支持新学术平台的运营，以助其可持续发展。

6. 多平台、多终端的传播运营

根据第十六次全国国民阅读调查发现，2018 年我国成年国民数字化阅读方式（网络在线阅读、手机阅读、电子阅读器阅读、Pad 阅读等）的接触率为 76.2%，较 2017 年的 73.0% 上升了 3.2 个百分点，人均每天手机接触时长为 84.87 分钟，比 2017 年的 80.43 分钟增加了 4.44 分钟。另外，报告显示，超过半数成年国民倾向于数字化阅读方式，倾向手机阅读的读者比例上升明显。[1] 充分说明，移动端的阅读方式逐渐成为主流，即便是学术类的深度内容，也要考虑到移动端内容的供给。因此，新学术除了门户网站外，也在运营移动公众号方面投入大量精力，以期在移动端传播优质学术内容。

同样的内容，在门户网站与移动端是"两张面孔"。门户网站通常保持原创学术内容的原样，在移动端则需进行更多的策划。因为，在"吸睛"的时代，没有亮点或者话题性，无法吸引读者，但对于学术内容，又要保持其严肃性，此时，尺度很重要。除了单篇文章的策划之外，新学术也与合作机构及期刊策划学术专题，如与文科科研处合作的"上海第十四

---

[1] 中国新闻出版研究院. 第十六次全国国民阅读调查［EB/OL］. http://www.199it.com/archives/868955.html.

届哲学社会科学优秀成果奖"系列推送，与《城乡规划》期刊合作的"纪念改革开放四十年特别专题：规划四十年，改革再出发"系列推送。

另外，新学术独家策划的"学问"系列访谈，也将以多种形式推出。这些针对一流学者的采访，将推出完整视频、片段视频/音频及微视频，在不同的视频、音频及短视频平台传播，以期这些有影响力的学人能够给予大众正向引导，传道解惑。

7. 成立学术创新服务中心

为了让所有工作得到完美地实现，为了使线上的平台和线下的平台得到有机地互动，为了线下学术共同体的建设和学术创新能力的提升，复旦大学文科科研处批准成立了"上海学术与文化创新共享中心"虚体中心。该中心作为项目执行机构，实际落地复旦大学出版社，进行新学术项目的具体操作和运营。之所以落地出版社，是因为学术出版是复旦大学出版社的重要功能之一，在操作整个新学术项目过程中，既能充分整合资源，又能够实现出版学术出版的数字化转型，同时能够较为灵活地兼顾社会效益与经济效益的相当契合性与必要性。

几年来，上海学术与文化创新共享中心所做的工作包括：

（1）负责项目整体框架的顶层设计、调研论证及计划制定；

（2）负责平台搭建的技术实现、上线和运维；

（3）负责平台内容的日常策划、编辑及运营；

（4）负责学术资料的整理与数字化；

（5）负责项目的宣传推广；

（6）负责项目对外的业务合作及商务拓展；

（7）负责项目的产业化探索。

来自其他方的支持包括：文科科研处主要负责对平台发布的内容进行把关，复旦大学图书馆利用在学术评论方面的经验，参与学术评论栏目的运营与数据库的编辑工作。未来，中心将为学者机构提供更广泛的学术服务。

三、思考与展望

新学术作为一次数字化转型的探索，落地却并非顺风顺水。它不得不面对诸多现实问题与挑战：如何科学地解决技术问题？如何获得经费的支持？如何有效利用经费，并且实现可持续发展？如何对接概念构想与现实呈现？如何与众多部门、机构、个人对接，整合资源？在大平台或网站的建设初期，如何最大化地使用人力资源？庆幸的是，经过多方统筹与不断论证，部分问题已经得以解决。但作为一个探索性的项目，依然面临着很多困难和挑战，未来的道路任重道远。通过这个项目的操作运营，本文针对大学学术出版提出几点思考与展望。

（一）坚守学术出版作为出版人的重要使命

学术出版承载着一个国家思想传播与文化传承的重任，它所呈现的学术成果代表了一个国家科研及教育所达到的高度与深度，反映了一个国家知识创新和创意的能力及活跃度，更引导着国家技术进步及发展的方向。欧美的大学出版社，无一不强调学术出版的重要功能并付诸实施。国际领先的人文社会科学出版社——剑桥大学出版社每年出版 380 多种期刊和 1650 种学术新书，学术出版占据其出版的重要份额。剑桥大学出版社曾经的首席执行官的杰弗里·盖斯这样说过：“我们的兴趣不在于使利润最大化，我们最高的目标是出版学术著作和教育图书，因为它们为人类的知识传承做出了极有价值的贡献。”[①] 复旦大学同样赋予复旦大学出版社学术出版的重任，希冀通过新学术平台将其建设成为以学术传播为特色的新型融媒体，未来更要成为有着广泛影响力的学术融媒体。

（二）将学术出版扩展为知识和学术服务

本质上，新学术平台打开了学术出版的外延，将从前为学者提供图书出版的单一服务，扩展至通过学术平台，针对优质资源进行数字化开发，从而为学者机构提供学术服务，为读者提供知识服务。这也与世界著名大学出版社所提供的出版服务不谋而合。例如剑桥大学出版社在期刊出版方面，“为期刊作者提供全方位的服务。出版社编辑在论文投稿、同行评审、修订、编辑加工、样稿校对、版权转让等环节给予论文作者指导”，[②] 并“通过发布高质量、同行评审的开放存取（OA）内容为作者提供服务”。[③] 在数字化资源整合方面，建设了剑桥期刊数字档案库，依托 380 多种期刊、120 万篇文章和 500 多万页丰富的学术内容资源，提供了广泛的学术内容资源。[④] 以此，与出版的利益相关者形成良好的互动。

---

① 蒋东明. 大学社改制三题 [J]. 科技与出版，2008（11）：16—17.
②③④ 肖超. 利益相关者视角下剑桥大学出版社学术出版服务及启示 [J]. 出版参考，2018（11）：29—32.

（三）利用线上平台，形成跨媒体融合新格局

"互联网＋出版"时代，要充分利用线上平台复合多媒体形式，为学术交流和优质学术内容的传播提供更多方式和更多可能性。编辑通过对学术内容的理解，深入挖掘其中可以被展开和阐释的"亮点"，通过图文音视频等方式，同样的内容可以被策划成适用于不同平台和人群的"选题"进行传播推广，进而让好的内容"走出去"，让世界听到中国声音。

（四）探索人才转型和合作的激励机制

首先，数字化转型意味着出版业内的人才也要转型。很多从事多年图书编辑工作的优秀人才，并非不能转型成适应数字化时代的专业人才，所缺少的是驱使他们转型的激励机制。毕竟数字化平台除了技术工作外，有很大一部分仍然依赖于专业的学术编辑。如何让优秀的人才也能投身到学术数字出版的事业中，如何使他们认识到：这部分工作，与他们所熟悉的图书编辑工作并不冲突，反而能够互相成就。如何建立一种灵活的机制，让他们能够转换角色，从纸书编辑变身为全媒体编辑。

在寻求资源合作方面，同样需要建立一种激励的合作机制，变"求资源"为"资源置换"。这也是新学术未来将要解决的难题。

（五）建立互联网时代的学术评价机制，促进学术生态良性发展

大数据时代，尤其需要结合新变化建立互联网时代的学术评价机制。这种机制并非颠覆既有的学术评价系统，而是根据新形势下的新变化，利用数据平台、算法及主观评价，更客观、更科学地重新考量既有机制下人文社科的相关评价指标，提升对学术成果创新性、严谨性的追求。通过更科学更加被认可的评价体系的建立，鼓励优秀的原创学术论文及著作的出版，并将其推向国际，从而真正促进中国学术的良性发展。

融合与发展：音像出版在数字环境下的生存策略

罗　媛

摘　要： 互联网与手持电子设备的普及，带来了在线阅读产业与电子书的发展，这不仅改变了文字的载体，而且引发了阅读内容的深刻变革和知识传播模式的惊人变化。身处"互联网＋"的新业态，转型升级、融合发展势在必行，这也是传统出版行业近年来不断探索并实践的课题。上海多家音像出版社立足自身的数字化优势，响应政策，抓住此机遇，努力推动数字化项目的实施，在出版规模、渠道建设等板块均有积极的探索，扩大了传统出版的生存空间，从而逐步完成由音像电子产品经营向立体化出版物产业链的延伸升级。

关键词： 融合与发展　数字出版　全媒体开发　媒介素养

自数字出版技术兴起以来，出版行业经历了产业规模的持续扩张与剧烈变革。数字阅读的崛起引发了阅读内容的深刻变革，使得人们获得信息的门槛不断降低甚至消失，一度给传统出版带来了毁灭性的冲击。随着微信、抖音以及各类 App 产品的不断涌现，知识的传播模式发生着惊人的变化。如何在这个变局已定的环境中站稳并脱颖而出，是传统出版行业近年来不断探索并实践的课题。音像电子出版行业就是探寻者之一，从对辉煌过去的缅怀回忆到举步维艰的现实困境，太多的叹息和抱怨充斥，太多的困难和瓶颈需要突破。这是出版业在今天"互联网＋"的时代里的一次"长征"，它可能不会像红军那样震撼世界、彪炳史册，但对于这个行业的发展以及从业者的个体命运而言，应该是意义非常的。

一、传播模式的变迁

（一）传统知识交易模式——免费共享

数字环境下，传统的通过图书、杂志、光盘（磁带）等有形物理载体进行知识付费的模式受到了极大的挑战。因其知识承载媒介的沉重以及支付方式的不便，这种传统的传播模式在互联网经济兴起之时很快遭到了人们的摒弃。在新的知识付费模式没有成熟之前，知识的免费共享开始盛行。

互联网经济兴起之初，争夺用户的一大利器就是免费。从传统的收费模式进入全新的免费模式，大众是乐于接受的。同时，在知识共享这一理念的共鸣中，人们在免费获取知识的同时，也乐于免费上传自己或者他人的作品。

（二）免费共享——知识付费

但是，在免费的知识获取与分享环境中，越来越多的信息与知识被发布、传播，人们面对的信息数量快速增长，这些知识中，不可避免地产生了大量劣质的、来源不清的内容。虚假、无用甚至有危害的信息与知识严重扰乱了人们的视线，浪费了人们大量的时间与精力，甚至导致人们对免费知识的信任危机与信任焦虑。此外，大量的数字复制与传播行为也严重侵害了版权产业的有序经营，使得那些受版权保护的产品无法实现其真正的商业价值。

再者，用户强烈的学习愿望、大量的碎片化时间以及不断提升的付费能力，加上智能手机的普及，推动着用户迫切地想要寻找真正能够提升自我的有用知识。于是，知识传播的模式在2015年便开始了新的变化，微信公众号首先推出了打赏制的付费模式，通过开放功能让用户自愿对所获取的资源信息进行金钱奖励，这便直接促进了知识的变现。另外，拥有一系列重量级IP入驻的"得到"App上线，用户付费199元，便可以获得大咖们一年的专栏知识。懒人听书、喜马拉雅、分答等移动终端，更是借助数字化的技术手段，依托优质的内容产生了最大的经济价值。在这个阶段，知识付费已经取得了市场的普遍共识。而内容产业通过免费迅速占领市场、攫取用户的时代已经过去，精细化、专业化，甚至个性化的知识服务正在席卷而来，并且深得市场欢心。

二、数字环境下音像出版的困境与机遇

（一）数字出版政策环境

2017 年 3 月，原国家新闻出版广电总局联合财政部，再次发布《关于深化新闻出版业数字化转型升级工作的通知》，对进一步推动新闻出版业转型升级进行新的部署，提出新的目标与任务。2017 年 9 月，《新闻出版广播影视业"十三五"时期发展规划》正式对外公布，将深化转型、融合发展作为"十三五"时期新闻出版业发展的重要任务。这体现出政府对于数字出版政策支持力度加大，目标任务更加明确。

（二）音像出版的困境

音像电子出版社曾经是新生事物。20 世纪 80 年代后期，电子音像制品开始在我国兴起，现在国内的电子音像社，大多是在 20 世纪 90 年代到 21 世纪初成立的。相较传统出版社，音像电子出版社拥有更强的技术后盾。音像制品虽是数字资源与实物载体相结合的产物，但媒介携带的不便使得它在数字环境下缺乏竞争力，因此受到了数字化的猛烈冲击，市场份额日益萎缩。这一产业正面临着前所未有的困境：首先，由于获取知识与信息方式的改变，人们渐渐习惯于利用电脑或智能手机无偿或有偿获得内容，而不再完全依赖于需要沉重媒介的音像制品；其次，音像类出版单位通常规模较小、产业集中度不高、自身的技术人员更新不及时，这些都导致整个行业无法快速及时地对数字时代作出反应，在运用其先天优势变数字出版的危机为机遇上也略显踟蹰；再者，我国公民整体上版权意识较薄弱，整个市场缺乏完善的版权法律体系，导致音像资源的盗版情况层出不穷，这对于音像出版无疑是个致命的打击。

（三）音像出版的机遇

改革开放以来，音像出版在经历不短的繁荣之后，由于市场环境的变化、技术的更新以及网络的快速发展，整个行业逐渐开始进入低迷收缩状态。即使在如今这个出版行业整体迈入"数字化"的融合发展时代，音像出版其实也面临着新的机遇。

1. 数字出版类总体收入有重大突破

在第八届数博会上，由中国新闻出版研究院发布的《2017—2018 中国数字出版产业年度报告》主报告中显示，2017 年我国数字出版产业依然保

持快速发展态势，全年规模超过了7000亿，互联网广告、移动出版、在线教育、网络游戏处于收入榜前四位。其中在线教育发展迅猛，已超过网络游戏收入，位居第三。具体为：互联网期刊收入达20.1亿元，电子书达54亿元，数字报纸（不含手机报）达8.6亿元，博客类应用达77.13亿元，在线音乐达85亿元，网络动漫达178.9亿元，移动出版（移动阅读、移动音乐、移动游戏等）达1796.3亿元，网络游戏达884.9亿元，在线教育达1010亿元，互联网广告达2957亿元。[①]

2. 数字教育出版市场日趋成熟

2017年，移动出版收入1796.3亿元，在线教育收入1010亿元，网络游戏收入884.9亿元，网络动漫收入178.9亿元，四者占数字出版收入规模的比例为54.7%。[②] 这些直观的数据均显示移动出版和在线教育都是数字出版的重要发展方向，具有雄厚的发展潜力。这给很多教育类的出版社，尤其是制作数字资源有着先天优势的教育类音像出版社指明了一道大有可为之路。

2017年初，国务院印发《国家教育事业发展"十三五"规划的通知》，明确提出"互联网＋教育"成为国家教育事业的重要抓手，为数字教育出版带来发展机遇和空间。随着教育出版转型升级、融合发展渐趋深入，数字教育出版发展模式日趋多元，已然成为出版业融合发展探索的重要领域。这对于出版单位，尤其是音像出版来说，无疑是其进行教育出版转型的重大机遇。如何把握好数字教育产品市场这个日趋成熟的新版块，也是音像出版社能够顺利完成转型的关键因素。在立足自身丰富教育资源的基础上，着力于教育中的课前、课中、课后的不同场景，围绕教程、教辅、测试、作业各类内容，完成学前教育、基础教育、高等教育、职业教育、在线培训等领域的市场布局，制作出具有双效的数字教育产品，是数字出版环境给予音像出版社的一大努力方向。

三、传统出版的回应

近年来，不时传出"知识付费如日中天，传统出版腹背受敌"的声音，那么如何在这股知识服务模式的浪潮中站稳脚跟，如何从知识服务的

---

① ② 中国政府网.《2017—2018中国数字出版产业年度报告》主报告［EB/OL］. http://www.cbbr.com.cn/article/123368.html.

角度重新审视自身的出版活动，并由此作出积极响应，对传统出版来说是一个严峻的命题。

面对巨大的市场空白，各类技术公司、民营图书出版商、传统图书出版纷纷试水数字出版，更有出版社成立了专门针对数字出版业务的部门，进行重点建设。而在媒体特征上更亲近数字技术的音像出版社，更应该把握这难得的转型机遇，在创新中求变，积极探索数字转型，实现产业升级，从而完成出版业从传统单一的发展模式向融合发展时代的迈进。

最初概念上的数字出版，是指在出版的整个过程中，将所有的信息都以统一的二进制代码的数字化形式存储于光盘、磁盘等介质中，信息的处理与接收则借助计算机或终端设备进行。它强调内容的数字化、生产模式和运作流程的数字化、传播载体的数字化和阅读消费、学习形态的数字化。换句话说，数字出版是在传统出版的基础上，利用技术的手段实现的一种新形态。就这一点而言，音像出版社已经领先大多数图书出版社一大步，其本身的通用载体即磁带、光盘、U 盘，因此，音像出版社本身对数字出版的技术力量是有积累的。所以，音像出版社如今面临的难题并不是内容的数字化，而是在出版行业全面迈入"数字化"的时代，如何借助新媒体技术的支持，将自身的优质内容资源从沉重的磁带、光盘的载体中延伸出来，达到增值的目标，从而以全新的姿态为读者提供更便捷、更有价值的音像电子内容。

（一）加强信息系统的建设，夯实数字出版转型基础

随着数字出版环境的逐渐明朗，传统出版社面临着管理模式与运营模式的变革，对资源管理和业务流程的数字化管理也迫在眉睫。因此上海多家出版社都加大投入，加强信息系统的建设，就此通过信息化手段实现数字化管理的模式，进而实现资源的合理安排与统筹兼顾。

为了更好地适应音像出版在数字环境下的转型，上海教育音像出版社通过学习借鉴多家出版社和互联网企业的成功经验，结合自身音像的特点和立体化出版的发展战略，制定了上海教育音像出版社数字化转型发展战略，明确了将出版社打造成一个"集优质内容资源为中心、数字化管理为手段、多元化立体开发的教育出版商"。其中的数字化管理涉及三个方面：一是在转型之初即成立专门的新媒体部门，从全社的角度统筹协调数字出版工作；二是建立健全完善的信息化管理系统，这包括：1. 内容管理系统，进一步实现内容资源的数字化管理、储备、加工，帮助内容生产部门全面

地对全社资源进行数字化协调和优化增值服务，有效地提升社内资源的优化程度和再使用率；2.OA 系统，上海教育音像出版社用时两年设计开发了一套针对本社经营方针的、适应数字化出版环境的线上办公系统，使得出版社从编辑、印制、发行再到行政、财务等业务与管理流程完全实现了数字化管理，增强了全社的数字意识，也大大提升了各部门的沟通效率。

（二）准确定位市场，瞄准目标客户

现代社会，人口结构、收入水平、受教育程度、年龄结构、城镇化等社会因素带来全民阅读需求的分化，为此，出版行业逐渐形成若干特点显著的细分市场。出版社只有立足自身优势，精准定位目标客户，按照其需求提供与之相匹配的个性化数字出版产品与服务，才能赢得一席之地。这是出版社数字出版转型的起点和成败的关键。

教育类产品对中国出版业影响巨大。教育类出版社中的音像出版社，更是可以依靠自身常年在教育类电子、音像、网络出版物领域的积累，在数字化环境下进行出版的升级是具有先天优势的，因此这类出版社的出版市场尚算客观。在新的出版环境下，需牢牢把握住社内现有的丰富教育类产品资源，并将之有规模地集合起来，结合新型的营销手段，即通过社交和互动形成精准用户与社群，利用强大的平台以及线上销售的无限货架，形成客观的市场，即可真正实现以数字出版为手段，向目标用户准确输送内容与服务，进而打造核心竞争力强劲、品牌突出、定位准确的教育类出版平台和传播体系。

基础教育产品是上海教育音像出版社的立社之基和强社之本，面对迅速发展的网络出版环境和复杂多变的教辅市场，出版社一直立足上海本土，深耕本土教育资源，目标明确地继续打造精品教辅产品，凸显其专业特色。近年来，出版社在准确定位市场和用户的基础上，策划并推出了一系列契合市场需求，发挥自身优势的产品，包括《中华优秀传统文化经典诵读》《古诗诵读》《生活中的科学》《学生诗词日历》《幼儿科学小实验》《新编英语听力训练》等，均为出版社赢得了不错的市场口碑与经济效益，也为其进一步推进数字出版的发展提供了广泛的市场与经济基础。

（三）坚持内容为导向，立足精品意识

音像电子出版行业，作为传统媒体的细分行业之一，一向处于边缘化的地位，产品形式单一、投入成本高、人才队伍凋零等问题一直存在，因此抓住宏观政策的指引与行业发展需求的双重机遇，便是音像出版行业转型的重要时刻。

知识共享时代，网络上的内容是海量且参差不齐的，如何实现自身资源的内容增值，并在众多的资源中脱颖而出，是出版业，包括音像电子出版行业值得重视的首要问题。出版行业是内容产业，无论是做传统音像出版还是数字出版，都应该反思数字出版时代要求出版者担负的责任与使命，应把自己定位为内容生产者与提供者，坚守"工匠精神"，追求出版内容的质量，并进一步善于利用数字运营方式为优质的内容服务，满足市场对于优质内容的强烈诉求。

上海教育音像出版社作为一家立足基础教育，面向终身教育的音像产品出版社，在风云变幻的出版环境中，始终坚持以内容为导向。如何抓住时代精神，打造精品，传播经典，表达中国教育核心与精神，一直是这个出版社坚持的方向。以国家"十三五"音像制品出版规划骨干工程的纪录片《家风·家教·家训》为例，选题策划伊始，出版社便敏锐地把握住习近平总书记在曲阜考察时强调"国无德不兴，人无德不立"的精神，意识到加强全社会的思想道德建设，离不开家风的传承。家风是一个家庭、家族在世代累居、繁衍生息的过程中所形成的较为稳定的生活作风、传统习惯和道德面貌。举凡国家精英、名门望族无不看重自己处世思想、应世经务、学习态度对子孙的传承，这种传承需要一种载体，这种载体就是家风。由此，选题《家风·家教·家训》应运而生。

在策划整个项目的过程中，上海教育音像出版社一直秉持这样一种立场：希望通过传统视频专题片的形式，通过大量历史故事的再现，加上名人之后与权威专家别开生面的解读，让观众在故事中的演绎中，了解中国历代的"家风·家教·家训"，学习到历代家庭教育的经验，进而在专家的循循善诱中，能够去粗取精，识别出传统家训中沉淀的整个民族的人生智慧。

（四）内容与渠道、经营、管理的多方面融合

在数字出版的转型升级过程中，出版行业的全球化、信息化发展态势日益显著，媒体融合、"知识＋"、云计算和大数据已经上升为国家战略，在此行业背景下，上海教育音像出版社坚持以促进传统出版与新兴出版的高度融合为宗旨，稳步推进传统出版的转型升级，积极实行推进内容、渠道、平台、经营与管理等方面深度融合的举措，努力实践"一种态势：一项内容，多种创意；一个创意，多次开发；一次开发，多种产品；一份产品，多种形态；一次销售，多种渠道；一次投入，多次产出；一次产出，多次增值。"①从而打造一个集内容生产与营销于一体的多元立体的知识产品线与知识服务布局，进而在数字出版环境中实现出版的提升与增值。

但是，如何将传统媒体和新媒体进行嫁接？如何实现一项内容多次增值的目标？

就这个问题，多家出版社进行了多方面的探索。如上海文艺音像电子出版社在建设之初，就与上海音乐出版社合力打造了"图书联动配音像"的出版模式，如今看来，这是一个极具前瞻性的创举。到了网络快速发展的数字出版时代，他们又进行了一系列从内到外的调整与创新。2015年，顺应去载体化的趋势，两社开始尝试使用随书附二维码供读者随时、随地扫码收听音频、收看视频的出版形式，这完全是一次针对出版形态、销售渠道、增值形式的全面提升。到了出版行业整体迈入数字出版环境的时代，两社的出版思路也不再局限于只进行纸质图书与配套光盘的呈现，而是开始更全面地考虑产品的数字化工作。策划有声产品时，在研发前端就考虑到产品的后续呈现形态，通过"图、文、音、像、谱"实现音视频等与音乐图书的立体配套。

近年来，两社准确把握时下大趋势，积极营销，保持开放心态，与具备新技术、前瞻性的机构进行了深度合作。他们以钢琴相关内容为主体，在"互联网＋制造业""互联网＋出版业""互联网＋音乐教育产业"等多个领域，以新媒体、新业态实现创新驱动，构建钢琴教学数字化、智能化新体系。其中，"看，这本书可以听"有声乐谱电子曲库就是一个非常典型的代表。该曲库由两社与一家民营技术公司合作开发而成，主要是在移动端上实现对乐谱的阅读，具有分手、分段、调速等自定义视听及互动教学等功能，可应用于数字出版、移动阅读、在线教育等领域，实现了对纸质乐谱的优化升级。该曲库和相关应用极大地方便了钢琴学习者的学习过程，可以将老师与家长在学习过程中解放出来，通过安装应用能在演奏钢琴时自动感知出节奏和错误，也可设置成左右手弹奏进行强化练习。②

作为专业教育领域的音像电子出版社，上海教育音像出版社也一直致力于利用出版社长期积累的行业业务关系和内容资源积累，积极开发上海

---

① 蒋建国.走稳走快走好融合发展之路［J］.新湘评论，2015（01）：4—8.

② 路遥.音乐是声音的艺术：上海文艺音像电子出版社的数字化转型之路［EB/OL］. http://www.cptoday.cn/news/detail/3027.

高中数学学科自适应学习平台。该平台是面向上海市广大高中学生、教师群体，通过移动互联网技术整合线上线下学习资源，旨在集"自主学习、问题诊断、学习规划、结构完善"于一体的自主学习平台。通过平台能跟踪和掌握学生特点、学习行为、学习过程，利用大数据技术、采用科学模型能分析出学生的知识缺陷及能力缺陷，从而帮助教师制定针对性的教学策略，智能推荐科学的学习路径和学习资源，最终满足学生"个性化学习"的需要。

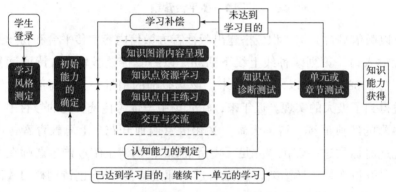

图1 高中数学自适应学习流程

仍以前文提及的十集人文纪录片《家风·家教·家训》为例，继成功开发了精装版、简装版音像制品后，上海教育音像出版社就这个选题开始了深度开发：横向上，积极与文字出版社合作，聘请国内知名作者，撰写了对应十大主题的"上海市家庭教育系列读本"；纵向上，努力把古代的家风、家教、家训做细做实，又邀请复旦大学博杰教授撰写并主讲了40集系列片《中国家风故事》，产品以时间为脉络，涵盖了中国古代家风与家训中的核心内容，从实用性角度对国学的深度挖掘，使得对于传统家训的解读获得了故事性短片般的生动质感和鲜活意趣，极具代入感和启发性。这也算是对于十集纪录片的细化与深入开发。

（五）营销的多平台并举

随着数字技术的不断发展，越来越多的读者更习惯于通过网络来获取知识及各类信息，因此，仅仅依靠传统的营销手段，如地推、宣讲会、专题讲座等已不能将信息有效及时地传递给读者。

上海教育音像出版社积极突破传统出版的营销方式，尝试利用数字化的手段改造传统出版的营销方式，积极构建发行营销网络，全力推进内容、技术与市场的融合，借助天猫线上销售、微信平台、微店、知识付费平台、小程序等多种销售平台，充分提高了出版社的运营效率。如下图所示：

图2　多平台营销

以微信平台为例，积极搭建出版社官方微信内容宣传平台和粉丝互动的社群入口，策划多种线上线下活动。以一套传统教辅《古诗诵读》为例，自2008年开发以来，十年来，该套教辅的销量一直居高不下，经济效益得到了极大的实现。近年来，在弘扬中华优秀传统文化的号召中，丰富多彩的经典诵读、诗词大赛、文化讲堂遍地开花。上海教育音像出版社也适时抓住这一契机，立足《古诗诵读》，邀请主编过传忠老师在微信公众号开设专栏《诵读杂谈》《跟着过老师读诗》，并自创诗词栏目《读首诗》，获得了粉丝的积极互动，同时，有延续性地每年举办以"中华优秀传统文化"为主题的传播行动，通过特色学校走访、特色学校网络投票、赠书活动等形式，覆盖全市百余所学校6万余名师生、家长参与，这些线上栏目与线下活动的推出，直接影响是提升了《古诗诵读》的销量，也大大提高了粉丝活跃度，扩大了出版社产品的品牌知名度和影响力。

再以知识付费平台为例，上海教育音像出版社积极整合了社内内容资源，通过搭建知识付费平台，实现在平台上管理、销售和推广内容，并向用户群体发布知识付费内容，用户则通过不同的渠道实现了对感兴趣内容的消费。

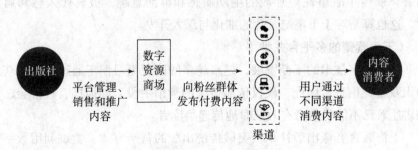

图3　知识付费导图

老牌重量级出版商华东师范大学出版社也早已开始了数字营销的探索。早在 2012 年，华东师范大学出版社就开始联手当时全国最大的互联网学习平台沪江网签订战略合作协议，这是一次出版人与 IT 人的重要"牵手"。这样的合作，使得华师大出版社的线下优秀资源通过沪江网广泛传播并进而实现销售，在营销上实现了用户的全年龄层覆盖和 PC、手机、实体书等多渠道输出内容资源，大大助力了华师大的数字化出版进程。这是一次传统出版与数字出版的新探索，双方在探索新的产业机遇的过程中，都实现了各自效益的最大化，既促进了传统出版向数字化和网络化的转变，也让数字出版更好地吸收了传统出版内容的精华，同时也体现了数字营销在数字环境下的巨大推动力。

（六）立体化多维度开发

在今天这样一个互联网思维逐渐成为主流的出版环境中，传统领域仍然是一个可以有新发现与新开发的空间，但需要更多积极的尝试，如互联网平台的搭建、文化活动、影视剧的制作与版权交易，这就产生了所谓的立体化全媒体开发，既有行业跨界，即从自身优势出发，整合不同领域、不同业态的力量，打造更丰富更受市场欢迎的产品和模式；又有区域跨界，不同区域必然有不同的生产资源和消费需求，区域跨界整合能把这样的差异化变成各显所长、各取所需。"简单来讲，我们要以内容主题为核心，形成一个立体的产品线，运用互联网思维，将每一本纸书都看作是一个产品去打造"。[①] 传统出版商（华东师范大学出版社、上海教育音像出版社、上海文艺电子音像出版社等）顺应这一产业融合趋势，陆续对本社的全媒体产业进行了布局，出版市场先后涌现了多种形态的教育产品。

华东师范大学出版社，作为一个走"大教育"之路的大学出版社，依托其自身专业优势，深耕细作，围绕"智慧树全媒体数字教育解决方案"，对其品牌"智慧树"进行了多年级、多学科、多载体的全方位立体化开发，产品包括：（1）"智慧树"中小学数字教学系统；（2）"美慧树"儿童早期教育全媒体解决方案，这是一个基于原创图画本的学前教育主题课程资源，实现了手机、智能平板、交互式白板等数字终端通过移动互联网的无缝对接；（3）"智慧树"移动学习端，这是利用移动终端和二维码技术将

---

① 冯宏声. 冯宏声深度解读新闻出版业"十三五"时期科技发展规划［EB/OL］. http://www.bookdao.com/article/214794/.

传统教辅材料的平面内容与云端多媒体教学讲解资源相关联，实现了学生的按需个性化学习；（4）"智慧树"中小学公共安全教育平台。[①] 这次的持久开发算是传统出版社在互联网时代，利用信息技术和新媒体传播方式将内容资源进行整合加工、立体开发的重要举措，也是布局传统出版向数字出版的重大建设。

上海教育音像出版社则从自身实际出发，在最新的产品《学生诗词日历2019》中尝试了立体化多维度开发产品。首先，为了从众多包装精美精品的诗词日历中脱颖而出，上海教育音像出版社将日历包装成一部有声音的日历，通过扫描每个日期中的二维码，读者可以轻松收听到对应日期的诗词朗诵；其次，将出版的触点从日历书本身延伸到了相关的文创产品，如文创笔记本、诗词和纸胶带、心意卡、帆布袋、钢笔字帖等，有了文创的概念，所出版的产品就不仅仅是一个简单的出版物，而真正成为了一个文化产品；再者，围绕诗词日历这一实体产品，利用微信平台，积极举办了征集画作、评比好声音、朗诵诗歌等形式多样的文化活动，一个简单的出版活动由此演变成一场精彩纷呈的传统文化盛宴。

（七）加快数字出版人才新技能培养

随着传统出版向数字出版转型的加速，编辑的工作覆盖面更广了，工作对象也更复杂了，因此编辑需要主动打破原有传统出版的角色定位，在保持传统出版所需的基本工作素养之余，更要熟练掌握数字出版所需的新媒体技术和传播手段，使自身逐渐从单一的知识结构向复合型的知识结构转变，这是保证出版社成功完成数字出版转型、形成核心竞争力的必要条件。在数字出版时代，编辑的媒介素养是直接影响到出版社能否顺利完成数字出版融合与发展的。数字出版时代编辑的媒介素养包括媒介意识、媒介制作能力、媒介交互传播能力等。[②] 首先，数字出版时代由于信息量的快速膨胀，编辑的媒介意识便具体表现为策划选题时是否具有全媒体意识，在进行选题策划时，编辑必须了解报刊、电视、手机、社交网络等各种媒体的运营方式，掌握其运作流程，熟悉他们的内容呈现形式；编辑还得掌握各种媒体受众的阅读习惯以及不断发展变化的阅读趋势。其次，数字出版时代中，编辑的工作不再被单纯地界定为文字编辑、图片编辑、音

① 王健，孙婷. 依托专业，不断创新，积极推进传统出版数字化转型——华东师范大学出版社数字化转型之路 [J]. 编辑学报，2014（6）：13—14.

② 梁光铁. 知识经济时期科技期刊编辑信息能力的重塑 [J]. 编辑学报，2001（4）：232.

视频编辑等众多类型中的某一类。因为随着时代的发展，不同编辑的身份边界被模糊化，编辑必须同时掌握多项能力和媒介协同制作能力，成为集多功能于一身的多媒介全能编辑。另外，为达到传播效果的最大化，编辑不仅要准确把握内容，还能选择其中一种或多种媒介对内容进行深加工和实时发布，用以迎合不同媒体的受众需求；再者，编辑的媒介交互传播能力在媒介素养中显得尤为重要。首先编辑要善于利用各种媒介平台，例如：微信、微博、论坛、网络社区、抖音等，与作者、读者等进行双向或多向即时沟通，通过互动达到沟通思想、扩大品牌宣传的效果，并从中准确把握出版市场动向和受众的心理需求。当下，随着出版全球传播的发展，编辑的全球传播能力也成为媒介素养的一个重要方面。值得注意的是，提到全球传播能力又必须要求数字出版时代的编辑具备数字版权意识，在编辑的过程中严禁侵权行为的发生。

四、数字出版中制度的保障

为了推动数字出版的繁荣发展，无论是国家宏观层面还是出版社个体都进行了创新探索。

2016 年 3 月，国家"十三五"规划纲要全文公布，关于新闻出版的八个方面工作被写入"十三五"规划纲要。2018—2020 年，是"十三五"规划冲刺、收官的关键三年，明确提出"到'十三五'期末，新闻出版业数字化转型升级全面完成，传统出版与新兴出版融合发展初见成效；打造一批新兴出版与传统出版融合、两个效益俱佳、具有示范效应和强大国际竞争力的复合型出版机构，培育一批具有国际领先水平的新兴数字出版企业"，同时提出"数字出版总营收保持年均 17% 的增长速度，国民数字阅读率达到 70%"。由此可见，数字出版是拥有明确的制度保障和发展方向的。

依托政策扶持，上海各家音像出版社努力抓住机遇，在扎实做好编校质量管理、编务管理等方面工作的同时，也在积极有效地推动数字化项目的实施，在出版规模、渠道建设等板块以各自优势出版物为重点，通过机制创新，促成同一内容的多重开发，实现内容利用增值和规模效应，全力推进文化与技术以及市场融合，从而逐步完成由音像电子产品经营向立体化出版物产业链延伸升级。

　　时至今日，出版的外在形态不断地被技术发展所颠覆，出版业的前景充满了未知性。然而，对于音像出版行业而言，即使未来不可预知，仍然可以从现实的点滴迹象中预见行业发展的若干趋势：

　　（1）传统电子音像出版在与新兴媒体融合发展的背景下，内容为王依然是指导思想，创新是必由之路，而这种创新是包括内容建设创新、渠道平台创新、专业人员创新、营销手段创新等多个方面；

　　（2）数字化的环境下，出版产业由技术助力，正在全面进化；

　　（3）未来仍是教育出版的大市场。在出版的确定与不确定中，我们需要做的仍然是学习、实践，提升自身的核心竞争力和传播影响力，以稳健的步伐跨入数字出版的第一方阵。

上海网络文学走出去：现状、问题与发展趋势

宋玉婷

摘　要： 近年来，我国网络文学走出国门，不仅传遍东南亚等文化生产力相对薄弱的地区，甚至涵盖美日韩等文化输出大国，在国际文化舞台上占据了一席之地，因此有人将我国网络文学同美国好莱坞、日本动漫以及韩国电视剧并称为"世界四大文化奇观"。上海阅文集团作为网络文学行业的龙头企业，不仅与国外众多网络文学翻译平台合作，输出优质网文作品版权，还在海外建立了自有翻译平台——起点国际（Qidian International），为我国的网络文学"走出去"贡献重要力量。本文主要研究我国网络文学在海外的发展现状、问题与趋势，以期为我国文学"走出去"提供实际经验和启示。

关键词： 网络文学　起点国际　走出去

一、网络文学"走出去"的背景及动因

（一）网络文学"走出去"的背景

1. 网络媒介的发展

随着网络媒介的发展，各个国家的读者可以通过翻译网站阅读中国网络文学，同时网络革命的到来也引爆了中国巨大的阅读需求和创作潜力。网络媒介不仅创造了传播渠道也带来了许多具有创造力的作家和优秀的网络文学作品。

2. 海外影视剧及 ACG 文化的影响

网络时代，ACG（动画、漫画、电子游戏）文化居于主导地位，海外

影视剧尤其是美国的好莱坞、风靡全球的韩剧、高贵典雅的英剧也成为当下的主流。① 而我国的网络文学创作也受到海外影视剧和 ACG 文化的影响，大量的重要作者和铁杆粉丝也是多年来英美日韩剧、ACG 文化培养的粉丝。

3. 我国网络文学在海外有一定的影响力

欧美以类型小说为主导的畅销书机制在印刷文明阶段就已建立，发展至今已相当成熟。从另一角度说，正是由于其太成熟发达，依靠强大的惯性，一直到今天仍然能维持运转，作家和读者都没有足够的动力去跨越媒介变革。我国的网络文学处于一枝独秀的状态，并且随着各大粉丝翻译网站的建立，读者的追捧，在海外有一定的影响力。②

（二）网络文学"走出去"的动因

1. 政策扶持

国家广电总局印发的《关于推动网络文学健康发展的指导意见》，明确提出要开展对外交流，推动"走出去"。文化部出台的《关于推动数字文化产业创新发展的指导意见》，提出了发展数字文化产业的指导思想、基本原则和发展目标。《一带一路文化发展行动计划》也号召文化骨干企业率先走出去，发展重点项目及产业合作等。

2. 市场需求

整个国际网文市场处于混沌初期，充满挑战的同时也布满发展机遇。欧美发达国家拥有完善的自出版系统，优秀的作品都可以通过出版社出版，只有质量低劣的作品会在网络上发表，网络文学创作人才与内容产量严重不足，而我国网络文学作品数量庞大且不乏优秀作品，可以填补这一市场空白。

3. 文化吸引

中国网络文学作品中的玄幻、武侠以及网游题材在国外的文学作品中不常出现，结合异域文化对国外读者的吸引力极大。并且中国网络文学作品相较于中国传统文学作品在语言表达上浅白易懂，便于海外读者的理解。

---

① 邵燕君，吉云飞，肖映萱. 媒介革命视野下的中国网络文学海外传播 [J]. 文艺理论与批评，2018，02：119—129.
② 艾瑞报告. 2017 年中国网络文学出海白皮书 [EB/OL]. 艾瑞网，2017-09-14 [2019-02-25]. http://report.iresearch.cn/report/201709/3057.shtml.

4. 企业助推

中国数字阅读产业蓬勃发展，核心企业网络文学作品数量储备充足，覆盖种类繁多，"走出去"的优势明显。且随着国外网络文学翻译网站的建立与良好发展，中国网络文学的海外影响力不断提升，国内企业乘势而为，不断完善自身的战略布局，提升竞争力。

二、起点国际原生内容生产

起点国际（英译名 Qidian International，https://www.webnovel.com）是中国网络文学领先门户阅文集团旗下的英译网站，预热版于 2017 年 1 月上线，正式版于同年 5 月 15 日上线。起点国际的上线时间虽不是最长的，但发展势头迅猛且小说类型最为丰富，共 12 个小说类型，是唯一一个既包含男频小说又有女频小说的网络文学翻译平台。此外，起点国际依托国内网络文学龙头企业——阅文集团，在版权和资金上有着其他翻译平台无可比拟的优势，其翻译团队也最为庞大，所以笔者选择起点国际，分析网络文学"走出去"原生内容生产现状。

（一）原生内容生产模式——专业内容生产

国内网络文学网站的内容生产模式是写手自主上传，因此人人有机会作为网文作者来发布作品，网站的作者海量，内容海量。起点国际上架网络文学作品的模式与国内网络文学网站的写手自主上传模式不同，是经过网站编辑严格筛选的。上架作品的作者等级较高且在国内拥有一定的知名度，作品本身也经受住了国内市场的检验，因此相对于国内网络文学网站而言的，起点国际原生内容生产模式是专业内容生产。笔者将在下文从作者和作品两个角度就"专业"展开论述。

1. 创作经验丰富的作者

阅文集团旗下共有 640 万签约作者，未签约的更是数不胜数。阅文集团按照作家的价值创造能力区分作家的层级。为保证每个阶段的价值作家都能真实体现，作家等级的生成将按照作家上一年所产生的作家积分换算，每年更新一次。原创文学作家等级由五星作家和品牌作家两部分构成。五星作家包括 LV1—LV2—LV3—LV4—LV5，品牌作家包括大神作家和白金作家。大神作家是指 5 星长约作家中的翘楚，订阅成绩出色、版权拓展成就出众者，是业界公认的优秀作家。白金作家是指网络原创文学界的领军人物，订阅成绩斐然，版权拓展成就有目共睹，是业内公认的顶尖作家。截至 2019 年 3 月，起点国际上架的网络小说共出自 185 位作者之手，5 星及 5 星以上级别作者共 169 人，占比 91.4%。由此可见，网络文学"走出去"原生内容作者不是"小白写手"，而是具有丰富创作经验的成熟作者，是网络文学创作领域的"专家"，所以从作者角度来讲，起点国际的原生内容生产具有专业性。

2. 经受住市场检验的作品

起点国际上架的 240 部作品中，共有 215 部作品出自 5 星及以上等级作家之手，占比 89.6%。这 240 部作品深受国内读者的喜爱，经过国内市场的检验，具有较高的作品影响力，无论是作品的点击量、推荐量还是评论数都十分可观。以玄幻类作品《圣墟》（英文译名为《the Sacred Ruins》）为例，排在国内总推荐榜的第 2 位，2715 万总推荐，9716 万总点击，80 万总粉丝评论。经过编辑筛选并上传起点国际的作品质量较高，所以从作品角度来讲，起点国际的原生内容生产也具有专业性。

因此，从作者等级和作品质量维度来看，"走出去"的网络文学作品原生内容生产模式是专业内容生产，上架起点国际的作品是经过筛选的网络文学领域中具有专业性的作品。

（二）起点国际作品类型设置

1. 起点国际作品类型设置概况

起点国际自上线起共设置了 12 个作品类型，分别是 Eastern Fantasy（玄幻）、Romance Fiction（言情）、Video Games（游戏）、Magical Realism（都市）、Fantasy（奇幻）、Science Fiction（科幻）、Realistic Fiction（现实）、Martial Arts（武侠）、War & Military Fiction（军事战争）、Competitive Sports（体育竞技）、Horror & Thriller Fiction（惊悚恐怖）、Historical Fiction（历史）。

截至 2019 年 3 月，起点国际共上线 240 部网络文学作品，排在第一位的是 Eastern Fantasy（玄幻），共 81 部，占比 33.8%。第二到六为分别是 Romance Fiction（言情）48 部，占比 20%；Magical Realism（都市）31 部，占比 12.9%；Fantasy（奇幻）22 部，占比 9.2%；Science Fiction（科幻）20 部，占比 8.3%；Video Games（游戏）18 部，占比 7.5%。其他 6 种类型作品共 20 部，共占比 8.3%。

2. 起点国际作品类型设置特点

第一，起点国际作品类型设置丰富，但类型设置倾向性明显，呈现断裂式布局特点。起点国际上共设置 12 个作品类型，与其他翻译网站相比，类型十分丰富，但在类型设置中以 Eastern Fantasy（玄幻）为绝对主导类型，Magical Realism（都市）、Fantasy（奇幻）、Science Fiction（科幻）、Romance Fiction（言情）及 Video Games（游戏）为辅助类型。截至 2019 年 3 月，上述 6 种类型作品共 220 部，占比 91.7%。而 War & military Fiction（军事战争）、Realistic Fiction（现实）、Martial Arts（武侠）、Competitive Sports（竞技体育）、Horror & thriller Fiction（恐怖惊悚）以及 Historical Fiction（历史）这 6 种类型作品总数量始终没有超过 20 部，总占比始终没超过 10%，愈发被边缘化，因此类型设置倾向性明显呈现断裂式布局特点。

第二，随着起点国际对海外市场探索的深入，主导类型及辅助类型比重变化明显，占比差距缩小，边缘类型持续被边缘化。起点国际上线一周年时，作品类型设置比重的排名是 Eastern Fantasy（玄幻）、Fantasy（奇幻）、Magical Realism（都市）、Science Fiction（科幻）、Romance Fiction（言情）、Video Games（游戏）。截至 2019 年 3 月，虽然 Eastern Fantasy（玄幻）在数量上一直保持着无可比拟的优势，但类型占比从 44.2% 降至 33.8%，新增作品数量排在第三位。Romance Fiction（言情）为发展速度最快的作品类型，作品增长量为 34 部，排在所有类型增加量的首位，涨幅高达 242.9%，占比从 9% 上升至 20%，比重排名由第五上升为第二，仅次于 Eastern Fantasy（玄幻）。Video Games（游戏）和 Magical Realism（都市）属于稳步发展的作品类型，作品数量增加较多，占比小幅上升。Science Fiction（科幻）和 Fantasy（奇幻）属于缓慢下滑的作品类型，作品数量小幅增长，但类型占比缓慢下降。其他六种类型作品总占比从 2018 年 5 月的 9.6% 下降至 8.3%，被边缘化趋势加重。

（三）海外读者阅读类型偏好

在本小节，笔者将从各类型作品的点击量、评分、推荐情况三个维度来分析海外读者阅读类型偏好。

1. 海外读者阅读类型偏好——基于各类型作品点击量维度

点击量是衡量作品热度的重要指标之一，笔者收集并整理了起点国际上架作品的点击量，从点击量角度分析海外读者的阅读类型偏好。起点国际一周年时，上线的 156 部作品的平均点击量为六百万，点击量排名前十的最低值为二千二百万，点击量排名前二十的最低值为一千三百万。笔者按照小点击量（小于一百万）、平均点击量六百万以及点击量排名前 20 的最低点击量一千三百万和排名前 10 的最低浏览量二千二百万为分段节点，划分 5 个分段，制成作品点击量分段表以展现各个类型作品的点击量情况。为方便描述，笔者将各个分段从低到高命名为最低分段（0＜V＜1M）、低分段（1M≤V＜6M）、中分段（6M≤V＜13M）、高分段（13M≤V＜22M）以及最高分段（V≥22M），V 代表点击量，M 为百万。如下表（表 1）所示：

表 1 截至 2018 年 5 月各类型作品点击量分段表（单位：部）

作品类型	最低分段	低分段	中分段	高分段	最高分段	合计
Eastern Fantasy	14	32	13	4	6	69
Romance Fiction	3	2	8	0	1	14
Science Fiction	5	6	3	2	0	16
Video Games	1	2	3	1	1	8
Fantasy	4	9	1	1	2	17
Magical Realism	4	9	2	2	0	17
Realistic Fiction	1	2	1	0	0	4
Martial Arts	3	1	0	0	0	4
War & military Fiction	1	1	0	0	0	2
Competitive Sports	1	1	0	0	0	2
Horror & thriller Fiction	2	0	0	0	0	2
Historical Fiction	0	1	0	0	0	1
合计	39	66	31	10	10	156

从上述表格可以看出，截至 2018 年 5 月，点击量集中于低分段（1M≤V＜6M）作品数量最多，共 66 部。点击量主要集中于低分段的作品类型有七种，分别是：Eastern Fantasy（玄幻）共 32 部，占该类型 46.4%；Fantasy（奇幻）共 9 部，占该类型 52.9%；Magical Realism（都市）共 9 部，占该类型 52.9%；Science Fiction（科幻）共 6 部，占该类型 37.5%；War & military Fiction（军事战争）共 2 部，占该类型 50%；Historical Fiction（历史）共 1 部，占该类型 100%；Realistic Fiction（现实）共 2 部，占该类型 50%。点击量集中于最低分段（0M＜V＜1M）的作品类型有两种，分别是：Martial arts（武侠）共 3 部，占该类型 75%；Horror & thriller Fiction（恐怖惊悚）共 2 部，占该类型 100%。点击量集中

于中分段（6M≤V＜13M）的作品类型有：Romance Fiction（言情）共 8
部，占该类型 57.1%；Video Games（游戏）共 3 部，占该类型 37.5%。在
点击量最高分段（V≥22M），Eastern Fantasy（玄幻）作品 6 部，占该类
型 8.7%；Fantasy（奇幻）作品 2 部，占该类型 11.7%；Romance Fiction
（言情）作品 1 部；Video Games（游戏）作品 1 部。

为了能进一步挖掘海外读者的阅读偏好，笔者整理了 2018 年 5 月至
2019 年 3 月间上述 156 部作品点击量增长情况。根据计算，平均点击量增
长为一千一百万，笔者以小点击量增长（小于一百万）、平均点击量增长
（一千一百万）、点击量增长排名前 20 的最低值（一千九百万）以及点击
量增长排名前 10 的最低值（三千万）为分段节点，制成表格以展现各类
型作品点击量增长情况。为方便描述，表格中将各分段从低到高命名为最
低增长量（0＜V＜1M）、低增长量（1M≤V＜11M）、中增长量（11M≤V
＜19M）、高增长量（19M≤V＜30M）和最高增长量（V≥30M），其中 V
为增长量，M 为百万。如下表（表 2）所示：

表 2　156 部作品各类型点击量增长情况（单位：部）

作品类型	最低增长量	低增长量	中增长量	高增长量	最高增长量	合计
Eastern Fantasy	4	49	9	4	3	69
Romance Fiction	1	3	2	2	6	14
Science Fiction	3	11	1	0	1	16
Video Games	1	4	2	0	1	8
Fantasy	4	9	2	1	1	17
Magical Realism	1	14	1	1	0	17
Realistic Fiction	1	3	0	0	0	4
Martial Arts	0	2	0	0	0	2
War & military Fiction	1	3	0	0	0	4
Competitive Sports	1	1	0	0	0	2
Horror & thriller Fiction	1	1	0	0	0	2
Historical Fiction	0	1	0	0	0	1
合　计	18	101	17	8	12	156

如上表所示，Romance Fiction（言情）作品的点击量增长集中于最高增长量分段（V≥30M），共有 6 部作品，在该类型中占比 42.9%。其他类型作品的点击量增长都集中于低增长量分段（1M≤V＜11M），其中 Eastern Fantasy（玄幻）类作品 49 部，在该类型中占比 71%；Magical Realism（都市）类型作品 14 部，占该类型 82.4%；Science Fiction（科幻）类型作品 11 部，在该类型中占比 68.8%；Fantasy（奇幻）类型作品 9 部，占该类型 52.9%；Video Games（游戏）类型作品 4 部，占该类型 50%；War & military Fiction（战争军事）类型作品 3 部，占该类型 75%；Martial Arts（武术）类型作品共 2 部，占该类型 100%。在点击量增长最高分段，Romance Fiction（言情）作品 6 部，Eastern Fantasy（玄幻）作品 3 部作品，Science Fiction（科幻）作品 1 部，Video Games（游戏）类作品 1 部，Fantasy（奇幻）作品 1 部。

综上所述，从点击量维度来看，海外读者最喜爱 Romance Fiction（言情）作品，其次是 Eastern Fantasy（玄幻）作品，再次是 Video Games（游戏）作品。

2. 海外读者阅读类型偏好——基于各类型作品评分维度

评分的高低体现着作品质量在读者心中的好坏，也体现着读者的偏好，读者认为的作品"好看"程度与作品评分成正比。起点国际作品的评分最高分为 5 分，笔者按照及格分 3 分、平均分 4.25 分（因起点国际评分保留小数点后一位，所以取 4.3 分为节点）、优秀分 4.5 分为分段节点，将 240 部作品的评分做分段处理。如下表（表 3）所示：

表 3　各类型作品评分分布情况（单位：部）

作品类型	R＜3	3≤R＜4.3	4.3≤R＜4.5	R≥4.5	合计
Eastern Fantasy	0	40	33	8	81
Romance Fiction	0	5	17	26	48
Magical Realism	0	14	4	2	20
Fantasy	0	12	2	4	18
Science Fiction	1	14	2	5	20
Video Games	0	15	11	5	31
Martial Arts	0	3	1	0	4
Realistic Fiction	0	2	2	1	5

作品类型	R < 3	3≤R < 4.3	4.3 ≤ R < 4.5	R≥4.5	合计
War & military Fiction	0	2	2	0	4
Competitive Sports	0	1	2	0	3
Horror & thriller Fiction	0	1	0	2	3
Historical Fiction	0	0	0	1	1
合　　计	1	109	76	54	240

通过表格可以发现，起点国际 240 部作品中只有 1 部作品评分低于及格分 3 分。作品评分主要集中于 3≤R < 4.3 评分段，共有 109 部作品。评分集中于 3≤R < 4.3 分段的作品类型包括：Eastern fantasy（玄幻），共 40 部作品，占该类型作品的 49.4%；Science Fiction（科幻），共 14 部作品，占该类型 70%；Video Games（游戏），共 15 部作品，占该类型 48.4%；Fantasy（奇幻），共 12 部作品，占该类型 66.7%；Magical Realism（都市），共 14 部作品，占该类型 70%；War & military Fiction（军事战争），共 2 部作品，占该类型 50%。在最高评分段 R≥4.5，共有 54 部作品，其中 Romance Fiction（言情）作品数量最多，共 26 部，占该评分段 48.1%，占该类型 54.2%；其次是 Eastern Fantasy（玄幻），共 8 部作品，占该评分段 14.3%，占该类型 9.9%；随后依次是 Science Fiction（科幻），共 5 部，占该评分段 8.9%，占该类型 25%；Video Games（游戏），共 5 部，占该评分段 8.9%，占该类型 16.1%；Fantasy（奇幻），占该评分段 7.1%，占该类型 22.2%；Horror & thriller Fiction（惊悚恐怖），共 2 部，占该评分段 3.6%，占该类型 66.7%；Magical Realism（都市），共 2 部，占该评分段 3.6%，占该类型 10%；Historical Fiction（历史），共 1 部，占该评分段 1.8%，占该类型 100%；Realistic Fiction（现实），共 1 部，占该评分段 1.8%，占该类型 20%。

综上所述，从各类型作品评分维度来看，海外读者更偏爱 Romance Fiction（言情）作品和 Eastern Fantasy（玄幻）作品。

3. 海外读者阅读类型偏好——基于作品推荐榜维度

推荐量是最能直观反映海外读者阅读类型偏好的维度，起点国际根据作品推荐量形成推荐榜且每周更新一次。在 2018 年 6 月至 2019 年 3 月，笔者从每个月中抽取 1 周的推荐榜单组成分析样本，选取每个榜单中推荐量排名前 20 的作品，分析作品类型构成，如表 4 所示。

表 4　各周推荐量排名前 20 作品类型构成情况（单位：部）

作品类型	一周	二周	三周	四周	五周	六周	七周	八周	九周	十周
Eastern Fantasy	6	7	6	7	5	4	4	4	4	3
Romance Fiction	5	6	4	6	8	8	9	9	9	9
Magical Realism	2	1	2	1	1	1	1	1	1	1
Fantasy	2	2	3	2	2	2	2	2	2	4
Science Fiction	2	2	2	2	1	1	1	1	1	1
Video Games	2	2	3	2	2	3	3	3	3	2
Realistic Fiction	0	0	0	0	0	0	0	0	0	0
Martial Arts	1	0	0	0	0	0	0	0	0	0
War & military Fiction	0	0	0	0	0	0	0	0	0	0
Competitive Sports	0	0	0	0	0	0	0	0	0	0
Horror & thriller Fiction	0	0	0	0	0	0	0	0	0	0
Historical Fiction	0	0	0	0	0	0	0	0	0	0

　　通过上述表格可以看出，在 2018 年 6 月至 2019 年 3 月，推荐榜前 20 名的作品主要集中于 6 个类型，以 Eastern Fantasy（玄幻）和 Romance Fiction（言情）为主导，Video Games（游戏）、Magical Realism（都市）、Fantasy（奇幻）和 Science fiction（科幻）为辅。在前四周作品推荐榜前 20 名中，Eastern Fantasy（玄幻）数量最多，后 6 周作品推荐榜前 20 名中，Romance Fiction（言情）数量最多，并逐渐显现出压倒性优势。在这 10 周作品推荐榜排名前 20 的作品中，Science Fiction（科幻）、Fantasy（奇幻）、Magical Realism（都市）和 Video Games（游戏）作品数量变化幅度较小，值得一提的是 Video Games（游戏）在最后一周推荐榜排名前 20 的作品数量是所有周中最多的。

　　在笔者随机抽样的 10 周推荐榜单中，推荐量一直排名前 20 的作品共有 11 部，其中 Romance Fiction（言情）4 部，Eastern Fantasy（玄幻）、Magical Realism（都市）各 2 部，Fantasy（奇幻）、Video Games（游戏）、Science Fiction（科幻）各 1 部。

从作品推荐榜维度来看，Eastern Fantasy（玄幻）及 Romance Fiction（言情）最受海外读者喜爱，且 Romance Fiction（言情）大有取代 Eastern Fantasy（玄幻）成为海外读者最喜爱的阅读类型的趋势。Video Games（游戏）和 Magical Realism（都市）受喜爱的程度高于 Fantasy（奇幻）和 Science fiction（科幻）。

综上所述，从各个维度来看海外读者最喜爱的网络文学类型是 Romance Fiction（言情）和 Eastern Fantasy（玄幻），Video Games（游戏）类型作品紧随其后。在起点国际上线之初，阅文集团的公开资料显示，Eastern Fantasy（玄幻）是最受海外读者欢迎的类型，是我国网络文学"走出去"的首要力量，Romance Fiction（言情）作品的热度次之。但随着起点国际愈发成熟和海外读者群的不断扩大，海外读者喜爱的阅读类型排名发生了变化，对 Romance Fiction（言情）的追捧逐渐超过 Eastern Fantasy（玄幻），使其成为继 Eastern Fantasy（玄幻）之后我国网络文学"走出去"又一大支柱。

三、起点国际翻译内容生产

（一）双重角色的译者

起点国际译者在我国网络文学"走出去"的过程中有着举足轻重的作用。在整个传播过程中译者扮演着双重角色，除了承担了翻译者本身的翻译职能之外，也承担了类似国内网络文学作者与读者互动沟通的职能。下文笔者将剖析译者这两方面职能。

1. 双文化能力译者

网络文学作品翻译实质上是跨文化和跨语言的交流，译者是沟通我国网络文学和海外读者之间的桥梁，译者本身的生活经历、文化心理会直接作用于翻译活动，进而影响网络文学"走出去"的效果。因此，译者除了具备"双语言能力"，还必须具备理性的文化意识和精通两种文化的"双文化能力"。[①]

阅文集团公开资料显示，起点国际目前有 200 多译者和译者组，分布

① 刘明东，何晓澜. 翻译对跨文化传播的影响［J］. 外语学刊，2011（02）：120—123；熊兵. 翻译研究中的概念混淆——以"翻译策略"、"翻译方法"和"翻译技巧"为例［J］. 中国翻译，2014，（3）.

在以北美和东南亚为代表的世界各地。经笔者调查发现，起点国际的译者多数为华裔，年龄在25—35岁之间，以男性为主，学历较高，均为正在接受或接受过高等教育的人。这些人大多数以英语为母语，喜爱中国文学，均跨骑并熟稔中英双语文化。他们选择成为起点国际的译者有两方面原因，一是对中国文化感兴趣，通过金庸、古龙等武侠小说爱上中国文化，逐渐接触了中国的网络文学，为了使更多的海外读者阅读中国网络文学而选择成为一名译者。二是经济利益吸引，通过翻译工作可以增加额外收入，这是很多人选择成为译者的首要原因。

与官方主导的外译工作不同，起点国际实际上是民间翻译力量的代表，由译者译介的内容具有天然的亲近性，他们具有双文化能力，因此知道如何保持原作者本意和读者接受度之间的平衡，他们终将成为我国网络文学"走出去"最坚强的后盾。

2. 与读者频繁互动的译者

在上文中，笔者有提到网络文学的原作者与海外读者是隔离的、失联的，海外读者无法像国内读者一样与作者互动，但译者弥补了这一缺陷。

笔者首次联系到起点国际的译者是通过作品评论区，几乎每位译者都会在自己翻译的作品下发表一条评论并置顶，评论的主要内容是为自己翻译的作品拉票。笔者通过回复译者的评论联系到了译者，译者将笔者拉入到作品讨论组中。每位译者都会为自己的作品在 Discord 上建立一个讨论组。Discord 类似国内的 QQ 群，译者邀请读者进入讨论组并定期维护。讨论组主要有两大功能，一是作品信息交流，二是日常生活交流。作品信息交流主要包括译者的更新提醒、译者对读阅读障碍的解释、作品情节的讨论以及翻译报错等。Discord 上的讨论群组实质是以译者及译者编辑为主，聚集志趣相同的读者形成的网络社群。起点国际的译者不仅兢兢业业翻译网络文学作品，还满足了海外读者互动的需求，弥补了读者与作者互动环节的缺失，译者与读者建立的紧密联系纽带有利于促进我国网络文学在海外的传播。

（二）翻译内容生产模式

笔者通过对起点国际上架作品的整理与分析，发现目前起点国际共有 13 个翻译组，承担了 120 部作品的翻译工作，以 Endless Fantasy Translation、Nyoi—Bo Studios 及 Atlas Studios 为主要翻译力量，Endless Fantasy Translation 翻译组共翻译作品 31 部，Nyoi—Bo Studios 翻译组共翻译作品 26 部，Atlas Studios 翻译组共翻译作品 20 部。除此之外，翻译组合作翻译作品 3 部，译者独立翻译作品 97 部，译者合作翻译作品 18 部，译者和翻译组合作翻译作品 2 部。按照不同的翻译情况，笔者将起点国际翻译内容生产模式总结归纳为独立模式和合作模式。

1. 独立翻译模式

独立模式是起点国际使用最广泛的翻译内容生产模式，是指一部作品的翻译工作由一名译者或一个翻译组独立完成，包括译者独立模式和翻译组独立模式。起点国际上架的 240 部作品中，采用翻译组独立模式的作品 120 部，采用译者独立模式的作品 97 部，从数量上看差距并不大。翻译组独立模式是指一部作品的所有翻译工作由一个翻译组独立完成。翻译组是由一些志同道合的独立译者组成，规模虽较小，但建立了统一的规章制度和翻译质量把关标准。译者独立模式是指一部作品的所有翻译工作由一名译者独立完成。独立译者在翻译活动中有极大的能动性和自由性，能够保证翻译风格统一、翻译质量统一。但译者独立模式对独立译者的要求较高，要求译者有较高的责任心和耐性，否则极易出现翻译中断的情况，十分影响作品和起点国际的口碑。与译者独立模式相比，翻译组内的译者既要遵循起点国际的翻译规则也要遵循翻译组内的规则，更能保证翻译作品输出的稳定性，出现断更、停更的状况较少。

2. 合作翻译模式

除了独立翻译模式，起点国际的翻译内容生产还采用了合作翻译模式，使用合作翻译模式的作品有 23 部。合作翻译模式是指与独立翻译模式相对，一部作品的翻译工作由多个译者或翻译组共同承担，具体可分为译者合作翻译模式、翻译组合作翻译模式、译者和翻译组合作翻译模式。

（1）译者合作翻译模式

起点国际上共有 18 部译者合作翻译的作品。根据合作模式的不同，译者合作翻译模式分为译者接替翻译模式和译者共同翻译模式。

译者接替翻译模式是指一部作品是由多个译者合作完成的，但并不是每一个译者都从头到尾参与翻译工作，一般是由一个译者完成一部分，其他译者接手完成，译者接替模式的作品共有 11 部。通常情况是前一位译者长时间达不到更新的最低要求或者因突发事件而导致翻译中断，起点国际不得不寻找其他译者接替前一位译者的工作。比如《飞剑问道》是由 GGP、Quiescent Night、Arron、CKtalon 四位译者接替完成的。前三位译者都是兼职译者，因自身的原因不得已中断翻译工作，起点国际将后续翻译工作委托给 Cktalon，让其接手继续翻译以保证翻译章节的持续输出。译者接替翻译模式是在译者不能保证稳定更新的情况下出现的，是起点国际最不情愿采用的翻译模式，因为寻找新的译者需要时间，而新译者也需要时间来熟悉接手的作品，这样一来不仅影响作品的更新速度，也会影响起点国际的口碑。

译者共同模式是指一部作品由 2—3 个译者共同完成翻译工作，每个译者都参与小说的前期、中期、后期的翻译。采用译者共同翻译模式的作品有 7 部。在译者共同翻译模式，译者们的合作方式很灵活，译者可以自行商量分配待翻译章节。一般的分配模式有两种，一是译者按照奇数章节偶数章节分配，二是每个译者轮流翻译固定的章节数，至于到底翻译几章可以由译者自行决定，一般情况下是每位译者交替翻译 5 章。译者共同翻译模式的弊端是如果其中一个译者更新不及时将导致其他译者无法更新翻译章节。

（2）翻译组合作翻译模式

起点国际上有 3 部作品采用了翻译组合作翻译模式，分别是 Translation Nation 和 Nyoi—Bo studio 合作翻译的《吞噬星空》、Endless Fantasy Translation 和 Henyee Translation 合作翻译的《隐婚100分：惹火娇妻嫁一送一》及 Sparrow Translations 和 Nyoi—Bo Studio 合作翻译的《龙皇武神》。翻译组合作翻译的方式都是接替方式，由一个翻译组翻译前半部分，另一个翻译组翻译后半部分。Henyee Translation、Translation Nation、Sparrow Translations 都是规模极小的翻译组，由于判断失误承接了较多的翻译工作，最终无法保证翻译速度，因此寻求其他规模较大的翻译组接替翻译工作。

（3）译者和翻译组合作翻译模式

起点国际上有两部作品采用了译者和翻译组合作翻译模式，分别是由译者 Thyaeria 和翻译组 Webnovel Official 合作翻译的《妖神记》及 GGP 和 Webnovel Official 合作翻译的《斗破苍穹》。这两部作品的翻译合作方式也是接替模式。《妖神记》的译作首发于翻译网站 Wuxia World 上，第一译者是 Thyaeria，但《妖神记》的版权属于起点国际，于是起点国际的翻译组 Webnovel Official 在 Thyaeria 翻译的基础上继续翻译并上传于起点国际。《斗破苍穹》的译作首发于 Gravity Tales，情况与《妖神记》类似。

起点国际采用的主要翻译方式是独立翻译模式，合作翻译模式是在部分独立译者不够成熟和各种不确定的情况下发生的，起点国际后续上线的作品几乎没有采用合作翻译模式，一是因为合作翻译模式存在的缺陷如断更、翻译风格不统一等，二是独立译者和译者组经过一年多的发展越来越成熟，能够保证稳定且高质量的翻译内容输出。

（三）翻译策略、翻译方法及翻译技巧

起点国际的译者都是业余译者，虽不能始终保持作品的"信""达""雅"，但他们都希望翻译时能既保持中国文化的感觉又让海外读者拥有更好的阅读体验。笔者通过与起点国际译者的交流以及对翻译作品的分析，发现译者们并不单独采用某一种翻译策略，而是多种策略混合使用，主要表现在使用的翻译方法及翻译技巧上。

1. 译者的翻译策略——异化与归化的混合

翻译策略是译者在翻译活动中采用的宏观原则和方案，处于翻译活动两极的参与者为"原文作者"和"译文接受者"，依据译者在翻译活动中对这两者的取向的不同，翻译策略可分为异化及归化两类。[1] "异化"的本质属性，是"原文作者取向"，即译者在翻译中尽量向原文作者靠拢，具体表现为在翻译中尽量保留原文的语言、文学、文化特质，保留异国风味。与"异化"相对应，"归化"的本质属性是"译文接受者取向"，即译者在翻译中尽量向译文接受者靠拢。具体表现为在翻译中，尽量用目的语读者喜闻乐见的语言、文学、文化要素来替换源语的语言、文学、文化要素，恪守、回归目的语的语言、文学和文化规范。但是必须明确的一点是，虽然把翻译策略分为"归化"和"异化"，但不意味着这两个概念是绝对的、非此即彼的，二者是相对的，任何译作都是译者在归化策略和异化策略交织下产生的混合体[2]。

经和译者交流及阅读译作得知，目前起点国际译者倾向于在传达作者本意、风格和提高读者的阅读体验之间寻求平衡。译者在翻译我国网络文学时，如果能够在目的语中找到意思对等的词句则使用目的语对等词进行翻译，这有助于读者在复杂新奇词汇和异域文化中寻找熟悉的文辞基础，倾向于"译文接受者"，从翻译策略上来讲是属于归化翻译策略。译

---

① Bassnett，Susan.Translation Studies（Third Edition）[M]. Shanghai：Shanghai Foreign Language Education Press，2004.

② 胡安江. 中国文学"走出去"之译者模式及翻译策略研究——以美国汉学家葛浩文为例 [J]. 中国翻译，2010，31（06）：10—16，92.

者 Lonelytree 表示，"我在翻译时首先考虑的是让读者读懂，如果读者读不懂，那么就没有翻译的必要了"。但是笔者通过对译作的阅读发现译者在翻译一些文化负载量较大的词汇和语句时，即使能够在目的语中找到对等词也选择不替换，更倾向于保留这些词汇及语句中的"中华性"，即"原作者取向"，属于异化翻译策略。所以，网络文学作品译作都是译者在归化和异化策略交织下产生的混合体。

2. 翻译方法

第一，借用法。笔者通过分析起点国际的语料发现，译者们频繁使用归化翻译策略下的借用法。借用法是指通过与原文不同的词语和形象反映原文整体意义的翻译方法。① 在汉语和英语中，有一些用语具有对应的关系，在用法和意义上基本一致或部分一致，因此在翻译的过程中就可以借用，有利于读者理解作者的原意及提高读者的阅读体验。译者们为了使读者更好地理解文本内容都尽可能地使用借用法来降低文化差异带来的不适感。如将"妃"译为"consort"，在牛津词典中，"consort"的释义为"统治者的配偶"，从中国的历史角度来看，统治者的配偶并不止一个，且不同等级有不同的称谓，仅仅用"统治者的配偶"来翻译"妃"明显过于模糊化和简单化了。但对于没有中国文化背景的海外读者而言，这样翻译比较准确且有助于理解。这一适应性转换保证了译文的原生态，也能让海外读者产生亲切感。

第二，标音法。标音法是异化翻译策略下的一种类似于音译法翻译方法，对于文化负载量很大的词汇直接将词汇的拼音形式作为英译词汇②。笔者将起点国际部分标音词汇做如下整理，如表5。

表5 起点国际部分标音词汇

武术术语		道家术语		称谓词		度量单位	
中文词	音译词	中文词	音译词	中文词	音译词	中文词	音译词
丹田	Dantian	道	Dao	师姐	Shijie	寸	Cun
侠	Xia	气	Qi	杨师	Yangshi	尺	Chi
江湖	Jianghu	阴阳	Yinyang	少爷	Shaoye	斤	Jin

---

① NEW MARKP. Approaches to Translation [M]. Shanghai：Shanghai Foreign Language Education Press，2001.

② 方仪力.直译与意译：翻译方法、策略与元理论向度探讨 [J].上海翻译，2012，（03）：16—20.

如上表所示，译者采用标音法的词汇都极具中国文化特色，如武术术语、道家术语、独特的称谓词和度量单位等，译者无法在英语中找到文化对等词，这些词汇极具中华性，尤其是涉及了中国传统文化的精华部分，如道家的"气"以及阴阳学说，这其中蕴含着古老中国的哲学观和人生观，经历几千年的发展，深深影响着中国人的思维和行为方式。值得一提的是，在度量单位和称谓词的翻译过程中，译者没有按照英文文化里的称谓词和度量单位进行转换，而是直接采用标音法，保留了中文词的独特性，长此以往，我们有理由相信具有中华性的词汇会如 kungfu（功夫）等特色英文舶来词汇进入英语的大众文化圈。

第三，直译法。笔者通过对译作的阅读发现由于中文网络小说浅白的语言特色，起点国际的译者在翻译过程中广泛采用异化策略下的直译法且在翻译成语及俗语时使用得尤为明显。直译法是指在翻译过程中直接引用中文原词含义并进行一对一翻译。直译法有两大特点，第一，不采用转义手法处理词汇意义及修辞。第二，允许适当的变化或转换词汇、句法结构如语序转换，以使译文符合目的语词汇及句法规范①。直译法在译者翻译成语和俗语时使用得尤为明显，译者直接将成语或俗语里的意象按照目的语对应词汇逐一翻译，通过字面意思来理解中国常用成语和俗语意义的现象随处可见，如表6所示。

表 6　起点国际部分成语俗语中英文对照

类型	中　文　词　汇	英　文　翻　译
成语	行云流水	Drifting cloud and flowing streams
	鸡毛蒜皮	Chickens feathers garlic skims
	如虎添翼	Like a tiger that has grown wings
	九牛一毛	A single hair out of nine ox hides
	风驰电掣	Pass swiftly like the wind or lightning
俗语	一日为师，终身为父	A teacher for a day, a father for life
	好货不便宜，便宜没好货	Good goods are not cheap, cheap goods are not good
	饱汉不知饿汉饥	The well—fed don't know how the starving suffer
	不到长城非好汉	One who fails to reach the Great Wall is not a hero

---

① 许艺萍. 增译法和减译法在英译汉中的应用分析［J］. 开封教育学院学报，2016，36（10）：48—49.

采用这种直译法的译文随处可见，但由于海外读者没有中文文化背景，有些成语或俗语的直译容易导致海外读者产生困惑。比如"一日为师，终身为父"，从译文的字面意思来看是"一天的老师，一生的父亲"，对中国文化不甚了解的英文读者无法理解"老师"和"父亲"有什么关系，但却容易激发读者对中国文化的新奇感，进而激发了解中国文化的兴趣。

3. 翻译技巧

笔者在对起点国际语料分析整理时发现，起点国际译者使用的翻译技巧可以概括为减译处理和增译处理两种。"减译"技巧是指根据目的语的词法、句法、语义、修辞或文体的需要，或因受制于目的语的某些特定的文化规范，删减原文某些词、句或段落，以更简洁、顺畅地表达原作思想内容，或更好地实现特定的翻译目的[1]。

如"这个时候，江南区的昼夜温差变化很大。白天穿裤衩还热成狗；晚上却得缩在被窝里冻成寒号鸟"。（节选自《修真聊天群》）

During this period, the day and night temperature in Jiangnan District fluctuated drastically. During the day, one would sweat buckets in thin clothing, but during the night, one would tremble under even a thick blanket.

上述中文段落的主旨是表达江南地区昼夜温差大，白天很热，晚上很冷，但在表达上使用了极具中国特色的网络语言"热成狗"和"冻成寒号鸟"。这对于中文读者来说很好理解也很有亲切感和滑稽性，但是对于海外读者来讲，如果译者在翻译的时候译成"one would sweat buckets like a dog"和"one would tremble like a crybrid"会增加其理解难度。海外读者会困惑"热"和"狗"有什么关系，"冷"和"寒号鸟"又有什么关系？同时，这种表述对剧情走向又没有什么影响，所以译者在翻译的过程中减译了"狗"和"寒号鸟"，只是按照作者原意表达出昼夜温差大的感觉。

增译处理表现在有的词汇表达过于中国化，或者在表达逻辑上与国外有异，因此需要做增译处理。"增译"指根据目的语词法、句法、语义、修辞或文体的需要，或因受制于目的语某些特定文化规范，在翻译中增添某些词、句或段落，以更好地表达原作思想内容，或更好地实现特定翻译目的。

---

[1] 田艳.冗余信息与增译和省译 [J].中国翻译，2001（05）：31—33.

笔者在阅读译作时发现，很多译者喜欢在标音词后加注释，注释法是增译处理的一种。比如《天道图书馆》的译者 Starve Cleric 在翻译时，使用标音法将"公子"译为"gongzi"，在本章节最后用注释法解释"gongzi"："gongzi=gentleman，but in Chinese context，gentleman is a suffix to address someone. It is usually used to address scholarly people from distinguished families"。标音法加注释法，在保留了原汁原味中国文化的同时用使海外读者易于理解。

四、网络文学"走出去"存在的问题及建议

（一）网络文学"走出去"存在的问题

网络文学"走出去"内容生产方面存在的问题主要体现在原生内容类型化及同质化严重、作品更新不稳定及作品版权保护三大方面，笔者将在下文中做具体分析。

1. 原生内容类型化及同质化严重，读者审美疲劳日渐显露

网络文学"走出去"原生内容生产存在的问题主要体现在两方面，一是类型化严重，类型布局愈发集中于某几类。二是同类型作品内容同质化严重，不同作品在背景设置、情节发展、主角人设等方面愈发相似，读者能够明显感觉到创作的套路化。起点国际自 2017 年 5 月 15 日建立以来，逐渐形成了以玄幻、言情为主，都市、游戏、科幻、奇幻为辅的类型布局特点，而体育竞技、武侠、惊悚恐怖、历史及现实主义等类型作品不断被边缘化。玄幻及言情类型愈受海外读者的青睐与追捧，起点国际在类型布局上就愈偏重于玄幻和言情，更为严重的是，在作品题材及要素的选择上也愈发趋同，因此，读者的审美疲劳日渐显露，长此以往会导致网站的用户黏性降低。

以起点国际上言情小说为例，现代豪门世家总裁题材小说占绝对比例，而且这些小说具有极其相似的创作套路，仿佛只是换了主角的名字而已，这从读者的评论中可窥见一二。Miya 是我国网络言情小说的爱好者，她在《傲娇总裁，小心爱》（英译名《Warning! Tsundere President》）下评论，"These days I don't even have the urge to read any new novels from Qidian because all of the most recent female protagonist novels all fall under the same mold，the same category，on repeat."（翻译为：最近我并没有在起点读小

说的欲望，因为所有的女频小说使用了相同的模式、相同的题材，一直在重复）。

高度集中的类型及题材、不断重复的情节、人设相似的主角、雷同的情节衍生模式显示出我国网络文学作品创新性的不足，长此以往会导致海外读者寻求新的阅读替代品如日韩小说等，不利于我国网络文学作品在海外的传播。

2. 翻译内容更新不稳定，读者阅读愉悦感下降

起点国际上更新不稳定包括断更和少更两种情况。断更是指在被翻译中且有更新的作品由于某些原因变为无译者状态而导致更新中断。少更是指译者更新的章节少于其对读者公布的更新计划。虽然随着起点国际发展越发平稳，更新不稳定的情况在减少，但始终是存在的。以2019年2月为例，240部作品中，断更作品8部，占比3.3%；少更作品56部，占比23.3%，少更的章节数量从1到13章不等。

笔者通过对起点国际数据追踪发现，断更及少更十分影响作品的推荐量，断更会导致作品推荐量大幅度下降，而少更作品的推荐量则根据作品少更的章节数有不同幅度的下降，少更的越多下降幅度越大。对于读者而言，追更本身就是一件"心累"的事情，因为小说是定期更新一定的章节而非一次性更新到结局，这与读者迫切知道剧情的走向及结局的愿望是背道而驰的。在这种情况下如果更新中断或减少会导致读者的阅读愉悦感下降，从而引发读者的不满。读者产生不满情绪轻则导致作品热度下降，重则导致读者寻求其他阅读途径甚至盗版网站，影响起点国际的发展。

3. 缺乏有效的版权保护机制，版权保护任重而道远

在海外，我国网络小说的翻译网站有上百家，还不包括小规模的翻译组，但得到正式授权的翻译网站屈指可数，虽然阅文集团设立了专门的版权保护部门，并取得了一定的成绩，但侵权现象依旧时常发生，版权保护任重而道远。海外翻译网站侵权方式有两种：一是窃取起点国际上需要付费的章节放在自己的网站供读者免费阅读；二是从中文网站上爬取"生肉"自行翻译后放上网站。为了防止网文被机器窃取，用户在登录起点国际时需要通过"are you robot？"验证。验证很简单，分两种方式：一是听一段语音然后在验证栏里输入听到的内容，验证正确后即可登录；另一种方式按照指令选择相应的答案，选择正确后方可登录。但此验证并不能阻止人工窃取网文。阅文集团的版权保护部门在reddit网站发现一个名为

qidianundergond 的小翻译版块，专门偷取起点国际上要付费的章节发布在自己的主页供海外读者免费阅读，被起点国际发现并警告后关站。但随后就转到 discord 上成立了聊天组，改名换姓为 discord server 继续盗用起点的书并免费发布。即便起点国际知道这个情况却也没办法，因为进入聊天群组是需要被邀请且被严格审查的，起点举证很难。而且有些在野的译者会翻墙爬取网文"生肉"，然后自行翻译在网上传播，更是无法从源头杜绝。值得一提的是，在版权方与海外侵权翻译网站及译者之间，国外读者更倾向于支持译者和翻译网站，愿意帮助译者掩藏侵权行为。所以版权保护任重而道远。

（二）针对网络文学"走出去"内容生产问题的建议

内容是否优质、是否具有持续吸引力关乎我国网络文学能否在海外生存、壮大并成为推动我国文化"走出去"的重要力量。网络文学"走出去"的内容生产与国内网络文学内容生产最大的不同在于前者的筛选机制，"走出去"的作品是经过选择的，国内网站的作品是作者自主上传的。因此，针对网络文学"走出去"内容类型化、同质化严重的问题，笔者的建议是建立完备的作品筛选机制及读者阅读偏好调查机制，在同一类型作品中发掘多种题材的作品，不过度聚焦于某一类型的某一题材，应发掘多类型、多题材的优质网络文学作品，笔者在对海外读者的阅读类型偏好分析中发现，除了玄幻和言情类型的作品，海外读者对游戏类的作品也十分感兴趣。值得注意的是，也要避免过度迎合海外读者的阅读偏好以免产生适得其反的效果，注重引导海外读者阅读其他类型及题材的网络文学作品。

翻译内容是否按计划更新关乎读者能否获得较强的追更幸福感及翻译网站能否得到用户较高的忠诚度。因此，针对更新不稳定问题，笔者的建议是：第一，翻译网站加强对译者的管理，协助译者制定合理的更新计划，建立译者更新不达标即进行惩罚机制。第二，网站做好应急方案，规定译者预留足够翻译章节以应对译者中断翻译活动或无法按计划更新的情况。只有稳定的更新才能提高用户对网站的行为忠诚度，长此以往才能提高用户的情感忠诚度，更利于网站的发展。

版权保护关乎我国网络文学作品在海外是否能保持生命力和提高我国文化软实力。必须承认的是，阅文集团具有强烈的版权保护意识，设立了专门的版权保护部门以及用户登录验证，但在实际中由于海外读者态度偏向粉丝翻译网站而非版权方和盗版手段的多样化，导致版权保护之路困难重重。对此，笔者的建议是：第一，加强阅文集团或网文作者与读者间的沟通交流，如定期举办各类线下活动等，尽力扭转海外读者的态度偏向。第二，网络文学企业释放合作信号，号召海外大大小小的粉丝翻译网站主动寻求合作，通过授权翻译来降低侵权比重，与海外翻译网站形成良性竞争，共同推动中国网络文学"走出去"。

五、网络文学"走出去"的发展趋势

党的十九大强调要积极推动中国文化走出去，讲好中国故事。作为我国文化重要组成部分的文学作品从未停止"走出去"的步伐，但即便取得了举世瞩目的成就，如刘慈欣获得雨果奖、莫言获得诺贝尔文学奖等等，却始终未能走进西方英语世界的主流。究其原因是传播内容的"中华性"过于浓厚，偏重于输出表达中国文化博大精深、历史源远流长的经典文化典籍，与海外读者的日常生活没有相关性和接近性，海外读者对此类文学作品的接受度较低，因此未能达到理想的传播效果。

相较于精英文学在海外传播遇冷，具有"小白文""爽文"走向的网络文学在海外被具有双重角色的翻译者自发译介并受到海外读者的青睐和追捧，甚至表现对中国文化的独特认同。随着越来越多海外民间翻译平台的建立，国内网络文学龙头企业阅文集团推出了网络文学翻译平台——起点国际，起点国际以其独有的版权优势迅速在海外众多翻译平台中站稳脚跟，发展态势良好。起点国际的出现丰富了网络文学海外传播的类型，海外读者有了更多的阅读选择。我国网络文学在海外的传播得益于网络媒介的发展，因为网络媒介催生了网络文学的诞生，我国的网络文学经过数十年的发展已经形成了庞大且成熟的产业链，为"走出去"奠定了良好基础，国家在政策方面的支持为网络文学"走出去"提供了坚实的后盾。在海外流行的网络文学作品类型除了具有"中华性"的玄幻类型作品，现代言情类小说也广受追捧。从内容生产角度来看，网络玄幻小说成功的主要原因除了蕴含中国传统文化元素，如武侠、修仙、神话传说等等，还因为其表达方式又是浅显易懂的，同时又融合了奇幻的西方文化和游戏体验，给了海外读者既陌生又熟悉的文化感受。言情类小说则以其"甜宠恋爱模式"带给海外读者"白日梦式的完美爱情"，满足了海外读者的情感诉求。

习近平总书记曾说："中国故事能不能讲好，中国声音能不能传播好，关键要看受众是否愿意听、听得懂，能否与我们形成良性互动，产生更多共鸣。"就目前情况来看，我国网络文学在讲好中国故事、传播中国声音、培养读者规模和扩大我国文化影响力的方面有着传统文学难以企及的优势。所以可以选择通俗易懂的网络文学作为推动中国文化"走出去"的头部力量，先用"爽"文跨越中西方的文化鸿沟，引起海外读者的阅读兴趣并通过多样化的传播方式逐步走入西方文学的主流市场，通过网络文学打开海外读者了解中国文化的新窗口，为传统经典文学的海外传播奠定基础。

总之，网络文学"走出去"发展态势良好，现阶段要想提升我国文学的海外传播效果，作品的选择要与海外读者的日常生活和需求紧密相关，从浅层次内容出发，循序渐进。我们有理由相信当中国的网络文学能够像美国好莱坞大片、日本动漫和韩国电视剧在全球引发广泛追捧时，中国传统经典文学的对外传播也就指日可待了。

上海电竞产业 2018—2019 发展报告

戴焱淼　杜天慧　汤祖寰

摘　要： 2018 年到 2019 年，上海电竞产业开启新阶段，产业规模持续增长，在文化创意产业中的地位不断上升，俨然成为社会各界瞩目的焦点。围绕"全球电竞之都"建设目标，上海市区各级政策频出，产业链进一步成长壮大。引进的多项国际顶级赛事，成为游戏产业新一轮发展引擎，形成具有上海文化品牌特色的电竞价值链。在向纵深发展的过程中，上海电竞产业逐步展现了技术边界突破、产业生态竞合、价值引领彰显的趋势，正在成为上海城市文化的新名片和建设"卓越全球城市"的新力量。

关键词： 电子竞技　产业发展　全球电竞之都

一、产业发展概述

2018 年，在提出打造"全球电竞之都"目标后，上海依靠国际化高品质的发展环境，凸显经济、文化、城市管理等方面优势，电竞产业取得了突破性进步，并保持良好的增长势头。本文重在考察上海电竞产业发展，主要从政策、市场和技术等视角切入，分析产业热点和产业趋势。

（一）数据概览

根据中国音数协游戏工委（GPC）和伽马数据（CNG）联合发布的数据显示，2018 年，中国游戏市场实际销售收入达 2144.4 亿元，同比增长 5.3%，占全球游戏市场比例约为 23.6%。电子竞技游戏市场实际销售收入达 834.4 亿元，占中国游戏市场比例为 38.9%，同比增长 14.2%。

就上海而言，2018 年上海网络游戏销售收入达到 712.6 亿元，增长率为 4.2%，保持稳定增长态势。而 2018 年上海移动游戏销售收入达到 393.2

亿元，增加 58.7 亿元，增长率为 17.6%，高于中国移动游戏市场实际销售收入 15.4% 的增长率。

2018 年，上海移动游戏市场占有率达到 55.2%，占比首次过半，未来较长时间内移动游戏仍将是上海移动网络游戏市场的主要组成部分，且占有率还将进一步提升。2018 年上海自主研发网络游戏销售收入达到 593.1 亿元，占全国比例为 36.1%，增长率达到 10.9%，这主要得益于上海主要游戏企业多年来以产品研发为导向，多年立足于产品自研领域。

2018 年，上海网络游戏海外销售收入超过 15 亿美元，同比增长率为 11.7%，上海游戏企业的海外拓展步伐加快且在海外积累了一定的用户规模，这也利于未来企业出海业务的进一步探索。2018 年上海网络游戏出口产品结构中移动游戏占比继续上升，达到 69%，上海游戏企业海外业务已在文化相近的东南亚地区积累了一定的用户规模与产品影响力，进而开始向日本、韩国、欧洲、北美等市场进行深入拓展。

上海是全球电子竞技活跃度最高的地区。2018 年上海电子竞技游戏市场收入达到 146.4 亿元，相比于 2017 年保持了持续稳定的增长。[1]2018 年，上海电子竞技赛事保持平稳有序发展，国内超过三成的电子竞技赛事在沪举办。除《英雄联盟》职业联赛、《王者荣耀》职业联赛等赛事继续在上海举办之外，DOTA2 国际邀请赛（Ti9）、《英雄联盟》全球总决赛（S10）、守望先锋太平洋挑战赛等赛事也落地上海。

来源：伽马数据（CNG）

图 1　全国电竞市场收入及上海占比情况（单位：亿 / 人民币）

（二）政策环境

2016 年以来，电竞产业的政策环境不断优化，从国际到地区，从中

---

[1] 以上数据均来自伽马数据（CNG）发布的《上海游戏出版产业评估分析报告》《上海游戏出版产业数据调查报告》和《上海电子竞技产业发展评估报告》，2019.7.

央到地方，完成了新一轮的认知升级和合力助推。上海市级层面的属地化电竞政策不仅具有持续性和全面性，而且各区也积极对电子竞技项目进行扶持。

1. 国际政策

2017年10月28日，在瑞士洛桑举行的国际奥委会（IOC）第六届峰会上，国际奥委会发布声明："具有竞争性的电子竞技，可以被认为是一种体育运动。电子竞技选手为之付出的准备活动、日常训练的强度等，都可以与传统体育项目的运动员相媲美。"这标志着电子竞技和奥林匹克运动建立起重要关系。

随着电子竞技在亚洲地区的盛行，2018年5月14日亚洲奥林匹克理事会对外正式宣布了六个电子体育项目成为雅加达亚运会表演项目，包括《英雄联盟》《实况足球》《炉石传说》《星际争霸2》《Arena of Valor》（王者荣耀国际版）和《皇室战争》。2018年8月，中国团队在首次举办的亚运会电竞表演赛中取得两金一银。

2. 国内政策

2003年，国家体育总局确定电子竞技为第99项体育项目，电子竞技由此正式进入国家体育管理体系。2006年，国家体育总局发布《电子竞技运动项目的管理规定》。2008年，电子竞技被修改为第78项体育项目。2015年，国家体育总局颁布《电子竞技赛事管理暂行规定》，推动电子竞技在体育领域实现规范化。

体育部门之外的更多政策制定者也关注到了电子竞技。2016年以来，国家各部委的一系列文件中都涉及电子竞技，相关文件列表如下：

表1　2016年以来有关电竞的国家政策

发布时间	发布部门	文件名称	电子竞技相关内容
2016.4	国家发改委	《关于印发促进消费带动转型升级行动方案的通知》	在做好知识产权保护和对青少年引导的前提下，以企业为主体，举办全国性或国际性电子竞技游戏游艺赛事活动。
2016.7	国家体育总局	《体育产业发展"十三五"规划》	以冰雪、山地户外、水上、汽摩、航空、电竞等运动项目为重点，引导具有消费引领性的健身休闲项目发展。

发布时间	发布部门	文件名称	电子竞技相关内容
2016.9	教育部	《普通高等学校高等职业教育（专科）专业目录》	增补"电子竞技运动与管理"专业。
2016.9	文化部	第 26 号文件	鼓励游戏游艺设备生产企业积极引入体感、多维特效、虚拟现实、增强现实等技术；支持打造区域性、全国性乃至国际性游戏游艺竞技赛事，带动行业发展；全面放开游戏游艺设备的生产和销售，全面取消游艺娱乐场所总量和布局要求。
2016.10	国务院	常务会议	要出台加快发展健身休闲产业指导意见，因地制宜发展冰雪、山地、水上、汽摩、航空等户外运动和电子竞技等。
2016.10	国务院办公厅	《关于加快发展健身休闲产业的指导意见》	推动电子竞技、极限运动等时尚运动项目健康发展，培养相关专业培训市场。
2017.4	文化部	《文化部"十三五"时期文化产业发展规划》	推进游戏产业结构升级，推动网络游戏、电子游戏等游戏门类协调发展，促进移动游戏、电子竞技、游戏直播、虚拟现实游戏等新业态发展。
2019.4	人力资源和社会保障部	《新职业目录》	增加"电子竞技运营师"和"电子竞技员"。
2019.4	国家统计局	《体育产业统计分类（2019）》	电子竞技被列入 02 大类体育竞技表演活动。
2019.6	人力资源和社会保障部	《新职业"电子竞技员"就业分析报告》	电子竞技就业前景和现状分析报告，有 50 万行业从业者以及未来 5 年近 200 万人的人才缺口。

来源：公开报道

　　随着电子竞技参与者的激增和电子竞技产业规模的提升扩大，国内各地方政府纷纷响应政策，上海、西安、海南等地为电子竞技产业发展制定了专门政策，择要列表如下：

表2　2017—2019 年上海、西安、海南三地电竞相关政策

城市	电　竞　相　关　政　策
上海	2017 年，提出"加快建设全球电竞之都"。2018 年至今，各区持续发布电竞产业扶持政策，其中主要包括浦东新区、杨浦区、静安区（详情见后）。
西安	2018 年，建设约 600 亩的西安曲江体育电竞产业园，提出打造"全国电竞游戏的产业新高地"，设立 30 亿元产业基金，顶级俱乐部落户可获得每年 500 万元以内的奖励，举办顶级国际赛事可获得 1000 万元以内的补贴。
海南	2019 年 6 月，推出海南国际电竞港专项政策：建立 10 亿元产业基金，以住房、落户、免试就读吸引优秀人才，最高返还 80% 税率，59 国人员免签入境。

来源：公开报道

3. 市级政策

从上海近几年的相关政策来看，市级、区级政府皆加大了扶持力度、拓宽了扶持渠道，积极推动电竞产业规范化、科学化、健康化发展。

2017 年 12 月 15 日，上海市委市政府正式发布《关于加快上海市文化创意产业创新发展的若干意见》（简称"文创 50 条"），此意见中首次明确提出建设"全球电竞之都"。

在"文创 50 条"第二部分"着力推动文化创意重点领域加快发展"中的第二大点第九条"加快全球电竞之都建设"条款提到："鼓励投资建设电竞赛事场馆，重点支持建设或改建可承办国际顶级电竞赛事的专业场馆 1 至 2 个，规划建设若干个特色体验馆。发展电竞产业集聚区，做强本土电竞赛事品牌，支持国际顶级电竞赛事落户。促进电竞比赛、交易、直播、培训发展，加快品牌建设和衍生品市场开发，打造完整生态圈，为国内著名电竞企业落户扎根营造良好环境。"

2018 年 1 月 29 日，上海电子竞技运动协会正式发布《上海市电子竞技运动员注册管理办法（试行）》，这是首部具有官方性质的电竞运动员管理方案，标志着"电竞运动员"从社会层面的概念进入政策层面的操作。上海在全国率先推出电竞运动员注册制，可以视为上海建设"全球电竞之都"的实质行动之一。

2019 年 5 月，中共上海市委宣传部、市文化旅游局、市体育局共同出台《关于促进电子竞技产业健康发展的意见》，提出力争 3 至 5 年内全面建成"全球电竞之都"，在意见中提到："建立健全电竞产业发展标准化

体系，构建资源要素集聚、基础设施完善、营商环境良好的电竞产业生态圈；发挥市场主体作用，开发一批形态丰富、社会效益和经济效益相统一的电竞产品，集聚一批创新发展、具有核心竞争力的头部电竞企业和战队，举办一批专业性强、认可度高、具有国际影响力的电竞顶级赛事，建成一批业态集聚的电竞园区和功能健全的电竞场馆，培育一批创新引领、专业技能突出的电竞高端人才。"

电子竞技自身具有体育性、媒介性、娱乐性等复杂属性，上海市近年颁发的各项政策都旨在把握移动互联网时代文化、体育产业升级的契机，鼓励和引导社会资本进入电子竞技产业，完善联动机制、推动行业整合，让政策执行与市场运营带来更大协同效应。

4. 区级政策

在上海市级政策的引领下，浦东新区、杨浦区、静安区多个区先后颁布电竞产业政策。

2018年8月5日，"上海电子竞技产业发展核心功能区"在浦东新区揭牌。浦东新区宣布建设产业资本平台、综合赛事和展会平台、企业平台，打通人才培养链条、产业服务链条、政策环境链条。

2019年8月3日，浦东新区发布《电竞产业扶持政策》，提出："电竞相关企业在主板及科创板成功挂牌上市的，给予不超过500万元扶持；经认定的电竞申报项目给予不超过200万元的租房、不超过50万元的装修及对应扶持；顶级俱乐部、直转播、赛事运营公司落户浦东，给予不超过200万元扶持；经认定的在建电竞场馆给予最高不超过1000万元的补助，已建成场馆经认定给予最高不超过200万元的支持；对在世界顶级电竞比赛取得优异成绩的俱乐部给予不超过200万元的奖励。"

2018年12月2日，首届长三角国际文化产业博览会电竞产业发展论坛在同济大学召开，上海市杨浦区、江苏省南京市、浙江省杭州市联合发布支持电竞产业发展的《杨浦宣言》，为携手共建长三角一体化电竞产业打开新局面。

2019年7月2日，在杨浦区举行的促进"电竞＋影视网络视听"产业发展政策发布会上，发布了杨浦电竞"23条"政策，其中包含四大专项措施，重点支持赛事组织、教育培训及相关音乐、影视、衍生品等细分领域的产业链发展。

2019年1月24日，静安区发布《促进电竞产业发展的扶持政策》，包括支持电竞产业集聚发展、支持电竞企业提升原创能力、支持电竞场馆建设和运营、支持承办和参与电竞赛事等活动、支持对接多层次资本市场。

在此基础上，静安区将灵石路电竞产业集聚区打造为"灵石中国电竞中心"的规划得到进一步落实，成为上海建设"全球电竞之都"重要承载区的目标也在推进之中。

表3　上海主要区级电竞政策概览

区	产业园	场馆	俱乐部	赛事	企业	人才福利
浦东	康桥亿万电竞产业园区/深南电竞园区	1000万元（在建）/200万元（已建）	200万元（落户）/200万元（成绩）	不超过300万元	挂牌上市奖励：不超过500万元/落户：不超过200万元	表现优异的注册电竞运动员优先考虑人才公寓入住、落户、就学
静安	打造灵石路电竞产业集聚区为"灵石中国电竞中心"	500万元/1000万元	战队培训费用的50%；最高50万元	300万元（国际顶级）/100万元（国内顶级）/50万元（次级）	落户：不超过100万元/补贴：不超过200万元	入住本区"人才公寓"；高层次人才子女入学、入托方面提供保障
杨浦	依托北部江湾五角场、中部北横通道沿线、南部滨江辐射区	500万元（A类）/300万元（B类）	战队培训费用的50%；最高50万元	500万元/200万元/50万元	软件开发投资额的30%	优先支持入住本区"人才公寓"/给予租房补贴；提供居住证、出入境、就医服务

来源：公开报道

（三）市场环境

2015年7月4日，国务院印发《关于积极推进"互联网+"行动的指导意见》。"互联网+"代表新的经济形态，目的在于充分发挥互联网优势，实现互联网与产业深度融合，以产业升级提升经济生产力。

电子竞技依托互联网平台开展竞技表演活动，是新兴的互联网文化消费领域。现阶段，上海文化消费主体为25—34岁的中青年，文化消费市场呈现年轻化趋势。作为互联网经济新业态的电子竞技，自身具备高度市场化的特点，带来了更多的消费环节，营造出独特的市场环境。

作为我国最大的经济中心，上海的发展得益于良好的营商环境。2017

年年底，上海市委、市政府印发了《上海市着力优化营商环境加快构建开放型经济新体制行动方案》，目标是把上海打造成为贸易投资最便利、行政效率最高、服务管理最规范、法治体系最完善的城市。

近年来，腾讯、拳头、维尔福、Steam、EA、动视暴雪等国际顶级游戏厂商、电竞企业在上海落户并发展，政府和企业协力共同营造了良好的市场环境。基于优越的市场环境，上海的电竞产业集群效应显著，有 FPX、EDG、NewBee 等知名电竞俱乐部，还有 Bilibili 等游戏发行和直播平台，电竞赛事运营商量子体育 VSPN、Imba TV、香蕉计划等公司也扎根上海。

与此同时，上海还拥有竞迹场、风云电竞馆、虹桥天地、上海竞界电子竞技体验中心等多个电竞专业化场馆，可以承接各类电竞赛事、电竞活动及专业培训。在举办顶级电竞赛事方面，东方体育中心、梅赛德斯—奔驰文化中心、静安体育中心等场馆更是具备出色的硬件资源和丰富的管理经验。

上海游戏企业的集团军优势同样显著，盛趣网络（原盛大网络）、三七互娱、巨人网络、游族网络、恺英网络等多家上海游戏企业已经形成了国内大型游戏企业集聚浦江的合力。根据 2017 年的统计数据显示，上海持证网络游戏经营企业总计 1400 余家，A 股上市游戏企业 16 家，占全国总数的 20%；新三板挂牌游戏公司 25 家，占全国总数的 22%。[①]

（四）技术环境

与传统体育借助电视转播赛事不同，电竞赛事的播出更多依靠网络直播平台。据官方数据显示，2018 年《英雄联盟》S8 全球总决赛有 9960 万独立观众收看，这也打破了有史以来电竞赛事的收视纪录。线上直播平台的兴起使电子竞技赛事的观看门槛大大降低，这种实时交互性传播使得电子竞技项目的推广成本逐渐下降，也促成用户规模的高效增长。

媒介是电子竞技的根本属性，依赖传播技术的发展而变革。在电子竞技所依赖的各项技术手段之中，网络传输技术是重中之重。2019 年，第五代移动通信技术（5G）投入商用，其性能目标是提高数据速率、减少延迟、节省能源、降低成本、提高系统容量和大规模设备连接。

作为电子竞技的新兴领域，移动电竞近年来发展势头迅猛，再造了游

---

① 上海市网络游戏行业协会. 2017 上海网络游戏市场年度发展报告［R］. 2018-5.

戏产业格局，5G 将成为电子竞技变革的核心推动力。5G 带来的不仅是速度的提升，智能化服务也会成为新的突破口。"5G+ 电子竞技"意味着将出现更多种类的移动端游戏和更高质量的赛事转播，也将有物联网和人工智能相结合的智能化电竞场馆。

到 2021 年，上海将打造成全球知名的 5G 产业发展高地和应用创新策源地。在产业规模上，上海计划到 2021 年，实现 5G 产业"三个千亿"的目标，即 5G 制造业、软件和信息服务业、应用产业规模均达到 1000 亿元人民币。上海的 5G 蓝图在地域上将呈现"五极"，即到 2021 年在金桥、张江、漕河泾、华为园区、G60 科创走廊形成 5G 产业集聚。① 其中，张江、漕河泾都聚集了数量众多的游戏研发和电竞企业。

除了 5G 网络传输技术以外，虚拟现实技术也开始运用于游戏和电竞产业。2016 年被认为是"VR 元年"，VR 技术不断更新和普及，和与游戏产品的交互有了长足进步，二者作为相互的产业入口，吸引了更多的资本大胆投入。国家体育总局曾经提出要着力推动电子竞技与 VR 等新领域相融合，探索电子竞技产业发展的创新模式，比如赛事的直播可能不再局限于平面，打造全场景多角度的沉浸式观赛环境会成为行业发展目标。②

据不完全统计，上海虚拟现实产业约占全国市场四分之一的份额。2017 年，上海有直接从事虚拟现实的企业近 200 家，产业链主要环节均有企业集聚。③ 与此同时，上海培育了一批创新性强、体验良好的虚拟现实产品和服务。无论是"VR+ 电竞"还是"电竞 +VR"，技术所带来的将是有沉浸感的电竞参与体验。

二、产业热点分析

围绕"全球电竞之都"建设目标，上海电竞产业链的内涵建设进一步丰富，头部资源不断积聚，核心力量成长壮大，形成了贯通全产业链、横跨文化、体育、旅游、工业和信息化等多个方面的电竞发展大格局，使之

---

① 上海市经济和信息化委员会. 上海 5G 产业发展和应用创新三年行动计划（2019—2021 年）［R］. 2019-9.

② 新浪网. 国家体育总局谈 VR 电竞：明确支持　看好发展［EB/OL］.（2016-11）. http://games. sina.com.cn/wm/vr/2016-11-11/doc-ifxxsmif2750556.shtml.

③ 上海市多媒体行业协会. 上海市 VR/AR 技术与产业发展战略报告［R］. 2017-6.

成为游戏产业新一轮发展引擎。同时，随着顶级赛事亮相，城市形象也随着电竞产业的铺开而更新，对年轻人群的吸引力持续增强，开辟了具有上海文化品牌特色的新领域。

（一）头部资源聚合

成熟的电子竞技产业，基本要素包括厂商、赛事、选手、俱乐部、赞助商、媒体、主管机构、各类组织、玩家、粉丝、观众等，这是职业体育的组成结构，但又渗透着游戏产业的逻辑。纵观上海电竞产业发展过程，全产业链的特色始终得以体现，尤其是头部资源的汇聚，具有上海特色的电竞产业大格局初步显现。

游戏厂商是游戏产业和电竞产业的顶层力量。在良好的历史基础上，国内外各大游戏厂商之间形成了新的合作关系，电竞产业头部资源在上海开启了新一轮的聚合式发展。

2018 年，完美世界与美国 Valve 公司共同宣布在已有合作伙伴关系基础上，开启"STEAM 中国"项目的合作，该项目落户上海，为中国的游戏玩家和开发者提供一个触及 STEAM 丰富多彩游戏及娱乐产品的新通道。2019 年 8 月，STEAM 中国项目正式定名为"蒸汽平台"。在上海落户的 STEAM 背靠上海天然的资源，将进一步扩展产业集群，推动中国游戏和海外市场的交流。

2019 年 8 月，世界人工智能大会开幕式上，腾讯董事会主席马化腾表示腾讯电竞六大职业联赛均落地上海，超过 50 家腾讯电竞体系的职业俱乐部也落地上海，同时称腾讯将全力支持上海打造"全球电竞之都"。此后，腾讯互娱与《英雄联盟》游戏开发商拳头游戏（Riot Games）在上海共同宣布成立合资公司"腾竞体育"，新公司落地静安区，未来将主导《英雄联盟》在中国的相关赛事的运营、经纪、场馆、衍生品等一系列业务。

当前电竞产业存在着一定的发展短板。比如，尚未形成完整而稳定的赛事运营体系，竞技规则及流程运行专业性不足。腾竞体育的诞生在一定程度上体现了赛事运营的进步，其标志着《英雄联盟》中国赛区已经成为一个影响力可以与游戏媲美的独立赛事 IP，不再仅仅是游戏业务中的电竞衍生部分，而是将游戏 IP 运营权和赛事 IP 运营权进行了剥离。

腾竞体育的揭牌是《英雄联盟》游戏在中国的全新尝试，也是中国电竞赛事运营加速国际化的见证。它的建立与运营，将建立可持续发展的主客场模式、释放联盟和俱乐部变现潜力、提升联盟和俱乐部整体盈利性、巩固职业化人才体系，对完善赛事流程、竞技规则、打通全产业链等电竞产业发展新格局都具有重大意义。

在吸引国际游戏巨头集聚的同时，包括巨人、盛趣、游族、九族在内的众多上海本土游戏和电竞企业迅速成长，进入头部资源之列。其中，巨人网络的球球大作战已建立起电竞赛事体系。

（二）核心力量壮大

俱乐部是电竞产业的核心力量。上海的一批电竞俱乐部在海内外取得优异成绩，形成了良好的主队文化，并以此进入城市文化的大循环之中。近年来，影响相对较大的俱乐部包括 EDG、OMG、FPX 和 NewBee 等。

2018 年 1 月，EDG 电子竞技俱乐部获得《英雄联盟》德玛西亚杯冬季赛冠军，并在同年的 LPL 春季赛获得亚军。2018 年 5 月，EDG 电子竞技俱乐部宣布完成近亿元 Pre-A 轮融资。

2018 年 7 月 30 日，OMG 战队以总积分 3425 分超越来自韩国、日本、澳大利亚、土耳其、越南等多个国家和地区赛区的 19 支顶尖战队，夺得《绝地求生：大逃杀》（PUBG）全球邀请赛 FPP（第一人称视角）模式的冠军。这是继 2005 年 wNv 战队获得《反恐精英：全球攻势》（CS：GO）世界冠军后，中国战队时隔 13 年再度登上 FPS 项目的世界顶级领奖台。OMG 战队成立于 2014 年，注册在上海市宝山区。

2019 年 6 月，注册在上海的 FPX 战队以 3∶1 战胜老牌强队 RNG，拿到了建队以来的第一个联赛冠军，成为了 LPL 联赛史上，继 OMG、PE、EDG、LGD、RNG、WE 和 IG 之后第八支拿到联赛冠军的队伍，并以 LPL 赛区第一种子的身份入围 2019 年世界赛。2019 年 11 月 10 日，FPX 以 3∶0 的比分战胜欧洲 G2 战队夺得 S9 总冠军，这是继 2018 年 IG 夺冠之后，中国战队再次捧得象征《英雄联盟》最高荣誉的"召唤师奖杯"。

曾在 2014 年获得《刀塔》项目 Ti4 总冠军的 NewBee 战队，在 2019 年 7 月收购 Forward Gaming 战队参加 Ti9。2019 年 11 月，NewBee 以 3∶0 战胜曼城，夺得人民电竞 PPL 超级联赛暨 FIFA Online4 职业冠军杯的冠军，并代表中国晋级年底于韩国举行的 EA 冠军杯（EACC）。

（三）直播平台洗牌

电竞赛事高度依赖专业的电竞场馆和转播手段，以满足庞大粉丝群体的观看需求。艾媒咨询数据显示，中国游戏直播市场的规模为 77 亿元，

2022 年的市场规模将达到 300 亿元左右。2019 年，在线直播用户规模达到 5.01 亿人。①

虽然用户基数在不断扩大，但增速有所减缓。随着人口红利逐渐消失，原有的流量短缺、运维弊端、资金难题对中小平台的反噬更加明显，不断有直播平台被淘汰出局，熊猫直播的倒闭是典型案例之一。

熊猫直播于 2015 年正式创办，在创办之初接连举办了多项活动，并邀请多位明星入驻。这使其在当时的"千播大战"中脱颖而出，与斗鱼、虎牙三足鼎立。2016 年，熊猫直播位列中国泛娱乐指数盛典"中国文娱创新企业榜 TOP30"。但是，在腾讯重点投资的斗鱼、虎牙面前，熊猫直播始终无法取得优势地位，在持续 22 个月没有外部资金注入的情况下，于 2019 年 3 月 30 日停止运营。

在熊猫直播倒闭的同时，上海另一家本土互联网企业哔哩哔哩在直播领域强势发力。哔哩哔哩简称 B 站，2014 年开始开启游戏联运和代理发行业务，2017 年宣布获得 2018LPL、全球总决赛、洲际赛的赛事直播权和点播权。长期专注于二次元文化的 B 站介入游戏直播领域，使电竞辐射到更广泛群体，同时也对电竞赛事与相关文化的推广产生了推动作用。

B 站直播的崛起归因于其丰富的内容生态及年轻的用户群体。根据 B 站官方公布的数据，其用户年龄在 8—35 岁之间的占比达到 78%，这一充满活力的群体促使 B 站成为一块适合游戏直播发展的土壤。

B 站更具特点之处在于，用户不仅观看电竞赛事内容，而且在社区中进行互动讨论，并通过视频、专栏文章等创作持续参与其中。基于长期以来的用户基础和内容积累，B 站正在构建越来越全面的电竞布局，于 2017 年 12 月成立 BLG 战队，2018 年 10 月成立哔哩哔哩电竞公司。

（四）运营机构成熟

近年来，一批以电竞赛事和泛娱乐运营为核心的企业在上海发展成熟，以 VSPN、ImbaTV、香蕉娱乐为代表。

成立于 2016 年量子体育 VSPN，是一家提供电竞商业化、艺人经纪、电竞电视、电竞运动场馆运营等综合服务的电竞运营商。从 2017 至 2019 年，VSPN 连续三年成为《王者荣耀》职业联赛（KPL）的赛事承办方，并推出移动电竞与 AR 技术结合的赛事直播模式，这也使得 KPL 成为首个

---

① Media Research. 2019Q1 中国在线直播行业研究报告［R］. 2019-6.

应用 AR 技术的移动电竞联赛。除此之外，VSPN 与国内 70% 电竞运动赛事达成合作，主导并成功承办或举办了《王者荣耀》《英雄联盟》《绝地求生》等项目赛事，包括 KPL、LPL、PCPI 等。同时，VSPN 的电竞内容制作能力不断提升，为电竞赛事输送专业人才。

ImbaTV 是以《刀塔》为中心的原创内容供应平台，其运营方式是制作游戏赛事内容、向各大游戏直播平台分发直播内容。2019 年，ImbaTV 联合八家俱乐部组建了中国 DOTA2 发展联赛。

2015 年创办的香蕉娱乐主要业务包括电竞赛事制作、游戏节目制作、网络主播经纪等。2017 年，香蕉娱乐与暴雪娱乐共同宣布推出"守望先锋职业系列赛"。香蕉娱乐现已成功承办包括《英雄联盟》职业联赛、德玛西亚杯等赛事，同时聚焦游戏、KOL、娱乐活动等业务。

（五）顶级赛事亮相

凭借国际化都市的各方面优势，上海吸引了世界顶级电竞赛事落户。2019 年 8 月 15 日至 8 月 25 日，《刀塔》2019 国际冠军赛总决赛（Ti9）在浦东新区举办，这是《刀塔》最大规模和最高奖金额度的国际电子竞技比赛，也是 Ti 系列赛事首次在亚洲举办。2019 年 11 月 10 日，在《英雄联盟》S9 总决赛颁奖仪式上，主办方宣布 2020 年 S10 总决赛将落地上海体育场。连续两年，代表世界电竞最高水平的两项总决赛先后在上海举办，体现出上海打造"全球电竞之都"的实质成果。

2019 年 11 月 28 日，2019 上海大师赛在新静安体育中心开幕，由上海市体育总会、静安区政府共同主办，上海市电子竞技运动协会等承办。该比赛带有鲜明的"上海出品"城市标签，是全球首项以城市命名、以政府为赛事支持、以行业协会为办赛主体的自创电竞赛事 IP。

除顶级赛事外，众多系列赛也落户上海各区，《绝地求生：大逃杀》（PUBG）冠军联赛落地位于静安区的 VSPN 量子体育赛事中心，《王者荣耀》职业联赛东部赛区落地静安体育中心。

三、产业发展前瞻

（一）技术边界突破

融合与创新已是时代不可阻挡的浪潮。建立起横跨诸多技术领域的电竞新模式、打通产业链内的技术边界，是电竞产业发展的大势所趋。基于视听、个人计算机和互联网技术的兴盛而发展起来的电子竞技，正在实现技术边界的新一轮突破。

2016 年以来，电竞产业进入移动互联网浪潮之中，快速实现了移动电竞的职业化，以《王者荣耀》为代表的一批移动电竞项目崛起。上海电竞产业的下一步发展，正聚焦 5G 条件下的移动互联网技术，实现网络传输、视听感受、游戏体验、赛事运营、直转播手段的全方位升级换代。

梳理近年来的技术发展史可以看到，人类对新技术的突破已经不仅仅发生在单一维度和单一场域，电竞领域的技术边界突破也只是众多突破中的冰山一角，原有的大量结构在消解，更新的技术系统在创建。在新旧交替的磨合中，体育、娱乐、表演等形态交互，由此而产生的技术红利大幅度提升了用户体验和个性选择。未来，还将会有更多极具创造性的手段来辅助电子竞技的训练、赛事、传播和消费。

电竞产业在经历了萌芽、爆发阶段之后，也会迎来集聚、突破阶段，它将进一步满足新形势下人们对于文化消费的需求，为推动信息技术和文化产业发展提供新的动能。

（二）产业生态竞合

综合目前情况而言，上海电竞产业集聚了大量头部资源，在巨头领路的优势条件下，创新能量不断释放，电竞产业生态体系逐步建立，体系内的各类力量不仅存在传统意义上的"竞争"，更体现出彼此赋能的"竞合"特点。

电子竞技可以视为高科技体育运动和数字文化产业，具有文化、娱乐、科技等多重属性，对上海文化创意产业的促进作用和对地区经济的带动效应正日益显现。这种带动效应，来自电竞产业上中下游全产业链的生态建设。电子竞技已具有完备的产业链条，上中下游供应链之间联系紧密，不同产业相互交叉、渗透，形成了有自身特色的产业生态。

生态建设使电子竞技的发展路径由"竞争"走向"竞合"。单凭传统的市场竞争关系，电竞产业参与者将面对各自作为个体的天花板，无法实现真正意义上的跨越式突破，电竞产业的进一步发展需要生态体系内部的深度竞合，走一条"在竞争中合作，在竞合中突破"的道路，才能真正实现"产业生态 × 科技力量"的乘数效应。

（三）价值引领彰显

党的十九大报告提出，健全现代文化产业体系和市场体系，创新生产经营机制，完善文化经济政策，培育新型文化业态。这为电竞产业发展提供了重大机遇，也提出了更高要求。

经过多年发展，电子竞技结合了体育与娱乐，横跨互联网、传统媒体及大众消费，不仅成为年轻人群的价值引领新方式，也成为城市文化新亮点，在线上线下均刷新了上海城市形象，打造出一张全新的超大型国际城市新名片。在塑造群体认同感、集体荣誉感等方面，电子竞技体现出体育精神一以贯之的感召力与凝聚力。

泛娱乐浪潮下，庞大电竞受众对娱乐消费的诉求日益提升，KOL 的号召力也正在加速电竞娱乐化。面对重点覆盖的年轻人群，电子竞技行业有必要加强自身内涵建设，也有责任实现更好的价值引领功能，尤其是如何凸显其满足文化需求、传播主流价值、引领社会风尚的作用，同时拉动经济增长、推动创新创造、促进转型发展。

上海正在全力打响"上海文化"品牌，在实施加快建成国际文化大都市三年行动计划过程中，把打响"上海文化"品牌融入打响"上海服务""上海制造""上海购物"品牌。对于正在崛起成为"国民经济支柱性产业"的文化产业而言，电子竞技在其中已经快速占据了一席之地，产业体量不断增长。值得注意的是，价值引领的"质"和经济规模的"量"应等量齐观，缺一不可。

打响"上海文化"品牌之路，也是电子竞技展示自身优势和特色、形成"质""量"统一的必经之路。建设全球卓越城市之路，上海电竞产业将在其中发挥更多正能量，致力于使上海成为具有国际吸引力的宜居之都和创新之都。

2018 年中国资讯短视频内容市场发展报告

——以梨视频为例

卢　雁

摘　要： 从 2018 年的诸多行业数据报告来看，和移动互联网正在经历的寒冬相比，短视频赛道依然保持火热。从用户侧来看，中国短视频 App 日均使用时长达到 6 亿小时；从内容供给方来看，历经多年无序竞争，加上近年来国家多次"重拳"整改，短视频市场开始回归理性，优质内容重新成为各平台发展的决胜关键。2018 年 10 月，知名新闻学者李良荣教授预测短视频将成为未来新闻发布的主要方式，资讯可视化是大势所趋。因此，传统媒体纷纷抓紧转型的最后机会，发力短视频赛道。如何在用户与市场之间找到"平衡"，对诸多资讯短视频平台而言，既是"痛点"，也是"难点"。本文重点以互联网商业平台梨视频为例，通过梳理其 2018 年的整体表现，从而一窥资讯短视频行业的发展变化。

关键词： 资讯短视频　内容　市场　发展

一、2018 年短视频行业发展态势概况

QuestMobile 发布的《中国移动互联网 2018 年度大报告》指出，2018 年，中国移动互联网月活跃用户规模增长继续放缓，截至年末，同比增长率已由 2017 年年初的 17.1% 放缓至 4.2%，移动互联网的增长红利消退殆尽。①

---

① QuestMobile. 中国移动互联网 2018 年度大报告［EB/OL］.（2019-01-22）. https://36kr.com/p/5173438.

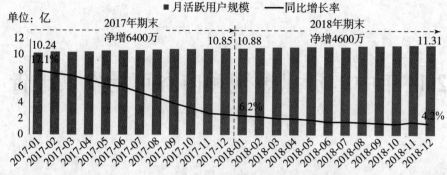

注：期末净增 = 当年末月值 − 上年12月值

Source: QuestMobile TRUTH 中国移动互联网数据库 2018年12月

图1 中国移动互联网月活跃用户规模趋势

一边是移动互联网整体呈寒冬态势，一边是短视频逆势增长的别样火热。

2019互联网女皇报告显示，从2017年4月到2019年4月，中国短视频App日均使用时长从不到1亿小时增长到6亿小时。艾媒咨询数据显示，2018年中国短视频用户规模达5.01亿人，市场规模依然有较大的上升空间。①《中国网络版权产业发展报告（2018）》指出，短视频依托用户消费时长的高增长性，达成了300%的高倍增长速度，远高于其他细分业态。在用户市场流量与广告价值爆发的双重作用下，预计2020年短视频市场规模将超350亿元。②

短视频最早出现于2014年，已经历了萌芽期、探索期、成长期和成熟期，市场规模增势趋缓，但其整体规模仍持续增长。

资本是最直观的晴雨表。据统计，2018年全年，针对短视频领域的投融资事件共41起，平均下来基本上每1.3周就会有1起。平台方、内容生产方受到进一步追捧。③

---

① 艾媒报告：2018—2019中国短视频行业专题调查分析报告［EB/OL］.（2019-02-03）. https://www.iimedia.cn/c400/63582.html.

② 国家版权局网络版权产业研究基地：中国网络版权产业发展报告（2018）［EB/OL］.（2019-04-28）. https://bg.qianzhan.com/report/detail/300/190428-a9fa8327.html.

③ 36氪：短视频2018年40余起投融资事件，头条系合计市场份额50%、BAT密集布局［EB/OL］.（2018-12-13）. https://36kr.com/p/5166928.

表 1　2018 年短视频与直播领域融资事件

序号	时间	公司名称	融资轮次	融资金额	投资机构	估值（估算）	备注
1	2018/1/3	右划科技	天使轮	数百万美元	高榕资本、真格基金	9750 万人民币	实拍类移动视频社区
2	2018/6/20		A 轮	1000 万美元	金沙江创投、今日资本、红杉资本中国	3.25 亿人民币	
3	2018/12/8		B 轮	数千万美元	红杉资本中国（领投）、今日资本、高榕资本	9.75 亿人民币	
4	2018/1/12	好兔视频	天使轮	数百万人民币	昆仲资本、合一资本、IDG 资本	3000 万人民币	精选实用小视频
5	2018/1/22	一条视频	C+ 轮	未透露	京东（领投）、东博资本（领投）、挚信资本	32.5 亿人民币	
6	2018/1/25	快手	E 轮	10 亿美元	腾讯、红杉资本中国	1170 亿人民币	视频自媒体
7	2018/1/25		E 轮	4 亿美元	腾讯	1300 亿人民币	短视频与直播平台
8	2018/2/8	闪聚互动	A 轮	未透露	国金投资、璨鑫互联、容铭资本	1 亿人民币	视频互动剧
9	2018/5/28		B 轮	未透露	南山资本	1.5 亿人民币	
10	2018/2/12	罐头视频	B 轮	未透露	东方风行传媒、星茴资本	1.5 亿人民币	生活品质类短视频
11	2018/2/14	花生视频	天使轮	数千万人民币	未透露	1.5 亿人民币	电商短视频制作商
12	2018/3/1	喵大仙	天使轮	数百万人民币	何仙姑夫（领投）、微梦传媒	1500 万人民币	美拍一姐
13	2018/3/8	斗鱼 TV	E 轮	40 亿人民币	腾讯	250 亿人民币	游戏直播平台
14	2018/3/9	虎牙直播	B 轮	4.6 亿美元	腾讯	130 亿人民币	视频直播平台

续表

序号	时间	公司名称	融资轮次	融资金融	投资机构	估值（估算）	备注
15	2018/3/13	为它	种子轮	数百万人民币	未透露	1500万人民币	宠物电商自媒体
16	2018/3/28	一符视频	天使轮	未透露	菠萝创投（领投）	500万人民币	视频自媒体
17	2018/4/8	沧晔文化	天使轮	数百万人民币	何仙姑夫（领投）、微梦传媒	1500万人民币	美拍红人刘阳
18	2018/4/16	梨视频	A轮	6.17亿人民币	腾讯	30.85亿人民币	视频自媒体
19	2018/4/17	TOSEE玩拍短视频	Pre-A轮	数百万人民币	挑战者资本（领投）	6000万人民币	区块链短视频平台
20	2018/4/18	Hi公社	天使轮	未透露	极米传媒	500万人民币	生活化短视频
21	2018/4/18	二更	B+轮	1.2亿人民币	雄牛资本（领投）、前海母基金、坤言资本（领投）	12亿人民币	视频自媒体
22	2018/4/24	萤火虫视频	B轮	未透露	腾讯	1.5亿人民币	短视频内容孵化机构
23	2018/5/11	虎牙直播	IPO上市	1.8亿美元	未透露	195亿人民币	游戏直播平台
24	2018/7/6		IPO上市后	未透露	高瓴资本	32.5亿人民币	
25	2018/5/21	newestage	A+轮	数千万人民币	SIG 海纳亚洲、GREE Ventures、Mizuho Venture Capital	1.5亿人民币	主打日本市场的视频直播平台
26	2018/5/29	抓饭区块链	天使轮	500万美元	新湃资本	16.3亿人民币	内容平台
27	2018/6/5	BIGO LIVE 百果园网络	D轮	2.7亿美元	欢聚时代（YY多玩）（领投）、李学凌	32.5亿人民币	主打海外视频直播平台
28	2018/6/12	小题影视	A轮	未透露	腾讯、坚果资本	1亿人民币	MCN机构

续表

序号	时间	公司名称	融资轮次	融资金融	投资机构	估值（估算）	备注
29	2018/6/28	映客	F轮-上市前	4000万美元	分众传媒（领投）、哔哩哔哩bilibili	26亿人民币	直播平台
30	2018/7/12	青橙玩家	IPO上市	15亿港元	未透露	69.68亿人民币	MCN机构
31	2018/7/5	咸蛋家	A轮	未透露	沃驰科技	8000万人民币	直播平台
32	2018/7/21	是大腿	B轮	未透露	七牛云、天津海格力斯文化经纪有限公司	1.5亿人民币	游戏视频创作团队
33	2018/7/24	何仙姑夫	Pre-A轮	1000万人民币	熊猫资本（领投）、真格基金	5000万人民币	搞笑视频创作和影视穿帮节目制作
34	2018/8/17	灰斑马短视频	Pre-B轮	数千万人民币	美图	1.5亿人民币	短视频内容孵化机构
35	2018/8/21		天使轮	未透露	唯猎资本（领投）、黑天鹅孵化器	500万人民币	
36	2018/9/5	百度视频	B轮	1亿美元	百度公司（领投）、晶凯资本、厚泽如意	52亿人民币	PCG内容平台
37	2018/10/1	沉浸文化	种子轮	100万人民币	星瀚资本	1.5亿人民币	MCN机构
38	2018/10/17	云摄美	Pre-A轮	数千万人民币	太和投资（领投）	1.5亿人民币	原创短视频平台
39	2018/11/7	酷皮科技	天使轮	数百万人民币	国金投资（领投）、道生资本	1000万人民币	移动短视频应用开发商
40	2018/11/13	苹店	天使轮	未透露	飞博共创	500万人民币	短视频社交电商平台
41	2018/12/6	M17 Entertainment	B轮	2500万美元	Stonebridge Capital、曾建中（领投）、兰亭投资	32.5亿人民币	直播平台

在政策监管、激烈竞争、观看需求理性化的大环境下，短视频行业发展前景依旧乐观。5G 等新兴技术的加持，也为短视频的制作和传播带来巨大的想象空间。

Vlog 是 2018 年最火爆的短视频风口。Vlog 即"视频播客"，源于 blog 的变体，以影像视频代替文字，记录作者的个人生活。作为一种更能真实展示生活和表达自我的短视频形式，Vlog 已然成为如今年轻人最时兴的生活记录方式。2018 年，流量明星欧阳娜娜拍摄的 Vlog 单集播放量破千万，也让更多人了解到了这一短视频新形态。

各家互联网平台也纷纷在原有功能基础上增加了短视频功能，使内容渗入各个领域，通过差异化抢占用户、切分市场。腾讯除复活微视、投资快手外，据不完全统计，还陆续推出了十余款独立短视频 App；百度推出好看视频；阿里打造"淘宝＋短视频"；网络知识社区平台知乎增加"视频"专区。

随着短视频市场的爆发与成熟，行业也经历了多次洗牌，两大头部平台抖音和快手继续领跑市场。截至 2019 年 7 月，抖音日活跃用户规模数超过 3.2 亿，[①] 快手日活跃用户规模在 2019 年 5 月也达到了超过 2 亿的规模。[②] 抖音、快手采用 UGC 的生产模式，生产流程简单，制作门槛极低，使得人人皆可短视频，这样的生产模式也保证了内容源源不断地持续产出。

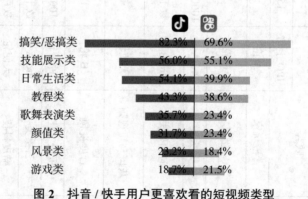

图 2　抖音 / 快手用户更喜欢看的短视频类型

---

① 每日经济新闻. 字节跳动：旗下产品总月活跃用户数超过 15 亿抖音日活跃用户超 3.2 亿［EB/OL］.（2019-07-09）. http://finance.ifeng.com/c/7oAdsm0ukJ5.

② 蓝鲸财经. 快手日活破 2 亿，贫困县区有 20% 为活跃用户. 2019-05-29.

　　企鹅智酷数据显示，在快手和抖音的用户中，喜欢"搞笑／恶搞类"的比例最高，在抖音调查用户中，82.3% 的人表示了对该题材的喜爱，而在快手用户中，这一比例占到了 69.6%。在内容题材的偏好上，抖音和快手的用户表现出了极大的重合度与相似性，除"搞笑／恶搞类"以外，受喜爱的题材依次为"技能展示类""日常生活类""教程类""歌舞表演类"等。[①]

　　该报告也指出，用户对于短视频同质化产生了疲惫感，当用户使用一段时间后，熟悉了短视频中笑点的"套路"，新鲜感就会丧失。调查中，25.7% 的抖音用户认为抖音同质化内容过多，而 39.1% 的快手用户认为快手上的同质化内容过多。随着短视频行业的持续发展，内容生产专业度与垂直度加深成为短视频行业趋势，同质化内容将越来越难以立足，优质内容成为各平台的核心竞争力。

　　在国内现有的短视频平台中，除以抖音和快手为代表的泛娱乐类平台外，以梨视频为代表的资讯类短视频在 2018 年发展迅猛。

　　2018 年 10 月，知名新闻学者李良荣教授公开预测：短视频将成为未来新闻发布的主要方式，资讯可视化是大势所趋。

　　传统媒体陆续跟风入局资讯短视频赛道，试图抓住转型的最后机会。更符合当前碎片化的阅读场景和人们高效获取信息的习惯的短视频，作为一种新生的媒介形态正在走向主流。

　　我们看到：人民网推出"人民视频"、新京报上线"我们视频"、江苏广电推出"荔枝新闻"，东方卫视联合上海广电推出"看看新闻 Knews"，澎湃新闻上线"澎湃视频"。

　　传统媒体转型入局资讯短视频赛道或是大势所趋，互联网商业平台梨视频自一开始就选择做资讯短视频，目前业已成为一个超大型的 MCN 机构，研究梨视频或许对研究资讯短视频行业更具样本意义。

二、梨视频的三大特点分析

　　在资讯短视频领域，梨视频凭借其优质内容生产能力而被资本青睐。

---

① 企鹅智酷. 热潮下的社交短视频：快手 & 抖音用户研究报告［EB/OL］.（2018-04-09）. http://tech.qq.com/a/20180409/002763.htm.

梨视频前期由华人文化投资，继 2017 年 11 月获 Pre-A 轮融资后，2018 年 4 月，完成由腾讯领投、百度等跟投的 6.17 亿元 A 轮融资。

梨视频上线于 2016 年 11 月，由澎湃新闻原 CEO 邱兵创办，核心团队脱胎于《东方早报》和澎湃新闻。

梨视频与市面上其他短视频产品有着不同的特征：

（一）7 万核心拍客遍布全球

从公开数据可知，目前，梨视频拥有全球核心拍客逾 7 万人，覆盖 525 个国际主要城市和 2000 多个国内区县，拍客蓄水池更有数百万人规模。

其实，优质的文字资讯，经过长期的新闻业培育，已经完成信息源向机构媒体聚拢，由他们来梳理生产。但真正一手新鲜的优质资讯视频来源其实目前还是掌握在海量的个体手中，只不过要有人来设定标准、组织生产。梨视频全球拍客网络正是按这一逻辑运作的。

这也是市面上首家成功走通"拍客"概念的短视频平台。不同于传统媒体中编辑部派遣驻地记者采集信息，梨视频把采集权下放给拍客，这一变革也意味着更灵活、更快、更及时的响应。

针对全球拍客网络，梨视频自主研发了 SPIDER 管理系统。这个系统集成了全球拍客管理、权限管理、标签管理、支付管理、编辑、审核、发布等等功能，对庞大的拍客队伍发展情况进行数据监控和管理，从生产者源头上对内容质量和导向进行控制。

梨视频为每个拍客建立拍客档案，进行认证管理、属地管理、专业管理、分级管理、数据管理。同时，设立人数众多的核实团队，梨视频前端提供给用户的拍客视频实际只是后台视频素材的几十分之一。审核团队对拍客供给的视频进行层层审核，无法核实的全部放弃。另外，坚持发挥议题设置能力。很多重要选题，拍客编辑从起始阶段就介入，进行全程审核。梨视频内部还设置了"拍客黑名单"，对确认为虚假视频的拍客实施一票否决，永远不再纳入拍客网络。拍客管理系统帮助梨视频对庞大的素材和拍客进行管理，系统化地控制内容生产流程和审核流程。

类似的拍客模式，其他平台也有尝试，如新京报"我们视频"的"拍者"、今日头条的"拍客"等，但后来者很难再复制如此大的体量。

（二）走三审制度的"PUGC"模式

短视频的生产体量达到一定的量级，也意味着审核成为难题。如何保证短视频的真实与质量，又能兼顾体量，是全行业都在探索的问题。这也是梨视频迥异于其他泛娱乐短视频平台之处。

作为由传统媒体人组建的短视频团队，梨视频采取拍客网络和三审制结合的 PUGC 生产方式。这也是国内唯一一家引入传统媒体三审机制的短视频平台，所有视频内容先审后发。具体流程如下：

一审：各地拍客主管为责任人，主要负责对当地素材真实性进行求证核实。

二审：统筹主编与责任编辑为责任人。统筹主编判断有无传播价值，导向是否正确，视频内容是否符合主流价值观要求，同时进行背景调查，查阅与视频内容相关的权威媒体报道和权威部门声音；责任编辑在编辑素材过程中，对视频的细节进行审核。包括但不限于时间、地点、人物，画质是否经过多次压缩，等等。

三审：总监、副总编辑、总编辑为责任人，对编辑完成剪辑的素材进行全盘核查，除上述核查内容外，还要比对剪辑的逻辑、文本，视频是否客观中立，会不会造成曲解等，需要站在更高角度来进行判断。经过以上审核无误后，视频才会最终发布。重点视频还会采取"四审"，即对内容的价值观导向的把控。

这套"PUGC"的生产模式，依托全球拍客网络，梨视频获取海量信息源，而强审核也保证了内容的真实、质量与价值导向。

（三）正能量资讯也有流量

面对资讯短视频市场的竞争，如何走出差异化路线，做出特色品类是关键。梨视频定位于"国家细节的讲述者"，自上线以来，捕捉遍布城乡各地的普通人的不平凡故事，发布了大量制作精良的正能量短视频，探索出了一条持续生产海量爆款正能量短视频的道路，这样的叙事模式被称为"小正大"，即"小故事，正能量，大情怀"。

一方面，梨视频填补了严肃类资讯视频的空白，改变了以往正能量、资讯类视频枯燥、说教、填充式的感观；另一方面，这样的尝试也带来了巨大的流量，市场反应也证明这一路径是受欢迎的。2018 年梨视频全年正能量短视频播放总量超过 1000 亿次，[①] 实现了用正能量产生流量的"正流量"模式。

---

① 李鑫.梨视频"正流量"模式的实践与思考［J］.传媒，2019（05）：22—24.

2018 年 10 月，梨视频宣布"下沉"，将梨视频的部分内容和市场团队迁移至二三线城市，建设下沉式的拍客网络和"3 公里资讯圈"。

事实上，放眼 2018 年，各大互联网平台都在"下沉"，"沉"到四五线城市，触及小镇青年，收割被遗忘的市场。率先下沉的"抖音""快手"就抢走了短视频市场的一大杯羹。

梨视频的"下沉"野心却不在于瓜分抢占下沉市场红利，它的下沉更多是对内容的进一步完善和壮大。创始人邱兵曾表示，北上广和省会城市的拍客主管离信息终端蛮远的。[①] 梨视频必须让拍客主管和活跃的拍客系统离信息终端更近一些，建设更下沉的拍客网络。梨视频总编辑李鑫也称这样的下沉"不意味着格调和价值取向的下沉"，依然"不做简单的迎合受众、简单的全民娱乐的内容"，而是记录"健康的、进步的，极具细节的故事，见微知著的故事"。

三、梨视频典型热门视频盘点与传播效果

（一）小故事里有大情怀

梨视频短视频研究院院长任大刚在《梨视频的突围与进阶》[②]一文中梳理了 2018 年梨视频微博播放量超千万的前 50 条短视频规律，总结其主要由六大类组成：

第一类与"情"有关，包括亲情、友情、爱情、师生情。如一条播放量达 4400 多万次的视频记录了"吊车侠"救人的过程：江苏常州，一辆公交被对面逆向超车行驶的越野车撞击，驶入运河中。危急时刻，一名男子飞奔开起吊车捞乘客，最终公交车上 4 人获救。

第二类与弘扬人性善和传统美德有关。例如一条流浪汉助学的片子在当时也震动了舆论场。浙江宁波，一名衣衫褴褛的流浪汉走进派出所，民警以为他需要帮助，但流浪汉掏出了 1000 元钱用于"雪莲花"助学计划。他说："放心收下，钱是干净的……"该视频播放量达 2700 多万次。

第三类颂扬努力工作、学习的精神；第四类宣扬民族精神和社会正义；第五类提供科技进步信息或财富信息；第六类以轻松幽默或萌宠

---

① 夏雨冰，邱兵：梨视频的"江城"，短视频世界［EB/OL］.（2018-11-08）. https://mp.weixin.qq.com/s/iMBf7a5RhMdtBlwyCkk2EQ.

② 任大刚.资讯类短视频的突围与进阶［J］.新闻战线，2019（11）：26—29.

为主。

总结上述规律后，任大刚认为，首先，梨视频的爆款视频说明普通人的故事至少在流量上，照样可以与"网红"流量一争高低；其次，人的情感、社会伦理道德，始终是普通人关注的焦点之一；第三，弘扬社会正向价值的内容，可以获得用户的广泛共鸣。

而爆款视频也恰好佐证了梨视频一贯的定位：做"国家细节的讲述者"。资讯类短视频天然有着对社会进行教化的功能，梨视频用成规模的中国细节故事证明：公众是生活的"主角"，会主动观看并传播弘扬人性真善美的温情故事。

梨视频正在转变受众对正能量报道的传统认知，正能量报道并不只有讲道理，并不一定要宏大叙事，短视频是一种与正能量报道天然契合的载体。

（二）特大型专题策划能力及效果

梨视频前方拍客网络，与后方传统媒体出身的专业编辑团队协同作战，凸显了其大型专题的策划能力与生产能力。

2018 年底 2019 年初，梨视频推出了三个超大型专题："中国人的信心从何而来""亲爱的中国""平凡之光——中国日 2018 年度人物评选"，全网总播放量超过 30 亿。

"中国人的信心从何而来"，这个专题的诞生结合了一个奥地利驻华记者莱蒙德·勒夫的发现。他认为中国人有个特点：每个人都坚信自己的孩子会比自己过得好。由于制度、文化的不同，西方视角与中式思维有着天然的"篱笆"，让西方拿着退休金的老人相信子女一定比自己过得好很困难，但中国的父母却普遍对子女信心满满，将期待寄托在新生的下一代。他感受到了中国人的信心，但不理解中国人的信心从何而来。梨视频利用拍客网络，在全国选取上万个家庭，以下一代采访上一代的"家庭原生访谈"形式，解读中国人的信心从何而来。推倒理解的"巴别塔"，也是对自我的审视与再思考。用普通人的现身说法、分享自身经历、述说目前境况和对未来期待的方式，给了中国及世界一个新鲜的生动解答。

"亲爱的中国"专题，则是用全球拍客网络在 106 个国家对话了超过 1000 名不同种族、不同年龄，曾经不同时间来过中国的外国人，听他们讲述对中国的真实印象。

2019 年 1 月 28 日，梨视频"平凡之光——中国日 2018 年度人物评选"的视频直播活动，从上午 10 点持续到晚上 6 点，收获了单场直播微博在线播放人次超 300 万、微博话题阅读量 3.9 亿、视频全网总播放量超过 10 亿次。这场直播旨在创设普通中国人"精神节日"①，回顾了过去一年 60 多个"小人物"的高光时刻，候选者由梨视频拍客从各个角落发掘，从未想过自己有朝一日会成为"中国好故事"的主角。

传统内容生产方式想要完成这三个大体量的专题非常困难。一是成本高昂，二是人力有限导致制作周期极长，三是故事素材的来源有限，如果没有遍布全球的拍客网络，很难迅速捕捉到如此大体量的普通人的细节故事。

除了自主策划专题以外，梨视频也在改写传统资讯领域的生产秩序，用短视频介入重大热点事件。

以 2018 年世界杯为例。传统媒体报道把焦点对准球场之内，聚焦场上的 90 分钟，以"足球评论"为核心。而随着传播方式的变革，人们获取球赛信息的方式更加便捷，观看球赛的门槛降低，加上讨论世界杯的渠道增多，使得每个人都可以对世界杯发表自己的看法。所以，世界杯成了全面关注、全民讨论、全民参与的大 IP，大量"伪球迷"涌现。原本的报道方式不再能够满足所有用户的需求，受众更爱看世界杯情境下更接地气的内容。

梨视频"看见"了场外的"伪球迷"市场，采用"世界杯+"的报道思路，制作了 3000 多条跟世界杯有关的短视频，服务"伪球迷"，内容和题材完全颠覆传统。比如他们关注到了克罗地亚球员回家，全国八分之一人口去迎接的狂欢时刻；中国、日本球迷赛后在场上捡垃圾；南极的阿根廷球迷零下 15 摄氏度极寒中脱衣庆祝；世界杯必吃的俄罗斯美食；甚至世界杯球员的美女太太团；等等。

在梨视频看来，世界杯从单纯的专业赛事，仅供球迷讨论的、有门槛的专业内容，变成了社交环境里的话题由头，对于庞大的"伪球迷"群体而言，球员的球技、比分并不重要，重要的是为他们提供了特定情境下的话题。这样的策划角度让梨视频收割了巨大的流量，最终的出片量也达到了 3000 多条。据全媒派报道，梨视频世界杯短视频全网播放量破 30 亿

---

① 网络传播杂志. 梨视频 CEO 邱兵：10 亿＋播放量的"平凡之光"是怎样诞生的？［EB/OL］.（2019-02-02）. https://mp.weixin.qq.com/s/ON41iWHaLim8LWfjvpsR9Q.

次，由其主持的微博话题＃战斗吧　世界杯＃阅读数超过 10 亿，讨论数逾 25 万，全面占领世界杯热词。①

如此特大型专题的策划和落实，无论从成本还是专业度而言，都很难被其他平台效仿。据公开报道，单是在俄罗斯境内，就有梨视频的 1000 余名拍客，随时准备完成选题策划。而分布在全球的拍客，不管是非洲还是南美，同样可以快速执行采访任务，传回音视频素材。②

（三）布局全球，传递中国声音

由于梨视频的内容填补了严肃类资讯短视频的空白，因此也受到了官媒的关注。据统计，以 2019 年 1—6 月为例，在微博、微信等社交媒体平台上，梨视频单条播放量超过百万次的正能量短视频有 6000 多条，被人民日报微博转发 300 余次、人民网微博转发 900 余次，新华网微博转发过千次，被人民日报微信推送 95 次，新华社微信推送 117 次。这些短视频从细节入手，呈现出"国家细节故事"的全景拼图。

此外，国外媒体如《每日邮报》、英国广播公司、新德里电视台、《每日电讯报》、《独立报》，《纽约时报》等也多次转载过梨视频的资讯。

以一条视频为例，福建龙岩，一火车站进行新老站台的线路转换，1500 余名施工人员仅用了 9 小时就完成了全部工作，新站台正式启用。该视频被国外企业家埃隆·马斯克转发，并点赞中国基建速度"比美国快100 多倍！"这条视频，既用一个小细节展现了中国进步，增强了国人自豪感，也巧妙通过对外报道手段，让中国进步获得全球点赞，实现了国家形象的正面传播。

四、数字出版时代的商业契机

后真相时代，呈现客观事实、深度信息的报道显得尤为珍贵。不仅是在传统媒体，在任何形式的新媒体，内容的价值都不容忽视。内容的优质也是梨视频的优势所在，梨视频上线以来，以强调资讯内容属性、全球拍

---

① 全媒派. 30 亿流量！梨视频靠什么拍出个"短视频世界杯元年"［EB/OL］.（2018-07-15）. https://view.inews.qq.com/a/20180715A09YBW00?uid=3170129500&from=timeline&isAPPinstalled=0.
② 网络传播杂志. 梨视频 CEO 邱兵：10 亿＋播放量的"平凡之光"是怎样诞生的？［EB/OL］.（2019-02-02）. https://mp.weixin.qq.com/s/ON41iWHaLim8LWfjvpsR9Q.

客网络，以及严格的审核制度最大区别于其他短视频平台。

但这似乎困住了梨视频。从短视频行业的整体大背景来看，整个内容产业都在寻求平台化、轻运营，梨视频却主动做重，被外界和部分业内人士认为不利于走出商业模式困境。庞大的拍客网络、过重的编辑团队，梨视频的"与众不同"能否带来盈利是外界持续关注的问题。

不过，"重模式"也是梨视频和它的股东们（华人文化、人民网、腾讯和百度）共同认可的"壁垒和优势"。

2018年，短视频行业进入监管元年，国家进行一系列的"重拳"整治，各大短视频平台纷纷整改。短视频低俗化的重灾区"抖音""快手"等平台被监管部门频频点名后谋求转型，开始尝试用短视频带动非遗传承，将中华优秀传统文化进行创造性输出，用短视频的方式传承非遗文化，逐渐正能量化。

这正是梨视频一直以来坚持的道路。梨视频一开始就摒弃单纯靠夺眼球杀时间，甚至是低级趣味来获取流量的"负流量"模式，上线以来坚持审核、走正能量短视频生产路线，不走"捷径"，保证其内容的优质与领先。

据公开信息收集，梨视频的盈利方式有如下几种：

（一）版权交易系统营收

虽然，目前视频版权还没有出台严格的规范，但也随着政策的完善在越收越紧，就像人们逐渐习惯付费音乐一般，版权概念逐渐走向正轨。因此，以原创为生的梨视频们或许会看到版权盈利的曙光，这不仅意味着梨视频有更多可供发布的资源，还有可以将原创版权进行出售的空间。据媒体报道，目前梨视频上线了版权交易系统，该平台去年收入为1000多万，今年或将可达到5000万左右。而版权交易系统也将成为梨视频收入的重要部分。[①]

（二）借助全球拍客网络进行原生广告定制

除版权售卖以外，梨视频还利用拍客网络进行原生广告的定制拍摄。比如，阿迪达斯与梨视频展开短视频内容营销合作，通过梨视频阶梯式拍客体系带来新鲜资讯、街头采访。仅一支梨视频联合美国拍客抢先测评

---

① 华尔街见闻. 梨视频 CEO 邱兵：初探电商，不怕拥抱新事物［EB/OL］.（2019-04-24）. https://mp.weixin.qq.com/s/Yp6-g28kLaPWq4fhDEcuRg.

adidasTERREX 户外新品的短视频，全网播放量达 520 万。

而梨视频为拼多多定制的品牌广告，从咖农的故事入手，用微纪录片的形式记录云南的一代咖农施四公的故事。云南是中国咖啡产量规模最大的省区，但多数咖农却没有出过山，没有品尝过咖啡店里的咖啡，甚至连小一辈的子孙也将面临这样的境遇。在交易封闭的环境中，优质的产品也只能够被低收高卖，一年收入只有一千多元。梨视频通过施四公的这一"草根影像"突出脱贫的重要性和云南电商发展的迫切性，通过真实的人物形象触动消费者，也描述了一个时代的进步与发展。视频全网播放量近700 万，引发网友讨论。

（三）深耕美食领域，打造新 IP

在 7 万核心拍客生产资讯内容之后，梨视频借鉴这个模式，又建设了商业拍客队伍深耕美食垂直领域。这支团队如今活跃于梨视频与阿里共同推出的新 IP"淘宝吃货"，旨在寻找最具品质的食材、最有感染力的美食文化，以及美食背后的动人故事，打造短视频版的"舌尖上的中国"。

以梨视频·平阴玫瑰项目为例。平阴可食用玫瑰是济南市重点发展的特色产业之一，平阴也获过"中国玫瑰之都"的称号，然而对大众而言平阴玫瑰依旧是个陌生的概念，乏人问津。淘宝吃货团队挖掘出"中国最浪漫的玫瑰小镇"细节，发布相关 4 条视频在 7 天内获得全网 1.8 亿的点击量，引起百万网友热议。其中《探访中国最浪漫玫瑰小镇：居民花样吃玫瑰花》单条微博播放量 601 万，被多家央媒、山东省厅的官方微博、坊间大 V 等转发。关键词＃中国玫瑰小镇＃登上微博热搜，极大提升平阴玫瑰产业的知名度和商业价值。

作为资讯短视频平台，梨视频抓住了中国网络资讯用户对高质量短视频内容的需求，通过内容生产体系设计、分发平台建设、利润分成机制设计等层面的创新，为移动互联网时代的视频生产方式、传播机制、盈利模式提供新的标杆，[①] 在资讯短视频盈利模式单一，仅靠贴片广告收入的背景下，梨视频为数字出版的商业带来盈利的曙光。

然而，随着行业竞争日益激烈，受众需求日益分化，短视频制作日益精细化，质量提升难度也日益加大；同时，缺乏多种高知名度的垂直领域IP 产品建立矩阵，扩大用户范围和规模，从而围堵来自竞争平台的流量抢

---

① 工信部情报所网络舆情研究中心. 2017 年中国网络媒体公信力调查报告［R］. 2018-02-26.

夺，也是梨视频未来将要面对的问题。再者，梨视频的商业模式能带来多大的收益，也需要时间来回答。在资讯类短视频寻找商业出口的探索之路上，我们将对梨视频能提供怎样的商业样本保持关注。

五、资讯短视频行业未来趋势

（一）行业回归理性，内容价值回归

短视频目前依然处于行业风口中，然而密集爆发后的行业洗牌，加上国家对平台的监管加强，使得行业继续趋向理性。以梨视频为代表的资讯类短视频的崛起，改变了短视频题材囿于泛娱乐的格局。

2019年的中国短视频领域，内容生产是整个行业生态的关键链条。在移动互联网增量红利进一步缩减，存量竞争日趋激烈的趋势下，"内容为王"、内容的价值回归，尤其是优质的内容，将成为破解短视频发展僵局的摩斯密码。谁掌握了这个核心，生产出能赢得用户和市场"双口碑"的优质内容，谁就成为最大的赢家。

（二）将出现更多竖屏视频新形态，优化用户体验

由于资讯类短视频天然具有严肃特征和教化功能，市场上涌现的短视频新形态，诸如Vlog、互动视频等很难在第一时间找到与资讯视频调性融合的途径。但这并不代表资讯短视频可以长期守据在横视频的城池中，不用关注用户体验的改变。据有关调查报告显示，52%的手机用户习惯将屏幕方向锁定为竖向，且94%的时间将手机竖版持握而非横版[①]。由于视频时长过短的缘故，受众从习惯和感受上会排斥旋转手机屏幕，因此竖视频能提供舒适便捷的观看体验；此外，竖直拍摄是用户天然的习惯。"拍客"概念的出现降低了普通人参与资讯短视频拍摄的门槛，尝试竖视频有利于更多拍客参与其中。目前市场上资讯类的竖视频并不普及，除梨视频在其国际栏目中开始试水竖屏短视频外，其他资讯类短视频平台尚无规模化竖屏视频的出现。

（三）细分垂直领域，建立品牌IP

当短视频行业发展到一定程度，细分内容成为必然趋势。作为信息载

---

① 抖音，中国广告协会.竖屏广告创意指导手册［R］.数据来源：MOVRMobile，Unruly，知萌咨询分析整理。

体，短视频连接商业与用户。细分内容就是确定短视频的目标受众，从而能提升商业转化的精准度和效率。此外，在不同领域的垂直深耕有助于建立受众对于品牌的认知度和记忆度，针对特定人群的差异化内容，能建立粉丝黏性，提升受众忠诚度。因此，在垂直行业深耕细作是内容发展的趋势，未来，垂直领域的内容价值和商业价值将进一步释放。

如今，抖音、快手两大泛娱乐平台固化，牢牢占据头部，也意味着对细分领域的争夺将长期持续，短视频细分市场依然存在无限可能。

（四）图文视频联动，发挥矩阵合力

如今互联网提供了多元渠道用于信息的传输，今日头条、百家号、企鹅号、大鱼号、微博、腾讯视频等平台均可用于信息的分发。但是不同平台的特点决定了信息载体形式的不同。虽然短视频取代了以往图文的地位，但是在特定平台上，图文依然是传播最广、阅读最便捷的方式，而短视频也很难承载深度报道的厚度与内涵，因此，即便是资讯短视频平台，也需要在多渠道采用图文视频联动的形式，将短视频的信息效果最大化，打通图文与短视频的形式壁垒。短视频提供视觉的震撼感，而图文信息满足人们对信息的深度需求，以融合之势，借力不同平台，形成媒体信息矩阵共生共荣的信息生态。

（五）搭建商业生态，建立商业模型

资讯短视频拥有专业的媒体人才及优质的内容产品，在内容价值回归的大潮流下，这些资源代表的竞争优势不言而喻，然而如何将这些优势成功变现，是需要考虑的问题。

在新媒体时代，以广告收入的单一盈利模式已丧失活力，探索新的商业模式，发掘新的盈利点成为资讯短视频维系发展和进一步参与市场竞争的关键。目前，资讯短视频赛道上持续有效的商业变现模式尚待发掘。

抖音的云图、星图，快手的快手广告、快手商业开放平台等商业营销平台的建设，是短视频商业生态系统的一个良好示范。短视频商业生态系统能帮助内容方、平台方和广告方减少沟通成本消耗，提升效率，为内容生产和商业变现提供直达的"高速通道"。目前，类似的商业生态只在头部平台中建立了雏形。

结 语

2019 年 6 月 6 日，工信部发放 5G 商用牌照，标志着中国正式进入
5G 商用元年。[①]5G 的加速落地对短视频来说是一大利好。4G 的应用为短
视频积累了巨大的用户规模，而 5G 时代资费的下降、速度的提升，将为
短视频晋升全民应用带来新机遇。在技术创新的驱动下，未来，短视频行
业将迎来智能化、垂直化和数字化的又一轮升级。

---

① 品玩. 工信部正式发放四张 5G 牌照，中国进入 5G 时代［EB/OL］.（2019-06-06）. https://www.
pingwest.com/w/189187?tt_.

张江国家数字出版基地发展现状和趋势

叶骏强

摘　要： 随着数字技术的不断进步与发展，后互联网时代已经到来，传统出版业也面临着向数字化的改变和转型，为了更好地促进我国出版业升级转型，尤其是让数字出版在"十三五"规划的攻坚期发挥应有的重要作用，此时总结归纳数字出版基地的利弊得失，探讨数字出版基地的发展模式尤显重要。本文梳理了张江国家数字出版基地的发展现状，分析了基地内现有重点文化产业的总体情况，并以此为基础，提出了基地未来的发展规划。

关键词： 发展现状及趋势　产业分析　未来规划

一、发展现状

张江国家数字出版基地作为全国文化产业示范园区，同时作为全国首批、本市唯一的国家级文化与科技融合示范园区，各项工作始终保持在全国前列。2018 年张江国家数字出版基地（以下简称"张江基地"）总营收561 亿元，增长率 14.7% 左右。根据目前代表性企业的公开数据，细分占比预估，网游占比 22%；网络文学占比 16%；互联网教育占比 10%；互联网视听占比 18%；互联网信息占比 32%；其他占比 2%。作为基地一体化服务运营商的上海张江文化控股有限公司，在产业生态营造、营商环境改善、产业服务提升等方面不断取得新的成就。

（一）产业服务推动产业生态营造

2018 年，张江国家数字出版基地进入创新政策叠加、体制机制共用、服务体系共建的战略机遇期和新一轮快速增长阶段。长三角一体化发展、

"上海文创50条"颁布实施、张江科学城建设等新时代背景以及上海增设自贸区新片区的前瞻展望，为张江文创产业发展提供了新的发展契机，使张江数字出版产业进入了一个新的发展阶段——数字信息产业阶段。即以内容和网络为承载基础，以数字化的知识和信息（数据）为关键生产要素，以智能算法为核心驱动力，联结物联网、大数据、云计算、人工智能等新兴产业的依靠创新驱动的产业形态。

为适应产业发展新业态，上海张江文化控股有限公司（以下简称"张江文控"）定位基地一体化服务供应商，积极开拓，勇于创新，量化服务体系，努力以产业服务促产业生态营造。创e空间，不断提升品牌影响力。以信息发布、调研走访、产业对接等形式，营造园区产业发展新生态。每周一期的"张江文产动态"积极宣传张江文创产业创新创业理念和信息。截至2019年底，"张江文产动态"已经编辑51期（总151期），涉及企业信息近500多条，近200家企业。推送范围涵盖国家、市、区等部门和机构，成为园区服务品牌。2018年，张江文控建立实施定期走访企业机制，会同园区管理部门，全年走访企业数量超过40家，深入了解企业发展现状和诉求，并根据企业需求建立反馈机制，实现资源整合。2018年，张江文控孵化品牌"创e空间"完成国创一期创e空间开业，截至2019年11月为止，共计开拓4个线下空间，为超过30家企业提供了良好的配套空间及相应的配套服务。"创e空间"微信平台粉丝数也从年初7000人次，增至17000人次，影响力日益扩大。"张江数字文创信息群"则集聚了园区近300家文创企业，以其较高的活跃度，搭建了一个信息互通、交流学习的网上平台和枢纽集散地。

（二）头部企业带动园区产业发展

经过近20年的发展，通过张江的扶持、培育和企业的共同努力，张江目前已经集聚了一批世界知名、全国领先、行业标杆的数字出版企业。2018年，这些企业亮点不断，佳绩频出。2018年初，2017中国文化产业年度人物揭晓，张江基地企业阅文集团总裁吴文辉、喜马拉雅FM创始人兼CEO余建军获得提名奖。延续了每年中国文化产业年度人物张江均有上榜的纪录。在之后的第二届"上海文化十强、十佳、十人、十大品牌活动"评选中，更有张江企业阅文、B站、喜马拉雅FM、宽创等上榜。其中阅文集团获得"上海文化企业十强"称号；B站董事长陈睿，喜马拉雅联合创始人、联席CEO余建军，上海宽创国际文化科技有限公司董事长张东获得"上海文化十大创新创业人物"称号。

2018年4月，浦东新区举行"2017年度浦东新区经济突出贡献企业表彰活动"，表彰2017年度经济突出贡献企业。张江基地企业沪江、阅文集团、小蚁科技、幻电信息（B站）、连尚网络获创新创业20强殊荣，网之易获得2017年度科技创新突出贡献奖。在第十四届深圳文博会上，阅文集团、喜马拉雅FM、沪江、小蚁科技、小派科技、叠境数字、图六信息等张江基地企业立足上海馆，围绕打响"上海文化"品牌，聚焦上海文化科技、文化旅游、文化金融、文化贸易融合和"互联网＋"等文化产业发展特色，突出"创新创意、活力上海"展示主题，集中展示了张江文创产业发展的新成果。

2018年7月27日，中国互联网协会、工业和信息化部信息中心联合发布了2018年中国互联网企业100强榜单和《2018年中国互联网企业100强发展报告》，上海共有21家企业入围榜单，二三四五、幻电信息、连尚网络、沪江网校等多家张江基地文创企业入选。

2018年9月17日，2018世界人工智能大会在上海拉开帷幕。诸多张江基地企业喜马拉雅FM、思岚科技、云从科技、七牛云、叠境科技、亮风台科技等受邀亮相大会，与其他参会企业一道，深入阐释"人工智能赋能新时代"的大会主题。随后的第五届世界互联网大会上，张江基地的沪江、连尚网络、阅文集团、喜马拉雅FM、云从科技、图麟科技、七牛云、达观数据、视＋AR、叠境数字、小蚁科技、小派科技等近20家文创企业亮相峰会，展示张江基地企业风采，诠释了"创造互信共治的数字世界——携手共建网络空间命运共同体"的主题。

基地企业分别发挥内容运营优势，喜马拉雅FM联合浙江卫视推出国内首档知识年终秀"2018思想跨年盛典"，邀请马东、高晓松、张召忠、吴晓波等知识大咖，以思想和内涵与观众们一起跨年。老牌游戏企业盛大游戏表现不俗，在11月16日由Newzoo、伽马数据联合发布《2018年全球移动游戏市场企业竞争力分析报告》，所评选出的2018年全球移动游戏市场竞争力35强中，盛大游戏跻身2018全球移动游戏企业竞争力15强，位列第14名。截至2018年8月，超级独角兽连尚网络旗下产品月活跃用户数超过9亿，其中核心产品WiFi万能钥匙月活超过8亿。在11月27日举行的"连接创造美好"2018战略发布会上，连尚网络宣布启动连尚卫星上网计划，2019年将发射第一颗卫星连尚一号。7月20至22日，

BILIBILI WORLD（BW）及 Bilibili Macro Link（BML）在上海召开，3 天吸引 17 万年轻人。哔哩哔哩董事长陈睿还受邀就公众关心和感兴趣的哔哩哔哩核心用户、充满活力的"网言网语"和作为潮流文化社区的特点等话题，为浦东新区区委中心组作专题演讲。

（三）融资上市突出资本市场亮点

2018 年，张江基地企业在资本市场表现亮眼，成绩斐然。继 2017 年下半年阅文集团和互联网金融企业拍拍贷分别上市后，北京时间 2018 年 3 月 28 日夜间，哔哩哔哩（bilibili）正式在美国纳斯达克交易所上市，B 站首次公开募股（IPO）发行价为 11.50 美元。B 站通过首次公开募股累计募集 4.83 亿美元资金。9 月 14 日晚，国内资讯分发平台趣头条正式赴美上市，趣头条股价盘中最高摸至 20.39 美元，较发行价上涨 191.29%。11 月 22 日，互联网教育平台"沪江"通过了港交所的主板上市聆讯，正在争取挂牌上市。

2018 年，张江诸多基地企业在资本寒冬中，凭借实力受到资本市场和投资机构青睐。如设计创意营销企业服务平台"特赞"（Tezign）宣布 2018 年 3 月完成 B 轮融资，融资规模近千万美金。特赞以此开展战略性升级，从"中大企业的指数级设计创意营销供应平台"升级为"设计创意营销企业智能平台"；9 月，世纪华通以 298 亿元购买盛大游戏的运营主体盛跃网络 100% 股权，是迄今为止仅次于腾讯 86 亿美元收购芬兰游戏开发商 Supercell 的最大一笔游戏并购案，开启盛大游戏回归 A 股倒计时；光场内容技术服务商"叠境数字"完成亿元级 A 轮融资，由 IDG 领投，老股东赛富基金、金沙江创投跟投，用于扩大产品线与规模；11 月 22 日，达观数据宣布成功完成 1.6 亿元 B 轮融资，至此，达观数据累计融资额超 2 亿元，刷新了中国自然语言理解领域的融资记录。时尚二手电商"只二"完成了 A 轮及 A+ 轮融资，两轮融资金额均为千万级美元。

值得注意的是，张江基地企业聚焦产业链合作，以资本合作促进战略对接。2 月初，腾讯以 30 亿元人民币战略入股盛大游戏，双方将在现有业务上强化深度合作；9 月，bilibili 宣布以人民币 4733.05 万元增持虚拟偶像"洛天依"所属母公司香港泽立仕（Zenith）控股有限公司 10.59% 股权，成为控股股东。10 月初，哔哩哔哩发出公告，与腾讯控股达成协议，腾讯通过认购增发新股方式对 B 站进行注资，金额为 3.176 亿美元（折合人民币 21.83 亿元）；10 月 31 日，阅文集团发布公告，宣布正式完成收购新丽传媒 100% 股权。随着收购交割的顺利完成，阅文集团 IP 全产业链更加完善，将携手新丽传媒正式开启中国 IP 精品化、可持续化开发的新篇章。

（四）公益成果凸显园企责任担当

随着社会的发展，企业在创造利润、对股东和员工负责、承担法律责任的同时，还要承担对消费者、社区和环境的责任，企业的社会责任要求企业必须超越把利润作为唯一目标的传统理念，强调要在生产过程中对人的价值的关注，强调对消费者、环境和社会的贡献。对此，园区运营商张江文控也在公益活动中积极参与、注重引导。张江基地企业也秉持情怀理念，积极参与公益活动，并取得显著成果。

早在 2015 年，连尚网络旗下产品 WiFi 万能钥匙和中国社会福利基金会免费午餐基金联合发起"梦想钥匙"公益项目，目标是在国内 1000 所偏远山区学校提供免费 WiFi 网络及上网设备。在 2018 年底，以"网络扶贫 创新引领"为主题的 2018 网络扶贫论坛暨创新优秀案例发布会上，由中央网信办指导、中国网络社会组织联合会评选的 2018 网络扶贫优秀案例中，连尚网络旗下"梦想钥匙"项目和中国电信、中国移动、蚂蚁金服等企业扶贫项目共同入选。过去三年来，连尚网络通过"梦想钥匙"公益项目，为全国 15 个省份的近 250 所贫困县小学提供网络覆盖，包括四川红原县，吉林农安县，湖南新晃县，平江县，广西蒙山县，龙胜县，江苏灌云县，四川普格县等地。

2018 年 1 月 5 日，由中央网络安全和信息化领导小组办公室指导、中国互联网发展基金会主办的"因爱同行"2017 网络公益年度总结评选活动在京举行。本次评选最终评选出 4 大类共 40 个年度公益项目。沪江"互＋计划"与蚂蚁金服"蚂蚁森林"、京东公益"物爱相送"物资募捐平台等 10 家网信企业的公益项目被评为"2017 网络公益年度创新奖"，沪江是互联网教育企业中唯一的入选者。

作为引领行业的正版数字阅读平台和文学 IP 培育平台的阅文集团，遵循反映时代发展，推动精神文明建设水平的宗旨，旨在培养现实主义题材作者，鼓励、扶持其创作出更多反映时代、贴近生活的优秀现实主义题材作品。2018 年初，由上海市新闻出版局指导，阅文集团旗下多家知名原创文学网站联合主办第二届网络原创文学现实主义题材征文大赛颁奖典礼，同时启动第三届网络原创文学现实主义题材征文大赛。通过将培养优秀现实主义题材作品列入编辑考核机制，阅文编辑团队的专业能力充分发挥，高效挖掘大批极具价值和意义的优秀作品。

从 2009 年开始，上海真爱梦想公益基金会每年都会参照上市公司标准披露财务报告。2018 年 6 月 9 日，真爱梦想以"深耕·从心出发"为主题的 2017 年报发布会在北京举办。去年，继真爱梦想连续 6 年获得福布斯和界面媒体评选的"最透明基金会"榜首后，真爱梦想获得 SGS—瑞士标准评估机构的全球 NGO 基准审核，评分位列全球前 5%。值得一提的是，真爱梦想与中国顶级商业公司一起参评，获得了拉姆查兰管理实践"优秀奖"。

（五）良好环境提升张江营商氛围

营商环境是一种制度安排，是促进经济社会发展的关键因素。2018年，张江基地环境要素不断改善，园区品质不断提升。在 4 月 23 日世界读书日来临之际，为打造全国首个黑科技产品展示交易中心及多元社交平台，位于丹桂路 899 号张江国创中心的"张江科学城书房"开业，与"融书房""学习书房"和"共享书房"共同开启浦东新区四大新型阅读空间。作为浦东新区首批批准建设的特色书房之一，张江科学城书房将被打造成为张江科学城特色文化空间示范点以及多元的公共文化服务平台，成为园区活动的新地标，除为园区读者提供了良好的借阅空间和环境，还定期举办各类沙龙、读书会。截至 2018 年底，"张江·慈怀读书会"已经举办了十三期，参与人数逾千人。

4 月 27 日，位于张江科学城北区的张江国创中心正式启动运营，这个集"汇聚创新创业、聚力产业发展、践行产城融合理念"于一身的城市更新作品正向宜居宜业产业新地标全面进发。2018 年 6 月，在张江国创中心二期，专门辟出面积超过 4000 平方米的展示场地，举办"六法"新解——2018 中国美术学院上海设计学院毕业展，为中国美院上海设计学院400 余名毕业学生的优秀作品提供了展示空间，堪称张江园区文化盛事。11 月，为落实进博会期间的重要接待任务，张江文控积极配合各级政府职能部门，协同多家现场施工、布展团队，打造完成了近 3000 平方米科学城展厅布展和国创二期广场、外立面改造。据不完全统计，截至 2018 年底，展厅接待已超过 150 批次，3000 余人，受到广泛欢迎与好评。

改造后的张江戏剧谷以其丰富多彩的演出活动助力基地软环境打造，月月有演出，《小王子》《原野》《鼠疫》等经典剧目轮番上演。中秋、元旦等节日演出连续不断，使张江戏剧谷真正承担起了浦东新区"文化东进"的重要功能。在 9 月 29 日 2018 "美好生活"上海公共文化空间创新大赛颁奖典礼上，张江戏剧谷获首届"美好生活"上海公共文化空间创新大赛"文博艺术空间运营服务奖"。

张江当代艺术馆 2018 年上半年度已成功举办展览 5 场，举办创新交流活动 10 场；张江国际创新创业服务平台至 2018 年 10 月底，完成讲解接待工作 253 场，接待参观人数近 5600 人次。

（六）产业前瞻展示新文创商机无限

当前，新文创概念异军突起，究其内在，新文创其实是一种更加系统的发展思维，即通过广泛的主体连接，利用 VR、AR、大数据等科技手段，推动文化价值和产业价值的互相赋能，从而实现高效的数字文化生产与 IP 构建。新文创本质上是利用"文化＋科技"的融合打造文创 IP，重构文创内容生态。从产业发展的角度来说，新文创概念的提出，符合当今中国文化创意产业生态的发展趋势。这也是张江文创产业特点和优势所在。因此可以说，张江的数字信息发展新阶段与新文创是殊途同归的。未来，为促进张江数字出版产业更好发展，还需要在产业研究、生态营造、品牌提升等方面开展工作。

深入研究，关注前沿。要加强产业研究，借鉴外国、外省、外区经验，对张江数字出版产业发展重点培育的领域提出建设性指导意见；重点关注细分产业政策的扶持方向，政策落地实施、借鉴多元多样的政策推广渠道与方法，发挥沟通桥梁作用；把握产业政策动向，抓住产业发展机遇。前瞻产业发展最新动向，关注一批具有重大影响、能够改变生态格局的颠覆性技术研究，衍生文化创意新业态、新产品。

生态营造，提升服务。在张江数字出版产业已形成内容生产、内容运营、技术提供、终端显示等产业集群的基础上，对产业链、产品链打造提出系统建议，对产业生态建设、文化产业氛围营造、文科融合人才建设提出具体举措。围绕产业泛 IP 生态，对其产业链上下游企业精准招商，形成价值链系统完善的产业生态圈。根据张江基地产业企业以中小规模为主的实际，有必要在产业塑造、产业生态营造上积极发挥作用，在尊重企业发展的基础上，在产业服务上创新探索。

品牌提升，扩大影响。针对自贸区新片区、长三角一体化升级为国家战略等政策红利，策划具有国际大视野、全国影响力的大型文化交流活动，结合"文化＋科技"产业特色，积极参与具有一定影响力的电子竞技、VR 主题展示等新文创活动，对张江基地提升品牌影响力提出具体举措。

二、重点文化产业分析

（一）文化产业总体发展趋势

2018 年全国规模以上文化及相关企业发展态势良好，文化产业已成为我国经济发展中一股不可或缺的力量。

互联网龙头敏锐感知文化产业的深刻变化，腾讯升级"泛娱乐"战略，提出"新文创"发展理念，更系统地关注 IP 的文化价值构建，升级塑造 IP 的方式、方法，更广泛地链接文化资源、创意形式及各方协作主体，实现更高效的游戏、动漫、影视、网络文学等数字文化生产，打造更多具有广泛影响力的文化产品，推动文化价值、商业价值更好互动，互相成全。

基于移动互联网技术的新兴文化产业迅速崛起，凭借传播理念、传播方式和传播内容上的创新，打破了传统文化机构主导的生产和传播逻辑，在发展规模、传播功能等方面后来居上，满足了受众互动及个性化需求，整体呈现出产业边界重构、内容模式演进、技术融合紧密三大发展趋势。

1. 文化产业边界不断重构

围绕 IP 产业核心，视听图文及互动内容在移动端、PC 端、专用设备端[1]上跨屏呈现；知名 UP 主[2]、Cosplayer[3]、行业达人兼具内容消费与生产多重角色；体验式书店、电竞赛事、二次元展会、双师课堂[4]等线下载体、活动与模式打破互联网空间边界；网文、游戏、演艺演出成功出海，国际文化合作不断深化，国境地域边界愈发模糊；直播、游戏、网文、影视与社交、电商跨界融合，产业生态边界日渐消弭。

---

① 专用设备主要包括电纸书阅读器、AR/VR 显示设备、智能电视、专业游戏机等。
② UP 主：指哔哩哔哩等视频网站上自己创作视频内容，并上传的用户。
③ Cosplayer：指角色扮装的扮演者，是通过穿上商业作品里各种角色的服饰，扮演成作品中的角色。
④ 双师课堂：指一位主讲师授课，多个助教老师在不同课室协助上课的授课模式。

IP衍生	IP内容载体形式	IP创作生产	IP级分类别	IP传播模式	IP发行平台	传统载体	IP传播渠道			IP内容消费与再生产
							线下体验	专用硬件	通用载体	
文字IP—实体书、广播剧、有声书、动画、影视、游戏	文字	网文作家、出版社、传统媒体机构、自媒体、UGC	网络文学/休闲阅读、专业资讯/新闻资讯、专业资讯	单篇、连载、单本/连载、专业资讯	网络文学平台、新闻聚合平台、传统出版社平台、专业资讯媒体	书籍、杂志、报纸	体验书店、图书馆阅读	电纸书阅读器、电子阅读器		IP内容消费、IP内容再生产
漫画IP—动画、影视、有声书、动图/表情包、广播剧、游戏、其他	图像	摄影师/漫画作者/原创作者、漫画工作室、图片内容版权所有者	图片、漫画、表情包	单张、组图、连载、表情包	漫画平台、图片平台、出版社、输入法/社交平台	漫画单行本、连载	漫画展、插画教学	漫画/手机平台、图片编辑软件、绘图板教学		
音频内容—实体书、电纸书、影视、游戏、其他	音频	音乐人/歌手/演奏家/词曲作者、演艺公司/独立音乐人、直播机构/音频平台/传媒公司	音乐类、有声书节目、资讯/音频类	直播、演唱会、KTV、商演、演唱类	唱片公司、音乐流媒体平台、网络音频平台	唱片(CD)、电台、演出	音乐会、演唱会/歌剧/KTV、线下音乐演出	硬件：PC、移动设备、智能手表、平板电脑、智能音箱。软件：浏览器、音乐APP、QQ、微博		IP内容消费者、IP内容再生产者
影视IP—实体书、电纸书、音频、动画、游戏、其他	视频	影视制作公司/独立制片人/主播/UGC、视频网站/电视台机构、游戏公司/体育赛事主办方、权利方/投资方/电视台	体育赛事/综艺节目、影视剧/综艺节目/游戏直播、游戏电竞、其他类型影视/体育赛事	直播(赛场、电视、体育)、短视频、影视	短视频平台、电影发行平台、影视平台、音频制品出版	电影、电视、DVD等音像、VR体验	演出/线下实体店、游戏比赛场地、电竞赛事传播、VR体验	智能电视、电脑投屏、游戏电视、游戏/VR设备		
游戏IP—实体书、电纸书、影视、动画、电竞赛事、其他	游戏	游戏研发企业、独立游戏工作室、游戏IP持有方	各类游戏(FPS、竞技、MOBA、休闲类)	单机游戏、网络游戏	主机游戏平台、主机/手游/页游/H5游戏发行、独立游戏发行平台	游戏卡带、光盘、游戏卡	电子竞技、游戏展会、游戏厅	游戏主机PC、游戏外设、AR/VR设备		
文创周边产品、主题公园、演艺演出	其他	专业机构	3D影像、全息影像、大型实景秀、演艺作品、创意文化产品(手办、服饰)、主题公园	演艺演出、游艺体验、实物购物	剧场、线上服务平台、机构自有的分销零售平台	传统服务、线下门店	剧场、演出、旅游地体验、线下商业、文创	专用文化装备	演艺演出、创意文化产品	
垂直整合行业	细分行业：教育产业、二次元文化、文化贸易、媒体集团、知识消费产品、VR产业		**产业支撑**	**技术支撑** 互联网、移动网络、云服务、大数据服务、AI、物联网、区块链	**人才支撑** 高等院校、研究机构、专业培训机构、企业研究院	**金融支撑** 产业投资(风险、战略)、金融服务、银行贷款、政府补贴		**配套服务** 广告服务、电商服务、商务会展、用户社区、电商渠道		**监管与保护** 审批监管、知识产权保护、数字版权交易库、行业协会

图1 IP产业全景图

2. 内容生态与商业模式持续演进

内容生态雏形已现，知识产权保护持续强化，正版消费意识日渐强烈，内容行业更趋自律，符合社会主义核心价值观的正版、健康内容生态逐步形成。商业模式不断演进，网络音频、互联网教育专业化、精品化成为行业共识，知识付费成为传统互联网广告获利商业模式的创新和补充，有声书、直播、短视频、VR游戏内容展现形式蓬勃发展。

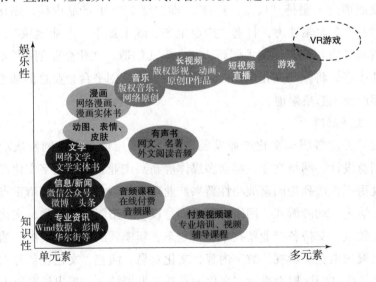

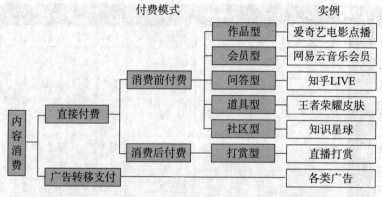

图2　IP内容属性与元素量矩阵，内容消费付费模式

3. 技术与文化产业融合更加紧密

新一代网络和云服务技术已成为数字内容产业的基础设施，人工智能、区块链、大数据技术与文化产业深入融合，推动行业在展示形式、内容审核、版权保护和精准营销方面发生了深刻变革，AR/VR、智能电视、智能音箱、全息显示等新兴载体设备，让文化产业数字化内容的展示和呈现形式更趋多元，赋予文化消费者全新的互动消费体验。

（二）张江文化产业发展方向

1. 发展方向

发展理念上坚持"1、2、3、4"，即围绕1个IP产品内核，强化"文化＋科技"2大驱动力，打通"产业生态、线上线下、产业地域"3个边界，营造"内容创意、技术创新、商业模式创造、文化企业创业"4大优质产业生态，将张江文化产业园区建设成为新文创平台企业总部基地、数字内容产业生态集聚地。

2. 发展思路

（1）关注各层面文化产业发展导向。国家层面重点鼓励发展动漫游戏、创意设计、网络文化、移动多媒体等新兴产业，其中数字文化产业得到高度重视，被列为国家战略性新兴产业重点领域之一；上海市重点聚焦影视、演艺、动漫游戏、网络文化、创意设计、出版、艺术品、文化装备等八大领域，支持各产业新技术、新业态、新模式的应用与发展；浦东新区重点聚焦电竞、影视、数字内容、文化贸易、演艺、文化装备等六个核心板块；张江园区层面秉持"文化＋科技"发展特色，提出培育以人工智能、虚拟现实等前瞻技术为基础的新的产业增长点。

（2）关注带来颠覆性机会的技术。把握前瞻产业发展最新动向，关注一批具有重大影响、能够改变生态格局的颠覆性技术研究，以及衍生的文化产业新业态、新产品。

（3）关注数字娱乐产业细分领域新兴业态。关注二次元文化、短视频、电子竞技、数字新媒体等新兴数字娱乐产业热点，归纳行业发展趋势，研判数字娱乐产业趋势和方向。

（4）关注自贸区新片区政策红利的文化产业业态。关注文化贸易产业，结合自贸区扩区机遇，关注国际文化贸易、国际文化产品展览展示、国际文化商品交易服务等细分领域。

（5）关注重塑行业边界的文化科技融合业态。关注在 5G 网络、人工智能、云计算、大数据、区块链等新技术的驱动下，文化＋科技融合的细分领域。

（6）注重张江文化产业优势与特色发挥。结合在网络文学、网络音频、网络游戏、互联网教育等产业的自身优势与发展特色，实现文化产业的有机拓展。

三、未来规划

依托张江园区信息技术优势，张江文化创意产业园区不断开创文化与科技融合发展新路径，经过十多年发展，形成了数字出版、文化装备、动漫游戏影视和数字创意技术四大文化创意产业集群，在网络文学、网络视

	优势巩固	垂直细分	产业提升	延伸拓展
网络文学	• 精品网文IP资源库 • 优质网文作家库 • 网文IP综合运营能力	• 二次元、轻小说 • 儿童数字阅读 • 网文社区化运营	• 网文出海 • 智能写作、审核、推荐 • IP评估、区块链保护 • 数字阅读线下活动	• 数字内容聚合阅读 • 网文IP动漫、影视、游戏衍生
网络音频	• 数字音频图书馆 • 音频内容资源整合能力	• 儿童音频、青少年音频 • 传统文化 • 二次元音频	• 音频内容出海与引进 • 音频直播、有声书 • 主播培养、音频技术	• 数字内容泛平台 • 知识付费平台
网络游戏	• 精品游戏策划能力 • 精品IP游戏化改编	• 女性游戏 • 二次元游戏 • 休闲游戏、竞技游戏	• AR、VR游戏 • 云游戏 • 游戏出海	• 电子竞技 • 游戏直播
互联网教育	• 教育产品集聚平台 • 精品教育产品	• STRAM教育 • K12教育、儿童早教 • 职业教育	• AI+教育 • 线上+线下教育融合 • 大数据推荐、VR教育	• 知识付费 • 教育直播
数字信息产业生态	• 文化+科技融合属性 • 互联网产业基础 • 文化创意产业生态	• 短视频平台 • 直播平台：游戏、教育	• 数字内容文化贸易平台 • 数字内容产品发布平台	• **数字信息产业生态系统** • **文化产业资产运营** • **城市文化运营**

图 3　产业发展框架

听、互联网教育、网络游戏、AR 和动漫等产业细分领域确立了国内引领地位。张江文化创意产业园坚持集聚大而强、培育小而美、巩固四强、培育四新，关注新技术应用，提升专业服务能力；推动 IP 精深升级，巩固网络文学、网络音频、网络游戏和互联网教育平台型总部集聚优势；营造数字信息产业新生态，拓展培育数字新媒体、电子竞技、知识付费、数字内容对外贸易细分领域；加快 5G 网络、人工智能、区块链等技术在文化产业领域的创新应用；针对文化企业切实需求，提升服务专业化水平。

（一）聚焦发展优势产业，推动 IP 精深升级

数字出版产业是文化与科技融合产生的新兴业态。张江数字出版基地作为首个国家级数字出版基地，紧抓行业变革动向，巩固产业集聚发展优势，在网络文学、网络音频、网络游戏、互联网教育领域涌现出一批内容 IP 资源丰富、商业模式创新、平台化发展的龙头企业，持续引领国内数字出版产业发展趋势。

1. 网络文学

依托国家级数字出版平台、龙头企业、互联网产业生态优势，将张江文化产业园区打造成国内网络文学产业最强区。张江文化产业园区举办一系列跨产业主题论坛，组织网络文学、网络游戏、网络音频、互联网教育企业及 VR、AI、大数据等技术企业，举办跨行业论坛，建立多维度沟通机制，鼓励商业模式和技术应用创新。与其他机构联合举办场全国性网文行业活动：围绕数字阅读、网络文学产业发展议题，联合企业举办具有全球、全国影响力的行业活动，提升园区影响力，吸引网文 IP 衍生开发企业落户张江。优化提升空间利用效率：妥善利用张江科学城书房、戏剧谷、国创中心空间载体，举办网文读者见面会、读书会等精品化线下体验活动，将数字阅读、网络文学打造为张江科学城重要的文化标签。支持网文创意创业企业发展：关注内容创业发展趋势，探索研究网文创作、网文 IP 运营等创意创业企业孵化、扶持计划，招引"小而美、小而精、小而强"的内容创业企业落户张江。促进网文产业跨域协同发展：对接浦西优秀出版资源，拓展网文上游内容资源，鼓励网文引进全球优质文学 IP 资源，鼓励搭建海外出版平台，实现"网文出海"。

2. 网络音频

打造一个网络音频产业集聚空间。抓住喜马拉雅 FM 总部年内落成契机，打造集智能办公、音频体验、内容创业、小微企业孵化多功能集聚综合体，营造网络音频产业生态圈。举办音频内容赛事活动。借助龙头企业资源，借鉴 2018 年湖南卫视大火的《声临其境》节目，与相关卫视合作举办原创声音竞演秀，提升园区知名度和影响力。打造有声书产业链。对接阅文集团、连尚文学、趣头条（米读小说）、精灵天下等数字出版企业上游版权资源，依托喜马拉雅 FM 等有声书平台企业，积极对接国内外知名出版机构，依托数字出版基地平台，先期对接浦西虹口出版社资源，引进优质书籍版权，以打造精品化、专业化、多元化、国际化的有声书产业链。

3. 网络游戏

深挖细分市场用户。结合三八妇女节、ChinaJoy、BML 等节事，在国创中心、张江戏剧谷、长泰广场等公共场地，围绕消除类、换装类等产品，联合企业举办"游戏女神""张江 coser"等主题赛事或展示活动，挖掘女性用户和二次元用户，激发张江游戏企业创作动力。营造泛娱乐化氛围。组织举办跨产业主题沙龙，为游戏 IP 实现网文、动漫、游戏、影视、线下等全产业链发展创造企业合作契机，拓宽加深游戏 IP 的泛娱乐化经营，满足用户多元文化产品需求。推进高新技术应用。选定两家游戏企业分别开设云游戏实验平台、AR/VR 游戏开发平台，提供 5G 网络技术和研发资金支持，提前布局云游戏开发、云游戏平台及云游戏运营等领域，促进制作精良技术成熟的虚拟游戏产品研发。搭建产业技术共享平台。搭建以引擎技术为核心，以美术、创意策划设计指导、程序模块、测试等为支撑的张江游戏技术共享平台，推动和实现游戏开发的产业化分工与资源共享，对参与企业按贡献比例给予一定奖励补助。举办游戏产业会议。每年主办或协办上海网络游戏精英峰会、中国网络游戏产业报告发布会、中国国际游戏企业大会、游戏交易会等会议，为张江游戏企业提供免费参加资格和交流与合作的机遇，争取参与行业标准或政策的制定。

4. 互联网教育

做强国家级基地品牌。作为国内首个"互联网教育创业基地"，张江应为企业做好工商税务一条龙、专业化办证、投融资等服务，建议出台张江互联网教育产业专项扶持政策，营造良好的创业环境，扩大国家级品牌效应。加强招商壮大产业阵营。巩固以沪江为核心的互联网教育平台优势，寻求与平台型企业家俱乐部合作，深度链接全球商业资源，培育、招引、集聚内容类和工具类优质企业，完善市场竞争格局。大力发展智能互联网教育。筛选大数据分析、智能语音识别、AR/VR、深度学习等技术型企业，建立与互联网教育企业的技术沟通渠道，推广应用新兴技术，加速破除产业发展技术瓶颈。重点关注 STEAM、K12 等垂直细分领域。策划机器人教育、3D 打印教学、儿童编程教育、人工智能教育等主题组织 STEAM 培训班等活动，举办线下"双师课堂"路演，结合线下教学与互联网直播，带动内容传输技术、多媒体设备等技术的升级。

（二）关注四大新兴领域，营造数字信息产业新生态

数字创意技术催生文化创意产业内容、模式和业态创新。张江国家数字出版基地的新兴数字创意技术与文化创意中的融合应用不断加强，培育了一批领先的数字创意技术服务商和应用解决方案提供商，新产品、新服务、新业态、新企业如雨后春笋，基地内数字信息新兴产业集群格局初具雏形。

1. 数字新媒体

培育数字新媒体产业集群。重点发展新兴数字媒体与传统媒体数字化转型类平台、企业，其中新兴数字媒体重点关注短视频、知识交流分享和垂直内容类聚合新媒体、直播平台和直播技术服务商等领域，大力引进头部型、龙头型、独角兽型、拥有优质内容与服务的潜力型企业；传统媒体数字化转型业务依托人民日报数字传播等企业，重点集聚主流传统媒体下属数字化、新媒体类子公司，及数字出版、数字音频技术、移动新媒体技术等传统媒体数字化技术方案服务商。提升数字新媒体产业影响力。一是加大宣传推介，充分利用张江报、产业年报等宣传渠道，对企业产品推广、营销等给予扶持；二是举办相关展会论坛，利用临近上海新国际博览中心地理优势，争取在园区设立 ChinaJoy 分会场、论坛等，支持企业参加、举办数字新媒体活动论坛，如优谈全球闺蜜行业大会等；三是争取相关品牌资质，包括国家出版融合发展重点实验室、新闻出版业科技与标准重点实验室、国家数字媒体技术产业化基地等；四是支持企业抱团发展，推动园区数字新媒体企业成立行业协会、技术联盟等，加强行业自律、交流及行业共性难题联合攻关等。打造数字新媒体创新示范区。汇集自媒体、短视频、直播数字内容创作生产企业，依托 AR、VR、5G、AI、机器人等创新企业硬件及技术资源，搭建"内容＋技术＋硬件"展示平台。

2. 知识付费

策划举办系列大咖交流会。发挥张江互联网产业人才集聚优势，尝试公益与知识付费结合的模式，依托网络音频平台，运用国创中心、戏剧谷等空间载体资源，策划行业大咖"线下交流会＋线上直播"专题知识付费产品。打造知识付费产业空间。在互联网教育、网络音频、网络文学产业大集聚区内，打造知识付费、数字内容付费细分产业空间，招引优质内容创意、知识付费创业企业入驻，依托"创e空间"提供相关孵化服务。创建知识付费产业联盟。引导支持园区知识付费领域龙头企业，联合版权保护机构、相关高校等主体，创建知识付费、数字内容付费细分产业联盟，推动行业健康有序发展。

3. 电子竞技

基于电竞产业链的收入分配模式现状，以及上海市各区域产业的禀赋差异，建议张江近期以服务浦东、建设上海电竞产业发展核心功能区为目标，重点发展电竞上下游领域，避免在电竞场馆、电竞赛事、电竞俱乐部、电竞地产等环节过多发力，与全市各区域形成错位竞争，共同推动上海全球电竞之都建设。布局电竞数据、影视、设备等领域。鼓励大数据、人工智能企业进入电竞数据分析、赛事模拟等领域，借助PPTV平台积极探索与苏宁电竞合作开发电竞影视，鼓励AR/VR企业开发专业电竞观赛设备，探索原行业和电竞行业的双重政策扶持模式。发展电竞职业教育。在张江高校、职业院校内，围绕电竞选手、游戏设计、电竞媒体、运营管理、赛事活动等环节，试点探索电竞专业教育。建立电竞选手身份注册中心。向上海市和浦东新区相关部门申请建立全市乃至国内首个电竞运动员注册中心，颁发相应资质证明和登记证书。

4. 数字内容对外贸易

对接国家对外文化贸易基地（上海），探索联合设立张江数字文化产品出海平台，推动网络游戏、网络文学、网络音频等数字内容以及文化装备出海；利用国创中心、张江戏剧谷空间资源，支持企业引进游戏、动漫、文学、文化装备等海内外优秀文化产品在张江举办首发仪式，提升园区产业影响力与知名度；鼓励数字内容企业对外投资，支持投资收购境外网络文学、游戏动漫、音频内容企业，在境外设立内容研发、营销渠道等分支机构。

（三）加快技术创新应用，引领文化与科技深度融合

加强5G网络技术、人工智能、区块链等新兴技术的研究与应用，推动科技不断渗透至文化产业创造、生产、传播、消费的各个层面，提升文

化产业领域技术创新能力，提高文化内容产品创作水平，完善文化产品使用体验，发挥创新技术对文化产业的重要支撑和引擎作用。在科学城总体规划背景下，以创新技术推动文化产业提质升档，以文化产业促进创新技术应用推广，持续关注并培育文化科技融合发展产业，巩固张江国家级文化和科技融合示范基地在全国的领先地位。

1. 5G 网络

组建 5G 数字内容产业发展联盟，联合区域内移动运营商、5G 产业链企业，依托园区网络游戏、VR、全息直播、网络文学、互联网教育、广电设备等相关数字内容及技术企业，在 5G 网络场景下推动"内容＋技术＋平台＋硬件"融合发展；筹划 5G 创意应用大赛，对接"创客中国""创业在上海"等创客大赛，联合投资机构和孵化平台，推动优质项目与资本方对接，优化 5G 创业生态；打造基于 5G 网络的数字内容应用示范区，积极承接推广浦东 5G 场景应用示范工作，探索建立基于 5G 网络的数字内容应用示范区，推动云游戏、VR 游戏、MR 阅读、数字新媒体体验馆、全息转播等新技术应用示范项目，打造科技"网红打卡圣地"，提升园区影响力。

2. 人工智能

举办人工智能文创应用专题活动。依托园区人工智能技术型企业资源，引入人工智能行业专家学者，对接园区文化内容企业，策划举办计算机视觉、自然语言处理等人工智能细分技术应用专题论坛，为园区企业增加新的商业机会。策划举办全球永久性的人工智能专项产业展会、论坛、峰会，搭建可连接全球高端创新网络资源平台。

做好政企桥梁，推动政府数据信息共享。联合骨干企业建立基础数据资源平台，以及面向交通、医疗、教育等行业的数据资源共享平台，搭建"企业＋政府＋高校＋园区"协同创新平台。

搭建行业训练资源库及相关服务平台。搭建语音、图像、文本领域及垂直行业资源库、人工智能标准测试平台、知识产权服务平台、网络安全平台。

拓展人工智能应用场景。布局终端数据采集存储装置，运用 5G 网络技术，搭建 AI+ 园区、AI+ 社区、AI+ 金融、AI+ 教育等人工智能应用场景；结合 VR/AR 和游戏产业，提升人工智能文化应用体验。

3. 区块链

打造基于区块链的版权服务平台。引进无钥签名等区块链技术，改造提升数字作品版权登记保护应用平台，提供更加高效、便捷，成本更低的数字产品版权登记、版权展示、交易服务、版权维权举证等服务。

打造文娱区块链集聚区。加大文娱区块链招商力度，通过用房补贴、税收优惠、规模奖励、专利奖励等，重点吸引版权、游戏、影视娱乐等区块链企业、区块链技术型及底层平台类企业。引导现有文娱区块链企业转型，建立区块链企业数据库，开展区块链技术创新与应用示范评选，对入选项目给予资金奖励、项目扶持倾斜等。

打造区块链专业孵化基地。依托张江国创中心、创智空间、泰创空间等现有载体，关注张江区块链黑客马拉松大赛等各类创新创业活动，重点筛选并引入面向文化产业的优质区块链项目；发挥投资功能，搭建区块链投融资对接平台，形成"孵化＋投资"模式。

当纳利（中国）按需印刷出版的实践探索与商业模式分析

袁 圆

摘 要： 文章基于当纳利中国按需出版的实践与探索，从资源合作、产品开发、渠道搭建、管理系统、促销手段五个方面来分析其按需出版商业模式的特色。研究得出当纳利中国按需出版实践带来的启示：打破传统出版体制限制，积极寻找政策突破；谋划数字印刷建设之路，重视技术自主研发和投入；融入本土，谋求资源合作利益最大化；谋求发展，积极开拓图书按需出版市场版图；铺设"管道"，搭建按需出版图书分销渠道。

关键词： 按需出版　当纳利集团　出版商业模式

一、当纳利（中国）按需出版实践探索

据统计，在 2001 年至 2016 年间，中国出版社的数量虽然没有太大波动，仅从 2001 年的 562 家增加到 2016 年的约 590 家，但每年出版的书籍种数逐年增加，从大约 15 万种增长到约 49 万种。全国各发行单位的年净销售额从 2005 年的约 403 亿元增加到 2016 年的约 660 亿元，[①] 而图书累计库存从约 482 亿元增加到约 1000 亿元，图书销售增长率不如库存增长率。矛盾的是，市场上还存在大量短版书、断版书和绝版书的缺口，当当每年有约 15% 的书处于缺货状态，读者需求很难得到满足。

按需出版的出现是整个图书市场发展的机遇。作为全球印刷界的优秀企业，美国当纳利集团紧紧抓住这一市场发展机遇。2014 年，当纳利集团

---

① 尤颖. 中国按需出版：恰在征途 [J]. 印刷工业，2013，（10）：53—54.

（RR Donnelley）在上海金山成立了按需出版中心，建立了其在亚洲地区的第一条按需印刷生产线。经过几年的发展，当纳利中国按需出版逐渐形成了自己的特色商业模式，在行业内有一定的影响力。因此，剖析当纳利（中国）按需出版的实践与探索具有一定的必要性和借鉴性。

总部位于美国芝加哥的当纳利集团成立于1864年，距今已拥有155年的发展历史。1995年当纳利集团进军中国市场，并将亚洲总部设立在中国上海，先后在中国7座城市拥有多家先进的印刷工厂。自2006年以来，当纳利多次位居中国印刷百强榜首。

2013年9月，当纳利宣布将成立亚洲首个按需印刷生产线，开始布局在中国的按需出版事业，地点选在上海金山国家绿色创意印刷示范园区。2014年，当纳利按需出版生产线正式运行，接受外部订单。

当纳利能在上海搭建第一条按需出版生产线，有着独特的自身条件和外部条件。从自身而言，当纳利作为一家拥有155年发展历史的大型印刷企业，在数字印刷浪潮的推动下，当纳利及时做了战略方面的调整和转型，从印刷商成功转型为时代的整合传播方案服务商。

早在2012年，当纳利就自主研发了其特有的按需印刷设备——Proteus Jet。Proteus Jet印刷机宽762毫米，打印速度非常高，能够实现单纯胶印、胶印和数字印刷以及单纯数字印刷三种不同生产模式。这种新一代喷墨印刷机采用压电喷墨技术，4色印刷，可以为目标客户群生产100%的精准定制化内容和信息。

2015年，当纳利有意识地收购了Courier公司。Courier公司是美国领先的图书印刷、出版和内容管理公司，也是数码印刷技术的先行者，利用数字技术，Courier公司制定出客户定制方案，每年把学术教材的特定版本送到上百万名学生手中。此次收购，当纳利集团将Courier公司的数字印刷和内容管理能力加入当纳利目前的业务中，为进一步开拓按需出版市场做好了铺垫。

当纳利（中国）按需出版的发展得到了上海市政府的政策支持。2014年，我国首个《书刊卷筒喷墨按需印刷推荐标准》在上海发布，当纳利也参与起草。这个文件使得书刊卷筒喷墨按需印刷生产中的书刊整体设计、印刷用纸、数字文件、印刷质量、装订以及环境标志产品技术等要求得以明确，还重点关注了出版社在按需印刷生产中应遵循的标准规范，对于我国按需出版的发展具有重大意义。

2017 年，当纳利（中国）投资有限公司开发研制的构建中外图书按需印刷国际服务平台和"一本起印"图书文件数据库及智能化制造项目分别获得上海市新闻出版局 70 万元、40 万元的扶持资金，共计 110 万元。

当纳利积极开展原版图书的按需出版业务，上海市允许当纳利以文件进口的方式引进原版图书，这大大降低了市场风险和运营成本。针对按需出版的委托单问题，政策上支持不再采用原来的图书一书一单的委托单方式，而是按照期刊的方式，允许一年开一次委托单。针对按需出版版权页说明问题，当纳利在印刷时只用在版权页上标明 POD 的标志即可，这很好地解决了版权页描述这一问题。

当纳利按需出版中心负责人严妮介绍，截至 2016 年，RR Donnelley 的按需印刷图书销售额突破 200 万元人民币，销售图书约 4 万册。出版社的 600 种中文图书和过去的期刊通过 RR Donnelley 的按需印刷模式得以重新问世，2016 年出售了 359 种书籍和期刊。这些数据直接显示了当纳利开展按需出版业务取得了一定的成果，尽管当纳利在按需出版未来发展的道路上还有很多问题等待着突破和逐步解决。[①]

二、当纳利（中国）按需出版的商业模式分析

从 2014 年开展按需出版业务以来，在按需出版的商业模式上，当纳利经过几年的实践探索，逐渐形成了自己的风格特色，即融合发展的按需出版商业模式。这个模式打破传统的障碍限制，将出版单位、印刷企业和电商连接起来，走出一条按需出版的融合发展道路。尽管这个商业模式还在不断发展完善之中，但已经显现出它独有的特色和影响力。

作为按需出版的服务商，当纳利把消费者和出版社当作自己的客户。一方面积极探索和出版社的合作，获取更多正规的按需出版图书版权资源，同时也尽可能多的开拓按需出版图书的市场版图；另一方面积极搭建销售渠道，服务消费者，满足消费者的个性化图书需求。下面将从资源合作、产品开发、渠道搭建、管理系统、促销手段五个方面对当纳利按需出版的商业模式进行分析。

---

① 访谈时间：2018 年 3 月 26 日上午 10 点；访谈地点：上海兰生大厦当纳利公司；访谈情况：笔者对严妮进行了两个小时的访谈，当时还有笔者的师妹花蕊和严妮的同事史文成。

（一）资源合作——整合优质正规版权资源

当纳利公司原本与出版的关系只是承接出版社的图书印刷订单，从2014年开始建立其第一条亚洲按需出版生产线以来，当纳利积极探索与出版单位的按需出版合作模式。

当纳利亚洲总部身处上海，利用上海的独特优势和就近原则，当纳利积极与上海出版商进行POD合作。合作的方式包括：（1）当纳利从出版社那里获取按需出版图书的数字资产，双方采用利益分成的形式，确保双方利益的最大化；（2）当纳利可以免费对与之合作的出版社的图书资源进行数字化；（3）当纳利自主开发数字资产管理系统，确保数字文档的安全和高效数字化管理；（4）当纳利每年向合作出版社上交报表，反馈并分析POD图书销售信息。（5）与出版社合作出版新书，这一点体现在与学林出版社的合作上；（6）针对POD图书的委托单问题，不再采用原来的图书一书一单的委托单方式，而是按照期刊的方式，允许一年开一次委托单；（7）针对POD图书版权页说明问题，当纳利在印刷时只用在版权页上标明POD的标志即可，这很好地解决了版权页描述这一问题。

当纳利在海阅官网的版权声明中说明，海阅官网上销售的所有图书商品都获得了出版社授予的正规版权，图书生产过程中使用的纸张等原料均经过出版社的认可，这使得当纳利的按需出版图书非常值得消费者信赖并购买。

目前，当纳利与我国众多知名出版社达成了战略合作，包括上海世纪出版集团、华东师范大学出版社、复旦大学出版社、上海交通大学出版社、上海三联书店、上海海派连环画中心等。据当纳利POD中心负责人严妮介绍，在当纳利走访的出版社当中，90%的出版社都愿意与当纳利进行POD合作。①

（二）产品开发——拓展按需出版图书的市场版图

与此同时，当纳利不断开拓着图书做按需出版的可能。由一开始的断版书、绝版书，到短版书，再到再版长尾书、重印书，以及新书的众筹出版，开拓套装书、包销书、进出口图书的按需出版市场，将按需出版图书的边界不断扩大，最大程度去满足读者阅读需求，为早日实现按需出版的

---

① 访谈时间：2018年3月26日上午10点；访谈地点：上海兰生大厦当纳利公司；访谈情况：笔者对严妮进行了两个小时的访谈，当时还有笔者的师妹花蕊和严妮的同事史文成。

规模化生产不懈努力。

图书按需印刷若不走上规模化的道路，则很难实现盈利。对此，当纳利尽可能拓展图书按需印刷的市场，并逐步走上了按需出版的道路。

其一，做短版书按需出版。一开始，当纳利主打的图书按需印刷是针对断版书绝版书。但在实践中当纳利发现，很多断版书的内容与当下市场需求不匹配，其中很多图书不仅无法查找其版权，就连复制文件也找不到了，为了这样一个不知能否转变为销售的断版书，企业要花费精力进行数字化，可行性显然很低。于是当纳利做起了短版书的按需印刷。

其二，做再版长尾书的按需出版。当纳利按需出版中心负责人严妮在笔者访谈时说："我们把目光放在了再版长尾书上，我们粗略地估算大约每家出版社的再版长尾书每年少则五六十种，全国共 500 多家出版社，总量还是非常可观的。"①

其三，做新书的众筹出版。新书做按需出版能够降低市场风险，可以缓解库存压力。但由于出版社在策划并出版一本新书时花费了很多人力物力财力，成本较高，于是，当纳利携手学林出版社、《东方航空》杂志想出了新书众筹的按需出版模式。

2014 中国（上海）国际印刷周上，当纳利携手东方航空杂志、学林出版社，将《东方航空》杂志中获得读者广泛认可的"独家上海"栏目汇编成 POD 图书，内容采用"上海老故事"样式，中英文双语出版。2015 年8 月，POD 图书《独家上海》在上海书展与读者首次见面，以按需出版的方式进行按需印刷，读者可以先下订单然后获取该图书。这次合作还采用股权众筹的模式，好处是将风险和机遇都交给了共同的投资人。

其四，开拓套装书、包销书市场。了解到上海故事会文化传媒有限公司出版的套装书《中外文明同时空》很受读者欢迎，当纳利便将这套书做成按需出版的方式，满足这类读者的爱好和需求。同时，包销书也是做按需出版的一个很好的市场，一些包销书如地方志不走市场渠道，有读者需要这类书就把它做成按需出版的方式，制定市场价格，有订单再印刷。

其五，开拓原版图书市场。当纳利与美国六大出版商之一的 Mac

---

① 访谈时间：2018 年 3 月 26 日上午 10 点；访谈地点：上海兰生大厦当纳利公司；访谈情况：笔者对严妮进行了两个小时的访谈，当时还有笔者的师妹花蕊和严妮的同事史文成。

Millan 以及美国最受读者欢迎的涂色书出版商 DOVER 达成跨国深度战略合作，让大家在第一时间体验最新的原版书籍。同时，在对原版图书的引进上采用文件进口方式。原先，采用纸质实物图书的进出口模式是有风险的，周期长、市场周期难把控，所以对于进出口图书来讲，按需出版模式非常适用。在上海市新闻出版局的政策支持下，当纳利将原版外文图书以文件进口的方式做按需出版，相对于以往的原版图书实物进口，文件进口的好处在于降低风险，有订单再印刷出版使得库存问题解决，同时成本显著降低。

其六，开展个性化定制服务。一方面，当纳利积极开展图书个性化定制服务，读者可以在图书扉页按照自己的想法进行个性化定制，比如写一句赠语等。只要与客服沟通好，在留言处写上自己的需求，客服会把定制好的样式通过邮箱发送给购买者审核，一次不满意可再修改一次，全程免费。另一方面，积极开发图书周边产品的定制服务，比如相册、笔记本、台历等。

（三）渠道搭建——积极搭建 POD 图书分销渠道

为了早日将按需出版商业模式带上正轨，实现按需出版业务的盈利，当纳利在积极寻找与拓展按需出版图书市场的同时，更将眼光放在按需出版图书分销渠道的搭建上，让 POD 图书走向读者，满足读者需求。为实现图书的分销，当纳利建立起 POD 图书销售渠道。通过线上的当当、天猫电商平台，通过自主建设的海阅官网和"海阅心选"公众号，通过线下的 E 本印联盟，通过 POD 的海外输出，打造按需出版全渠道销售与推广，影响也越来越大。

当纳利十分注重面向消费终端的图书分销渠道的搭建，认为这是实践按需印刷服务的重要一环。据当纳利按需出版中心负责人严妮介绍，目前的销售渠道搭建分为四个板块：（1）海阅官网和微信公众号。海阅官网（www.Haibook.cn）提供 10% 内容的预览和个性化定制，公众号海阅心选捆绑自主开发微商城为社交媒体引流，为线上线下应用提供后台支持。（2）电商平台。主要以当当网和天猫商城为主。（3）E 本印联盟。当纳利在上海与 8 家知名书店组成了 E 本印联盟，并设立了按需图书的体验区，通过自主开发的 O2O 应用程序，可为书店定制书单和界面，并提供用户端查看销售数据。（4）POD 海外输出。目前，当纳利的 POD 业务覆盖四大洲、28 个国家、12 个时区，在亚太多个国家和地区设有分公司和办事处，澳大利亚和马来西亚的按需出版项目也在进行中。①

1. 海阅官网和微信公众号

当纳利在上海市新闻出版局的支持下，于2014年5月自主搭建了PC端网站Haibook.cn。海阅（www.Haibook.cn）是中国最大的按需印刷图书在线分销平台之一。

为了开拓按需出版市场，当纳利先后与上海世纪出版集团、高校出版社、图书进出口公司等出版机构进行合作，以合作共赢的模式打造按需出版新商业模式。海阅（www.Haibook.cn）销售的图书均在上海金山工厂生产，均采用"先订单、后印刷、一本起印"的按需印刷方法。

打开海阅网站，共分为六个菜单栏，分别是"当季推荐""原版图书""中文图书""礼品图书""按需首发"和"'E本印'精选"。网站运营以来，已收录了海内外图书约千余种。所有的图书都是以POD的形式进行生产销售。

其次是微信公众号。"海阅心选"微信公众号的名片是这样介绍的："在海阅随心所欲地寻找那些已经断版的书籍吧。用'一本起印'的全新服务，改变我们和书的相处方式。"该微信公众号2014年7月24日推出了第一篇推文。除了作为公众号基本的宣传功能外，"海阅心选"主要还是作为微店来销售按需出版的图书。例如公众号下面分为3个小栏目——"海阅说""海阅集市"和"我的海阅"。

"海阅说"下面的"写给海阅"是一份小问卷，向读者收集他们想阅读却买不到的书。其二是"品牌故事"，介绍海阅为用户提供的服务以及购书下单的指南。其三"我的海阅"是链接到海阅PC端官网。

"海阅集市"同样是一个按需出版图书的销售平台，其分类很详细，便于读者找到他们想要购买的POD图书。在"我的海阅"中，消费者可以查看到他们的订单信息。公众号能满足一键下单，方便快捷。

2. 与当当、天猫第三方平台合作

2015年，在上海市新闻出版局的支持下，当纳利与当当网达成合作，在当当网上开通图书按需印刷业务，由此当当网也是全国首家开展网上图书按需印刷的零售商，在上海市新闻出版局印刷管理处处长周建平看来，

---

① 访谈时间：2018年3月26日上午10点；访谈地点：上海兰生大厦当纳利公司；访谈情况：笔者对严妮进行了两个小时的访谈，当时还有笔者的师妹花蕊和严妮的同事史文成。

这一合作具有里程碑的意义。在这一合作模式中，当纳利为当当网提供按需印刷的图书文件，也提供按需印刷服务，包括印刷和物流。时至今日，当当网每年有 15% 的书处于缺货状态，随着读者需求的日益多元化，按需出版是一大趋势。可令当纳利按需出版中心负责人严妮头疼的是手头没有更多的书可以放到当当上做按需出版。

天猫一直以来主打的模式是 B2C，它的优势是拥有大量的网络流量，当纳利在天猫上开有自己的图书专营店——海阅图书专营店，店里所有的图书均采用按需印刷的形式。同时，当当网也是国内童书销售市场的绝佳平台。2015 年，中国图书销售市场上当当网占了 40% 的市场份额，鉴于此，当纳利 2015 年与当当网开展 POD 合作，其业务主要面向的是海外图书和缺货的图书销售。

3. 线下 E 本印联盟书店

在上海市新闻出版局推动下，当纳利携手上海知名实体书店和博物馆，积极开展"E 本印书店联盟"活动，目的是倡导和培育一种"先订单、后印刷，一本起印"的新型图书出版商业模式。在上海三联书店尚都里店、大隐书局、复旦大学经世书局、上海博物馆等地方，读者可以进行按需出版商业模式的互动体验，查找需要的图书或者提交想要购买的 POD 图书名单，还有相当丰富的原版进口图书供挑选，然后只要提交订单信息即可以在 7 个工作日内收到该图书。当纳利积极参与 E 本印联盟，在上海 8 家线下书店设置海阅图书角，不仅引领了一种新的图书购买体验，也提升了当纳利海阅按需出版图书品牌。

在与消费者搭建桥梁方面，当纳利一方面建立起多个 POD 图书销售平台，包括线上与线下平台，第一时间向消费者展现 POD 图书资源与信息；另一方面积极探索如何更好地满足消费者需求，例如收集他们的按需出版图书需求，满足个性化的订单需求等。另外，在天猫的海阅专营店、在海阅的官网上都有客服来回答消费者的提问。当纳利还为消费者提供个性化的定制服务，包括 POD 图书和图书周边。当纳利自决定进入按需出版领域后，始终坚持着"一本起印，先订后印"的创新模式。2016 年，当纳利按需印刷图书销售额超过 200 万元人民币，销售图书约 4 万册。

（四）管理系统——建设数字资产管理系统

为实现图书的按需出版与管理，当纳利在开展按需出版业务之初，就立志打造按需印刷服务平台。当纳利凭借集团发展以来积累的资金、技术和管理等方面的优势，对搭建的按需印刷服务平台提出了更高的标准和要求。当纳利希望通过这一按需印刷服务平台，直接面向市场需求，为企业和客户带来便捷、高效、高质量的按需出版服务。图书内容的个性化定制、数字资产安全管理、印刷订单对接管理、多种交易清算、发行渠道管理、物流配送跟踪管理等都可以在平台上面一站式实现。

2015年，当纳利已经完成了数字资产建设的一期工程，目前正在开展二期和三期的建设，建成后可以实现如下功能：（1）数据管理。显示系统接口和用户界面，提供管理员和用户权限，自行维护图书信息，可查看文件使用状态和修改；（2）文件存储管理。定制化的文件存储管理，备份、修改、加密、转低精度等自动的流程和权限，降低误操作的风险；（3）文件传输管理。文件传输安全和多版本管理，统一格式存储功能；（4）文件使用认证和授权管理。文件使用和访问控制、自定义用户管理和授权功能。

据当纳利POD中心负责人严妮介绍，当纳利按需出版接下来有三大发展目标：（1）扩大产能，建设智能化的数字生产平台；（2）加速系统开发，实现自动化网络化管理体系，交货周期缩短到3个工作日（国际标准是48小时内交付，而当纳利现在只能实现5—7个工作日）；（3）团队建设和能力升级，创建按需出版服务品牌。①

（五）促销手段——线上线下联动促销

在促进按需出版图书的销售上，一方面当纳利打造了按需出版线下体验区。在上海兰生大厦里面的电影院旁边，当纳利利用地理优势开了一家约10平方米的按需出版体验区。这里周末人流量大，感兴趣的读者会走进这家书店询问相关情况，有的会直接通过店里的ipad进行线上下单，这有助于按需出版的概念被更多读者认识。另一方面，当纳利的天猫店铺图书品种丰富，在"双十一"也会采用价格优惠促进读者购买。2018年"双十一"期间，店铺中所有图书满99减20元，其中128本断版书，满68立减8元。

在海阅心选的微信公众号推文中，有"推荐好书"（按需出版图书）、介绍按需出版的概念和"双十一""双十二"促销的推文内容，意在引导读

---

① 访谈时间：2018年3月26日上午10点；访谈地点：上海兰生大厦当纳利公司；访谈情况：笔者对严妮进行了两个小时的访谈，当时还有笔者的师妹花蕊和严妮的同事史文成。

者，促成图书销售。海阅心选的微博内容以文创产品、按需出版图书的介绍为主，按需出版图书采用长图形式进行图文介绍，每篇跟上"#按需印刷#"和相关关键词如"读书""英语学习"等，方便读者了解和讨论，并在下方放入该图书购买链接。

当然，当纳利按需出版线上的新媒体营销方法都还很基础，与虎彩的搜书院相比，其微博发文和微信公众号推文都不是很多，这是后面需要探讨的。

在退换货方面，当纳利按需出版并不采用传统的方式提供退货服务，在海阅心选的官网上明确指出，由于按需印刷图书"先订单后印刷"的特点，图书将在订单生成后立即被生产，故在订单生成后，本公司不提供退货服务，除非是图书印刷质量有问题才可以申请。这在一定程度上缓解了传统图书销售中退货严重的情况。

三、当纳利（中国）按需印刷出版实践的启示

（一）打破传统出版体制限制，积极寻找政策突破

当纳利按需出版的不断探索行进，与上海市新闻出版局的政策大力支持分不开。从推进全国首个《书刊卷筒喷墨按需印刷推荐标准》的试行，到解决版权页描述问题、委托单按照期刊方式开，再到文件进口政策的提出，这些都是上海出版政策改革的亮点。

我国按需出版企业应当积极参与当地按需出版相关政策的落实中，针对在开展按需出版业务过程中所遇到的问题，不断总结研究相关重要问题，注重产学研相结合的研究方法，将研究成果及时反馈给政府部门，提出具体的可操作的建议。近年来，我国一些出版单位、书店、网络公司和印刷公司已经多次尝试按需出版，但由于工作中遇到的实际问题无法很好地解决，导致按需出版业务推进艰难。所以，对当前按需出版问题的研究就十分有必要。

按需出版企业应该多走出去学习考察，借鉴国际先进的商业经验，随着时代的发展而不断深入思考当下我国按需出版发展面临的主要矛盾，一项项推进按需出版供给侧改革。通过对这些矛盾问题的研究为按需出版在我国的进一步发展提供智力成果。在这方面，按需出版企业应当积极主动，走在前列，自下而上推动相关政策突破、改革和落实。

　　同时，政府部门要继续加大对按需出版项目资金的扶持力度，推动在中国建立按需出版的示范项目。按需出版实际工作中有许多地方囿于当前政策，要探索适合中国国情发展的按需出版经验，进而扩大推广范围。在文档的数字存储、生产过程的数字化、销售渠道网络化和管理过程的信息化方面有很多的问题需要突破和推动改进。现有的出版制度还存在一系列的实际问题，如按需出版中的数据库标准，版次标准和纸张规范标准，个性化图书的定价问题，版权问题和印刷质量标准，这些基础工作都需要由政府组织，以便按需出版具有成本效益且容易操作，使按需出版可以进入良性循环。

　　要肯定图书出版中间商的积极作用，鼓励中间商开展按需出版业务。由于中间商的加入可以为出版公司提供更多的信息资源、渠道资源和资金资源，有利于出版社收集多种信息资料，以了解读者的需求，更好地为读者服务。2018年是改革开放40周年，上海作为中国改革开放的窗口与排头兵，本着敢为天下先的精神让改革开放再出发。对于按需出版来说，需要政府政策的支持，发挥宏观调控作用，调动资源，组织、推动出版界的体制改革。

（二）谋划数字印刷建设之路，重视技术自主研发和投入

　　没有按需印刷技术，就没有按需出版。做按需出版业务需要有高端的数字技术印刷设备以及适应个性化与规模化生产的生产线。当纳利一开始就走在数字印刷设备研发的前列，设计出拥有自主产权的喷墨和卷筒纸胶印混合印刷机——"Proteus Jet"。随着按需出版业务规模的逐步扩大与需要，当纳利加大资金投入，先后引进了HP Indigo 7000单张纸数码彩色印刷机、佳能Océ CS3500彩色轮转喷墨数字印刷机，好利用全自动无线胶装机等，这些高端设备的研发与引进，保证了当纳利按需印刷的高效运行。

　　但当纳利目前的按需印刷设备还存在印刷质量的问题，目前的生产线还只能满足当下的业务规模，与英格拉姆的闪电资源按需印刷生产线相比还存在很大差距。闪电资源按需印刷生产线可提供多样化的POD图书生产规格，包括四色封面、单色内文（48—828页）、4种精装开本和11种平装开本。数字印刷的质量也达到了传统印刷的水平，订单生成后两个工作日即可收到货。中国教育图书进出口有限公司总经理朱洪涛在对闪电资源考察之后坚信一点：中国不能照搬国外的生产线，必须要自己

开发。①

上海市新闻出版局印刷管理处处长周建平在笔者调研时谈到之前对闪电资源按需印刷生产线的考察印象，他说："闪电资源是十年磨一剑，这样的核心技术与生产线很难复制，人家也不给你，只有我们自己去摸索。"② 目前，我国大多数出版和印刷企业都是靠引进国外设备做按需印刷，在引进的同时，我们要加大人力、物力、财力以及时间的投入，在学习中探索，早日研发出具有自主知识产权的数字印刷设备以及 POD 生产线。

（三）融入本土，谋求资源合作利益最大化

作为一个外资企业，当纳利在中国开展按需出版业务以来，积极与当地出版社谋求合作共赢。作为印刷企业，开展按需出版的一个首要问题是解决数字化资源问题。在当纳利的按需出版实践中可以看出，它不仅积极寻找和出版单位合作的一切机会，还采取合理的利益分配机制使得双方合作利益最大化：免费进行图书数字化扫描；每年向合作出版社上交报表，反馈并分析 POD 图书销售信息；自主开发数字资产管理系统，确保数字文档的安全和高效数字化管理，这些方式使得其走访的出版单位 90% 都愿意与之合作。

我国现有的按需出版业务有出版单位主导、印刷企业主导、电商主导各自经营三种模式，在各自数字资源不足以形成规模化生产的情况下，考虑采用融合发展的商业模式，积极合作谋求的利益最大化是未来按需出版发展的一大趋势。

（四）谋求发展，积极开拓图书按需出版市场版图

当纳利在探索按需出版的过程中跋涉得最艰难的是寻找中国按需出版图书的内容资源。从最初的断版书到短版书，再到做再版长尾书、重印书，以及新书的众筹出版，开拓套装书、包销书、进出口图书的按需出版市场，将按需出版图书的边界不断扩大。尽管如此，当纳利目前手头的按需出版图书规模还是很小，很难给当纳利带来规模化的生产和盈利。究其原因，主要在于两个方面。一方面是中国出版体制管理的限制，另一方面是中国图书数字转化率太低，内容缺失，管理不到位，投入的人力不够等

---

① 陈翠. 朱洪涛：征战按需印刷［EB/OL］.（2014-07-24）. http://www.keyin.cn/news/rwft/201407/24-1078394_2.shtml.

② 访谈时间：2018 年 6 月 27 日上午 10 点；访谈地点：上海静安中华大厦；访谈情况：笔者对周建平处长进行了两个小时的访谈。

问题。

当下，应当加强出版机构的资源整合，包括图书资源和人力资源的整合，建立开放共享的内容管理平台。加快图书的搜集、整合与扫描，建立图书数字资源数据库。国外的图书数字化进程多由大型出版商或发行商推动，他们手头掌握了大量的图书内容资源或者图书销售数据，为按需出版提供了准确的信息资源。在中国，限制按需出版快速发展的主要因素之一是数字形式的书籍太少。只有当世界上绝大多数图书都数字化之后，按需出版才能真正普及。所以，我国出版机构、外包公司、图书中间商、印刷企业等应当联合起来，组织研讨和落实相关项目，大力推进我国图书的数字化进程，建立一个覆盖全国的图书数字资源数据库，为按需出版的发展提供强有力的保障。

（五）铺设"管道"，搭建按需出版图书分销渠道

当纳利在按需出版的实践中，不仅注重广罗图书资源，更注重搭建起按需出版图书的分销渠道，这对于按需出版来说是一个重要的环节，不仅保证了与读者之间的互动，也保证了业务的不断更新。国外出版商搭建按需出版网络平台发布图书信息、获取订单，按需印刷后进行配送，这些都是成功的经验。

当纳利图书销售渠道板块中，海阅官网和"海阅心选"公众号是当纳利自己的一个品牌窗口，透过这个窗口，用户可以搜索到他们想要的图书，可以与客服交流他们想要的个性化服务，可以提前预览10%的内容，可以下单完成支付然后在3个工作日内收到图书，这些给了用户很好的体验。以当当网和天猫商场为主的线上电商平台可以为当纳利提供更多的引流，使其能广泛搜集用户的需求信息。线下的E本印联盟在书店这样的场景中设置电子屏幕体验区，给用户带来更好的线下体验。所有这些渠道都使当纳利的按需出版图书被更多的用户了解、发现，并完成购买。读者对当纳利逐渐形成品牌信任与依赖，并将需求信息反馈给当纳利。

目前，我国急需建立自己的标准化的按需出版管理平台。有关人员可实时根据客户的实时订单，发送到按需印刷的相关机器设备或计算机指令，完成印刷、装订与配送，实现了"即需即印"，才能以高效的方式满足读者个性化的购书需求。与之前传统图书编、印、发的模式不同之处在于，按需印刷更多迎合了市场化的需求。在了解图书市场反应的基础之上，根据市场的需求印刷，由下游消费到上游生产的先买后印的模式，完全与市场需要接轨，好处是实现了零库存。

在国外，主要传媒出版集团都生产内容和各种产品，如贝塔斯曼集团等就实现了资源的有机整合。贝塔斯曼掌握的连续图书数字印刷系统与许多加盟出版公司的数据库相连，并在数小时内连续运行。读者可以从他们网站上的图书目录中挑选他们想要购买的图书，并在机器键盘上输入数字。出版商将数字文件发送到打印机并自动开始打印。通过这种方式，读者可以在短时间内获得"最新"的书籍。整个按需印刷过程不需要任何人工干预，从而降低了书籍生产成本并降低了书籍价格。[①]

---

① 董铁鹰. 对专业出版社向数字转型的思考［J］. 科技与出版，2007（7）：49—52.

第三部分

实体书店改造与阅读服务创新

聚焦实体书店升级发展 探索城市更新 多元路径

——从上海世纪出版集团新型阅读文化空间看城市文化客厅

毕 胜

摘 要： 互联网的普及，催生数字阅读时代的来临，在这样的背景下，作为传统阅读空间的实体书店的发展还有何价值和意义？ 2018 年，上海作出全力打响"上海文化"品牌的重大决策部署，为实体书店的升级发展提供了新的契机，上海世纪出版集团高度重视"上海文化"品牌的建设，积极作为，以"思南书局"与"朵云书院"为重要抓手，聚焦实体书店发展，力求打造新型市民文化客厅，推动文化创新，打响文化品牌，助力阅读推广，为上海乃至全国的实体书店发展作出了积极有益的探索和实践。

关键词： 实体书店 城市更新 上海世纪出版集团 阅读文化空间 城市文化客厅

2016 年 12 月 29 日，习近平总书记在致信祝贺《大辞海》出版暨《辞海》第一版面世 80 周年时作出"坚定文化自信，坚持改革创新，打造传世精品"的重要指示，为上海世纪出版集团的出版工作提供了根本遵循，"改革创新"成为集团发展的新动力。2018 年，上海市委市政府、市委宣传部作出关于全力打响"上海文化"品牌的重大决策部署和工作要求，为集团聚焦实体书店升级发展、打造新型市民文化客厅，大力推动文化创新、打响文化品牌、推进阅读推广确定了更加具体的指向。

近年来，上海提出要提升城市功能、激发都市活力、改善人居环境、增强城市魅力，为探索城市更新多元路径，上海世纪出版集团大力推进"双轮驱动"战略，在精品出版基础上进一步强化内容服务和阅读推广，推动集团从文化内容生产商向文化内容生产商与文化服务提供商、文化空间运营商加快转型。2018年以来，通过积极创新阅读推广模式，以开放合作的全新姿态整合集成海内外优质资源，世纪集团先后打造了多个不同风格定位的阅读文化新空间，包括具有国际化气质的新海派书店——思南书局，既体现传统文化底蕴、又象征城市文化新姿态的新中式书店——朵云书院，以更为开放、更求创新、更讲包容的姿态展示新时代的风采，彰显上海开放、创新、包容的城市品格，努力为全民阅读推广注入新活力新动能、为实体书店升级发展提供新范式新样本、为城市更新探索多元化的路径。从建筑的"美"，到内容的"好"，书店里多样化阅读样式将文化空间与文化活动紧密结合，内容文化进阶的世纪版实体书店，是对公共文化持续深入的建设，努力顺应城市文化发展的内在要求，呼应了城市全面发展的更新提升，成为开放上海的全新城市文化客厅。

一、"小而美"的思南书局：致力打造地标级城市文化客厅

2018年4月23日，经过精心筹划，由上海世纪出版集团与上海永业集团联手打造，富有新时代特征、具有文化地标性质的新型阅读文化空间——思南书局，在纪念改革开放40周年的重要时刻，在第23个世界读书日和思南读书会开办四周年之际，于复兴中路517号正式与读者见面。

思南书局的面世见证了思南阅读文化品牌的不断延伸、拓展。2013年8月，上海书展与上海国际文学周首次将思南公馆、思南文学之家确立为文学讲座和作家活动的主要分会场。五年多来，上海市新闻出版局、上海市作家协会与黄浦区委区政府等单位共同推动，上海世纪出版集团与上海永业集团等企业积极投入、密切协作，从创设思南读书会、思南书集，创办《思南文学选刊》，推出思南书局概念店，到思南书局实体店应运而生，再到各季"快闪版"思南书局闪亮登场，一公里长的"书香思南人文中轴"不断拓宽。经过多年发展，"思南"这一物理空间已经转化为精神空间，成为书香上海在精神气脉上最重要的组成部分。随着思南阅读文化生态不断更新、升级，思南阅读文化品牌正在成为上海建设卓越全球城市、打响上海文化品牌的一个鲜活样本。

2017年底至2018年初，为进一步探索新型实体书店与市民阅读深度结合的新模式，上海世纪出版集团会同上海市作家协会、上海永业集团，

在思南公馆联手打造了为期 60 天的快闪书店——思南书局概念店，其间，每天有一名作家担任"驻店店长"，为读者荐书、与读者交流。书店一经落地便引起社会广泛关注，深受市民喜爱，开办两个月后即获得中国书刊发行行业协会颁发的"年度十大特色书店"称号。之后，为进一步落实市委市政府"打响上海文化品牌"的工作要求，在思南书局概念店落幕后仅不到四个月，上海世纪出版集团在上海永业集团支持下打造的思南书局实体店横空出世，这一新型阅读文化空间以品质化、国际化、生活化为定位，致力于为广大市民读者和中外游客提供优质、一流的阅读文化体验。

（一）整合各方优质资源，提供品质化阅读体验

思南书局坐落在上海复兴中路 517 号，始建于 1926 年，是爱国将领冯玉祥的故居，著名诗人柳亚子曾在这里寓居治学，这里承载着上海与近代中国独有的历史记忆与文化风貌。因此，思南书局筹备之初，主办方就提出要将这栋有历史、有情感、有温度的历史人文建筑，打造成一个高品质人文学术书店和城市新型阅读文化空间。

思南书局总面积 500 余平方米，涵盖"文史哲艺"四大类别的精品图书近 7000 种，中外文图书比例为 6：4。书局一楼选配近 2500 种历史、哲学类中英文图书；二楼精选近 2000 种中外文学图书及品牌杂志；三楼主打中外文艺术类图书；四楼陈列展示珍贵的西文古董书与旧版书。高比例配置的中外文版图书在一定程度上填补了目前上海实体书店的业态空白，也更好地满足了读者多样化的阅读需求。

高品质书籍的呈现，源于一支优秀的选书专家团队。为将思南书局全力打造成思南书局概念店的升级版人文书店，上海世纪出版集团组建专门的选书专家团队，由著名作家孙甘露领衔，成员来自出版界、文学界、学术界、翻译界、新闻界，他们兼具专业素养和国际眼光，确保了书局能够长期跟踪、捕捉和遴选当下最新、最优质的中外文版图书品类。这正是"书店力"的内核体现——把品质化的阅读放在首要位置。

这种"书店力"在之后亮相的思南书局快闪店都得到了延续。第二季上影·思南书局快闪店严格把控图书品质，店内约 800 种中文图书、约 200 种英文图书均为专业选书团队精挑细选的电影、文学主题图书，分为七个类别，分别以充满电影符号或名作色彩的词汇命名："光影森林"多有一线、新锐影评人犀利透彻的影片读解；"大师镜头"重视对中外经典影人和影作的深度剖析；"电影百年"集中有关电影历史、电影文化的典型与非典型叙述；"闪回蒙太奇"体现电影作为可教授的内容；"盗梦空间"则关注理论和文学视野中的电影；"英雄本色"汇聚电影大师谈艺录；"文字放映机"更为"剧本，被改编的原著——电影的文字因缘"留下足够的空间。第三季世纪快闪店 2500 余册图书主要包括改革开放、当代上海和红色文化、海派文化、江南文化相关的主题出版物，并选配一定数量的文学、艺术、哲学、生活、旅游等精品图书，以体现快闪店主题化、品质化、生活化的内容风格。第四季音乐快闪店挑选 450 种音乐人文、器乐表演、艺术素养、舞蹈艺术、流行音乐、亲子音乐互动等相关类别出版物，并选配一定数量的文学、艺术、哲学、生活、旅游等精品图书，为公众带来丰富的音乐食粮。第五季童书快闪店精心挑选 500 多种少儿读物，涵盖儿童文学、人文历史、自然科普、低幼绘本等多个门类，既有经久不衰、广为人知的畅销童书，又有近年屡获大奖的获奖佳作，也有适合亲子共读的绘本等。无论是 0—3 岁的婴儿、3—6 岁的幼儿、6—12 岁的小学生还是 12—16 岁的青少年或是他们的家长，都能找到适合孩子各年龄段的好书。

思南书局的前身是著名爱国将领冯玉祥、著名爱国诗人柳亚子的故居，距离党的一大会址只有一公里。这家如今已经成为年轻人追捧"打卡"的网红书店，它的"红"，有着另一层不同寻常的意涵。自开业第一天，思南书局就特别设立《习近平谈治国理政》和《共产党宣言》20 多个语种的外版书和集团主题出版物专区，向海内外读者展示其鲜明的红色文化标识。

思南书局揭牌之际，适逢马克思诞辰 200 周年、《共产党宣言》发表 170 周年，为重温真理永恒光辉，宣传上海红色文化，"从布鲁塞尔到上海——《共产党宣言》170 周年主题展"在思南书局同时开幕。展览包括"真理的足迹""真理的风采""真理的底色""真理的味道"四个版块，展出了《共产党宣言》首版中译本、1949 年第一版、1959 年第五版、1964 年第六版以及朵云轩木版水印绝版等 8 种珍贵旧版《共产党宣言》中译本，8 种英语版以及德、法、俄、意、西班牙、阿拉伯、日、韩等 21 个语种的《共产党宣言》。英国 Random House UK 的最新版《共产党宣言》(英文版)面世后，也第一时间在思南书局呈现给上海读者、中国读者。主题展以高品质的内容文本和新颖的展览形式吸引了众多市民、读者前来参观学习，成为基层党组织开展"不忘初心、牢记使命"主题教育活动的重要空间和载体。在 2018 上海书展上，该展览在世纪集团序馆再度亮相，成为市民读者重温马克思主义经典的永恒光辉和时代价值、深入了解马克思主义中国化最新成果的热门展区。2019 年，正值新中国成立 70 周年、上海解放 70 周年，作为《共产党宣言》主题展览"第二季"和"更新版"，"新中国成立 70 周年暨上海解放 70 周年主题展"精选上海世纪出版集团出品的红色文化精品图书，以图文并茂、互动沉浸的形式，呈现上海解放 70 年来的社会生活及城市发展面貌，讲述真实、动人的上海故事。值得一提的是，"真理的味道非常甜"巧克力味棉花糖，创意取自陈望道翻译《共产党宣言》时误将墨汁当红糖的典故，作为崭新的红色文创品也随展亮相，参观者除了通过视听感受波澜壮阔的红色历史画卷，更能通过味觉直接品尝"舌尖上的真理"。

集团在建设思南书局及推进相关阅读推广活动的过程中，不仅充分发挥自身主观能动性，还依托上海区域优势和政策优势，积极与社会各界做好文化共建，精心设计、加强整合、统筹运营、联动发展，形成可复制可推广的创新样本，努力通过文化共建为加快提升城市能级和核心竞争力提供出版文化支持。包括会同黄浦区、上海永业集团等开设思南书局实体店，会同上海市新闻出版局、上海市作家协会、黄浦区打造思南书局快闪店第一季；会同上海市作家协会、上海电影集团、上海永业集团打造思南书局快闪店第二季；会同上海市作家协会、上海广播电视台、上海永业集团等打造思南书局快闪店第三季；与上海市新闻出版局、中共上海市委党史研究室、上海市作家协会、中共上海市黄浦区委员会、上海永业集团等合作举办"从布鲁塞尔到上海——《共产党宣言》170 周年主题展"，与韬奋纪念馆合作举办"跨越时空的对话——韬奋纪念馆开馆 60 周年文创文献展"，与巴金故居合作举办了"讲真话——戴逸如图说《随想录》"展览；与上海文化广场合作《灰姑娘》诵读会，与上海话剧艺术中心合作《使女的故事》诵读会，与上海塞万提斯图书馆合作《高山上的小邮局》诵读会等。在阅读推广活动的内容呈现与打造中，还积极与各有关专业机构、媒体合作，合力推出形式多样、立体的文化内容，如思南书局快闪店第三季时与"看看新闻"合作，首次尝试将新闻直播间设在南京路步行街上，将书香会客厅办在百姓身边，对所有嘉宾活动进行全程直播，使市民读者可以在看看新闻网直接观看直播视频，从而以更具有生命力的姿态向社会开放，整合多方优质资源，在和谐、健康的氛围中凝聚文化共识，共同推出更具品质的系列文化内容。

思南书局开业后，其品质化阅读引起媒体广泛关注，截至目前，国内各大主流媒体报道多达百余篇。其中，《人民日报》及海外版先后在相关版面刊登有关思南书局亮相申城及《共产党宣言》主题展在沪举办的报道；新华社播发"上海全民阅读热催生'最文艺书店'"及主题展开幕的消息；《光明日报》利用大幅版面讲述思南书局落地背后那段"书香延续的故事"；《中国新闻出版广电报》先后刊发题为"上海思南书局延展书香'生态链'""《共产党宣言》170周年主题展在沪举办""思南书局：开在欧式洋房里的书店"的特别报道；《解放日报》在头版头条以"从打造阅读地标到打响文化品牌"为题刊登思南书局揭牌专题报道，同时在"解放周末"专版特别刊登长文，深度解读剖析思南样本折射的上海文化生态；《文汇报》先后以"为城市地标建筑赋能本土书店品牌引领新风尚"和"梧桐树下，思南书局营造暖心书房"为题刊发专门报道；《新民晚报》对《共产党宣言》主题展作了深度报道。传统媒体外，新华网、人民网、中新网、东方网、澎湃、上观、文汇、界面新闻、看看新闻等网络媒体以及诸多微博、微信大 V 等新媒体也纷纷发布思南书局开业报道。伦敦书评书店官网特别报道了书局开业的盛况；上海知名的外国人生活资讯网站也专门派人前来探店，为更多国际友人了解书局提供了详尽介绍。高频次、广角度、深内容的宣传报道，使思南书局这一全新打造的新型阅读文化空间在短时间内成为实体书店转型升级的新样本、新地标。

（二）配备高比例外文精品图书，提供国际化阅读体验

国际化是思南书局的另一重要特色。作为上海世纪出版集团体现国际化发展战略的创新项目，思南书局充分依托上海打造卓越全球城市的区位优势和集团丰富、优质的国际化出版文化资源，力争为读者提供一流的国际化阅读体验。

思南书局首批中、外文版精品图书分别约 4000、3000 种。其中外文图书 3000 种，由世纪集团专门组建的选书专家团队历经多轮、从近 2 万种外文类文史哲艺图书中遴选，分别来自 Penguin Random House Group、Harper Collins Publishers、Dalkey Archive Press、Faber & Faber Limited、Atlantic Books、Granta Books、Profile Books、Vintage Publishing、Everyman's Library、New York Book Review、Yale University Press、Thames & Hudson、W. W. Norton & Company 等国外知名出版机构，由此

确保了书局展陈的外文图书均系专家严选的国际精品佳作。此外，近 200
个版本的西文古董书与旧版书，为喜爱外文哲学、文学珍稀版本的收藏者
提供了机会（如 1886 年出版，一版一印，30 卷的《狄更斯全集》；1887 年
出版，一版二次私人印刷，仅印 600 本的尼采的德文版《论道德的谱系》；
1755 年第一版，卢梭的法文版《论社会不平等的起源和基础》；1670 年第
一版，斯宾诺莎的荷兰文版《神学政治论》；1953 年出版的维特根斯坦的
英文版《哲学研究》；乔伊斯《芬尼根的守灵夜》1935 年的第一个英文版
本等）。

　　思南书局实体店还与英国最著名的学术人文书店品牌之一——伦敦书
评书店达成合作，结成姐妹书店关系。伦敦书评书店成立于 2003 年，曾
被《独立报》评为"世界十佳书店"，是英国读书人珍爱的寻宝地，也是
高阶文化旅行客必去的景点之一。思南书局一楼深处的绿色房间，抬眼可
见"London Review Bookshop"的招牌，墙上的钟表指示伦敦时间，桌上
摆放着《伦敦书评》杂志，在书店专门开辟设置的伦敦书评书店新书专
区，由伦敦书评书店会同世纪集团选书团队根据思南书局的定位、品牌、
特色及上海读者的阅读需求，精心挑选约 500 种英文版新书，并定期更
新。伦敦书评书店相关文创周边产品，与架上的每本英文书一样，都经过
选书团队的精心挑选。如今，在思南公馆，在梧桐树下，上海的读者们一
样可以享受英伦百花里的书店时光。

　　值得一提的是，2018 年 7 月 25 日，英国伦敦书评书店经理娜塔莉
亚·德·拉·奥萨专程造访"姐妹书店"思南书局，并在接受澎湃新闻记
者的采访时表示："思南书局能够把我们对书籍的热爱传递给更多人。她
与伦敦书评书店所传达给人的感觉是相似的，都是精心挑选最好的书籍推
介给读者，让人与书籍有密切接触，能坐下来静静地看书。"2018 年 10
月，上海世纪出版集团代表团在法兰克福书展的"上海早晨"国际出版主
题日亮相后，特意前往伦敦"走亲戚"，拜访思南书局的姐妹书店伦敦书
评书店，并向伦敦书评书店赠送思南书局贺卡。伦敦书评书店里挂着思南
书局姐妹店的海报，引起许多当地读者的好奇，纷纷表示想去上海探店；
而当中国读者带着书单去买书时，英国店员会告诉他们："这里没有的书
你们可以回国时去思南书局试试运气哦！"一间小小的书店，连结了两个
城市的爱书人。下一步，思南书局将与英国伦敦书评书店和海外出版机构
展开持续、深度的文化品牌合作，使思南书局在立足世界文化前沿的同

时，向世界讲好上海故事、中国故事，不断提升思南书局品牌、世纪出版品牌、上海文化品牌的国际影响力和辐射力。

揭牌以来，思南书局组织了多场高水准的国际文化交流活动，陆续接待了海内外知名学者作家，其间都对梧桐树下跳动的这颗"人文心脏"称赞不已。美国历史学家大卫·阿米蒂奇来访思南书局时说："我最喜欢的书店有两个——一个是伦敦书评书店，另一个就是这里。"英国思想史学者彼得·沃森则直呼："这大概是上海最 sophisticated（高级）的书店了吧?"《兄弟》英文版译者罗鹏夫妇参观完后感叹，"这家书店太可爱了""很精致，书筛选也很好"。开业仅一个月，就有大卫·阿米蒂奇、彼得·沃森、大卫·布罗姆维奇等多位国际知名学者造访思南书局，并接待了来自中国台湾地区的天下远见文化事业群总裁高希均、台北故宫博物院原院长周功鑫等两岸文化名家论学访书。一些国外新书首发式，如集聚法国国际问题专家高大伟数年中国问题研究心血的《中华复兴管窥》（英文版）首发式，也选择在思南书局举办。

上海书展期间，思南书局与上海国际文学周进行深度合作，邀请米业·科托、伊莎贝拉·卡鲁塔等众多中外作家以对谈讲座、互动交流、诵读经典等形式开展国际文学周分会场活动。未来，还将定期邀请中外名作家造访思南书局，在"思南写读日"单元开展阅读写作，为写上海、写中国提供鲜活的观察视角和生活体验。

（三）创设系列品牌和服务项目，提供生活化阅读体验

作为城市新型阅读文化空间，思南书局不仅选配高品质中外文书籍，更积极承担起市民公共书房和城市文化客厅的功能，通过提供高品质阅读文化活动和服务，为普通读者提供一流的文化生活体验，努力创新打造一个代表上海独特文化气质，向海内外作家、学者、读者敞开怀抱的常态化城市文化公共空间。

为此，思南书局创设了一系列阅读活动品牌和公共阅读文化单元，包括定期发布由知名文化人和学者推荐图书的"一个人的书单"；每周五晚举办以中外经典名著为文本的"思南经典诵读会"；举办"思南读书会嘉宾见面会"；为文化艺术和创意机构开展头脑风暴、举行团队主题读书会提供活动空间，打造"思南人文策源地"等。目前，通过"一个人的书单"，一批著名学者、译者、评论家和资深出版人、媒体人为思南书局读者定期推荐他们心中值得一读的中外好书。这些个性化书单的推荐语简

洁明快，既有见地，又接地气，积极引导健康阅读风尚。以阅读、青春等题材为主题，每周五晚准时与读者相约的"思南经典诵读会"已成功举办70余期，已邀请百余位学者、翻译家、作家、电视台主播、话剧演员、舞蹈家等担任活动嘉宾，吸引汇聚了一大批热爱文学的读者热情参与，成为普通读者的阅读盛宴。在这里，人们找到了心灵的"归属感"，用"声音"传递情感。"思南读书会嘉宾见面会"则迎来了一大批中外作家，与读者进行签售交流。

开业以来，思南书局还成功举办了众多文化艺术展，如配合2018年上海书展·上海国际文学周"旅行的意义"主题举办的"旅行的意义在思南"主题展，配合2019年上海书展·上海国际文学周"家园"主题举办的"家园"主题展，巴金故居主办的"讲真话——戴逸如图说《随想录》"展览，彰显对韬奋精神传承创新的"跨越时空的对话——韬奋纪念馆开馆60周年文创文献展"，诺奖颁奖期间特别策划的"诺贝尔文学奖主题展"，聚焦上海老城厢的"寻厢：金家坊城市记忆素材展"，青年插画家顾汀汀再现90年代上海风貌的"上海风情插画展"，苏州版画艺术家、桃花坞木版年画代表传承人乔麦的"诸（猪）事圆满·读画知年"桃花坞年画展，以版画形式再现、复刻新艺术运动时期经典设计风格的"世纪之交"艺术家系列版画展，为城市孤独旅人提供心灵抚慰的"致城市中的孤独旅人：《桑贝在纽约》主题展"等。此外，"一个人"系列、"在云间"系列、"思南"系列等书香雅集活动也在持续策划推出中。

除了上述创设的系列阅读文化活动和单元，思南书局还通过建筑设计、主题布置、贴心定制服务等为读者带来"家庭式书房、客厅"的一流阅读体验。书局各个角落都有可供读者"坐着读书"的生活化阅读空间：从一层的"一人读书处""二人读书处"到二层的咖啡吧、沙发座区域，三层的文艺阅读空间，再到四层的"半木云间"，还有散放在各个书架之中的一人书桌，每个阅读空间都为想停下脚步看书的读者提供充足的光线和舒适的座椅。书局在文创方面也作了用心探索。如结合"从布鲁塞尔到上海——《共产党宣言》170周年主题展"，专门定制"思南书局"与"布鲁塞尔"主题的丝巾、明信片、徽章、笔记本、包袋等；2019年春节期间，联合书法家朱敬一推出"2019，朱敬一祝你薪想事成"系列文创产品，精心挑选与美好祝福、阅读等相关的诗句，制作成书法窗花样式，用"文字治愈"，吸引年轻人的目光；与设计师合作定制符合书局气质的香水等。

相关文创产品推出伊始就得到读者的认可和热捧，思南书局徽章、主题包袋等成为热销品种。

与此同时，配合相关主题的思南书局快闪店，推出特定的系列文创产品，如以"新时代、新上海、新篇章"为主题的思南书局快闪店第三季选配近20种文创产品，包括书礼首饰、玉兰香薰、"被折叠的时间"系列等思南书局自有文创，小笼包手工皂、上海方言纸胶带、MiniShanghai金属微缩模型等上海主题系列创意产品，以及经典的上海牌手表等上海制造上海品牌产品，将时尚元素和海派风格有机融合。特制的读者购书小票上特别盖有改革开放40周年纪念印戳，也令读者爱不释手。此外，书局设立的"书礼寄存站"特色服务也受到各年龄层次读者的青睐和欢迎，读者可以在书局选购图书或文创产品，寄存在书局，由书局通知其亲朋好友到书局优雅别致的"书香摆渡架"来领取这份特别的礼物。为满足部分读者对西文古董书的阅读需求，书局正在把古董书精彩文本和插图制作成电子书格式，将为读者查读欣赏带来更大便利。

值得一提的是，"流动书香"思南书局快闪店已经成为一种文化现象，丰富优质的阅读推广活动构成温馨亮丽的城市人文风景线。2017年11月5日，"思南书局概念店"以快闪形式首度亮相思南公馆小广场，成为众多书迷的打卡圣地。书店精选1000多个书籍品种、3000余册书、100多个文创品种和经典唱片。60天的时间里，这座仅仅30平方米的木质结构书店每天邀请一位作家驻店，为公众带来了全新的阅读与购书体验，获得社会各界的广泛赞誉和热切关注。李欧梵、马振骋、孙颙、梅子涵、陈丹燕、金宇澄、谈峥、汪涌豪、严锋、王宏图、张新颖、小白等60多位作家学者身着书店店长的特制围裙先后亮相，与读者面对面交流，带来书房小物与读者分享，成为秋冬之际上海一道温暖亮丽的文化景观。书店还特别推出"记忆之手——金宇澄手绘插画展""思南星光：到访思南的诺奖大师展""摩登书香——黄显功藏书票藏品展"和"在思南阅读世界：文学在思南主题展"等小型精美展览。闭幕式上，来自SMG的主持人还在活动现场朗诵了60多位作家为思南书局概念店所留下的寄语。思南书局快闪店第一季活动，曾在短短两个月内持续刷屏朋友圈，引发的火热景象直接加速催生了思南书局实体店的诞生。6月15日，在思南书局概念店落幕5个月后，第二季快闪书店——"上影·思南书局快闪店"，以"海上书影"为主题，在上海国际电影节拉开序幕前夕，于中国电影文化的地标——上海电影博物馆广场正式"开机"。梁波罗、乔榛、吴竞、陈鸿梅、刘广宁、虹影、史航、江海洋、张杨、石川、毛尖、郑大圣等近40位电影界和文学艺术界著名人士与广大市民读者和影迷见面，畅谈电影、文学、艺术、阅读、生活等话题。他们有的是老艺术家夫妇结伴而来，有的是著名演员三人组合，有的是电影人与评论家拍档，有的是学者作家"二人传"，有的是多年息影后首次"出镜"，有的是一个月内两度"出山"，还有的曾做过思南书局快闪店第一季"店长"。他们带来了与电影有关的图书、道具，围绕电影、文学、阅读、上海、生活乃至世界杯等话题，与广大影迷进行零距离的交流，并为思南书局快闪店留下题词寄语，或向上海电影博物馆赠送本人珍藏多年的纪念品。在玲珑有致的书影空间里，上海电影博物馆还特别策划推出"文学力量·光影绵长——《上影画报》典藏展"。

　　闭幕当天，还特别组织了一场别开生面的露天电影放映会，邀请市民读者免费观看由电影艺术家谢晋执导的经典喜剧，由全明星阵容重新配音的沪语版《大李小李和老李》。为庆祝改革开放40周年，生动展示当代中国文明、和谐、进步的崭新气象和上海开放、创新、包容的城市品格，第三季快闪店登陆"中华商业第一街"南京东路步行街核心区域世纪广场，以"新时代、新上海、新篇章"为主题，以"共话、共读、共享"为特色，邀请42位各行各业代表担任轮值"店长"，包括获得"人民教育家""改革先锋"荣誉称号的两位上海著名劳模——基础教育改革的优秀教师代表于漪、港口装卸自动化的创新者包起帆，以及中国科学院院士褚君浩，艺术家尚长荣、曹雷、蔡金萍，画家戴敦邦，学者郑克鲁、阮仪三、陈思和、张维为、杨志刚、朱正纲、陈建华、李天纲，奥运冠军陶璐娜，足球教练员徐根宝，作家何建明、宗福先、秦文君，音乐家陈钢、杨燕迪，导演滕俊杰，电影人任仲伦，出版人徐福生、郝铭鉴，新闻人陈保平、徐锦江，电视人邬志豪、李培红、印海蓉、骆新，以及张黎明、石力华、顾建平、林玉晴、吴尔愉、徐晓云、王安德、吴闻蕾、谈剑峰、许臻等上海经济社会发展、全球城市建设、重大科技工程、文化艺术体育等领域的代表性人物，亲历改革开放40年、见证上海巨大变化的普通市民代表、基层党组织代表，在20天的时间里先后亮相活动现场，与市民读者见面，讲述他们与上海的故事、与改革开放的故事、与生活和阅读的故事，上海广播电视台还相继选派阎华、印海蓉、何婕、周瑜、叶子龙、骆新、陈帆、雷小雪、张颖、臧熹、杨蕾、金炜、庄宁宇、刘舒佳、王幸、秦畅、郑琳、唐蒙等

18位深受观众喜爱的沪上知名主持人主持访谈对话，与嘉宾一起推介优秀图书，共话中国故事、共读上海精彩、共享书香体验。

现场还特别策划推出以"与时代同行"为专题的"世纪精品期刊典藏展"，使读者近距离接触多种见证中国改革开放进程、承载广大市民时代记忆的珍贵历史版本、创刊号期刊。闭幕式现场，南京东路步行街世纪广场的大屏幕上特别播放了精心制作的20天活动回顾短片，引来众多市民读者和中外游客驻足观看。2019年肖邦诞辰日，第四季快闪店重新回归思南公馆广场，以"乐海书情"为主题，邀请韩斌、葛灏、陈钢、蔡正仁、张军、孙莉莎等著名音乐家为公众带来不同音乐类型的主题活动。店内特设音乐相关的老乐谱、老照片展示，别有情怀。此次活动还提出"为你打造一生的音乐计划"理念，实现"流动空间"与思南在地空间的联动以及线上线下的直播互动，使更多公众能够通过多方渠道享受丰厚的音乐盛宴。一个月后的"4·23世界读书日"，以"悦读童年"为主题的第五季快闪店，继续保留思南书局快闪店特邀嘉宾每日到店担任驻店店长的传统，邀请秦文君、郑春华、李学斌、蔡金萍、赵晓音、许玉安等知名儿童文学作家、学者、插画家，为少年儿童与家长们带来包括专题讲座、亲子共读、阅读指导、科普体验等形式多样的"上少亲子悦读季"系列活动，在持续40多天的时间里，近距离与父母和孩子一同分享愉快的阅读经验，增进父母与孩子间的浓浓亲情。随着各季快闪店的成功举办，上海世纪出版集团将继续与上海出版界、文学界、艺术界展开更多合作，整合集成优质的内容资源，结合重大文化艺术活动节点，在上海的街区、商区、社区、校区推广优化露天版思南书局快闪店模式的同时，积极酝酿推出新的室内版思南书局快闪店，持续打造丰富亮丽的流动书香风景线，打响打亮这一全新的书香上海文化品牌。

此外，思南书局2018年首次以展馆形式进驻上海书展，2019年携全新"豆瓣高分"书区再次入驻，充分展现其作为涌现的新型城市文化空间的文化传播力与品牌认可度。开办不久，思南书局已获得上海"最美公共文化空间奖""全国出版发行集团品牌传播金案""年度人文书店""年度城市文化新地标"和"书业年度评选·年度书店"等荣誉。上海世纪出版集团将继续配合城市功能升级、打造卓越全球城市和国际文化大都市的相关战略布局，进一步集中优势资源，强化精品生产和阅读推广，打造更为品质化、国际化、生活化的新型阅读文化空间。

二、"大而雅"的朵云书院：打造面向世界的城市文化新地标

作为打响上海文化品牌、打造上海出版高地的重要举措，朵云书院是上海世纪出版集团近年来改革创新成果的重要体现，是集团实施内容生产和文化服务"双轮驱动"战略的又一实践成果，是推动集团向文化内容生产商、文化服务提供商、文化空间运营商"三位一体"加快转型的有力抓手。自2018年以来，集团联动上海城投及松江区、浦东新区等各界力量，精心策划打造朵云书院品牌，先后创立了"上海之根"朵云书院广富林店和"上海之巅"朵云书院上海中心旗舰店两个新型文化空间。2018年6月26日，在松江广富林文化遗址一期工程投入试运行首日，由上海世纪出版集团和松江区共同倾力打造，以"明代高房"古建筑为载体，以海派文化、江南文化书香根脉为特色的新型多元文化空间——朵云书院广富林店正式亮相。2019年8月12日，在2019年上海书展开幕前两天，坐落在浦东陆家嘴黄金地段，位于中国第一、世界第二的超高层上海中心52层的朵云书院上海中心旗舰店正式开业。

广富林店作为朵云书院最早的形态和样本，位于充满历史文化底蕴的广富林，是6000年上海历史的一个缩影；而上海中心旗舰店则位于象征着上海美好未来的浦东新区，是上海飞速发展的象征。两相呼应，对比极具张力：寓意上海不仅有着深厚的城市文化底蕴，同时也有着高扬的城市文化姿态。从广富林店到上海中心旗舰店，朵云书院品牌的打造体现出上海世纪出版集团探索实体书店建设的新路径、城市文化客厅的新形态，将有助于打开城市更新路径，成为打响上海文化品牌、打响世纪出版品牌的一个最好的窗口。

（一）广富林店："上海之根"彰显人文底蕴　打造江南书香胜境

身处广富林徽派古建筑群中的朵云书院广富林店，系整体搬迁而来、保存完好的"明代高房"建筑。总占地1600多平方米，整栋建筑分为上下两层，室内外相融合，内设阅读、文创、展览、讲座、品茗等多个功能空间，外设"松石境"与"水云乡"两个景观庭院，其间一棵松、一朵云的呈现，与松江及其古称"云间"形神相契，使这一书香胜境平添几分古朴和安逸。

朵云书院广富林店充分集聚上海世纪出版集团丰富的出版资源、艺术

品资源，将书房、讲堂、会场、展馆、文苑、客厅等多种文化功能融为一体，通过古建筑与现代设计巧妙结合，图书、字画、古籍善本与文创产品分类陈列，力求为游客、读者提供凝聚海派文化、江南人文特质的多样文化体验。

1. 甄选珍稀古旧图书善本，展示海派、江南历史风貌

朵云书院广富林店不仅备有各类文史社科、书画艺术、生活休闲图书6000余种，而且精选一批海派文化主题、松江人文特色、江南风物题材的精品佳作，并特设由二十多种珍稀古籍版本组成的松江历史文献专柜，这些典籍主要围绕松江人文历史，分为三类：一类由松江人士撰作，如元华亭释念常二十二卷本《佛祖历代通载》、明华亭徐献忠七卷本《六朝声偶集》、华亭徐光启六十卷本《农政全书》等；第二类为叙述松江历史之作，如明松江府知府陈威主修三十二卷本《松江府志》；第三类则是松江地域的刊刻之作，如明嘉靖松江陆楫俨山书院白云书院刻本《古今说海一百三十五种》、万历云间曹元亮翠竺山房刻本《唐伯虎集》等。

2. 举办特色艺术展览展示，再现江南书画艺术成就

朵云书院广富林店各个空间均有展示凝结着松江历史人文元素的古今字画作品，并持续推出聚焦海派文化、江南文化，独具一格的书画艺术主题展。朵云书院开业当日，由上海世纪出版集团旗下百年文化品牌"朵云轩"特别策划的"光芒万丈——朵云轩再造明版明画展"于书院二楼"海上文薮"展区同时揭幕。展览整体面积约350平方米，集中展示了朵云轩木版水印技艺代表性传承人郑名川精心遴选的五十余幅明版明画艺术珍品。这些展品均为明代江南书画名家与工艺巨匠的传世之作，尤以《十竹斋书画谱》堪称翘楚。《十竹斋书画谱》系明代胡正言辑印成集的中国版刻史上第一部饾版彩色套印画本。全帙凡八谱十六册，画面精雅，明代原版本传世几近湮失，其善本再造与精雕细琢工程浩大。朵云轩汇集存世明刻本，校勘遴选、配成足本，以木版水印技艺历时五年于1985年重梓完成，再现了明版原貌。1989年，朵云轩红木箱册页特装本《十竹斋书画谱》被选送参加莱比锡国际图书博览会，其流露的含蓄而精雅的中国传统艺术美使其一举获得比该项评选最高奖项"金奖"更为崇高的荣誉"GRAND PRIX"（法语，意为大奖），被业界誉为"书籍艺术皇冠上的一颗明珠"。此外，沈周的《两江名胜图册》、仇英的《秋原猎骑图》、戴进的《春山积翠图》、唐寅的《玉珽仕女》和《秋风纨扇图》等画作也是本次特展的重

量级展品。开展以来，该展览不断受到业内外的关注与好评，原定一个月的展览多次延展。

3. 组织高水准人文艺术雅集，探寻江南出版文化基因

朵云书院广富林店主打文史与书画两张牌，除了定期举办由上海世纪出版集团与中共松江区委宣传部共同合作的"云间读书会"外，还将持续组织高水准的学术研讨和艺术雅集活动，为发扬光大优秀传统文化和海派文化、江南文化提供一流平台。截至 2019 年，"云间读书会"已先后特邀复旦大学教授汪涌豪，上海交通大学致远讲席教授陈建华，上海社会科学院教授周武，朵云轩木版水印技艺代表性传承人郑名川，古琴斫琴技艺传承人洪崇岩、上海琴人陈成、徐涵芝夫妇，复旦大学资深教授葛剑雄，苏州大学通俗文学与大众文化研究中心主任汤哲声，著名陶瓷文化研究者涂睿明，作家管继平，南宋史专家姜青青等分别就"江南文化视野中的侠""顾阿瑛、杨维桢的朋友圈：元末明初士人与江南文化生态""海派文化、江南文化中的出版基因""恒拱生花""上海书展朵云分会场特别活动——古琴斫琴技艺分享会""葛剑雄讲上海极简史""张恨水的文学世界——美丽与哀愁都在他的书里""捡来的瓷器史""纸上性情——百年以来文人大师漫谈""遇见最美宋版书"作专题讲座，为市民读者了解松江根脉、上海历史与江南文化生态提供了一个优质、专业的平台和载体。"海派文化与世界""传统文化与当代""传统文化与未来"等专题系列将陆续推出，海内外一大批著名学者、作家、艺术家将先后亮相"云间读书会"。

4. 在进博会筑起城市书香风景线，凸显上海人文精神与城市高度

2018 年，朵云书院走进了第一届中国国际进口博览会的现场。为迎接进博会的到来，上海世纪出版集团精心打造了一款以海派文化为特色、为进博会媒体记者提供贴心文化服务的袖珍文化空间"朵云书房"，全力做好中国改革开放 40 年辉煌成就和"开放、创新、包容"的上海城市品格的宣传展示，以一流的文化产品和服务为首届中国国际进口博览会增光添彩。朵云书房占地约 40 平方米，色调、材质充分考虑与新闻中心整体风格的一致性，注重营造明亮、雅致的阅读氛围。书房内采用浅灰色金属板材作为书房书架、围挡的基本材料；家具采用新中式仿明代全实木家具，再配以暖光色调的简约落地台灯；墙面装饰画为完整描述西厢记故事的朵云轩木版水印画《西厢记》。整个设计体现中国风格、上海气质。书房陈列多种书籍，涵盖小说诗歌、人文艺术、上海文化、旅行游记、工具图

书及外版书籍等多个门类，尤其包括上海世纪出版集团的精品读物，为涉猎广泛的中外记者们提供多样化阅读选择。此外，朵云书房还为记者们准备了一系列特色文化服务项目，如加盖进博会纪念章服务，以及书房内放置的触摸屏图书检索机以及特设的"书法空间"，供记者们快速检索书籍，或在现场挥毫泼墨一展才艺。在2019年第二届中国国际进口博览会期间，"朵云书房"继续与海内外读者见面，继续服务进博会，承担展示中国形象、展示上海城市形象与人文底蕴的文化职责，明亮、雅致、舒适的文化客厅基本保持2018年的风貌和功能的同时，又体现出创新之处，将朵云书院上海中心旗舰店标志性的圆拱门设计带到了进博会，走"山水·秘境"风，整体风貌以简洁明快的纯白色调为主，显现山水的清新气息，陈列书籍分红色文化、世纪精品、历史、哲学等12个品类，陈列新上海邮票冰箱贴4色、朵云书院景观明信片、朵云书院地图茶、朵云书院PVC袋等近100种自主开发的文创产品，继续为记者朋友提供颇受好评的"试墨角"和专属纪念章盖章服务，还为11月8日"中国记者节"准备了当日特制印章。

（二）上海中心旗舰店："上海之巅"面向未来　彰显全球城市魅力

"上海之巅"的朵云书院上海中心旗舰店，是继"上海之根"的朵云书院松江广富林店后，上海世纪出版集团倾力打造的面向世界的城市文化新地标，生动体现上海深厚的城市文化底蕴和高扬的城市文化姿态。朵云书院上海中心旗舰店位于"中国第一高楼"上海中心大厦52楼，高达239米。书院以"山水·秘境"为设计理念，在2200多平方米的空间里，巨大的山型书架布局疏朗有致，如一卷流动着的气韵生动的水墨画，一步一景，移步换景，凸显"山水中国、人文理想"的意境。书院共分七大功能区域，融书籍展示、艺术展览、文化活动、休闲服务于一体。图书展示品种达16000种，其中外文图书品种1100多种、3300余册，另有中英文期刊100种。

朵云书院上海中心旗舰店开设在著名地标上海中心，相当于在这座垂直空间里融入了一颗文化之魂。筹建于2006年的上海中心高达632米，体量相当于将目前外滩长1.5公里中的第一排近60万平方米建筑竖立起来，仿佛是一座"竖起来的外滩"。"城市和文化是建筑物的魂"，上海中心扎根于上海这片热土，朵云书院上海中心旗舰店的开业，则是在上海陆家嘴CBD核心区繁华喧闹的环境里，开辟一片安静的阅读空间。这家由上海世纪出版集团和上海中心联手打造的书店，不仅仅是世纪出版集团在出版图书产业链上的延伸，更是打造一个有高度的、与书有关的多样产业链平台，同时能够为广大市民提供一个心灵净化的所在、提供更多人文艺术的内容。

朵云书院上海中心旗舰店的目标是追求阅读文化更有质量、更有高度的"国际化、品质化和生活化"。与众多新型阅读文化空间相比，朵云书院上海中心旗舰店有共性的部分，但更重要的是具有自身非常独特的定位和个性：朵云书院上海中心旗舰店是在上海中心这一中国最高建筑里的一家高品质的书店，也可能是中国最高的书店；朵云书院上海中心旗舰店所追求的目标，不仅在于物理上的高度，更在于通过服务品质的精度、国际传播的力度，来体现出上海文化、上海出版、上海阅读的高度。

1. 打造有高度的文化空间，建设有温度的心灵家园

朵云书院上海中心旗舰店作为面向世界的文化地标，固然是一个地标建筑，但并不仅仅追求外在的"高"，而是努力营造全新的、优质的、有代表性的空间氛围，致力于承载更多的温度和人文的内容。239米的物理高度，是朵云书院上海中心旗舰店给人的第一观感，温润弧线构建起的山水意象，书架上摆放的精选书籍，丰富精彩的"上海之巅"读书会，均体现出旗舰店在空间营造、内容陈设上的高度。同时，朵云书院旗舰店也充满着广度、精度、深度和温度，这与其追求阅读文化更有质量、更有高度的"国际化，品质化和生活化"无不契合。

旗舰店极富创意地打造了"山水·秘境"的空间，描摹了一座抽象意义的山，分为一白一黑，用一个最简单的手法，创造了一个很丰富的想象空间。黑白两种极简颜色，和上海中心现代简洁的风格相匹配；空间设计上，有很多柔和的曲线，与上海中心整体建筑的造型也十分契合。这样的空间设计，使得朵云书院上海中心旗舰店成为一处山水美景，里面别有洞天，藏有秘境，犹如中国古典小说用秘境给主人公带来奇迹一样，在一个众所周知的地标建筑里，藏着一个以山水为触点的秘境。朵云书院上海中心旗舰店将书店搬到空中，本身就是一个非常创新的做法，这样一家"空中书店"，提供了非常特别的人文和艺术环境，是对阅读文化的一种推广。

高品位的选书，是朵云书院旗舰店的一大特色和亮点。在图书内容的选择和呈现上，依托与国内外学者、专家、出版人、媒体人及国际知名书店、阅读品牌机构之间的密切合作，保持高品位、国际化的选书方向，体

现朵云书院品牌在内容定位和价值取向上的高、新、精、特。一是与著名的互联网文化品牌豆瓣开展深度合作，首次引入线下豆瓣高分书房专区，遴选近千种豆瓣高评分图书，动态地向读者推荐来自"豆粉"的精彩书评，将豆瓣线上内容传播力和世纪线下文化影响力进行优质整合，把豆瓣阅读的高品质的影响力，用线下豆瓣高分图书专区形式第一次在实体书店呈现出来，更有望为中国书店业态提供一个全新模式。二是在原来思南书局"小而美"的样本基础上，与"世界十佳书店"之一伦敦书评书店再度合作，开辟伦敦书评书店合作专区，面积进一步扩容，品种进一步增加，会同伦敦书评书店精心挑选约300种英文版新书，并定期更新。三是邀请一批文化艺术界的名人名家，为读者提供来自他们关于阅读、关于文化的一些价值判断的书单，打造20个"有态度的书架"共400种精选图书，以深度阅读推荐书单为读者提供多方面、多样化的阅读参考和坐标，借此为喜爱阅读的读者提供多方面的参考和坐标，在未来将其打造成为朵云书院旗舰店开展阅读推广的一个王牌单元。

"上海之巅"读书会，是朵云书院上海中心旗舰店精心打造的阅读文化活动新品牌，集聚各领域的优质文化资源，向海内外作家、学者、读者敞开怀抱，打造代表上海思想、文化高度的常态化"城市文化客厅"。截至目前，"上海之巅"读书会已邀请学者骆玉明，清史专家刘平，经济学家张军，国际问题专家王健，民俗学专家仲富兰，作家叶辛、陈丹燕、于是、btr、包慧怡，日本研究专家姜建强、日本文学译介专家陆求实，篆刻家潘方尔，建筑师俞挺以及以色列前总统西蒙·佩雷斯之子舍米·佩雷斯等带来一系列高品质读书会活动。

朵云书院旗舰店还开发包括音乐、艺术、哲学等领域在内的一系列文化活动。"纸上风景"系列活动由国内外装帧设计领域的大咖、专家分享艺术创作理念，截至目前，已邀请"世界最美的书"设计师朱赢椿带来"纸上风景——朵云装帧聚场"首场活动"自然有趣，设计有情"，邀请设计师姜庆云带来朵云装帧聚场第二期活动"书中的上海风景"；同时还邀请著名儿童文学作家梅子涵、译者梅思繁、魔法读书会创始人张弘举办意大利文学绘本《最特别的一个吻》《时间的形状》新书首发分享会，葡萄牙童书大师安德烈·雷迪亚举办见面会暨签售会，带领读者领略诗歌绘本之美；此外，"星座音乐会"、TED演讲、凌空论坛等也将为朵云书院旗舰店这一物理空间、固态空间，提供生动鲜活的内核和元素。

开业以来，朵云书院上海中心旗舰店陆续接待了来自世界各地的知名作家，组织高水准的国际文化交流活动。作为 2019 年上海书展的主要分会场之一，朵云书院上海中心旗舰店在开业季特别策划了 2019 上海国际文学周"家园"主题展，著名作家余华、毕飞宇与两位 2019 上海国际文学周外国嘉宾，加拿大著名艺术家、《指环王》系列电影艺术指导约翰·豪和德国著名哲学家、《魔术师时代：哲学的黄金十年 1919—1929》作者沃尔夫拉姆·艾伦伯格专程来到朵云书院上海中心旗舰店，为这所全球作家、艺术家和中外读者共筑、共享、共有、共读的"云中家园"带来美好祝愿。当天还在上海中心最高层 126 层"上海慧眼"推出为中外名家名作签名本度身定制的"天际书架"，出席开业仪式活动的余华、毕飞宇和约翰·豪、沃尔夫拉姆·艾伦伯格等四位中外作家在参观"上海慧眼"时，分别把自己签名的代表作赠送给活动主办方，作为"天际书架"的第一批上架图书。与此同时，朵云书院旗舰店还承办了 5 场重量级的上海国际文学周讲座，国际著名作家汇聚一堂，如挪威作家罗伊·雅各布森的"悦读极地之光——挪威现当代文学译丛新书发布会"，美国作家杰西·鲍尔与赵松、btr 分享的"我们为何写作——青年作家的写作实验与创新尝试"，日本作家角田光代与张怡微分享的"坡道上的女性——角田光代笔下当代女性的困境与救赎"，金雯与刘忆斯分享了"文学，如何成为被大多数人理解的美？"，唐诺与毛尖分享了"阅读与写作的心法"。

此外，高度风格化的阅读和活动空间有"云间雅舍"区域，汇聚世纪版学术社科、艺术人文、科技教育等领域的精品图书；"海上文薮"区域，举办以"诺贝尔文学奖主题展"为代表的各种文学艺术展览及大型活动，让观众和读者近距离走近文学艺术精品；"好望角"南北空中花园，使书院内外自然风光与人文景观交相辉映，既可尽享云间景色，也可饱览纸上风光。

2. 营造全新特殊的文化体验，打造具有独特定位和文化内涵的新型市民文化会客厅

朵云书院上海中心旗舰店自诞生起便有着不同寻常的理想主义气质，它出现在上海中心的 52 层，展现出一种读书人所热爱的理想主义和人文主义的光辉。朵云书院上海中心旗舰店致力于打造一个新型的，创造人与人见面机会的社交场所，一个饱含知识性的公共空间，更重要的是，它是日常生活当中所稀缺的精神性的空间。书店对一个城市来说十分重要，书店的意义在于激发人们对阅读、知识、未来的美好想象，激活人心中理想

主义的光芒，这也是朵云书院上海中心旗舰店营造一种新型的市民文化会客厅，彰显实体书店在城市环境中重要地位的意义所在。

朵云书院上海中心旗舰店由上海世纪出版集团倾力打造，诞生于上海，呈现出全新定位和文化品相，这主要体现在：第一，它致力于在推动上海的阅读文化生活方面建设一个新的高水准的平台。第二，它致力于建设成为面向全世界读者的最具标志性的"文化会客厅"，其提供的文化服务、呈现的文化品相具有强烈的海派属性。第三，在为读者、为作者提供服务方面，它致力于呈现出与众不同的个性。朵云书院上海中心旗舰店精心搭建良好的空间氛围，选配优质的图书产品，并且在积极地酝酿创立常规化的文化单元和活动。所有这些，都为朵云书院旗舰店这样一个物理空间、这样一个固态空间，提供了生动鲜活的内核和元素，从而体现出上海这座城市更有活力、更具国际化的文化特质。朵云书院上海中心旗舰店，毫无疑问会成为上海乃至中国书业生态一个新的标本，也希望为建设更加多样化、更具个性化的中国书业样本，做出自己的探索和尝试。

朵云书院上海中心旗舰店有独特的文化定位，它既是一个充满时间感的文化空间，也是一个充满空间感的文化时间。这主要体现在：第一，朵云书院上海中心旗舰店是一个充满书香气息、有丰富的阅读文化内涵的书店，能把全中国全世界一流的精神文化食粮呈现给读者。第二，朵云书院上海中心旗舰店致力于为文化传播、文化交互、文化消费、文化体验提供全新的平台，作为上海一个新的具有标志性的文化空间，应该整合集成更优质的资源，在互联网时代，为读者、为喜爱生活的人们，提供新的文化体验和消费方式，以及多样化的生活体验。第三，从朵云书院上海中心旗舰店所处的特殊方位来看，它应该面向世界，面向未来，通过给人们提供一种特殊的书香体验，来不断创造惊喜和意外。

朵云书院上海中心旗舰店通过匠心独运的文化空间营造，致力于提供全新特殊的体验。书店的整个动线，从明亮的山水，到幽深的秘境，营造出一个特殊的氛围，营造出最具时间感的文化空间，给所有前来消费和体验的读者一种新的感受。读者置身位于上海中心52层的旗舰店，可以充分体验到云中阅读的感觉。例如店内名为"好望角"的两个空中花园：南北各有一个，可以在空中风景和黄浦江两岸江景中一览群书；店内有名为"云间雅舍"的中国书房主题空间，在象征当代与未来的"上海之巅"注入了一股传统文化的气息，寓意坚守与传承；在文创方面，旗舰店选入了彰显上海特色和韵味的物件，用生活美学家的视角精选了上千种的文创产品，或精致或创意，比如融入上海白玉兰元素的扇子和丝巾、新上海邮票款冰箱贴、上海元素搪瓷杯、白玉兰系列香薰、花香书气的蜡烛和香水等，并与上海品牌"飞跃"推出联名款帆布鞋，一起推广"读万卷书，行万里路"的阅读理念。在朵云书院上海中心旗舰店，读者不仅能尽享空中景色，也可以饱览纸上风光；不仅能够远远看到千姿百态的浦西，也可以近距离地感受日新月异的浦东。

在朵云书院上海中心旗舰店，人们会强烈地感受到历史与现实、今天与明天、自然风景与人文风物的交融，这里呈现给人们的是新天地、新世界。因此，朵云书院上海中心旗舰店致力于实现一种特殊的文化效果：所有前来的读者和海内外朋友，能够在进入以后、离开以后，对朵云书院上海中心旗舰店和上海留下深刻的印象。它是一个充满时间感的文化空间，同时也是一个充满空间感的文化时间，可以在时间和空间的融合体验方面，为人们创造全新的惊喜，让人们对于上海这座城市的记忆，有了一个令人憧憬的文化时空延长线。

3. 体现上海世纪出版集团助力上海城市文化建设的思路与担当，打造实体书店转型升级的新样本、新地标

上海世纪出版集团始终围绕中心、服务大局，坚持做大做强出版主业、不断深化体制机制创新、积极探索产业转型升级，生动展示"坚守文化初心，打造世纪精品"的崭新形象，全力体现集团在打响上海文化品牌、打造上海出版高地中的主力军作用，于2018年入选第十届"全国文化企业30强"，取得历史性突破，2019年成功蝉联。近年来，作为国内最重要的文化内容的生产商之一，集团加大了改革发展的力度，迈出了全新的步伐，对自身进行全新定位，积极实施"双轮驱动"战略，加快从文化内容的生产商，向文化内容的生产商、文化服务的提供商、向文化空间的运营进行转型，努力建设成为三位一体的大型出版文化创意集团。集团积极建设一批具有鲜明标识度的新型阅读文化空间，拥有一批具有鲜明标识度的新型读书会，将两者聚合在一起，让固态的文化空间和动态的文化资源得到充分的融合和整合，然后交互出新的文化能量，向更多的读者和社会人群进行释放。集团同时致力于通过多方面努力，与社会各界加强合作，与来自海内外的同行加强合作，为上海、为今天和未来的读者呈现关于文化、关于阅读、关于生活方式的全新样本而做出持续努力。以此体现

集团助力上海这座充满创造力和开放度的城市的文化建设，在创造力和开放度方面体现出的应有担当。

上海世纪出版集团在坚持挺拔主业的同时，积极在文化内容的生产之外，谋求将优质作品更多地推向读者，获得更广泛的市场和社会认同，形成对人们生活方式和精神世界的有价值的影响。为此，集团致力于拉长出版的延长线，组织阅读文化活动，打造阅读文化空间，多做整合、集成、链接、融合的工作，努力实现在规模和影响力方面的突破。最重要的是，无论是做出版，还是做阅读、做书店，集团始终坚持内容与品质第一的本位。集团长期以来坚持内容为王，坚持品质至上，坚持在做阅读、做书店新业态的过程中充分体现出版主业的好经验好传统，同时通过学习运用新的技术手段、学习借鉴新的商业模式，来提升自身为大众提供文化服务的能力和能级，以此来推动上游的内容生产达到一个新的高度。

上海世纪出版集团在多年发展中，已经形成了自身关于实体书店建设的传统特色。目前已经拥有国内著名的"专精特"书店的几个老品牌：比如上海的外文书店、古籍书店、艺术书店，还有第一家沪港合作的书店——沪港三联书店。这些都是上海世纪出版集团多年来倾力打造的著名的"专精特"品牌书店。集团在原有的"专精特"老牌书店的基础上，近两年来加大了新型阅读文化空间的创建和拓展的步伐，一直努力将世纪出版集团的优质文化内容与社会优质文化资源高度整合，以打开全新的文化格局为道路和方向，从最早的思南书局快闪店这样的微型书店、袖珍书店、迷你书店开始，逐步落地思南书局实体店，然后又布局朵云书院广富林店，再到朵云书院上海中心旗舰店的开业，集团打造的一批新型阅读文化空间具有典型和鲜明的特征。思南书局快闪店是集团面向社会公众和读者做的一个"微而精"的项目，它具有快闪和即时性、专题性的特点，它已经从最早的文学版，做到后来的电影版、改革开放版、音乐版、亲子版。同时"微而精"的快闪店项目，可能会进一步拓展出室内版系列，在上海更多的商区、园区、社区落地。以思南书局实体店为代表的新海派书店，特点是"小而美"，在风格和内容上更加体现出上海这座城市的海派风韵和国际化特色。朵云书院广富林店是中大型书店的代表，是"大而雅"的新中式书店。而朵云书院上海中心旗舰店，就是"大而雅"的朵云书院、新中式书店的一个升级版。并且，随着朵云书院旗舰店横空出世，围绕"双轮驱动"，集团还将以朵云书院作为核心品牌，在更多的上海地标谋划设立一系列集阅读分享、会议展览、讲座培训等多功能于一体的多元文化空间，快速形成连锁，包括专业化、精品化的戏剧书店、诗歌书店，以及比"微而精""小而美""大而雅"更有文化容量和震撼力的特大型项目。

以朵云书院为代表的新型文化空间，将是阅读推广的空间和载体，致力于把作者、学者和读者聚集在同一个区域里，激荡"人与人之间，思想与思想之间，文化与文化之间"的交流、碰撞与融通，从而体现出未来书业发展的一个方向。这是对当前的文化传播已经从单向传播向双向沟通、互动交流转变的呼应，是把文化产业带到一个新的高度的必然举措。

朵云书院上海中心旗舰店开业后，引起媒体广泛关注与报道。传统媒体新华社、《人民日报》《光明日报》《中国新闻出版广电报》《解放日报》《文汇报》《新民晚报》及上海广播电视台等先后在相关版面刊登有关朵云书院上海中心旗舰店亮相的报道；新华网、人民网、中新网、东方网、澎湃、上观、文汇、界面新闻、看看新闻等网络媒体以及诸多新媒体也纷纷发布开业报道。值得一提的是，在上海市政府新闻办公室为第二届中国国际进口博览会推出的形象片《上海·恒新之城》中，朵云书院上海中心旗舰店与武康大楼共同出现，成为推陈出新、新中求变的象征，蕴含着文化传承因恒新而致远、始终与时代脉搏共跳跃的深刻内涵，开放、创新、包容的上海品格呼之欲出。一系列高频次、高规格的宣传报道形成叠加、放大的宣传效应，使朵云书院上海中心旗舰店这一全新打造的新型阅读文化空间在短时间内成为市民读者"打卡"的网红地，成为上海文化品牌建设中一张闪亮的新名片。

入驻松江广富林文化遗址，是朵云书院这一全新品牌的首度亮相。旗舰店在"上海之巅"的横空出世，则是朵云书院品牌面向世界、引领业态的新的启程。目前，朵云书院已获得"2018年度最美书店""2018跨界文化空间设计奖""2019'美好生活'长三角公共文化空间创新大赛'最美公共文化空间'奖"等荣誉。未来，"大而雅"的朵云书院诗歌书店、音乐书店等还将陆续出现在上海的商区、社区、学区、园区，进一步强化精品生产和文化创新，进一步强化内容服务和阅读推广，进一步强化社会合作和对外开放，坚持品质化、国际化、生活化战略，以聚焦实体书店升级发展探索城市更新多元路径。

上海书城融合经营的实践探索

李倩文

摘　要： 随着网络电商的兴起和数字化阅读的普及，图书发行业在 2013 年遭遇寒冬。在这一形势下，国家密集地出台相关引领性政策扶持实体书店，实体书店也不断深化融合发展进程，积极进行自救。比如上海书城，近几年不断开设新型分店，转型升级不断深入、融合理念不断加强。通过探索上海书城融合经营的发展策略，分析上海书城融合经营的存在价值和存在问题，对上海书城融合经营提出发展建议。

关键字： 上海书城　融合经营　发展策略　多元业态

上海书城是上海重要的文化标志性建筑，是上海有史以来第一家规模最大、覆盖面最广的零售书店①，其作为市政建设规划配套的重大出版物发行建设项目，不断进行有序规划、统筹升级、融合经营，走出了一条创新融合、转型升级的新道路。

一、上海书城融合经营的发展策略

2018 年中国图书行业最大的趋势是融合与升级。上海书城在文化理念、信息服务、品牌塑造、营销技术等多方面进行融合与升级，深入挖掘细分阅读市场，未雨绸缪，顺势而为。

（一）文化理念融合

上海书城不仅是一个售书的地方，而且是充满人文气息的公共空间。

---

① 沈勇尧. 浅述上海书城文明创建与制度建设的融合发展 [J]. 企业文化（下旬刊），2015（6）：120—121.

上海书城设有七个展馆，在各个楼层分设咖啡吧、亲子屋、数字体验区、儿童天地、绘本馆等，集书籍、文创产品、艺术品、电子设备、戏曲、沙龙咖啡于一体，定期举办作者签售会、读者见面会、新书发布会、学术报告、作家访谈等文化活动，力求将自身打造成以图书为主体、多种业态混合发展的文化商业综合体。

1. 打造体验式的书店氛围

与传统经营模式的书店相比，上海书城更注重书店氛围的营造，注重给消费者提供体验式的文化氛围。首先，它给消费者提供舒适的阅读环境，设有独立的阅读空间和舒适的阅读桌椅，音像制品馆内循环播放背景轻音乐，舒缓消费者购物时的疲惫。图书书架贴心地向消费者选书方向倾斜，方便消费者取书和阅读书名。其次，上海书城还提供超越期待的服务，例如，一楼有专门售卖咖啡和小点心的场所，二楼设有自助饮水机和智能水吧，三楼设有 LED 显示屏、透明智展柜、通天瀑布屏和中心广告展示屏，读者可以通过这些便捷的设置，轻松又便捷地获取上海书城的图书促销信息、前沿文创产品和各类文化活动。

2. 增添创意性的文化服务

上海书城提供创意性的文化服务，并配有相应的拓展服务，通过对多种文化商品的经营，不仅增加了上海书城的图书销量，而且强化了上海书城文化地标的作用。上海书城设有生活休闲馆、晨光生活馆、艺术珍藏馆、玛德琳绘本馆、创意文化馆。不同的文化馆售卖不同的文化产品，还开发了一系列自有文创品牌，打造了具有上海特色的多元文化消费产品。例如，位于一楼的晨光生活馆主要经营文具用品，品种齐全，款式新颖；位于七楼的艺术珍藏馆有精美瓷器、雕塑、邮票、茶具等具有收藏价值的物品，每件珍藏品旁边都附有相关介绍的图书，并提供相应的购买渠道；位于六楼的玛德琳绘本馆，专门为会员开设绘本借阅区，为孩子和家长提供丰富的儿童阅读创意体验，设有专门的绘画、手工、游戏区域，定期为家长和孩子举办促进亲子互动的游戏，还会定期举办育儿知识讲座，开展多种多样的创意活动。

3. 举办对话式的文化活动

举办对话式的文化活动，能有效拉近上海书城与消费者之间的距离。上海书城开设专门的场所，积极举办形式多样的对话式的文化活动，分别在七楼设有报告厅、演讲厅，举办艺术展览、新书签售会、读者见面会、作者签售会、学术报告、读书沙龙、主题讲座、音乐会等文化活动。例如，2018年3月10日，著名主持人陈鲁豫携新书《偶遇》，在上海书城七楼报告厅举办读者见面会，其间陈鲁豫还邀请她的业界好友出席，此次读者见面会吸引了众多读者和书迷参加，大家在现场各抒己见，自由畅谈，鲁豫不仅分享了自己的写书历程、给读者的阅读指导、阅读建议，还为购书的读者送上亲笔签名①。

（二）信息服务融合

随着互联网技术的升级，信息成为图书行业发展的重要基础条件。②上海书城不断融合信息发展技术，并融合现代的新兴科技，利用大数据精准推荐图书，在书城借助人工智能机器人便可快速并准确地检索图书，这些融合信息技术的举措给消费者提供了高科技的购物体验和高效的购物方式。

1. 提供网络化的信息服务

上海书城为消费者提供网络化的信息服务，主要表现在消费者支付方式、查书系统两部分。消费者只要连接网络，便可享受网络化的便捷服务。

在支付方式上，上海书城学习网上书店的服务经验，为消费者提供了"微支付"的方式，消费者可以通过微信、支付宝等手机端扫码支付，也可以通过银行网络快捷支付，不找零、不点钞，2秒完成，安全便捷。同时，消费者扫微信二维码完成支付过程后，便同时关注了上海书城的微信公众号，成为粉丝，此举也为上海书城降低了吸粉营销成本。

在查书系统上，上海书城采取微信查书系统，在上海书城官方微信公众号内，依次点击栏目"自助服务""门店找书""图书查询"，根据书名或者书号ISBN进行查询，选定门店区县范围和具体门店范围，便可查询图书。这种方式应用物联网技术，以货架管理为基础，使商品库存管理精细化，给消费者提供了便捷的查书方式，避免消费者费时费力地找书。

2. 设置电子信息服务终端

上海书城在每个楼层都设置了电子信息服务终端，例如人工智能机器人、智能触控导视机、电子会员服务系统。

---

① 张馨仪. 鲁豫携新书《偶遇》与市民探讨甜蜜疼痛［N/OL］.南方都市报，2008-02-01. http://epaper.oeeee.com/epaper/H/html/2018-02/01/content_7904.htm，2018-11-25.
② 刘园园. 试论"互联网＋"时代图书编辑的融合创新［J］.新闻研究导刊，2018（5）：2—6.

对消费者而言，可以利用电子信息服务终端进行检索图书。一楼设置人工智能的机器人查书工具，能快速准确地满足消费者的需求。只要消费者对它说出想要查询的图书名称，机器人便能准确识别消费者的需求，并快速定位图书的摆放位置，再把书目的索书号和具体位置用普通话告知消费者。这种机器人查书的方式，检索时间比较短，检索结果准确无误，检索形式比较新颖，还增加了机器人与消费者之间的趣味互动。

对上海书城的工作人员来说，消费者的购买记录都存储在电子系统里，工作人员可以定期查阅图书销售情况，了解最近的热门图书、畅销图书、滞销图书，及时查漏补缺，更加从容地应对读者需求和把握市场行情。此外，大数据背景下，利用电子信息服务终端可以与消费者建立稳定的联系。2017 年 7 月，为了高效地管理会员，上海书城专门开发了会员管理软件——电子会员服务系统，具有会员制营销、会员管理、会员卡管理、会员积分管理等功能。消费者注册成上海书城的会员，系统便会记录消费者的购书行为，利用大数据云计算精准分析消费者的购买习惯，利用大数据精准推送技术，给消费者推送相关类型的图书，还可以通过账号来分析消费群体的年龄、喜好和阅读习惯，及时地向目标用户针对性的推送图书，拉近了上海书城与消费者之间的距离。

（三）品牌塑造融合

品牌，是一个公司的无形资产，它具有强大的经济价值和社会价值，它承载着消费者对公司的认可和信任，是左右消费者购物的重要因素。[①]上海书城积极进行品牌塑造融合，举办了多种活动，在社会和消费者的心中树立了良好的企业形象。

1. 举办社会活动，塑造品牌形象

上海书城一直致力于塑造品牌形象，举办了形式多样的活动。这对消费者而言，增强互动性，优化体验感；对上海书城而言，经济价值与社会价值兼得。

上海书城致力于公益活动。在 2018 年 4 月 23 日 "世界图书日" 推出 "我要读书" 大型公益活动，以 "好书相伴成长、分享读书快乐" 为目的，向云南贫困地区小学生捐赠图书。自 2007 年 8 月起，上海书城实施城乡结对帮扶和希望小学援建助学两个精准扶贫计划，通过媒体宣传、户外活

---

① 刘香洁. 提升企业品牌核心价值的营销策略 ［J］. 中国市场，2016（40）：39.

动，唤醒人们对读书的兴趣，实现资源共享。

上海书城每年都会举办100多场文化气息浓厚的活动，例如读者见面会、作家签售会、新书发布会、学术报告、主题演讲等。对读者而言，可以及时发现好书，增加与作者互动，增强读者对上海书城的依赖感。对上海书城来说，有利于发挥文化价值引领的带头作用，为读者提供全新的阅读场所和阅读体验，整合文化资源，促进图书销售，强化"文化地标"。

2. 利用新媒体，传播品牌文化

新媒体有传播速度快、传播周期灵活和互动性强的特点。上海书城加大与新媒体的结合，利用微博、微信公众平台等新兴的宣传方式，制造话题、创造热点，迅速集客导流，塑造自身品牌形象，加大宣传力度。

微博有文字、图书、视频、直播等宣传功能，上海书城官方微博于2011年3月1日开通，截至2018年11月11日，累计粉丝9370人，发布微博5695次。上海书城网上书店于2011年3月14日开通微博，截至2018年11月11日，累计粉丝15451人，发布微博9591次。在多年运营中，上海书城利用固定话题形成了自己的运营特色，对品牌塑造影响深远。例如"全国新书发布厅""海上书房""新书预售""书城荐书""书城动态"等多个热门话题专栏，通过文字、图片分享最近上新的或正在热卖的图书经典语录，通过视频直播的形式向读者介绍上海书城的活动动态，更大范围地促进品牌宣传。

上海书城于2015年5月创建官方微信公众平台——新华传媒上海书城，微信公众平台前端是以图文推介图书为形式的新媒体，以"为读者找书，为书找读者"为理念，通过对市场热点和上游精准的书业信息进行研究，进行营销推广和有的放矢的荐书；后台是拥有庞大库存的微信书店，提供图书查询平台和在线订购服务。读者进入新华传媒上海书城微信公众平台，点击"图书查询系统"，根据书名或者书号ISBN查询图书版本、图书库存，点击"自助服务"即可浏览上海书城实体书店的具体位置、路线导航等信息，点击"文化活动"即可获取相关活动的预告及报名，点击"微店购书"即可自助选书、自助购书，通过微信支付完成下单、支付、选择收货渠道等一系列动作，形成用户消费行为的闭环。截至2018年3月，上海书城微信公众平台拥有20余万用户关注，提供一键下单、当天发货、江浙沪包邮、售后无忧等服务，该公众号的访问付款转化率约为9.15%。

（四）营销技术融合

与营销技术相融合，既要无缝迁徙实现对用户信息全接触，又要通过人工智能和大数据实现对用户个性化需求的洞察。上海书城不断加强资源、技术、平台的融合推进，为精准化营销、精细化服务奠定了基础。

1. 以大数据为基础，实现精准营销

大数据以势不可挡的姿态进入人们的思想意识，为了针对性的满足不同消费者的差异化需求，将大数据技术应用到营销领域，对上海书城的用户进行细分，是上海书城进行营销技术融合的又一次大胆尝试。

上海书城充分利用大数据技术，首先体现在挖掘用户信息上。借助大数据的记忆功能，消费者在上海书城实体书店和网上书店的所有交易记录都被存储在读者数据库里。上海书城利用存储的用户数据，可以查阅消费者的购买图书信息，包括购买图书的种类、图书数量、购书频次，查询上海书城的销售业绩，包括销售图书的种类、总数量、营业额，还可以查询消费者的留言和评价，在充分挖掘用户信息的基础上，更好地服务消费者。

其次，上海书城利用大数据技术，实现精准定位营销范围。借助大数据的分析功能，把消费者的购买记录加以分析，上海书城可明确消费者的购买习惯、个人偏好、个人职业等。通过整理和分析，大数据技术可以精准定位，给消费者推荐符合个人偏好、个人职业的图书，也可以帮助上海书城挖掘数据，找出受众人群，进行精确营销，挖掘新市场和新的营销空间，准确投放书籍。

2. 创新思路，实现营销多样化

消费者对上海书城有着更为具体和小众的需求，为了适应读者的需求变化，上海书城创新思路，为消费者提供差异化的产品和专业化的服务。

不同于其他书店，上海书城着力为消费者提供差异化的产品。最具特色的是上海书城六楼的玛德琳绘本馆。2006 年 6 月上海书城启动玛德琳绘本馆，内设绘本阅读馆、6D 数字影院、手工体验区、绘画艺术室、亲子互动区、VR 体验区，不断拓展亲子产业的宽度和深度，让读者在玛德琳绘本馆享受一站式、体验式、多样式的文化生活休闲服务。玛德琳绘本馆有专门的阅读区，里面有大量的绘本和童书，为会员提供借阅的形式，注册会员的家长可以带领孩子阅读。玛德琳绘本馆有专门的游戏区域，比如小读者可以在这里玩乐高积木，手工制作玩偶等。玛德琳绘本馆还为家长

和小朋友提供亲子互动的游戏，邀请知名作家、儿童教育专家为读者和家长亲授绘本讲解课以及专家讲座，不仅让孩子享受快乐，家长也收获育儿知识。玛德琳绘本馆的最终目标是把书店打造成一个彰显品牌价值和教育内涵的场所。

二、上海书城融合经营策略的效果评估

上海书城积极实施融合经营的策略，通过对策略的详细分析，总结出上海书城融合经营的策略既有存在的价值，又存在相应的问题。

（一）上海书城融合经营策略存在的价值

转型升级、融合经营是 2018 年书业发展的主旋律。上海书城不断转型升级、融合经营，既顺应了发展形势，促进了市场和文化的繁荣，又满足了读者需求，提高了自身竞争力。上海书城融合经营策略的价值分析，主要体现在政策、经济、文化和用户四个方面。

从政策角度来看，上海书城融合经营策略顺应了发展形势。近年来，针对实体书店的文化价值和发展状况，国家出台了各种促进实体书店的发展的政策。例如 2017 年 12 月，中共上海市委、上海市人民政府印发《关于加快本市文化创意产业创新发展的若干意见》，引导实体书店探索稳定经营、可持续发展[①]；2018 年 6 月 8 日，财政部、税务总局发布《关于延续宣传文化增值税优惠政策的通知》，规定 2018 年 1 月 1 日起至 2020 年 12 月 31 日，免征图书批发、零售环节增值税。[②] 上海书城的融合经营模式与国家政策相契合，顺应了发展潮流，为国内书店经营提供了上海样本。

从经济角度来看，上海书城融合经营策略促进市场繁荣和自身发展。改革开放 40 年来，我国经济实现飞速发展，社会结构发生深刻变化，人民生活水平显著提高。上海书城赖以发展的物质基础、社会环境和传播手段也随之发生深刻的变化，上海书城以变应变，实施融合经营的策略，不断加大对新业态的关注和引入力度。小到店面零售的文具、书包、学习用品等，大到目前上海书城已成功向学校推广的电脑、课桌等基础硬件设

---

① 河小西，沈琳.读懂上海"文创 50 条"［J］.新民周刊，2018（1）：32—35.
② 吴妍.我国针对小微企业推出税收政策［J］.福建轻纺，2018（1）：1.

施，再到目前试图切入的在线教育、网络课程等软硬件设施，无不显示出上海书城的融合发展策略。这些融合发展策略，满足了读者多元体验和互动需求，扩大了自身的经营辐射范围，促进了上海书城运营效益的整体提升和整个图书市场的繁荣。

从文化角度来看，上海书城实施融合经营促进了文化多样性。文化多样性，不仅体现在民族文化的多样性、语言文化的多样性，还体现在不同的文化传播和文化服务之间创新与发展的多种方式。上海书城作为上海文化地标性建筑，不断发挥文化产业的积极作用，不仅成为融合了图书销售功能、促进阅读功能、文化休闲功能于一体的文化交流场所，还承担一部分社会教化、文化繁荣、文化交流的功能，积极担负起了传承文化、传播知识的特殊使命。上海书城紧抓文化市场，在发展多元文化、传播人文文化、创新城市文化等方面积极探索，不仅为读者提供丰富的精神食粮，提高全民阅读水平，而且促进文化多样性，为提升国家文化软实力和综合国力贡献了力量。

从用户角度来说，上海书城融合经营能够满足读者需求。2017年8月上海市新闻出版局发布的《2017上海市民阅读状况调查报告》显示，上海市民平均一年阅读6.64本纸质图书（不含教科书和期刊）。上海市民人均纸质图书阅读量仍处于全国前列。①中国出版传媒商报与京东图书联手推出的《2017—2018阅读城镇·城镇阅读报告》中，调查显示最爱阅读的十大城市中上海位居第二。2018年中国新闻出版研究院发布的第15次全国国民阅读调查成果显示，2017年我国成年国民人均纸质图书阅读量为4.66本，人均电子书阅读量为3.12本，2008—2017年这10年间的综合阅读率稳步提升，大部分受访者已养成每日阅读的好习惯②。上海书城在良好阅读氛围下，实施融合经营策略，消费者在上海书城不仅可以买书，也可以购买其他的文化创意产品、结交相同爱好的朋友和使用多元文化休闲产品及服务。

（二）上海书城融合经营策略存在的问题

上海书城通过实施融合经营策略，顺应了外部政策环境，促进了自身变革发展，但上海书城的融合经营策略还存在一些问题，例如目标定位不

---

① 大隐书局上海. 2018年上海市民阅读状况分析报告发布［EB/OL］.搜狐教育，2018-08-27. https://www.sohu.com/a/250269719_698363.
② 洪子诚. "亚马逊中国2018全民阅读报告"解析阅读趋势［N/OL］.人民日报，2008-04-20.

明确、书店布局过于陈旧、同质化严重、固守传统经营模式、缺乏融合创新手段等。

首先，上海书城在实施融合经营中存在目标定位不明确的问题，还未完成从"经营产品"向"经营用户"的转变。书店经营的首要任务是确定目标市场，读者是上海书城的目标用户，读者需要是上海书城存在和发展的基础，没有读者，上海书城就失去了存在的价值和发展的动力。上海书城在现有的融合经营策略中，虽然为读者用户提供了众多可供选择的营销策略，但存在未以读者的需求为出发点的策略，缺乏站在读者角度分析市场格局和比较优势的考量。例如上海书城为消费读者提供的"微支付"方式，在一定程度上简化了读者购物的流程，优化了读者购物体验，但恰逢节假日等消费用户众多的情况下，结账处还需要长时间排队。这需要经营者从目标用户入手，研究目标群体及其消费特征，满足读者消费升级需求的有效供给。

其次，上海书城在融合经营中忽略了整体布局的设计。随着网上"最美书店"的热评，许多书店开始注重书城的外观设计，着重打造书店外观的美来吸引消费者，例如上海"最美书店钟书阁"，把主题定为"石库门"，书店的入口被打造成石库门的门廊造型，营造出特有的上海风情。纵观上海书城，只在六楼玛德琳绘本馆打造了一个创意的阅读空间，其他楼层都"千篇一律"的布局，大到整体环境、空间、氛围，小到图书分类、摆放、造型，再到书与非书产品之间的关联、过渡、转化，都固守陈旧的设计理念，对读者来说都没有极强的吸引力，会影响读者的体验和判断，不容易激发他们阅读和消费的欲望。

再次，上海书城经营中缺乏深度融合。虽然上海书城已涉足多个领域，如图书、文创产品、餐饮、数字科技、文化活动等，但形式相对比较单一，主要盈利还是依赖图书。在新零售格局下，多元经营模式并不等同于融合发展，关键是要不断深化和强化跨界思维。这种"书店＋影院""书店＋教育""书店＋展览"的形式，都只停留在简单的空间、场地的叠加，而未能促进深层次的融通和互动。因此，从发展战略上看，上海书城的可持续发展，是树立"文化＋"而不仅仅是"书店＋"的跨界思维，是把文化的诸多要素有机融入进来，把上海书城建设成为先进思想的阵地、生活体验的场所、文化传播的平台。

最后，上海书城经营策略中缺乏新兴技术的融合。全面深度持续地拥抱互联网，打造新模式新业态新动能，是实体书店可持续发展的必由之路。"新华生活+24小时无人智慧书店""深圳书城＋无人书店""安徽新华＋共享书店"，书业在文化、商业、科技等领域形成前所未有的聚合发展态势。与这些书店相比，上海书城融合经营中缺乏新兴的科学技术，对线上服务、线下体验以及现代物流等方面未进行深度整合，依旧沿用原有的流程和模式，工作效率未能提高，还需要进一步加强与新兴科技的融合。

三、上海书城融合经营的发展建议

上海书城融合经营的策略是大势所趋，它顺应了时代发展，为企业发展注入不竭动力。在文化大发展大繁荣和国家政策的扶持下，上海书城要从发展的角度、时代的背景、用户的需求出发，坚定不移地实行融合发展的策略，同时，还需要兼顾经济效益和社会效益，坚守书业主阵地。

（一）立足受众群体，满足读者需求

上海书城互动、多元的融合经营业态，逐渐从"经营产品"向"经营用户"转变，为读者提供完善的服务是上海书城工作的重点之一。

首先，以用户为中心，增加体验式服务。上海书城不单单是售书的场所，还要为消费者提供体验式的服务。比如引进VR/AR技术。2016年是虚拟现实技术的爆发元年，虚拟现实技术成为科技行业新热点。[1]图书行业与虚拟现实技术相结合，改变传统的阅读方式和教育方式，带来全新的出版模式。传统的图书形式无法给予读者沉浸式的阅读体验，而利用VR与移动互联设备、云技术，将打造"图书+VR技术"新体验[2]。读者扫描纸质图书上的二维码，4D形态的数字媒体便呈现在手机、平板、阅读器等智能设备上，形成"互动式立体书"，将图书与VR眼镜配套销售，优化读者阅读环境。

其次，以用户为中心，增加一站式服务。为了优化消费者的购物体验，上海书城可为消费者设立自助购书、自助结算的一站式服务。"自助购书"操作简单、形式新颖、操作便捷，完成整个购书流程不到一分钟。"自助购书"服务分为两种：第一种是借助自助购书机，将图书条形码对

① 肖明超. 2.86亿VR用户，哪些传统行业将迎来虚拟现实机会？[J]. 销售与市场（管理版），2016（6）：39—43.

② 张志军. 沉浸式VR对图书出版的影响[J]. 传播与版权，2017（11）：47—48，52.

准机器的扫描区，弹出"结算"页面之后，选择微支付或会员卡支付即可完成购书。第二种是微信平台自助购书。读者关注上海书城微信公众号，进入微店购书界面，用手机扫描图书的条形码，进入支付页面后即可完成购书。上海书城还可设置自助发票打印机，读者购买图书后，在离店前扫描自助发票打印机上的二维码，即可打印小票，凭小票出门校验。

（二）立足文化内涵，"神"与"形"相融合

上海书城坚守文化内涵，是促进书城持续发展的重要因素。近些年来，由于网上热评"最美书店"，过分注重书城的外观设计，并进行外观评比，在这种风气下，不少书店着重打造书店外观的美来吸引消费者，而忽略了书店最吸引人的是其自身的文化内涵，即书店的图书构成元素和其他文化活动。[①]书店的外在颜值能吸引顾客走进书店，书店的文化内涵能吸引顾客留在书店并再次走进书店，要做到平衡有度，才能更好兼顾"形"和"神"。

立足文化内涵，上海书城要重视"神"的建设，重视书城内在文化的挖掘和推广。举办多种多样的文化活动，是上海书城近年来采取的措施之一。上海书城除了影响力较广的文化活动"全国新书发布厅"，在上海书城一楼、七楼举办新书发布会、作者签售会、学术报告、主题讲座等，上海书城还可以举办消费者参与度较高的文化活动，比如"阅读大赛""朗诵大赛""荐书大赛""图书营销大赛"等，开设一些与图书相关的专题，比如"一本图书是怎样制作的"，让用户亲自参与图书制作，无形中增加了消费者与图书的感情。

立足文化内涵，上海书城还要重视"形"的建设。场景化的构建已成为阅读空间的重要砝码。随着消费群体年轻化，上海书城千店一面的形式已经不能满足时代发展和读者需求。拥有良好的"形"也是吸引顾客的因素之一，为此上海书城要对外观形象和内在装饰都加以改造。空间设计上，书城外观可增设一些新书的海报、易拉宝的摆放、张贴，一方面起新书宣传的作用，另一方面可以起到装饰美观的作用；内在装饰上，灯光设成暖光效果，提供舒适的看书环境，保护消费者的眼睛，不同区域采用不同的色调；图书陈列方面，在保证方便读者查找图书的基础上，适当创造新奇的图书摆放造型，尤其是玛德琳绘本馆及童书区域，还可以采用立体

---

① 安德鲁·达菲，秦红梅.门罗书店——加拿大最美书店［J］.译林，2017（2）：22—25.

浮雕技术来标识图书，消费者可以用手触摸识别，增加文化体验。

（三）立足出版主业，衍生文化属性

立足内容，立足出版主业，放眼整个文化产业，延伸文化产品，追求文化品质，是上海书城树立的出版主业"大运营"的观念。① 上海书城在多年的发展中形成了具有自身特色的文化属性，将上海书城的独特文化业态贯穿在书城发展的各个方面，融合经营与上海书城文化气质相符合的产品，增加读者体验感和认同感的文化创意产品，凸显上海书城的文化多样性。

立足出版主业，理应凸显地域文化。上海书城作为上海的文化名片，在未来的融合经营中，将上海书城自身的特色与城市的文化底蕴相结合，寻找上海书城与上海这座城市的契合点，积极打造独具特色、个性鲜明的阅读空间品牌，例如海派文化。上海是海派文化的发源地，上海书城基于底蕴丰富的地域特色，在未来发展中可开设具有海派文化特色的书店。② 上海书城可把介绍海派文化的书目聚集，出售海派文化的明信片、画册，还可以为关心海派文化的消费者提供讲座及交流平台，可以结合海派文化推出具有收藏价值的特色书籍书店。也可以采用海派建筑风格，让人进店便可感受到浓浓的海派文化气息。

立足出版主业，打造文化综合体验中心。为了适应现阶段市场发展和满足读者的文化需求，上海书城把握好国家文化大发展大繁荣的扶持政策，必须选择差异化的模式，扩大经营的领域，聚合优质商品，融合经营与上海书城品牌相契合的行业，打造出符合多元商业闭环体系的文化综合体验中心，比如"书城＋花店""书城＋餐饮""书城＋工艺店""书城＋科技体验""书城＋培训会""书城＋旅游""书城＋电影院""书城＋文具产品""书城＋读书会""书城＋教育机构"等，在文化领域融合创新，形成具有上海书城特色的文化综合体验中心，用多元化的融合经营方式拉动整体营业收入。

（四）立足"互联网＋"，线上线下结合

2015 年 3 月，李克强总理在政府工作报告中提出"互联网＋"的发展理念，上海书城积极探索"互联网＋出版"的创新融合发展新理念、新思

---

① 李骏. 传统纸媒融合发展与创新趋势思考——以浙江省报业为例［J］. 中国出版，2015（15）：2—5.
② 徐清泉. 海派文化发展的主要特征及时代向度［J］. 上海文化，2017（6）：29—38.

路、新路径，促进线上线下融合发展。

立足"互联网+"，线上线下融合发展。上海书城在互联网的影响下，实体书店审视自身核心竞争力，不断探索寻求转型变革。首先，实体书店需要借助微信、微博、豆瓣等社交软件进行线上宣传，增加与读者的互动。上海书城官方微博的评论功能暂未开启，上海书城想提高用户活跃度，拉近读者与上海书城的距离，必须要增加读者互动，让读者参与到上海书城的各个环节。同时，上海书城举办文化活动，例如新书发布会，可以通过网络直播，扩大活动参与人数和活动宣传。

立足"互联网+"，上海书城可以利用新技术创建"上海书城"App，运用App打通线上线下的营销通道，有利于聚集读者，建立上海书城自有的客户群。创建"上海书城"App，消费者直接打开App就进入上海书城销售专区，为消费者提供更加快捷的购物体验。在"上海书城"App，消费者既可以在线支付，享受"扫码购书"或"在线试读"的功能，同时也可以在线预约上海书城实体书店的文化服务。借助App，消费者"无需排队，拿书就走"，也可以提前预约学术讲座、读者沙龙的活动，App为上海书城实体书店提供了更多潜在消费的可能性。

立足"互联网+"，线上粉丝社群营销。社群运营作为一种新型的商业模式，凭借高效的内容更新、传播的互动性以及成本低且社群成员具有共性的优势，可以对成员进行精准营销。比如，上海书城通过举办读书讲座、茶艺鉴赏、插花艺术、职业培训等专题，对不同的消费者进行目标群体划分，借助微信群、QQ群、豆瓣小组等社交方式，将相同爱好的消费者聚集在一起，不同的专题活动对应特定的营销手段，形成高度黏合且针对性强的融合经营模式，上海书城可以创建"购书群"和"阅读群"，"购书群"是召集爱书的成员加入群，并在群里发布图书优惠信息、新书上新动态、书城开展的活动等；"阅读群"是召集一些爱阅读的成员加入，可以定期分享书摘、举办读书沙龙、互相推荐图书等。这种主动出击的形式，让上海书城可以及时准确了解读者的需求及偏好，也让消费者可以及时准确地掌握上海书城的相关讯息，结识一群志同道合的朋友，使社群的最大效应得到发挥。

（五）立足图书市场，融合新兴科技

上海书城可立足图书市场，融合与图书相关的新兴科技，例如，智能书店、朗读亭、自助售书机等智能终端设备，完善信息推送、数据分析、移动支付、线上互动、个性定制等功能，将图书与科技相融合，增强上海书城场景化、定制化、智能化的体验，用更多元的方式，满足年轻化消费者的需求。

立足图书市场，引进先进技术。先进的科技是促进书店智能化终端建设的重要因素之一。许多书店纷纷引进智能化终端设备，例如"无人书店""无感支付""智慧书店"，打造"后台集约化、终端多样化"的格局。上海书城引进智能化的终端设备具体表现在以下几个途径，如远程智能控制系统、RFID 智能商品识别技术、全自助结算系统、自助收银机和自动票据打印机，集图书陈列、图书借阅、图书购买等功能为一体，不仅可以实现 24 小时运营，而且为消费者提供自主结算、自助打印发票、全智能人脸识别、商品识别、动作识别、商品检索、语音交互、防盗系统等功能，还能依靠智能设备记录消费者的购物行为，根据消费者的购物记录和搜索记录，精准推送相关图书。

立足图书市场，结合时代潮流。综艺节目《朗读者》的热播带动了朗读亭的发展。目前，山东书城、北京书城、深圳书城均引入了朗读亭，成为书城吸引消费者的最具热点的全民文化活动之一。上海书城可引进朗读亭是现阶段上海书城打造具有文化和科技体验空间的必要尝试。将声音与文字有机融合，以"亭＋设备＋软件"为一体，借助互联网和多种科技，让消费者在封闭的朗读亭内体验朗读的乐趣，消费者朗诵完自己的作品，还可以修改作品、存储作品、分享作品。随着 VR 和 AR 技术的发展和成熟，朗读亭功能也将不断完善，将从录播为主转为自动对读者进行指导训练，甚至通过 VR 眼镜可让读者在不同的场景中沉浸表达。

上海书城积极寻求变革，实行融合经营策略，并取得一定的成效。同时，还有些困局需要突破，还有些融合要素不完善。大家深切地感受到，只有依靠经营业态相互融合、营销方式不断创新、人才队伍不断壮大、网点建设全面推进等方式，才能使上海书城进一步巩固金字招牌的影响力、增强社会认知感、提升企业知名度，进而抢占市场份额，实现经济效益和社会效益的和谐统一。

从文化创意角度看钟书阁的发展

摘　要： 从宏观的角度来说，一个国家、一个民族的强盛，总是以文化兴盛为支撑的，中华民族伟大复兴需要以中华文化发展繁荣为条件。书店不仅要承担起中国先进文化的积极引领者和践行者的责任，更要成为中华优秀传统文化的忠实传承者和弘扬者。从微观的角度来说，实体书店需要抵抗住线上书店和碎片化阅读的冲击，才能够谈及传承与发展。作为书店业者必须顺应时代潮流，把握住时代的脉搏和先机，通过环境、空间、活动等多种因素将读者吸引回来。这也迫使实体书店不断创新，不断挖掘文化元素并运用到运营中来，才能探索出新形势下的生存之道。
关键词： 实体书店　发展战略　文化创意

　　关于钟书阁的发展战略，要从钟书阁的诞生与建立钟书阁的初心谈起。从钟书书店成立之日算起，如今已经走过二十四个年头。这二十四年，同样也是改革开放波澜壮阔的二十四年。伴随着社会的发展与市场的转型，作为经营者，金浩见证了国营书店改革、实体书店繁荣、互联网的兴起和冲击以及新型书店诞生，看到了不可逆转的时代洪流对实体书店业的巨大影响，也看到了巨变之下全新的商机和可能。

　　从 20 世纪末到如今，是变化最快、变革最激烈的时代。互联网、信息技术乃至于现在的 AI 技术，催生出许多崭新的科技，也对传统领域造成了巨大的冲击。对于实体书店而言，也曾经经历过一场难挨的"寒冬"，一大批与钟书一同成长起来的实体书店都逐渐消失，为一个时代画上了句号。

　　一方面，线上书店的兴起，挤占了实体书店的大部分市场份额。线上书店无需门店、装修和众多的员工，运营成本更加低廉。而网上购书选择面广，挑选书籍也变得更为简单和透明。运营成本降低让线上书店的价格更具竞争力。线上下单、送货上门的方式让购书变得更加方便快捷，也让许多忠实读者渐渐远离了实体书店。互联网、电商和手机阅读不断蚕食着传统书店的市场份额，实体书店面临着前所未有的困境和挑战。另一方面，文化大环境的推动造就了更广阔的市场和更庞大的阅读群体。"全民阅读"的推广带动了读者群体的扩大，政策支持也为众多书店的复活与新生带来契机。

可以说，在钟书阁成立之前，实体书店行业已经走到了一个十字路口。用时下流行的话来说，这是一个最坏的时代，也是一个最好的时代。书店发展的现状已经无法满足人们日益增长的文化生活需求，但是人们的需求和国家的推动又让实体书店业具备了深厚的发展土壤。而实体书店所要做的就是顺应时代潮流，把握住时代的脉搏和先机，通过环境、空间、活动等多种因素将读者吸引回来。这就迫使实体书店不断创新，不断挖掘文化元素并运用到运营中来，才能探索出新形势下的生存之道。

如何给予新时代的读者创新的阅读体验，成为摆在金浩面前最重要的问题。要与线上书店拼价格、拼便捷，只会让实体书店陷入价格战的泥沼之中。而实体书店需要的是创造一个线上书店所不具备的情景化、沉浸式的体验，让读者在购书之外可以获得更多独特的体验。同时又要在图书之外不断扩展产品线，让读者可以在书店里购买到音像制品、文创产品乃至于生活家居等各种类别的产品，让客单价持续上升，也让实体书店的经营之路走得更加顺畅。

一、发展思路

新时代书店与以往的书店必然大相径庭，创建钟书阁的想法也在这样的大环境之下应运而生。金浩致力于塑造独特的品牌形象，探索一条差异化的发展道路。在信息量爆炸的现代社会，层出不穷的网红、热搜占据着人们的视野，爆款、热图冲击着大家的视觉和心灵。作为一家书店，钟书阁也必须拥有个性化的标识、令人记忆深刻的爆点才可以从这场突围战中脱颖而出。

与传统实体书店相比，钟书阁在选址、设计、陈列、商品、服务和活动等各个层面都做出了革命性的变革。因而，在设立之初，钟书阁的运营团队便邀请了许多业内的老同志进行了座谈，想要听一听他们对于这些前所未有的理念会有怎样的看法。就以钟书阁标志性的"书籍地幕"为例，将图书铺在地面上，让读者在其上踩踏往来，当时可以说是引起了举座的反对，认为这是对书籍的亵渎，也给钟书阁打上了"离经叛道"的标签。但金浩并没有因此而否定青年设计师的创意，也坚信这一创造性的设计会带给读者极大的震撼与共鸣。于是把"书籍地幕"放在了进门处十分显眼的位置，让每一个走入钟书阁的读者都可以感受到"书山书海"的巨大气势。

"最美书店"便是钟书阁首当其冲的标识与爆点，金浩、设计师和整个运营团队所有内化的努力和未来规划都是建立在这个基础上实现的。金浩在书店的创建之初便倾注了诸多心血，也做出了极大的冒险。除了在店堂设计风格与所处地域密切相关，更是充分挖掘内在的文化内涵，让走入其中的读者能够得到沉浸式的体验，从爱上一座书店到爱上一座城。在钟书阁首店泰晤士店的打造中，金浩便将这种理念运用到极致。金浩一边与设计师一同规划了书籍地幕、宣言墙一类标志性的钟书标志，一边又为书店赋予了灵魂，让泰晤士店承载了"书殿"的意义，将西方文明的吉光片羽都包容其中。

钟书阁泰晤士店一楼的基调是黑的，顶天立地的书架将空间分出"九宫格"，每一格的顶上都绘着希腊油画；二楼的底色为白色，象征着巴比伦塔的柱子螺旋上升，一直升到星芒点点的天花板上，这是星空书屋。1600多平方米的书店里，处处是软凳、靠椅，灯光柔和优雅，几万册书以人文、社科和学术为主，品位高雅、随取随看，还提供咖啡、餐饮。经典书籍里的著名片段，直接呈现在书店的外墙立面上，这是一种宣言，表明了它的文化姿态。"宣言"里，两层楼面，上上下下、四面八方都是书，让每一个读者都仿佛沉浸于书海之中。

钟书阁泰晤士店落成以后，整个运营团队也是十分地忐忑。一家实体书店的创立是否成功更有赖于读者和市场的检验。然而接下来始料未及的盛况却预示着"钟书时代"的到来。2013年4月，钟书阁泰晤士店试营业，媒体前来采访拍摄，刊登的照片惊艳了一大批人。那一年，钟书阁还被列为五一小长假"上海最推荐的景点"之一，最高峰12000的人流量，也使书店一时"不堪负重"。"钟书阁"从文艺读者群体红到网络，再以惊人的热度红遍上海，一拨又一拨走进钟书阁的人们的脚步与惊呼，汇成了对钟书阁这一书店品牌的致敬与赞同。

对于"最美书店"的本质，许多人可能会片面地认为，是指独具创意的室内设计，然而细探究竟，"最美"的本质却要丰富和深刻得多。"外在美、图书美和服务美"共同支撑起了钟书阁的核心竞争力。从"硬实力"而言，不仅需要极具设计感的整体风格，书籍的选择、格局的排布更是关键，经验深厚的专业人员让钟书阁的魅力得到最大程度的展现。

古语有云，腹有诗书气自华。内在的积淀能够让人由内而外散发出自信的光彩，对于书店而言亦是如此。图书本身就是内容产品，没有内涵的书店将失去灵魂。如果一定要在颜值和内涵中间做选择的话，钟书阁的管理团队选择先将图书的品质和书店的服务不断优化，将一家书店的灵魂浇铸起来，打造良好的阅读氛围，提供完善周到的服务，即使外在"其貌不扬"，也必然会受到读者的认可。

越来越多原本并不关注书店的年轻人开始将"逛钟书阁"作为一种生活和休闲的方式。他们或是在店堂里拍下最具代表性的场景；或是漫步在书架间选择一本心仪好书；或是静静地坐上一个下午，品尝一杯手冲咖啡，或者参加一场新书的发布会，在朋友圈里，"最美书店"绝对是网红一般的存在。

二、发展战略

从发展战略的角度，钟书阁力争打造成一间能经历时间考验的"百年书店"，无论在哪个时代都能坚持品质、与时俱进，让读者得到最大的收获。

（一）书店定位

对于现代的读者而言，只要动动手指，心仪的书籍就能送货上门。不需要实体的书籍时，在手机和电脑上也直接进行阅读。甚至对于他们而言，文字阅读比不上影像生动直接，他们更愿意将大把的时间消耗在影像类的 App 上，这些都让实体书店日渐失去吸引力。所以要让读者重新走进书店，就要让书店包罗万象，可以完成和实现更多的社交功能。

于是，金浩将钟书阁定位于"以书籍为载体的综合性文化休闲概念书店，为读者提供休闲、阅读、交友、探索、交流的文化平台"，以此与单一销售图书的传统书店区隔开来。读者来到钟书阁之中，除了安安静静地享受阅读的愉悦，也可以点一杯咖啡，享受美妙的下午茶时光；或者是与名家、作者来一次亲密接触，了解书籍背后的故事。让阅读不再是一个人的休闲，而成了社交的一部分。

在"全民阅读"的时代，钟书阁更像是一间"城市书房"。每一个读者随时随地都能走入其中，可以像在自家一样收获宁静私密的阅读体验，也可以与亲友畅谈，分享自己的心事，一切都是那么自然和无拘无束。久而久之，每一个读者都会把钟书阁当作是自己的另一个家。我们一直倡导"书店要为心灵与精神提供休憩之处，让都市人藉以找回遗失的情怀与梦想"。钟书阁所做的努力，就是要让书店不再沉默和有距离感，让阅读变得更加亲民和有趣，"回归阅读""回归书店"绝不应该只是一个口号，更应该不断付诸实践，让越来越多的人发现书店的美妙之处。

钟书阁在有限的空间里安置进多元的空间，可以是一间咖啡厅，可以是阅读室，可以是文创商店，也可以是剧场、影院、课堂……不同年龄的读者都可以在这里找到自己的心灵寄托。孩子找到了童趣乐园，老人找到了安静的阅读室，白领找到了可以品茗交谈的咖啡厅，而对于更年轻的人群，则可以摆脱"宅"的生活，找到更多的社交乐趣。这样一来，读者更愿意在钟书阁中获得全方位的生活体验，书店也就焕发出全新的生命力。

但在创新的同时，在书籍的品质上钟书阁却是传统甚至"守旧"的。"把所有的精力都放在书上"，是整个钟书阁运营团队一直以来所坚持的准则。因而钟书阁的图书选择也走的是一条与寻常的创新书店截然不同的路子。不追热点、不盲目跟随影视改编的路子，严格的准入制度和选书师的严格把控，从每年全国出版的60多万册新书中精心挑选出2万种。钟书本身在图书策划领域有十多年的运营经验，形成了几大系列：（1）中国传统经典文学丛书系列；（2）名著系列；（3）名人故事系列；（4）作文系列；（5）教辅系列。这些书籍也构成了钟书阁引以为傲的核心竞争力。这样一来，使得钟书阁在人力、物力的投入更加巨大，同时公司也失去了更多的利润增长点，但金浩却始终甘之如饴，因为只有让书籍的水准维持在高水平上，将真正有用的好书展现在读者面前，才能给读者带来知识的收获和精神的升华。

出版社与作者也是钟书阁选书的重要考量标准。在这里，优秀的出版社和优秀的作者都拥有独立的专区，为读者奉上能带来思索与共鸣的经典好书。而读者也有了更多机会与作者进行对话，无论是读书会还是分享会，精神的启示从书籍延展到生活，带给读者更深层次的共鸣与收获。

《查令十字街84号》成为读者心中永恒的经典，也成了书店与读者关系的模板和范本。读者与书店可以是亲人、朋友，可以分享隐秘的心事，也可以在困境中互相扶持。能够做到这样的境界，便算是真正优质的赋予。因而一直以来钟书阁十分注重服务质量，并不断探索和提升。在金浩看来，书店不应该只成为图书销售的场所，而应高度重视服务在经营中的独特地位。

之前宣传部为钟书拍了一部微电影《情有独钟》，其中有一个情节就是"走出去"，为好书找读者，尤其是新书和重点图书。前年底在销售《习近平谈治国理政》时，钟书采用了上门服务的营销策略，不到2个月就销售了10000多本。在大众看不到的冰山之下，钟书阁一直在不断努力。书店的运营团队一定要秉承服务好读者的心，优质的服务必然也会牢牢地抓住读者的心。钟书阁也十分重视人才培训和员工激励，将公司打造成一个大家庭，让每一个员工的努力都能够发光发热，实现自我价值和职场提升。只有留住了人才，钟书阁的服务品质才能一如既往地传承与发展。

对于图书品质和服务质量高标准的坚持，才让钟书阁的"美"由内而外，让钟书阁的影响力由表及里，将钟书阁打造成了让读者信任的品牌。

如今越来越多的创意书店也开始塑造自己独特的品牌文化，打造具有独特风格的店内陈设，但往往连锁店之间的风格却过于趋同，无法让读者保持长久的热情。究其原因，是因为模版化的设计与展陈能够大大降低书店的建造成本。而钟书阁却自始至终将读者的喜好放在首位，走了一条价格高昂、投入更大的"原创但不复制"的路线。从经营与盈利的角度而言，钟书阁的运营团队大可以将精心设计的店堂风格不断复制加以利用，但这样一来却无法让读者感受到不同的惊喜和文化的归属感，所以钟书阁的每一家分店都会进行全新的设计和装修，推翻过往，再次出发。这样一来，读者有了更多的期待和不同的体验。同时，"软实力"也是钟书阁能够脱颖而出的重要组成部分，周到的服务、丰富的活动、细节的展现综合构成读者的直观感受，也成为他们是否愿意长期支持和口碑传播的重点因素。钟书阁从独特的店堂设计到集合了多重功能的"以书籍为载体的综合性文化休闲概念书店"的理念直至钟书出版的书籍和定制活动都让她成为

"无可取代"的存在。

（二）书店文化

在全新的时代，钟书阁更加注重研究消费需求、市场规律和发展模式，以高颜值、高体验感、高附加值的多元化活动赢得广大读者的青睐。不仅仅卖书，更要成为文化潮流的引领者、全民阅读的承载者、公共文化服务的提供者，更好地满足读者多样化的阅读文化需求。当然，在这一过程中，钟书阁也始终坚持自己的图书选品标准，由专业选书师挑选真正的精品好书，让每一个读者都能得到真正的收获。

致力于城市文化生态和公共文化服务。作为文化地标，钟书阁全力配合政府开展"全民阅读"活动。大力推动"全民阅读"进社区、进学校、进机关、进企业，使阅读活动更加深入基层、深入群众。积极参与开展好"书香社区""书香校园""书香机关""书香企业"等建设活动，引领读书传统，展现读书风采。

提供多元阅读文化的体验空间。读者在书店消费的不单是产品，更是品牌和服务。钟书阁着力营造一个诗意而又有想象的空间，开展独具一格的阅读活动品牌，不求大而全，着力打造独特文化体验，通过高水准的文化活动让读者获得消费体验的高附加值。树立"品质是我们的追求，最美是读者的体验"的理念，用设计美、环境美把读者吸引过来，用图书美、服务美、活动美让读者留下来。着力于汇优秀出版物、优秀文化人等到一店，集名店、名著、名师、名言、名嘴等于一堂，为广大读者奉送更为精美的精神食粮。

担当起促进全民阅读的社会责任。钟书阁不仅仅是书店，不止为读者提供书籍，不止为获得营业性的收入，而是承担起更多的社会责任，让更多的读者客户获得精神世界的丰富与提升。从这个角度而言，钟书阁更像是为全年龄读者打造的多元文化交流平台。我们不定期地开展公益性讲座、名家讲堂、读书会、朗诵会、文化沙龙、新书首发等丰富多彩的群众性读书文化活动，让读者和读者之间、读者和作者之间充分交流，致力于将实体书店建设成为文化交流、文化沟通、文化享受、文化辐射的空间和平台，自觉担当起促进全民阅读的社会责任。

着力用优秀文化熏陶少年儿童。儿童是祖国的未来，我们也始终将"以书育人"作为钟书阁的责任，着重关注儿童、青少年阅读成长，进行分类指导、重点引导，培养阅读习惯，传播优秀文化，让阅读扎根孩子们的心灵。开展具有特色的亲子阅读活动，组织开展钟书书香进校园活动。

无论哪个时代，书店作为"文化的传播者"的功能和定位都不会改变。只有承担起社会文化传播的责任，才能让书店的影响力更加深远。我相信假以时日，读书与逛书店将会成为社会潮流和被更多人所推崇的生活方式，钟书阁作为其中的先行者也愿承担起筚路蓝缕之责。

（三）书店活动

钟书阁用独特的设计提升空间的美感，融入文化和教育元素，以空间为阵地，以书籍为载体，以阅读为纽带，请进来、走出去，开展丰富多彩的文化活动，提供优质的文化服务，让读者收获更多，书店由购书场所变为人们生活的第三空间。钟书阁每年举办名家讲堂、新书分享、亲子书香、共建阅享、书香悦色等600多场丰富多彩并贴合市民生活的文化活动，使钟书阁的灵魂更加生动鲜活。

1. 名家讲堂

邀请名家或在某专业领域擅长的专业人士，走进钟书阁与读者分享知识。在这里，读者将幸会大咖、亲耳聆听他们的传授。比如听敬一丹分享家风家训、与田壮壮畅聊电影艺术、同布莱恩·阿瑟探讨其经济思想的新框架。

2. 新书分享

名人或作家钟情于钟书阁的美，喜欢带着自己的作品来钟书阁现场签售书籍，与读者现场互动交流。白岩松、六小龄童、叶辛、朱迅、蕾秋·乔伊斯等与读者齐聚一堂，分享创作过程中的故事与乐趣。

3. 亲子书香

钟书阁关注儿童阅读，几乎每家店都设置"儿童馆"，开展亲子阅读、亲子体验、儿童教育等活动。在书店里搭帐篷、讲故事、寻"宝藏"……亲子体验活动"书店奇妙夜"获得宝爸宝妈和小宝贝们的一致好评。

4. 书香悦色

将钟书阁的美进行延伸和拓展，举办各类与钟书阁的气质相吻合的创意活动。如举办"书香婚礼"、组织"书香鹊桥"、感受"书香花艺"、品味"书香茶歇"、尝试"初心手帐"、寻找"最美童声"、体验"书香店员"等。

5. 共建阅享

钟书阁各店与街道、社区、学校、机关、企事业单位、读书会等建立共建关系，与各级党组织、工会、共青团、妇联等紧密合作，配送文化资源，将书香空间建设为党建、团建、修身的基地。作为活动阵地，组织开展党的建设、青年建设、巾帼风采、家风建设、市民修身等各类主题文化活动。钟书阁泰晤士店是市民修身基地示范点，钟书阁静安店、闵行店是上海市5A级青年中心，钟书阁无锡店是市、区两级团委确定的青年大学习基地"梁溪青年学习社"并获评"江苏省青年学习社"，钟书阁苏州店"彩虹阅读计划"获评苏州市"优秀阅读创新项目"。

全民阅读和精神文明建设不只是各级政府的工作，更应该层层向下，深入生活的不同层面。钟书阁始终致力于成为文化传播的纽带和桥梁，通过不同的活动将不同群体、不同爱好的读者聚拢起来，读者们在自己的圈子里传播口碑，保证了活动长久的生命力，更建立了独具特色的文化品牌影响力，也让钟书阁朝着"百年书店"的梦想不断前行。

三、未来展望

规划和打造钟书阁首店泰晤士店时，金浩也是在摸着石头过河，可以说是极为冒险的一次尝试，带着许多不确定的因素，谁也不知道这种集合了多重功能的"以书籍为载体的综合性文化休闲概念书店"是否可以适应市场的需求，更不知道大量的投入和成本在后期是否可以回收。好在市场证实了钟书阁的成功，接下来一连串的荣誉和广泛的报道让他始料未及。钟书阁首店泰晤士店一开张便成为小镇最引人注目的文化地标，小镇游客因钟书阁开业而猛增一倍之多。人民日报、央视以及上海等地的媒体，更是把钟书阁视作中国实体书店转型的一个标杆和上海文化的一张名片。

2014年4月，在中国实体书店推进会上，钟书阁作为标杆书店作了题为"坚守实体书店经营，全力打造钟书阁"的发言，深受与会者推崇。钟书阁也开始加快融入整个上海精神文明发展脉络的步伐，一直伴随着这座城市共同成长。

在泰晤士店大获成功以后，钟书阁真正开启了自己在全国扩张的步伐，也开始详细制定每个阶段的发展目标。一方面，深化钟书阁的品牌，将这张上海文化的名片传递到更广阔的区域，让更多人了解海派文化。另一方面，则是不断深挖不同城市的历史和文化，打造一城的文化地标。钟书阁每至一地，总能以惊艳的姿态让整座城市为之倾倒，每家店独有的气质又能与当地的人文气韵完美融合，将当地的人文脉络梳理进空间规划中。

闵行店脑洞大开、如万花筒般精妙绝伦的齿轮结构；

杭州店的"白色森林"在镜子所营造出的对称和变幻中，充满了炫丽魔幻色彩；

扬州店是水与桥的仙境，扬州的千年文脉就这样得到了跨越时空的传承；

静安芮欧店是上海城市人文精神的真实写照，将繁华与隐逸完美融合；

成都店是一座围城，有跋山涉水的自然，也有巴蜀古城的书香文脉；

苏州店将奇幻的梦境写入新生的金鸡湖畔，带来萤火虫洞和彩虹天堂的奇幻瑰丽；

无锡店构建出一个贯穿古今的文人园林，让古已有之的文脉流淌在每一位读者的心中；

徐汇绿地店化整为零，带读者穿越时光，重现 30 年代老上海的旖旎风情；

西安店将十三朝古都与巴别塔做了完美交汇，描绘出人间天堂的纯白画卷；

静安大融城店是江南文化与西方文明的碰撞与融合，展现上海兼容并蓄的城市精神；

贵州店是云贵高原上的文化方舟，带领读者领略贵州的神奇自然；

扬州五彩店是一阙月色旖旎的《广陵散》，让读者走入扬州厚重的历史之中；

重庆店重现光怪陆离的 5D 魔幻之城，在光影交错里完成跨越时空的对话；

武汉店是两江交汇、荆楚文化的传承，让读者感受航运带来的文化交流之美；

嘉定店挖掘海派文化的深度，将竹刻文化演绎得淋漓极致；

北京店则展现出浓郁的京味，让读者流连于首都的深厚历史中……

对于书店空间美学不断创新和探索的勇气，让每一家钟书阁都绝不雷同，每一座城市的钟书阁都带着城市独特的印记，18 家钟书阁以迥异的姿态展现出中华文明不同的侧面，也将书店的版图不断延伸。

钟书阁不断深入挖掘一座城市的历史人文脉络，将城市最具代表性的建筑和风貌融入书店的设计之中，打造属于一座城市的"最美书店"。与此同时，钟书阁又通过优质的图书选品和服务以及丰富多彩的活动让钟书阁成为所有人的"城市书房"，让读者可以如同在自家书房一样拥有惬意的阅读时光，同时也为城市的精神文明建设贡献自己的力量。

我们可以看到钟书阁成都店和无锡店的设计屡获殊荣，也可以看到重庆店与北京店因为过于火爆而不得不采取限流措施以保证读者的阅读体验。钟书阁的火热绝不仅仅是"开业限定版"，它打破了网红品牌"火不过一月"的魔咒，用服务和书籍的品质留住读者，用丰富的活动吸引更多的人重回书店，将"昙花一现"化为"细水长流"，让钟书阁扩张的每一步都走得无比踏实和坚定。

6年多来，钟书阁接待中央、新闻出版广电总局、财政部等领导、国内外文化名人作家，松江区委区政府以及各部门安排的领导、文化人不计其数。一些朋友用文学的语言来描述钟书阁：最美书店演绎了在实体书店衰落、纸质阅读式微的大潮下逆势而上的传奇，成了实体书店复兴的样本，文化消费升级的缩影。

随着钟书阁"最美书店"的声名不断传播，品牌影响力的和聚效应不断增强，品牌溢出效应也已开始显现。近年来，许多著名的商业地产开发商主动找上门来，邀请钟书阁去全新的商业综合体内开设分店，并表示愿意大幅减免租金等费用。一些城市的政府部门也找上来，希望钟书阁落户过去，以提升地区的文化氛围和精神文明程度。开发商与政府部门的认可可以说从一个侧面反映了钟书阁所取得的成就和影响力，在实体书店尤其是民营书店中可以说是现象级的产物。

所以说，用创新来扭转互联网时代实体书店的困局，通过打造文化地标让年轻人重新回归书店，从现阶段而言，钟书阁做到了。但是社会和市场绝不会一成不变、止步不前，随着科技和互联网的发展，实体书店行业仍旧会不断受到新的挑战和冲击，钟书阁绝不会固步自封、安于现状，而是始终不断努力延伸和拓展书店功能的边界，以期在未来创造更多的奇迹。

在如今的拓店策略中，钟书阁现在主要进驻一二线城市，以城市文化为核心，进行统一管理，建立有地方文化特色的书店，让全国的钟书阁和而不同、各放异彩。同时，钟书实业不仅做书店，也一直在做出版、发行，贯穿整个行业生产链条，将做书与做书店结合起来，相互支持，推动整体发展。

为了思考钟书阁未来的创新和发展，就要借鉴和吸收国际知名书店的优秀经验。金浩多次走出国门，先后考察了澳大利亚、新西兰、意大利、东南亚、非洲和美国，还专程去考察了诚品书店、茑屋书店。在世界各地的考察过程中，他遇到了许多熟悉的书店模式，也看到了许多前所未见的新鲜模式，但最让他记忆深刻的是，即使已经成为世界知名的书店，经营者们却时刻饱含危机意识和探索精神，不断进行着创新与改变。

巴诺书店（Barnes & Noble）是全美最大的实体书店和仅次于亚马逊的第二大网络书店，他们以几美元的优质书籍吸引了众多的客户；早在1998年，巴诺就和贝塔斯曼公司合资成立巴诺网上书店，开展线上售书的业务；2000年开展出版业务，出版了上千种图书；创造性地打造出咖啡厅、音像店、儿童图书区、文创用品区等功能于一体的"超级书店"；2009年更是推出了重金打造的第一款电子阅读器。不知疲倦、不断创新，巴诺人的智慧也给了我们无限的思考与启迪。

作为"挤走"了一大波实体书店生存空间的电商大鳄，亚马逊开设实体书店并且在不到三年的时间内连续开了十多家店，以电商的思路经营实体书店，也让人看到了更多的可能。书架上每本书下方都有张评价卡（review card），卡上标明网络书店的读者评价与分数，供顾客参考选择最合适的书籍。这种做法就仿佛是把我们再熟悉不过的网购方式复制粘贴到了线下，在购买之前先查看评分和评价，成为最重要的参考依据，也避免了买到不合适的书籍的可能性。而实体书店最注重的价格展示，亚马逊书店却完全反其道而行之，要查询价格消费者可以登录线上书店查询，甚至可以一目了然地了解到其他渠道的售价。这保证了价格的同步性，也让售价变得更透明和公开。大概是受到了苹果体验店的启发，亚马逊也在实体书店里专门辟出了区域展示自家出品的各项电子设备产品，从电子书阅读器 Kindle、智能语音助理 Amazon Echo、串流媒体机顶盒 Fire TV 到平板电脑 Fire Tablet，每一个产品，消费者都可以在电店员的指导下亲手体验操作，大大提升了电子产品的销售份额。

实地的考察和成功的案例让金浩茅塞顿开，在互联网时代，没有一家书店、一个品牌可以保证自己永远占据行业的领先地位。为了应对后起之秀的挑战和冲击，就要以读者为本，坚持创新，不断优化购买与阅读体验，才可以在"大浪淘沙"的市场挑战中时刻立于不败之地。

钟书阁成立至今已经第 6 个年头。这几年是钟书阁高速发展的黄金时代，也让这张上海的"文化名片"向更广阔的区域传播海派文化的影响力。金浩也为钟书阁未来的发展制定了详实的未来规划：

加快钟书阁发展步伐，在发展中完善管理；

进一步探寻钟书阁的盈利模式，钟书阁向多样化、区域化发展（直营店、合作店、加盟店），钟书阁小书房（城市书房）形成成熟机制，并向全国推广，为全民阅读添砖加瓦；

书籍和阅读的最终诉求是为读者奉上能带来思索与共鸣的经典好书，图书也需要优胜劣汰、去芜存菁，将原有的图书进行整理淘汰，提炼几套读者喜欢的图书做成钟书品牌；

找到更适应自身的销售方式，以自版图书为亮点打造"钟书模式"。

在钟书的"十三五"计划里，未来书店总数将达到 28 家，钟书阁的百年宏图由此展开，挥洒金碧华彩的"千里江山图卷"。同时更会走出国门，让世界领略中国文化的博大精深。

志达书店：构建互联网时代的融媒体文化生态平台

罗　红

摘　要： 党的十八大以来，党中央高度重视全民阅读，并精心部署了全民阅读的相关工作，为推动"建设书香社会"奠定了基调，在互联网时代下，作为书香社会的重要载体之一的实体书店又将何去何从？本文以坐落于上海的国内首家智慧型未来书店——志达书店为例，剖析志达书店发展的必要性与可行性，梳理书店经营目标及成果，以期总结实体书店发展的新路径，促进全民阅读推广与书香社会建设。

关键词： 实体书店　阅读　融媒体文化　生态平台

一、项目建设背景和必要性

（一）政策背景：全民阅读国家战略和"建设书香社会"重要指示精神为实体书店发展奠定了基调

1. "全民阅读"的推广和"丰富人民群众精神文化生活"

党的十八大以来，以习近平同志为核心的党中央高度重视全民阅读，并精心部署了全民阅读相关工作。2012年"开展全民阅读活动"写入党的十八大报告；十八届五中全会把"倡导全民阅读"列为"十三五"时期重要工作。2014年起，"全民阅读"连续六年写入国务院政府工作报告。在2019年的政府报告中，李克强总理在论及"加快发展社会事业，更好保障和改善民生"时提到要"丰富人民群众精神文化生活"。

与此同时，以习近平同志为核心的党中央高度重视全民阅读和公共文化服务设施建设，把发展实体书店作为满足人民群众对美好生活追求的重要实现方式，对支持实体书店创新发展做出了一系列重要指示，出台了一系列加大对实体书店扶持的政策。2014 年，原国家新闻出版广电总局联合财政部发布实施《关于开展实施实体书店扶持试点工作的通知》；2016 年6 月，中央 11 部委联合发布《关于支持实体书店发展的指导意见》；2017年，国务院印发《"十三五"推进基本公共服务均等化规划》，专门强调推动全民阅读、扶持实体书店发展。2018 年，图书批发零售免征增值税政策进一步延续。在政策推动下，实体书店行业逐渐复苏，呈现出全新面貌，实体书店发展进入到一个新阶段，给整个行业带来了新的希望。

志达书店成立于 2004 年，是 2012 年首批获得上海市新闻出版专项资金资助的书店之一。十多年来，一直致力于"为好书选读者，为读者选好书"，举办各种类型的文化活动以连接读书人，服务读书人。15 年来，志达书店坚守初心，为积极响应"全民阅读"的推广和"丰富人民群众精神文化生活"不断创新。

2. 四大品牌之"上海文化"

2018 年 4 月 24 日，上海市委市政府召开全力打响"四大品牌"（上海服务、上海制造、上海购物和上海文化）推进大会。其中，在展现"上海文化"标识度中，指出"文化地标要绽放魅力，高水平、高标准规划建设好城市文化地标"。

2019 年 4 月 23 日世界读书日，天猫图书经理张炜在"志达书店—天猫未来店"项目启动仪式上曾表示："实体书店 2.0 出现了一批有艺术感和设计感的最美书店，在此基础上，实体书店 3.0 通过技术集合大数据来分析消费者的行为，进而实现黑科技技术，这样一方面可以改变消费者的阅读体验，一方面会建立起新的文化地标。"

（二）行业现状：经济的发展和技术的变革必然带来生活方式和生产方式的变化，实体书店挑战与机遇并存

1. 实体书店的发展现状

互联网的发展带来电商的繁荣，其借助广泛的网络、完善的物流体系、便捷的支付方式及价格和种类的优势，不断挤压实体书店的生存空间，并在近几年成为推动图书市场增长的主要力量，2017 年达到 25.82%的同比增长率，而实体书店在全国上下的大力支持下，也仅有 2.33% 的同比增度。尽管客观上的不利环境给实体书店的发展带来了极大挑战，但自身缺乏创新才是问题的关键。在消费需求升级时，读者对书店更高的要求与其陈旧的经营理念产生了巨大的鸿沟，这样的局面与其说是外部环境的挤压，不如说是自身经营思路停滞不前、创新乏力的结果。2016年，中宣部等印发了《关于支持实体书店发展的指导意见》，提出以"互联网+"思维引导其转型的关键意见。互联网本质上是一把双刃剑，电商改变了图书的销售格局，对实体书店的发展造成了一定的阻力，但互联网也带来了新的发展机遇。志达书店积极拥抱互联网，从2006年开始布局网络书店，是业内最早通过网络渠道进行图书发行的书店之一，经过十多年的不断创新发展，从一家传统的线下实体书店转型成线上线下融合发展的互联网图书公司。

2. 新零售业态下的特点和机遇

改革开放以来，我国零售业经历了二次大的变革，第一次是20世纪90年代初期大量新业态，如超市、大卖场、专卖店、便利店和快餐店等新的经营模式的出现；第二次是21世纪初以电子商务为代表的网络经济的崛起以及自动售货机和电视购物等无店铺销售迅速崛起。传统的实体商业不断受到电商冲击，面临严峻挑战，实体商业急需寻找突破口。虽然网络零售一路高歌猛进，但良莠不齐的商品质量也让用户体验大打折扣。电商在迅速增长后也面临发展的瓶颈，获得线上用户的营销成本也逐年上升，获得新的增长急需创新。如何充分发挥线上线下的协同优势成为零售业发展的关键，在互联网和大数据技术等作用下，新零售概念应运而生。阿里巴巴创始人马云于2016年10月首次提出，他认为在"未来计算机浪潮、互联网浪潮、'三网融合'潮等信息技术迅速发展的背景下，零售业将发生变革，形成线下线上融合新模式，从而产生业态、交易方式等方面的创新与发展"。2016年11月，国务院出台《关于推动实体零售创新转型的意见》，从政策层面支持新零售业态发展。

新零售就是以信息技术为新动能推进零售商业转型，实行线上线下一体化布局，一体化经营，优势互补，强强融合，研究新消费，采用新技术，运用新模式，创造新业态，开拓新市场。总之，零售业正处于大变革时期，智慧零售和新零售是未来。

志达书店于2019年和阿里合作，共同打造国内首家智慧型未来书店，是天猫未来店无人技术方案首次赋能于实体书店的第一家线下书店，是天猫未来店实验室首个行业合作案例，它的目标是通过实现人、货、场的数据化，达到线上与线下、文化与科技更深度的融合，从而给消费者带来更好的体验。

3. 以文化服务为导向的实体书店创新策略

随着时代的发展，阅读日益成为一种关乎形式、关乎过程、关乎体验的生活方式。人们在实体书店中围绕阅读所展开的一系列消费行为也在审美与社交等方面有了更多的追求。因此，使实体书店与现代商业、现代生活相融合，将其功能从卖场空间转变为文化空间、生活空间和体验空间。

在过去将近两年的时间里，志达书店在以下两个方向上进行了尝试：一是跨界融合，加强与博物馆、艺术馆、餐厅等机构合作，不断拓宽阅读和学习场景的边界；二是业态融合，围绕"书店+""文化+"的消费体验模式推出"书店+教育""书店+游学""书店+演艺"等模式，延伸产业链，提高附加值，实现产品的立体开发、业态的相互联动，创造新的消费形式，为读者提供更贴心、更人性化的服务。

（三）项目的必要性

1. 实体书店是城市的诗意栖居地，是承担着文化使命的传播者和引领者

实体书店的存在意义绝非只是图书的销售场所，它更是生活重压下的人们静养心灵、精神补给的文化空间。诚如志达书店的设计师庄慎先生所言："在现代社会，没有好的书店的城市是不完整的，没有好的书店的社区和大学是令人遗憾的。大城市需要书店，需要为了爱书的人，为了使更多的人爱书，为了书的书店。志达书店所有的设计都是为了建立人与书的世界。不管时代发生何种变化，我们都不应该改变书店的本质。书店的本质应该是有好的书，有爱书的人以及有爱书的经营者。志达书店用互联网新零售的模式再一次激活了一个书店的理想，他们勇于尝试，行动力很强，我们相信他们将更好地打造出一个深入日常生活的文化公共空间。"

2. 让传统的实体书店焕发新活力，以满足用户的新期待，适应消费的新趋势

在"互联网+"的大背景下，读者的消费行为和阅读习惯发生了深刻的变化，传统书店的商业模式和经营状况远落后于时代步伐，其产品、服务、环境和业态很难满足读者多元的文化需求。为此，志达书店不断创新，内外兼修。内就是不断优化供应链体系，实现线上线下融合发展，发挥资源聚集优势，提升服务能力，加强多层次文化产品和文化服务的供给；外就是打造书店新空间，通过环境营造实现品牌塑造，同时，融合新业态，从单纯的图书销售向文化消费体验中心转变，延伸书店多元经营的

产业链，进而延伸到泛文化产业，实现产品的立体关联开发，文化消费的深度融合。

二、项目目标、内容和成果

（一）项目目标

以用户为中心，以新技术为手段，打造"共读、共听、共讲、共学"的共享型智慧书店，推动线上发行渠道和线下实体书店从交易平台和服务空间升级为消费者的体验中心、社交空间和价值平台。通过大数据挖掘消费者需求，为消费者提供更加精准、多元的产品和服务，为消费者创造终身受用的价值，增加消费者的关注度、参与度和满意度。把志达书店打造成互联网时代的融媒体文化生态平台，使之成为连接读书人、服务读书人的精神家园。

（二）项目内容

1. 以数据为驱动的线上和线下融合

尽管目前实体零售经营惨淡，但真实可感的购物体验仍是其最大优势，反观网络零售虽价廉，但正缺乏这样的体验，难以升级更高品质的消费。新零售正是打通了两者的边界，使其优势互补。阿里研究院也首次明确"新零售是以消费者体验为中心的数据驱动的泛零售形态"。在这里，数据是核心。也就是说，新零售本质上是"以大数据挖掘消费者需求，以深度融合的线上和线下渠道开展营销活动，从而使企业和消费者都获得最大益处的零售方式"。所以也叫"大数据零售"。实体书店应在新零售业态发展之际，利用好自身和互联网优势，把线上书店的便捷和线下书店的体验同步结合，开展O2O（线上—线下）模式，以数据为手段去挖掘发展潜能，实现为读者全方位服务的愿景。

志达书店联手天猫进行了全方位升级（运营流程详见图1）。最大的特色即是以数据更深层次地了解读者，不仅知其喜好，还懂其意图。书店首先以图像识别技术完成读者的面部扫描并认证，实现"刷脸"进店，随后以大数据对其分析，在判断其阅读习惯后，给予最优的购书路径，并为其推荐偏好图书。最后，在其经过智能闸门时实现"无感支付"。上海市新闻出版局局长徐炯在2018年世界读书日出席志达书店庆典活动时指出："它通过大数据选书了解读者的年龄段、买书倾向，从而更精准地在书店里投放，这非常重要。因为书店除了'颜值'高、阅读环境好外，能选到好书更是良好体验不可或缺的部分。"此外，志达书店的智慧支付生态系统也是一大特色，其以电子支付来获取消费者信息和阅读喜好，并完善消费者管理关系（CRM）系统，再以电子会员制，对其进行精准的营销推送，以积累客户资源，形成互动循环的经营模式。这样收集数据的方式，也正是为了反哺用户、服务用户。同时，消费者离店后仍进入志达书店在天猫平台开出的"志达图书专营店"继续选购图书，延续购物体验，真正以电子支付实现了线上线下的入口便捷和一体化运营。

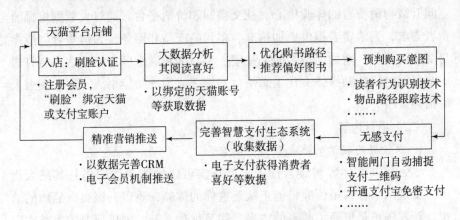

图1　志达书店的运营流程图

2. 以用户触点为导向进行书店场景化构建

场景，即某个特定的环境。场景消费，就是在一定条件的环境下以消费者需求为核心，为其提供良好的服务和体验，以刺激其购买行为。在互联网时代，这更像是在深入了解消费者后，对其主观想法、消费行为和购物场景的重构组合。体验经济时代，用场景吸引用户是新零售的基石。新零售业态的基础在"场"，即以消费者的行为触点（尤其是体验中的痛点）为需求导向完成场景构建，以提供更优质的服务。实体书店本质上是一个文化空间场景而非狭义的图书销售场所，因此更需从场景出发，在优化产品的同时赋予其更优的功能和服务。实体书店的顾客是既关注图书品质，又重视文化空间和精神体验的群体。书店的优势也正是对真实空间的设计和经营，充满书香气息和知识魅力的文化氛围，能让读者产生较强的共鸣和归属感。阅读通常需要情绪上的酝酿和引导，尤其是深度阅读。因而，具有沉浸感的空间不仅拉近了人与书的联结，更易让人沉入对文化的尊重和热爱的情绪中。所以，书店的场景首先要完成具有浓烈文化感的沉浸式场景构建，即在空间和环境上通过设计体现一种精神向度和文化品格，再辅之以灯光和音乐营造出自然的情景感。

志达书店综合考虑了书店位于复旦大学校区的独特性，将书店打造成"同一扇门推开两家书店"的布局，一方面，充分考虑到复旦大学师生人群是相对高素质的读者资源，因而开辟了专门的"文史哲学术书店"；另一方面，在这里开设相对浅阅读的"精品通识书店"可以填补周边缺少同类书店的市场空白，并且少儿类图书依旧是今天中国最大的图书消费市场之一。更进一步，深浅阅读者并非绝对分开的群体，同时提供不同深度的图书有利于吸引更广泛的人群，对于知识分子家庭消费者也是可以兼顾作为学者和家长身份的理想选择。两种书店空间的并置既目标明确，方便顾客按需选择，又增加了不同需求阅读者之间交流的机会，符合市场细分又强调体验的城市消费升级要求。大气而时尚的设计本质上就是高品质文化的体现，而优秀的场景化空间能更好地承载书的内容文化，实现人、内容、空间互动关系的良好依托。志达书店经过来自同济大学设计团队的改造，在2017年被《中国图书商报》头版刊登，誉为"最美书店"。书店每年根据"春夏秋冬"四个季节的转换调整书店内部的装饰，入口通道处一道将近十米长，从底部到顶部的镜子更是把人、空间和物体都折叠进一个奇幻的镜像中。志达书店日益成为读者拍照打卡的热门之地，连明星黄渤光顾后也赞叹为"网红书店"。与此同时，志达书店也不断突破物理位置的限制，打造了一系列的快闪书店，比如与复旦食堂共同推出的"出版社主题展"项目，利用高校食堂人流量大的特点打造图书专架，每个月更新展示一个出版社的重点书和新书。除此之外，志达书店也积极走进上海的各类展会，根据不同展会的人群定位选择供应不同类目的图书以满足不同场景下读者的需求。

3. 以体验为目的的消费与行为引导

对体验价值的关注是体验经济时代到来的主要标志，跟以往经济形态相比，更侧重消费者内在情感认同和过程满足。消费者已不再是产品或服务的被动接受者，而是主动的参与者甚至是创造者。这意味着传统零售方式已无法满足新时代需求，体验式消费成为主流。影响消费决策的也不再仅是商品质量和服务的好坏，而是能否提供特别的体验，能否直接参与过程和分享价值的创造。在年轻的互联网"原住民"成为消费主力后，其对品质、个性化体验关注的特点对实体书店同样适用。因而，书店也应从内容服务向体验服务转变，打造独特的高品质文化体验空间。志达书店作为一个文化空间，从单纯的书店转化为文化的供应者，通过嫁接互联网，推进智慧书店的建设，以书籍、优雅的空间和丰富的活动等形成一个让读者参与过程的新模式，以更多的体验来满足其对文化、心灵和社交等更高层面的追求。让书店成为享受精神文化生活的场所，利用书中的美好事物常让人心生向往的特点，不断尝试以书及其内容为点，由此扩展到与之关联的面，从而让更多的人参与全民阅读。两年的时间，志达书店充分发挥高校书店阅读资源聚集优势，加强多元化、多层次的文化产品和文化服务的开发，共计策划近300场文化活动，为配合上海书展策划了一个月的主题活动，连续两年被评为优秀分会场。志达书店举办的活动形式多样，或者是一场关于音乐图书主题的音乐会，或者是以建筑为主题的深度游学，还会是跟生活美学图书相关的花艺课，等等。但无论何种形式，都是为了读者能在此空间中以书为基点去体验相关的过程，这种通过融入教育、社交、美学等元素的多元经营来打造过程体验的模式也已成为志达书店现在和未来不断吸引用户和增加用户黏性的主要方式。

4. 以阅读为核心不断融合新业态

随着物质生活的不断提高，人们对文化的消费不断升级。为了满足多元的文化新需求，志达书店正努力从单纯的图书卖场向文化消费体验中心转变。围绕着阅读，不断推出"阅读＋文创""阅读＋游学""阅读＋培训""阅读＋教育"等商业模式。不断延伸和拓展实体书店多元经营的产业链，进而延伸到泛文化产业。实现了产品的立体化开发、多元化开发，为读者提供更加丰富和精准的文化消费和文化体验，从而满足不同消费群体的多元化和个性化需求，为消费者创造终身受用的价值。2019年是中华人民共和国成立70周年，为庆祝新中国70周年华诞，弘扬红色爱国精神，缅怀红色峥嵘岁月，领略红色文化魅力，推进全民阅读发展，上海教育出版社特别推出"中国红色经典绘本丛书"，并于2019年上海国际童书展期间，与志达书店一起，联合举行"红色绘本"进校园和"红色之旅"系列游学活动。在游学活动中，书店策划和组织读者参观了中共一大会址、陈望道故居和复旦大学校史馆，并邀请复旦大学哲学学院的教授随行讲解，受到读者的广泛关注和好评。在"红色绘本"进校园活动中，志达书店联系了上海13所小学和幼儿园，赠送了3200本红色绘本，让孩子们在红色经典中成长，学习和继承爱国主义的优良传统。

（三）项目主要成果

1. 线上线下融合

志达书店充分利用互联网及大数据等技术手段，全面整合线上线下资源，打造一个全渠道图书营销体系和综合文化服务生态圈，实现服务和营销闭环。

志达书店线上网络书店拥有近百万粉丝，年销售额过亿，是天猫的核心商家，拥有自主研发的 ERP 系统，组建了专业高效的供应链体系。

志达书店实体书店在 2018 年度被评选为"上海最美书店"，2018、2019 年连续两年获得"上海书展书店分会场优秀奖"，入选 2018 年上海城市形象宣传片。从 2017 年 12 月至今，组织策划近 300 多场讲座沙龙活和观展游学等活动，服务近两万名用户。书店组建了上海中小学"志愿者活动"项目，利用暑假及寒假组织接待中小学生志愿者活动 200 余场，服务几十所上海中小学。

2. 出版发行融合

志达书店和 300 多家出版社建立图书业务合作，图书品类近 7 万，同时为合作伙伴提供全渠道整合营销，不断连接行业资源，升级服务质量。

与此同时，志达书店立足发行领域的优势，逐步向内容生产领域延伸，实现产业链纵向整合，构建符合互联网经济时代特点的出版发行生态体系。从 2018 年至今，志达书店签约近十位特约专家讲师，策划举办系列讲座 100 余次并将相应讲座内容结集成册，陆续出版。

3. 图书与相关产业融合

图书承载的内容和知识包罗万象，因此图书产业与其他产业融合就有其天然的优势。志达书店充分利用这一优势，加速图书产业与其他产业融合发展，为实体书店注入新的文化服务内涵，构建以图书为核心的综合文化服务体系。志达书店策划的"看不见的城市"博物系列游学，"小小英文演说家"工作坊等与旅游、教育和培训相关的活动都受到了读者的广泛欢迎和好评。

此外，为了加快传统图书产业的智慧化升级，激发传统产业新动能，探索全新的经营业态和经营模式，志达书店不断尝试文化与科技的深度融合，孵化了"悦悦图书""悦悦文化""演讲纵横"等自媒体品牌，积累粉丝数上万人，并推出知识付费等系列音视频课程，陆续录制和上线数十门音视频课程。

高校实体书店转型的另一种可能：努力向内

——以上海复旦经世书局为例

马勇华

摘　要： 高校实体书店由于各种原因为改善盈利状况继续经营下去开始转型。许多高校实体书店的转型主要聚焦在图书以外的业务。向外转型，盈利虽有所改善，但在不同程度上偏离了图书主业。上海复旦经世书局转型之初，在分析自身陷入困境的原因以及论证了坚守以图书为主业的可行性后，走上了向内转型发掘图书主业的道路，这一转变不但实现了把社会效益放在首位的转型目标，同时也实现了盈亏平衡与可持续经营。

关键词： 高校实体书店　上海复旦经世书局　社会效益　图书主业　向内转型

一、实体书店困境、转型理念、目标与现状及反思

（一）实体书店的困境

党的十八大以来，以习近平同志为核心的党中央高度重视全民阅读。2012 年 11 月，党的十八大报告提出"开展全民阅读活动"。2014 年以来，"倡导全民阅读"连续六年写入国务院政府工作报告。《中华人民共和国国民经济和社会发展第十三个五年规划纲要》要求"推动全民阅读"，并将全民阅读工程列为"十三五"时期文化重大工程之一，将全民阅读提升到国家战略高度。

实体书店作为践行全民阅读的重要场所，在租金、电商、数字阅读以及盗版的冲击下许多实体书店盈利困难，难以继续经营以致关闭。在 2012

年之前，实体书店的数量就已经开始出现萎缩，不仅大量民营书店纷纷倒闭，就是国有新华书店的数量也大幅收缩，根据周兵课题组所掌握的数据，北京市发行集团旗下新华书店的实体书店数量已由 20 世纪 80 年代的 100 多家下降至目前的 69 家，其下降幅度将近 40%，这一现象引起了包括《人民日报》在内的主流媒体的高度关注。① 高校校园实体书店作为实体书店的一种类型，其生存状况也不容乐观，甚至更糟糕。2015 年 6 月，针对高校校园实体书店生存状况，中国高校传媒联盟开展了问卷调查，此次调查覆盖全国 100 所高校。结果显示，30% 的高校内不再有实体书店。2015 年 9 月，北京青年报记者走访北京高校，发现高校校园书店五年间倒闭近半。2015 年 11 月，《长江商报》披露，短短四年间，武汉高校 50% 实体书店消失。②

（二）转型理念目标

面对大量实体书店倒闭的情况，从中央到地方都把支持实体书店的发展作为落实全民阅读的重要抓手，出台了大量扶持实体书店发展的政策，高校校园书店作为其中的一种类型，也成为重点扶持对象。中央与地方政策都支持高校实体书店走守正创新、融合发展之路。几乎所有中央与地方政府发布的支持实体书店的政策与文件都强调实体书店在转型时候要"坚持把社会效益放在首位、实现社会效益和经济效益相统一"，在完善实体市店功能，开展多种经营，融合多元业态的情况下，突出"主营业务"、更加突出"实体书店作为重要阅读场所的文化功能"，要求实体书店"在推动全民阅读、建设书香社会中发挥积极作用"。最终不但要增加"实体书店数量，还要保持图书销售额稳定增长"，将"实体书店营造成优质阅读空间，更好发挥实体书店的社会服务功能"，使实体书店"成为集阅读学习、展示交流、聚会休闲、创意生活等功能于一体的复合式文化场所，发挥实体书店在倡导优质阅读、引领文化风气上的良好作用"。可以说所有支持实体书店的文件都突出了将图书作为主业，以实现阅读，从而实现销售，进而实现社会效益与经济效益相统一这一目标。（比较具有代表性的文件见 2016 年 6 月中央十一部委"关于支持实体书店发展的指导意见"与 2017 年 4 月上海市十五部门"关于上海市支持实体书店发展的实施意见"等。）

---

① 周兵. 实体书店的外部性与文化生态补偿——兼论实体书店倒闭现象及其应对 [J]. 中国出版，2011（11）：52—55.

② 李和顺. 探索高校实体书店的生存之道 [J]. 内蒙古科技与经济，2016（24）：27—28 转 33.

（三）转型现状与反思

在国家政策的支持下，实体书店为求生存纷纷开始尝试转型：他们有的多种经营，同时举办咖啡屋、文创、文具用品，有的经营旧书业务，有的缩小规模或合租店面。这些举措一方面是为了获得更多现金流来支撑书店运营，另一方面也导致原本属于图书的空间被大量其他服务占领，书店变成了卖咖啡的书店、卖文创的书店、卖创意的书店或者卖风景的书店。各种各样的特色书店，唯独不是读者读书买书的书店，好像书已经不再是书店的主角了。

从许多书店的转型尝试中可以看出，"校园书店自我救赎的努力更多以牺牲主业为代价，无法扼制图书销售下滑的趋势。多种经营的开展，面对不熟悉的业务并无经验和优势可言，反而难免增加新的经营风险。倘若转型的结果仍是书店零售业务萎缩，其合理性其实是有待论证的"。[①] 一些实体书店在转型的过程中过分重视经济效益，弱化或边缘化图书主业的行为已经引起了业内专家的担忧与反思，而且也与中央以及地方政府旨在实现的复兴实体书店的目标有一定的距离。

我们接触到的实体书店的转型中，大多是发展非书业务，尽管我们认为实体书店无论怎样转，怎样变，它都是值得尊敬的，但也必须深入思考，实体书店重获繁荣与复兴究竟是只能依靠融合其他非书业务、弱化图书主营来实现，还是坚持依靠发掘图书主业来实现转型目标呢？在转型过程中，实体书店大力开发图书以外服务的方式称作向外转型，与其相反，将坚持以图书为主业，挖掘图书特色的方式称作向内转型。

上海复旦经世书局的转型是在2015年8月借书局装修、改善书店环境之际开始的，那个时候上海复旦经世书局还没有得到相关文件精神的引导，但转型一开始书局就走上了坚守并突出图书主业的向内转型道路，把社会效益放在首位，向内挖掘图书：优化图书品种，增加并加快新书订货、图书添货频次，提高书局图书周转、营业效率，实现了书店客流量大量增加，营业额不断上升的目标。这一改变不仅实现了把社会效益放在首位的初衷，而且大幅提高了经济效益，基本实现盈亏平衡。可以说，书局的向内挖掘图书、突出图书主业转型的成功，是对中央与地方政府有关文件精神中关于实体书店转型理念与目标的一个非常好的注脚。

---

① 何皓. 大学校园书店的困境与发展路径选择［J］. 现代出版，2018（06）：28—29.

二、上海复旦经世书局的转型思考与转型

上海复旦经世书局（以下简称书局）创建于 1993 年，坐落在复旦大学邯郸校区国权路 579 号，已有 26 年历史，与复旦大学美研中心、文科大楼、五教、六教、经济学院只隔一条国权路，与本部校区、学校正门大约 200 米的距离，是典型的校园书店。目前书局有员工 17 人，主营业务是图书销售，几乎所有的收入都来自图书销售。书局的图书销售业务主要包括学校教材批发与门店图书零售，门店零售业务虽只占书局图书销售的三分之一左右，却贡献了一半以上的毛利，因此门店的销售情况对书局整体的盈亏平衡有重要影响。在全国实体书店因网店分流销量大幅下降以及一些其他原因大量关闭的情况下，复旦大学周边的校园实体书店也纷纷关闭或转场：左岸书店关闭，万象书坊先转场后关闭，学校正门内的一家新华书店关闭改成银行，大学城书店先转场后关闭，志达书店缩小了图书门店业务，鹿鸣书店也是转场几次。书局门店的销量受网店等原因影响也没能幸免，而且情况更为严重：从 2008 年开始门店销售就进入下降通道，从 2007 年—2013 年，书局国权路门店的图书零售额从最高峰的 428 万下降到 320 万，降幅达 25%，8 年间平均每年下降 5% 左右，远高于开卷统计的 2012 年的 –1.05% 或 2013 年的 –1.39% 的降幅。而在全国实体店图书零售市场一改前两年负增长态势、实现 3.26% 正增长的 2014 年，[①] 书局门店的零售却与 2013 年基本持平，并没有增长。在许多实体书店面对问题需转型的时候，书局也面临着相同的问题而亟待转型。

（一）上海复旦经世书局转型思考

在决定转型的过程中，书局了解到大多数实体书店主要是开发非书业务来寻求盈利点与吸引客流，也就是向外转型。书局十分尊重实体书店向外转型的努力，也一直试图积极的从中汲取经验。面对许多实体书店向外转型取得了良好的经济效益的诱惑，加之还没相关文件对实体书店的转型加以引导，书局在转型时只有独立思考：作为老牌一流顶尖大学的老书店，转型只能像其他书店那样走挖掘书以外特色的道路吗？书局在研究自身的困境原因以及特点优势后，能不能在图书上做足工夫，通过尽可能挖

---

① 杨伟. 2014 年中国图书零售市场报告 [J]. 出版人，2015 年（02）：65—66.

掘与图书销售相关的各流程与环节，走一条不同于其他书店的坚持以图书为主业的向内转型道路呢？显然，盲目向外转型，未得国能，先失故步，不是书局的初衷。因此在选择转型道路前，书局着力弄清楚了几个问题，以此来确定它所要选择的转型道路。

1. 网店对实体书店的影响

21世纪初，当当、卓越等网络公司开始从事图书零售业务，由于品种、价格以及物流方面的优势，网络图书销售取得了快速增长。网络图书销售对实体书店的影响在2012年显得尤为明显，①2013年，实体书店同比增长率继续表现为负增长，为-1.39%。与此同时，网上书店借助服务、价格等方面的优势快速扩张，多年来一直保持两位数以上的增长速度，尽管增速比前几年有所回落，但是从年度增幅来看仍旧远高于地面书店渠道。②地面书店和网上书店的增长速度此消彼长，其实就是读者购买力分布变化的另一种体现，越来越多的读者开始习惯在网上购书，在一定程度上已经构成对地面书店的销售分流。2012年地面书店年度同比出现负增长就是这一效应累计的结果。

2. 网店对高校实体店及上海复旦经世书局的影响

我们经过调查研究以及查阅其他同行对北京、武汉、安徽高校书店的研究发现，相比其他类型的实体书店，高校实体书店受网店的影响尤其大，主要由高校实体书店自身两个特征造成：第一，高校实体书店规模小；第二高校实体书店的品种以考试类图书、辅导书、参考资料为主，品种上不及网络书店丰富多样。③④⑤⑥教材、教辅、考试类图书，品种不仅在当当等网店上热销，更有一些专业从事此类图书经营的专营店，高校实体店品种与价格都没有优势。各家出版教材的出版社除了网络代理商，大都有天猫旗舰店或教材代理商直营的网络图书专营店，在这三种网店的夹击下，高校实体店教材销售受到的冲击更为严重。书局承担着复旦大学出版社天猫旗舰店的配货发货工作，在发货的实践中，可以看到面单上的地址，很多是住在南区、北区、本部的学生，这种现象在教材

① 杨伟.增速回落的"小年"——2012年中国图书零售市场报告[J].出版人，2013（02）：58—59.
② 杨伟.2013年中国图书零售市场报告[J].出版广角，2014（02）：8—10.
③ 刘伟.大学书店的生存空间与经营方略[J].现代出版，2013（04）：42—43.
④ 于金英，周才妃.北京高校周边书店调查[J].出版参考，2006（09）：21.
⑤ 唐小兵.大学书店与校园文化的契合[J].大学出版，2002（04）：34—35.
⑥ 徐可.大学校园书店建设的可行性探讨[J].新闻世界，2018（05）：86—89.

高峰季节特别明显。书局实体店离学生们也就 500 米左右的距离，学校很多学生仍是到复旦大学出版社天猫店购买复旦版教材，南区的学生放学、上学经过书局门口，有些也是到网店买而不会到书局门店来。可以说，实体书店的位置再好，也需要用一些创意解决网店对实体店的分流的问题。

上海复旦经世书局的规模大约是 450 平方米左右，较其他高校的实体书店规模更大，品类也更丰富，理应比其他小规模的实体店有更强的抗网店能力，但它和大多数高校实体书店一样，大量经营了教材、教辅以及考试类图书，这类书籍也是网店主要经营的图书品类，另一个劣势是重点经营了经管类图书，缺少实体店更有优势的文学、少儿类图书。因此书局在 2007—2014 年间，零售从 428 万下降到 320 万，年下降速度达到 5%，远高于一般的实体书店。

经过调研与学习，书局了解到，书局除了作为实体店受到网店分流的影响外，造成图书销售下降更重要的原因是书局的品类出了问题，要改变书局门店销量下降的局面，必须要利用好书局现有规模，调整书局经营的品类，除了继续坚持原有较好的品类，还需要减少教材、教辅、考试类以及经管类图书，增加迎合大众品味的畅销书品类。

（二）书局环境亟待改善

读者对书店的装修风格和感官体验的要求越来越高。上海复旦经世书局销量下滑严重，除了图书品类问题之外，还有一个重要的原因是书店的环境问题。书局成立于 1993 年，在 2000 年到 2015 年的 16 年间，书局除了市政需要装修了门头外，其间只更换过损坏的书架，没有进行过大规模的装修。到 2015 年时，书局整体环境十分糟糕，书店的书架老旧，大量的灯损坏未修，书局内部光线昏暗，南方空气湿度大，店内散发出霉腐的味道，一些鼻子敏感的读者进来就会打喷嚏。此外，店内放书的平台也少，整个空间显得十分拥挤，对读者选书、找书十分不友好。环境不好，读者不愿来；环境不好，读者即便来了但体验差，也待不久；书架拥挤，都是书脊展示，陈列不直观，不方便找书。所有这些环境因素都影响读者阅读与图书销售。因此，对书局进行整体装修，提升读者走进书店的兴趣变得十分重要。

（三）实体书店的功能优势可进一步开发

上海复旦经世书局是高校实体书店，网店渠道有优势的图书品类对书局的销量影响很大。那作为实体书店，相对网店有什么优势呢？图书在从出版者到读者的这个过程中，必须要经过图书营销渠道的传递，而实体书店在这个过程中发挥了重要的作用。

在网络书店大行其道前，"实体书店的核心业务是图书零售，是将图书产品的价值转化为可以度量的货币价值，进而实现产业链中所有关联企业或机构价值的环节，这是书店的基本功能"。[①] 这个基本功能包括五种功能流："实物流、所有权流、资金流、信息流和促销流"。[②] 传统实体书店作为图书产品的代理商，是图书与读者交换流动的中间环节，也就是说书店是实现五种功能流的中间商。而由于新技术特别是互联网与物流技术、快递网络的发展，网络图书销售公司通过电子商务"成功地通过干预传统的产品流创造出了取消中间商的产品与服务递送模式"。[③] 实体书店作为中间商的最基本的特征确实受到了严重的挑战，在网络书商快速发展的情况下，实体书店的经营状况越来越糟，大量实体书店的倒闭就是证明。但是实体书店作为五种功能流的中间商，它包含的五种功能流全部被网店取代了么？有没有一种功能流比网店更强大，强大到我们优化这个功能后能带动其他的四种功能？在对实体书店的功能做了仔细研究后，书局认识到，对图书产品而言，实体书店作为传播渠道与体验渠道，它向读者呈现、传递图书信息流的功能比网店更为强大，对与图书的销售密切相关的图书信息传播而言，实体书店是更为重要的图书信息传播渠道，而且实体书店图书信息的传播过程，本身也是一种图书信息被体验的过程，实体书店图书信息传播的便利与可体验，不仅能促进网店图书销售也能促进实体店自身图书的销售。[④]

（四）书局定位与转型实践

1. 定位向内转型

在确定调整图书经营品种、对书店整体装修改善环境以及明了实体书店渠道在图书销售上所具有的优势后，书局转型后的定位就非常清晰了。书局规模远大于一般高校实体书店的100—150平方米，适宜的空间是书局的优势。书局相信转型可以通过向内做足图书工夫，不需走向外转型的

---

① 李桂君.实体书店的功能分类及其发展分析 [J].中国出版，2014（21）: 58—60.
② 郭友安.图书营销渠道的管理与整合 [J].出版科学，2003（1）: 38—40.
③ 菲利·普科特勒.营销管理第十五版 [M].上海：格致出版社 上海人民出版社，2015: 18.
④ 马勇华，李莹.实体书店的功能：图书营销渠道的视角 [J].编辑学刊，2017（01）: 24—28.

以牺牲大量空间陈设、增加与图书无关业务的道路，确信图书就是书局的亮点和特色。一个以书为特色的书店，也是经世书局承载并实现它的公共文化服务功能所需要的，也是书局实现"促进全民阅读，促进校园文化建设，建设书香社会"这一文化功能所需要的。

2. 转型实践

书局的转型从整体装修开始，以装修带动改造。整体思路是在改善读书环境、图书的选品、进货的速度、图书的陈列这些细节上下工夫。

首先，改善环境，增加读者的空间。为了方便读者更加舒适、更加有效的接触到图书，使读者在看书选书时不至于感到拥挤压抑，书局增加了有效的图书陈列平台。在空间上为了给读者更多自由走动和小憩休息的地方，增加了座位区。同时，为了不压缩图书原有的空间以及破坏图书成列的连续性，书局在书店外面另增一块地方开设咖啡吧。书店内增设举办读书活动的场地，这个地方平时是图书陈列区，只有周末做活动的时候才用作活动区，因此既能举办读书活动也不会占用图书陈列空间。

其次，重视转型质量，把主要的工夫放在经营品种的优化上，重视图书产品，把发掘图书产品作为转型核心。品种优化整体而言既做加法，也做减法。增加了文学、艺术、各种学科的学术经典图书；减少教材的品种数量，减少经管类图书的品种数量，几乎完全砍掉了教辅、考研以及其他的考试类图书。经过一番努力，减少了大多数图书的复本数量，将大多数图书的复本控制在 3 本左右，改造后的书局品种由原来的 10000 种，增加到近 14000 种，但库存却由原来的 250 万左右下降到 145 万左右，相较而言资产更轻了。

第三，重视陈列，图书的陈列与展示是我们最重要的工作。图书陈列注重多种分类与空间的转换与利用，尽可能最快地实现新书老书的添货上架，以重要的陈列位置为中心，用重点图书品种的重点陈列，图书在书架与平台上的交换陈列、名社、著名系列图书、丛书的集中陈列等方式，用好空间做好图书信息的传播，方便读者快速有效找到需要的书、发现感兴趣的书、喜欢书局推荐的书，充分发挥焦点位置的曝光作用。通过有效提升图书陈列的方式充分给予各种图书以机会使图书信息得以充分传播，以阅读带动销售。在注重陈列的实践中，书局在门口最好的位置集中摆放了《习近平谈治国理政》《习近平新时代中国特色社会主义思想学习纲要》《以习近平同志为核心的党中央治国理政新理念新思路新战略》《浦东史诗》

等，通过这些宣传与传播党和国家改革开放取得伟大成就、形成伟大思想的主流图书，把向高校师生传播正能量、社会主义核心价值观、习近平新时代中国特色社会主义思想作为书局的一项重要使命，做到守土有责。

第四，重视新书进货与有销售记录的图书的添货。由于复本少，书局每天都会添货，每天大约会向五六家出版社订货，多的时候一天向20多家出版社订货；书局每天都有新书与重订图书到门店，新书的到货与上架时间大约在一周左右，远远高于网店的30—40天的周期，所以很多新书，有时读者在书店看到了在网上也买不到，而只能在书局门店购买。进货频繁，虽然大大增加了工作量，但重要的是提高了有效添货，加速了周转，也增加了书局的现金流，这对书局及时支付出版社书款，与出版社建立良好的关系提供了保障。图书是书店的生命，没有图书销售，就不会再从出版社进到新书，书店之花就会枯萎。这也是为什么文件精神强调图书主业，强调图书销售的原因，没有图书销售，图书无法成为主业。

三、转型效果

经过四个月的装修，2015年12月4日经世书局重新开始营业。以2014年作为对比的基础年，可以发现2016年以后，书店运营的各项数据都有非常显著的提高。2014年经营图书的品种主要是经管类图书与教材，教辅、考研等考试类图书，图书品种在1万种左右，复本也比较多，很多都是5本以上，库存大约是250万左右。2014年的图书销售是320万，周转率1.28，相比2015年底完成改善环境、重新定位经营品类与优化选品后，书局平均库存145万，品种大约14000种，大多数图书的复本是3本。2016年书局图书销售达到376万，周转率为2.59；2017年销售453万，周转率是3.12。销售增长方面，2016年较2014年增长56万，增长率17.5%，2017年较2016年销售增加77万，增长率20.4%，已经恢复并超过了2007年的最高水平。2018年在线下零售图书市场整体跌幅达6%的情况下，2018年书局销售码洋459万元，虽然比17年只增加了6万，但书店依然保持了增长。2018年书局周转率可达到3.17，比以往还有提高。按照现在的周转率，平均下来书局所有的图书一年可周转3遍，日均营业额1.37万（335天营业）。从动销率来看，2019年门店品种有13235种，动销品种12853种，动销率97.11%，书局的动销率也是远高于网店和其他实体店。

书局所有销售品类中，文学类图书的销售量是最大的，大约占门店图书销量的 10%。文学类品种销售实现了以往没有达到过的销量，这不但表明书局前期的研究没有白费，也说明尽管转型之路十分艰难，但书局确实坚决执行了既定的转型方案。

最新的数据也表明，截至 2019 年的 7 月 31 日，书局在图书销售上相比 2018 年也有增长：2018 年 1—7 月图书销售 196.3 万，2019 年 1—7 月图书销售 211.3 万，增加 15 万，增幅 7.64%。目前书局最低营业额是 2019 年 8 月 10 日，当天书局仍有 1644 元的销售，而这一天是台风利奇马对上海影响最大的一天。

从 2016 年到现在，几年运营下来，书局日均销售图书 11000 元以上，日均购买的读者近 200 人次，年服务读者 6 万多人次，书局每年到访读者大约 21 万人次，日均到访大约 627 人次。随着到店读者人数的大幅增长，购书的读者也随之增加，图书零售额也水涨船高，书局的经济效益与社会效益都有显著的提升。

经过努力向内挖掘图书，上海复旦经世书局图书周转、营业效率等大大提升，图书品种的选择受到了广大读者的欢迎，因而也实现了将社会效益放在首位的初衷，并因此大幅提高了经济效益，基本实现盈亏平衡。因此对上海复旦经世书局来说，书局提出的改善书店环境、优化图书品种，坚守"传统的以书为主"为特色的向内转型是成功的。

四、结论

"书店是文化阵地，肩负着传播文化、宣传思想、服务大众的功能，越是深化改革、融合发展，越是要把社会效益放在首位，实现社会效益和经济效益相统一、共增长。"在中央与地方政府政策的指导与支持下，实体书店人内外兼修、努力探索与尝试各种模式，"实体书店扭转颓势，重获生机""呈现出初步繁荣、业态融合的良好态势"。[①] 但是国家主管部门与领导也注意到近三年来实体书店数量虽然增加很快，而图书的销售额并

---

① 刘晓凯. 实体书店高质量发展的方向与策略——在 2019 实体书店创新发展年会上的讲话［N］. 中国出版传媒商报，2019-08-15.

没有实现同步增长，甚至在一些时间段不升反降，这与许多实体书店转型中强调非书业务的"竭力挖掘"，努力向外，边缘化图书主业相关。高校校园实体书店只有在转型中坚持、坚守、突出图书主业，把社会效益放在首位，才能实现"校园实体书店是高校重要的文化设施和文明载体，在传播先进文化、推动全民阅读、建设书香校园、促进学生全面成长成才等方面具有十分重要的作用。把支持校园实体书店高质量发展摆在高校思想政治和校园文化建设的重要位置，是贯彻全国宣传思想工作会议、全国教育大会精神的重要举措，对于高校落实'三全育人'职能，培养德智体美劳全面发展的社会主义建设者和接班人具有重要的现实意义"（2019 年 7 月教育部办公厅发布的《关于进一步支持高校校园实体书店发展的指导意见》）的理念与目标。

上海复旦经世书局在转型之初，经过多方调研学习，通过质量转型，依靠调整存量、做优增量，减少复本、减少网店优势品类图书，增加新书品种，增加实体店优势品类，优化选书，增加订书频次等一系列措施，把图书与图书的有效陈列作为日常工作的抓手，坚持把图书作为核心主业，把图书和阅读作为书店业态内核，大幅度地提高了图书的销售、图书周转、图书动销率，在创造非常好的社会效益的同时，经济效益上也实现了至少是盈亏平衡的可持续发展，因而上海复旦经世书局努力向内以书为内核的转型，在论证与实现实体书店的自我定位、社会认知、核心价值等方面对其他正在挣扎中的传统书店具有一定借鉴意义。

以读书会促进出版发展探析

鲍　静　王为松

摘　要： 近年来，读书会逐渐在我国兴起，对建设书香社会与推广全民阅读起到了重要的推动作用。读书会缘何兴起？有何成功之处？产生了何种社会影响？本文通过分析上海读书会的实践路径，探索读书会的成功之处，总结经验教训，并从阅读服务的视角，探讨了读书会活动对出版产业发展的积极促进作用，对读书会的未来发展做了展望。

关键词： 全民阅读　书香社会　读书会　出版发展

一、读书会发展的背景和意义

（一）读书会兴起的背景

习近平总书记在党的十九大报告中指出，文化是一个国家、一个民族的灵魂。文化兴国运兴，文化强民族强。没有高度的文化自信，没有文化的繁荣兴盛，就没有中华民族伟大复兴。同时，在报告中提出"办好继续教育，加快建设学习型社会，大力提高国民素质"的新要求。如何做到这一点，就是习近平总书记在考察读者出版集团有限公司时提出的：人民群众多读书，我们的民族精神就会厚重起来、深邃起来。要提倡多读书，建设书香社会。

如何让人民群众多读书，读好书，这是全民阅读推广工作的重要性体现。进入新时代，党和国家领导人大力推广全民阅读，率先垂范做出榜样，并把全民阅读纳入法律、法规和政府工作报告中。党的十八大上首次将"开展全民阅读活动"写入党代会报告；2014年以来，"倡导全民阅读""大力推进全民阅读"连续六年被写入《政府工作报告》。2017年5

月，《全民阅读促进条例（草案）》发布，推动全民阅读工作逐步从"行政性维护"向"法律性保障"推进。2018年开春之际，国家新闻出版广电总局就发布了《关于开展2018年全民阅读工作的通知》，要求各地要开展内容丰富、形式多样的各类读书节（日）、读书周、读书月、读书季等全民阅读重大活动；要求办好全国书博会、刊博会及地方书展书市等各类行业展会；要求大力推动全民阅读进农村、进社区、进家庭、进学校、进机关、进企业、进军营；要求重视和发挥各类媒体的宣传优势，推进全民阅读宣传推广理念创新、手段创新、内容创新。通过广泛开展各类阅读推广活动，掀起新时代全民阅读新热潮。

"建设书香社会"将"倡导全民阅读"的目标具体化，为全民阅读的实现指明了方向。各地方政府也对阅读推广活动给予了高度支持。作为全国改革开放的排头兵、创新发展的先行者，上海在推进全民阅读方面属于起步早、成果好的地区。"上海市振兴中华读书活动"已持续开展37周年，曾被中央宣传部、中央文明委、国家新闻出版总署评为"全民阅读优秀项目"；上海读书节至今已举办了21届；已经举办了16届的上海书展，已经从地方性的图书展销会成长为全国最具吸引力、影响力的品牌书展之一，是上海一张具有代表性的文化名片和文化品牌。

上海市委一直高度重视上海的文化品牌建设，强调要牢牢抓住文化这个城市竞争力的核心资源，进一步深刻认识文化对于上海发展的重要意义，科技兴市、文化兴市是上海面向未来发展的必由之路。中共中央政治局委员、中共上海市委书记李强曾指出，一座书香四溢的城市，才是一座有品位的城市。读书提升个人修养、塑造城市气质、增强文化底蕴。上海书展已经成为爱书人的节日，要乘势而上，适应需求变化，创造更好条件，营造更加浓厚的书香社会氛围，让更多市民爱读书、读好书、善读书，使读书学习真正成为广大市民的一种生活方式、一种精神追求。让书香润泽更多市民、滋养城市文脉，为加快建设国际文化大都市、全力打响"上海文化"品牌作出更大贡献。

上海市政府还通过营造政策环境、发动社会力量、打通相关产业上下游、优化阅读文化生态链、重视对区县考核中的文化因素等方面进行战略布局和统筹协调，给人民群众创造良好的写书、出书、读书的环境和氛围，进而推进全民创作和全民阅读恒久开展。在此环境下，上海各区县都形成了特色鲜明、深受群众欢迎的全民阅读活动品牌。全民阅读活动整体呈现机制化、品牌化、常态化、实体化的发展态势，一个以"书香上海"为精神内核的全民阅读文化共同体应运而生。

在上述这些政策的支持下，全民阅读的氛围和成效有了很大提升，但是与其他国家相比，我国的人均阅读量还有待提高。根据 2019 年中国新闻出版研究院发布的第十六次全国国民阅读调查报告显示，2018 年我国成年国民人均纸质图书阅读量为 4.67 本，比 2017 年的 4.66 本略有上升。[①]

（二）读书会发展的意义

采取何种活动或方式提高推进全民阅读的有效性？这其中读书会是推进全民阅读活动不可或缺的组成部分，而且是富有活力的部分。

其一，举办读书会能比较有效地提高读书的效率。据有关学者调查发现，加入读书会或者参加读书活动之后，受访者日均阅读时长都出现了增加，每天读书不足 1 小时的人明显减少，仅占比 5.93%；日均阅读时间为 1—2 小时的占比为 55.52%；日均阅读时长 3—4 小时的占比为 33.13%，比未加入读书会时的占比增加了约 26 个百分点；日均阅读时长为 5—6 小时的占比为 3.99%，比未加入读书会时的占比增加 3 个百分点。[②] 而这些变化对于提高读书的质量有着直接的影响。

其二，举办读书会能够扩大读者的参与度和受益面。读书会是阅读推广的实践者，举办读书会是进一步扩大社会阅读群体的有效举措。[③] 推进全民阅读，重在全民参与，贵在全民共享。读书会的举办，每期都由几十人甚至更多的读者参与，且由于每场读书会的主题内容相对集中，每个读书会的方向也相对集中，常态化、长效化的发展有利于深入基层、深入人心，推进理论或学术飞入寻常百姓家。

其三，举办读书会可以在一定程度上培养国民积极向上的价值观。一般对公众开放的读书会在选题策划中都注重其正确的导向作用，有利于培养践行社会主义核心价值观，教育和传承中华优秀传统文化，参与的读者会在熏陶中逐渐树立起积极向上的价值观，同时在相互交流共同学习中，也容易激发读者的公众道德感，在一定程度上有利于推进新时代公民道德建设。

---

① 第十六次全国国民阅读调查结果发布［J］.国家图书馆学刊，2019，28（03）：74.

② 常昕，陈丹.探析我国读书会运行发展的现状、问题与对策［J］.出版发行研究，2019（06）：29—32，67.

③ 向剑勤.读书会的演进及其功能探析［J］.图书情报工作，2016，60（05）：38—44，76.

二、2018 年上海的读书会发展概况

2018 年，习近平总书记在上海调研时要求上海勇于挑最重的担子、啃最难啃的骨头，发挥开路先锋、示范引领、突破攻坚的作用，为全国改革发展作出更大贡献。在推进全民阅读，增进文化自信方面也是如此。在中宣部指导和上海市委领导下，上海开展了主题鲜明、内容丰富、形式多样的全民阅读活动，通过努力构建一个由写书人、出书人、售书人、读书人组成的阅读文化共同体，形成基本的工作经验和思路，而这其中，读书会的作用更为明显。如今，市民形成了直观感受——在上海，转角就能遇到读书会。当你走在淮海路，就会遇见以学术见长的望道读书会；当你走在北外滩，就会遇见讲述上海文化的建投读书会；当你走进思南公馆，就一定会遇见讲述文学故事的思南读书会；当你去上海图书馆，你一定会了解举办了 40 年 3400 多场次、直接听众 150 多万人的上图讲座；当你去浦东，就会遇见以主题类为主的学习读书会和以社科为主的陆家嘴读书会；当你去长宁，你肯定会听说星期广播阅读会……

据不完全统计，在上海就有 3 万余个读书组织，小有规模、较为知名、活跃度高的读书会超过百家[①]，侧重点也有所不同，有的侧重文艺，有的侧重学术，2018 年这些读书会又各有发展。

（一）综合类读书会的全民参与

每个读书会在成立之初都有自己的定位，虽然在实际举办中，可能其他内容有所涉及，但是绝对不会是大部分，而能作为综合类读书会的最著名的代表就是上海的王牌阅读活动——上海书展。

作为上海最大的"读书会"——由国家新闻出版广电总局、上海市人民政府主办，中共上海市委宣传部和上海市新闻出版局承办的上海书展已经成为在全国最影响力的阅读推广品牌之一。从 2004 年到 2018 年已经连续举办十五年，参观人数从 2004 年 20 万人次增长到 97.8 万人次参展人数（其中主会场 38.6 万人次，分会场 59.2 万人次），阅读活动从 170 余项增长到 1150 余项，其功能也从最初的以售书为主也转变为以通过活动推进全民阅读为主。

---

① 阮健英.我国大陆地区读书会实证分析［J］.情报探索，2017（07）：62—66.

十五年间上海书展吸引了数千位海内外知名作家、学者与读者"零距离"接触,被誉为"读书人的文化黄金周""老百姓的阅读嘉年华"。阅读好平台成就好品牌,上海书展十五年来创设了"书香中国"阅读论坛、上海国际文学周、"书香·上海之夏"名家新作系列讲坛等书展子品牌,与全市 16 个区携手组织"书香上海悦读季"系列活动,统一协调、配置各类优质阅读文化资源到区县、社区,让"大家"走近大家,使书展更接地气、更贴近读者百姓,真正推动阅读文化在全市每个角落落地生根、开花结果,达至"书香满城、分外浓郁"。

2018 年 8 月中旬,上海书展迎来十五岁生日,书展上展现了 15 万余种图书、500 多种首发新书。相比往届,本届书展实现如下重大突破:

一是长三角区域合作,提升上海书展平台效应。书展开幕首日,长三角一体化出版发展战略合作协议正式签约落地,主会场特设的长三角精品新书展销专区;举办了"2018 长三角主题出版论坛",在助推健全完善长三角出版界合作机制上取得积极成果。

二是力推上海首发。始于 2008 年的"首发机制"已经成为上海书展服务读者、服务行业的重要发力点。书展 7 天共集结呈现全国各地新鲜出版的 500 余种图书,举办 276 场新书首发活动,超过往届,成为上海书展最具核心竞争力的品牌效应。

三是首设"七天七堂课"系列国学讲座,邀请七位国内一流专家现场讲授、与听众互动,首次邀请手语专家现场作手语翻译,同时网上直播,每天都有两三万人收看。这一变分散为聚合的系列讲座被评价为阅读活动策划组织的创新之举。

四是首设国学馆。新设国学馆,展销由国内一流古籍出版机构和专家遴选出的中国传统文化典籍和经典释读专著。

五是首设国际馆。由"进口图书馆"脱茧而出,进一步强化了上海书展的国际化元素。上海外文图书有限公司重新设计国际馆展区,组织优质货源,引进企鹅兰登书屋、哈珀柯林斯、阿歇特等国际知名出版社,引进思南书局姊妹店——伦敦书评书店,展销世界各地原版图书万余种。

六是首次将书展分会场扩容至 100 家,将农家书屋纳入书展分会场。利用 16 个区的图书馆、实体书店、社区文化中心和农家书屋等公共阅读空间,扩展书展分会场体系,数量由去年的 40 家增加至 100 家,包括实体书店 78 家、区级图书馆 16 家、农家书屋 6 家,进一步提升"书香满城"的地域和人群覆盖面。

上海书展在紧跟读者兴趣与需求的同时，作为弘扬主流价值、传播先进文化的重要阵地，责无旁贷地要营造好积极向上、催人奋进的书香氛围，努力让阅读在这座城市的声音更响亮，音色更丰富。

（二）时政主题类读书会的有益尝试

自 2003 年主题出版的概念被提出以来，主题出版越来越被出版社和读者重视，尤其在进入新时代以来，如何在坚持服务党和国家大局的同时，进一步满足人民过上美好生活的新期待，为人民提供丰富的精神食粮，是主题出版面临的重大考验和紧迫课题。近几年来，主题出版图书的种类有了大幅度的提高，但是如何内容真正飞入寻常百姓家则是需要进一步思考的问题，最好的方式是与大众面对面。在上海众多的读书会中，有些读书会也在活动中加入一些理论解读的内容，如思南读书会也举办过党建主题，上观读书会也解读过重大理论，但是相比较而言，较为零散和单一。因此，在 2018 年，一档上海唯一以时政主题为内容的读书会应运而生——学习读书会。

学习读书会由浦东区委宣传部、组织部与上海世纪出版集团主办，上海人民出版社承办。主要定位是利用高端智库资源，邀请知名专家、学者，结合人们的实际生活需求，使高深理论和高端文化不再"高冷"，而是以接地气、有温度的形式向公众开放，为中国特色社会主义文化的传播开辟新的路径，使上海不仅能够展现国际大都市的风貌，更能体现其红色文化根脉。

读书会于 2018 年 4 月启动，每两周的周六下午在浦东图书馆举行，以著名学者深入浅出的主题演讲为主，同时植入对谈、资料赏析等多种形式。2018 年，读书会共举办了 21 期活动，邀请当代知名学者、作家，从第一期张维为带来中国做对了什么到赵启正的中国故事国际表达，从改革前后的衣食住行到数字里的四十年生活变迁，从五四运动中上海、江南与红色文化的交汇到刘统的上海解放第一年的故事……围绕解读新时代、溯源上海党的诞生地等多方面的主题，展开读书交流活动。

与主题出版相似，学习读书会也非常关注重大时间节点，在 2018 年 11—12 月，学习读书会举办纪念改革开放 40 年的主题月，邀请上海音像料馆的张景岳以影像资料赏析的形式阐述上海改革前后的衣食住行，引起在场观众的共鸣，大家看着小时候熟悉的场景，纷纷有感而发；邀请上海市委党校教授赵刚印和王瑶阐述改革开放成就上海；邀请上海社科院陆晓文研究员阐述数字里四十年生活变迁；邀请著名作家何建明讲述"浦东史诗"。在常规活动的同时，推出主题图片展，选取改革开放历程中的 40 个瞬间、40 个故事，邀请著名主持人骆新、刘凝在线解读图片背后的感人故事，至今收听量已达 7.3 万，反响热烈。

既关注国家发展大局，也服务上海未来发展，在 2018 年，读书会还紧扣此主题，从多方面切入，讲解上海的红色文化、海派文化、江南文化，邀请著名历史学者刘统讲解上海解放的第一年；邀请中共一大会址纪念馆原馆长张黎明讲解感受总书记的初心和共产党人的使命；邀请上海社科院研究员张兆安解读上海"四大品牌"如何从打造到打响；邀请上海作家滕肖澜带读者走进小说里的浦东；邀请上海学者谢国平回答为什么是浦东？

学习读书会 2018 年平均每期活动到场人数 100 人，累计发布各类媒体报道 350 余篇，覆盖人群 45 万，为读者精准推送主题出版的文化、社交服务，开辟了中国特色社会主义文化传播的新路径。

除了常规的活动安排，2018 年有一档围绕中国改革开放 40 年的读书会活动吸引了很多读者的目光，那就是由上海世纪出版集团、上海广播电视台、上海永业集团共同主办的思南书局快闪店活动。2018 年 11 月，在庆祝改革开放 40 周年的重要时刻，世纪出版集团联手上海市作家协会、上海广播电视台等单位，在繁华的中华商业第一街南京东路世纪广场策划推出思南书局快闪店第三季活动，以"新时代、新上海、新篇章"为主题，以"40 年 40 人"为特色，邀请集团主题出版物的一批作者，包括获得"改革先锋"荣誉称号的著名劳模——基础教育改革的优秀教师代表于漪、港口装卸自动化的创新者包起帆等经济社会发展、全球城市建设、重大科技工程、文化艺术体育等领域的 40 位杰出人物担任轮值"店长"，在 20 天的时间里先后亮相活动现场，与市民读者见面，讲述他们与改革开放的故事、与生活和阅读的故事，上海广播电视台还选派深受观众喜爱的 20 多位知名主持人主持访谈对话，与嘉宾共话中国故事、共读上海精彩、共享书香体验，每场活动都由"看看新闻网"进行网络直播，在线上线下引起广泛关注，成为一道主题出版的亮丽风景线。

（三）学术类读书会的推广

随着海量资讯时代的到来，"碎片式语言，拼盘式内容"的快餐式文化浅阅读越来越多，如何有效地培养读者深层次思考、专业性素养，学术类的读书会肩负着责任。在上海，学术类的读书会遍布很多，如文汇报社主办的文汇讲堂，上海市社联主办的望道讲读会，虹口区委宣传部、建投书局主办的建投读书会，上海人民出版社负责举办的陆家嘴读书会、行知读书会，以及各高校自己举办的校内学术读书会等。众所周知，学术著作与大众图书相比，读者的数量相对较少，且更为集中，多为所从事专业领域的读者，如何扩大学术著作的知晓度和影响力，上海多家读书会进行了尝试，其中文汇讲堂是比较有代表性的一个。

文汇讲堂由文汇报社主办，创办于2005年11月，到2018年已经举办了14年120多期，它定位在关注热点的学术类大型公益演讲平台，以传播人文关怀、汇聚高端名流、讲得通俗易懂、堂中尽情交流为宗旨。以"在场、在版、在线"的多次传播方式，弘扬时代所需之思想、文化、精神。

2018年，文汇讲堂的讲座主题主要侧重三大类：一是聚焦热点，深度解析：在开年之初，邀请复旦大学"一带一路"及全球治理研究院常务副院长黄仁伟、教育部社会科学委员会副主任顾海良、上海国际问题研究院院长陈东晓就大国关系向何处去、《资本论》的完成时和未完成时、中国举办首届国际进口博览会的战略意义展开解读和对话。二是对话世界，人文厚植：这一主题中邀请上海纽约大学校长俞立中、上海作家陈丹燕、国际哲学学院院士里卡尔多·波佐、德国著名汉学家顾彬就全球视域下的中国哲学、上海作家眼中的上海与贝尔格莱德、让世界认识贾平凹等讲述中国和世界的故事、上海与国际城市的故事。三是探秘外交，纠偏扬正：在下半年，上海市日本学会会长吴寄南、中国现代国际问题研究院前院长崔立如、华东师大教授冯绍雷、中国社科院欧洲研究所所长黄平、北京大学国际关系学院原院长贾庆国分别就中日关系、中美关系、中俄关系、中欧关系、大国外交等主题对话业界学者，共同探秘外交发展。

虽然主题内容较为专业，但是每场都座无虚席，为了有效地扩大影响力，文汇讲堂的"一端两微"——文汇App客户端、文汇讲堂微信公众号、文汇微电台更是深度融合。文汇App上共设21个频道，文汇讲堂即为其中一个频道。2018年，App上首发的"24位世界哲学家"访谈系列凸显世纪哲学丰富成果，持续刊发的国际问题报道频获高点击量。2018年10月底起，讲堂鼓励听友互动留言，并建立"听众留言群"，月平均留言字数达 6 万字。文汇讲堂微信公众号上设有"讲堂直击""嘉宾观点""讲堂专访"等多个原创特色项目，分享专家智慧，传播讲座视角。文汇微电台是在喜马拉雅上的一个专辑，把现场精彩的演讲通过音波传递给更多的人，2018 年专辑的播放量达 5.9 万人次，并多次登上喜马拉雅首页推荐版块。学术的力量正在走进普通大众。

除了举办长达 14 年之久的文汇讲堂，近两年，学术类的读书会也有迅猛发展的势头，而这其中，以江南文化、海派文化为特色的建投读书会在 2018 年更是聚焦此主题，做得有声有色。

建投读书会由虹口区委宣传部、建投书局、澎湃新闻于 2017 年联手打造，聚焦上海本土文化的高品质主题讲座，讲座邀请葛剑雄、钱乃荣、陈尚君、陈子善等一线专家学者，持续挖掘地域历史传统，深入探索其中所蕴含的哲学思想、人文精神和文化智慧，透视和传播在地文化精神意蕴与文化影响。

2018 年，建投读书会共举办了 20 多期，其中上半年重点聚焦上海思想文脉传承之路的第二季"大师传承"系列：高瑞泉谈冯契、周武谈陈旭麓、傅杰谈王元化、葛剑雄谈谭其骧、王家范谈吕思勉、陈子善谈钱谷融……下半年开启的第三季"走进江南"系列着眼于江南文化，邀请了 6 位从江南而来的学者教授，从不同维度探寻遗韵江南中的地理、文学、商业、考古和演变：唐代文学中的江南，说"姑苏"——吴人的迁徙，歇家与明清江南社会，江南嘉丽地、金陵帝王州，考古所见之江南文化，五四运动、上海报刊与江南文化的新路。

由上可见，学术类读书会的一大特点是选题的关联度更高，一段时间的读书会阅读的内容都集中于同一主题，这样就能形成一个系统，让读者不仅仅是来听一场讲座，阅读一本书，而是使其跟着了解学习，在某一方面树立起某一条线的知识块，这是学术读书会的意义所在。

（四）文艺类读书会的繁荣

朗读诗歌、阅读小说、分享体验，这样的交流在中国有着悠久的传统，文艺探讨容易形成话题，也容易扩大读者的受众面，因此，在众多读书会中，文艺类的读书会是最受读者喜爱的，也是数量最多的。在上海，文艺类读书会遍地可见，规模比较大的如上海市新闻出版局等主办的思南读书会、静安区委宣传部主办的壹字读书会、闵行区委宣传部主办的修齐讲堂、长宁区图书馆举办的星期广播阅读会、上海图书有限公司主办的海上博雅讲坛等，这其中，名气最响的非思南读书会莫属。

思南读书会由上海市新闻出版局、上海市作家协会、黄浦区委宣传部共同主办，坐落在上海文化标志性建筑思南公馆里。从2014年至2018年已经举办了四年，举办期数超过了200期。思南读书会秉承"把有价值的书推荐给读者，也帮助爱书人深读、精读"的初衷，采取一个话题、一本新书、几位嘉宾、互动对话的活动方式，每周六下午两点，准时在"思南文学之家"举行。读书会主打作家牌、国际牌，迎来了奈保尔、李欧梵、金宇澄、毕飞宇等700多位海内外知名作家学者，4万人次读者参与，成为上海乃至全国知名的阅读品牌。

2018年，思南读书会从1月6日开始到12月29日结束，共举办了58期活动，总期数达到280期。内容从诗歌、小说、文学评论、美学等各个方面展开，邀请阿来、毛尖、周嘉宁、张定浩、林少华、郭姜燕、彼得·沃森、麦克尤恩等国内外著名作者围绕《机村史诗》《有聊胜无聊》《基本美》《取瑟而歌：如何理解新诗》《刺杀骑士团长》《布洛镇邮递员》《思想史：从火到弗洛伊德》《赎罪》展开探讨。随着上海青年评论家群体的成长，2018年，思南读书会创办"述而"系列活动，以作者不在场的方式讨论更多作品，也谈论共同置身其中的当代写作，到年底已举办三期。

思南读书会每期基本都配套一本图书来进行主题切入，真正做好"读书"这件事。读书会是免费的，一般情况下读者无需预约即可排队进入读书会现场。即便星期六偶逢刮风下雨，读书会现场也是满满当当。人多没有座位，有读者就站着甚至席地而坐。对读者而言，思南读书会让他们的精神得到充实。2018年，中国全民阅读年会在广西南宁国际会展中心举行，公布了"全民阅读优秀推广机构、推广人"，思南读书会荣获"全民阅读十佳推广机构"荣誉称号。全民阅读年会获原国家新闻出版广电总局批准，国家全民阅读活动组织协调办公室为年会指导单位。2018年10月，在第二届"上海文化十强十佳十人十大品牌活动"评选中，思南读书会荣获上海十大文化品牌提名奖。

为了能使面向广大市民的阅读、交流活动常态化、多样化、衍生化，公共阅读组合活动——思南读书会·思南书集应运而生。

思南书集每个周六以集市、露天、开放式的形式现场售书，图书以社科、文学、艺术读物和外版小说、童书绘本为主。共有七家机构进驻思南书集，分设十几个摊位，其中有上海图书公司、外文书店、中国出版集团等大型品牌机构，也有像蒲蒲兰绘本馆这样的童书特色书店，还有上海作协旗下主打作家签名本的作家书店，以及主营期刊和音乐的久远与新汇等机构。思南读书会与思南书集相辅相成，逛完书集，听讲座，听完讲座，逛书集……一种相得益彰的文化生活形态，成为思南文学之家每个周末的风景。

为了感谢读者的厚爱与支持，在每年的读书会周年活动中，主办方特别设计了"向读者致敬"的单元，选出若干名年度读者和荣誉读者，荣誉读者在读书会拥有一个中心位置的红色专座。目前思南读书会已经选出近30位年度读者，读者们自发组成了"思南读书一家人"交流群，每期读书会结束后整理现场照片、嘉宾观点和读者感言，形成阅读札记。

"为读者找书，为书找读者"，这是思南读书会的初心；接续传统，理解当下，想象未来，这是思南读书会的精神内核。多方合作、创新品牌、迎接挑战，思南读书会"走出去"正在筹划，相信未来思南读书会将为打响上海文化品牌发出更为夺目的璀璨光芒。

三、读书会推动出版发展的思考与对策

不论是何种性质的读书会，其关键要义就是在"书"上，而图书的产出者——出版社在这之中发挥着不可替代的作用，而现在越来越多的出版社开始自己举办读书会，更是通过这一形式与读者、市场直接连接。从遍地开花的读书会中发现和总结经验，对于推动未来的出版工作有很大的裨益。

（一）坚持内容至上，出版精品力作

现在全国有580多家出版社，每年出版40多万种图书，但是真正具有影响力的却不多，走入读者心中的更少，有人说，这是因为现在的人沉迷于手机，不读书，果真如此吗？通过各种读书会可以发现，有些主题会吸引很多的读者到场参与，有些主题的到场人数则相对较少；有些书能够引起读者的广泛讨论，有些讲座结束后则无一人提问；有些读书会场场爆满，有些读书会开了几场后，却很难再吸引读者。透过各地读书会的上座率，可以看出，爱读书的人大有人在，读者选择哪些书，这里自然有各家出版社宣传力度的因素在，但是只靠宣传是无法赢得市场，赢得读者的，归根结底依靠的是书本身的内容，是否能够与读者产生共鸣，是否有意

义、有意思。那些爆满的活动，所推荐的书自然也是受到读者欢迎和喜爱的。这也给出版社带来了读者、带来了市场，让出版社可以明确地看到读者喜欢的哪一类的图书，喜欢哪种写作方式，喜欢哪些作者的创作。这些对于未来出版何种类型的图书提供了方向和思路。

读者在哪里，市场就在哪里，坚持以人民为中心的出版理念是出版社生存的必要条件，透过读书会的举办，可以发现，读者对于图书的认可还是坚持内容至上。出版的图书要符合"三贴近"的要求：贴近实际、贴近生活、贴近群众，准确把握时代脉搏，深入了解读者愿望，说读者想说的话、想听的话，说读者听得懂、听得进的话。

一是要坚持内容至上，要注重图书的思想性。不论是主题出版，还是学术出版、大众出版，思想性是每本图书的核心要义，没有思想性，没有引起读者思考的空间，那这本书也无出版价值。

二是要坚持内容至上，要注重图书的可读性。可读性并不是文艺类图书特有的性质，主题出版、学术出版在呈现形式上也需要注重可读性，用读者接受、喜爱的方式，才能让高深的理论飞入寻常百姓家。

三是要坚持内容至上，要注重图书的美观性。随着图书市场的日益繁荣，读者除了选择图书本身文字的内容，对于美观性也有越来越高的要求。对于一本书而言，封面呈现也是内容的一种，要加强对于美观性的体现，才能更容易吸引读者。

（二）扩展出版主业，促进创新发展

近年来，出版社的发展也遇到一些瓶颈，在每年市场推出这么多种图书的环境下，如何扩大在市场上的占有率是项难题，单纯的出书、售书已经不能满足现在出版业的发展，如何扩大出版主业，促进出版社转型发展，读书会在其中扮演着重要作用。

1. 沟通桥梁，促进出版社与读者建立直接联系

之前，出版社自己先将图书编辑出版出来，由发行部门推出面世，但是对于市场预期的判断并不是非常准确，尤其是在每年出版这么多种图书的情况下，很多书可能并不为读者知晓和喜欢，出版社和读者之间隔着一道栏。而读书会的举办建立起出版社和读者的直接联系，读书会一方面及时把新书向广大读者介绍，让读者知晓新上市的新书，另一方面，不论是政府部门主办，还是书店或出版社主办的，读者对于一本书的评价都能及时反馈到出版社，销售的数字是明显而直接的。读书会作为出版行业面向

公众营销的一个新窗口，打通了作者与读者、读者与出版社常规沟通的壁垒，作者只有了解读者的需求，出版社只有了解读者的需求，才能创作和出版更多更好的图书，由此优化出版社的选题结构。

2. 创新探索，引导数字阅读更好发展

虽然传统意义上的阅读一般限于纸质的图书阅读，但社会的进步和高新技术的发展，已经使阅读形式发生了翻天覆地的变化。手机阅读成为用户电子阅读的首选。新的阅读方式也吸引了众多青年人，在线阅读、光电载体、各种数字媒体的阅读群体在不断增加。如何吸引这部分群体，举办读书会的过程中也进行了各种尝试，除了线下常规的活动，线上活动越来越被重视，以实现数字阅读要素新组合，探索出了一条线上阅读和线下交流的 O2O 模式。听书、说书、讲座音频化视频化，不仅扩大了读书会的外延，也对出版产生新的要求：一是推动电子书的发展，在出版纸质图书的同时一起推出电子版或者只出版电子书，不断探索出新的呈现形式与产品类型。二是使出版社逐渐构建起以图书为媒介，作者、媒体和广大读者在线阅读和线上线下交流的大型数字阅读社交平台。

3. 多方协作，锻炼编辑队伍

不论是否是出版社自己办的读书会，编辑的参与力度前所未有，如思南读书会，就时常有活动邀请编辑与作者一起出席谈体会，这对于编辑更好地理解和策划图书有了更高的要求。对于出版社自己举办的读书会，编辑基本上全程参与，通过与讲座嘉宾的对话了解前沿研究动态；通过读书会的参与也是一次民意调研，通过对听众群体的调研了解他们对文化的需求，以上所作工作都是为新的选题策划做好准备。同时，也让编辑走出去，接触读者和市场，了解宣传和营销，锻炼了编辑队伍，也让行业外的人加深对编辑的了解、对出版行业的认识和关注。

4. 拓宽渠道，扩展出版社主营业务

出版社是生产图书的地方，当然也包含对图书的营销。出书、荐书、售书、评书作为整个出版工程链条上不可缺少的重要环节，哪个薄弱了都会直接影响生产。在上海各类读书会中，出版社自己举办的读书会越来越多，大多数会结合本社自己出版的新书来展开阅读活动，这其中营销的意义是显而易见，不仅如此，大多数会和一些区或者书店合作，来获得场地等各种资源。这也就是出版社举办读书会的优势所在——举办读书会最重要的是文化资源，而这恰恰是出版社的强项。读书会做到了从供给结构调整生产结构，必将成为出版行业供给侧改革的一把钥匙。

（三）扩大对外合作，推动阅读推广

阅读推广是出版的一条风景线，也是最终目的，出版的书没有人阅读，出版社的价值和意义就无法体现。从上海各类读书会的主办主体来看，有政府部门、公共图书馆、高校、媒体、出版社、书店等，但是形成规模的读书会，无一例外的都是多家合作举办的，资源共享、平台合作，才能更好地推动阅读推广。

1. 借助宣传平台

和社会型读书会组织不同，出版社组织的读书会虽然拥有丰富内容资源，相应的作者和讲师资源更加丰富，对问题的解读更具权威性。同时也难免受到相应的限制，在选取活动用书时，多以自家出版图书为主，对时下热门话题的覆盖程度稍低。因此，借助宣传平台就是重要手段，读书会的平台上，作者、媒体、网络平台都会进行宣传和报道，且宣传具有连续性，容易形成阅读热潮。

2. 整合文化资源

上海各区都具有自己的文化特色，也都在积极挖掘出版相关图书，而举办读书会的定位就把各区的文化特色体现出来，出版社应为上海打造人文之城尽自己的一分力量。尤其是为各个区营造一个好的读书氛围也是出版社的职责所在。读书会的创办实现了出版社的好资源与上海文化建设更好地融合。

3. 打造文化空间

转角遇到书店是现在上海路上的常态，读者来实体书店也不只是为了买书，而是为了体验一种文化，如今读书会已是日渐复苏的实体书店"圈粉"的重要方式之一，这种读书会的形式是实体书店发挥促进全民阅读的社会功能的一个典范。不仅是书店，在上海各种读书会的举办地，现在都形成了热门打卡地，譬如思南公馆、公共图书馆等。通过举办读书会也是对这些公共文化空间的有效展示，提升这些空间在文化人群体中的口碑，促进这些公共文化空间的利用率，使得它们真正取之于民，用之于民。

上海动员各方力量和资源为市民搭建的阅读示范平台，越来越深地融入广大读者的城市生活，成为书香上海阅读文化共同体的重要载体，让崇尚阅读的精神越来越多地融入这座城市的发展脉搏。上海正全力为推进全民阅读向广度和深度发展提供实践样本并努力走在全国前列。

移动互联网时代民间阅读组织的典型样本：上海慈怀读书会

李春月

摘　要：移动互联网时代，民间阅读组织在推动全民阅读方面显现出得天独厚的优势，上海慈怀读书会作为典型案例，具有很高的研究和借鉴价值。本文主要从线上和线下阅读活动着手，对慈怀读书会的内容运作进行分析，探讨慈怀读书会的借鉴价值。笔者认为其借鉴价值主要有三个方面。一、关于民间阅读组织：以需求与能力为导向明确定位，以受众为导向优化内容，建立有效的反馈优化机制，拓宽宣传渠道。二、关于阅读推广：以政府为主导，以民间阅读组织为主力军；顺应时代趋势，丰富阅读推广形式和方式。三、关于文化产业：打造"文化+"的产业模式，寻求新的连接点，促进文化消费升级。

关键词：民间阅读组　慈怀读书会　移动互联网　阅读推广

移动互联网时代，数字化阅读已然渗入人们的生活，深刻地改变了人们的阅读方式和习惯。其"数字化""碎片化"的阅读特点，实质并非"阅读量"的变化，而是"阅读需求"的变化。

根据《全民阅读调查报告》公布的数据可知，我国国民的综合阅读率整体呈明显上升趋势，2016年，我国国民综合阅读率已达到近80%。不难看出，我国国民的阅读情况有比较明显的改善，阅读量已达到比较高的水平。我们真正要担心的不再是国民阅读量的匮乏，而是如何更好地满足当今读者多样化的阅读需求。与此相适应的是，我国的全民阅读推广工作也应由普及阶段转向渗透阶段，其要解决的主要问题不再是如何提高国民的阅读量，营造良好的阅读氛围，而是如何满足读者多样化的阅读需求，将广泛的阅读向广泛的深阅读推进。

对于解决我国阅读推广中面临的新问题，民间阅读组织具有得天独厚的优势。本文所说的民间阅读组织，是指在政府财政拨款之外由企业单位推动或公民自发成立的，为读者提供共同交流的阅读空间的社会机构或组织，通俗而言就是由非政府力量组建的读书会。依托移动互联网技术，民间阅读组织的影响力越来越大，其多样化、个性化的定位更能满足人们多样化的阅读需求，其组织的阅读活动能有效地增加读者的阅读思考时间，引导读者进行深阅读。我国的阅读推广工作要想持续发展，需要引入民间阅读组织这一活水，阅读推广的主力军也要逐渐从政府、图书馆等国家机构向民间阅读组织转变。

上海慈怀读书会即是移动互联网时代典型的民间阅读组织，其不仅是民间阅读组织的佼佼者，发展快速稳定，且实现了商业化运作。与传统民间读书会相比，它兼顾线上和线下两个渠道，是第一批运用移动互联网平台开展阅读活动的民间读书会。慈怀读书会的读者来自全国各地，突破了传统读书会的地区局限性，其影响范围广泛。慈怀读书会的成功经验对民间阅读组织的发展具有重要的借鉴意义。

一、慈怀读书会及其创办

（一）慈怀读书会概况

慈怀读书会创办于 2012 年 6 月，开始只是由四位发起人——陈晓峰、陶汝敏、许乐文、薛瑾——自发组织的读书学习小组，定期在上海开展读书分享活动。2013 年 9 月，慈怀读书会创始人之一陈晓峰开始正式运营"慈怀读书会"微信公众号（ID：cihuai_dushuhui），因粉丝数量迅速增长，带来越来越多的经济收入，顺势于 2015 年创建公司——上海慈怀文化艺术发展有限公司。目前，慈怀读书会每月固定开展 9 场读书分享会，不定期举办讲座，并依托于微信公众平台，运营线上微课、微店和十几个微信公众号，已从一个组织松散的公益阅读团体发展成为一家能够自负盈亏的民间阅读组织。

在上海，有许多各具特色的民间阅读组织，但像慈怀读书会一样持续时间长、有规律、高频次地开展线下阅读活动的组织并不多。慈怀读书会创办至今已有六年多，目前，慈怀读书会每月举办至少 9 次线下阅读活动，每周定期至少举办一次。而依靠政府力量创办的思南读书会，创办至今只有三年多的时间，每周只举办一次线下阅读活动。其他没有政府资金、资源支持的民间读书会更不必说，如倡导女性自觉和性别平等的民间阅读组织——女树空间，2012 年创办，2015 年底因创办者离开上海而终结；在上海比较有名的民间阅读组织星期天读书会，自 2011 年创办至今只举办了一百多场线下阅读活动，基本维持一月一次的频率。除此之外，慈怀读书会通过微信公众平台开展线上阅读活动，目前，慈怀读书会旗下的微信公众号粉丝数已超过 350 万，书友遍布全国各地。

根据《新闻晨报》《上海观察》、新媒体排行榜联合发布的上海排行榜显示，由慈怀读书会创办运营的公众号"慈怀读书会"位列上海微信影响力文化类第一名。[①] 像慈怀读书会这样既坚持线下活动的定期开展，又在线上拥有如此大的影响力的民间阅读组织，不只是在上海，在全国也不多见。比如在全国比较有影响力的儿童阅读组织"魔法童书会"，其微信公众号目前的粉丝数也只有十几万，创办至今只举办了 26 次线下活动；拥有千万粉丝的"十点读书"，只是关注线上运作，并没有开展线下活动。以慈怀读书会为案例进行研究，不仅可以探寻在移动互联网时代更加便捷有效地阅读推广方式，对民间阅读组织自身持续良性发展也具有重要的借鉴意义。

（二）创办原因

现如今，慈怀读书会已发展成为一家植根中国传统文化，关注个人修习与成长的民间阅读组织，其鲜明的自身定位与其创办原因关联甚笃。

1. 个人效益因素

"为自己"是慈怀读书会创办之初的动力源泉，也是其内容选择和方向把控的重要依据。其创始人之一陈晓峰说："办读书会我认为我的目的就是为自己。"

"为自己"内涵有三：其一，为满足自己的阅读兴趣。读书会所选的书目由创始人确定，一般都是创始人想要读的书目。慈怀读书会系列公众号的开办，也多源于从慈怀读书会工作人员的兴趣爱好，如："慈怀诗会""慈怀书院""一梦在红楼"等。其二，为给自己"补课"。在采访中，

---

① 上观新闻. 上海微信影响力分类周榜 20 强［EB/OL］.（2017-02-16）. http://www.jfdaily.com/news/detail?id=44807.

几位创始人都有表示过想为自己补课的心理诉求，这是他们创办运作慈怀读书会的重要动力之一。为自己"补课"的诉求源于几位创始人对自身知识储备的反思。其三，为了督促自己持续读书。现代社会，人们一方面存在严重的知识焦虑，一方面又难以做到"持续"二字，而读书会作为人们共同学习的团体，能够有效地督促、激励人们的阅读与学习行为。

"为自己"体现了其对自身成长的关注。这与传统民间阅读组织有很大不同。现存的大多数知名的民间阅读组织，其创立多源于一个伟大的目标，或者源于创始人远大的抱负。如南京的群学书院，其创办之初的愿望是为学院与大众搭建沟通与传播的桥梁；北京的爱思想读书会，其宗旨是希望通过思想的交流和探讨，打造和构建健全的个人和公民，进而创造一个更开放、更美好的社会。① 相比之下，慈怀读书会的创办原因显得尤为朴实，从中反映出其独特的创办理念。首先，重视与书友的平等交流。与很多民间阅读组织不同的是，慈怀读书会的创办者既是活动的组织者和引导者，也是活动的参与者和受众，创办者与参加活动的书友们处于平等的地位，相互之间平等交流，互相学习。其次，注重个人成长。相较于阅读对社会、对国家的塑造作用，慈怀读书会更加注重阅读对个人的塑造作用。慈怀读书会的宗旨"因书明理，以慈怀道"，就是指对内读懂自己，对外读懂世界，其隐含的主体都是个人，希望通过阅读帮助个人读懂自己，读懂世界。

2. 社会效益因素

慈怀读书会的内容选择以传承中国传统文化为轴心，兼顾中西方人文社科经典。植根中国传统文化的定位源于其创办初期对传承和发展中国传统文化的思考。慈怀读书会创始人之一许乐文说："我在思考一个问题，就是说，我们中国传统文化到了我们现在这个时候，是不是已经没用了，还需不需要有一个新的东西来呈现我们的中国传统文化？……一开始的想法就是看看能不能对中国传统文化的现代化做些什么。"

一个国家、一个民族的传统文化是这个国家、这个民族的精神家园，是它们的血脉和灵魂，是维系一个国家、一个民族的精神纽带。与其相悖的是，我国长期存在国民传统文化缺失的问题。近年，国家意识到这一问题的重要性，开始呼吁并推动中国传统优秀文化的传承和发展，对内，重

---

① 许金晶. 领读中国［M］. 南京：江苏人民出版社，2017：195，232.

视传统文化的继承和研究，在全社会营造良好的环境氛围；对外，推动中国传统文化走出去，如在世界各地开办孔子学院等。国家对传统文化的重视与推动，唤醒了国民对传统文化的需求意识，越来越多的人开始寻找机会了解、学习传统文化。

慈怀读书会的几位创始人意识到了这种社会需求，抓住了这一契机，适时地填补了这一市场空缺。慈怀读书会能够发现并抓住这一契机，有一部分原因是几位创始人恰巧也是中国传统文化的缺失者和需求者，能够在这一浪潮中更好地发现需求、满足需求。

二、慈怀读书会线下活动内容运作

线下读书会是慈怀读书会起步的地方，从 2012 年 6 月开始，慈怀读书会定期在沪上举办读书活动，刚开始两个星期举办一次，到后来每周都会开展一次读书会，而现在，慈怀读书会每个月有 9 场固定的读书分享会，还会不定期地举办讲座。其实，除了讲座和年会，其他线下活动每次参加的人数并不多，人数多的时候也不过二十几人，少的时候只有几人，但是这并没有影响读书会的持续开展。慈怀读书会会带着书友们踏踏实实地读书，这吸引了一批真正想读书的书友，有些书友甚至与慈怀读书会的工作人员一样，几乎一次不落地参加每次活动，风雨无阻。可以说，线下读书会是慈怀读书会的初心和一直以来的坚持，它最能够反映慈怀读书会的精神和核心理念。因此，本文先从线下阅读活动的内容开始分析，主要包括三个方面：活动形式、主题内容、主讲人情况。

（一）活动形式

慈怀读书会的线下活动有两种形式：一是分享会。这是慈怀读书会线下活动最主要的活动形式。一般情况下，先由一位书友导读，讲解今天的主要内容和自己的心得体会，然后，进入自由讨论交流环节，每位书友都可以提出疑问或发表自己的见解。分享会一般为两个小时，导读和交流各占一个小时。值得注意的是，分享会注重文本的阅读，导读人会在活动中带领大家阅读文本。二是讲座。与一般讲座一样，慈怀读书会的讲座也是由一位在某一领域比较精通或权威的主讲人围绕一个主题进行演讲。讲座一期一会，一般参加的人数要远远多于分享会，但交流的时间远少于分享会。慈怀读书会对举办讲座并不强求，有机缘则办，没有则不办，因此讲座的开办是不定期的，比较频繁的时候也只有一个月一场，连续几个月都不举办也是常有的事情。

综上所述，线下活动主要呈现两大特点：一是具有连续性。慈怀读书会主办人陈晓峰说："我对线下活动的主题有一个要求，就是一定要可持续。"读书会内容的连续性有助于督促书友持续参加，也有助于帮助书友养成良好的阅读习惯。二是注重交流。分享会的形式给书友留存了足够长的交流时间，书友之间可以充分交流，每位书友不同的背景和经历，为参与者创造出能够广泛学习的空间。这非常符合慈怀读书会希望与书友共同成长的理念。

相较于讲座，分享会的形式更容易操作，更符合民间阅读组织的特点。首先，分享会对主讲人的要求不高，甚至可以没有主讲人，这就降低了对主办方专业性的要求。其次，分享会对场地的要求比较低，场地的容纳空间无需太大，装修、设备无需太精致，一间普通的办公室也能作为活动场地。民间阅读组织往往缺少资金支持、专业人士指导，分享会的形式更容易起步和操作。当然，这样会天然地损失掉一批想要听名家讲解的受众，也不利于民间阅读组织专业性的提升。笔者认为，在阅读活动的开展中，政府力量和民间力量应根据自身优势，各有侧重，达到互相补充、共同服务的效果。拥有更多资源的官方阅读组织应该承担起增强城市文化氛围、提高市民文化层次的责任，侧重举办更加高水准、专业化的阅读活动。像是有政府、上海作协和思南公馆助力的思南读书会，每周在沪上举办一次讲座，主讲人多是名家学者，读书会的内容质量和专业性在上海首屈一指。而缺乏相关资源的民间阅读组织，其主要任务是丰富市民阅读活动、落实市民阅读行为，侧重举办能够使阅读行为落地的阅读活动。从这一方面来讲，慈怀读书会的活动形式与民间阅读组织自身的特点是相适应的。

（二）主题内容

从上文可以看出，慈怀读书会核心的线下活动是线下的分享会，又因讲座主题信息的部分遗失，本文将主要分析线下分享会的主题内容。慈怀的线下分享会主要分为两类：一类是图书类的分享会，阅读和交流的主体是图书；一类是电影类的分享会，阅读和交流的主体是电影。下文将分别对两类分享会的主题内容进行分析。

需要说明的是，本文虽然将线下分享会的主题内容分为图书和电影两类，但两者在线下活动中所占的比重并非不分伯仲，电影类分享会只是一个主题分享会，是对线下读书会形式和内容的补充和调节。做以上划分，主要是考虑到图书和电影的表现和形式具有明显差异，这样分类便于分析。

1. 图书类主题分享会

从表1中不难看出，图书类分享会的主题类型比较单一，其内容全部属于我国传统文化，涉及的图书皆为我国人文社科和文学类图书的经典著作，而且是经典中的经典。以"论语""道德经""四书""史记""红楼梦"为主题的读书会，皆以阅读相对应的《论语》《道德经》《四书》《史记》《红楼梦》等图书的原文为主线，每次活动领读、讲解一部分原文，然后书友们自由讨论，讨论围绕主题但不拘泥于原文。民国大师主题的读书会，以人物为主线，每次讲解一位人物，不指定书目，书友可以自由阅读相关书籍，读书会上进行分享讨论。

表1　线下分享会主题内容信息表

类别	序号	主　题	类　型	年　代	频　次	状　态
A	1	论语	人文社科	先秦时期	两周一次	已结束
	2	道德经	人文社科	先秦时期	一月一次	正在进行
	3	四书	人文社科	先秦时期	一月一次	正在进行
	4	史记	人文社科	秦汉时期	一周一次	正在进行
	5	红楼梦	文学	清朝	一月一次	正在进行
	6	民国大师	人文社科	民国	两周一次	已结束
B	7	电影赏析	电影		一月一次	正在进行

对于文本选择，读书会偏重哲学思辨类书籍，比较具有趣味性的小说并非读书会首选。所选内容皆为1949年之前的人物及其创作作品，尤其是偏重先秦时期人物与经典著作。先秦时期是我国文化发展过程中第一个高峰期，可以说，先秦时期的思想文化是中国文化发展的原点，中国后来文化的发展都以此作为基石。① 所以要了解中国的传统思想文化，学习中国传统思想文化的精髓，最好的途径是先从阅读先秦时期的大家思想和经

---

① 吴先伍. 先秦时期"他人"思想研究［M］. 芜湖：安徽师范大学出版社，2013：229.

典著作开始。

综上所述，虽然线下图书类分享会的主题内容十分单一，但非常契合慈怀读书会"根植传统文化"的方向。

2. 电影类主题分享会

慈怀读书会的主办人陈晓峰表示："我们认为的读书是广义上的读书，不一定要捧本书读才叫读书。看一部好的电影，与不同的人交谈都是阅读。"① 相较于图书类分享会内容比较严肃、难度比较大的情况，电影类主题的分享会更具娱乐性，对书友自身水平的要求比较低，为读书会的内容和形式做了很好的调节和补充。电影主题的分享会，每次先观看一部电影，之后进行讨论交流。2017 年 9 月 24 日之前，分享会共组织观看过 27 部电影，笔者对其片名、制片国家、类型、豆瓣评分等信息进行了梳理，以此来分析慈怀读书会电影选择的特点。

表 2　电影制片方地域分布表

国　家	序　　号	次数
美国	1、2、8、9、13、16、18、20、23、25、26	11
德国	10、17	2
意大利	14、15	2
法国	3	1
英国	7	1
日本	21、24	2
中国	12	1
中外合作	11	1
外国合作	4、5、6、19、22、27	6

据表 2 可知，慈怀读书会在电影的选择上，以欧美国家的影片为主，中国乃至亚洲的影片很少，这与图书类主题的分享会形成了鲜明的对比。其中，制片方为美国的影片最多，有 11 部；而中国的只有 1 部：张杨指导的影片《冈仁波齐》。中国文化与中国元素在所选影片中占比很少。在文化选择方面，电影分享会为线下读书会的内容进行了补充和调节。

① 许金晶. 领读中国［M］. 南京：江苏人民出版社，2017：251.

表3　电影形式分类表

形　式	序　　　　号	次数
故事片	1、3、5、6、7、8、11、13、15、16、17、18、19、20、21、23、24、	17
传记片	9、22、26、27	4
音乐片	10、14	2
纪录片	2、12	2
歌舞片	4	1

　　从电影的形式来看，慈怀读书会所选的电影包含故事片、传记片、音乐片、纪录片、歌舞片等5种形式（如表3），几乎包含了电影的所有形式类别。其中，故事片最多，有17次，传记片次之，共4次，音乐片和纪录片各2次，歌舞片出现1次。故事片最多主要是因为故事片是电影最主要的表现形式，传记片、音乐片、纪录片等都有出现，可看出慈怀对电影形式的包容性。另外，根据每部电影内容的主要特性进行分类，得出表4，可知，慈怀所选电影以探讨人性和人生的内容为主，分别出现12次和5次；其后是励志和科幻类的影片，各4次。在采访中，三位创始人多次提到，希望提供的内容能够对书友的生活、人生有所帮助。分类结果正与此相契合。

表4　电影内容分类表

类型	序　　　　号	次数
人性	1、4、9、10、15、16、17、19、20、21、22、27	12
励志	1、13、18、26	4
人生	14、15、23、24、25	5
科幻	3、6、7、8	4
文化	11	1
环保	2	1
宗教	12	1
悬疑	5	1

　　综上所述，慈怀读书会的线下活动内容以中国传统文化为轴心和重点，兼顾中西文化经典，并注重个人身心的修习与成长。这一内容选择特点塑造了"慈怀文化"鲜明的品牌特色，有利于吸引、黏合目标受众。

（三）主讲人情况

受其活动形式、组织方式、能力范围等因素的影响，慈怀读书会的主讲人呈现以下两个特征：

其一，主讲人呈现明显的非专业化特征。慈怀读书会下线活动的主讲人多为非专业人士，即主讲人并非所讲内容领域的专家，也无所讲内容的学科背景，多为某领域的爱好者或现学者。主讲人主要有三种来源：一是慈怀读书会内部人员。慈怀读书会刚开始组织阅读活动的时候，都是由三位创始人担任领读，如"论语"主题的读书会就是由慈怀读书会创始人之一的陈晓峰做主讲人。二是书友。这是主讲人最普遍的来源，主要分为三种情况：一是由活动形式所致，每位书友只要愿意都可以认领一个主题进行领读讲解。二是有些书友能力与学识比较优秀，则邀请他们作为主讲人。如"史记"主题读书会的主讲人劲松，研究生攻读历史专业，对历史的认识比较专业。三是由书友牵线介绍的主讲人。如来自同济大学的几位主讲人就是由一位书友从中牵线搭桥。

其二，主讲人地位弱化。慈怀读书会的内部人员和参与者多将"主讲人"称为"导读"，主讲人"讲"的地位被弱化，其主要的功能是"引领"而非"讲授"，大部分读书会的主讲人是与书友坐在一起的，并不设专门的讲台。这种情况一方面是因为主讲人非专业化的背景特点，导读的角色更易扮演；另一方面也符合慈怀读书会重交流的自身定位，其主打的特色并非专家、专业，而是成员间可以自由交流，互相学习，共同成长。在这里，参与者不是"学生"，当然也无需打造"专家讲师"。在慈怀读书会，每位书友都有机会扮演主讲者的角色，书友的参与感更强。慈怀读书会不仅为书友们创造了一个交流共享的空间，也为书友提供了一个展示自我，说出自己想法的平台。

这样的主讲人选择与定位，可操作性强，也能够满足"传统文化缺失者"的内容需求，与慈怀读书会"希望与读者共同成长"的初衷相契合。

三、慈怀读书会线上活动内容分析

慈怀读书会在线上开展的定期的、稳定的阅读活动为线上的共读活动。依托于微信公众平台，慈怀读书会于2016年4月下旬正式在线上举办共读活动，领读人通过写领读文章的方式带领读者共读，刚开始为15

天共读一本书，后来改为 10 天。截至 2017 年 9 月，慈怀线上共读活动共阅读完 60 本书（因调休而重复出现的图书不计在内）。

（一）图书内容

1. 图书文化选择

如图 1 所示，根据作者的国籍划分，有 35 本书来自中国，占比 58%；美国 10 本，占比 17%；日本 5 本，占比 8%；其余图书来自英国、法国、哥伦比亚等国家。从图 1 中可以看出，线上共读侧重关注中国优秀思想文化，兼顾外国优秀文化。在对外国文化的选择上，以思想文化比较发达的国家为主，如美国、日本、英国、法国等。对西方国家的文化，主要以英美为主；对亚洲其他国家的文化，则只出现了日本一国。

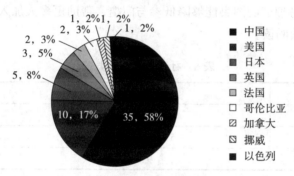

图 1　图书作者国家占比图

2. 图书类型选择

从图书的类型来看，有 46 本书属于文学类图书，占比 75%；人文社科类图书 14 本，占比 23%；另有 1 本属于儿童文学范畴（如图 2）。可以看出，慈怀读书会更加关注成人阅读，选择图书的类型限定在文学、社科两大类，且偏重于文学，科学技术、生活教育类的图书并不在其选择范围内。

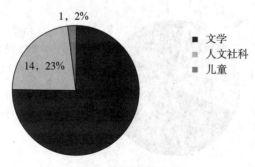

图 2　图书类型占比

　　将文学类和社科类的图书再进一步细分，得到图 3 和表 5。如图 3 所示：文学类图书中，小说作品最多，33 本，占比高达 70%；其次是散文随笔，9 本，占比 19%；随后是诗词，出现 2 次；传记、戏剧、文学评论各出现 1 次。可以看出，慈怀读书会对文学作品的选择以小说和散文随笔为主，但并不排斥其他类型的文学作品。小说相较于其他文学作品更具可读性，故事性强，情节推进吸引眼球，是大众能够普遍接受的文学形式。另外，随笔散文的内容一般分为一个一个独立的篇章，具有比较明显的节点，容易分配领读文章内容；且篇幅短小，读者在阅读时更具有成就感；除此之外，散文随笔一般记录作者一时的所感所想，内容比较浅显易懂，对读者的阅读能力要求不高。面对互联网上形色各异的众多的读者，挑选相对易读、易理解的图书能够降低参与门槛，帮助更多人加入阅读活动中来，实现持续阅读。

表 5　社科类图书分类表

类　　型	序　　号	次数
哲学	1、3、15、19、35	17
历史	5、25、43、46、57	4
励志与成功	9、21、53	2

　　如表 5 所示：社科类图书有且只有三种类型，分别为哲学、历史、励志与成功，其中哲学、历史类图书相对较多，但总体来说三块儿内容不相伯仲。不难看出，慈怀读书会对社科类图书的选择限制在人文领域，对于经济、管理、投资理财等方面的书籍有意避开。且图书的内容偏重于积极向上的观念，并试图为读者提供现实问题的解决方法。

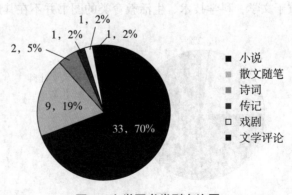

图 3　文学图书类型占比图

　　除此之外，慈怀对图书的选择侧重各个领域的经典书目，如《诗经》《源氏物语》《百年孤独》等。整体来说，共读活动所选的图书，其质量普遍很高。根据豆瓣网上的评分（因共读活动不指定图书版本，评分以评论数最多的版本为准），共读图书中只有一本书评分在 7 分以下，为 6.9 分；其中，大于等于 9 分的图书有 16 本，占比 27%；大于等于 8 分，且小于 9 分的图书有 30 本，占比 50%；大于等于 7 分，且小于 8 分的图书有 13 本，占比 22%（如图 4）。这反映出慈怀对所选图书的内容质量要求较高，力图引导广大读者阅读经典，阅读优质图书。

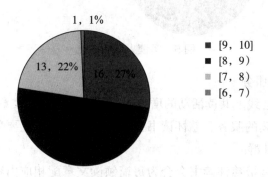

图 4　共读图书评分占比图

　　综上所述，慈怀读书会的线上共读以阅读高品质的人文类图书为主，侧重中国优秀思想文化，也兼顾国外发达国家的文化经典。所选图书旨在能够帮助读者提升自身文化素养，读有思想的人文书，不读娱乐类的书，不读教育技能类的书，不读经管类的书。

（二）领读人情况

　　慈怀读书会的共读文章由领读人撰写，每本书领读人需撰写八篇领读文章。领读人主要来源有三：一是慈怀读书会内部人员，如慈怀读书会的员工陈晓峰、黄文强、杨林林等。二是线下活动的书友，如陌上青、千江月等。三是自媒体人。

　　如图 5，大部分领读人都有自媒体人的身份，占比高达 78%。还有几个出现频率比较高的身份分别为专栏作家、作者、教师等。大量自媒体人加入共读活动，一方面为共读活动解决了领读人不足的问题；但是，另一方面，因为自媒体人的门槛比较低，事实上，只要人们愿意，每个人都可以成为自媒体人，因此，自媒体人的实际水平参差不齐，这就使得领读文章质量偏低或是水准起伏较大。当然，慈怀读书会会对领读人进行一些筛选，但目前实际情况是，对领读人的人选要求并不是特别高，也还没有制定出一套选人的具体要求和方案，对领读文章也同样还没有制定出具体的要求和审核标准。

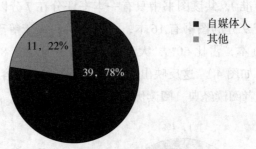

图5　领读人职业占比

（三）增值服务

慈怀读书会线上共读活动的增值服务即为提供领读文章以外的其他能够帮助读者阅读的服务。慈怀读书会提供的增值服务主要分为三个模块：朗读、微课、社群。

朗读服务是指慈怀读书会会为每篇领读文章配相应内容的朗读音频，每天随领读文章一起推送给读者。读者可以通过耳朵获取图书信息，解放了双手和双眼，降低了人们对阅读环境的要求，增加了文章的打开率与阅读率。

领读微课是慈怀读书会线上共读活动的一大特色。领读微课是指，领读人通过微信和荔枝平台围绕一个主题给读者讲解图书内容并与读者进行实时的答疑与交流。目前，线上共读活动每本书进行两次领读微课。领读微课很好地解决了现在大多数线上共读活动存在的不能实时沟通的问题。

社群服务很大程度上起到黏合读者的作用，从读者加入慈怀读书会创建的微信群组的第一天起，此后将一直能够通过群组收到有关共读的各种服务信息。社群的组建是以一本书为单位的，在一本书开始共读之前慈怀读书会就开始组建共读群组，读者加入群组不设门槛，即便这本书的共读结束，相关负责人员还是会定期在群组内发送与共读有关的阅读信息。目前，群组中推送的主要内容包括：每日话题、每日读书语录、慈怀小课堂（主要是文史知识）、美文推荐、免费的电子书等。群组聚集了有共同目标的读者，为读者提供了一个线上的共享交流空间，来自天南海北的读者因一本书而结缘，并可以通过群组自由讨论。群组内每天推送的内容，一方面增加群组的活跃度，另一方面，也为读者创造了良好的网上阅读氛围，从而形成一个比较良好的网上阅读情境。

慈怀读书会所提供的各种各样的增值服务其实都是线上共读活动的一部分，其主要目的是为了能够更好地为读者服务，解决好一切读者在阅读中可能遇到的困难，也是为了满足现如今读者多样化的阅读需求。

四、慈怀读书会对全民阅读的借鉴价值

（一）民间阅读组织

慈怀读书会从一家公益性的阅读组织发展成为一家能够自负盈亏的阅读文化公司，证明了民间团体也有能力凭借自己的力量开展好阅读活动，民间阅读组织具有巨大的潜力。慈怀读书会在发展过程中展现的优势和不足对民间阅读组织的良性发展具有很好的借鉴价值。

1. 以需求与能力为导向明确定位

首先，民间阅读组织整体要明确自身定位：其主要功能不是去做普及性的基础阅读活动，而是以丰富、活跃各地方的阅读推广活动为主要任务。相较于有官方背景的阅读组织，民间阅读组织没有强大的资源做后盾，做服务于全体国民的基础性阅读推广活动并不是其长处，但其数量多，组织灵活、多样等特性，使其在渗透全民阅读工作方面有独到之处。

其次，民间阅读组织个体要明确自己的定位。在这个信息爆炸的时代，内容区分度越小，对受众的黏性也就越低。一家民间阅读组织要想发展好，首先要明确自身特色，明确要为谁服务，明确内容范围等。简单来说就是，阅读组织要先给自己画上靶心，之后再根据实际情况围绕靶心画圈。阅读组织要找准靶心可以参考以下两种思路：一是需求导向，选定受众的某种需求作为所提供的服务的核心，在满足这种需求的同时，塑造自己独特的品牌形象；二是能力导向，以自身的能力特点为重要依据，明确自己的优势和劣势，扬长避短。

2. 以受众为导向优化内容

要想让活动内容更好地被受众所接受，其内容水平要与受众的理解和接受水平相契合，从受众的角度出发，不断优化内容。这就是说，活动的内容要编辑设计成目标受众容易接受和理解的程度，如果内容水平过高，受众难以理解则不愿阅读；过低，受众感到索然无味也不愿阅读。

除此之外，也要重视内容的质量，具体表现为注重创作者的前期选择和内容的后期审核。慈怀读书会在线上领读文章的审核方面是存在缺失的，目前还没有专门的固定的人员负责审核领读文章，有时因为稿件迟交而直接省去审稿的环节。内容质量的高低不仅关乎其所传递信息的正误，也影响着读者的阅读体验，内容中出现低级错误，会极大地降低读者的阅读热情，同时，也会对稿件提供方产生信任危机。虽然移动互联网时代内容生产的周期越来越快，但对内容质量的要求不能降低，要重视内容的审核环节，制定审核要求和规范，统筹好各项工作的时间节点。

3. 建立有效的反馈优化机制

企业要想长期生存，就要建立有效的反馈优化机制，不断调节自己的经营活动。有效的反馈优化机制，其关键是畅通各个渠道的交流互动渠道，促使组织能够不断调整、不断优化、不断发展。可以从三个方面来畅通互动渠道：

其一，畅通与读者间的互动。增强与读者的互动交流，重视读者的反馈信息，建立便捷、畅通的信息反馈渠道，鼓励读者表达自己的需求以及建议；同时，组织者自身要注意观察读者在参加活动时的反应，重视活动现场的氛围以及读者的活动体验。

其二，畅通组织内部的互动。畅通组织内部交流沟通的渠道，既包括成员之间的互动，也包括组织过去与未来的互动。成员之间的互动可以分为员工之间的交流互动以及员工与领导者之间的交流互动，打通组织成员间横向和纵向的互动渠道，确保互动交流的及时准确。重视过去与未来的互动，有意识地整理记录过去的活动内容，总结活动经验与不足，在此基础上对未来发展做出规划。对过去活动的梳理不仅是对组织历史与文化的保留和记忆，也是组织对过去工作进行反思的有效途径和方式。

其三，畅通线上和线下的互动。增强线上和线下的互动，一方面，可以通过增强线上和线下活动的联动实现。线上活动和线下活动同步进行，读者可以自由选择线上和线下的参与方式。另一方面，要重视线下活动内容的线上转化。线上平台受众广泛，线下活动运作相对成本较高，要充分利用各方优势，发挥效用，重视线下内容的线上转化，实现价值的最大化。

4. 拓宽宣传渠道

虽然中国有"酒香不怕巷子深"的古话，但在现今信息爆炸的时代，良好的宣传也是为读者提供的一项服务。拓宽宣传推广渠道，有助于读者更加便捷地了解到读书会的信息，方便读者比较选择。

移动互联网时代，要想更加有效地拓宽宣传渠道，可以从以下两个方面入手：一是树立社群意识，寻找与自己目标受众相似或重合度较高的社群，重点投入宣传推广，达到事半功倍的效果；二是充分利用新媒体资源开展宣传推广工作。

（二）阅读推广

1. 以政府为主导，以民间阅读组织为主力军

要进一步深化全民阅读推广工作，一方面要坚持以政府为主导，另一方面要逐步将阅读推广的主力军由政府、图书馆等国家机构转向更具活力的民间组织，充分发挥民间阅读组织在丰富、落实阅读活动和阅读行为等方面的重要作用，为全民阅读工作引入源源不断的活水。

政府主导的真正含义不是政府操纵，而是要相信民间阅读组织自己的生命力和活力，努力为民间阅读组织的发展创造良好的大环境，抓大放小，允许并充分调动各种民间力量发挥自己的长处，丰富阅读活动。

中共深圳市委常委、宣传部部长李小甘在《深圳推广全民阅读活动的实践与思考》一文中提道："全民阅读必须要成为全社会的文化自觉，才能永续发展。"上海市新闻出版局局长徐炯也曾说："政府部门资源有限，也许如今不怎么缺钱，但始终存在本领恐慌。"① 虽然，目前政府仍是推动全民阅读推广活动的主要力量，但是在不远的未来，民间力量必然成为我国阅读推广活动的重要力量。

2. 顺应时代趋势，丰富阅读推广形式和方式

每个时代都有每个时代的特点和需求，在进行全民阅读推广工作时，要积极顺应历史的大趋势，积极拥抱新的环境与科技，不断丰富阅读推广活动的形式和方式。上海市新闻出版局局长徐炯表示："我们不应该轻易否定碎片阅读，也不应该把手机看作图书的对头，要相信人们整合碎片信息并从中获取营养的能力，思考如何顺应时代的大趋势开展阅读服务。"值得注意的是，我们在拥抱新兴科技的同时，也要注意趋利避害，发挥移动互联网在信息传播方面的优势，将优质内容与已接受的传播形式相结合，引领读者的阅读品位。

---

① 尹昌龙. 深圳全民阅读发展报告 2017 [M]. 深圳：海天出版社，2017：41.

（三）文化产业

1. 打造"文化＋"的产业模式，寻求新的链接点

慈怀读书会作为一家已经实现商业化运作的民间阅读组织，通过"阅读＋移动互联网平台"的模式，打开了发展的新局面，通过移动互联网平台吸引了更多的读者，扩大了自身的影响力。这种叠加、合作的思路不仅适用于阅读活动，也适用于整个文化产业。要促进文化产业的发展繁荣，需努力打造"文化＋"的产业模式，寻求多方面的跨界合作和融合，积极寻找新的链接点。这种合作是多方面、多维度的，不仅局限于简单的文化内容＋先进的科技手段，不同行业之间也可寻求连接点。除此之外，文化产业也可学习其他行业先进、成熟的经营方式或盈利模式等。积极拥抱各种可能性，寻求合作与融合，是新时期推动文化产业发展繁荣的关键点。

2. 促进文化消费升级

移动互联网技术在文化产业领域广泛普及，推进了文化产品创新，拓宽了营销流通渠道，优化了各项消费服务，为文化消费活动的层次、理念等的提升创造了巨大的空间。要促进我国文化消费升级，可从以下三个方面入手：

其一，促进文化消费品品质升级。消费品品质与结构提升是传统意义上的消费升级，包括消费品数量与质量的提升。[①] 要提升文化消费品的品质，就要求文化产品生产者积极推动产品更新换代，文化行业规范产业标准。其二，促进文化消费服务升级。优化文化消费服务，首先要从消费者的角度出发，解决其现实遇到的问题，运用先进的科学技术和管理经验，不断优化顾客的消费体验。其三，开发、创造新的文化消费需求。在满足好消费者多元化的消费需求的同时，注重开发新业态下的新需求，文化行业从业者通过提升自身的学识、品位，预见更优的消费模式，创新文化产品，开发出新的文化消费需求。

五、结语

近年来，国家积极推进全民阅读推广工作的开展，国民阅读量得到明显的提升，人们的阅读需求增加，并呈现出多样化的特征。与此相适应，

---

① 杜丹清. 互联网技术对消费升级的影响研究［J］. 中国物价，2017（09）：14—17.

我国的全民阅读推广工作也进入了新的阶段，如何满足读者多样化的阅读需求，将广泛的阅读向广泛的深阅读推进，成为现在要解决的主要问题。与官方阅读机构相比，多种多样的民间阅读组织更加适应移动互联网时代的阅读环境，能够更好地应对现阶段的阅读推广问题。因此，笔者认为，在新的阅读推广阶段，要逐渐转变以政府力量为主力军的局面，重视民间阅读组织在阅读推广中的作用。

慈怀读书会是民间阅读组织中的佼佼者，不仅在上海地区有一定的影响力，而且在全国各地都有一批忠实的读者。在众多民间阅读组织还在受资金、场地等因素的困扰时，慈怀读书会率先实现了商业化运作，完成了由公益性阅读组织向商业化阅读组织的转型。与传统读书会相比，慈怀读书会兼顾线上和线下两个渠道，不仅坚持线下读书会的运作，也是第一批涉足微信传播的民间阅读组织，积极运用新媒体开展阅读推广活动。慈怀读书会的创立与发展对民间阅读组织的发展具有很强的借鉴价值；同时，它也彰显了民间阅读组织的生命力和活力，民间阅读组织有能力凭借自身力量运作好读书会。政府在鼓励、支持、重视民间阅读组织的同时，也要相信民间阅读组织自身的能力，在把控好大的发展基调和方向的情况下，给予民间阅读组织相对宽松、广阔的发展空间。

第四部分
出版智库建设及出版人才培养

出版业的互联网思维与出版人才素养提升

夏德元

摘　要：传统媒体与新兴媒体融合发展，是增强文化软实力、保持主流舆论领导地位和传统媒体走出困境的需要，但传统媒体与新兴媒体融合发展的推进速度并不理想，以致屡屡陷入困境。造成这种局面的主要原因在于新闻出版机构领导者关于媒体融合的认识模糊和出版从业者综合素养欠佳。因此，传统媒体只有摈弃幻想，积极拥抱互联网，努力提升从业者的互联网思维、新媒体传播素养、互联网文化建构能力、互联网内容生产能力以及价值创造和意义诠释能力，才有可能走出困境，在互联网框架下重新寻找自身的社会价值，并闯出一片新天地。

关键词：媒体融合　路径选择　出版人素养　互联网思维

所谓媒体融合，通常被理解为传媒业内部各种不同媒体形态之间的组合，其组合形态的最高形式是超大型的传媒集团，这其实只是狭义的媒体融合。还应有一种广义的媒体融合，即媒体与资本等有关要素的汇聚与融合乃至跨行业的融合，比如媒体与社会政治、经济、军事、文化、教育以及涉及人民群众衣、食、住、行各行业的跨界融合。

按理说，在中央《关于推动传统媒体和新兴媒体融合发展的指导意见》发布后，对于要不要进行媒体融合的问题已经没有讨论的必要了，可以讨论的是怎样融合、如何加快融合的问题。但是笔者发现，关于媒体融合的必要性，虽然媒体上已经进行了大规模高规格的宣传，但是我们传统媒体的许多领导人还是固守着一些模糊认识；各种各样的认识偏差不仅导致本出版机构参与媒体融合的战略失误，也通过传播引起全行业的认识混乱，影响到推进媒体融合的全局。

只有真正认识到了媒体融合的必要性和重大战略意义，我们才会更加自觉、更加主动、更加有创造性地去施行，去推进。因此，笔者感到还是有必要撰文加以澄清。其实，只要我们想一想，党和国家领导人为什么将推动传统媒体和新兴媒体融合发展这件事摆在如此重要的议程，就多少能够明白其中的道理了。那么到底，媒体融合为什么被提到如此高的高度呢？

一、媒体融合是增强文化软实力的需要

推动传统媒体和新兴媒体融合发展首先是增强国家文化软实力的需要。中央关于推进传统媒体和新兴媒体融合发展的指导意见中，明确提出了融合发展的目标之一，就是要着力打造一批新型传媒集团，这显然是指的狭义的媒体融合。

有人认为，中央之所以提出要着力打造新型传媒集团的要求，是因为，中央深深感到，表面繁荣、实质上欠发达的中国媒体与中国的大国形象很不相符。中国的经济实力增强了，但软实力还没有跟上，中国主导的价值观，屡屡被西方价值观压制；在国际舆论中，由于中国媒体的弱势，也屡屡在有关国际事务的舆论较量中使我们陷入被动局面，极大地削弱了中国的话语权。因此，建成一批新型传媒集团，以多样的形态、先进的手段，提高中国的竞争力、影响力，也是大国崛起的当务之急。所以媒体融合，对外是增强文化软实力的需要。

但是，这还不是中央如此强调媒体融合的全部原因。事实上，在媒体融合问题上，我们已经没有多少回旋余地了，因为，不管你是否愿意，拥抱新媒体，运用新媒体，传统媒体与新兴媒体融合发展已经是一种世界潮流，一种维系世界秩序的重要纽带，乃至国际政治、经济、军事、文化斗争的新工具。不仅关系到国家的文化安全、意识形态安全，也关系到国家的政治稳定和长治久安。

习近平在《关于〈中共中央关于全面深化改革若干重大问题的决定〉的说明》中指出："网络和信息安全牵涉到国家安全和社会稳定，是我们面临的新的综合性挑战……随着互联网媒体属性越来越强，网上媒体管理和产业管理远远跟不上形势发展变化。如何加强网络法制建设和舆论引导，确保网络信息传播秩序和国家安全、社会稳定，已经成为摆在我们面

前的现实突出问题。"①

习近平在 2013 年 12 月 30 日中共中央政治局第十二次集体学习时发表重要讲话又进一步明确指出："提高国家文化软实力,要努力提高国际话语权,加强国际传播能力建设,精心构建对外话语体系,发挥好新兴媒体作用,增强对外话语的创造力、感召力、公信力……"② 这些重要讲话,为我们准确把握媒体融合的国际大势提供了理论指引。

如果说 2014 年因为将"媒体融合提升到深化改革的战略层面"而堪称传统"媒体融合元年"③ 的话,那么,2015 年则是"互联网 + 元年"——进入 2015 年后,国内互联网巨头纷纷高调宣布介入内容生产。其中,当当网表示"将斥巨资扶持一大批有潜力的作者,出版范围涵盖大众和教育图书市场的全部品类,同时引导作者适应数字阅读的创作潮流",计划招募优秀出版人,共同完成"10 个图书策划公司、100 个选题工作室"的大计划,铸就图书策划领域的梦之队。京东则宣布收购社交阅读应用"拇指阅读"。京东相关负责人表示,收购一方面是出于对内容业务的重视,另一方面是布局全消费链条的需要。与此同时,伴随着阿里巴巴的加入,网络文学成为百度、阿里巴巴、腾讯"三巨头"逐鹿的新领域。在布局网络文学方面,三巨头虽各有侧重,但目的都在于围绕 IP(即知识产权),打通文学、游戏、影视等泛娱乐产业链。

不仅如此,在先后投资商业评论杂志、北青社区报、36 氪、虎嗅网、第一财经、二十一世纪传媒,创办《封面传媒》等新媒体后,2015 年 12 月 11 日,阿里巴巴集团宣布收购《南华早报》,把阿里的互联网优势和《南华早报》的采编优势结合到一起,打造一个让英语世界了解中国的优质窗口。此次收购的是南华早报集团旗下的媒体资产,包括《南华早报》的纸质和网络版,杂志和户外媒体等业务。至此,阿里巴巴媒体扩张已包括财经、科技等领域,横跨国内、国际诸多传统媒体和新媒体,意味着阿里巴巴在传媒领域布局已初成。

除了阿里巴巴之外,复星、国家电网等也都热衷于投资媒体。根据媒

---

① 习近平. 关于《中共中央关于全面深化改革若干重大问题的决定》的说明. 人民日报 [N]. 2013-11-16.

② 习近平谈国家文化软实力:增强做中国人的骨气和底气. 人民网—中国共产党新闻网 [EB/OL].(2015-06-25). http://cpc.people.com.cn/xuexi/n/2015/0625/c385474-27204268.html.

③ 唐绪军,黄楚新,刘瑞生. 国家战略:中国新媒体发展的新阶段 [J]. 中国报业,2015(13):37—41.

体报道，复星下属复星信息公司与南方报业集团合资合作成立"广东21世纪出版服务公司"，与成都商报合资成立"上海激动传媒公司"，还先后与《21世纪经济报道》《现代金报》《武汉晨报》《现代快报》《环球企业家》等进行了整体合资，与《华商报》《重庆时报》《华商晨报》《新文化报》等进行了合资。国家电网则投资了21世纪网、第一财经集团。

这些动向说明，媒体融合已经不是我们传统媒体要做的战略选择，而是正在影响我们生存发展的现实环境了。也就是说，如果我们不主动参与媒体融合，那么，新兴媒体乃至任何一个有实力的电商平台都可以完全撇开传统媒体机构，而另造一个媒体王国。在这样的形势下，怨天尤人显然是无济于事的，只有积极应战，才有可能走出困境，闯出一片新天地。

二、传统新闻出版业参与媒体融合的基本思路与战略选择

那么，统媒体在媒体融合时代是否还有生存发展的空间，又有哪些转型的路径可供选择呢？

（一）关于媒体融合的两种思路

在《关于推动传统媒体和新兴媒体融合发展的指导意见》中，明确强调要推动媒体融合发展，就必须遵循新闻传播规律和新兴媒体发展规律，强化互联网思维。

但是，在社会生活实践中，人们在处理传统媒体与互联网的关系时，却存在着两种决然不同的思路：一种是用"传统媒体思维"办互联网，把互联网视为传统媒体的延伸和补充；一种是用"互联网思维"改造传统媒体，在互联网框架下重新寻找传统媒体的社会价值。

有知名高校出版社总编辑在文章中就提出了三个观点：互联网只是一种工具和手段；"互联网＋"不是传统媒体的职责；传统媒体需要做的只是"＋"互联网。[①]不能不说，这样的认识，正是大部分传统新闻出版机构在互联网浪潮冲击下节节败退的原因。

对这个问题，上海世纪出版集团前总裁陈昕似乎有更清醒的认识。陈昕在接受《东方早报》记者采访时指出："融合发展是多样化、多层次、

---

① 吴培华. 我们走进的是"＋互联网"时代——再论传统出版在坚守与变革中前行 [J]. 科技与出版，2015（08）：26—29.

多环节、全覆盖的深度融合……当然，融合发展对于传统出版社而言，最初可能是'＋互联网'的概念，即我们在做好传统出版业务的同时，开拓数字出版等新的业务领域。但是，融合发展的目标是要过渡到'互联网＋'的概念。"这就意味着传统出版机构的各生产要素要从"纸"的载体向数字网络平台转移，充分利用移动通信网络、大数据技术等，形成全新的业务体系和商业模式。"只有到这一步，才可以说真正完成了融合发展。"①

另有官员从城市竞争的高度，把未来的城市分为两种，一种是"互联网＋"的城市，一种是"＋互联网"的城市。成为"互联网＋"的城市，可以调动其他城市的资源；但如果成为"＋互联网"的城市，其资源就只能被其他"互联网＋"的城市所调动了。②这样的分析，同样适用于媒体之间的竞争。率先实施"互联网＋"的媒体，可以调用或吸收其他媒体的内容、人才等资源，而固守"＋互联网"策略的媒体，则未必有继续生存和发展的空间。

（二）关于互联网思维的各种表述

何为"互联网思维"，迄今为止学术界还没有一个公认的定义。笔者认为，笼统言之，所谓互联网思维，就是适应互联网时代生产生活方式和文化发展潮流的思维方式。

中国社会科学院信息化研究中心秘书长姜奇平曾经在《互联网周刊》上发表《互联网的女性化思维》一文，认为互联网与女性主义存在一种内在关联，"网络开始女性化"，他说，女性对互联网的最大影响在于，她们的行为正在改变我们这个时代男人和女人共同的思想特质。这种转变主要包括从理性化转向感性化，从理智化转向情感化和从中心化转向去中心化。③马云曾经在演讲中表示，互联网思维是跨界、大数据、简捷和整合；周鸿祎将其概括为"用户至上、体验为王、单点突破、颠覆创新"这样十六字箴言。雷军则把它总结成七个字，号称七字诀，即"专注、极致、口碑、快"。

其实，这样的思维方式早就在社会生活实践中萌发，而不是到了当今这个时代才突然冒出来的怪物。只不过，因为互联网技术的飞速发展带来

---

① 马睿.陈昕谈传统出版业的数字转型时刻［N］.东方早报·上海书评，2015-08-09.
② 市长们再也坐不住了！一篇可以引爆一座"互联网＋"城市的分享！见"互联网思想"微信公众号，2015-08-27.
③ 姜奇平.互联网的女性主义特征［J］.互联网周刊，2012（07）：20—24.

了社会生活方式的颠覆性变革，才使得这样的思维方式凸显出前所未有的重要性。

（三）什么才是新闻出版业的互联网思维

根据笔者的理解，互联网思维中最重要的精神之一是"用户至上"。虽然过去人们也常把"客户就是上帝""顾客至上"挂在嘴边，但是，那时的经营者顶多将"顾客"作为销售利润的源泉，而不可能认识到"用户"的真正价值。毫无疑问，最能体现"用户至上"精神的就是服务者与用户的快速有效互动以及用户之间的即时有效互动。顺着这样的思路，我们就能发现，交通广播之所以在其他传统媒体江河日下的时候却可以保持增长，就是因为它最早将媒体的互动功能发挥到了极致。如果说今天某些电视台的日子还很好过，那也是因为他们及时开发出了或者从国外引进了一些互动性很强的节目形式或者做到极致的节目内容。

我们的报纸、图书、音像、电子出版业，同样能从中得到一些有益启示并有所突破。上海报业集团、人民卫生出版社、法律出版社、外语教学与研究出版社、中国大百科全书出版社等传统新闻出版单位最近几年在媒体融合方面的成功实践证明，适应互联网文化消费互动性、数字化、碎片化、图像化等特点，站在用户的立场上生产内容，提供贴心的个性化服务，传统媒体是可以的。

三、媒体融合时代出版从业者的素养提升

中央已经为传统媒体与新兴媒体的融合和"互联网+"指明了方向，互联网巨头们已经开始大规模在内容产业布局，也有部分传统媒体在参与媒体融合中做出了有益的探索。但是，更多的传统媒体则仍处于观望、徘徊阶段。影响传统媒体与新型媒体融合发展的因素是复杂多样的，传统媒体决策者的互联网观念是制约媒体融合的首要因素，而传统媒体机构中担任内容生产和内容服务主要职责的出版人的素养则是另一制约因素。要加快传统媒体与新型媒体融合发展的进程，除了改变决策者的思想观念之外，出版人素养的提高显得尤其重要。

（一）出版人素养制约着媒体融合的进程

虽然中央两年前就对传统媒体提出了加快与新兴媒体进行融合发展的要求，但是从过去这两年的实践看，形势并不乐观。有鉴于此，《广州日

报》副总编辑谢奕于 2015 年 8 月在中山大学媒体融合研讨培训班的一个演讲中直言不讳地指出:"这个行业……无论在管理层面还是操作层面上,都缺少专业认识和自知之明,或者说有难言之隐。"他认为,"冲击传统媒体的","主要不是技术而是社会信息生态的巨大变化,是传统媒体其实'不像'传统媒体"。意思是说传统媒体并没有达到传统媒体应该达到的成熟度。①

之所以说传统媒体不像传统媒体,是说传统媒体既没有胜任党和国家托付给传统媒体"定海神针"般的舆论引导的重任,也未能满足广大人民群众对国际形势、国家事务和关系其切身利益的其他重要事件的知情、表达、参与和监督的需要。而造成这一被动局面的原因,除了传统媒体机构领导者的犹豫迟疑和措置失当之外,极其重要的一个方面无疑是担负着内容生产职责的出版人的专业素养欠佳。换言之,传统媒体出版人的素养,是制约媒体融合进程的重要因素。

事实证明,近年来,传统媒体在一些重大事件的报道中往往或大失水准而广受非议,或每每输给自媒体而令人失望,已经引起民众的不满和高层的担忧。时任广东省委宣传部长慎海雄曾不无遗憾地指出:"传统媒体被边缘化,主流媒体难以真正掌控主流舆论,主流舆论难以有效传播主流声音的问题已经出现。"②

(二)媒体融合时代出版人素养的新要求

媒体融合时代,对出版人素养提出了比以往更高的要求。笔者在多年前曾经发表多篇论文,系统探讨了数字时代出版人在政治素养、道德修养、心理素质、思维特征和审美取向等方面应具备的新特质。后来这些文章经整理收入拙著《数字出版与传播研究》中。

我在这些文章中提出数字时代编辑的政治素养应增加公民意识、公平意识、公众意识等新的内涵;编辑的道德修养应更加强调社会责任意识、学术规范意识、法治意识以及环境意识;编辑的心理素质应注重虚拟空间认知和适应能力、风险认知和应急能力、复杂关系的认知和协调能力的培养;编辑的思维特征应强化数字化思维、批判精神和人文关怀;编辑的审美取向则应向多元化、平民化和通俗化转向。③现摘要转述如下:

---

① 谢奕.再造新闻事业核心资源[EB/OL].微信公众号"全中看传媒",2015-08-27.
② 慎海雄.多向发展 做大做强[N].人民日报,2014-07-18.
③ 夏德元.数字出版与传播研究[M].上海:上海人民出版社,2012:84—119.

1. 编辑人员的政治素养

编辑人员的政治思想素质无疑是重要的，这一点已为过去论者高度重视和充分注意。笔者搜索了中国知网上收录的近年来有关"编辑素养"，或"编辑素质"的文章，几乎每一篇都讲到编辑的政治素质或政治素养，但是，往往在强调马克思主义立场和政治理论素质的同时，对编辑人员应该具备的与现代法制社会、市场经济和信息社会相适应的做一个合格公民的意识、社会公平正义的意识以及尊重社会公众的意识则少有论及。笔者认为，数字时代编辑人员的政治素养除了传统所要求的若干方面以外，还应包括如下几个方面：

（1）编辑人员的公民意识

公民意识又称公民精神，它是指公民对于自身享有的法定权利和义务的自觉意识。公民意识包括独立人格意识（主体意识）、自由意识、民主意识、人权意识、法治意识、诚信意识等。

随着信息社会的发展，我国公民的公民意识也随之得到彰显；与此同时，网络舆论又日益成为培育公民意识的重要途径。[1] 在当今这样的社会环境，"统筹巨大的网络力量，善用网络资源构建和谐，推进公民意识进一步升华，促进政治与经济的进一步改革，是宝贵的历史契机，更是无可回避的历史责任"。[2] 正因为网络社会环境与公民意识的这种互动、共生关系，作为信息传播和新闻舆论的把关人，报纸杂志、网络媒体和图书音像出版物的编辑人员，必须重视公民意识的自我培养和提升，否则就难当其责。换言之，公民意识是数字时代编辑素质的题中应有之义。

不仅如此，媒体还应主动承担起培养公民意识的重任。在这方面，外国的某些好的做法值得我们借鉴。据法国教育部网站介绍，法国学龄前及中小学教学大纲中，有关传媒的课程是公民素质教育课的必修内容。为此，法国教育部与新闻媒体联合成立了"信息手段与教育联络中心"。这个中心发起和组织的"新闻和传媒走进课堂"活动，每年举办一次，每次为期一周，对中小学学生进行传媒教育。[3]

（2）编辑人员的公平意识

在社会主义初级阶段要实现社会和谐，离不开对公平正义的维

---

① 戴益民. 网络舆论与公民意识的培育 [J]. 传媒观察，2008（02）：39—40.
② 蒋海升. 网络：公民意识崛起的重要平台 [J]. 政工研究动态，2008（13）：11—12，10.
③ 新华社. 法国：请媒体入课堂，培养学生公民意识 [N]. 新华每日电讯，2006-02-16.

护。[①] "在社会生活范畴内，公平并不只是指公平地进行利益分配，更不是指在利益分配时实行平均主义。公平是指'权利公平、机会公平、规则公平、分配公平'。从本质上说，公平是指每一个公民按宪法规定享有平等的基本权利。"新闻传媒是社会公平正义的推动力量。"为推动社会公平正义，新闻传媒应当在以下四个方面进行努力：营造公平正义的社会氛围；进行卓有成效的舆论监督；反求诸己，努力让自身成为体现公平正义的平台；参与塑造合格的现代公民，为社会公平正义的实现奠定坚实的基础。"[②]

在小康社会建设过程中，新闻传媒可以从两个方面推动社会公平正义："一是及时发布重要政务信息和公共信息及涉及公众利益的其他信息，体现对不同界别和阶层公民知情权和实际利益的同等尊重；二是忠实表达不同界别和阶层公民合理的心声、愿望、意见，为他们直接或间接表达自己的言论提供同样的机会和自由。"新闻传媒应该并且可以在观念、制度、实践三个层面有较大作为。但是，不可否认的现状是，"一些媒介由于自身原因，在一定程度上影响着社会公平正义的实现"。[③] 根据笔者的理解，所谓自身的原因，一个重要的方面就是媒体从业人员主要是编辑人员本身公平意识的淡薄。因为媒体从业人员本身缺乏公平意识，其编发的新闻作品、互联网页、影视节目和其他出版物自然难以体现公平意识，出现与小康社会建设相背离的情况就不可避免。

还有学者将社会公平内涵分为强责任的过程公平、中等责任的起点公平与弱责任的结果公平。认为新闻传媒的社会角色决定了它必须通过新闻报道来体现社会公平，促进社会正义，提出新闻传媒"要严格保证过程公平，实现报道主体在采、写、编中对任何报道对象的机会平等；适度保证起点公平，避免报道主体介入与自身有利益关系的新闻工作中；鼓励追求结果公平，对非公众人物、少数族群等在新闻报道中总体比例失衡和'猎奇'式呈现等不公平进行自我调整"。[④] 而要做到这些，不加强媒体从业人员自身的社会公平意识无疑也是难以想象的。

---

① 杨海峰，王菲菲. 维护公平正义：社会和谐的强大基石——和谐社会利益关系问题的社会学思考 [J]. 长白学刊，2007（06）：45—49.
② 丁柏铨，朱元杰. 新闻传媒：社会公平正义的推动力量 [J]. 南京邮电大学学报（社会科学版），2007（04）：23—27.
③ 丁柏铨. 社会公平正义与新闻传媒的责任 [J]. 新闻大学，2007（03）：22—27.
④ 张梅. 论新闻报道体现社会公平正义 [J]. 新闻大学，2008（01）：49—52，97.

与新闻传媒一样，图书音像电子出版机构和网络媒体的编辑人员也应树立社会公平意识，在出版物和网络等媒体上倡导公平正义，避免文化歧视、种族歧视、民族歧视、地域歧视、性别歧视等不良倾向，自觉抵制等级观念、特权观念、殖民主义、霸权主义等腐朽没落的思想，为建设小康社会和和谐世界作出应有的贡献。

（3）编辑人员的公众意识

当今的数字时代，恰逢我国加紧建设社会主义小康社会的时代，在小康社会建设进程中，随着网络等新媒体的崛起，"公共领域"越来越被重视，公众利益（或公共利益）越来越受到各方关注。

从宏观上看，以维护公共利益为主要标志的传播文明与政治文明息息相关："在公共利益实现的目标下，公共行政与大众传播有一致性和相关性。"公共行政的本质要求应该最大限度地满足社会的需要和实现公众的利益。而信息就是权利，信息的自由传播能够确保人民与政府之间的权利分配得到平衡，这对于规范公共权利的运行、保障公共利益不受侵害不可或缺，大众媒体在其中扮演重要角色。①

从局部上看，包括网络等新媒体在内的大众传播媒介作为公共领域的重要组成部分，其从业人员尤其是编辑人员公众意识的自觉程度和认知水平关系到其维护公众利益的自觉程度与能力高低，从而也关系到媒体的荣辱兴衰和生死存亡。"媒体作为公众利益的守望者和代言人，其对公众利益的基本态度和信念，以及由此衍生的对公众利益的捍卫行为，不仅决定其公关形象，而且决定其社会影响力和竞争力。"媒体在追求新闻价值的同时，必须恪守公众利益至上的传播原则。新闻媒体作为一种特殊的社会组织，社会赋予媒体的地位和作用，使其具有相当大的权力和责任。大众媒体要想在竞争中处于优势，必须关心社会热点，心系百姓疾苦，将受众需求的大量信息和健康的精神食粮奉献给他们。②

有学者认为公众利益包含了以下原则：应满足不同层次、不同口味的受众的需求；反映人民群众中不同的观点，照顾少数人的兴趣；在政治经济上不为某一个或少数几个利益集团所左右；受众不分等级享受同样的服务；不单纯追求最大的受众数，不一味迎合受众，而是通过节目来培育社

---

① 滕朋.论公共利益实现下的传播文明与政治文明［J］.新闻界，2005（04）：65—66.
② 戚姚云.公众利益与电视媒体公关形象塑造［J］.中国广播电视学刊，2008（05）：21—22.

会主义的民主精神，提高公众的文化品位。如果其中有一条原则被违反，就意味着公众的利益被侵害。违反以上原则的媒体必将被社会大众所谴责，这一点在百度网站因被传屏蔽三鹿奶粉负面消息而饱受公众质疑事件中有很好的印证。

媒体工作人员的公众意识具体体现在从业人员选择信息的取向上，"环境监测，维护公众利益是大众传媒的第一功能，也是其首要责任，应当最大程度向大多数人提供有用、能够作为决策依据的信息，使公众在条件许可的情况下尽可能地了解周围的环境。从这一功能看来，提供具有社会意义的硬新闻相对于花哨的软新闻来说更具有新闻价值"。[1] 笔者以为，在当下中国，某些不良倾向在社会生活中日渐凸显，反映在传播领域，主要表现为漠视民生的小资情调与忽视社会效益的拜金主义。这种情况值得我们广大媒体从业人员尤其是担当着信息传播把关人重任的编辑人员高度重视和深刻反思。

2. 数字时代编辑道德修养的新要求

根据以往的研究，编辑人员的道德修养锁定在事业心、奉献精神、尊重作者、团队精神、编辑职业道德准则等方面，而缺乏从传播伦理高度对编辑人员社会责任意识、学术规范意识、法治意识和环保意识的研究，而这些过去被忽视的方面，恰恰是随着数字化时代到来而日显重要的方面。

（1）社会责任意识。编辑人员的社会责任意识是传播伦理的重要方面。笔者认为，在当今数字化时代或媒介化社会，应更加重视编辑人员的社会责任意识，在信息收集、加工、传播的过程中，在知识生产和流通的诸环节，对所传播的知识和信息的社会效果都要有清醒的认识，并自觉按照社会效益为重的原则做好信息中介的工作。

（2）学术规范意识。学术规范是指"学术共同体根据学术发展规律参与制定的有关各方共同遵守的有利于学术积累和创新的各种准则和要求，是整个学术共同体在长期学术活动中的经验总结和概括"，[2] 也是传播伦理的重要组成部分。在数字化时代，编辑人员应该更加注意遵循学术规范，自觉抵制来自自由而开放的网络空间的各种诱惑，严格按照学术规范从事编辑活动，也以学术规范来约束自己的学术生产。网络时代，信息社

---

① 杨金鹏，黄良奇.新闻娱乐化、公众利益和传媒责任［J］.新闻界，2004（03）：36—37.
② 叶继元.学术规范通论［M］.上海：华东师范大学出版社，2005：5.

会，丰富易得的数字资源既为抄袭剽窃等学术不端行为提供了便利条件，同时也为查证以上不端行为提供了便捷的手段。编辑应该加强自身的学术修养，牢固树立学术规范意识，提高辨别能力和对学术不端行为的处置能力，为建立规范的学术秩序做出应有的贡献。

（3）法治意识。在当今时代，编辑人员比以往任何时候都更应该自觉树立法治意识，丢掉法不责众的幻想，哪怕在虚拟空间的匿名状态下，也不迷失自己的道德和良心，自觉为建立和维护网络空间的法律秩序而努力。互联网产生以来，在短短几十年间便迅速渗透到人们社会生活的各个领域，改变了人们接触、交流的方式，也营造了一个从事生产生活、商务活动、社会交往、学术交流等方面活动的全新"社会"。因此，网络主体的道德建设亟待加强。编辑人员掌握着比一般网络使用者更加便利的信息条件和更加优越的信息地位，是特殊的网络主体，因此，在建立和维护网络空间的法律秩序和道德秩序方面，理应承担更多的责任。

（4）环保意识。在数字时代，编辑人员还应该加强环保意识，树立环境伦理的新观念，为构建环境友好型社会而鼓与呼。环境伦理是指人对自然所承担的一种道德责任，或者说是人与自然环境和谐协调的关系，它把调整人与人、人与社会的关系扩展到调整人与自然的关系，重视从道德的角度上认识自然、保护环境。有新闻工作者根据自己的切身体会大声疾呼："一个没有环保意识的新闻工作者，绝不是一个合格的新闻工作者。"[1]笔者则认为，一个环保意识不强的编辑出版工作者，绝不是一个合格的编辑出版工作者。

3. 数字时代编辑心理素质的新特质

关于编辑人员的心理素质，过去的研究主要涉及编辑认知能力、兴趣和意志、气质、性格特点、人际交往中的心理特征等。在数字化时代，编辑人员心理素质中的虚拟空间认知和适应能力、风险认知和应急能力、复杂关系的认知和协调能力等则显得尤为重要，必须加以重点研究。

（1）虚拟空间认知和适应能力。媒介化社会也就是虚拟社会。在这样一个虚拟社会，"媒体实验室已经成为主流，而互联网络上的冲浪手则成了在街头游荡的疯孩子。数字一族的行动已经超越了多媒体，正逐渐创造出一种真正的生活方式，而不仅仅是知识分子的故作姿态，这些网上好手

---

① 周海英，张海鹰，朱冬梅.浅议新闻工作者的环保意识［J］.新闻传播，2001（04）：34.

结缘于电脑空间。他们自称为'比特族'或'电脑族',他们的社交圈子是整个地球"。①

社会生活方式的变化构成了传媒活动的新的情境,而这种情境必然对传媒产品提出新的要求,如信息的种类、样式、呈现和获取方式的个性化,意见和情绪表达的个性化等。换言之,"个人和社会生活组织方式的变化既是数字化带来的传媒生态变化的一个结果,同时又反过来改变着传媒活动和传媒生态"。②从这个意义上说,作为数字化时代知识共享的中介以及出版资源整合者和知识生产组织者,对虚拟空间的认知和适应能力,是编辑人员必备的心理素质。

(2)风险认知和应急能力。德国后现代理论家乌尔里希·贝克将后现代社会诠释为风险社会。在风险社会里,一方面,新媒体为迅速组织社会力量化解危机提供了便捷的手段,另一方面又为风险的逐级放大和恐慌的迅速蔓延提供了温床。出版作为一种企业行为,它的投资风险不亚于其他的任何行业。除了投资风险,责任编辑还要承担出版物的政治风险、编校风险和其他种种预想不到的风险。③因此,数字时代编辑人员的风险认知和应急能力不可或缺。

(3)复杂关系的认知和协调能力。复杂关系是一个社会学和人类学的概念。著名的法国人类学家格鲁克曼运用复杂关系与简单关系的概念说明人们之间亲密关系结构的不同对法的发展、法律形式的影响。他认为,简单关系是指人们之间的接触是为了非常有限的、特殊的目的的那些关系。而复杂的关系则与此相反。不过,作者认为,这种复杂关系在现代社会远没有传统社会那样普遍。现代社会是一个复杂的社会,但关系简单。而传统社会是一个简单社会,但关系复杂。我们今天生活在一个复杂的工业化社会中,简单的关系是绝大多数的典型化的关系,因为每个人所从事的工作都已经专门化了。④但是,这样的分析并不能反映数字化社会的最新现实。现实生活中的人可能确实时常处在简单关系之中,比如顾客与店员、百姓与官员、学生与教员、员工与老板等,但是,在虚拟社会中,他们却完全可以身兼数职,担任多重角色,几乎是同时出入于各种网络社区,在

① [美]尼葛洛庞帝著;胡泳,范海燕译.数字化生存 [M].海口:海南出版社,1997:264—265.
② 郑保卫,王静.数字化对传媒生态的影响 [J].兰州大学学报(社会科学版),2008(05):2—7.
③ 杜进祥,郭乃铎.责任编辑如何规避出版风险 [J].科技与出版,2005(05):37.
④ 朱景文.现代西方方法社会学 [M].北京:法律出版社,1994:114.

社交媒体上同时扮演几个甚至十几个角色，与十几个甚至几十个人进行实时交流……一句话，在媒介化社会，人们又开始重返复杂关系之中。这对人们关于复杂关系的认知和协调能力是一个考验，也对媒介工作人员，尤其是编辑人员提出了新的挑战。

4. 数字时代编辑人员的思维新特征

以前关于编辑思维特征的研究，主要集中于创造性思维。在数字化时代，编辑人员的数字化思维、批判精神和人文关怀同样重要。

（1）数字化思维。恩格斯指出："每一个时代的理论思维，从而我们时代的理论思维，都是一种历史的产物，它在不同的时代具有完全不同的形式，同时具有完全不同的内容。"[①] "数字化使人类实现了由现实性的生存方式向虚拟性的生存方式的超越，实践方式决定思维方式，人类的思维方式相应的也要实行转换。与数字化相适应的思维方式是超越性思维方式。"这种思维方式是对传统思维方式的全面超越，其特征是思维内容的虚拟性、思维主体的个体化、思维路径的非线性、思维状态的批判性、思维方法的创造性、思维形式的非理性、思维过程的敏捷性和思维目标的集成性。[②] 有学者则把数字化思维方式描述为"建立在可能性、不可能性与现实性相统一上的一种合成性的思维方式"，"把可能性、不可能性作为思维建构的重要内容……可以提高现实的合理选择，增强现实发展的可选择性、可比较性，从而可以开辟一个更为广阔的现实发展空间"。[③]

（2）批判精神。如上所引学者的观点，批判精神也是数字化思维的特质之一。批判精神之所以是数字时代思维方式的特征，是由于信息是数字化时代的首要资源，而信息又是不断增长而芜杂丛生的。这意味着，我们要想在信息社会生存发展，就必须有选择性地获取信息，对信息进行适当的评价和甄别。如果缺乏批判精神，"我们就可能被信息的汪洋大海所淹没；被各种似是而非的解决方案所迷惑；被他人别有用心的真实谎言所误导"。[④]

（3）人文情怀。数字时代是以数字技术命名的时代，但是绝不意味着在这样的时代人们就应该沦为数字技术的奴隶。在这样的时代，我们每位编辑人员都应该在自觉按照科学规律办事的同时，始终坚持以人为本，注

---

① 马克思恩格斯选集（第四卷）[M].北京：人民出版社，1995：284.
②④ 雷弯山.超越性思维：数字化时代的思维方式 [J].中共福建省委党校学报，2004（1）：58.
③ 桑业明.数字化时代的思维方式 [J].淮南师范学院学报，2004（4）：69.

意自觉甄别科学主义，抵制技术沙文主义，防止技术对人的统治和异化。

无论是传统大众媒介机构工作人员，还是新媒体从业者，都应将人文关怀放在突出的地位，自觉做人文关怀的倡导者和实践者。

同时，笔者之所以将人文关怀放在编辑思维特征范畴内来讨论，是因为与其说人文关怀是一种道德情操，还不如说是一种思维方式，具体体现在人们处理人与自然、人与机构、人与机器之间的关系的思维取向上。不同的思维取向影响着人们对科学技术与人文之间的关系，影响着人们对人自身的态度。这个问题在数字化时代突出地体现为人与电脑、人与网络的关系，值得所有媒体从业人员深思。正如传播学者陈力丹所指出的："科技的合理性也就是控制的合理性，即统治的合理性。人们创造了新的传播科技，会不会反过来被自己创造的东西所异化？不论未来的传播科技会变化出多少更新鲜的媒介形态，这个问题始终应引起我们的警觉与思考。"①

5. 编辑人员的审美取向

过去关于编辑人员素质中的审美特征研究，主要包括简洁、和谐、新颖、真实、统一等方面。在当今数字化时代，多元文化的碰撞和融合带来全新的审美视野，新兴网络文化所透射出的审美平民化和通俗化等倾向日益明显。

"网络时代的到来，使得社会的话语表达方式呈现出与传统社会不同的特点。网络的去中心化，使得话语表达的价值多元化，方式多样化，传统社会的话语垄断在网络面前开始消解。"媒介化社会的崛起，造就了丰富多彩的网络文化，网络文化多半是一种草根文化或大众文化。当然，任何时代的大众文化都是与所谓精英文化相对应、也形成一定的对立的，网络草根文化也不例外。"进入后现代以后，以娱乐消费为功能和价值的大众文化，最明显的特征就是平面化、表层化、破碎化、同一化、庸俗化"，在以其"文化深度的削平、意义的消解、反对阐释、搁置价值判断"等特点，"给审美主体带来更多的轻松愉悦的同时，也带来美的颠覆，品位的错乱，价值的虚无"。因此，编辑人员必须坚持与时俱进跟上时代前进的步伐，敢立潮头，领风气之先，生产出更多更受大众喜闻乐见的信息产品和提供更多的知识服务形式，为人类审美体验的新开掘做出自己的独特贡

---

① 陈力丹.试看传播媒介如何影响社会结构——从古登堡到"第五媒体"[J].国际新闻界，2004（12）：33.

献，同时又要保持某种警醒，防止在"意义消解以后"，导致"价值的失落、思考的停止、理想的丧失、崇高的颠覆、信念的瓦解、道德的失范、判断力的迷失、创造力的死亡"。①

中国编辑学会前会长桂晓风提出了"大文化·大媒体·大编辑"的思想，"当今编辑工作早已远远越出图书出版范围，正在报刊、广播、音像、电子出版乃至影视、戏剧、展览、网络传播、移动终端等更多领域越来越广泛并深刻地影响着人们的思想。立足大出版、着眼大编辑，是整合和提升当代编辑工作的必然途径。"② 我们正处在一个产业融合的大出版时代，媒介化社会深刻改变着出版业的产业生态和出版人的角色定位，作为传媒队伍中坚力量的编辑人员素质也面临着前所未有的挑战。

现在看来，虽然这些年互联网技术有了突飞猛进的发展，但当年提出出版人素养方面存在的一些欠缺却并未得到弥补。不仅如此，随着移动互联网时代的到来和媒体融合新要求的提出，出版人素养方面存在的差距更加拉大了。

（三）出版人素养有待进一步提升的若干方面

笔者认为，媒体融合时代，编辑还应在以下几个方面提高自身的素养。

一是互联网思维。如前所述，所谓互联网思维，就是适应互联网时代生产生活方式和文化发展潮流的思维方式。包括用户思维、去中心化思维、跨界整合思维、大数据思维等，更加重视用户体验和情感，强调开放、平等、共享和互动，专注于精细、极致的产品性能和快捷、贴心的个性化服务。

二是新媒体传播素养。传统媒体与新兴媒体融合，是基于新兴信息科技的"互联网＋"的融合，因为当今社会的信息传播和社会舆论格局发生了颠覆性的变革，人们的阅读习惯发生了数字化、图像化、碎片化转向，所以作为信息传播者的编辑，必须适应这样的变化，要按照新媒体运行规律，学会运用新媒体传播手段和艺术进行有效的传播。

三是互联网文化建构能力。互联网不仅仅是一种经济资源配置平台，一种全新的商业形态，更是人们的一种新的生产生活方式和社会资源组织

---

① 陈更海. 网络时代的大众文化［J］. 文艺理论与批评，2008（04）：119—123.
② 桂晓风. 大文化·大媒体·大编辑［J］. 中国编辑，2008（03）：1.

方式，一种新的文化形态。在这个时代，媒体融合已经成为社会运行的内在要求和媒体生存的现实环境，由于全体网民都参与了互联网文化的建构，因此这一互联网文化的内容必然是泥沙俱下、良莠不齐的；作为内容生产者的编辑，必须首先了解互联网文化，并进而提升自己的文化批判与文化建构能力，为建设和谐健康的互联网文化做出自己的独特贡献。

四是互联网内容生产能力。互联网时代，全体网民作为内容生产者和知识共享者参与了内容建设，一些自媒体人已经具备十分强大的内容生产能力，在互联网平台上与传统媒体争夺用户的眼球，因而也瓜分了过去为传统媒体独占的注意力市场。"与新兴媒体相比，传统媒体过去所生产的内容具有如下劣势：一是数量少，无法满足数以亿计网民的巨大需求；二是数字化程度低，难以检索利用；三是时效性差，跟不上瞬息万变的时代发展；四是分类粗疏，不利于个性化使用；五是可视化不够，不能适应网民的快速浏览阅读。"[1] 因此，媒体编辑如果不提高自己的内容生产能力，其职业生涯将无以为继。

五是价值创造和意义诠释能力。"价值竞争"是"变革时代的主旋律"。[2] "互联网不仅提供了信息充分流通的渠道，更提供了价值充分竞争的平台。在传统主流媒体一统天下的时代，在社会危机事件发生时，媒体很容易控制信息源，也往往能通过发布有关事件的事实信息来'统一思想'；在价值充分竞争的媒体融合时代，这样的传播策略已经失灵。"[3] 在价值竞争中，媒体不仅要在新闻的准确性上下功夫，还应该做出"有态度的新闻"。正如荷兰符号学家梵·迪克所指出的："媒体从本质上说就不是一种中立的、懂常识的或者理性的社会事件协调者，而是帮助重构预先制定的意识形态。"[4] 要讲好中国故事，传播好中国声音，在国际舆论阵地上占有一席之地，提高编辑人员的价值创造能力和意义诠释能力无疑是当务之急。

---

[1][3] 夏德元. 媒体融合时代影响舆论引导效果的主因及对策 [J]. 当代传播，2014（06）：29—32.

[2] 曾涛. 价值竞争：传统行业的商机与危机 [M]. 北京：机械工业出版社，2000：45.

[4] ［荷］托伊恩·A. 梵·迪克著，曾庆香译. 作为话语的新闻 [M]. 北京：华夏出版社，2003：12.

上海现有出版人才培养体系概况

丛 挺 魏 林

摘 要： 上海作为我国近现代出版发祥地和传统出版重镇，在出版人才培养方面居于国内领先地位。本文通过对一手资料的分析，从中职、高职、本科、硕士和博士等不同办学层次，对上海出版人才培养体系进行系统梳理，并结合当前人才培养中面临的现实问题，提出未来推动出版人才培养的方向和建议。

关键词： 上海 出版业 人才培养体系

近几年，随着文化创意产业的兴起与出版业转型升级加快，出版人才培养受到各方高度关注。根据相关学者统计，目前约有 505 所高职院校开设 754 个出版及相近专业，开设编辑出版学、数字出版等本科专业的普通高校为 92 家，招收学术型和专业型硕士研究生高校分别是 45 家和 20 家，招收出版专业或设立研究方向的博士点院校约 12 家。[①] 上海作为我国出版业重镇，同时又是全球文化创意资源聚焦城市，在出版人才培养与专业建设方面居于国内领先地位。在国家新闻出版署和地方政府的大力支持下，依托本地丰富的出版文化资源和出版院校的积极建设，上海市现已形成包括中职教育、高职教育、本科教育、硕士生教育和博士生教育的完整出版人才培养体系。

目前，上海出版类职业教育培养院校 2 所，分别是上海新闻出版职业技术学校、上海出版印刷高等专科学校；编辑出版学本科教育培养院校 3 所，分别是华东师范大学、上海理工大学和上海师范大学；出版类硕士教育培养院校 4 所，分别是复旦大学（出版专硕）、华东师范大学（出版学

---

① 施勇勤. 我国出版专业教育现状与发展对策 [J]. 出版发行研究，2017（01）：67—72.

硕和专硕)、上海理工大学(出版学硕和专硕)和上海师范大学(出版学硕),其中出版学术型硕士学位点 3 家,出版专业型硕士点 3 家;出版类博士教育培养院校 2 所,分别是华东师范大学(挂靠传播学博士点)和上海理工大学(挂靠传媒管理博士点)。

表 1 上海市不同层次出版人才培养机构表

办学层次	类 型	学 校	数量
职业教育	中等职业教育	上海新闻出版职业技术学校	1
	高等职业教育	上海出版印刷高等专科学校	1
本科教育		华东师范大学、上海理工大学、上海师范大学	3
硕士生教育	专业型硕士	复旦大学、华东师范大学、上海理工大学	3
	学术型硕士	华东师范大学、上海理工大学、上海师范大学	3
博士生教育		华东师范大学(挂靠传播学博士点)、上海理工大学(挂靠传媒管理博士点)	2

以下主要从不同层次,结合相关学校采集数据和资料,对上海出版人才培养体系进行系统梳理。

一、上海出版人才的职业教育

目前上海市开设出版职业教育院校主要有 2 所学校,其中上海新闻出版职业技术学校是面向中等职业教育,上海出版印刷高等专科学校则面向高等职业教育。

(一)中等职业教育

上海新闻出版职业技术学校隶属中共上海市委宣传部,是经上海市人民政府批准成立的公办全日制职业学校。学校拥有上海市出版发行行业职业技能鉴定所、新闻出版行业特有工种职业技能鉴定站、上海市印刷品质量监督检验站(上海绿色认证检测中心),同时挂牌上海新闻出版教育培训中心,[①] 承担着人才培养、技能鉴定、认证检测和公共服务的重要职能。作为上海市首批中等职业教育改革发展特色示范学校,该校为出版印刷行业输送近 2 万名合格技术人才,上海新闻出版行业培养近百名国际领军人

---

① 上海新闻出版教育培训中心 [EB/OL]. http://www.nppn.com.cn/.

才。学校现有的出版商务、数字出版专业领域已与上海出版印刷高等专科学校开展"中高职贯通"培养，实现中职和高职课程体系的有效整合与合理衔接。

上海新闻出版职业技术学校的数字出版专业聚焦数字媒体技术在数字出版中的应用，培养具备新媒体素养的数字内容生产、服务者，能在新闻出版、多媒体、影视等领域，从事产品数字化、传播数字化、管理数字化方面的技术技能人才；该专业秉持国际化信息化的理念，通过理实一体化的课程，产教融合、校企合作的模式，真实场景的实训环境，聚焦 UI 设计、交互书刊、视频拍摄、VR 影视、三维制作等新媒体出版内容，培养学生具备职业发展与成长的能力。出版商务专业则聚焦文化传播、阅读推广、文创产品营销领域，培养面向知名网站、文化传播策划单位、出版物商务机构等，从事出版物传播与营销、新媒体文化产品经营及电子商务的技术技能型人才；该专业秉持弘扬与传播先进文化的理念，打造精品特色的专业教学课程，通过知识先导、学做一体的教学模式，紧跟文化产业的最新发展，按照现代出版物传播的要求，聚焦出版物营销策划、出版物数据分析、电子商务运营等文化产品经营管理技能，培养学生具有职业发展与成长的能力。[①]

表 2　上海新闻出版职业技术学校出版相关专业情况表

专业名称	专业方向	就 业 方 向	职业发展与规划
数字媒体技术应用专业	数字出版产品制作	主要面向大众传媒企事业单位、网络文学公司、数据公司、多媒体制作、影视广告、传媒、信息、教育等企事业单位	动画设计师 交互设计师 视频编辑 数字多媒体制作
出版与发行专业	出版物传播	主要培养文化创意产品推广、图书报刊发行的销售经理人才，毕业后，可在知名网站、文化创意企业、出版社、图书公司从事产品策划经营、电子商务工作，亦具备自主创业的技能	出版发行营销管理

（二）高等职业教育

上海出版印刷高等专科学校（以下简称"上海版专"）创建于 1953

---

① 上海新闻出版职业技术学校 2019 招生简章［EB/OL］. http://www.jpzx.net/WebNews/News/List/6/33.

年，是新中国建立的第一所出版印刷类学校，国家新闻出版署（原国家新闻出版总署）与上海市人民政府共建的特色学校。该校以培养服务上海和全国出版印刷传媒业的技术技能型人才为己任，秉承"立足上海、领先国内、依托行业、服务社会"的办学理念，以"工文艺融汇、编印发贯通、教学做互动"为办学特色，致力于建设特色鲜明的应用技术技能型高等院校。2010年，学校被列为国家100所骨干建设高职院校单位之一。

上海出版印刷高等专科学校现设有出版与电脑编辑技术、出版与发行、数字出版等出版相关专业。在人才培养方面，上海版专坚持以应用实践为导向，形成相对明确的能力模块，以及对应课程和职业资格证书，保障人才培养质量。以出版与电脑编辑技术专业为例，该专业将职业能力结构分为专业能力、社会能力和方法能力，进一步细分为17条能力要求，如专业能力中的应用出版行政管理能力和著作权常识应用能力，社会能力中的成本意识和营销意识，方法能力中的新技术学习能力等，针对核心能力对应岗位资格证书，包括出版专业职业资格（初级）、包装设计师（中级和高级）、出版物发行员职业资格（中级）、网络编辑师（助理、中级）等。针对学生实践能力培养，上海版专结合学校专业优势与特点，采取一系列有力举措，激发学生创新创业热情。如学校创办"尚书"网站建设运营模拟公司，探索多专业融合模拟公司下的出版专业高技能人才培养模式。该项目运营层各部门由出版传播与文化管理专业群各专业组建形成，经过多年来的实践，在出版类高技能人才培养上取得显著成效。①

表3　上海出版印刷高等专科学校出版相关专业情况表

系　　所	专　　业	就　业　方　向
出版与传播系	出版与电脑编辑技术	技术编辑、图文设计、出版信息管理等
	出版与发行	出版物发行、营销策划、购销管理、市场调研、电子商务等
	数字出版	数字内容资源编校、数字技术集成管理、网页设计制作等
文化管理系	出版与发行（文化媒介与版权经纪方向）	文化出版传媒策划、版权经纪等

---

① 李鹏飞，罗尧成. 多专业融合模拟公司下的出版专业高技能人才培养模式探索——以上海版专"尚书"网站的建设运营为例［J］.科技与出版，2013（01）：85—87.

（三）职业培训

除了学校教育，面向从业人员的相关培训，也是出版人才培养的重要组成。上海新闻出版教育培训中心是原上海市新闻出版局直属单位，是集职前与职后、学历教育与非学历教育、党政管理干部与专业技术人员培训为一体的多层次、多形式、多规格的综合性培训机构。自2012年起，中心培训超过9000人次，先后与美国纽约大学出版中心、英国斯特林大学出版中心、德国图书信息中心等高校和出版单位联合举办各类出版研修班，初步形成人才培养的规范体系。根据在线数据采集，截至2019年9月，近两年内上海新闻出版教育培训中心共计开展各级各类培训、讲座和会议20余次，为上海新闻出版业管理者与业务人员提供针对性的培训指导，其中包括"上海市新编辑业务培训""上海市报纸社长、总编（主编）岗位培训""上海网络游戏运营企业内容管理会议"等。

二、上海出版人才的本科教育

目前，上海地区开设有编辑出版学本科专业的高校有3家，分别是华东师范大学、上海理工大学和上海师范大学。除此之外，还有部分高校开设有与出版相关的课程。以下主要以开设编辑出版学专业的3所高校为对象，介绍上海地区出版本科层次人才培养状况。

华东师范大学作为国内一流高校，在传播学院下设编辑出版学专业。依托学校丰厚的人文传统与出版资源，旨在培养具备系统的现代编辑出版理论知识与实践应用技能的高级专门人才。强调学生应具备深厚的文化底蕴与专门的学科知识，熟悉我国新闻出版与宣传的政策法规，掌握出版产业各个环节的基本技能，适应全媒体语境下出版产业对人才的需求。[①]从培养目标与专业课程情况来看，华东师范大学重视出版人才的文化素养与专业知识，有较多人文类的课程设计，包括中国人文经典、外国人文经典、西方文化通论、大众文化研究等。

上海理工大学作为特色显著的理工科大学，紧密围绕繁荣文化创意产业发展、推进新媒体与传统媒体融合发展、促进新闻出版产业转型升级及

---

① 华东师范大学传播学院编辑出版学专业介绍［EB/OL］. http://www.comm.ecnu.edu.cn/htmlaction.do?method=toGetHtmlListByMenuType&menuType=315#.

融合发展的战略需求，依托国家新闻出版署与上海市政府的共建平台、深厚的新闻出版行业资源以及上海理工大学的"工程型、创新性、国际化"人才培养特色和理工科大学背景的综合学科优势，重点培养数字编辑、出版商务与文创出版三个方向的编辑出版专业人才。针对以上培养目标，上海理工大学将毕业要求分为素质要求、能力要求和知识要求，细分为20条要求项，其中在知识要求中突出强调出版创意策划和内容编辑等基本技能、新媒体内容编创和运营能力、新媒体运作和数字市场推广能力、创新思维和创意能力等。依托专业课程和实践，提升学生新文创与融合出版思维、出版融合技术应用及创新创业等能力。

上海师范大学编辑出版学专业始建于2002年，是上海市首家成立的本科编辑出版学专业。该专业入选上海市地方本科院校"十二五"本科内涵建设计划，以"行业介入型"为专业建设的鲜明特色，是上海师大重点学科之一。该专业以扎实的编辑出版素养教育与技能体系为核心，着重培养具备国际视野、人文素养和创新理念，并掌握各类书、报、期刊杂志等传统媒体以及数字编辑、跨媒体项目策划、网站等新媒体出版的编辑、App 策划与设计、制作、营销、管理等方面知识和能力的复合型专业化新闻出版传媒人才。[1] 从培养目标来看，上海师范大学编辑出版学专业突出与行业结合的特色，通过中外合作办学、交流实习等方式提高学生的实践应用能力。

整体而言，上海市编辑出版学本科教育在国内居于领先地位，不同院校结合自身资源优势，形成各自的学科特色与发展定位，为上海乃至全国出版与文化产业输送优质人才。

三、上海出版人才的研究生教育

研究生教育作为高层次教育，现已成为出版人才培养的重要组成部分，其中包括学术型硕士、专业型硕士、博士教育。以下结合上海地区不同类型出版研究生教育情况展开介绍。

（一）出版学术型硕士教育

目前，上海地区建立有出版相关方向学术型硕士的高校有 3 所，分别

---

① 上海师范大学影视传媒学院专业概况［EB/OL］. http://xiejin.shnu.edu.cn/ad/cc/c15603a699852/page.htm.

是华东师范大学、上海理工大学和上海师范大学。以上三所高校的出版学硕均下设在新闻传播学一级学科，其中华东师范大学是在二级学科传播学下开设文化理论与编辑出版实务，上海师范大学则是在二级学科新闻学下开设出版文化与新媒体实务研究、出版市场与营销研究、网络出版研究等多个与出版相关的研究方向。

与华师大和上师大不同，上海理工大学是自设的数字出版与传播硕士点，该硕士点是在国家新闻出版署（原国家新闻出版广电总局）支持下设立的全国第一个数字出版学术型硕士点。该专业侧重数字出版、数字媒体传播等方向，培养具备现代传播理论分析数字出版等实践问题，具有数字出版项目策划、数字编辑技能、数字营销与传播策划、数字出版服务与经营能力，掌握数字出版常用技术的高级应用型人才。从开设相关课程来看，上理工数字出版与传播专业具有很明显的技术应用导向，课程包括数字媒体技术应用、数据挖掘基础与应用、数字媒体界面设计等课程。

表4　上海市出版学术型硕士培养情况表

学　　校	一级学科	二级学科（方向）
华东师范大学	新闻传播学	传播学（文化理论与编辑出版实务）
上海理工大学	新闻传播学	数字出版与传播
上海师范大学	新闻传播学	新闻学（出版文化与新媒体实务研究，出版市场与营销研究，网络出版研究）

（二）出版专业型硕士教育

为适应我国出版事业发展对出版专门人才的迫切需求，完善出版人才培养体系，创新出版人才培养模式，国务院学位委员会于2010年审议通过了出版硕士专业学位设置方案。2011年，南京大学、武汉大学、复旦大学等14所高校获得首批出版硕士专业学位授权点，2014年，华东师范大学、上海理工大学等6所高校也相继获得出版专业学位硕士点。相比于传统学术型硕士，出版专业学位硕士突出实践导向，侧重于培养适应现代出版业发展需要的高层次、复合型、应用型出版专门人才。目前，上海地区有复旦大学、华东师范大学和上海理工大学开设有出版专业学位硕士点。

复旦大学出版专硕以复旦大学中国语言文学系为依托，整合复旦大学新闻学院、复旦大学出版社、上海世纪出版集团等校内外优质资源，致力于打造国内一流、国际领先的高层次、复合型、应用型出版专门人才培养基地，其开办的专业方向包括出版实务与实践、数字出版。① 培养理念方面，复旦大学出版专硕在坚持理论与实践、文化与市场、创新与传承的培养理念下，特别强调"实践性"，通过实行导师"双师制"（为本专业硕士生配备两位学业导师，包括校内导师和行业导师），鼓励证书"三证制"（除学历证书、学位证书外，还鼓励学生参加全国统一考试，取得《出版专业技术人员职业资格证》），促进学生的专业实践能力，提升学生核心竞争力。

华东师范大学出版专硕依托华师大传播学院教学资源与华师大出版社、上海九久读书人文化实业有限公司等行业资源，以每年的上海书展和上海童书展为平台，为学生提供全程的大型出版活动实践机会。其培养方式同样实行"双师制"，强化"三证制"培养，培养方向包括书刊编辑出版和数字出版，强调对国内编辑出版前沿和国际出版潮流的分析，强化案例分析与实训方式在教学中的运用。

上海理工大学是于2014年获批出版专硕学位授权点，2015年开始招生，同年与上海张江国家数字出版基地合作，申报并获得"上海市出版专业学位研究生实践基地"。在设立初期，该出版硕士点就树立"产教融合、注重创新能力"的人才培养理念，体现上海理工大学出版硕士点"工文艺融合"的学科定位，培养面向大众出版、教育出版、专业出版，以及新媒体移动出版领域的项目管理、数字编辑、数字营销等高级应用型专业人才。该硕士点专业方向分为出版经营管理、数字编辑、数字营销三个方向。

表 5　上海市出版专业型硕士培养情况表

学　　校	硕　士　点	研　究　方　向
复旦大学	出版专业硕士	出版实务与实践、数字出版
华东师范大学	出版专业硕士	书刊编辑出版、数字出版
上海理工大学	出版专业硕士	出版经营管理、数字编辑、数字营销

整体而言，上海地区三所开设出版专硕学位点的高校已形成较为完整的人才培养体系，且具有鲜明的实践导向，充分利用上海优质的出版与文

---

① 复旦大学中国语言文学系出版专业介绍［EB/OL］. http://chinese.fudan.edu.cn/65/d5/c15175a157141/page.htm.

化创意资源，以及各自高校对接的行业资源，开展多样化的实践教学，为上海出版专业人才培养提供强劲支撑。

（三）出版博士研究生教育

由于在国内没有专门的出版学一级学科，大部分高校是在一级学科之下自设二级博士点或增设研究方向。目前，上海地区开设有出版相关方向博士点的高校有 2 所，分别是华东师范大学和上海理工大学。

华东师范大学出版方向的博士点下设在传播学二级学科，具体的研究方向为编辑出版与传媒文化研究，主要是学术型硕士教育的延续，更侧重在传媒文化的理论研究。上海理工大学出版方向博士点由于设立在传媒管理二级学科下，更多是管理科学层面对出版传媒产业展开研究。

表 6　上海市出版相关专业博士培养情况表

学　　校	一级学科	二级学科	研　究　方　向
华东师范大学	新闻传播学	传播学	编辑出版与传媒文化研究
上海理工大学	管理科学与工程	传媒管理	传媒管理、出版传媒产业研究

四、总结与展望

随着人工智能、大数据等技术的迅猛发展，出版业内容生产模式、产品形态、经营方式和发展逻辑都发生了巨大变化，对出版专业人才培养提出新的要求。目前，上海地区基本建立起了包括职业教育、本科教育和研究生教育在内的完整出版人才培养体系，为上海乃至全国出版业发展提供人才保障。然而，面对新时代的机遇和挑战，上海出版人才培养方面仍面临诸多问题亟待解决。

首先，出版人才培养规模有待提高。尽管上海出版人才培养体系相对完整，但各个层次学校数量较少，如本科阶段只有 3 所高校，这与上海传统出版重镇地位不相符，也难以适应快速发展变化的出版业对应用型人才的迫切需求。因此，有必要加强对出版人才培养的重视程度，进一步加大培养队伍的规模，推动上海新闻出版事业的可持续发展。

其次，培养目标同质化程度较高，缺乏差异化定位。尽管不同高校在学科背景与资源优势方面存在差异，但落实到培养目标层面，仍然存在同质化较高的问题。此外，不同层次的出版人才培养，特别是本科与硕士阶段，教授内容也应有鲜明的区分度，从而形成差异化的发展定位。

最后，上海地区出版高校交流互鉴与资源共享亟待加强。从目前发展来看，上海地区出版类高校既有"985"级别高校、市属重点高校，还有大专院校，然而，相比于北京、浙江等地出版专业高校之间的频繁互动，上海地区不同高校之间的互动交流程度较低，资源共享意愿不足。

针对上述现状和问题，作者认为，未来上海出版专业人才培养应着重加强几方面工作。

一是鼓励更多高校开办编辑出版学本科专业，或申请出版专业硕士学位，以丰富上海地区多层次的出版专业人才培养发展，尤其是像上海外国语大学、上海体育学院等特色型高校，可积极参与到出版教学队伍中，以形成差异化的人才培养格局。

二是建立上海出版智库，从招生就业、课程体系、学习实践等各方面系统性、全面性规划人才培养流程，做好出版专业不同学历之间的衔接，实现出版人才的全面而自由的发展。

三是充分利用上海优质出版和文化资源，加强出版专业高校之间、高校与行业之间的深度交流合作，如定期举办学科研讨会、产业峰会、学术沙龙等，加强各单位之间的资源共享，引领国内出版专业教育和出版行业发展趋势。

出版人才培养模式的创新与探索

程海燕

摘　要： 随着数字技术的不断发展，出版业也在不断变革，对人才的需求也发生了很大变化。人才市场的变化，对高校出版专业人才培养模式提出了新要求。本文总结了国内外具有代表性的高校出版人才培养模式，总结了高校出版人才培养中存在的一系列普遍问题。基于这些问题给出相应对策，并根据这些策略提出"两引一支"与"2+2"的创新出版人才培养模式。

关键词： 出版人才培养　培养模式　高校出版

当前，我国出版行业经济规模稳步增长，根据国家新闻出版总署发布的《2018 年新闻出版产业分析报告》显示，我国出版、印刷与发行服务在 2018 年达到年收入 18687.5 亿元，比 2017 年增加了 3.1%。[①] 在我国出版业的不断发展壮大和技术推动下，以及出版业变革的大背景下，出版行业对人才的要求也有了新的变化。通过智联招聘、中华英才网等招聘网站上对出版业人才的需求上看，在传统图书编辑的基础上，营销宣传、品牌规划、产品设计等成为出版行业亟须的人才。可见，出版行业的市场越来越重视人才的沟通与协调能力、创新能力以及对出版技术的运用能力，这是在时代发展下对出版人才提出的新要求，新要求推动着高校必须以培养综合能力强的复合型出版人才为培养目标。

---

① 中国新闻出版广电报. 2018 新闻出版产业分析报 [EB/OL]. https://www.chinaxwcb.com/info/555964.

一、国内外高校出版人才培养模式的尝试

（一）国内高校出版人才培养模式的尝试

国内出版本科教育的起源是以 1953 年创办的上海印刷学院、1956 年中央工艺美术开设的书籍装帧本科专业和同年中国人民大学开设的出版专业为标志。1983 年，教育部允许武汉大学设立"图书发行学"专业，并在 1987 年将专业名称改为"出版发行学"。这些高校和专业的出现，为如今已经历经快 70 年发展历程的出版高等教育奠定了坚实的基础，也为整个出版行业培养了大量优秀人才。后来，为了培养出更多的实用性人才，国家在 2010 年批准成立出版硕士专业学位，同年 7 月，包括北京大学、复旦大学、四川大学在内的 14 所院校获得首批出版硕士专业学位的授予权。2014 年 5 月，上海理工大学、青岛科技大学、苏州大学等 6 所高校成为第二批获得出版硕士专业学位授予权的学校。

多年来，高校编辑出版相关专业为出版行业输入了大量优秀的专业人才。但随着技术变革，出版市场变化，高校出版专业人才培养遇到了新问题，如何培养适合数字化时代的新出版人？如何改革旧有的出版人才培养模式？是每个高校面临的亟须解决的问题。

1. 北京师范大学珠海分校的"实践作坊"模式

北京师范大学珠海分校认为，培养新时代需要的复合型出版专业创新人才必须要加强学生实践能力的培养。对此，北京师范大学珠海分校提出了"三位一体"的人才培养理念，分别为课堂、课外和实践。[①]学生在课堂上学习到基础理论知识，再通过学校为学生在校外搭建的实践基地进行实践学习，逐步形成一套以"三位一体"理念为基础的"实践作坊"模式。在该模式下，以责任教授为主要教导人，通过较多的真实项目对高年级的学生进行直接指导，高年级学生在学习到知识后再由他们指点低年级的学生。责任教授则一般将模拟或真实项目分解子项目为知识点，偶尔指导低年级学生。除了责任教授，其他专业课老师也会对学生进行辅导，模式具体流程如图 1。[②]

[①②] 林书兵，陈藩庚. 独立学院编辑出版学专业人才培养模式——以北京师范大学珠海分校为例 [J]. 现代出版，2014（02）：31—34.

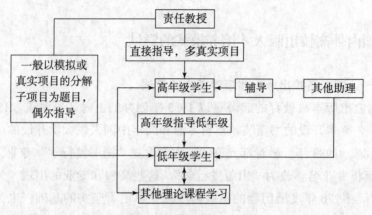

图1 "实践作坊"模式

"实践作坊"人才培养模式中，每一位学生或者老师都不是单独的个体，而是共同参与，并构成学习实践的共同体，帮助学生树立团队协作意识。与传统的灌输式教学模式相比，"实践作坊"模式以学生为主体，更能够提高学生自主学习的能力。出版作为一门实践性强的学科，在这种模式下，通过项目模拟，可以有效地把在课程上学习到的基础理论知识和实践结合在一起，让学生融会贯通，真正实现理论指导实践、实践强化理论的效果，有效提高学生的实践动手能力。

2. 北京印刷学院的"多元化"模式

（1）"3+1"模式

北京印刷学院（以下简称北印）在2008年与中国新闻出版研究院共同建立"中国数字出版人才培养基地"，与电子工业出版社共建"数字出版实验室"并且获批"北京市高等学校市级校外人才培养基地"[①]。这些年北印的毕业生就业率一直位居全国前列，近年来又紧跟数字技术对出版行业人才需求的变革，立足于学校优势资源的基础，为人才培养模式上探索出一条新路，其中主要表现为"3+1"人才培养模式。

"3+1"模式就是指本科学生要在学校的前三年学习完所有的课程，学校实习学分制，只有完成所有校内授课，才能够修满学分，然后大四期间到与本专业有关的企业进行实践学习，在实践期间由实习导师负责与学生进行实习上的沟通，来确保学生在实习过程中遇到问题能够及时发现和处

---

① 衣彩天. 高校数字出版人才培养模式思考——浅谈北京印刷学院数字出版人才培养的几点经验［J］. 出版广角，2013（07）：78—79.

理。学生实习时间满后，需要进行毕业前的实习答辩，以检验实习效果。

"3+1"模式让北印的学生更好地把在校期间学习到的理论与工作联系在一起，让理论落实在实践中，更利于加深对理论知识的理解。通过出版企业的招聘信息可以发现，企业更希望招聘到有经验，实践能力强，能解决实际工作中问题的人才。北印采取这一模式可以有效提高学生的实践技能能力，使学生在就业市场更受用人单位的欢迎。

（2）"以赛代练"模式

为了进一步提高学生的实际操作能力，除了"3+1"模式外，北印通过"以赛代练"的模式，积极组织学生参加比赛，如知识竞赛、大学生创新创业、行业技能大赛、网络编辑征文等比较大的赛事。通过参加比赛，使学生把书本知识得以综合运用，并且在比赛中学生的动手能力、创新能力、团队协作能力等都会得到锻炼，也解决了校内实践资源不丰富的问题。除了比赛之外，还鼓励学生积极参加与出版有关的高端会议，校方也经常邀请国内外高校的专家来校，通过读书沙龙、名人讲座等形式，使学生近距离接近顶级专家，开阔学生眼界。

（3）"订单式培养"模式

订单式出版人才培养模式是指与企业合作按照行业对出版人才的需求来实现"定制人才"的培养。这种模式较常用于目前的专科院校，但在高等学校中还不常见。订单式培养模式的形成主要因为当前出版行业对人才的要求高，很多刚开始从学校出来的学生进入工作岗位并不能满足企业需求。北印借鉴此模式一方面降低了合作企业人员培训的成本，为企业培养出更多高质量人才；另一方面也利于解决学校毕业生的就业问题，让学生在学习的过程中提前了解就业环境。

综上可见，国内比较有代表性的北京师范大学珠海分校和北京印刷学院在出版人才培养模式的探索上，都十分重视对学生实践能力的培养，也都以提高学生综合能力为首要目标。

（二）国外高校出版人才培养模式尝试

1. 德国的"双元制"模式

在德国，发达的教育体系是支撑国家经济飞速发展的重要原因之一，其中最为突出的就是"双元制"教育模式，指学校和企业共同培养学生。德国的出版教育有两种，分为大学教育和职业教育。"双元制"模式不仅仅用于职业或专科中学，还用于专科大学或职业学院，是一种以培养学生职业能力为基础，以为以后的工作而学习为目标，以职业活动的开展为核心的教育模式。①

"双元"就是指学校与企业。通过学校与企业的合作，让实践与理论相结合，类似于我国的"订单式培养"模式。不同的是，学生必须通过企业的技能考试，只有通过了行业协会的考核，才能达到毕业条件。

2. 新加坡的"教学工厂"模式

"教学工厂"是新加坡南洋理工学院的教学特色，学校为了让教学环境与学生未来就业环境紧密联系，让学生在校方提供的教学工厂生产环境中参与生产，零距离接触到实际操作的知识与技术。在教学工厂中，以老师为主要带领人，领导学生在合适的项目中实践，通过师生协作完成项目，并把在项目中获取的具有参考价值的资料作为以后的教学案例。虽然在面对不同专业时，"教学工厂"的理论会有差异，但其本质上的教学特色是一样的，如在出版专业可以构建"教学书店""出版项目开发室"，在工商管理专业有"学生超市"等。②南洋理工学院的学生在入校的第一学期就会被安排参与项目开发，从入学到毕业，项目教学贯穿始终。在项目实践中，学生整合信息能力、协调能力、项目实操能力等多方面能力都得到了锻炼，这些都会成为未来就业中选择大企业的资本。除了校内工作室，每个专业都有几十家甚至几百家企业为学生提供实习岗位，学校老师会与企业保持紧密联系，随时了解到哪些实习岗位有空缺，及时将学生推荐到对口的优秀企业实习，使学生能力得到锻炼和完善。

在数字时代，我国高校出版人才培养需要与时俱进，才能培养出更多适合行业发展需求的人才，从而进一步推动整个出版业的繁荣发展。我国可以借鉴国外先进的人才培养经验，将其推陈出新的用于我国出版人才的培养上。

二、高校出版人才培养模式的问题

通过分析国内外几所高校的人才培养模式，可以看出各高校都在致力

---

① 陈丹，周红. 德国双元制教育模式对我国数字出版人才培养的启示［J］. 科技与出版，2010（12）：54—57.
② 陈桃珍. 新加坡高职人才培养模式的启示——以数字时代出版人才培养为例［J］. 高教探索，2012（01）：119—122.

于发展一个实现学生全方位发展的教育模式，但我们仍然可以发现一些问题，导致我们培养的出版人才并不能完全满足行业的发展需求。

（一）教学方式缺乏创新

当前，很多高校在教学中存在的最大不足就是在课堂教学上较为注重理论知识的传授，缺乏与实践相结合的实用性知识。虽然目前大多数高校都开始注重起学生实践能力的培养并创办相关培养模式，但实践基于知识，任何时候都不能离开课堂教学而空谈实践，二者相辅相成。一些高校开设了如"出版史""编辑史"之类的课程，要让学生死记硬背这些知识，很难让他们提起兴趣。如果未来从事的非出版研究类工作的话，开设与实践结合的更密切的课程更利于学生就业，更能够激发学生兴趣，进一步推进学校实施提高学生实践能力的培养模式。此外，一些高校仍然采用传统的以知识灌输为主的教学方式，无法调动起学生学习的积极性，导致课堂上师生互动不足。在教学内容的设计上也缺乏创意，没有紧跟目前出版行业的最新发展动态，把最新的科研成果转化为教学资源，很少根据学生的个性化特征、实际动手能力、创新精神进行有针对性的培养。[①]

（二）课程设置不合理

随着数字出版的发展，我国高校也开始重视起和数字出版教育有关的课程，不同高校的主要课程设置也存在差异，但在整体上存在数字出版技术课程设置较少、课程设置交叉性较少等问题。虽然高校设置的专业课程能够体现学校的特色培养目标，但就数字出版人才培养和专业建设层面来看，各高校没有在专业素养和特征上达成一致，限制了我国数字出版教育的发展。

当前的课程设置不同于传统出版人才培养，主要体现在不仅需要理论知识的支撑，也需要学习新兴的数字出版技术，但高校在课程设置上要注重理论与技术课程的比例，太过于偏重某一类型容易导致知识缺乏系统性，使得学生无法构建一个完整的知识体系，不利于复合型人才的培养。但就目前高校开设此专业的整体情况来看，课程设置更偏向于理论知识，尤其是出版与新闻传播知识，较少开设与技术有关的课程。以中南大学的数字出版本科教育为例，见表1。[②]

---

① 李立云，蒋挺.我国高校复合型数字出版人才培养模式研究［J］.科技与出版，2018（07）：137—143.
② 张苗苗.数字出版人才培养研究［D］.西安工业大学，2018.

表1　中南大学数字出版本科课程设置

学　　校	中南大学
课程设置	专业基础、信息技术、营销管理、文化素养等四大知识板块的课程。专业核心课程集中于数字出版概论、网络编辑实务、数字出版营销与管理、网络知识产权、中外出版史、版权贸易与管理、数字媒体技术与应用。

由上表可以发现，中南大学虽然开设了数字出版专业，但其课程内容更着重于传统理论知识，数字技术等方面的知识则较少涉及。出版复合型人才需要学习出版理论知识、数字技术知识、出版经营与管理的知识，还要拥有能把这些知识融入实际操作中的能力。随着出版产业类型越来越丰富，如果高校仍旧局限于现状而不进行课程改革，培养出的人才难以满足出版业未来发展的需要。

（三）师资力量不足

我国高校的出版教育起步时间较晚，一些出版专业的教师并未接受过出版专业学习，也缺乏相对应的从业经验。一方面，目前许多高校的师资力量较为薄弱，师资队伍中具有高理论水平和从业经验的人才相对较少。我国出版专业的老师，通常是学历高、科研能力强，但往往缺乏在出版行业中的实际经验，这就容易导致老师教学时在传授实用型知识上的欠缺。而且有些高校在师资不足时，让原本一些教授汉语言文学等专业的老师来跨专业授课，让其在人才培养的专业性上大大减弱。另一方面，复合型师资更加缺乏。① 部分高校为了培养适应数字出版时代的人才也在调整教学目标，一些如数字媒体技术的课程需要专业的老师进行教授，但要注意的是很多出版专业的学生在刚开始接触数字技术时基础比较薄弱，要试着由浅入深、由表及里的授课，从而激发学生学习的兴趣。

三、高校出版人才培养模式的探索

在分析了解了国内外部分高校的出版人才培养模式并从中得到一些启示后，如何探索出一条新的出版人才培养之路成为亟须思考的问题。笔者

---

① 吴鹏，程放.数字出版转型期高校出版人才培养策略探究［J］.出版发行研究，2014（02）：91—94.

在研究了相关人才培养模式文献后，提出"三维一体"出版人才培养策略和可以尝试的创新模式。

（一）"三维一体"的出版人才培养策略

"三维一体"即是人才培养主体、平台、手段，实践教学体系和实践教学手段三个维度的协调统一。具体内容如下：

1. 人才培养主体定位、平台打造和手段优化

（1）人才培养主体定位

为了提高学生自主学习的能力，在出版专业的课程上要摒弃传统的在课程上填鸭式照本宣科的教学方式，借鉴国外丰富多元的教学方式，形成以学生主体、教师主导、企业导向的人才培养主体定位的教学结构。在教学过程中，要让学生积极主动地参与其中，而不是单向式教学，可以让学生每周汇报出版案例，学生在查找案例的过程中会了解到企业成功的经验或失败的教训。但仅仅是分享案例还远远不能达到效果，要让学生在具体的案例中提出自己的问题和想法并进行课堂讨论和模拟训练，把案例教学、互动式教学、实践教学结合在一起的教学方式有利于形成学生和老师良好的双向互动。老师在课堂上应该起到主导作用，在传授基本学科的同时，可以组织安排学生到有关企业参观学习。此外，还可以聘请企业中高水平的编辑出版人员参与到教学中，这类人员会比老师更加具有社会实践经验，通过分享他们丰富的出版经历，为学生提供更加真实生动的案例，帮助学生了解出版的前沿动态。

（2）人才培养平台打造

人才培养平台可分为"课堂—课外—校外"三大平台，首先是课堂基础理论知识学习的平台，这也是构建另外两个平台的基础。这个平台上要注重与出版有关的知识，虽然出版专业注重实践，但实践也是基于基础知识之上才能进行。出版专业学生的课程由专业课和选修课这两部分组成。专业课包括教育部规定的专业主干课程以及各高校根据学校想要培养人才的侧重点所开设的课程，选修课则由学生根据自身想要提高的能力进行自主选择，如数字技术能力、营销管理能力等。

其次，是课外学习知识的平台。学校可以根据自身情况在校内建立出版实训室[①]，每周安排固定的时间让学生在实训室里进行操作练习，也可以

---

① 马持节.全媒体编辑出版专业人才培养创新研究——以广东财经大学编辑出版学专业改革为案例［J］.中国编辑，2014（04）：74—77，83.

延长实训室开放的时间，让学生可以随时实践。通过模拟出版从产品到运营的完整流程，培养学生出版产品的制作与编辑能力。

最后，是校外学习平台。校外实践平台可以是老师组织学生定期到企业参观学习，也可以与企业进行合作，企业发布创新创业的项目，再与学校共同构建出版创新创业的平台，学生可以通过此平台发挥所长，锻炼自主创新能力，为出版市场注入新活力。

人才培养平台的打造，是对人才培养模式的完善。当前高校人才培养很大程度上落后于出版业的发展，因此，在平台的搭建中，要做好每一个环节、每一块内容，只有将课堂、课外、校外三者有机结合在一起，才能够创新数字媒体环境下出版人才的培养模式，培养出真正适应市场需求的人才。

（3）人才培养手段优化

优化人才培养的手段，最重要的是以实习实训、创新创业、实践就业为宗旨，转变人才的培养目标、完善课程体系、建设师资队伍来达到优化目标。

第一，转变培养目标。要从根本上转变人才培养的教育理念，树立"大出版""大教育"的理念，把培养应用型、复合型人才作为人才培养的目标，这就要求人才需要具有大的知识层面、掌握出版专业技能、拥有自主创新的意识以及善于发现问题解决问题的能力。因此，新时代的人才培养目标应该包括知识素养目标、专业技能目标、创新能力目标和人才规格目标。[①] 第二，完善课程设置。复合型人才的培养需要其知识面广，了解出版行业的方方面面。这不但需要具有扎实的理论基础，还需要了解最新热点。此外，随着数字出版的发展，高校也要注重出版技术能力的培养。第三，建设师资队伍。要规范人才考核机制，招揽掌握数字技术、网络新媒体、出版营销等方向的经验丰富的人才，也可以聘请媒体出版业高水平的从业人员来校教授相关课程。要加强师资队伍培训，以学术交流、项目资助等方式，有条件的还可以让老师到国外高校访问学习。

2. 建设"校企结合"的实践教学体系

出版形式的变革带动了人才培养模式的变革，高校培养人才的目标在向应用型、技能型人才转变，校企合作模式是人才培养模式改革的主线和

---

① 沈秀，赵青，王文华.行业需求视域下高校数字出版人才培养思考［J］.科技与出版，2019（08）：149—152.

核心。与企业进行合作最开始是高职高专院校常用的教学模式，随着教育的深化改革，目前校企合作已经成为一种常态化的教学模式，各高校也加强了与企业的联系，实现资源共享、信息共享的"双赢"模式。2018 年 7月，"全国高校数字出版联盟"在北京成立，将"校企结合"的人才培养模式引领向新的高度。① 当前出版行业处于重要变革时期，各类出版物竞争激烈，校企合作机制让出版专业人才实现突破与创新，培养出适合未来行业发展需求的综合应用型人才，为出版市场带来新鲜的活力。

在这种实践教学体系下，要立足于双方的互动性，企业为学生提供合适的实习机会，让学生参加到企业的实际出版工作中，让学生把在学校学习到的知识高效率地运用到实践中，来发现理论上的欠缺。在工作环境下，学生能够深入地了解到出版的前沿工作，丰富知识储备的同时开阔了眼界，帮助自身为之后的职业进行规划。"校企结合"还体现在合作开课办学，如北京印刷学院和中国出版集团有限公司、中国教育出版集团有限公司等达成协议，在改革课程设置和人才培养方面已经深入合作多年；中国人民大学新闻学院也联合了今日头条一起研究开发出适应当前新媒体环境的课程体系；此外，汕头大学、河南工业大学、温州商学院等高校都实行了这种方法，为了进一步加强学生的实践能力培养，让实践能力更加系统化，培养出高素质的出版人才。②

3. 采取"分层递进"的实践教学手段

出版专业作为一门实践性很强的学科，不同于其他重理论的课程，特别是在现在数字出版时代，更要加强培养学生的实践技能。首先要夯实第一课堂，第一课堂的教学要加强实训内容，主要分为构建基于核心就业岗位的课程内容与开发系列特色课程：一、对目前出版企业中不同岗位需要做的业务进行分析来重构专业课程体系，达到精准学习的目标，同时要整合课程内容，在校企合作的基础上导入企业资源，设计学习项目。二、开发特色课程，可以是出版职业导入课程，可以是职业岗位课程，也可以是前沿动态课程，确保每学期能够开设一门，让学生在高校教育中能够得到系统培养。其次是拓展第二课堂，其主要目的是为出版专业注入生机活

---

① 吴鹏，程放. 数字出版转型期高校出版人才培养策略探究［J］. 出版发行研究，2014（02）：91—94.

② 周韶梅，刘菡. 新媒体环境下新闻出版人才培养革新探析［J］. 出版发行研究，2018（12）：103—106.

力，可以创办"数字出版工作室"，由专业教师指导，让学生自主进行管理，让理论教学与实践教学相融合。也可以在工作室实践模式下，依托学校合作的出版企业来承接市场业务，从而获得合理的报酬。此外，在第二课程上可以开发隐性课程，如设计专业竞赛、规范社会实践、强化出版协会管理等，从而拓宽人才培养阵地。最后则是整合社会资源，搭建校企通道，开发第三课堂，如建立学生到岗实习基地、订单培养基地、寒暑假社会实践基地等，让学生零距离体验出版业人员的工作，从而塑造培养自身的核心技能，塑造未来的职业能力。

（二）高校出版人才培养模式的创新

1. "两引一支"创新人才培养模式

目前许多高校在创新人才培养上已经做了很多尝试与改革措施，在发挥学校已有的优势资源的基础上，加强与出版企业的合作，争取培养出更多的创新人才。"两引一支"的培养模式是指以兴趣为引导、以平台为支撑、以项目为指引的模式。只有充分调动起学生在专业方面的兴趣，打造良好的学生学习实践平台，再通过真实项目进行指引，才能为学生提供自由的学术氛围和有价值的实践机会。[①] 兴趣作为学习的基础，起着引导的作用，只有充分让学生发挥主观能动性才能使学生专心认真地投入实践活动中。没有兴趣，就无法长期在一个行业中工作下去。平台是兴趣的支撑点，兴趣需要一个可以表现的地方，平台则可以让学生自由发挥自己在专业上的想法。在平台上得到锻炼之后，通过企业的真实项目，来接触真正的职业环境，学校搭建的平台再真实也会和实际有所差别。项目在模式中指引着学生往正确的方向前行，提高学习和工作的效率。整体模式如图2所示。

学生自主选择出版专业说明其对出版抱有一定的兴趣，学校要着眼于进一步提升学生的兴趣，让学生积极主动参加各项社会实践活动。只有对出版有着较大的兴趣，才会对出版工作内容产生好奇，然后主动参与其中去了解整个出版的流程，进而参加一些学习型项目，如成立"出版工作室"等来模拟真实出版过程，锻炼自己各方面的能力，让理论学习充分运用到实践中，也为自己今后在行业中想要从事哪一方面的工作进行初步定位。由学校和企业合作建立的真实项目平台也为学生提供良好的实践机

---

① 杨凤田，吴宏元. 兴趣引导、平台支撑与项目牵引——沈阳航空航天大学创新人才培养模式
[J]. 高等工程教育研究，2014（01）：6—11.

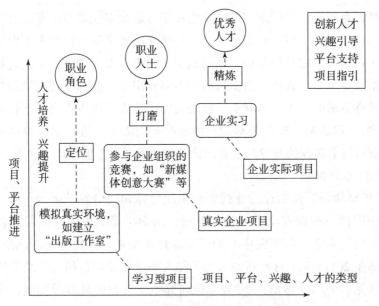

图 2 "两引一支"人才培养创新模式

会，如"新媒体创意大赛"等大型比赛，学生不仅要有足够创新的选题内容，还要有创意的展示方法来把内容表达出来。在这样的过程中，锻炼了学生的创新能力，也让学生在对新媒体技术的应用能力、团队合作能力上都得到了培养，让学生在未来走入职场中可以成为具有竞争力的人士。真实项目则能够快速促进学生的成长，也是培养一批优秀人才的催化剂。在进入企业进行实习的过程中，最大限度地实现实践与理论结合。项目不仅培养学生的操作能力，也培养学生发现问题并解决问题的能力。

2."2+2"模式

"2+2"模式是指实行"双证制"与落实"双导师制"。高校要培养应用型、复合型人才，就要坚持以市场需求为导向、以提高学生的综合能力为核心、把培养学生的实践经历与可持续发展能力放在首要的位置。

（1）双证制

"双证制"将学校教育与职业资格进行融会贯通，将职业资格认证制度的考核内容、考试标准融进教学特别是实践教学中，使学生在获得毕业证书的同时，获得相应的职业资格证书，从而提升高校人才培养的质量。[①]

---

① 肖兴达，张建平，赵辉."双证制"培养的理论与实践［J］.中国高校科技，2011（09）：56—57.

在本科教育期间，学校应该鼓励学生在学习之余多获取与本专业有关的职业资格证书，如"编辑资格证"等。这样在准备考证的过程中不但能通过考试了解到课堂之外的知识，而且利于了解未来专业的就业情况，增加自身的就业竞争力。此外，由于目前许多高校出版专业的课程设置和教学内容和社会需求的能力素养联系不够密切，导致人才培养跟随不上行业发展的需要，"双证制"也是推动课程体制改革的需要，进行学历教育课程与职业资格证书课程的开发与整合，让课程向增强学生实践能力转变。

（2）双导师制

"双导师制"是指让专业教师和实践导师共同培养学生，高校可以从行业中聘请一些拥有丰富经验的专家，为学生提供更多的实践和就业机会，如纽约大学出版研究中心的很多老师都是来自媒体公司的高层人士。教育部在2011年11月发布的《关于深入推进专业学位研究生培养模式改革的意见》中明确指出："专业学位研究生实行校内外双导师制，培养以职业需求为导向。"由于此文件并没有明确指出"双导师制"应该遵循的准则，因此虽然各高校纷纷实行此项制度，但未让制度落实到位。在实际培养研究生的过程中，往往只是以校内导师为主，而校外导师对学生缺乏实际的指导。落实"双导师制"，建立科学的考核激励机制，在鼓励校内导师积极负责学生学术科研等主要工作的同时激励校外导师积极参与到学生培养的全过程，承担起监督指导学生的专业实践的工作。此外，也要加强校外导师与校内导师的友好合作，抛开以往"只分工不合作"的现象。①

新的时代对人才培养提出了新的要求，如果高校教育无法跟上社会发展的需求，在影响学生未来就业的同时也会阻碍整个出版行业的发展。任何行业都不是墨守成规、一成不变的，想要改革创新，首先要从人才着手，引入复合型人才为行业注入活力。目前国内高校在出版人才培养的道路上一直处于探索的阶段，虽然少数高校已经摸索出适合自身学校发展的模式，但是大部分仍然在尝试与和学习中。在创新出版人才培养模式的过程中，要认识到目前存在的问题并积极解决，这样才能真正为出版业培养出一批又一批高质量的优秀出版人才。②

---

① 李德升，陈丹，张聪聪. 高校出版人才培养的多为创新——以北京印刷学院为例［J］. 印刷学院学报，2018，26（12）：96—99.

② 程海燕. 三维协同 项目导向——"出版网络营销"课程教学模式研究［J］. 出版发行研究，2015（11）：14—19.

出版专业教育发展现状与趋势

施勇勤　黄思颖　周彦宏　蔡君旭　张楚菡　陈文佳　次仁拉姆

摘　要: 新中国 70 年的出版专业教育是伴随着新中国的建设发展繁荣的 70 年,是见证了我国出版专业人才培养的起步、发展、兴盛、改革的 70 年。70 年来我国出版专业教育不断开展学科发展、专业建设、教学改革、产学融合、国际合作,提高人才培养质量,适应社会经济文化发展和出版行业发展的人才需求,取得了突出的成绩。归纳成就,总结经验,继往开来,将有利于我国出版专业教育事业的繁荣发展。本文以中国大陆地区出版专业教育情况为例,总结 70 年我国出版专业教育的发展历程和取得的成绩。

关键词: 新中国　出版专业教育　发展现状　发展趋势

一、我国出版专业教育的发展历程

我国最早的出版专业技能传授应始于出版业发展的初兴时期。晚唐五代时期,随着出版商业活动的发展,出现了出版专业分工的需求,有书坊书商、刻字匠、印刷匠、装裱匠、贩书者等从业人员,而相关的出版专业知识和工艺技能技巧的传授大多承传于父子师徒之间;这种口耳相传、身手相教的教育方式构成了我国出版专业技能教育的主流,历经了 1500 多年的历史。以学校教育的方式开展出版专业教育应始于 20 世纪初,1909 年商务印书馆为了培养出版印刷发行商务人才创办"商务印书馆附设商业补习学校"。张元济担任校长,招收中学生入学,开设的课程有中文、英文、书牍、簿记、珠算、看洋及商业常识、职业道德、印刷常识等。1909—1923 年共办 7 届,每届招收约 50 位学生,共有毕业生

318 人，① 他们后来大多成为商务印书馆的业务骨干和分馆主管，中华书局、世界书局、开明书店、广益书局等都有商务培养的补习生就职。如果从"商务补习学校"算起，我国出版专业人才学校教育模式已有 100 多年的历史。② 新中国成立以来，我国的出版专业教育取得了长足发展，大致可以分为起步、发展、兴盛、改革四个发展时期。

（一）新中国出版专业教育的起步期（1949—1979 年）

1949 年 10 月 3 日，在北京召开了全国新华书店出版工作会议，朱德总司令作开幕式讲话，陆定一、胡愈之等作工作报告。参加会议的代表包括新华书店、三联书店、华北人民政府教科书编审委员会、解放社和出版委员会等 26 家单位，出席代表 74 人，列席代表 41 人，共计 115 人，其中新华书店代表包括了华北、东北、华东、华中的新华书店总分店和 705 个分支店的代表，大会由全国出版委员会筹办，形成统一全国新华书店、确定新华书店为国营单位等各项决议。同月中央人民政府出版总署成立。

1950 年 4 月出版总署胡愈之在新华书店总管理处成立大会上讲话指出，"总署和新华书店，最困难的是干部不够的问题。……人力非常缺乏，数量和质量，都不能满足一般的要求"。③ 为了培训出版干部，出版总署在 1950 年工作计划中专门设立"继续开办业务训练班，轮训新来干部及改造旧出版业从业人员"的规定。从此，出版总署在今后历年的工作计划中都把干部培训人才培养列出专项，纳入工作计划之中。在出版领导机构和主管部门的重视下，加强对出版、印刷、发行工作人员的培训和教育，出版专业教育和培训逐步开展。

1. 新华书店的职工教育与图书发行业务培训

1950—1965 年，1951 年 3 月，新华书店总店与北京师范大学签订了《共同办理新华书店总店职工业余学校合约》，成立了新华书店职工业余学校。职工业余学校以提高职工的文化水平为主，开展职工培训和教育工作。共举办了两期培训，每期三个月，开设语文、数学、历史、地理等课程。此外新华书店总店组织职工开展在职自修学习，总店邀请了叶圣陶、吕叔湘、孙伏园等教授语法修辞、文学史、鲁迅作品等，利用晚上时间学

① 上海出版志编纂委员会. 上海出版志［M］. 上海：上海社会科学院出版社，2000.
② 施勇勤. 我国出版教育的特点和发展［J］. 出版与印刷，2002（01）：45—47.
③ 中国出版科学研究所、中央档案馆编. 中华人民共和国出版史料（1950）［M］. 北京：中国书籍出版社，1996：128—129.

习，提高职工的文化修养。从 1956 年开始，新华书店总店举办了业务研究班，对全国省级书店的经理、业务和财务骨干人员进行培训。每期学习时间 3—6 个月，到 1958 年共举办 5 期，培训干部业务骨干 270 多名。①

为了加快对图书发行专业人才的培养，1958 年 9 月，新华书店总店建立了业务研究班，在通州建立了新中国第一所培训图书发行干部的学校——文化部图书发行干部学校，行政上归文化部管理，教学业务由新华书店总店负责。9 月 20 日开学，招收全国省级新华书店的科长和地市书店经理 156 人参加培训，学习马列主义基础、哲学和图书发行业务等知识。同年 11 月，学校并入文化部新成立的文化学院图书发行系进修班，图书发行系举办了第二期进修班和一期研究班。1961 年年底停办。1964 年，新华书店总店举办了发行干部训练班，省店经理、科长、专区书店经理等 41 名学员参加，学习国际形势、文化出版工作方针政策、人民解放军政治工作经验等，一期结束后停办。此外各地方也开设培训工作，如上海图书发行学校、山西图书发行学校、广西图书发行干部学校、辽宁新华书店举办的科技图书发行专业培训班等。这些机构的职工培训工作在"文革"开始后停办。

2. 面向新闻出版行业的出版专业教育和高等教育

为了配合新中国出版印刷行业的快速发展对专业人才培养的需要。1952 年，上海华东军政委员会新闻出版局印刷管理处开始筹建上海印刷学校，1953 年 10 月，中央人民政府新闻出版总署批准成立上海印刷学校，作为中央人民政府新闻出版总署直属机构，委托华东行政委员会新闻出版局代管，是新中国第一家中等印刷专业人才培养教育机构。初期为技工学校，1957 年 6 月，改制为中等专业学校。1958 年 9 月，成立上海出版学校，招收初中毕业生，设有发行、制版等专业，是新中国第一所图书发行专业人才培养学校。1962 年上海出版学校并入上海印刷学校。1953—1965 年，上海印刷学校和上海出版学校，前后开设了平制、凸制、平印、凸印、机修、发行等专业，累计招生全国和上海地区的学生 1797 名，② 毕业生除了部分留校之外，绝大多数都会回原单位工作。"文革"开始后，学校停办；1978 年，上海印刷学校恢复招生；1981 年，开始招收全国统考高

① 方厚枢.出版工作 70 年［M］.北京：商务印书馆，2015：113—114.
② 数据源自上海出版印刷高等专科学校志编纂委员会编上海出版印刷高等专科学校志（1953—2006），上海市新闻出版局内部资料准印证（2006）245 号，2006 年.

中毕业生；1987年，升格为大专，改名上海出版印刷专科学校，首届招收印刷专业、制版专业、出版专业、美术设计专业的大专生，成为一所工、文、艺结合的专科学校。它为新中国的印刷、印刷、发行和设计等出版专业人才培养作出了贡献。1992年，更名为上海出版印刷高等专科学校，延续至今。

1958年，文化部成立文化学院，设置印刷工艺系，是新中国第一个高等印刷教育系科，1960年，印刷工艺系招收平版印刷专业。1961年，撤销文化学院，并入中央工艺美术学院。1962—1965年，共招收4届本科生。1978年12月，在中央工艺美术学院印刷工艺系的基础上成立了北京印刷学院。[①] 北京印刷学院与上海出版印刷高等专科学校，隶属于国家新闻出版总署，是总署直属高校。2002年开始，这两所高校分别划归北京市和上海市地方管理。它们是新中国成立以来的两所行业内的培养出版专业人才的高等学校。

3. 普通高等教育

除了北京、上海两所新闻出版行业内的高等教育机构外，从1956年开始，出版专业的普通高等教育开始起步。

1951年8月，时任中央人民政府出版总署署长、中共中央宣传部常务副部长胡乔木同志在全国第一届出版行政工作会议第二次会议上作《改进出版工作的几个问题》的工作报告，首次提出："党也要负责领导教育出版工作的教育工作，学校中也没有这样一系，应该有这一系，应该包括出版业中的各项的业务，在这系中学习的学生应当受到严格的训练。"倡导在学校教育汇总设立出版系。[②]1955年，中国人民大学新闻系成立，是新中国成立后的第一个大学新闻系；1956年在新闻系内开设出版专业，学制3年，招收21家出版社报送的学员23名。该系创办了《新闻与出版》报纸，1956—1957年，共出版了30期，最高订数达12万份，是我国新闻出版界的第一份有影响力的专业报纸。[③]

（二）新中国出版专业教育的发展期（1980—1997年）

进入20世纪80年代，随着出版业快速发展，编辑学出版学研究逐渐兴起。1982年，胡乔木多次在各种会议上提出要建设编辑学的问题，1985

---

① 赵晓恩.六十年出版风云散记［M］.北京：中国书籍出版社，1994：159.
② 陈燕.胡乔木与中国高等教育编辑出版专业的诞生［J］.出版发行研究，2011（12）：23—24.
③ 方厚枢.出版工作70年［M］.北京：商务印书馆，2015：116.

年，《编辑学刊》创刊号上发表了胡乔木给教育部有关设立编辑学和编辑专业问题的信函，提出"为促成这个专业的诞生，我宁愿不惮烦言"。他请教育部高教司协助北大、南开、复旦三校具体筹备该专业。从1981年胡乔木倡议大学开设编辑学、出版学专业开始，到1998年教育部公布编辑出版学本科专业目录为止，我国的出版专业教育有了快速发展。国内重点大学带头纷纷开设编辑学和出版发行本科专业。1983年6月，中共中央、国务院做出《关于加强出版工作的决定》，明确强调未来编辑工作的专业人员必须具备大学以上的文化、专业水平。

1983年，教育部正式批复我国第一个出版类专业——武汉大学图书发行管理学本科专业招收首届本科生，是我国图书发行专业高等教育的开端。1985年，北京大学、复旦大学和南开大学设置编辑学本科专业。1985年后多家重点大学获批开设编辑出版类本科专业。1985年，清华大学中文系设立科技编辑专业，招收5年制本科生；同年中国科技大学开设科技编辑专业；同年，复旦大学获批编辑学本科专业（未招生，1989年专业撤销）。1990年，河南大学中文系招收第一届编辑学本科生，首届招生30名。截至1997年3月，北京大学、南开大学、清华大学、中国科技大学、四川大学、南京大学、北京师范大学、河南大学等15所重点高校建立编辑学本科专业。

1993年7月，教育部颁行《普通高等学校本科专业目录》，设有编辑学、图书出版发行学两个专业。从此我国出版专业高等教育结束了试办的阶段，进入了快速发展时期。1995年2月，原新闻出版总署印发《新闻出版署1995年工作要点》，提出"加强直属院校领导，在北京印刷学院增设出版管理专业"。同年，北京印刷学院成立出版系，招收图书出版发行学本科专业；1998年，招收编辑学本科生。上海出版印刷高等专科学校自1989年升格大专，设置出版系，该系设出版与电脑编辑技术，1993年设出版商务专业，1995年设电子出版专业、1997年设广告与会展设计专业，2010年设数字出版专业。

1985年，四川社会科学院招收书刊编辑专业的硕士研究生，培养社科编辑，学制3年。1986年，河南大学中文系开设编辑学专业硕士研究生班，学制3年。1987年，南京大学情报学院在图书馆学硕士点下设置编辑出版研究方向，招收出版类研究生。同年武汉大学在图书馆学硕士点下设文献与出版研究方向研究生。此期间各高等院校纷纷设立编辑出版类本科专业，有北京大学、南开大学、复旦大学、河南大学、清华大学、南京大学、北京师范大学、上海大学、中国科技大学等，其中上海大学开设的编辑学专业注重培养社科编辑，而1985年清华大学中文系5年制的科技编辑专业、中国科技大学科技管理系下设5年制科技编辑，则侧重科技编辑人才的培养。1989年，武汉大学中文系在全国首次设办编辑学第二学士学位，学制2年，招生20名。1986年，河南大学学报编辑部依托文学、教育、地理硕士学位点，招收了3位编辑学研究方向的硕士研究生，是我国最早招收编辑学方向研究生的高校；1987—1992年，连续招收编辑学研究生课程进修班。1987年，武汉大学在图书馆学硕士点下设置出版学专业，招收编辑出版方向的硕士研究生。1995年，北京大学在图书馆学硕士点下设编辑出版方向。1998年，北京印刷学院出版系在传播学硕士点下设立编辑、出版、发行研究方向。这些为编辑出版专业办学层次的提高奠定了良好的基础。

（三）新中国出版专业教育的兴盛期（1998—2002年）

1998年，教育部公布《普通高等学校本科专业目录》，将"编辑学""科技编辑"与"图书出版发行学"等编辑出版类本科专业合并，在文学门下的一级学科新闻传播学类下，设置"编辑出版学"本科专业，专业名称和培养目标得到统一和确定。自此，我国出版专业教育进入了统一管理和规范化建设的阶段，迎来了出版专业高等教育的大发展和兴盛时期。

1998年，国务院学位委员会将申报编辑出版学硕士学位点的报告纳入新闻学与传播学学科下受理，并在国务院学位委员会会议上，批准了北京印刷学院联合中国出版科学研究所、河南大学申报的传播学硕士点，招收出版类研究方向的硕士研究生，暂定出版学、国外出版、编辑美学、期刊学等四个研究方向。1998年，河南大学获批新闻学（编辑出版方向）硕士点。1999年，北京大学信息管理系在图书馆学与情报学一级硕士点下，开始设置图书学与出版事业研究方向研究生。

截至2002年12月，我国高校设立编辑、出版、发行等专业的高校有40余所，教育部在研究生培养学科、专业设置方面有所改变：允许具有一级学科授权点的培养单位自行设置该学科下的二级学科专业并招收研究生。2002年，武汉大学在"图书馆、情报与档案管理"一级学科下备案"出版发行学"博士，招收出版发行博士研究生，是我国最早招收出版专业类博士生的高校。之后中国传媒大学、北京大学、复旦大学也分别依托优势学科备案了"编辑出版学"博士授权点或者博士点研究方向。[①] 至此，编辑出版学专业设置从本科、硕士到博士的高等教育层级基本完备，为学科发展提供了有利条件，标志着我国编辑出版学学科发展向前迈进了可喜的一步。

此外，国家新闻出版管理部门十分重视在职在岗人员的出版教育和培训体系建设，除国家新闻出版广电总局设立全国新闻出版教育培训中心外，各地新闻出版局都建有地方性的新闻出版培训机构，开展在职在岗的教育培训。1998 年，图书发行员实行职业资格证书制度，纳入新闻出版行业特有工种的职业技能鉴定和全国职业技能鉴定工作系统之中。

（四）新中国出版专业教育的改革期（2003 年至今）

国务院于 2002 年发布了"关于大力发展职业教育的决定"通知，强调加强对职业教育工作的领导和支持，从中等职业教育培养专业技术型人才、从本科职业教育培养高级技术型人才、从本科普通教育培养专业知识型人才，实行分层次教学，进行专业改革。2003 年开始，出版专业的职业教育得到社会重视。随着互联网和数字技术的发展，数字出版的新形态逐渐兴起，对编辑出版人才培养提出了新的需求。各高校的编辑出版学专业积极开展专业改革，在人才培养模式、专业发展、课程建设、师资团队建设、实验教学、实践能力培养等方面开展教学改革，以适应社会对出版专业人才的需求。同时出版专业教育更加体现专业培养特色，结合自身高校的办学特色和资源优势，开展错位竞争，凸显专业特色；并提高出版专业的教育层次，在硕士点、博士点的设置数量上有了较大增加。形成了不同层次的人才培养体系。

2003 年之后，出版专业教育呈现了调整、提高和凝练特色的局面。有部分高校根据自身办学特色，开展学科专业调整，部分停办或者撤销了编辑出版学专业；而另外部分高校结合自身资源和优势，加大对编辑出版学专业建设的力度，努力提高办学层次，依托所在高校学科优势，纷纷在管理学科、经济学科、人文学科、新闻传播学科类下设置出版类的硕士点和博士点或者研究方向，努力申报硕士博士学位授权点。因此，此时期是编辑出版学专业教育处在调整、提高和改革时期。

2009 年，我国设置编辑出版学本科专业和开设编辑出版学类课程的高

---

① 黄先蓉. 论编辑出版学专业的培养目标与学科建设［J］. 出版科学，2007（3）：17.

校有 216 所。①7 所高校在 8 个办学点招收编辑出版学或相近专业的博士研究生；47 所高校在 54 个办学点招收编辑出版学和相似专业的硕士研究生。② 分别归属于新闻传播学、文学、法学、管理学等不同的学科，整合学科教育资源和优势，培养编辑出版硕士生。

2003 年，中国传媒大学（原北京广播学院）、复旦大学，在"新闻传播学"一级硕士点下设置了"编辑出版"硕士点，招收出版专业研究生。2006 年，南京大学在"图书馆、情报、档案学"一级学科下设置了"编辑出版学"硕士研究生。

2003 年，中国传媒大学在新闻传播学博士点下增设"编辑出版学"二级博士点，是直接以"编辑出版学"命名的二级博士点。2003 年，北京大学在"图书情报与档案管理"下设"编辑出版学"二级博士点，独立招生，又在新闻传播学一级博士点下设传播学（出版管理）研究方向。2006 年，上海理工大学在管理科学与工程一级博士点下设传媒管理二级博士点，培养出版传媒管理、出版产业经济方向博士生。此外，南京大学在"图书馆、情报与档案管理"一级博士点下设"编辑出版学"二级博士点；中国人民大学在"新闻传播学"一级博士点下设传媒经济学（数字化与出版转型研究）博士点方向；武汉大学在"图书馆、情报与档案管理"一级博士点下设置出版发行学二级博士点；厦门大学在"管理科学与工程"一级博士点下设置公共管理（知识产权与出版事业管理）博士研究方向；南开大学在"图书馆、情报与档案管理"下设"图书馆学（出版管理）"二级博士点研究方向。

2010 年 9 月，国务院学位委员会将出版专业学位研究生教育正式纳入研究生教育专业目录，开始了我国出版专业学位研究生教育的历史，并公布了首批获批出版硕士专业学位授权点的 14 所高校。③ 随着互联网与数字媒体技术的普及，2005 年首届中国数字出版博览会的召开，彰显了数字出版行业快速发展的势头，尤其是网络小说兴起，对网络编辑、网络出版的数字编辑、数字出版专业人才的需求骤增。2011 年，教育部本科备案目

---

① 李建伟. 中国编辑出版学本科教育现状研究［J］. 编辑之友，2009（01）：78—80.
② 张志强，潘文年. 改革开放以来的出版研究生教育：成就、问题与对策［J］. 编辑之友，2008（06）：112—117.
③ 国务院学位办首批授予出版专业学位硕士授权点的高校共 14 家：安徽大学、北京印刷学院、复旦大学、河北大学、河南大学、湖南师范大学、华中科技大学、吉林师范大学、南京大学、南开大学、北京大学、四川大学、武汉大学、中国传媒大学。

录增设"数字出版"特设专业，其中武汉大学率先增设，其为高校人才培养适应数字出版产业发展奠定了基础。其间，多家拥有硕士、博士授权点的高校，通过开设二级学位点和增设研究方向等方式，积极开展出版专业的硕博士研究生教育。截至目前共有 28 所高校获得出版专业学位授权点，包括北京印刷学院、中国传媒大学、南开大学、河北大学、辽宁大学、吉林师范大学、复旦大学、上海理工大学、华东师范大学、南京大学、苏州大学、南京师范大学、安徽大学、南昌大学、青岛科技大学、济南大学、河南大学、武汉大学、华中科技大学、湖南师范大学、暨南大学、华南师范大学、广东财经大学、广西师范大学、四川大学、昆明理工大学、云南民族大学、陕西师范大学。它们成为培养高层次出版专业人才的主力军。

进入 21 世纪，出版专业技术人员职业资格制度，被全国专业技术人员职业资格制度纳入统一规划。2004 年，全国出版专业职业资格考试和鉴定工作正式开始，国家职业教育认证系统和专业职务晋升的考核系统将出版职业资格培训、鉴定和认证纳入之中。2015 年，北京市开始数字编辑职业资格考试以及鉴定，以满足数字出版和互联网环境下对出版专业人才的新的社会需求。

此外国家新闻出版管理部门十分重视在职在岗人员的出版教育和培训体系建设，除了国家新闻出版广电总局设立全国新闻出版教育培训中心外，各地新闻出版局都建有地方性的新闻出版培训机构，开展在职在岗的教育培训。

二、我国出版专业教育发展现状

（一）开设出版专业的学校和机构数量

1. 高等职业教育

职业教育强调职业技能和岗位适应性，2015 年 10 月，国家教育部调整了普通高等学校职业教育（专科）专业设置目录，新闻传播大类下一共设置了 23 个专业，其中新闻出版类专业 8 个，分别是：图文信息处理、网络新闻与传播、版面编辑与校对、出版商务、出版与电脑编辑技术、出版信息管理、数字出版、数字媒体设备管理。涉及出版行业岗位特征的专业还包括图文信息处理、媒体设计编创、营销等方面的高职专业。我们通过登录全国职业院校专业设置管理与公共信息服务平台[①]，检索专业备案数据库，得出 2019 年度在教育部备案的高职高专出版专业及相近专业的开设情况，统计数据汇总如表 1。

表 1　高职院校出版及相近专业开设情况

专 业 名 称	开设学校数	5 年制专业数	3 年制专业数	2 年制专业数	专业类别
出版商务	7	1	6	1	新闻出版类专业
出版与电脑编辑技术	3		3		新闻出版类专业
数字出版	12	1	11	2	新闻出版类专业
出版信息管理	1		1		新闻出版类专业
版面编辑与校对	1		1		新闻出版类专业
图文信息处理	11	1	11	3	新闻出版类专业
网络新闻与传播	34		34		新闻出版类专业
数字图文信息技术	23	1	21	2	出版相近专业
数字媒体应用技术	441	22	416	51	出版相近专业
网络营销	76	4	76		出版相近专业
媒体营销	8		8		出版相近专业
印刷媒体设计与制作	1		1		出版相近专业
印刷媒体技术	27	2	27	5	出版相近专业
数字印刷技术	4		4		出版相近专业
传播与策划	47		47	1	出版相近专业
文化创意与策划	30	2	30		出版相近专业

因此，据上述数据汇总得出，截至 2019 年 6 月，在高等职业教育领域，共有 723 所高职院校开设了 745 个出版及相近专业的办学点；[②] 如果按照每个专业招收 60 人计算，每年招收近 4 万名专业学生。全国高职高专院校开设出版类专业情况如下：

开设"数字出版"3 年制高职专业的共 12 家，分别是吉林经济管理

① 全国职业院校专业设置管理与公共信息服务平台，网址 http://www.zyyxzy.cn. 检索 2019 年度高等职业教育专业设置备案的结果。
② 登录全国职业院校专业设置管理与公共信息服务平台，检索 2019 年度高等职业教育专业设置备案结果。

干部学院、上海出版印刷高等专科学校（该校开设有 3 年制和 2 年制的数字出版专业）、江苏城市职业学院、苏州工业园区服务外包职业学院、安徽新闻出版职业技术学院（该校开设有 3 年制和 2 年制的数字出版专业）、湖南大众传媒职业技术学院、广东轻工业职业技术学院、深圳职业技术学院、成都工业学院、山东传媒职业学院、江西传媒职业学院、江苏联合职业技术学院。

开设"出版商务"3 年制专业共 7 家，分别是上海出版印刷高等专科学校（该校开设有 3 年制和 2 年制的数字出版专业）、安徽新闻出版职业技术学院、广东轻工职业技术学院、广西教育学院、南充职业技术学院、四川文化产业职业学院、四川文轩职业学院。

开设"出版与电脑编辑技术"3 年制专业共 3 家：上海出版印刷高等专科学校、东莞职业技术学院、四川文轩职业学院。

开设"出版信息管理"3 年制专业共 1 家：安徽新闻出版职业技术学院。

开设"版面编辑与校对"3 年制专业共 1 家：安徽新闻出版职业技术学院。

不少高职院校开设多个出版及相近专业，与出版行业企业的岗位设置相匹配，形成了专业集群的办学特征，以适应出版企业的岗位群。例如上海出版印刷高等专科学校开设有出版与电脑编辑、出版商务、数字出版、数字图文信息技术、印刷媒体技术、数字印刷技术等专业以及出版会计、网络编辑的专业方向，该校每年培养出版类专业学生达到 1000 人。

2. 本科教育

我国开办本科出版专业的高等院校数量位居世界前列。截至 2019 年 5 月，目前全国有 96 所普通本科院校 ① 开设编辑出版学、数字出版的本科

① 全国高校出版专业建设现状调查与分析（陈丹等，2014）统计数据为 83 所编辑出版学本科院校。据此，检索 2013—2018 年教育部网站公布的全国高校新增本科专业和撤销本科专业目录得出：2013 年新增本科专业 2 所：湖北大学（编辑出版学）、云南师范大学文理学院（编辑出版学），2013 年撤销本科专业 1 所：广西师范大学（编辑出版学）；2014 年新增本科专业 2 所：广东财经大学（编辑出版学）、新疆大学（编辑出版学）；2015 年撤销本科专业 2 所：四川传媒学院（编辑出版学）、武汉大学（编辑出版学）；2016 年撤销本科专业 1 所：山东财经大学（编辑出版学）；2017 年新增本科专业 1 所：天津大学仁爱学院（编辑出版学），2017 年撤销本科专业 1 所：西安欧亚学院（编辑出版学）。2018 年撤销编辑出版学本科专业 7 所：内蒙古民族大学、南京医科大学、山东工艺美术学院、武汉华夏理工学院、湘潭大学、西北大学。因此统计到 2019 年 4 月，全国开设编辑出版专业的院校共 76 所。

专业，其中 20 所本科院校^① 开设数字出版专业（分别为北京印刷学院、天津科技大学、武汉大学、中南大学、湘潭大学、浙江传媒学院、金陵科技大学、曲阜师范大学、电子科技大学成都学院、四川传媒学院、西北师范大学、西安欧亚学院、绥化学院、辽宁传媒学院、重庆工商大学融智学院、兰州文理学院、西北民族大学、广西师范大学、漓江学院、河北传媒学院）。按照平均每校每专业 50 人计算，全国每年培养至少 5000 多位出版专业的本科生。开设编辑出版学、数字出版本科专业的高校中，985 和211 类高校有 23 所，约占总数的 25%；普通高校中的一本高校有 17 所，约占总数 18.5%，二本学校有 35 所，约占高校总数 38%，三本学校有 17所，约占高校总数 18.5%。可见我国开办编辑出版学和数字出版本科专业的高校以二本院校和重点高校为主。

3. 硕士研究生教育

根据各高校网上公布的 2019 年度研究生招生专业的信息进行数据统计，全国至少有 45 所高校^② 的 52 个学术型硕士点招收出版专业的研究生。^③其中设置了"编辑出版学"二级硕士点有 2 所（中国传媒大学、四川大学）；"数字出版与传播"二级硕士点 1 所（上海理工大学）；"出版发行学"二级硕士点 1 所（武汉大学）。"出版学"二级硕士点 1 所（南京大学）。在"新闻传播学"一级学科下招收出版研究方向的高校有 5 所；在"新闻学"二级点开设出版研究方向的高校有 9 所；29 所高校在"传播学"二级点下开设编辑出版研究方向；4 所高校在"图书馆、情报与档案管理学"和"图书馆学"硕士点下开设出版研究方向；1 所高校在"应用经济学"下设二级点"传媒经济学"，开设研究方向：出版产业研究。

---

① 根据教育部网站各年公布的新增本科专业高校和撤销本科专业高校的文件统计，2013 年前开设"数字出版"本科专业的高校有 5 所：北京印刷学院、天津科技大学、武汉大学、中南大学、湘潭大学；2013 年新增 5 所：浙江传媒学院（数字出版）、金陵科技学院（数字出版）、曲阜师范大学（数字出版）、电子科技大学成都学院（数字出版）、四川传媒学院（数字出版）；2014 年新增本科专业 2 所：西北师范大学（甘肃）（数字出版）、西安欧亚学院（数字出版）；2015 年新增本科专业 1 所：绥化学院（黑龙江）（数字出版）；2016 年新增本科专业3 所：辽宁传媒学院（数字出版）、重庆工商大学融智学院（数字出版）、兰州文理学院（数字出版）；2017 年新增本科专业 3 所：西北民族大学（数字出版）、广西师范大学、漓江学院（数字出版）；2018 年新增本科专业 1 所：河北传媒学院（数字出版）。如此，截止到 2019 年6 月全国共有 20 所高校开设数字出版本科专业。

② 根据中国研究生招生信息网上公布的 2019 年度各高校研究生招生专业信息统计，在硕士点和研究方向上注明"编辑""出版""数字出版""发行"等名称的学术型硕士点和研究方向的院校共 45 所；为标注研究方法的硕士点未统计在内。

③ 尚有不少高校按照一级学科招生，没有标明二级学科名称和研究方向，未统计在此。

根据全国出版专业学位研究生教学指导委员会网站信息的统计，全国共有 28 所高校获批出版专业学位硕士授权点。2010 年 7 月，首批获得出版硕士专业学位的授予权的院校有 14 所：北京大学、南京大学、武汉大学、复旦大学、南开大学、四川大学、北京印刷学院、中国传媒大学、河北大学、河南大学、湖南师范大学、华中科技大学、吉林师范大学、安徽大学。2014 年 5 月，第二批获得出版硕士专业学位的授予权的院校有 6 所：青岛科技大学、华东师范大学、上海理工大学、南昌大学、苏州大学、陕西师范大学。其中河南大学、青岛科技大学、武汉大学于 2016 年 9 月开始通过全国硕士研究生统一招生考试招收非全日制出版专硕学生。根据教育部发布的《2017 年审核增列的博士、硕士学位授权点名单》，2018 年 3 月，辽宁大学、南京师范大学、暨南大学、济南大学、华南师范大学、广东财经大学、广西师范大学、昆明理工大学、云南民族大学 9 所院校的出版专硕学位点申请通过审核。全国出版专业学位硕士点开设院校情况见表 2。

2019 年度全国出版专业学位硕士授权点的全日制招生情况如下：[①]

（1）中国传媒大学传播研究院"出版"专业学位硕士点，研究方向：出版经营管理、现代出版业务，专业拟招生数 15 人（不含推免）；

（2）北京印刷学院新闻出版学院"出版"专业学位硕士点，研究方向：编辑出版、出版产业与管理、数字出版，专业拟招生数 32 人（不含推免）；

（3）河北大学新闻传播学院"出版"专业学位硕士点，研究方向：版权贸易、编辑出版业务、出版经营与管理，专业拟招生数 12 人（不含推免）；

（4）吉林师范大学新闻与传播学院"出版"专业学位硕士点，研究方向：不分方向，专业拟招生数 14 人（不含推免）；

（5）复旦大学中国语言文学系"出版"专业学位硕士点，研究方向：出版业务与实践、数字出版，专业拟招生数 17 人（不含推免）；

（6）上海理工大学出版印刷与艺术设计学院"出版"专业学位硕士点，研究方向：出版经营与管理、数字编辑、数字营销，专业招生数 27 人（不含推免）；

（7）华东师范大学传播学院"出版"专业学位硕士点，研究方向：书

---

① 根据中国研究生招生信息网公布的 2019 年度招生数据信息进行统计。

表2 全国出版专业学位硕士点开设院校情况

学校名称	开设时间	开设院系
北京大学	2010 年 7 月	停止招生
南京大学	2010 年 7 月	信息管理学院
武汉大学	2010 年 7 月	信息管理学院
复旦大学	2010 年 7 月	中国语言文学系
南开大学	2010 年 7 月	文学院传播学系
四川大学	2010 年 7 月	文学与新闻学院
北京印刷学院	2010 年 7 月	新闻出版学院
中国传媒大学	2010 年 7 月	新闻传播学部传播研究院
河北大学	2010 年 7 月	新闻传播学院
河南大学	2010 年 7 月	新闻与传播学院
湖南师范大学	2010 年 7 月	新闻与传播学院
华中科技大学	2010 年 7 月	新闻与信息传播学院
吉林师范大学	2010 年 7 月	传媒学院
安徽大学	2010 年 7 月	新闻传播学院
青岛科技大学	2014 年 5 月	传播与动漫学院
华东师范大学	2014 年 5 月	传播学院
上海理工大学	2014 年 5 月	出版印刷与艺术设计学院
南昌大学	2014 年 5 月	新闻与传播学院
苏州大学	2014 年 5 月	凤凰传媒学院
陕西师范大学	2014 年 5 月	新闻与传播学院
辽宁大学	2018 年 3 月	新闻与传播学院
南京师范大学	2018 年 3 月	文学院
暨南大学	2018 年 3 月	文学院
济南大学	2018 年 3 月	文学院
华南师范大学	2018 年 3 月	文学院
广东财经大学	2018 年 3 月	人文与传播学院
广西师范大学	2018 年 3 月	文学院
昆明理工大学	2018 年 3 月	艺术与传媒
云南民族大学	2018 年 3 月	民族文化学院

刊编辑出版、数字出版，专业招生数 7 人（不含推免）；

（8）南京大学信息管理学院"出版"专业学位硕士点，研究方向：图书出版、报刊出版、音像出版、数字出版（含大数据与出版）、出版物编辑、出版物营销、出版经营管理、外国出版，专业拟招生数 22 人（不含推免）；

（9）苏州大学传媒学院"出版"专业学位硕士点，研究方向：数字出版、出版编辑、出版经营管理，专业拟招生数 5 人（不含推免）；

（10）安徽大学新闻传播学院"出版"专业学位硕士点，研究方向：不分方向，专业拟招生数 10 人；

（11）南昌大学新闻与传播学院"出版"专业学位硕士点，研究方向：编辑出版实务、新媒体与数字出版、出版创意与营销、苏区文化出版，专业拟招生数 5 人（不含推免）；

（12）青岛科技大学传播学院"出版"专业学位硕士点，研究方向：出版实务、新媒体出版，专业拟招生数 10 人（不含推免）；

（13）河南大学新闻与传播学院"出版"专业学位硕士点，研究方向：不分方向，专业拟招生数 14 人（不含推免）；

（14）武汉大学信息管理学院"出版"专业学位硕士点，研究方向：不分方向，专业拟招生总数 8 人（不含推免）；

（15）华中科技大学新闻与传播学院"出版"专业学位硕士点，研究方向：不分方向，专业拟招生总数 11 人（不含推免）；

（16）湖南师范大学新闻与传播学院"出版"专业学位硕士点，研究方向：出版理论与实务，专业拟数 10 人（不含推免）；

（17）四川大学文学与新闻学院"出版"专业学位硕士点，研究方向：不分方向，专业拟招生数 6 人；

（18）陕西师范大学"出版"专业学位硕士点，研究方向：不分方向，专业拟招生数 11 人；

（19）辽宁大学新闻与传播学院"出版"专业学位硕士点，研究方向：不分方向，专业拟招生数 7 人（不含推免）；

（20）南京师范大学文学院"出版"专业学位硕士点，研究方向：出版经营管理、新媒体与数字出版、阅读文化学，专业拟招生数 35 人（不含推免）；

（21）济南大学文学院"出版"专业学位硕士点，研究方向：数字出版、出版文化、出版实务，专业拟招生数5人（不含推免）；

（22）暨南大学文学院"出版"专业学位硕士点，研究方向：跨媒介数字出版与产业化、新媒体编辑、版权管理与运营，专业拟招生数9人（不含推免）；

（23）华南师范大学文学院"出版"专业学位硕士点，研究方向：编辑出版业务、出版产业与媒介经营管理、新媒体出版，专业拟招生数8人（不含推免）；

（24）广东财经大学人文与传播学院"出版"专业学位硕士点，研究方向：编辑出版、出版产业经营与管理、数字出版与媒体融合，专业拟招生数19人（不含推免）；

（25）广西师范大学文学院"出版"专业学位硕士点，研究方向：不分方向，专业拟招生数9人（不含推免）；

（26）昆明理工大学艺术与传媒学院"出版"专业学位硕士点，研究方向：新媒体与数字出版、出版策划与设计、对外出版、新媒体与数字出版、出版策划与设计，专业拟招生数5人（不含推免）；

（27）云南民族大学民族文化学院"出版"专业学位硕士点，研究方向：出版理论与实践、中国少数民族语言文字出版、国际出版，专业拟招生数14人（不含推免）；

（28）南开大学文学院"出版"专业学位硕士点，研究方向：现代出版业务、出版经营与管理、出版物营销，停止招生；

（29）北京大学"出版"专业学位硕士点，校内调整，不招生。

2019年度招收出版专业学位研究生的高校共27家（南开大学、北京大学2016年度停招）；2019年全国共招收出版专业学位硕士研究生约310人。

此外，目前全国共有165所高校设有"新闻与传播"专业学位硕士授权点，其中有18所高校在该硕士点下开设编辑出版相关研究方向。[①]基本情况如下：

（1）北京印刷学院"新闻与传播"专业学位硕士点：研究方向：数字出版与传播、版权运营与管理；

（2）中国传媒大学"新闻与传播"专业学位硕士点：研究方向：新媒体采编实务；

---

① 根据中国研究生招生信息网公布的2019年度招生数据信息进行统计。

（3）大连理工大学"新闻与传播"专业学位硕士点：研究方向：广告与编辑出版研究；

（4）南京师范大学"新闻与传播"专业学位硕士点：研究方向：编辑出版；

（5）南昌大学"新闻与传播"专业学位硕士点：研究方向：新媒体的采编与管理；

（6）湖北民族学院"新闻与传播"专业学位硕士点：研究方向：编辑出版文化与数字产业；

（7）湘潭大学"新闻与传播"专业学位硕士点，研究方向：报刊采编与出版发行；

（8）广西大学"新闻与传播"专业学位硕士点，研究方向：编辑出版；

（9）重庆大学"新闻与传播"专业学位硕士点，研究方向：编辑与出版、新闻采编业务；

（10）电子科技大学"新闻与传播"专业学位硕士点，研究方向：编辑与出版；

（11）西安工业大学"新闻与传播"专业学位硕士点，研究方向：数字出版技术；

（12）西安工程大学"新闻与传播"专业学位硕士点，研究方向：新媒体策划与编辑；

（13）长安大学"新闻与传播"专业学位硕士点，研究方向：新闻报刊；

（14）广州体育大学"新闻与传播"专业学位硕士点，研究方向：编辑出版；

（15）哈尔滨师范大学"新闻与传播"专业学位硕士点，研究方向：全媒体采编制作；

（16）同济大学"新闻与传播"专业学位硕士点，研究方向：数字出版；

（17）上海师范大学"新闻与传播"专业学位硕士点，研究方向：媒介融合与新媒体出版；

（18）南京林业大学"新闻与传播"专业学位硕士点，研究方向：编辑与出版。

因此，根据上述信息，估计全国每年招收出版专业或研究方向的学术学位硕士生和专业学位硕士生超过 2000 名。

4. 博士研究生教育

2002 年，武汉大学在"图书馆、情报与档案管理"一级学科之下自设"出版发行学"二级学科博士点之后，多所高校纷纷在"图书馆、情报与档案管理""管理科学与工程""新闻传播学"等一级学科之下自设二级博士点或增设研究方向。目前我国开设出版专业的二级博士点和研究方向的院校共 12 所。[①] 分别是：

（1）武汉大学。在信息管理学院图书情报学与档案管理一级博士点下自设"出版发行学"（1205Z1），研究方向：出版营销管理、数字出版、出版政策与法规、文化产业管理与版权贸易、阅读史与阅读文化、近现代出版史、中国编辑思想史、编辑理论研究、新媒体信息管理、欧美出版产业研究、语义出版理论与技术；在"图书馆学"（120501）二级点下设置研究方向：知识组织与知识管理、知识产权、数字图书馆建设与服务、用户信息行为、信息检索与服务、图书馆发展研究等。

（2）北京大学。在信息管理系挂靠图书情报与档案管理一级博士点，自设"图书情报与档案管理"（编辑出版学）（120520）博士点，研究方向：不分；"图书馆学"博士点（120501），研究方向不分；"情报学"博士点（120502），研究方向：情报学理论与应用、情报方法与技术。

（3）中国传媒大学。在新闻传播学一级学科下自设二级博士点"编辑出版"（0503Z4），研究方向：不分。

（4）北京师范大学。在文学院中国现当代文学（050106）博士点下，设置研究方向：中国现代文学、中国当代文学、儿童文学、当代文学与影视文化研究；在新闻传播学院中国现当代文学（050106）博士点下，设置研究方向：大数据与数字出版、媒体融合与文化创新、新媒体传播与社会发展等。

（5）中国人民大学。在新闻传播学一级博士点下自设二级博士点"传媒经济学"（0503Z1），设置研究方向：当代出版研究。

（6）清华大学。在新闻传播一级学科下设置"文化产业与媒介经济"，

---

① 根据各高校公布的博士点名称和研究方向名称中含有"编辑""出版""发行"等词汇进行统计。

研究方向：出版传媒产业。

（7）南京大学。图书情报与档案管理一级博士点下自设多个编辑出版研究方向：出版理论与历史、数字出版与文化产业发展、出版经济与管理、数字出版与新媒体出版等。

（8）南开大学。在商学院图书情报学与档案管理的二级学科"图书馆学（120501）"，设置研究方向：出版管理、现代图书馆管理、知识管理、图书馆管理。

（9）上海理工大学。在管理科学与工程一级博士点下设传媒管理二级博士点，研究方向：出版传媒管理。

（10）华东师范大学。在传播学院新闻传播学下的二级博士点新闻学（050301）设置研究方向：大众传媒与社会变迁、新媒体与数字化创意研究、媒介与社会变迁等。

（11）浙江大学。在中国现当代文学（050106）博士点设置研究方向：编辑出版与当代文化。

（12）中国社会科学院研究生院。新闻传播学下的二级博士点新闻学（050301）设置研究方向：传媒经营管理研究。

保守估计，全国每年培养出版研究方向的博士研究生约50人。

5. 相关专业的培养

除了直接以编辑出版命名的本科、硕士和博士专业和方向之外，许多高校在传播学、新闻学、网络与新媒体、数字媒体技术、数字媒体艺术、影视艺术、广播电视新闻学、计算机信息科学、管理科学与工程、工商管理、公共事业管理、金融、会计、多媒体制作、广告学等相关专业中，开设编辑出版专业课程和选修课程，培养适应出版行业需求的专业人才。如果加上这类专业的毕业生，估计全国每年为出版行业培养的相关人才将超过10万。

（二）出版专业课程体系设置情况[①]

1. 出版本科课程体系设置

根据全国出版专业教学指导委员会对全国高校编辑出版学专业负责人问卷调查数据显示，编辑出版学本科专业的专业核心课程有出版学概论、编辑实务、传播学、中外编辑出版史、出版物市场营销、出版法规等；数字出版专业核心课程有数字出版概论、数字媒体技术与应用、传播学、数

---

① 施勇勤. 我国出版专业教育现状与发展对策 [J]. 出版发行研究，2017（01）：67—72.

字媒体编辑、数字版权管理、数字出版营销等课程。大多数高校编辑出版学、数字出版的培养方案设计了多个课程组模块，主要有语言文字文化类课程、专业基础类课程、专业课程、实践课程和综合素质类课程，围绕厚基础、宽口径、多技能等方向培养出版人才。

2. 出版研究生课程体系设置

学术型研究生的课程体系主要根据所隶属的硕士点的课程体系设置，一般分为学科大类基础课程、研究方向专业课程、实践科研课程和跨学科跨专业的选修课程等，主要培养一专多能的科学研究和应用型人才。出版专业学位研究生课程体系是在全国出版专业学位研究生教育指导委员会的指导下设置的，分为公共课、必修课、选修课和实习实践四个课程组，建议的核心课程有出版学概论、出版物编辑与制作、出版物营销、数字出版及技术、出版企业经营与管理、出版法规。各高校可以根据办学特色增设编辑实务类、市场营销类、数字出版类、项目管理类等专业课程和选修课程，培养适应出版行业实务型、应用型高级专业人才。

此外，中专和高职高专的课程紧密围绕专业岗位群人才培养目标，突出技能型和实践动手能力的培养。

3. 实践教学情况

出版专业是一门应用型学科，各教育层次学校都比较重视出版专业实践能力和动手能力的培养，多数学校都建立了出版专业实验室、出版实训实验室和出版实践基地，不少本科高校积极开展产学合作建立产学研合作基地、实践教学基地，突出动手能力培养、行业专业教育、创新能力培养和职业能力培养等特色。职业教育类院校更是突出实践教学和生产实训和实习实践，多数学校建有实训基地，与行业企业紧密合作进行职业教育。实践教学主要体现在两个方面：一是设置实践类课程，提高实践课程学时数占比。多数本科高校的实践课程占总培养计划学时的15%以上，职业教育类学校的实践课程课时大多超过30%。二是积极引进行业资源，产学合作开展出版人才培养工作，各校都重视专业教育的基地建设，这些实训实践基地或产学研基地为各校出版专业实践教育提供了良好的空间和平台。

4. 师资团队建设情况

2013年，全国高等学校出版专业教学指导委员会秘书处对我国开设出版专业的80所本科高校进行调研，对师资团队、核心课程设置、教材建设等情况进行调查，数据显示：全国各高校出版专业师资团队的教授职称占 35%，副教授占 26%，讲师占 26%，助教占 13%。70% 的高校专业教师拥有博士学位的教师比例大于 30%，更有 40% 的高校具有博士学位的出版专业教师占教师总数的 60% 以上。①

近年来，各院校也纷纷引进出版行业一线的中高层专业人才进入学校充实专业教师队伍；逐步形成高校高层级人才和行业高层级人才相结合的双师型教师团队。尤其是出版专业硕士学位的师资，国家明文规定要求双导师制联合培养。行业教师和导师进入课程、进入学生指导工作，将实践经验、行业最新发展和前沿信息融入出版专业教学中，将学术研究和生产实践相结合，缩短了高校教育与行业实践之间的距离，为培养符合出版业需求的高质量复合型人才奠定了坚实的基础。

三、上海市高校出版专业教育发展现状

（一）上海市出版专业硕士课程体系设置

基于国家发展对出版行业高层次、复合型、应用型人才的需求，上海市从 2010 年起相继在各大高校开设了出版专业及与出版专业相关硕士点。数字技术、新媒体技术、互联网技术等科学技术的高速发展对上海市出版专业人才培养方向提出了与时俱进的基本要求，现上海市各大高校的硕士出版专业课程设置都有较合理的安排，从大致趋同的专业主干课程到有针对地培养学生思考、应用能力的选修及实践课程都较契合科技进步对新型出版人才的需要。详情见表 3。

（二）上海市出版专业本科课程体系设置

根据全国出版专业教学指导委员会对全国高校编辑出版学专业负责人问卷调查数据显示，编辑出版学本科专业的专业核心课程有出版学概论、编辑实务、传播学、中外编辑出版史、出版物市场营销、出版法规等；数字出版专业核心课程有数字出版概论、数字媒体技术与应用、传播学、数字媒体编辑、数字版权管理、数字出版营销等课程。大多数高校编辑出版学、数字出版的培养方案设计了多个课程组模块，主要有语言文字文化类课程、专业基础类课程、专业课程、实践课程和综合素质类课程，围绕厚基础、宽口径、多技能等方向培养出版人才。详情见表 4。

---

① 陈丹，张聪，仲诚. 全国高校出版专业建设现状调查与分析［J］. 现代出版，2014（02）：25—30.

表3　上海市出版专业硕士课程体系设置

	复旦大学出版专业硕士	华东师范大学出版专业硕士	上海师范大学新闻学专业硕士	上海理工大学出版专业硕士
学位课程	出版企业经营与管理	出版企业经营与管理	出版营销学	出版企业经营与管理
	出版物编辑与制作	出版物编辑与制作	版权产业与文化研究	出版物编辑与制作
	出版物营销	出版物营销	广播电视理论研究	出版物营销
	出版学概论	出版学概论	广播电视新闻业务研究	出版学概论
	出版法规	出版政策与法规	广播电视专题研究	出版法规
	报纸编辑	全媒体传播专题	数字化传播与出版业务研究	数字出版及技术
	出版创意学	社会科学研究方法	网络出版与出版业务研究	
	书籍形态学		网络出版编程技术	
	文化产业研究（出版）			
	中国出版家研究			
专业选修课程	期刊编辑	版权与版权贸易	出版学概论（编辑学概论）	期刊编辑
	中外出版史	网络出版编辑	网络出版前沿研究	中外出版物史
	版权与版权贸易	编辑出版物实训实务	编辑策划运作与基本技能	网络出版物编辑
	版本学	出版物视觉创意与设计	出版物案例探讨	电子书研究前沿
	编辑艺术学	传媒专业发展研究	广播电视概论	XML技术与运用
	出版评论	话语分析	广播电视节目研究	出版策划
	出版应用写作	网络传播专题	市场调查与研究	出版市场调研及分析
	出版制度分析	现代编辑出版专题前沿讲座	网络新闻传播与研究	数据分析与统计建模
	古籍训诂与校勘	新技术环境下新闻生产研究	文化研究	数据挖掘基础与应用
	近现代报刊研究	新闻传播理论	新闻专业英语	数字出版与媒体专论

续表

	复旦大学出版专业硕士	华东师范大学出版专业硕士	上海师范大学新闻学专业硕士	上海理工大学出版专业硕士
专业选修课程	文化管理与文化市场 医学出版专题 中国古代文学导论	语言学经典研读 中外出版的历史与经典文献导读	中国新闻传播史	数字媒体技术与应用 数字媒体界面设计 数字营销理论与实务 学术规范与课题设计
实践课			论文开题报告 论文写作与答辩 实习 学术讲座与文献研讨 专业调查	数字教育出版实践研究 数字大众出版实践研究 数字专业出版实践研究 出版硕士专业实践
学制	3年	3年	3年	2.5年
创办时间	2010年7月	2014年5月	2018年	2014年5月
培养方向	旨在培养拥有宽广的知识面和合理的知识结构，具备系统的编辑出版学理论素养与实践技能，了解中外出版发行的历史与现状，熟悉并掌握网络与电子出版的相关知识与技能，能在书刊出版、新闻宣传和文化教育部门从事出版、发行业务与管理工作，以及教学与科研工作的编辑出版高级专门人才。	培养德才兼备、掌握出版专业知识和技能，具有较宽的知识面，能够综合运用多学科专业知识解决出版业实际问题，能在新媒体环境下从事书报刊出版、数字出版、新闻宣传部门中从事编辑、出版、发行与新闻出版管理等工作，适应社会主义市场经济发展和出版业需要的高层次、应用型、复合型专门人才。	培养德才兼备、具有现代传播理念与国际化视野，了解中国基本国情、业务精干、视野开阔的高层次、应用型人才。主要研究方向为数字媒体广告创意、广告传播战略、媒介融合与新媒体出版和广播电视与融媒体。	培养具备良好的政治思想素质和职业道德素养、具有编辑出版专业系统知识和高水平实践能力的高层次、复合型、应用型专门人才。

表4 上海市出版专业本科课程体系设置

	华东师范大学	上海理工大学	上海师范大学
学位课程	编辑学概论	编辑实务与技能 A	编辑学概论
	书报校勘学	新闻采访与写作	新闻采访与写作
	出版业法律法规	出版法规	出版法学
	出版学概论	编导与摄影摄像	出版学概论
	中外编辑出版比较史	中外编辑出版史	报纸编辑学
	数字出版导论	市场调查与统计软件	数字出版理论与实践
	出版物市场营销	市场营销学 B	出版市场的营销与管理
	图书编辑出版实务	知识产权基础	杂志编辑学
	报刊编辑出版实务	报刊编辑	报纸编辑实务
	网络与电子出版实务	视觉传播	电子与网络出版
	版权贸易理论与实务	非线性编辑与后期制作	出版经济学
	媒介社会学	数字多媒体作品赏析	版权贸易理论与实务
	书刊装帧与技术	印刷技术基础 A	
		网页设计与制作 B	
		创意写作	
专业选修课程	广告理论与案例评析	国外出版业概况	世界出版产业概论
	国际影视广告作品分析	客户关系管理	期刊设计与制作
	品牌理论与案例分析	版面与装帧设计	数字内容采编与加工
	影视广告创作	新媒体与媒介文化	出版装帧设计
	网络广告传播学	二维动画创作	计算机图像处理
	演播室制作技术	移动媒体技术应用	电视策划与编导
	影视声音	3D 微作品编创	
	媒介事件 & 奇观	交互式电子书编创	
	电脑排版技术	出版物设计与制作	
	戏曲名著与戏曲影视		
	传媒文化研究		
	阅读史研究		
	近代上海与文化		
	舆论研究		
	企业传播		
	影视后期制作		

续表

	华东师范大学	上海理工大学	上海师范大学
实践课		数字出版传媒企业见习	数字出版传媒企业见习
		上海书展传媒企业见习	
		创新创业实践B	
		出版类职业资格培训与鉴定	
学制	本科4年制	本科4年制	本科4年制
创办时间	2002年	2007年	2002年
培养目标	本专业培养既有较扎实、系统化的编辑、出版、发行理论知识和人文素养，又有较强的实际操作技能，适应社会信息化、网络化、数字化需要，能从事书报刊等纸质媒体、网络与电子出版物的编辑、出版、发行和管理的编辑出版专业人才。	本专业主要培养数字编辑、出版商务和文创出版三个方向的编辑出版专业人才。毕业生能坚持马克思主义新闻观，坚持正确政治立场和方向，具有全媒体新闻传播和融合出版的知识与能力，能胜任在新闻媒体、出版社、融媒体、数字出版、互联网新媒体、文化传播、教育科技等大型企事业单位，从事内容创意策划、内容编创组织、新媒体编辑、网络编辑、技术编辑、数字视听编辑、出版编务、市场营销、图文发行、电商运营、版权管理和知识服务等工作。	本专业培养适合社会主义现代化建设和市场经济发展需要，德、智、体等全面发展，具备宽广的文化与科学知识、系统的编辑出版理论知识与技能，熟悉编辑出版环节，具有较强市场分析能力、计算机信息处理能力和图文编排设计能力，能在各类书、报、刊、音像、网络出版和新媒体部门、文化传播与策划公司、新闻宣传和文化教育部门，从事编辑、出版、发行业务与管理工作以及教学与科研工作的编辑出版学复合型、实用型专门人才。
学分	146	168	150

（三）上海市出版专业专科课程体系设置

围绕应用型人才的培养目标，以传播为导向，以实践教育为主线，内容与载体互补，技术与艺术比翼，科学与人文并举，构建合理的课程体系。与时俱进，适时调整课程，面向市场供需求。培养具有专业知识与技能的人才，培养具有跨学科知识、工具性知识的专业人才。详情见表5。

表 5　上海市出版专业专科课程体系设置

	上海出版印刷高等专科学校	上海新闻出版职业技术学校
学位课程	出版概论	印刷图像输入及处理
	传播概论	数字印刷工艺
	印刷概论	数字印刷材料
	网页制作	图文信息处理
	电子书制作	计算机软硬件系统安装维护
		印刷色彩学
		数字印前技术
		美术图案设计
		出版物供应链管理
专业选修课程	编辑理论与实务	选题设计与宣传策划
	媒介融合基础	书报校勘学
	数字出版理论与实践	出版企业经营管理
	报纸编辑实务	书刊装帧与设计
	网络与电子出版实务	
实践课	图书编辑出版实务	选题设计与宣传策划
	版权贸易理论与实务	报刊编辑出版实务
学制	3 年	2 年
创办时间	1953	1962
培养方向	践行社会主义核心价值观，提升学生的科学素质、职业素质、人文素质。增强学生的创新精神，实践能力和社会责任感，培养学生的合作能力和国际交往能力、可持续发展能力。	培养新闻出版文化创意技能型人才，在抓好学生德育工作的同时，注重对学生进行素质教育、技能培训，增强学生的动手能力。

四、出版专业教育面临的困境

经过多年发展，我国出版专业教育取得了显著成果。但是，出版人才培养的困境与矛盾依然存在。主要表现在以下几点：

（一）出版行业快速发展与出版人才培养滞后性的矛盾

随着互联网、数字技术、新媒体的快速发展，给出版流程、产品模式、市场渠道和管理方式等方面带来了新的变化和变革，如何培养能够适应行业发展要求、具有竞争力的优秀出版人才，是摆在出版教育院校面前的一道难题。然而，大多数的出版教育院校的人才培养计划和方案具有相对的滞后性特点，即招生前就要制定好培养方案、设计好课程体系和教学模式，就要设计好四年后社会对出版人才能力和素质的需求；这对高校专业人才培养要求很高，实际上高校难以洞察四年后行业的新业态和新发展，难以跟上行业快速变化的节奏。这种高校专业人才培养的滞后性带来的毕业生行业适应性问题和人才供求矛盾，在高校出版专业办学过程中一直是一个老大难问题。

（二）新产品、新技术、新业务对人才要求更高，高校难以适应

出版行业新产品的不断推出、新技术的不断产生和新业务的不断拓展，对出版行业从业人员的要求越来越高。例如新媒体编辑、大数据出版、数字营销等是最近兴起的新业务和新领域，这要求出版行业的从业人员除了要具备过硬的出版专业技能外，还要具备较强的新技术应用能力和实践创新能力。但是，长期以来，学校对人才的培养机制具有一定的惯性和惰性，重视学术科研，轻视教学育人，循规蹈矩、照本宣科、墨守成规、缺乏创新等陈旧的教学模式严重影响了专业学生行业适应性和创新能力的培养；难以适应行业对出版人才的新要求和高要求。部分院校专业办学条件和基础并不成熟，准备不够充分，不同程度地存在着学科定位不准、培养目标不明、课程设置不清、师资力量不足、教材选择不当、硬件投入不够等问题。因此，完善出版人才的培养机制，提升出版人才培养的创新性和实践性是出版教育院校的当务之急。

（三）出版融合发展和数字化转型对人才培养提出新要求，高校现有的师资团队和课程体系难以适应

出版产业的融合化、数字化是大势所趋，对具备较高专业技能和创新

实践能力的复合型人才的需求也是出版行业发展的必然结果。但是，优秀复合型人才的紧缺是目前出版行业发展的一个瓶颈。一方面，复合型人才的培养并没有规律可循，从事出版教育的院校只能"摸着石头过河"，探索复合型人才培养的路径；另一方面，大多数院校受限于师资力量、教学条件的不足，难以适应出版行业发展新趋势对从业人员的高要求，人才培养的质量难以保障。如学校在课程设置上编辑类课程多于出版类课程，理论类课程多于实践类课程；必修的技能课程实践操作程度低，有的学校甚至以学术理论传授代替专业能力培养，授课知识与专业关联度较差；教材陈旧；教师培训跟不上行业发展；学校教学与社会实践对接不紧密，相关行业、产业资源支持有限等问题，都是影响出版专业人才培养质量的问题。

五、出版专业教育取得的成就

（一）形成了层级化、多元化、全方位的出版专业教育体系

从新中国成立初期新华书店系统的职工培训开始，到20世纪五六十年代的出版、发行、印刷中专、大专、本科学校教育的起步；到七八十年代本科专业教育的兴起。1998年教育部本科目录的颁布，带来了出版本科教育的兴盛。2011年教育部本科目录增设"数字出版"特设专业，为高校人才培养适应数字出版产业发展奠定了基础。21世纪开始多家拥有硕士、博士授权点的高校，通过开设二级学位点和增设研究方向等方式，积极开展出版专业的硕博士研究生教育。2010年出版专业学位研究生教育正式纳入国务院学位办的研究生教育专业目录，开始了我国出版专业学位研究生教育的历史，14所高校获批出版专硕授权点，[①]成为培养高层次出版专业人才的主力军。同时，出版职业教育和在职培训蓬勃发展，形成了我国出版专业中高等教育与职业教育并进的格局。

目前我国出版教育体系结构已经形成了中等职业教育、高等职业教育、普通本科教育、硕士研究生教育和博士研究生教育等多教育层级的教育体系；形成中专、大专、高职本科、普通本科、科学学位硕士、专业学

---

① 国务院学位办首批授予出版专业学位硕士授权点的高校共14家：安徽大学、北京印刷学院、复旦大学、河北大学、河南大学、湖南师范大学、华中科技大学、吉林师范大学、南京大学、南开大学、北京大学、四川大学、武汉大学、中国传媒大学。

位硕士、科学学位博士的多学位层次的教育体系；形成全日制高校、职业教育、成人教育、函授自考、网络教育、委托代培、专业证书班、在职培训、岗位培训、专题培训班、业务研修班等多类型的教育体系。为出版专业人才的培养提供了多元化、全方位的教育环境，可以说新中国 70 年的出版教育形式多样、体系完善、方式多样，较好地适应行业和社会对多类型出版专业人才的需求。

（二）出版专业教育已正式纳入国家教育体系

新中国成立以来，党和国家对出版专业教育和人才培养十分重视，使得我国成为世界上为数不多的将出版专业教育和人才培养纳入国家教育体系的国家，中等教育、职业教育、本科教育、硕士和博士研究生教育等领域全都纳入国家教育体系之中，同时出版编辑类职业教育被纳入国家职业资格认证和职业教育体系之中；这种人才培养模式在全世界范围内是较为罕见的，反映出我国出版专业教育是系统化、组织化和专业化的。

2010 年 1 月，国务院学位委员会批准出版硕士专业学位设置方案，同年 3 月，全国出版专业学位教育指导委员会成立，标志着出版专业研究生教育正式列入我国研究生教育体系。2013 年 3 月，全国高等学校出版专业教学指导委员会成立，旨在充分发挥出版教育专家、行业专家的桥梁纽带和咨询指导作用，加强教育行政部门与行业主管部门与高等院校之间的沟通与联系，为出版专业高等教育改革发展创造良好环境。

（三）出版专业开办院校多、分布地区广、毕业生众多

据笔者调查，截至 2019 年 6 月，教育部批复专业建设的高职高专院校共 1072 所，[①] 大约有 723 所高职院校开设了 745 个出版及相近专业；[②] 开设编辑出版学、数字出版等本科专业的普通高校共 96 家，招收学术型硕士研究生的高校约 45 家，出版专业学位硕士授权点高校 28 家，招收出版专业或设立研究方向的博士点院校约 12 家。开办院校分布全国地区。每年高职高专的出版及相近专业招生总人数超过 4 万人，[③] 本科生约 5500

---

① 根据全国高等职业教育专业建设和职业发展管理平台的数据统计，http://www.tech.net.cn/web/index_zyjs.aspx，统计截止时间为 2019 年 6 月。

② 根据普通高等学校高等职业教育（专科）专业设置管理办法新闻出版类专业包括：图文信息处理、网络新闻与传播、版面编辑与校对、出版商务、出版与电脑编辑技术、出版信息管理、数字出版、数字媒体设备管理等，涉及出版行业岗位特征的专业还包括媒体设计编创、营销等方面的高职专业。

③ 按照每校每专业每年招收 60 人计算。

多人，[①] 硕士研究生约 2000 多人，[②] 博士生约 50 多人；[③] 再加上本科第二专业学生，以及设立出版专业课程的其他本科专业的学生人数，预计每年为出版行业输送各学历层次的毕业生超过 5 万人。这些毕业生为出版行业的发展提供了多样化的基础人才保障。

（四）注重产学研合作的人才培养教育模式创新

我国出版教育注重产学合作，发挥高校和出版企业的优势，充分整合高校的人才资源和出版企业的行业资源，努力打造多层次的出版专业人才培养机制。目前，许多高校与出版企业联合建立了出版人才培养基地和出版专业实验室；国家新闻出版广电总局在武汉大学、北京印刷学院和上海理工大学等高校设立国家新闻出版广电总局出版高级人才培养基地。积极开展产学合作办学模式的创新，引进行业高端专业人才和先进技术，在师资团队建设、课程建设、教材建设和实践教学等环节充分利用行业资源和高校本身的优势，在人才培养上紧跟行业发展和行业动态，提升学生的实践能力和专业技能，为出版行业培养高素质专业人才。

同时，许多高校都设立了校外实践基地和产学研基地。据统计，有46% 的高校设立了校外出版实践基地或校内出版研究中心，且大部分开设出版专业高校的出版实践类学时超过总学时的 15%，体现了出版专业教学的应用性和创新性。[④] 对动手能力和创新能力的培养，体现了我国的出版教育注重应用性和实用性。绝大多数高校积极推进产学研合作，在专业建设、师资团队建设、实践基地建设和教学科研合作等方面，开展深度合作，力求产学研合作模式的创新。通过行业资源进专业、行业专家进校园、行业新知进课堂、行业课题进学校等方式，提高专业教育质量，提高毕业生的行业适应性，促进毕业生就业和创业。并且紧跟出版行业新发展和新业态，创新产学研合作教育模式。成为培养新型复合型出版专业人才的一种常态手段。

---

① 按照每个本科专业每年招收 60 人计算。
② 按照每个硕士点每年招收 20 人计算。
③ 按全国新闻出版职业教育教学指导委员会. 教育部关于印发普通高等学校高等职业教育（专科）专业设置管理办法和普通高等学校高等职业教育（专科）专业目录（2015 年）的通知［EB/OL］. 全国新闻出版职业教育教学指导委员会网站照每个博士点每年招收 5 人计算。
④ 陈丹，张聪，仲诚. 全国高校出版专业建设现状调查与分析［J］. 现代出版，2014（02）：25—30.

（五）关注行业和技术发展、学科融合培养出版专业人才

70年的出版专业教育，反映出我国出版专业教育紧跟行业发展和技术发展，把专业建设融合在自身的办学背景和学科优势之中。从各学校的办学背景上看，有依托文学、政法、经济、管理、新传等学科背景优势，把出版专业教育与背景学科的优势相互结合，形成培养特色。如侧重社科编辑、科技编辑、图书发行、网络编辑、数字出版、出版贸易、版权经营、新媒体编辑等，专业培养目标和培养方式各具特色。

随着出版机制改革和出版融合发展趋势，移动终端、社交媒体、云计算、大数据等领域将对出版行业带来变革，也给出版专业教育带来深刻的影响。出版专业教育院校已经认识到这些新变化和人才培养的新要求，积极整合学科资源，注重多学科交叉融合开展专业教育。在课程的设置上，注重各学科的交叉融合，新媒体编辑、数字营销、AR&VR、数字编辑、微内容编创、大数据出版、数据营销等课程已经在部分高校开设，以更新知识体系和能力结构，培养适应出版新业态、新产品、新市场需求的新出版专业人才。

（六）注重实践教学，积极拓展实践基地建设，提高实践动手能力和创新能力培养

出版学是实践性极强的学科，出版专业教育自始至终都把实践能力培养放在重要位置。各教育机构积极拓展行业资源，注重产学研合作，增强实践教学，提升学生的实践能力和创新能力，将理论与实践相结合，通过实践教学环节的设计、实验室和实践平台建设、实习实践基地建设、出版研究中心建设等方式，强化实践教学的成效。同时，各出版行业协会学会等中间组织，积极推进出版专业教育。如在中国音像与数字出版协会下设出版教育与研究分会，中国新闻史学会下设编辑出版研究会。推进出版专业教育和产学研合作开展人才培养。并且面向全国高校开展出版类专业竞赛和创新竞赛。多年来已经举办各种类型类别的专业竞赛活动。从1995年开始，出版行业主管部门和出版行业组织积极推动全国大学生创新竞赛活动，通过专业竞赛提高专业教育与行业的融合。如国家新闻出版署举办的全国图书编辑出版能力大赛、中国编辑学会举办全国大学生韬奋杯征文竞赛、中国编辑学会举办的全国大学生新媒体创意大赛、中国编辑学会举办的全国大学生数字编辑大赛、中国编辑学会举办的全国大学生网络编辑大赛，此外，还有各类创新创业大赛。如"挑战杯"全国大学生课外学术

科技作品竞赛、全国大学生广告大赛、中国"互联网＋"大学生创新创业竞赛、"创青春"全国大学生创业大赛创业实践挑战大赛等。全国出版系统的青年编辑和全国高校出版专业学生都积极参加竞赛，以竞赛促进实践能力提高、促进出版专业建设和发展。此外，充分发挥高校和出版企业各自的优势资源，合力打造产学研基地、出版实验室和出版研究中心等人才培养平台，形成多层次的复合型出版专业人才培养机制，推动培养出版企业适用的高质量复合型人才。

（七）专业师资团队建设水平整体提高，双师型师资增多

师资团队建设是提高出版专业教育质量的前提条件。经过70年的努力和发展，出版专业师资从无到有，早期的师资大多是借用其他学科的师资从事出版专业教育；20世纪90年代后，师资团队力量渐强，逐渐向高层次、高学历、高技能、高素质、专业化方向发展。各个高校通过从行业引进、高校培养、老中青传帮带等多种师资培养模式，提高了专业教师的整体水平和教学能力，呈现出良好的师资建设成效。如武汉大学、北京印刷学院、上海理工大学等高校，从国内外名校引进师资、从行业引进师资，同时加大对青年教师的培养和带教工作，使得专业师资团队学科背景适用、学缘结构合理、年龄分布正态，具有良好的专业背景和突出的科研能力，并在专业建设、教学、科研和学生指导带教方面取得杰出成绩。打造多学科、双师型、产学合作的教学团队已经成为出版专业建设和人才培养质量的重要保障。引进优秀的行业高层次专业人才和海内外高学历专业人才，着力打造高素质、多元化的出版专业师资团队，对提高出版专业人才培养质量具有重要作用。

（八）积极开展国际教育和学术交流，拓展国际视野，国际合作有成效

面向国际出版市场，开展国际化专业教育，培养具有国际视野的出版专业人才是出版教育的重要内容。不少高校积极与国际出版教育同行合作，开展国际学术交流、国际科研合作和国际教育合作。如武汉大学、北京印刷学院、河南大学、上海理工大学等众多高校与美国、英国、荷兰、法国、日本、韩国、澳大利亚等众多海外名校开展出版专业教育合作。学生教师国际访学交流、学历教育合作、课程教学合作、科研合作、学术交流互访、国际留学生培养、学生出国留学升学等活动已成为出版专业教育的日常教学工作。通过开放实验室和产学研基地，吸引人才、吸引社会资源；同时积极拓展中外合作办学途径，与国外高校联合开展教学合作、科研合作，教师互访，互换学分，专业教育国际认证、交换留学生、联合举办国际学术会议等，提高专业教育的国际化水平，开拓了教师和学生的国际视野，为培养适应国际化出版市场需求的出版专业人才奠定了基础。

总之，纵观 70 年新中国出版专业教育的发展，总结经验成果，继往开来。我国出版专业教育将面向出版行业、面向社会、面向未来，通过学科交叉融合、理论与实践相结合、打造产学研的专业建设发展平台，促进国际学术交流与教育合作、加强师资团队建设等多种措施，能进一步提高我国的出版专业教育水平，更好地服务出版行业、服务社会，出版教育将会成为出版行业企业人力资源保障的重要支柱，为出版业的美好未来奠定人才基础。

我国出版智库建设情况概述

——兼论上海市出版智库发展现状与趋势

宁传林

摘　要：当前，我国出版智库建设仍以数量取胜，智库质量有待提升。通过对我国出版智库进行梳理，重点分析了部分发展较为完善的出版智库，并以上海出版传媒研究院为例，探讨当前上海出版智库发展形势。总体上，上海市出版智库建设较为务实，基本回应了市委、市政府以"项目制"为抓手，引导新型智库从业人员积极研究新情况、解决新问题的要求和标准，为实现上海新型出版智库转型打下良好基础。但同时，面对出版业相对复杂的业态构成，上海市新型出版智库建设也有诸多需要解决的问题，为此，应科学发展各类型智库，制定合理发展目标与转型规划，制定合理人员培养方案，实现上海出版智库良好的人才格局，同时强化上海出版智库品牌建设，完善沟通渠道以提高智库影响力。

关键词：智库　出版　新型智库　上海

2015 年是我国的"智库元年"，当年 1 月，中共中央办公厅、国务院办公厅印发了《关于加强中国特色新型智库建设的意见》，表明党和国家对智库建设给予高度重视。2016 年，上海市委、市政府结合上海实际，根据党中央、国务院关于中国特色新型智库建设意见的部署，上海积极作为，出台了《关于加强上海新型智库建设的实施意见》，着力在智库建设"建""管""用""评"等环节上下功夫，继续当好改革开放排头兵、创新发展先行者，为全国新型智库建设探索出"地方版"道路。①

---

① 燕爽. 探索新型智库建设"地方版"［EB/OL］. http://tt.cssn.cn/zk/zk_rdgz/201705/t20170517_3522054_1.shtml.

每个行业都需要智库支撑，对于出版业来说，加强智库建设，尤其是加强具有中国特色的新型出版智库建设迫在眉睫。因此，在深入落实中央《关于加强中国特色新型智库建设的意见》等文件的基础上，国家新闻出版广电总局制定了《关于加快新闻出版行业智库建设的指导意见》，提出要统筹推进新闻出版行业智库协调发展，努力构建布局科学、结构合理、规模适度、定位清晰的行业特色新型智库体系。近几年，出版智库建设受到出版人士的广泛关注，各类学术会议和交流层出不穷，各出版单位纷纷试水，加入出版智库建设的行列，这必将会为中国出版业的良性发展带来更多智力支持。

早在 2013 年，上海出版传媒研究院便挂牌成立，研究院致力于打造我国新闻出版领域政府管理部门的知名智库，最终目标是成为国内一流的专业性出版传媒科研机构。近年，在各方政策指引下，上海市新型出版智库建设快速推进。2015 年 6 月，上海交通大学出版传媒研究院正式成立，聘请出版家郝振省先生担任研究院首任院长，研究院瞄准世界范围内的数字出版先进理论，整合各方资源，积极推动学科交叉和产学研联动，希望经过三到五年的努力，把研究院建设成为国内领先和世界知名的数字出版理论研究中心、重要的政府出版和阅读智库，以及不可忽视的出版行业战略发展咨询机构。2018 年，上海市新型智库建设工作推进会暨首家上海重点智库（上海全球城市研究院）揭牌，会上，上海世纪出版集团与上海师范大学共建"光启书局"签约，这项跨界合作是参与创新智库建设的新举措，世纪出版集团将与上海师范大学携手努力，深度合作，共同推进中国特色新型智库建设和智慧成果的出版推广，让创新思想和智性资源更好地服务政府决策、服务企业发展。本文将梳理我国出版智库的整体发展，加深对我国出版智库建设的理解，同时，结合上海出版智库发展情况，发现建设过程中的问题，提出解决思路，为上海市出版智库的后续发展提供参考。

一、智库的相关概念剖析

（一）智库的历史、概念和功能

1. 智库的发展历史

"智库"（think tank），又称为"脑库""思想库"等。"智库"一词虽进入我国较晚，然而"智囊"一词却在古籍中早有记载。例如战国时秦国的樗里子、西汉时的晁错、三国时期曹魏的桓范均被当世或后人称为"智囊"。《史记·樗里子甘茂列传》记载："樗里子滑稽多智，秦人号曰'智囊'。"随着中国古代国家的产生及中央集权制度的建立，夏商家臣、两周命士、春秋战国门客、三国谋臣策士、两晋清谈名士、明清师爷与幕友，依次登上历史舞台。除了决策者非正式地、自发地网罗门客、幕僚、师爷、谋士、策士等来为自己的决策提供帮助之外，在中国历史上也出现了一些国家专门设置的智囊机构或制度，如秦朝的"谏议制度"便是中国古代智库的典型代表。① 这些具有智库功能的机构为维护统治、推动社会发展，发挥了至关重要的作用。

当前，通常认为现代意义的智库产生于二战后，该词由美国人发明，最早出现在二战时期，当时是纯军事用语，用于指代战争期间美军讨论战略和作战计划的保密室（类似于作战参谋部）。二战结束后，"智库"一词开始用于称呼军工企业中的研究与发展部，其中最有名的当属道格拉斯飞机公司的研究与发展部。1964年，美国前总统杜鲁门在庆祝80岁生日时候，在讲话中用了"智库"一词，由此"智库"正式取代"脑库""智囊团"等称谓。②

2. 智库的概念和功能

智库是指一种专门为公共政策和公共决策服务、生产公共思想和公共知识的社会组织，它的主要功能包括提供思想产品、搭建交流平台、培养公共人才、引导社会舆论等，它的工作范畴包括信息工作、调查研究、人才培养、沟通交流、专题培训、决策咨询等。③ 在智库发展初期，美国布鲁金斯学会的前身政府研究所成立的目的是帮助政府应对日益复杂的国内、国际问题，利用专家力量提供政策建议，同时为政府培养人才。而随着社会的发展，不同国家的智库功能也发生着变化，如日本交流中心（JCIE）认为智库的功能包含了六个方面，分别是国内的启蒙运动、政策建议与分析、提供让国内各界及各领域的人士就对外政策交换意见的场所、提供与海外有关人士交换意见的场所、对其他国家的政策决定施以影

---

① 王文，李振. 中国智库古今延承之路：历史溯源与未来启示 [J]. 智库理论与实践，2016，1（02）：8—13.
② 黄振威. 国外智库研究要览 [M]. 第1版. 北京：中共中央党校出版社，2017：34.
③ 徐晓虎，陈圻. 中国智库的基本问题研究 [J]. 学术论坛，2012（11）：178—184.

响。而智库在美国社会的功能主要则主要集中在议程设置、政策教育、搭建"知识"与"权力"的桥梁、推进"第二轨道"外交四个方面。总体上，智库主要有以下三种功能：一是生产政策思想，提供政策方案。这是智库"权力"的重要体现。二是提供研究场所，培养相关人才。智库为各类思想者搭建了重要的交流平台。三是促进各方交流，实现知识创新。作为强大的智囊系统，智库汇集了各方面的人才精英，同时智库的相对独立性也为知识创新的实现提供了更多可能。

（二）出版智库的概念与分类

出版智库是指以出版领域的公共政策为研究对象，以影响政府在出版领域的决策为研究目标，以出版领域的公共利益为研究导向，以出版领域的社会责任为研究准则的非营利性研究咨询机构。① 在日本，出版科学研究所是其主要的出版智库，其定期发布出版指标年报、出版月报等研究成果。在北美，出版商协会以及大学中的出版科研机构是出版智库的主要组成部分，作为出版智库，北美大学出版科研机构与社会实践的联系十分密切，不论是出版实务、媒介融合，还是健康传播、选举调查，其研究总是紧扣社会当下需求，能够为一些社会问题及时提出系列解决方案。②

在我国，与其他智库一样，出版智库有不同的层次、不同的类型。"国家队"和"地方队"的定位不会完全一样，"政府智库"与"企业智库""高校智库"的作用也会有所区别，"官方智库"和"民间智库"又各有特色。这些不同层次、不同类别、不同目标的出版智库都在逐步建设中，正在形成具有中国特色的出版决策支撑体系。但所有出版智库无疑都应该紧紧围绕党和政府急需的重大课题，围绕全面建成小康社会、全面深化改革、全面依法治国和全面从严治党的重大任务，围绕早日实现由出版大国向出版强国的转化，全面提升国家文化软实力，开展前瞻性、针对性、储备性政策研究，提出专业化、建设性、切实管用的政策建议，着力提高综合研判能力和战略谋划能力。

在中央部门所属方面有中国新闻出版研究院，它是出版智库的"国家队"；在社会智库层面，百道出版研究院较具代表性；高校层面，国内一些实力较强的高校设立了出版研究院（所、中心），如南京大学出版研究

① 范军. 出版智库的"为"与"不为"[J]. 出版科学，2017，4（25）：Z1.
② 拜庆平. 北美三校出版传媒学术考察散记 [J]. 出版参考，2016（09）：27—28.

院、上海交通大学出版传媒研究院等；在科技智库层面，较有代表性的出版科技智库是"融智库"，它由地质出版社、知识产权出版社和睿泰集团于2016年9月共同组建，旨在打造中国首家数字出版高端智库；① 在企业智库层面，中南出版传媒集团、电子工业出版社等都建立了相关的具有出版智库功能的机构。

（三）中国特色新型智库下的出版智库建设

2015年1月20日，中共中央办公厅、国务院办公厅印发了《关于加强中国特色新型智库建设的意见》，文中提出中国特色新型智库是党和政府科学民主依法决策的重要支撑，是国家治理体系和治理能力现代化的重要内容，是国家软实力的重要组成部分。文件指出要构建中国特色新型智库发展格局，促进社科院和党校行政学院智库创新发展，推动高校智库发展完善，建设高水平科技创新智库和企业智库，规范和引导社会智库健康发展等。中国特色新型智库是党和国家领导人在中国特色社会主义发展的新形势下提出的重要论述，是我国智库建设和发展的重要指导纲领。

中国特色新型出版智库和其他智库一样，也应具有战略性、公共性和非营利性的核心要素。出版智库应通过科学性战略导向影响或改进出版领域的政府决策。作为出版领域的知识中介，出版智库还应借助各方平台，传递智库声音，传播智库思想，从而引导出版领域的相关舆论。

二、当前国内出版智库建设的研究现状

关于出版智库建设问题，我国学术界处于探索阶段，关于出版智库的零星学术成果见之于近年来的《出版发行研究》《科技出版》以及《中国出版传媒商报》等报纸和学术期刊之中。其中，《出版发行研究》通过承办"2015全国出版学术研讨会"，邀请出版协会领导、出版发行集团和企业老总、高校和科研单位的专家学者等，就新形势下出版智库建设的相关问题进行广泛、深入的研讨。会议上，聂震宁提出智库建设要把"研产学"更好地结合起来。颜永刚认为促进出版智库建设应加强其与出版基金的良性

---

① 范军，欧阳敏.试论中国特色新型出版智库的内涵、功能及展望［J］.现代出版，2018（04）：5—9.

互动，出版智库应与出版基金共同研究解决相关联的问题。① 面对"出版智库热"的现状，《科技与出版》特别选取有代表性的几类智库，观察现状，以期推动我国出版智库建设。其中，魏玉山谈到对出版新型智库的认识以及我国出版业新型智库建设的现状及存在问题，并提出了中国新闻出版研究院关于新型智库建设的设想。② 杨柳春等人则分析了智库期刊在智库传播中的作用。通过对国外知名智库期刊的案例分析，对比研究了我国智库期刊发展现状，提出了中国智库期刊面临的挑战和未来发展方向。③

　　值得一提的是，以"融智库"为首的出版智库从 2017 年开始，每年通过举办中国新闻出版智库高峰论坛，探讨我国出版智库发展的机遇与挑战，助力我国出版智库的不断发展。第一届高峰论坛在南京举行，主题为"融智聚慧，共谋发展"；第二届论坛在桂林举办，论坛以"新时代·新出版·新动能"为主题，围绕改造提升传统出版动能、培育壮大新兴出版动能，聚焦新闻出版业新动能的核心要素——科技、信息、数据、标准等内容展开研讨。第三届中国新闻出版智库高峰论坛近日在吉林长春举办。本届论坛以"推动新闻出版高质量发展　致敬新中国成立 70 周年"为主题，全面深入探讨了新闻出版高质量发展、文化产业供给侧改革等话题。

三、我国出版智库的发展情况

　　当前我国智库，尤其是出版智库建设仍以数量取胜，智库建设质量还有待提升，智库影响力也有待加强。对出版智库还有一些模糊不清、似是而非的认识，边界不明、功能泛化、新瓶装旧酒的问题比较突出。出版智库建设还没有受到普遍的重视，一方面，智库参与出版领域决策还不够普遍；另一方面，缺乏高水平的研究报告，智库在参与政府决策、引领行业发展中的作用还比较微弱，国际影响力较低，同时，具有宏观性、前瞻性、战略性、引领性的研究偏少。鉴于此，本文将在对我国的出版智库进行梳理的基础上，重点分析部分发展较为完善的出版智库，加深对我国出

① 聂震宁，颜永刚，于殿利，等.加强出版智库建设，共谋行业发展良策——2015 全国出版学术研讨会发言摘登［J］.出版发行研究，2016（01）：8—15.
② 魏玉山.关于出版业新型智库建设的思考［J］.科技与出版，2017（01）：4—6.
③ 杨柳春，刘天星，郭雨齐.中国智库期刊的兴起与未来展望［J］.科技与出版，2017（01）：24—29.

版智库建设的理解。

（一）出版智库的"国家队"：中国新闻出版研究院

1. 中国新闻出版研究院智库建设情况

中国新闻出版研究院作为唯一一家国家级官方出版智库，成立时间最早，发展相对成熟，资金来源充足，各项管理制度较为完善，科研产出也比较丰富，是我国出版智库发展中的领军者。每年研究院承担并完成国家新闻出版广电总局和其他部委及地方政府、企业研究课题100多项，许多项目较为重大，经费也相对较高，如"数字版权保护技术研发工程"项目，是《国家"十一五"时期文化发展规划纲要》中确立的重大文化技术专项，工程总经费1.9亿元。同时机构每年举办各类出版行业学术会议，如中国新闻出版业互联网发展大会、中韩出版学术研讨会、世界VR产业大会等。近几年，其承担项目主要有5大类型，主要项目如下：

（1）服务总局决策和行业发展："全国国民阅读调查""中国版权产业的经济贡献调研""新闻出版年度产业分析""年度研究分析报告"（蓝皮书系列）。

（2）承担重大科技研发项目："数字版权保护技术研发工程"、文化内容多维度评价体系研发、全XML流程多样性出版服务研究、基于云计算的XML数据管理、绿色柔性版出版物印刷关键技术开发研究。

（3）文化产业专项资金项目："基于云技术动漫UGC创意资源平台建设及产业化项目"、中国出版国际化按需出版数字平台建设、世界华文教育数字出版项目、D&E发现与培养——个性化教育数字出版产业化项目、"中国出版物版权输出促进计划"。

（4）承担重大基础研究项目：中国出版通史、中国出版通史简编、出版词典。

（5）承担出版标准研究系列项目：新闻出版标准符合性测试实验室建设研究与实施、数字出版标准符合性测试关键技术研究及应用、数字出版核心基础标准研究——内容资源及元数据、国际标准文档关联编码ISDL。

2. 中国新闻出版研究院重点研究领域

科学探讨机构的研究领域或某一学科的研究热点，是了解机构或者学科学术成果的重要途径，同时也为机构和学科的未来发展提供了科学参考。本文通过VOSviewer文献可视化软件，分析近年来中国新闻出版研究院的研究领域，以期为其他出版智库的未来发展提供参考。VOSviewer支持创建各类文件格式，能够发掘文献作者、关键词等要素的相关关系，是一款具有极强操作性的探究研究热点和作者耦合关系的可视化软件。利用Endnote 文献整理工具将中国新闻出版研究院近 10 年的发文题录，共计666 篇转换为可用的 RIS 格式。

在 VOSviewer（version 1.6.8）软件中，导入上文整理好的题录格式，分析类型（type of analysis）选择共现分析（co-occurrence），分析单位（unit of analysis）选择关键词（keywords），共 1753 个关键词被提取，设定关键词频次大于等于 5 的关键词作为高频关键词，共有关键词 80 个。软件显示存在 1 次及以上共线次数的关键词共 77 个。生成的主要关键词密度图（Density Visualization），见图 1。图中，颜色越深的关键词代表该关键词的相关研究得到了更多关注，研究热度越高。这些词集中在密度图中心位置，如数字出版、中华人民共和国、出版业、数字化转型、出版社、出版物等。

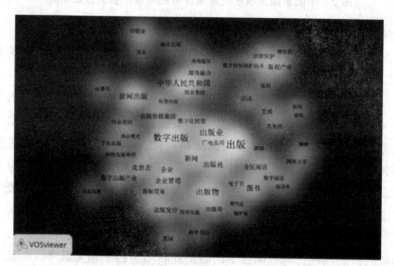

图 1　中国新闻出版研究院重点研究领域主要关键词密度

利用 VOSviewer 软件生成主要关键词聚类图（Network Visualization），见图 2。图中，关键词节点越大，说明该关键词出现的频次越高，词间连线越粗，代表二者共现次数越多。此外，同一颜色代表一个相似类团（Cluster），可以看出，77 个关键词被化归为 9 个类团，如类团一包含中华人民共和国、传统媒体、出版传媒集团、北京、媒体、媒体融合、学术期刊、广电总局、报业集团、数字化转型、新兴媒体、新闻等关键词。

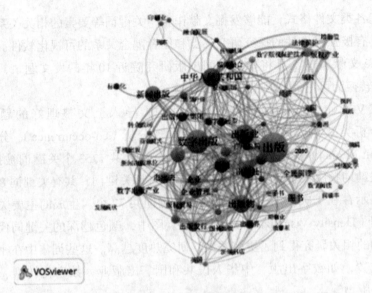

图2　中国新闻出版研究院重点研究领域主要关键词聚类

结合图示内容，笔者对主要关键词相关论文文献题录进行筛选，并逐一阅读和记录相关文献内容，总结整合后发现，中国新闻出版研究院关于出版层面的研究领域主要有四大方面，结合文献内容，作以下分析。

一是出版产业宏观层面研究。该领域更多从宏观层面研究我国出版业的相关问题。如出版体制改革、我国出版业发展的整体趋势、中国出版走出去等。在该层面下，中国新闻出版研究院发布了我国出版业的诸多报告，对出版产业整体所面临的转型困境及应对策略做了深度分析，对加强顶层设计，推动我国出版走出去做了诸多研究。通过对国家文化政策的相关解读，为我国出版业发展提出了诸多可行性建议。

二是数字出版及其技术研究。该领域重点关注了在知识付费时代下数字出版的机遇问题，对我国数字出版产业转型进行了相关思考。尤其关注在数字出版背景下，人工智能、大数据等和出版之间的融合趋势，同时还探究了数字出版模式的相关问题，通过对国外数字出版的案例进行分析，展望我国数字出版的发展前景。根据新技术与新闻出版业之间的融合越来越紧密的特点，中国新闻出版研究院重点关注了版权保护过程中的技术研发和质量管理，对如何构建我国数字出版版权保护技术支撑体系作了深入研究，对如何加强数字技术研发工程成果应用推广与转化进行了详细的分析。

三是全民阅读与阅读文化研究。针对全民阅读迅速发展，各种新型数字阅读方式不断出现的新形势，研究院加强了对阅读文化及全民阅读的相关学术探究。如对阅读理论、阅读实践的研究，对加强数字化阅读方式特征及对国民阅读影响的研究，以及对加强促进国民阅读的方法与模式的研究。并将阅读理论研究与阅读调查、阅读推广相结合，从而为促进国民阅读的发展，提高国民阅读活动的质量提供理论基础。同时还分析、总结了我国国民和各省、各地市居民阅读与购买图书、杂志、音像制品、电子出版物以及数字化阅读产品等的变化规律和发展趋势，并就全民阅读立法展开了深度思考。

四是版权及出版业标准制定。研究院从宏观角度分析了中国版权产业对经济贡献的持续增长，探究如何构建国家数字版权保护技术支撑体系，如何提升我国公众版权意识。对美国、英国等地区的版权现状和发展趋势做了深度分析，探究版权管理模式及其演变规律，同时还研究了版权文化建设的相关问题。标准方面，主要研究我国新闻出版业相关标识符标准的现状及发展趋势，结合我国现阶段发展情况，探究新闻出版标准化工作，对学术出版标准编制、期刊发行统计量、期刊排版格式国际标准、电子书标准建设等问题作了诸多研究。

（二）出版智库的"高校方阵"：南京大学出版研究院等

通过对出版业学界、业界的广泛调查，结合网上查找的相关结果，笔者发现我国高校出版智库共有 32 家，见表 1。其中，上海市高校出版智库有 5 家，分别是上海交通大学出版传媒研究院、上海师范大学现代出版研究中心、复旦大学国际出版研究中心、上海出版传媒研究院、上海理工大学数字出版研究所。我国高校出版智库人员数量规模较小，人员数量相对较多的有长安大学出版科学研究所、北京师范大学出版科学研究院以及中国传媒大学编辑出版研究中心，其中长安大学出版科学研究所多为杂志社的专职编辑人员。北京师范大学出版科学研究院的人员以专家团队的形式为主，团队成员包括柳斌杰、邬书林、喻国明、李国庆等几十位出版政界、学界和业界的领军人物。高校出版智库资金来源多以企业资助和申请项目资金为主。如比较有影响力的南京大学出版研究院是由江苏亚东建设发展集团有限公司向南京大学首批捐款 200 万元，作为南京大学出版研究院研究专项基金。也有少数影响力较弱的高校出版科研机构，其资金来源主要以机构人员以所在学院为单位申请的项目经费为主。

表1 我国高校出版科研机构名单

序号	高校出版科研机构名称	序号	高校出版科研机构名称
1	北京大学现代出版研究所	17	上海交通大学出版传媒研究院
2	北京师范大学出版科学研究院	18	上海师范大学现代出版研究中心
3	北京师范大学 媒介融合与数字出版研究中心	19	深圳大学现代出版研究中心
4	北京印刷学院数字出版研究所	20	苏州大学出版研究所
5	复旦大学国际出版研究中心	21	武汉大学 — 高等教育出版社 中国教育出版研究中心
6	杭州电子科技大学 融媒体与主题出版研究院	22	武汉大学数字出版研究所
7	河北大学出版研究所	23	西安交通大学新闻出版研究所
8	河南大学新闻与传播学院 编辑出版科研所	24	西北大学编辑出版研究所
9	华南师范大学编辑与出版研究中心	25	西南大学出版与传播科学研究中心
10	华中科技大学新闻与信息传播学院 电子与网络出版研究所	26	长安大学出版科学研究所
11	南京大学出版研究院	27	浙江传媒学院数字出版研究所
12	南京师范大学出版研究所	28	浙江大学数字出版研究中心
13	青岛科技大学创意出版研究中心	29	郑州大学编辑出版研究所
14	陕西师范大学新闻出版研究所	30	中国传媒大学编辑出版研究中心
15	上海出版传媒研究院	31	中国矿业大学出版研究所
16	上海理工大学数字出版研究所	32	中山大学学报编辑部 编辑学与出版研究中心

通过对部分高校智库的研究领域进行分析，笔者发现，南京大学出版研究院的特色研究领域包含了全民阅读、我国宏观出版业、出版企业与出版形态、出版业发展模式四个方面；武汉大学数字出版研究所的特色研究领域包括电子书、开放存取及出版新技术、北美出版及出版商等；长安大学出版科学研究所的特色研究方向十分集中，主要是围绕学术期刊展开。包括学术期刊编辑、学术期刊国际化、学术期刊数字化三类主要研究方向。

部分高校出版智库研究方向涵盖面广，但各研究方向不够深入，很难有较好的智库产出。而有些高校机构则未有明确的研究定位，主要研究方向取决于责任人的个人研究内容。有些高校出版智库研究方向虽较为统一，但和其机构的研究定位有很大差别。如长安大学出版科学研究所，其主要研究方向定位是出版经济学研究、出版法学研究和出版基础理论研究，其科研产出却基本围绕学术出版相关内容展开。

（三）企业出版智库：科研机构成为主力军

我国企业类出版智库主要集中在出版集团的部分科研机构，如电子工业出版社博士后科研工作站、时代出版传媒股份有限公司博士后科研工作站等。企业出版科研机构主管单位多为企业的人力资源部门，其人员组成一般为所在企业和高校联合培养导师以及在站博士后人员，每期在站博士后约为 5—10 人左右，企业外的联合导师大多是高校出版专业的博士生导师，主要负责博士后的开题、课题研究以及课题结项的指导或答辩事宜。比较典型的如时代出版传媒股份有限公司博士后科研工作站，截至 2018年底，工作站联合武汉大学、上海财经大学等累计招生博士后 27 名，其中在站 11 名，已出站 16 名，今后 3—5 年内，计划再招收 5—10 名优秀人才进站。研究方向涉及数字出版、图像传播与图像管理、数字印刷等多个学科。

这些企业出版智库经费一方面来源于企业自身的资金支持，另一方面来自国家各级博士后科研基金项目或其他出版类项目。如时代出版传媒股份有限公司博士后科研工作站，工作站中 2 名博士后曾获得国家博士后科学基金面上资助；13 名博士后获安徽省博士后科研基金资助；1 名博士后获安徽省软科学研究计划项目；获得中央文化产业发展专项、省文化强省等各级资助项目 15 项。总体上我国企业出版智库的研究领域大都具有出版企业的自身特点，同时也能紧跟出版市场发展的趋势，如人民教育出版社有限公司博士后科研工作站，其研究方面以教育出版为主，对数字化教学模式、教材编写等问题给予了更多关注。

对于企业出版智库而言，大多数出版集团并未从管理层面对这些机构进行合理的经营与维护，部分单位将机构作为企业内部某些下属部门中的研究机构，企业主要领导并不参与这些科研机构的相关工作 [1]，这直接导致

---

[1] 聂震宁. 我国出版行业智库建设的历史与现实研究［J］. 出版参考，2018（09）：5—6.

了企业出版科研机构难以从企业发展的总体战略层面作相关研究，其研究成果也无法及时向企业主要领导反馈。

四、当前上海出版智库发展形势——以上海出版传媒研究院为例

上海是我国出版产业的重要力量，有着出版智库建设和发展得天独厚的资源优势。当前，在出版业数字化转型时期，上海市涌现了一批如"阅文集团""喜马拉雅FM"等数字出版公司，为出版业发展和出版智库建设提供了良好的平台，同时，依托上海市诸多高校在出版领域学科建设优势，以及上海政府各有关单位的政策支持，上海市未来出版智库的建设与发展将大有作为。

（一）上海出版传媒研究院的智库建设

上海市出版传媒研究院是上海出版智库建设中较早成立的出版智库机构，研究院定位于上海市级的新闻出版专业研究机构，由国家新闻出版广电总局、上海市委宣传部、中国新闻出版研究院、上海出版印刷高等专科学校、上海理工大学以及相关行业协会等单位共建，由上海市新闻出版局依托上海出版印刷高等专科学校设立。研究院致力于打造成为我国新闻出版领域政府管理部门的知名智库，成为新闻出版产业与企业战略发展咨询中心、印刷出版传媒新技术的研发与推广中心，提供一批有重要咨询价值的研究报告，发表大量有影响力的研究成果；成为优秀人才培养培训的示范平台；最终目标是成为国内一流的专业性的出版传媒科研机构。建院以来，承接并完成了国家科技部、国家新闻出版总局、中国新闻出版研究院等多项国家、省级课题。

研究院具有丰富的专家团队，团队分为首席研究员、特聘研究员、校内兼职研究员、校外兼职研究员等，定期发布相关行业资讯，如《2019年度国家出版基金项目申报指南》解读等，同时，积极举办丰富多样的学术交流活动，如"知识服务与出版创新"专题研讨会、"后阅读时代"出版技术与人才培养研讨会等。

研究院定期公开招标出版业相关课题，2018年，根据《新闻出版业数字出版"十三五"时期发展规划》《新闻出版业"十三五"时期科技发展规划》《关于加快本市文化创意产业创新发展的若干意见》等文件的相关要求，本着合作、开放、共赢的原则，上海出版传媒研究院围绕出版业转型

升级、知识服务路径探索、出版融合创新等方面的热点、难点问题开展合作研究，以更好地服务政府决策、助力业态创新。面向国内外相关研究领域的高等院校、科研机构等公开招标，通过聘请专家进行立项评审，最终来自 8 所高校单位和 1 所企业单位的相关项目获得立项，包括《知识服务语境下的传统书店转型研究》《我国有声阅读市场产业结构及存在问题研究》《"互联网 +" 时代的纸质图书版权保护机制研究》《人工智能在出版业知识服务中的应用研究》《音频类知识服务产品的发展趋势研究——基于市场和用户的双重分析视角》等。

（二）上海出版智库发展形势概述

总体来看，上海市出版智库建设较为务实，在发挥智库生产政策思想、提供政策方案、提供研究场所，培养相关人才、促进各方交流，实现知识创新的基础作用的同时，又能根据自身情况，有所侧重。如上海交通大学出版传媒研究院，坚持项目立院、人才立项、品牌立库的方针，努力为交大、为上海、为国家培养出版传媒科研人才、名家和大家，同时加强和业界的联系，如 2019 年与上海新闻出版教育培训中心精心筹划，联合承办了上海市委宣传部主办的 2019 年出版专业技术人员继续教育"出版质量专题培训班"，此次出版质量专题培训主题鲜明、内容权威、脉络清晰、讲解精准，不仅强化了出版人的责任意识和质量意识，而且提升了工作能力，丰富了业务技巧，为进一步做好出版工作、推出精品图书积聚了力量。

上海市各出版智库的发展，基本回应了市委、市政府以"项目制"为抓手，引导新型智库从业人员积极研究新情况、解决新问题的要求和标准，为实现上海新型出版智库转型作了良好的铺垫。但同时，我们也应看到，面临出版业相对复杂的业态构成，上海市新型出版智库建设也面临着诸多需要解决的问题。主要表现为三个方面：

第一，如何实现科学的机构管理，提高出版智库可持续发展能力。纵观我国出版智库的整体发展形势，出版智库的管理和组织形式客观上导致了机构具体、短期和微观的研究较多，而相对宏观的具有前瞻性、战略性的问题则研究较少，这也导致了很多智库成果较为单一，难以形成较为有影响力的丰富成果。①

---

① 苏磊，韩婧，付国乐，等.出版智库热观察［J］.科技与出版，2017（01）：3.

第二，如何丰富出版智库的人员学科机构，提升智库研究人员质量。研究能力是智库存在的基础。从根本上看，智库的研究能力和水平决定了智库自身的影响力。出版智库建设过程中，人才优势是成功与否的关键。对智库而言，研究人员可分为三种类型，第一种是专业型的学者，第二类是具有职业经验的实践性学者，第三种则是同时有实际工作经验和专业型学者身份的混合型研究人员。[①] 整体来看，上海市在智库建设过程中缺乏一定的高端人才和领军人物，缺乏必要的复合型人才，大多数机构的科研人员缺少出版领域以外的学科知识。一方面，受新技术的影响，出版业正面临巨大的转型升级，数字出版领域发展迅猛，VR/AR技术、大数据技术、云计算技术、人工智能技术等也在悄然影响着我国出版产业的变革，以知识服务为核心的"大出版"逐渐成为产业共识。另一方面，作为我国文化海外传播的重要手段，国家对出版"走出去"也提出了更高要求，上海是我国改革开放的窗口城市，也是我国对外形象宣传的响亮名片，在这样的背景下，出版科研工作急需学科之间的互融互通，从而培养更符合出版业发展的复合型人才。

第三，如何提升外部环境感知能力，建立完善的内外部沟通机制。国家对智库建设的日益重视，确实让出版智库建设受到出版人的广泛关注。但事实上，面对我国智库建设利好的政策环境，部分人员对中国特色新型出版智库建设的认知还不够充分，行动还有所迟缓。在《关于加快新闻出版行业智库建设的指导意见》中，提出要努力构建定位清晰的行业智库，统筹规划，推动智库成果及时转化，并提出了一系列的保障措施和创新管理机制，然而当前大多数出版智库并没有对政策进行认真研讨并付诸实践，因此也很难紧跟时机，成为有影响力的出版智库。

五、上海地区新型出版智库发展建议

2018年底，上海市召开了新型智库建设工作推进会，会上强调：上海要进一步健全符合智库特点的政策体系，优化有利于智库发展的政务环境，探索建立决策部门与智库之间的常态化、制度化的对接机制，进一步

---

① 王红.图书情报机构在国家智库建设中的使命担当与服务创新［J］.图书情报工作，2015（14）：46—50.

加大智库人才的培养集聚力度，激发智库人才的创造力。加强媒体与智库之间的交流互动，增强"智媒融合"的协同效应、进一步放大新型智库建设的社会效应和智库成果的社会影响力。对上海新型出版智库的建设而言，可重点从以下三个方面谋划布局。

（一）科学发展各类型智库，制定合理发展目标与转型规划

推动上海出版智库建设，首先要从出版智库发展的战略层面和战术层面作合理调整。战略上，各类出版智库要充分重视向新型出版智库转型的重要性和必要性；战术上则应制定符合自身实际的发展目标和转型规划，真正提升出版科研机构的学术价值和社会价值，最大化发挥出版智库的实际作用，确保上海出版智库在我国出版智库格局中的重要地位。

在制定合理发展目标和转型规划中，各机构应积极学习掌握国家、上海市等有关部门关于智库、出版智库的相关政策，在此基础上，最大化保障智库研究的独立性。独立性是智库发展的灵魂，在出版智库建设过程中，应尽最大努力做到不受资金的驱使，不受企业利益的影响。机构应站在出版业整体发展的高度，不拘泥于现状解读，在科学预判的基础上，提供具有前瞻性的政策建议方案。同时，机构的目标设定应牢牢抓住智库的"政策性"功能，为各级别出版政策制定部门制定提供智力支持。对上海的出版智库来说，在衡量机构的实际情况以及政府和社会需求的情况下，应充分发挥机构的"政策性"功能或"地域性"优势，不断提升出版智库建设的影响力。同时在规划制定过程中，应重点围绕自身的"学术"优势和"产业优势"，不求"大而全"，但要"小而精"，努力寻找符合自己发展的特色研究方向，深耕其中，形成自身的智库优势。

（二）制定合理人员培养方案，实现上海出版智库良好的人才格局

人才问题是出版智库建设最为棘手的问题。实际上，智库转型过程中出现的许多问题归根结底都是人才问题。在合理的出版智库规划纲要下，各机构应优化人员招聘流程，适当改变招聘需求，加大对技术性人才的招聘，同时注重人员知识结构的丰富性和复合性。据笔者了解，上海各大出版智库招到高水平人才并不困难，难的是如何培养人才，留住人才。这不仅需要合理的薪酬保障，更需要激励制度的建立以及合理的人才培养方案的制定。另外，笔者发现我国不同类型的出版科研机构所面临的人才问题不尽相同，因此出版科研机构的人才发展应根据机构的不同类型而有所差异。

对于组织架构和人员结构比较完善的出版智库，应更多关注现有人才的培养。定期开展出版智库建设相关会议和培训课程，鼓励成员根据部门专业和研究优势，以出版政策制定为目的，申报相关课题，并对优秀项目进行奖励。同时，应加强机构人才的科研交流，尤其应重视与其他出版智库或出版企业的交流与合作，可组织短期或长期的互访活动、组织定期的相关国际、国内研讨会议等，从而提升上海出版智库建设的影响力。

（三）强化上海出版智库品牌建设，完善沟通渠道以提高智库影响力

出版智库应坚决做政府决策的参谋者，而非随从者。总体上，当前我国出版智库的影响力较弱，急需将出版智库品牌建设问题提升到一定高度。

智库的品牌建设绝非一朝一夕，涉及机构管理和运营的方方面面。就上海而言，出版智库的机构负责人首先应在思想上认识到出版智库品牌建设的重要性，尤其注重智库建设过程中的沟通和宣传工作，发掘机构在地域、专业、平台等资源优势，智库品牌就是智库资源，智库资源就是智库财富。各智库机构应根据现实条件及机构定位建立和各级相关部门间的合作关系，建立相关的意见建议递送通道，定期组织机构人员与出版政策制定部门进行交流，了解部门政策需求。其次，各机构应可建立属于自身的机构网站，并根据实际，适当建设出版智库新媒体矩阵，完善充实网站或矩阵子条目，发布机构的科研动态及各类机构信息。同时及时报道机构组织或参与的科研活动，积极主办或参与出版业相关会议，加强组织间合作，增加机构媒体曝光度，从而提升上海出版智库建设水平和影响力。

上海理工大学建设新媒体与高端出版印刷人才培养基地的构想

上海理工大学出版印刷与艺术设计学院

互联网与文化创意产业协同创新中心

摘　要：上海理工大学以工学为主，工学、理学、经济学、管理学、文学、法学、艺术学等多学科协调发展，在高端应用型人才培养方面具有较强的综合实力，在新媒体与出版印刷学科建设方面，在上海高校中具有独特的优势。借助政府推动，呼应上海国际化大都市建设和科创中心建设总体布局，依托杨浦区国务院首批全国双创示范区建设配套措施，我们可以围绕出版印刷行业转型升级的现实需要，以教学改革、学术提升与行业服务三大工作模块为基础搭建基地平台，凸显工科、文科与艺术三个学科之间的结合及其对基地平台的支撑作用，在此基础上，实现校内学科资源、行业实践资源及海外学科资源等三种资源的互联互通、相互融通，并逐步凝练、营造工文艺三学科相结合、具有上海理工大学学科背景的特色培养模式。

关键词：出版印刷人才　培养方案　培养基地　上海理工大学

一、上海理工大学在高端应用型人才培养方面的综合实力

上海理工大学以工学为主，工学、理学、经济学、管理学、文学、法学、艺术学等多学科协调发展，是一所上海市属重点建设的应用研究型大学。建校 110 年来，滋养了一大批学术精英、工程专家和社会翘楚，为国家和社会培养了十余万优秀专业人才，享有中国"制造业黄埔军校"的美誉。

在学科建设平台方面，拥有1个国家重点学科（培育）以及12个省部级重点学科；在人才培养平台方面，拥有3个国家级特色专业、5个教育部卓越工程师教育培养计划试点专业、1个教育部专业综合改革试点专业、3个国家级实验教学示范中心、4个国家级工程教育实践中心、1个国家级虚拟仿真实验教学中心、1个国家级专业技术人员继续教育基地以及51个省部级平台；在科技创新平台方面，拥有1个国家工程研究中心、1个国家工程实验室、1个国家质量监督检验中心、1个国家大学科技园、1个国家技术转移示范机构以及23个省部级科研平台。

学校大力实施人才强校战略，现有专任教师1600余人，其中高级职称教师690余人，博士生导师130余人，具有博士学位的教师850余人。中国工程院院士6人（含双聘）；享受"国务院特殊津贴"专家16人；中组部"千人计划"入选者13人，"青年千人计划"入选者1人；教育部"长江学者"特聘教授3人、讲座教授3人；国务院学位委员会学科评议组成员2人；"百千万人才工程"国家级人选6人；国家自然科学基金杰出青年科学基金获得者3人以及各类省部级优秀人才106人。

学校长期紧贴制造业行业发展，动力工程及工程热物理、光学工程、管理科学与工程等学科长期居于国内领先地位；同时，依托在医疗器械和出版印刷两大领域深厚的行业基础，积极建设生物医学工程和数字传播等社会经济文化发展急需的学科。

学校围绕"工程型、创新性、国际化"的人才培养定位，致力于培养学生形成有思想的头脑、国际化的眼光，持续贯彻"对接行业、改造专业、引导就业"的理念，是教育部"卓越工程师教育培养计划"高校、国家级大学生创新创业训练计划实施高校、国家级人才培养模式创新实验区和上海市本科教学教师激励计划试点单位。

学校大力提升科技竞争力，依托高峰高原学科建设，积极服务国家创新驱动战略。近三年，学校获得国家科技进步奖二等奖1项，省部级科技奖项17项；获得国家自然科学基金重点项目、国家社会科学基金重点项目和国家科学仪器重大专项等国家级项目220余项。

学校是国内最早开办国际合作办学的高校之一，建有中英国际和中德国际2个中外合作办学学院；与美国、英国、德国、加拿大、日本、澳大利亚、爱尔兰等20多个国家和地区的110余所高等院校建立了合作关系。

在"做精品本科、争一流学科、创百强大业"的办学目标引领下，上海理工大学围绕建设一流理工科大学的共同理想，在传承中创新，在创新中发展，着力实现师资队伍与学科建设、人才培养质量、学校事业发展动力三方面的突破，力争把学校建设成为"卓越工程教育"上海市属旗舰高校，全国工程教育示范高校。

二、上海理工大学新媒体与出版印刷学科建设的独特优势

上海理工大学在新媒体与出版印刷学科建设方面，在上海高校中具有独特的优势。

（一）学科配套齐全，教学科研覆盖新媒体各种形式和出版印刷全产业链

上海理工大学出版印刷与艺术设计学院是在原出版印刷学院、艺术设计学院基础上于 2007 年 5 月合并组建而成，是工、文、艺有机融合的多科类学院，是国家新闻出版总署与上海市政府共建学院，原国家新闻出版总署柳斌杰署长为学院名誉院长。学院现设有印刷与包装工程、网络与新媒体、出版与数字传播、广告、艺术设计、环境设计、动画与公共艺术、工业设计、美术系 9 个系，7 个研究所。15 个本科专业（方向）。现有新闻传播学一级硕士学位授权点，印刷光学工程和传媒管理两个二级学科博士学位授权点。学院是国家新闻出版总署出版印刷人才培养基地，印刷出版学科是上海市重点学科，建有现代出版印刷国家级实验教学示范中心、国家新闻出版总署数字传播科学重点实验室、国家新闻出版总署数字印刷工程研究中心。新媒体与出版印刷学科群是上海理工大学重点建设的六大学科群之一。学院拥有一支以资深教授、学科带头人为核心的教师队伍，现有教职工近 160 人，其中专任教师 135 人；教授、副教授 38 人；硕士生、博士生导师 42 人；全国出版业领军人才 4 人，在校本科生、硕士、博士研究生近 3000 余人。

2006 年，我校与中国新闻出版研究院（原中国出版科学研究所）联合申报并成功获批了"传播学"硕士点，并 2007 年完成首届招生，2010 年获批"新闻传播学"一级学科硕士点，2011 年获得"数字出版与传播"自设二级学科点。2011 年，"数字出版与传播"学科获批为原新闻出版总署重点支持建设的学科。

教学成果屡屡获得国家和上海市最高奖励：

（1）上海理工大学创新创业人才培养的探索与实践，获得第六届（2009年）高等教育国家级教学成果奖二等奖，同时被评为上海市教委评为上海市教学成果奖一等奖；

（2）创建文、艺、工融合的实验教学平台，培养出版印刷类复合型传媒人才，获得2009年高等教育上海市级教学成果奖三等奖；

（3）实施分层次教学及管理模式的理论研究与实践，2005年11月获得上海市教委颁发的上海市教学成果奖一等奖；

（4）大众化教育条件下个性化培养体系创建的研究与实践，2009年12月获得上海市教委颁发的上海市教学成果奖二等奖。

（二）教学科研质量逐年提高，在全国高校同学科排名中名列前茅

在科学研究方面，依托雄厚的行业底蕴，我们立足多学科协调发展的应用研究型大学的办学定位，围绕国家重大需求，积极探索高校、科研院所、企业、行业部门等多元主导的协同创新科研体制，已构建"上海市印刷媒体产教研协同基地"和"上海市卓越新闻传播人才培养基地"。

以出版融合发展作为明确的实践方向和研究重点，在推动传统出版和新兴出版融合发展诸多方面有一定的学术积累、实践经验和研究成果，"教育部企业生产实际教学案例库"项目成功立项，并获得资助。在出版学科研究和实际应用领域优势比较突出，能够发挥较强的辐射带动作用。

近年来，我校数字出版与传播专业承担国家社科重大课题1项、重点课题1项、一般课题2项、青年课题1项（共5项），国家自然科学基金一般项目和青年项目共4项，省部级课题10多项，主要集中在以下方面：

（1）传统出版和新兴出版在内容、渠道、平台、经营、管理等方面的深度融合研究；

（2）信息内容、技术应用、平台终端、人才队伍的共享融通及形成一体化方面的组织结构、传播体系和管理体制研究；

（3）内容生产模式升级和创新研究；

（4）教材数字出版标准研究；

（5）教育出版转型升级与融合发展研究；

（6）科技期刊云出版平台构建与经营策略研究；

（7）基于智能移动终端的儿童阅读能力实证研究；

（8）移动舆论场重构与记者职业网络流动的关系研究；

（9）数字出版内容社会化生产模式及管理机制研究；

（10）数字出版的大都市产业集聚发展模式研究；

（11）电影新技术研究；

（12）地图印刷品色彩管理方法研究；

（13）图像高保真分色研究；

（14）按需印刷卷筒喷墨彩色印刷机标准研究。

（15）数字印刷在线集成管理与服务平台的构建研究；

（16）电子书包领域的数字教育出版基础标准研制；

（17）数字出版的产业集聚效应研究；

（18）产业融合环境下我国出版企业新媒体创新发展研究；

（19）媒体融合背景下的数字出版规制创新研究；

（20）出版传媒产业大数据平台案例库内容建设；

（21）三维互动数字出版系统研发；

以上成果，在全国同类学科专业排名中屡次名列前茅。

（三）实验设备先进，校企合作紧密，人才培养与产业发展需求高度对接

在人才培养方面，我校传承百年办学文脉，学校确定"工程型、创新性、国际化"的人才培养定位，并据此开展了一系列教育教学改革，取得了一批扎实的成果。其中，"服务印刷产业转型发展的高端技能型人才培养体系构建与实践"项目，获得国家级教学成果奖二等奖。"构建大学生创意设计实践基地 培养社会所需的创意产业人才"项目获得上海市教育成果二等奖。

本学科拥有产学研合作基地、学生实践教学基地 17 家。学院还与中国新闻出版研究院、张江国家数字出版基地、江苏阳澄湖国家文化创意产业园区、上海文新集团、上海世纪出版集团、复旦大学出版社、上海印刷集团等建立了实践教学和产学研基地，是新闻出版、包装印刷、文化创意等行业和产业的重要技术研发基地和人才培养基地。

目前，我校新媒体与数字出版和印刷相关学科已经建立如下高端平台：

（1）新闻出版总署国家数字印刷工程研究中心

（2）国家级现代出版印刷（传媒类）实验教学示范中心

（3）沪江人才培养模式创新实验区（教育部）

（4）新闻出版总署数字传播科学重点实验室

（5）现代传播科学上海市级实验教学示范中心

（6）上海市印刷出版重点学科

（7）上海市印刷出版本科教育高地

（8）上海市工业设计本科教育高地

（9）国家新闻出版总署印刷出版人才培养基地

（10）中国出版科学研究所上海研究基地

其中，具有全国领先水平的"国家级现代出版印刷实验教学示范中心"于2008年获批成立，中心遵循"建设一个平台，实现两个覆盖，突出三大特色，构建四个模块，强化五大功能"的建设思路。中心紧紧围绕出版印刷业和以数字化内容、数字化生产和数字化传播为主要特征的新媒体产业，开展教学、科研研究为一体的中心建设。中心现已成为校内外重要的教学、科研及人才培养基地。

目前，中心实验室总建筑面积5640平方米，实验设备2230台件。现有20个实验室，其中2009年以来新建的有数字媒体测评实验室、出版资源管理实验室、印刷光学实验室、数字媒体传播工程实验室、创意设计实践基地5个实验室，这已成为培养学生创新实践能力的平台。

中心主要服务于学院5个系9个专业以及校内外跨专业的本科及研究生的数字出版与印刷的实验教学及科研活动。开设的实验课程达96门（其中40门为2009年后新增的课程），年均服务的本科生、研究生近3000人。中心现有教师60名，专职教师44名，专职人员中正高级、副高级、中级及以下比例是：38.7∶25∶29.5∶6.8，兼职教师16名。中心实现了网络化智能化管理，老师和学生可以直接从中心网站预约申请实验室，中心对校内外全面开放。

（四）产学研融合研究起点高，视野宽，站在了学科发展的最前沿

新闻出版是国家软实力的文化表达。在基于互联网的新媒体冲击下，传统新闻出版业已经难以担当意识形态引领和文化产业强国的使命，面临着全面向数字化、网络化转型的急迫任务。因此，党和国家高层领导对传统媒体与新兴媒体融合发展寄予了很高的期望。上海市主要领导也在多种场合敦促本市加快传统媒体数字化转型和文化产业升级。

在此背景下，我校利用多年来在数字出版、数字印刷、出版经济、新闻传播、模式识别与智能系统、动画与虚拟技术、图文信息、创意设计、印刷机械、印刷工艺、科技管理、电子商务、传媒管理等相关学科领域积累的诸多优势，于2018年4月联合张江国家数字出版基地、上海世纪出版集团、复旦大学新闻传播与媒介化社会研究国家哲学社会科学创新基地、上海视觉艺术学院、沪江网等成立了"互联网与文化创意产业协同创新中心"。中心的成立，得到了国家新闻出版与广电总局以及上海市新闻出版局领导的高度重视，希望我们依托学校相关学科综合优势，充分调动协同单位优质资源，与校外相关协同单位合作开展学术研究、联合培养人才、打造互联网 + 文化创意产业新业态。①

中心成立后，已先后于2016年2018年连续成功举办两届"互联网 + 文化创意产业高峰论坛"和一届研究生论坛，吸引了包括复旦大学、上海交通大学、浙江大学、南京大学、中国人民大学、中山大学、华东师范大学、华中师范大学、中国传媒大学、上海师范大学、上海财经大学、北京印刷学院等50余所知名高校和上海社会科学院、中国新闻传研究院等高水平研究机构以及张江国家数字出版基地、上海世纪出版集团、复旦大学出版社等行业龙头企业的200多位学者专家参会，为青年学生提供了展示研究成果的学术交流平台，在全国范围内产生了重大的社会影响。②

2019年6月，我们又与草鹭文化传媒有限公司合作组建了"沪江草鹭装帧设计研究中心"，聘请英国装帧专家来校开班讲学，进行了中外联合培养装帧人才新模式的有益尝试。③

我校"十三五"事业发展规划中，明确提出"强化实践创新活动，打造创新创业教育升级版""进一步加强学科组织模式建设，形成有利于跨学科人才培养和科学研究的体制"：强调"打破传统的学科壁垒，整合学科资源，以优势特色学科为依托，以基础科学为支撑，大力推动交叉学科发展"，创建"数字出版与信息技术交叉的数字印刷云平台"……"促进人才培养由单一学科型向多学科融合型转变"。"创新科研组织模式，构建协同创新体系"：支撑上海建设具有全球影响力的科技创新中心。整合学校优势科技创新力量，联合优势企业、国际著名科研机构，完善协同创新体

---

① 上海成立机构研究"互联网"如何"+ 文化创意产业"［EB/OL］. 人民网，2015-04-30，http://it.people.com.cn/n/2015/0430/c1009-26929707.html.

② 程媛媛. 第二届"互联网 + 内容供给创新与文化创意产业高峰论坛"在上理工举行［EB/OL］. 上海教育新闻网，2018-10-29，http://www.shedunews.com/zixun/shanghai/gaodeng/2018/10/29/2098506.html.

③ 让阅读回归纸张的本源之美 沪江草鹭装帧设计研究中心成立［EB/OL］. 上海教育电视台，http://www.setv.sh.cn/v/vod/C37889984.html.

系，汇聚人才等资源要素，加强校内外协同，形成一批优势特色学科跨校研究团队，建设"互联网与文化创意产业协同创新中心"等10个校级层面的协同创新中心。

我们具备研究出版融合发展及开展实践的人才队伍基础，研究梯队结构合理，负责人政治坚定、道德优良、学风过硬，在业内有较高知名度。目前本领域具备教授、编审等正高级技术职称人员10名；副教授和副编审等副高级技术职称人员8名，博士毕业讲师12名。以上人员分别兼任中国高教学会常务理事、中国印刷学会常务理事、全国印刷工程教学指导委员会会员、全国印刷标准化委员会委员、全国新闻出版职业教育教学指导委员会秘书长、中国高等教育学会产学研合作教育分会常务理事、国家新闻出版广电总局新闻出版改革项目库评审专家、中国传媒经济与管理学会常务理事、中国广告协会学术委员会委员、中国国际公共关系协会学术委员会委员、国家新闻出版广电总局电子书标准技术专家、国家新闻出版广电总局出版专业资格考务组专家、全国出版专业硕士教学指导委员会理事、中国出版协会电子与网络出版委员会理事、中国新闻史学会网络传播专业委员会理事等职。

在此基础上，我们和中国新闻出版研究院合作申报了国家出版融合重点实验室，侧重于知识产权保护研究和出版物、文化创意、创造发明、商标专利、艺术设计、工业设计等所有知识产品的全版权保护、利用和运营的实践探索，已获批准立项。

（五）国际合作基础扎实，未来前景十分广阔

我校数字出版和高端印刷学科积极与境外高水平新闻传播院系合作交流、联合培养人才，也具备很好的基础，取得了丰硕的成果。

1. 与境外高水平新闻传播院系合作交流、联合培养人才情况

经多次沟通、联系，本学科拟在短期课程基础上，与新闻传播类的海外名校——美国密苏里大学新闻学院开展N+N的深度合作；

根据我校与澳大利亚埃迪斯科文大学签订的协议，以及在两校自2008年起就开展短期课程交流项目的良好合作基础上，我院与该校的传媒艺术学院就传媒类硕士生的双学位项目签订了合作协议，2013年已选派两名优秀研究生参加两校的双硕士学位项目；

与此同时，近5年来，本学科还与加州大学洛杉矶分校、英国考文垂大学、德国汉堡应用技术大学、加拿大菲莎河谷大学、爱沙尼亚塔林理工

大学、瑞典布罗斯大学，法国艺术文化管理学院、英国利物浦约翰摩尔大学、韩国全北大学、日本中央大学等海外高校的传媒类学科开展了交换生、短期课程等项目合作。自 2009 年起，参加针对本科生、硕士生交换生、短期课程的项目的学生人次已逾 200 人次，规模与影响逐渐增加。

2. 教师赴境外深造、访学和交流情况

自 2009 年起至 2018 年底，本学科累计派出教师赴境外深造、访学和交流总计 20 人次，其中，派往美国特拉华大学传媒文化学院高级访问学者 1 人、美国休斯敦大学传播学院访问学者 1 人，前往英国爱丁堡龙比亚大学、美国数字出版协会、俄罗斯莫斯科印刷大学、日本出版文化协会、韩国出版文化协会等大学、机构交流、讲学 20 人次。

3. 外国语言文学等相关支撑学科情况

本学科利用本校外语学院雄厚的外语教学与科研实力，并借助其已经取得的良好的国际化交流渠道，借力发力，给本学科国际化办学提供相关支撑。2013 年年初，本学科为了加强双语教学力量，在学校支持下，从外语学院引进具有外语及传媒管理复合学科背景的讲师 1 名，此举大大加强了本学科双语教学的师资实力；2014、2015 年年初，本学科连续从英国伯明翰大学等引进多名博士毕业生，专注于研究生的双语教学。

4. 境外高层次人才引进情况

自 2010 年起，本学科自引进澳大利亚埃迪斯科文大学传媒艺术学院院长 Clive Barstow 教授为本学科讲座教授起，5 年多来，已经陆续以暑期班合作、讲座合作、长期合作等形式引进美国、加拿大、西班牙、埃及等高校传媒类师资 25 人次，为我校年轻教师、博士生、硕士生授课，其效果已逐步显现。

三、新媒体与高端出版印刷人才培养基地建设的初步构想

我校数字出版学科群渊源于传统出版业，与印刷学科的相互渗透，这使得印刷学科中图文信息制作这一核心内容以工科特有的思维逻辑反哺出版学科体系，打通了传统出版学科的学科链。同时，数字技术的迅猛发展，数字出版与传播的快速兴起也需要用更多的视觉、音频手段等艺术手段对传统出版进行再生产，行业的变化催生了工科、文科、艺术学科的融合与发展。

因此，我们对新媒体与高端出版印刷人才培养基地建设充满信心，并拟定建设思路如下：

借助政府推动，呼应上海国际化大都市建设和科创中心建设总体布局，依托杨浦区国务院首批全国双创示范区建设配套措施，围绕出版印刷行业转型升级的现实需要，构建三个模块，凸显三个支点，实现三大融通，简称为"333"建设思路。该思路具体是，以教学改革、学术提升与行业服务三大工作模块为基础搭建基地平台，凸显工科、文科与艺术三个学科之间的结合及其对基地平台的支撑作用，在此基础上，实现校内学科资源、行业实践资源及海外学科资源三种资源的互联互通、相互融通，并逐步凝练、营造工文艺三学科相结合、具有上海理工大学学科背景的特色培养模式。

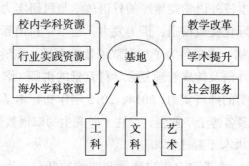

图1　上海理工大学新媒体与高端出版印刷人才培养基地建设思路

本基地建设可结合我校与中国新闻出版研究院以及复旦大学出版社联合申报的出版融合重点实验室建设，依托本校在数字出版、数字印刷、创意设计、电子商务、光学工程、精密仪器、智能机器等方面的学科优势，联合中国新闻出版研究院等出版研究机构和复旦大学出版社等国内知名出版企业，通过全真实验，深入研究传统出版业与新兴媒体融合发展的战略、策略和具体路径以及数字化全版权保护与利用的产业链，主要探索基于互联网的互动出版、全媒体出版、按需印刷、绿色印刷等关系出版业全面转型升级的前沿问题和数字版权认证、保护、交易等国际尖端问题，在为企业培养适应出版业未来发展需要的专门人才的同时，通过与出版机构合作，体验真实的按需出版流程和内容产品全媒体开发流程，并为出版机构探索新的出版经营模式提供实验场所，也为国家制定相关行业规划和标准产出理论成果。

我们可以承接政府和行业委托的高端人才培训任务和研究任务,探索出版融合所需各层次人才的培养机制;研究按需印刷、按需出版的市场需求、政策环境、技术路径和盈利模式;从持续推进教学改革和人才培养模式创新的高度,呼应出版融合的国家战略和人才市场的现实需求,探索发展出版服务电子商务,整合延伸产业链,构建线上线下一体化发展的内容传播体系,探索以用户为中心的全渠道服务模式,利用社交网络平台打通传统出版读者群和新兴出版用户群;与出版企业合作展开实践研究,尝试建立一个内容多种创意、一个创意多次开发、一次开发多种产品、一种产品多个形态、一次销售多条渠道、一次投入多次产出、一次产出多次增值的生产经营运行方式;探索"互联网+"条件下以出版产业为代表的文化创意产业新的赢利模式,模拟构建双创空间,推动"大众创业、万众创新",鼓励大学生在内容生产领域创新创业;发挥我校出版专业与艺术专业和工程技术专业的协同优势,探索泛娱乐环境下出版产业的转型升级路径;深化、延伸已有研究课题,通过实验探索,制定有关按需印刷和按需出版的一系列行业标准,并为国家产业政策制定提供决策咨询报告。

图书在版编目(CIP)数据

上海市文化创意产业发展 2019 年度报告:出版领域/
夏德元主编.—上海:学林出版社,2019.12
ISBN 978-7-5486-1595-8

Ⅰ.①上…　Ⅱ.①夏…　Ⅲ.①出版业-产业发展-研
究报告-上海-2019　Ⅳ.①G239.275.1

中国版本图书馆 CIP 数据核字(2019)第 289186 号

责任编辑　胡雅君
封面设计　谢定莹

上海市文化创意产业发展 2019 年度报告:出版领域
夏德元　主编

出　　版　学林出版社
　　　　　(200001　上海福建中路 193 号)
发　　行　上海人民出版社发行中心
　　　　　(200001　上海福建中路 193 号)
印　　刷　常熟市新骅印刷有限公司
开　　本　720×1000　1/16
印　　张　32.75
字　　数　54 万
版　　次　2020 年 4 月第 1 版
印　　次　2020 年 4 月第 1 次印刷
ISBN 978-7-5486-1595-8/F・59
定　　价　88.00 元